2026
최신개정판

국가직 · 지방직 등 공무원 채용 대비

기출이 답이다

문제편, 해설편으로 구성된 「기출이 답이다」는 깊이가 다른 해설로
오직 여러분의 합격을 목표로 합니다.

[9급 공무원]

일반행정직

전과목 3개년

기출문제집

문제편

▲합격의 모든 것!

편저 | 시대공무원시험연구소

시대에듀

기출이 답이다

[9급 공무원]

일반행정직

3개년

기출문제집

편집진행 박종옥 · 이수지 | 표지디자인 박종우 | 본문디자인 박지은 · 임창규

9급 공무원 채용 필수체크

❖ 다음 내용은 2025년 국가직 공무원 공개채용시험 계획 공고를 기준으로 작성되었습니다.
세부 사항은 반드시 시행처의 최신공고를 확인하시기 바랍니다.

시험방법

제1 · 2차 시험(병합실시)	선택형 필기
제3차 시험	면접

응시자격

구분	내용
응시연령	• 교정 · 보호직 제외: 18세 이상 • 교정 · 보호직: 20세 이상
학력 및 경력	제한 없음

시험일정

- **원서접수** 1월 말 ~ 2월 초
- **필기시험** 3월 말 ~ 4월 초
- **실기시험(체력검사)** 5월 초 ~ 중순
- **면접시험** 5월 말 ~ 6월 초
- **최종합격자 발표** 6월 말

가산점 적용

구분	가산비율	비고
취업지원대상자	과목별 만점의 10% 또는 5%	▶ 취업지원대상자 가점과 의사상자 등 가점은 1개만 적용 ▶ 취업지원대상자/의사상자 등 가점과 자격증 가산점은 각각 적용
의사상자 등 (의사자 유족, 의상자 본인 및 가족)	과목별 만점의 5% 또는 3%	
직렬별 가산대상 자격증 소지자	과목별 만점의 3~5% (1개의 자격증만 인정)	

※ 취득한 점수 중 한 과목이라도 40점 미만인 경우 가산점 적용 불가

달라지는 제도

▶ 2025년부터 9급 공무원 국어, 영어 과목 출제기조 전환

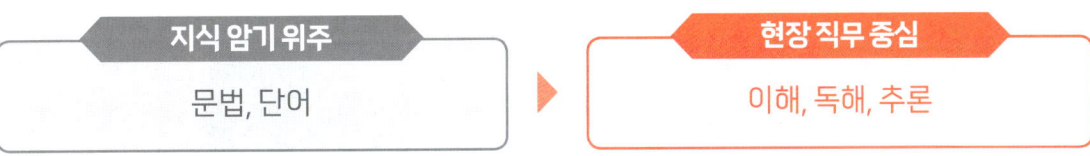

지식 암기 위주

문법, 단어

▶

현장 직무 중심

이해, 독해, 추론

▶ 2025년부터 9급 공무원 필기시험 시험시간 100분 → 110분 변경

▶ 2027년 9급 공무원 필기시험 개편

구분		공통과목			전문과목	
		한국사	국어	영어	전문과목1	전문과목2
기존	100문항 (110분)	20문항	20문항	20문항	20문항	20문항
↓						
2027년	100문항 (110분)	한능검 대체 (3급 이상)	25문항	25문항	25문항	25문항

2025년 일반행정직 출제경향 (국가직)

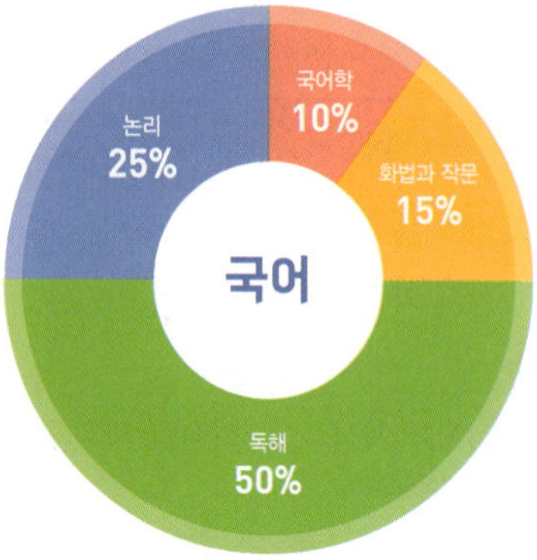

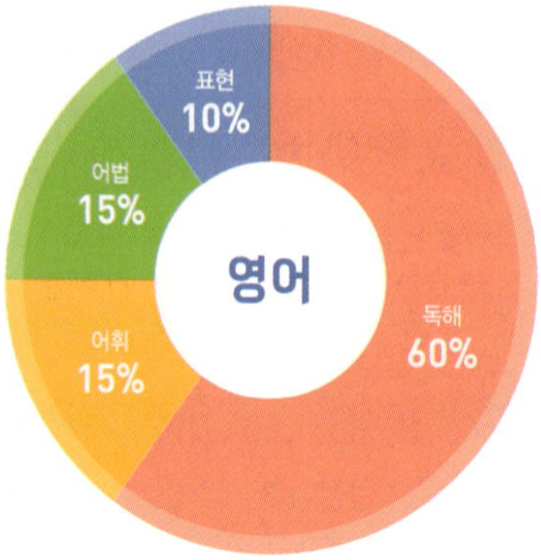

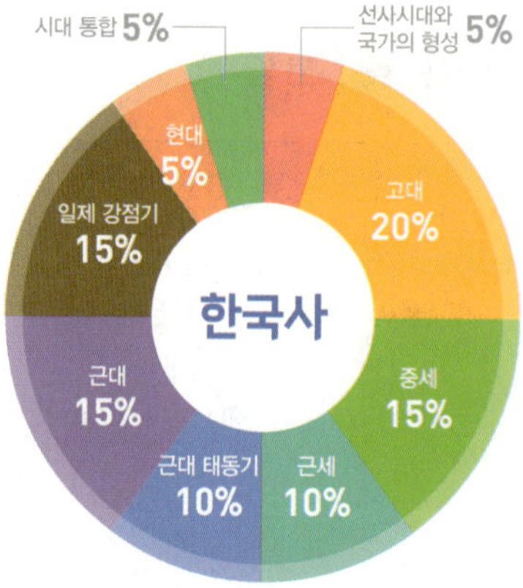

전반적으로 평이한 난도로 출제되었으며 새로운 문제 유형도 인사혁신처가 공개한 예시문제 범위 안에서 출제되었다. 지문의 길이가 길어져 시간 관리에 어려움을 느꼈을 수도 있겠으나 출제기조 전환에 대한 대비가 되어있었다면 문제를 푸는 데 큰 어려움은 없었을 것이다.

예년과 비슷한 난도로 출제되었다. 새로운 유형의 문제 자체는 난도가 낮았으나 독해, 문법 영역에서 다소 까다로운 문제가 출제되어 체감 난도는 높았을 것이다. 이와 관련해서 앞으로는 문맥 파악, 빈칸 추론 유형 문제를 중심으로 학습해야 할 것으로 보인다.

작년에 비해 쉬운 난도로 출제되었다. 꼼꼼하게 학습한 수험생이라면 쉽게 고득점을 받을 수 있는 난도였던 만큼 작은 실수도 치명적일 수 있는 시험이었다. 사료 및 자료 제시형태 문제가 다수 출제된 점은 눈여겨볼 만하다.

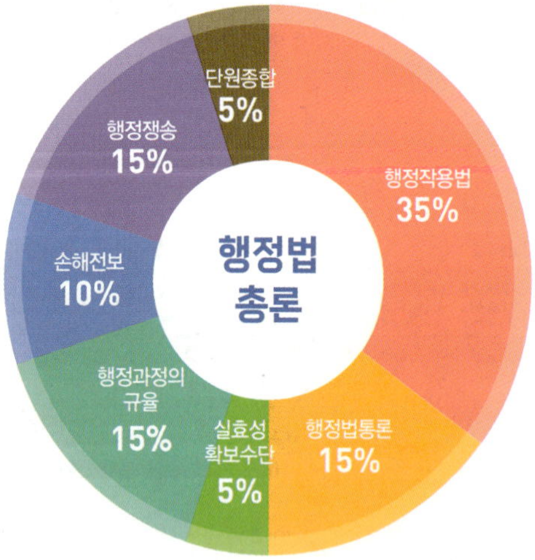

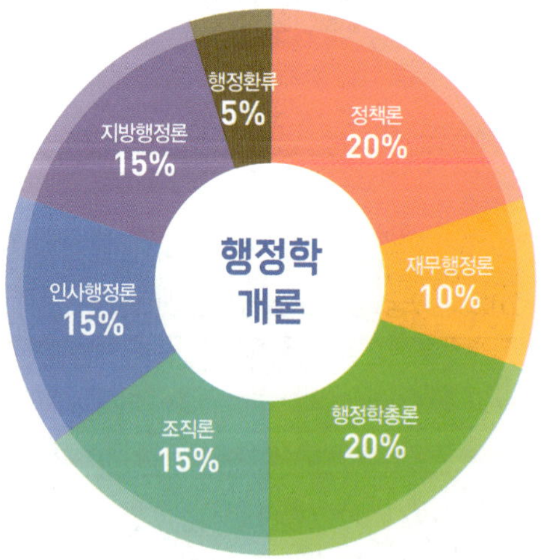

예년에 비해 심판법, 행정소송법 등의 비중이 줄었으나 생소한 판례의 출제로 체감 난도는 높은 시험이었을 것이다. 그러나 꾸준히 학습한 수험생이라면 빈출 선지를 중심으로 소거법을 통해 비교적 큰 어려움 없이 문제를 풀었을 것으로 보인다.

전반적으로 평이한 난도로 출제되었다. 문항은 각 영역별 빈출 개념 위주로 구성되었으며 행정환류 영역에서는 출제되지 않았다. 다만 법령과 지방행정론 영역에서 꼼꼼한 학습을 필요로 하는 문제가 출제되어 시간 배분에 어려움을 느꼈을 수도 있다. 기출문제를 중심으로 학습해온 수험생이라면 어렵지 않게 고득점을 받을 수 있었을 것이다.

2025년 일반행정직 출제경향 (지방직)

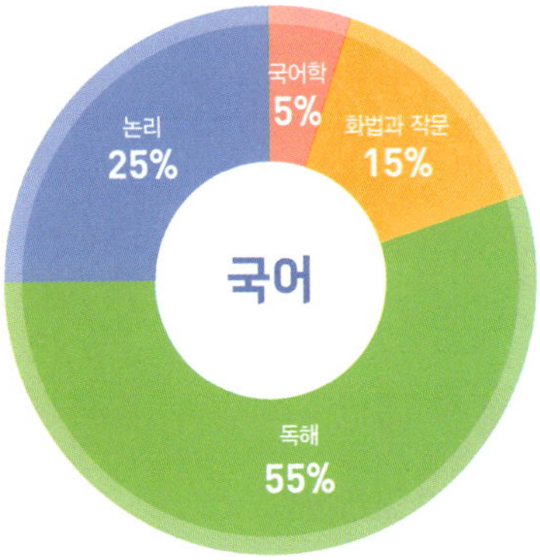

전반적으로 평이한 난도로 출제되었으나 국가직 시험과 비교했을 때는 다소 높은 난도로 출제되었다. 특히 논리 영역에서 시간을 많이 소요하여 체감 난도는 높았을 것으로 예상된다. 2026년 시험 대비를 위해서는 논리 영역에 대한 이해와 기출 문제 중심의 학습을 통해 문제 풀이 시간을 단축하는 것이 중요한 요소가 될 것으로 보인다.

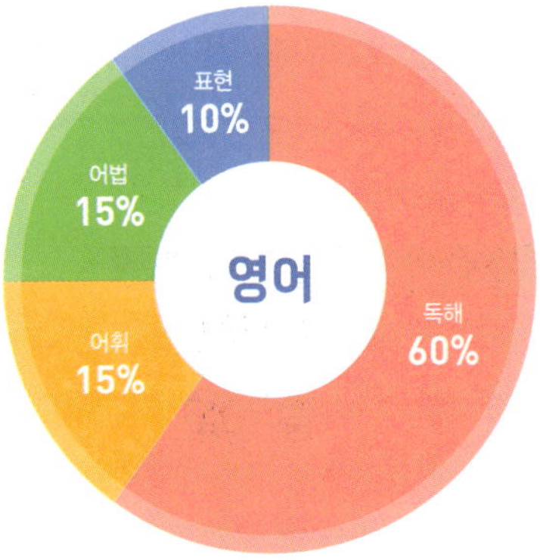

예년의 지방직 9급 시험과 유사한 수준의 난도로 출제되었다. 문제 유형보다 문제 내 어휘 및 문법에서 어려움을 느꼈을 것으로 보인다. 국가직 시험과 비교했을 때에도 난도가 높지 않아 기출문제를 중심으로 학습한 수험생들이라면 어렵지 않게 고득점을 받을 수 있었을 것이다.

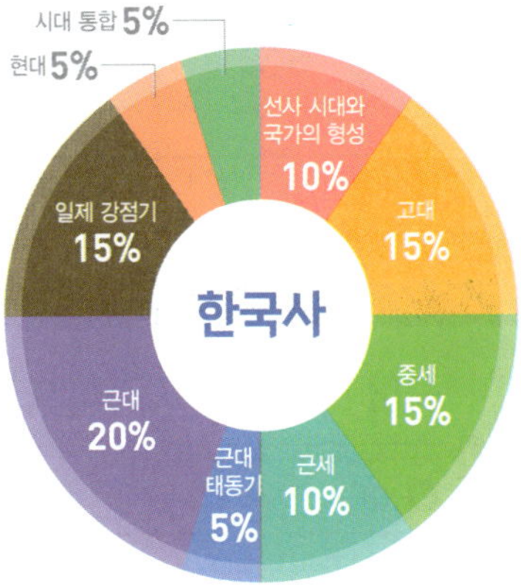

작년과 마찬가지로 빈출 문제 위주로 출제되었으나 생소한 사료가 제시되어 문제 풀이에 예상보다 더 많은 시간이 소요되었을 수 있다. 유네스코 세계문화유산 관련 문제가 출제된 점도 특징적이다. 그러나 전반적으로 난도가 그리 높지 않아 기본 개념을 중심으로 기출문제와 사료에 대한 학습을 충분히 해온 수험생이라면 큰 어려움은 없었을 것으로 보인다.

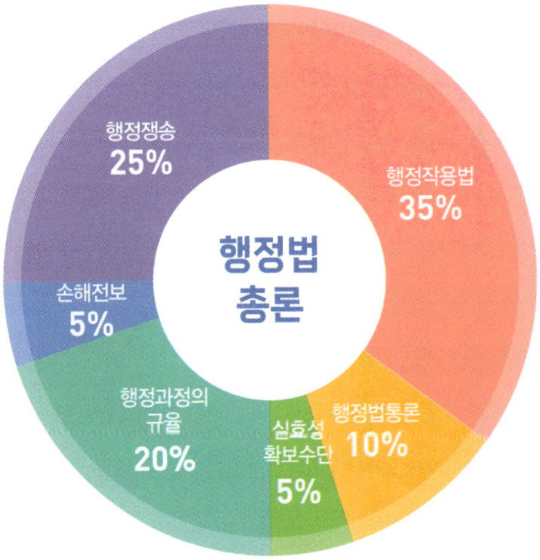

소송법 영역에서 다수의 문제가 출제되며 국가직 시험과 비교했을 때도 다소 높은 난도를 보였다. 대부분의 문제가 빈출 영역에서 출제된 만큼 앞으로는 주요 판례와 기출문제를 중심으로 학습해야 할 것으로 보인다.

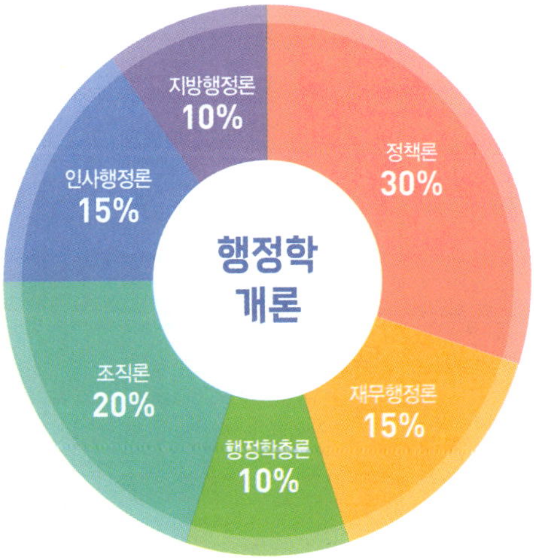

과년도 기출문제와 유사하게 출제되었으나 난도는 더 낮았으며 국가직 시험과 비교했을 때도 평이한 난도였다. 기출문제를 중심으로 심도 있게 공부한 수험생이라면 쉽게 고득점을 받았을 것이다.

이 책의 구성과 특징

문제편

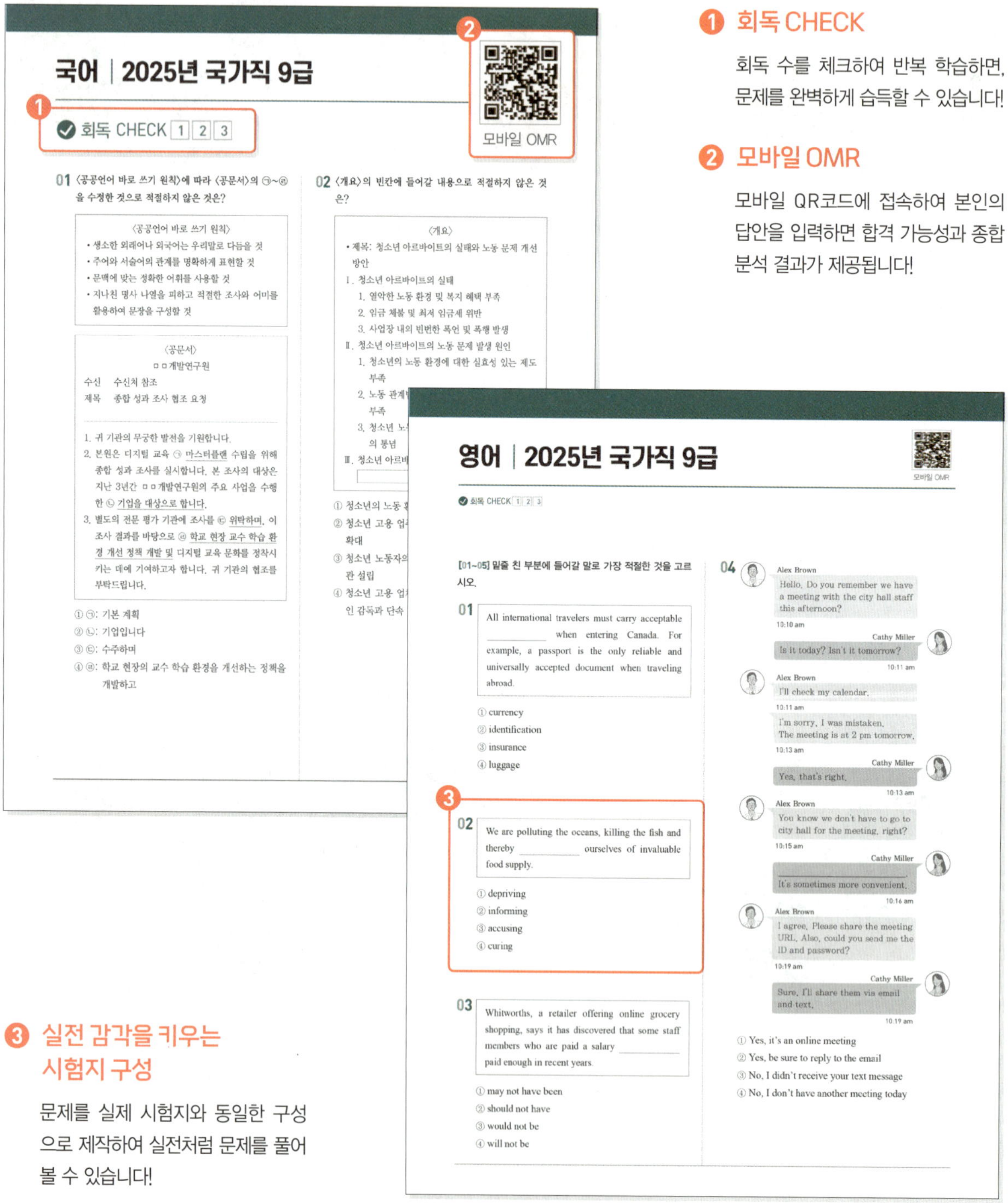

❶ 회독 CHECK

회독 수를 체크하여 반복 학습하면, 문제를 완벽하게 습득할 수 있습니다!

❷ 모바일 OMR

모바일 QR코드에 접속하여 본인의 답안을 입력하면 합격 가능성과 종합 분석 결과가 제공됩니다!

❸ 실전 감각을 키우는 시험지 구성

문제를 실제 시험지와 동일한 구성으로 제작하여 실전처럼 문제를 풀어 볼 수 있습니다!

해설편

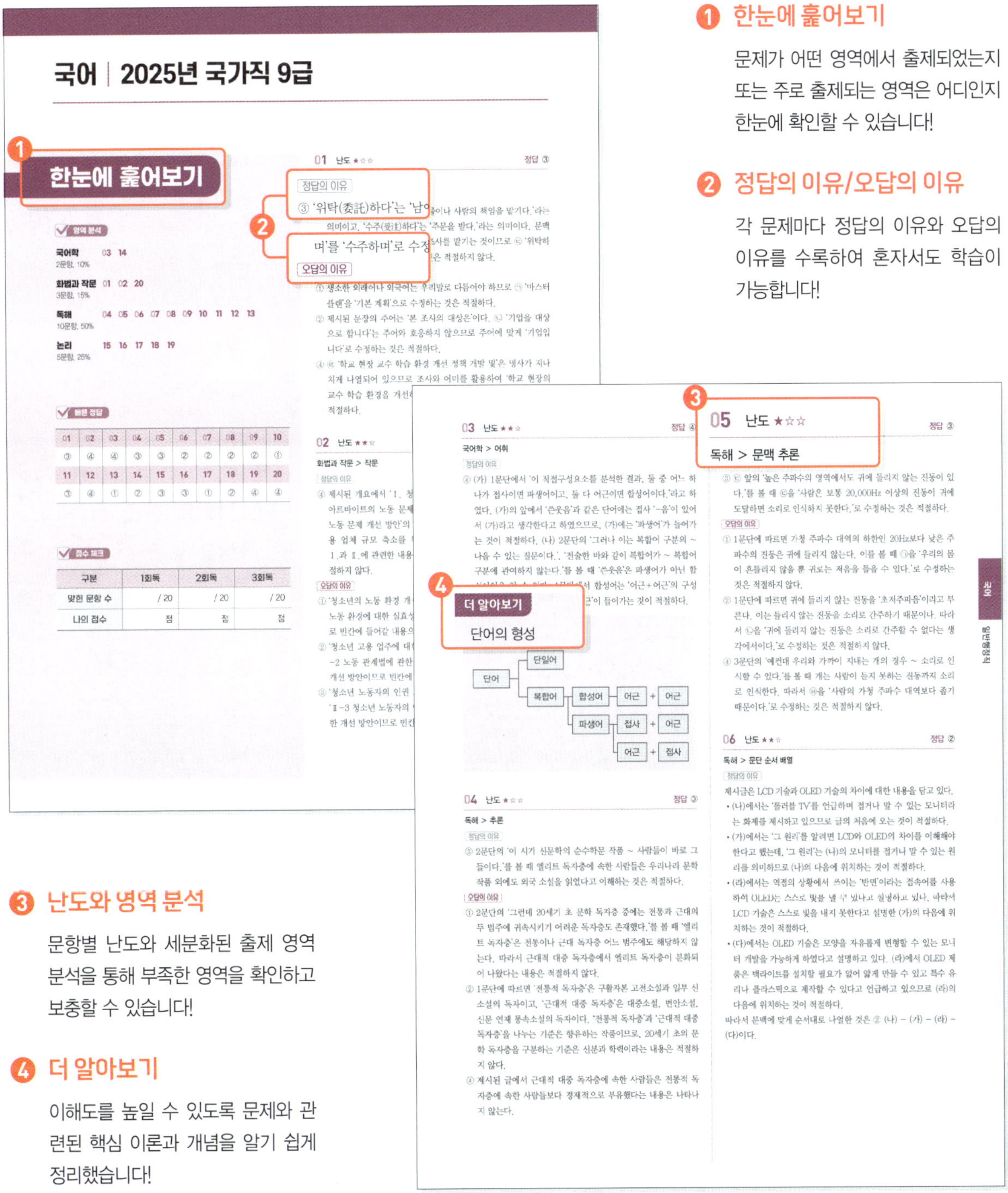

❶ 한눈에 훑어보기

문제가 어떤 영역에서 출제되었는지 또는 주로 출제되는 영역은 어디인지 한눈에 확인할 수 있습니다!

❷ 정답의 이유/오답의 이유

각 문제마다 정답의 이유와 오답의 이유를 수록하여 혼자서도 학습이 가능합니다!

❸ 난도와 영역 분석

문항별 난도와 세분화된 출제 영역 분석을 통해 부족한 영역을 확인하고 보충할 수 있습니다!

❹ 더 알아보기

이해도를 높일 수 있도록 문제와 관련된 핵심 이론과 개념을 알기 쉽게 정리했습니다!

이 책의 목차

기출이 답이다 9급 공무원

일반행정직

문제편

PART 1

국어

꼭 읽어보세요!

2025년 국어 과목 출제기조 변화

2025년 국가직 9급 공무원 시험부터 문법이나 어휘 등 암기 영역의 문제가 줄어들고 이해력과 추론력, 비판력을 평가하는 문제의 비중이 커졌습니다. 문학 영역 또한 작품을 제시하는 유형에서 벗어나 문학을 소재로 한 지문을 제시하는 비문학 독해 형식으로 출제되었습니다.

기출문제 학습 시 유의사항

본서는 2025년 국어 과목 출제기조 변화에 따라 출제 유형에서 벗어나거나 달라지는 문항에 ×표시를 하였습니다. 이는 인사혁신처가 공개한 2025년 출제기조 전환 예시문제를 기준으로 한 것이며, **실제 출제 방향과 다를 수 있다는 점에 유의하시기 바랍니다.** 또한, 인사혁신처에서 출제하는 국가직, 지방직 9급 기출문제에만 ×표시를 하였으니 이를 염두에 두고 학습에 임하시기 바랍니다.

×표시를 한 문항은 앞으로 출제되지 않는 영역의 문항이 아닌, 출제기조 변화에 따라 유형이 바뀔 수 있는 문항입니다. 문법 영역은 국어학이나 언어학을 소재로 한 비문학 지문을 통해 사례를 추론하는 유형으로 전환되며, 어휘 영역은 한자어나 어휘 자체의 의미를 암기하는 문항에서 벗어나 지문의 맥락 속에서 의미를 파악하는 유형으로 전환됩니다. 문학도 작품을 그대로 지문으로 제시하는 것이 아닌 국문학을 소재로 한 비문학 지문으로 출제됩니다.

출제경향

2025년 국가직

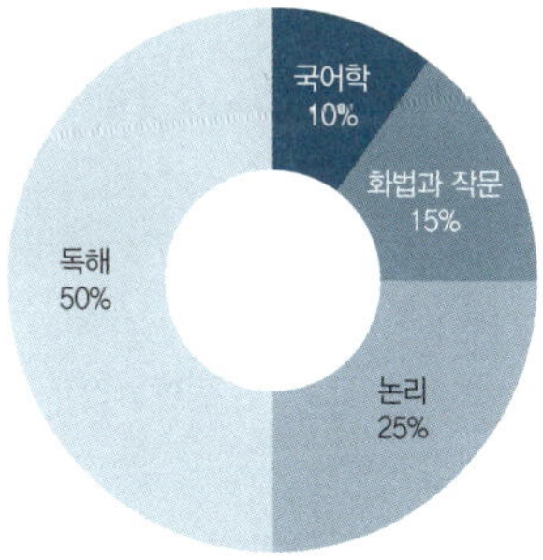

2025년 지방직

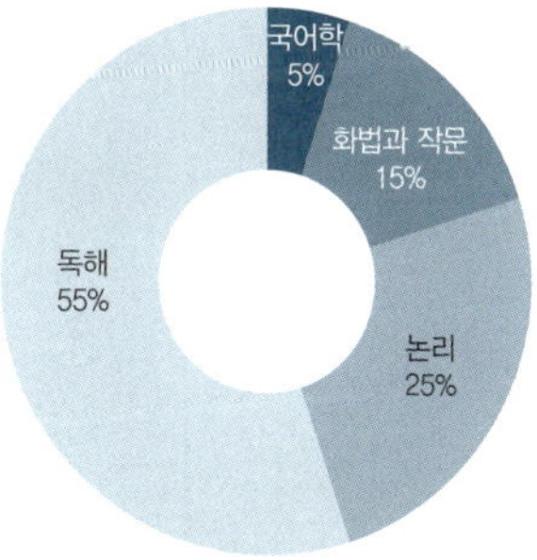

2024년 국가직

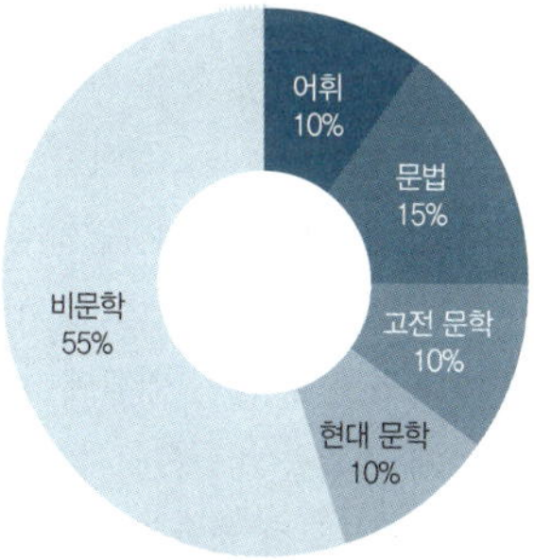

2024년 지방직

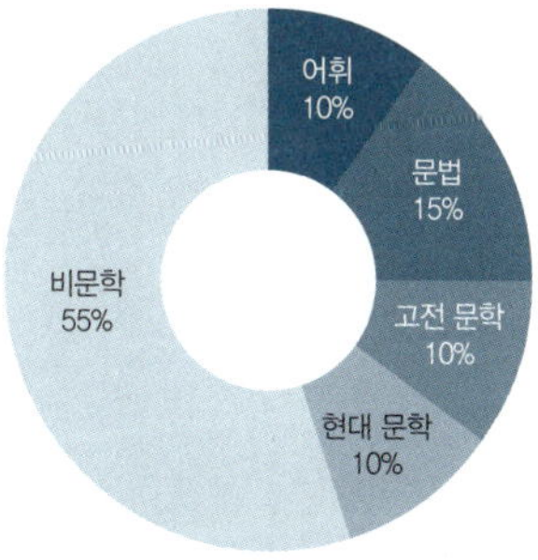

2023년 국가직

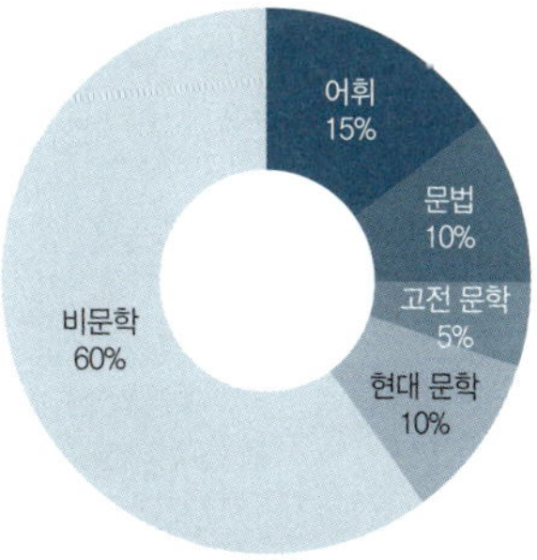

2023년 지방직

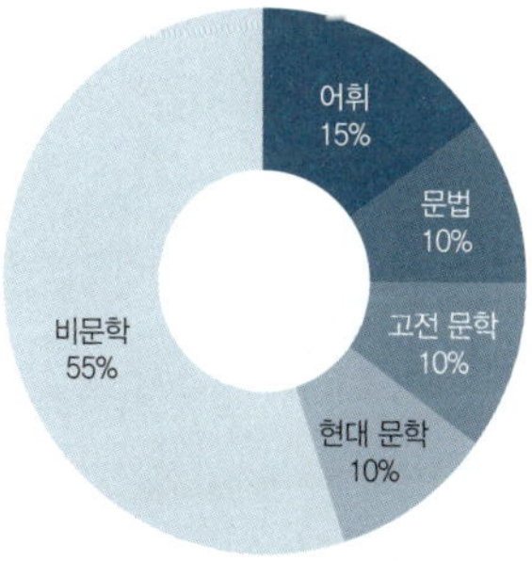

국어 | 2025년 국가직 9급

모바일 OMR

회독 CHECK [1][2][3]

01 〈공공언어 바로 쓰기 원칙〉에 따라 〈공문서〉의 ㉠~㉣을 수정한 것으로 적절하지 않은 것은?

> 〈공공언어 바로 쓰기 원칙〉
> - 생소한 외래어나 외국어는 우리말로 다듬을 것
> - 주어와 서술어의 관계를 명확하게 표현할 것
> - 문맥에 맞는 정확한 어휘를 사용할 것
> - 지나친 명사 나열을 피하고 적절한 조사와 어미를 활용하여 문장을 구성할 것

> 〈공문서〉
>
> ㅁㅁ개발연구원
>
> 수신　수신처 참조
>
> 제목　종합 성과 조사 협조 요청
>
> ---
>
> 1. 귀 기관의 무궁한 발전을 기원합니다.
> 2. 본원은 디지털 교육 ㉠ 마스터플랜 수립을 위해 종합 성과 조사를 실시합니다. 본 조사의 대상은 지난 3년간 ㅁㅁ개발연구원의 주요 사업을 수행한 ㉡ 기업을 대상으로 합니다.
> 3. 별도의 전문 평가 기관에 조사를 ㉢ 위탁하며, 이 조사 결과를 바탕으로 ㉣ 학교 현장 교수 학습 환경 개선 정책 개발 및 디지털 교육 문화를 정착시키는 데에 기여하고자 합니다. 귀 기관의 협조를 부탁드립니다.

① ㉠: 기본 계획
② ㉡: 기업입니다
③ ㉢: 수주하며
④ ㉣: 학교 현장의 교수 학습 환경을 개선하는 정책을 개발하고

02 〈개요〉의 빈칸에 들어갈 내용으로 적절하지 않은 것은?

> 〈개요〉
> - 제목: 청소년 아르바이트의 실태와 노동 문제 개선 방안
>
> Ⅰ. 청소년 아르바이트의 실태
> 1. 열악한 노동 환경 및 복지 혜택 부족
> 2. 임금 체불 및 최저 임금제 위반
> 3. 사업장 내의 빈번한 폭언 및 폭행 발생
>
> Ⅱ. 청소년 아르바이트의 노동 문제 발생 원인
> 1. 청소년의 노동 환경에 대한 실효성 있는 제도 부족
> 2. 노동 관계법에 관한 청소년 고용 업주의 인식 부족
> 3. 청소년 노동자의 인권을 존중하지 않는 사회의 통념
>
> Ⅲ. 청소년 아르바이트의 노동 문제 개선 방안
>
> [　　　　　　　　　　]

① 청소년의 노동 환경 개선을 위한 제도 정비
② 청소년 고용 업주에 대한 노동 관계법 교육과 지도 확대
③ 청소년 노동자의 인권 보호를 위한 사회적 교육 기관 설립
④ 청소년 고용 업체 규모 축소를 위한 정부의 지속적인 감독과 단속

03 다음 글의 (가)와 (나)에 들어갈 말을 적절하게 나열한 것은?

> 두 개 이상의 형태소로 이루어진 단어를 복합어라 한다. 복합어를 처음 두 개로 쪼갰을 때의 구성 요소를 직접구성요소라고 한다. 이 직접구성요소를 분석한 결과, 둘 중 어느 하나가 접사이면 파생어이고, 둘 다 어근이면 합성어이다. 즉 합성어는 '어근+어근'의 구성인데, 이는 합성어를 구성하는 두 구성 요소 중 어느 것도 접사가 아니라는 말이다.
>
> 그런데 '쓴웃음'과 같은 단어에는 접사 '-음'이 있으니까 (가) 가 아니냐고 반문할 수 있다. 그러나 이는 복합어 구분의 기준을 온전히 이해하지 못했기 때문에 나올 수 있는 질문이다. 전술한 바와 같이 복합어가 파생어인지 합성어인지를 결정하는 기준은 처음 두 개로 쪼갰을 때 두 구성 요소의 성격이며, 2차, 3차로 쪼갠 결과는 복합어 구분에 관여하지 않는다. 즉 '쓴웃음'의 두 구성 요소 중의 하나인 '웃음'은 파생어이지만 이 '웃음'이 또 다른 단어 형성에 참여할 때는 (나) (으)로 참여하는 것이다.

	(가)	(나)
①	합성어	접사
②	합성어	어근
③	파생어	접사
④	파생어	어근

04 다음 글을 이해한 내용으로 가장 적절한 것은?

> 20세기에 접어들면서 우리는 새로운 시대의 변화를 다양한 영역에서 확인할 수 있게 되었다. 문학 영역도 마찬가지였다. 이전과 뚜렷이 구별되는 유형과 성격의 문학작품이 등장하였고, 이에 따라 다양한 독자층이 새롭게 형성되었다. 20세기 초 우리나라의 문학 독자층은 흔히 두 가지로 구분되었다. 하나는 구활자본 고전소설과 일부 신소설의 독자인 '전통적 독자층'이고, 다른 하나는 이 시기 새롭게 등장하여 유행하기 시작한 대중소설, 번안소설, 신문 연재 통속소설을 즐겨 봤던 '근대적 대중 독자층'이다. 전통적 독자층에는 노동자와 농민, 양반, 부녀자 등이 속하고, 근대적 대중 독자층에는 도시 노동자, 학생, 신여성 등이 속했다.
>
> 그런데 20세기 초 문학 독자층 중에는 전통과 근대의 두 범주에 귀속시키기 어려운 독자층도 존재했다. 이 시기 신문학의 순수문학 작품, 일본을 비롯한 외국의 순수문학 소설 등을 향유했던 사람들이 바로 그들이다. 문자를 익숙하게 다루고 외국어를 지속적으로 습득한 지식인층은 근대적 대중 독자층과는 다른 문학적 향유 양상을 보여 주었던 것이다. 이들은 '엘리트 독자층'이라고 부를 수 있다.

① 근대적 대중 독자층에서 엘리트 독자층이 분화되어 나왔다.

② 20세기 초의 문학 독자층을 구분하는 기준은 신분과 학력이었다.

③ 엘리트 독자층에 속한 사람들은 우리나라 문학작품 외에도 외국 소설을 읽었다.

④ 근대적 대중 독자층에 속한 사람들은 전통적 독자층에 속한 사람들보다 경제적으로 부유했다.

05 다음 글의 ㉠~㉣ 중 어색한 곳을 찾아 가장 적절하게 수정한 것은?

> 소리는 보통 귀로 듣는다고 생각한다. 그렇지만 앰프에서 강력한 저음이 흘러나오는 것을 듣고 몸이 흔들리는 것을 경험할 때, 우리는 소리를 몸으로 느낀다고 생각하기도 한다. 가청 주파수 대역의 하한인 20Hz보다 낮은 주파수의 진동이 발생하면 ㉠ 우리의 몸은 흔들리지만 귀로는 아무것도 듣지 못한다. 우리는 이 들리지 않는 진동을 '초저주파음'이라고 부른다. ㉡ 귀에 들리지 않는 진동도 소리로 간주할 수 있다는 생각에서이다.
>
> 높은 주파수의 영역에서도 귀에 들리지 않는 진동이 있다. ㉢ 사람은 보통 20,000Hz 이상의 진동이 귀에 도달하면 소리로 인식한다. 가청 주파수 대역의 상한을 넘겨서 더 높은 주파수의 진동이 발생하면 사람의 귀에 들리지 않는 것이다. 이때의 음파를 '초음파'라고 부른다.
>
> 사람과 동물은 가청 주파수 대역이 다르다. 그래서 동물은 사람에게 들리지 않는 소리를 들을 수 있다. 예컨대 우리와 가까이 지내는 개의 경우, 가청 주파수 대역의 하한은 사람과 비슷하지만 50,000Hz의 진동까지 소리로 인식할 수 있다. 그래서 개는 사람이 듣지 못하는 기척을 알아차리기도 한다. 이는 개의 가청 주파수 대역이 ㉣ 사람의 가청 주파수 대역보다 넓기 때문이다.

① ㉠: 우리의 몸이 흔들리지 않을 뿐 귀로는 저음을 들을 수 있다
② ㉡: 귀에 들리지 않는 진동은 소리로 간주할 수 없다는 생각에서이다
③ ㉢: 사람은 보통 20,000Hz 이상의 진동이 귀에 도달하면 소리로 인식하지 못한다
④ ㉣: 사람의 가청 주파수 대역보다 좁기 때문이다

06 (가)~(라)를 맥락에 맞추어 가장 적절하게 나열한 것은?

> (가) 그 원리를 알려면 LCD와 OLED의 차이를 이해해야 한다. LCD는 다른 조명 장치의 도움을 받아 시각적 효과를 낸다. 다시 말해 스스로 빛을 내지 못한다는 것이다. 따라서 LCD는 화면 뒤에 빛을 공급하는 백라이트가 필요하다는 특성을 갖는다.
>
> (나) 자유롭게 말았다 펼 수 있는 '롤러블 TV'가 개발되었다. 평소에는 말거나 작게 접어서 간편하게 가지고 다니다가 필요할 때 펴서 사용하는 태블릿이나 노트북이 상용화될 날도 머지않았다. 기존에 우리가 생각하는 텔레비전 화면이나 모니터는 평평하고 딱딱한 것인데, 어떻게 접거나 말 수 있을까?
>
> (다) OLED 기술은 모양을 자유롭게 변형할 수 있는 모니터 개발을 가능하게 하였다. 딱딱한 유리 대신에 쉽게 휘어지는 특수 유리나 플라스틱을 이용함으로써 둥글게 말았다가 펼 수 있는 화면을 생산할 수 있게 된 것이다.
>
> (라) 반면 OLED는 화소 단위로 빛의 삼원색을 내는 유기 반도체로 구성되어 있어 스스로 빛을 낼 수 있다. OLED 제품은 화면 뒤에 백라이트를 설치할 필요가 없기 때문에 얇게 만들 수도 있고 특수 유리나 플라스틱으로 제작할 수도 있다.

① (나) – (가) – (다) – (라)
② (나) – (가) – (라) – (다)
③ (다) – (가) – (라) – (나)
④ (다) – (나) – (라) – (가)

[07~08] 다음 글을 읽고 물음에 답하시오.

동물이 신체의 내부 온도를 정상 범위 안에서 유지하는 과정을 '체온조절'이라고 한다. 체온조절을 위하여 동물은 신체 내부의 물질대사를 통해 열을 발생시키거나 외부 환경에서부터 열을 ㉠ 획득한다. 조류나 포유류는 체내의 물질대사에 의하여 생성된 열로 체온을 유지하기 때문에 '내온동물'이라고 부른다. 대부분의 내온동물은 외부 온도가 변화해도 안정적으로 체온을 유지한다. 추운 환경에 노출되어도 내온동물은 충분한 열을 생성해서 주변보다 더 따뜻하게 체온을 유지할 수 있다.

이와 달리 양서류나 많은 종류의 파충류와 어류는 열을 외부에서부터 획득하기 때문에 '외온동물'이라고 부른다. 외온동물은 체온조절을 위한 충분한 열을 생성하지는 않지만 그늘을 찾거나 햇볕을 쬐는 것과 같은 행동을 통해 체온을 ㉡ 조절한다. 외온동물은 열을 외부에서 얻기 때문에 체내의 물질대사를 통해 큰 에너지를 생성할 필요가 없어서 동일한 크기의 내온동물보다 먹이를 적게 섭취한다.

한편 체온의 안정성을 기준으로 동물을 '항온동물'과 '변온동물'로 ㉢ 구분하기도 한다. 주위 환경과 관계없이 비교적 일정한 체온을 유지하는 동물을 항온동물, 주위 환경에 따라서 체온이 변하는 동물을 변온동물이라고 부른다. 한때는 내온동물과 외온동물을 각각 항온동물과 변온동물이라고 부르기도 했다.

그런데 체온조절을 위해 열을 획득하는 방식과 체온의 안정성을 유지하는 것은 별개의 문제이다. 외온동물에 속하는 많은 종류의 해양 어류는 일정한 온도가 유지되는 물에서 ㉣ 서식하기 때문에 체온이 크게 변하지 않는다. 반대로 어떤 내온동물은 체온의 변화가 급격하게 일어나기도 한다. 예컨대 박쥐 중에는 겨울잠을 자면서 체온을 40℃나 떨어뜨리는 종류도 있다. 내온동물과 외온동물을 구분하는 방식과 항온동물과 변온동물을 구분하는 방식 사이에는 어떠한 상관관계도 없다.

07 윗글의 중심 내용으로 가장 적절한 것은?

① 내온동물과 외온동물의 특징을 통해 항온동물과 변온동물의 특징을 밝힐 수 있다.
② 체온조절을 위한 열 획득 방식과 체온의 안정성은 동물을 분류하는 서로 다른 기준이다.
③ 동물을 내온동물과 외온동물로 구분하는 기준은 항온동물과 변온동물로 구분하는 기준보다 모호하다.
④ 체온조절을 위한 열 획득 방식보다 체온의 안정성을 유지하는 방식이 동물을 분류하는 더 적합한 기준이 된다.

08 윗글의 ㉠~㉣과 바꿔 쓸 수 있는 유사한 표현으로 적절하지 않은 것은?

① ㉠: 얻는다
② ㉡: 올린다
③ ㉢: 나누기도
④ ㉣: 살기

[09~10] 다음 글을 읽고 물음에 답하시오.

이집트 벽화에서 신, 파라오, 귀족은 특이한 모습으로 표현된다. 신체의 주요 부위를 이상적으로 보여줄 수 있도록 눈은 정면, 얼굴은 측면, 가슴은 정면, 발은 측면을 향하게 조합하여 그린 것이다. 이는 단일한 시점에서 대상을 표현한 것이 아니라 여러 시점에서 바라본 모습을 하나의 형상에 집약한 것이다. 이렇게 그려진 ㉠ 그들의 모습은 이상적인 부분끼리의 조합을 통해 완전하고 완벽하며 장중한 형상을 보여 주고자 한 의도의 결과이다. 그런데 벽화에 표현된 대상들 중 신, 파라오, 귀족과 같은 고귀한 존재는 이렇게 그려지고, 평범한 일반인은 곧잘 이런 방식과 관계없이 꽤 사실적으로 그려졌다. ㉡ 그들을 서로 다른 방식으로 표현하였다는 점은 이집트 미술이 특정한 이데올로기를 통해 양식화되어 있음을 선명하게 보여 준다.

이 이데올로기에 따르면, 신과 파라오, 나아가 귀족은 '존재하는 자'이고, 죽을 운명을 가진 평범한 사람들은 그저 '행위하는 자'이다. 평범한 사람들이 일하는 모습을 그릴 때 사실적으로, 그러니까 얼굴이 측면이면 가슴도 측면으로 자연스럽게 그리는 것은, 그들이 썩어 없어질 찰나의 인생을 살고 있기 때문이다. 그러기에 ㉢ 그들은 이 세상에서 실제로 행위하는 모습 그대로 그려진다. 반면 고귀한 존재는 삼라만상의 변화와 관계없이 영원한 세계의 이상을 반영한다. 그러기에 ㉣ 그들은 이상적 규범에 따라 불변의 양식으로 그려진다.

이렇게 같은 인간을 표현해도 위계에 따라 표현 방식을 달리한 것은 이집트 종교의 영향 때문이다. 이집트 종교는 수직적이고 이원적인 정신성에 그 토대를 두고 있다. 이런 이원론적인 정신성은 양식화된 이상주의적 미술로 표현되는 경향이 있다. 이집트의 벽화가 바로 그 대표적인 사례이다.

09 윗글에서 추론한 내용으로 가장 적절한 것은?

① 이집트의 벽화에서는 존재와 행위를 동등한 가치로 표현하고 있다.
② 이집트의 종교가 가지는 정신성은 이집트의 미술 양식에 영향을 끼쳤다.
③ 이집트의 이상주의적 미술에서는 평범한 사람들은 그리지 않고 고귀한 존재들만 표현하였다.
④ 이집트인들은 신체를 바라보는 독특한 시점을 토대로 예술에 관한 이데올로기를 형성하였다.

10 윗글의 ㉠~㉣ 중 문맥상 지시 대상이 같은 것만으로 묶인 것은?

① ㉠, ㉣
② ㉡, ㉢
③ ㉠, ㉡, ㉣
④ ㉠, ㉢, ㉣

[11~12] 다음 글을 읽고 물음에 답하시오.

조선 시대 소설은 표기 문자에 따라 한자로 ㉠ 표기한 한문소설과 한글로 표기한 한글소설, 두 가지로 나뉜다. 한문소설은 중국에서 들여온 한문소설, 조선에서 창작한 한문소설, 조선의 한글소설을 ㉡ 번역한 한문소설로 나뉜다. 그리고 한글소설은 중국소설을 번역한 한글소설, 조선에서 창작한 한문소설을 번역한 한글소설, 조선에서 창작한 한글소설로 나뉜다. 조선 시대에 많은 한글소설이 창작되어 읽혔지만, 이를 저급한 오락물로 여겼던 당대의 지식인들은 한글소설을 외면했으므로 그에 관해 ㉢ 기록한 문헌을 거의 남기지 않았다. 반면에 이들은 한문소설, 특히 중국에서 들여온 한문소설을 즐겨 읽고 이에 관한 많은 기록을 남겼다.

중국에서 들여온 한문소설은 조선에서도 인쇄된 책으로 읽혔기 때문에 필사본이 거의 없다. 이와 대조적으로 조선에서 창작한 한문소설은 필사본으로 유통되었다. 조선의 필사본 소설은 뚜렷한 특징을 보이는데, 한문소설을 ㉣ 필사한 경우는 이본별 내용 차이가 거의 없는 반면 한글소설을 필사한 경우는 그렇지 않다는 점이다. 한글소설은 같은 제목의 소설이라도 내용이 상당히 다른 다양한 이본이 있었다. 이는 한문소설의 독자는 문자 그대로 독자였던 것에 비하여 한글소설의 독자는 독사이면서 이야기를 개작하는 작자이기도 했기 때문이다. 한자에 비해 한글은 익히기 쉽고 그만큼 쓰기도 편해서 한글소설의 필사자는 내용을 바꾸고 싶다는 의지가 있다면 쉽게 바꿀 수 있었다. 한글소설은 인쇄본이 아니라 필사본으로 많이 유통되었기 때문에 (가) 옮겨 쓰는 과정에서 다양한 이본이 생겨났다.

조선 시대 소설을 이해하는 데 있어서 소설을 표기한 문자는 무엇보다 중요하다. 표기 문자는 소설의 종류를 나누는 기준이 되었을 뿐만 아니라, 소설의 감상 및 유통, 이본 생산에 직접적인 영향을 미쳤다.

11 윗글에서 추론한 내용으로 가장 적절한 것은?

① 조선 시대의 소설은 한글소설보다 한문소설의 종류가 훨씬 다양했다.
② 조선 시대의 지식인들은 조선에서 창작한 한문소설을 저급한 오락물로 여겼다.
③ 한자로 필사할 때보다 한글로 필사할 때 필사자의 의견이 반영되어 개작되기 쉬웠다.
④ 조선의 필사본 소설 중 한문소설을 필사한 것은 소수였고 한글소설을 필사한 것이 대부분이었다.

12 윗글의 ㉠~㉣ 중 문맥상 (가)의 의미와 가장 가까운 것은?

① ㉠
② ㉡
③ ㉢
④ ㉣

국어 일반행정직

13 다음 글에서 추론한 내용으로 가장 적절한 것은?

> 언어에는 중요한 몇 가지 특징이 있다. 첫째, 언어의 형식인 말소리와 언어의 내용인 의미 간에는 필연적 관계가 없다. 이를 언어의 '자의성'이라 한다. 즉 어떤 내용을 나타내는 형식은 약속으로 정할 뿐이라는 것이다. 둘째, 언어에서 형식과 내용의 관계에 대한 사회적 약속은 한번 정해지면 개인이 쉽게 바꿀 수가 없다. 이를 언어의 '사회성'이라 한다. 셋째, 언어는 시간의 흐름에 따라 사회 구성원이 바뀌면서 끊임없이 변화한다. 이를 언어의 '역사성'이라 한다. 넷째, 하나의 언어 형식은 수많은 구체적 대상이 가진 공통적인 속성을 개념화하여 표현한 것이다. 예컨대 우리는 세상에 존재하는 여러 책상들의 공통적 속성을 추출하여 하나의 언어 형식인 '책상'으로 표현한다. 이를 언어의 '추상성'이라 한다.

① 같은 언어 안에도 다양한 방언 형태가 존재한다는 것은 언어의 자의성을 보여주는 사례이다.

② 가족과 대화할 때는 직장 동료와 대화할 때와 다른 표현을 사용한다는 것은 언어의 사회성을 보여주는 사례이다.

③ 유명인이 개인적으로 사용한 유행어가 시간이 지나도 표준어로 인정되지 않는다는 것은 언어의 역사성을 보여주는 사례이다.

④ 새로운 줄임말이 끊임없이 만들어지고 있다는 것은 언어의 추상성을 보여주는 사례이다.

14 다음 글에서 추론한 내용으로 적절하지 않은 것은?

> 국어의 표준 발음법 규정에서는 이중모음의 발음과 관련한 여러 조항들을 찾을 수 있다. 이중모음은 기본적으로 글자 그대로 발음해야 하지만, 글자와 다르게 발음하는 원칙이 덧붙은 경우도 있다. 이중모음 'ㅢ'의 발음에는 세 가지 원칙이 적용된다. 첫째, 초성이 자음인 음절의 'ㅢ'는 단모음 [ㅣ]로 발음해야 한다. 둘째, 첫음절 이외의 음절에서 'ㅢ'는 이중모음 [ㅢ]로 발음하는 것이 원칙이나 단모음 [ㅣ]로도 발음할 수 있다. 셋째, 조사 '의'는 이중모음 [ㅢ]로 발음하는 것이 원칙이나 단모음 [ㅔ]로도 발음할 수 있다.
>
> 이 세 가지 원칙을 적용하여 발음하려 할 때 원칙 간에 충돌이 발생할 때가 있다. '무늬'의 경우, 첫째 원칙에 따르면 [무니]로 발음해야 하는데 둘째 원칙에 따르면 [무늬]도 가능하고 [무니]도 가능하게 된다. 이렇게 첫째와 둘째가 충돌할 때에는 첫째 원칙을 따른다. 하지만 물어본다는 뜻의 명사 '문의(問議)'처럼 앞 음절의 받침이 뒤 음절의 초성으로 오게 되는 경우에는 첫째 원칙이 적용되지 않고 둘째 원칙이 적용된다. '문의 손잡이'에서의 '문의' 역시 받침이 이동하여 발음되기는 하지만 조사 '의'가 포함되어 있다. 이처럼 둘째와 셋째가 충돌하는 상황에서는 셋째 원칙을 따른다.

① '꽃의 향기'에서 '꽃의'는 두 가지 발음이 가능하다.

② '거의 끝났다'에서 '거의'는 한 가지 발음만 가능하다.

③ '편의점에 간다'에서 '편의점'은 두 가지 발음이 가능하다.

④ '한 칸을 띄고 쓴다'에서 '띄고'는 한 가지 발음만 가능하다.

15 다음 대화의 빈칸에 들어갈 말로 가장 적절한 것은?

> 갑: 설명회는 다음 달 셋째 주 목요일이나 넷째 주 목요일에 개최해야 합니다.
> 을: 설명회를 [　　　　　　　　].
> 병: 설명회를 다음 달 셋째 주 목요일에 개최하면, 홍보 포스터 제작을 이번 주 안에 완료해야 합니다.
> 정: 여러분의 의견대로 하자면, 반드시 이번 주 안에 홍보 포스터 제작을 완료해야 하겠군요.

① 다음 달 넷째 주 목요일에 개최해야 합니다
② 다음 달 셋째 주 목요일에 개최할 수 없습니다
③ 다음 달 넷째 주 목요일에 개최할 수 없습니다
④ 다음 달 넷째 주 목요일에 개최하면, 이번 주 안에 홍보 포스터 제작을 완료하지 않아도 됩니다

16 (가)~(다)를 전제로 할 때 빈칸에 들어갈 결론으로 가장 적절한 것은?

> (가) 인공일반지능이 만들어지거나 인공지능 산업이 쇠퇴한다.
> (나) 인공일반지능이 만들어지면, 인간의 생활이 편리해지는 동시에 많은 사람이 직장을 잃는다.
> (다) 인공지능 산업이 쇠퇴하면, 많은 사람이 직장을 잃는 동시에 세계 경제가 침체된다.
> 따라서 [　　　　　　　　].

① 세계 경제가 침체된다
② 인간의 생활이 편리해진다
③ 많은 사람이 직장을 잃는다
④ 인간의 생활이 편리해지고 세계 경제가 침체된다

17 다음 진술이 모두 참일 때 반드시 참인 것은?

> • 갑이 제주도 출장을 가면, 을은 제주도 출장을 가지 않는다.
> • 을이 제주도 출장을 가지 않으면, 병은 휴가를 내지 않는다.
> • 병이 휴가를 낸다.

① 갑이 제주도 출장을 가지 않는다.
② 을이 제주도 출장을 가지 않는다.
③ 갑이 제주도 출장을 가고 병은 휴가를 낸다.
④ 을이 제주도 출장을 가고 병은 휴가를 내지 않는다.

18 다음 글의 논지를 강화하는 것으로 가장 적절한 것은?

> A국은 도시 이외 지역의 초중고 교사가 부족하다. 이 상황을 심각하게 받아들인 A국 정부는 도시 이외 지역의 교사 충원율을 높이기 위해, 도시 이외 지역의 교사 연봉을 10% 인상하고 교사 양성 프로그램을 확대하는 정책을 제시했다. 하지만 이 정책은 근본적인 해결책이 되기 어렵다. 문제를 해결하기 위해서는, 단기간에 교사의 수를 늘리거나 교사의 연봉을 인상하기보다는 도시 이외의 지역에서 근무할 수 있는 충분한 교육 환경과 사회 기반 시설을 확보하는 것이 급선무이다. 현직 교사들뿐 아니라 교사를 지망하는 대학 졸업 예정자들 다수는 교육 환경과 사회 기반 시설이 열악한 도시 이외의 지역에서 일하기를 꺼리기 때문이다.

① A국은 정부의 교육 예산이 풍부해서 도시 이외 지역의 교육 환경과 도시의 교육 환경에 별 차이가 없다는 것이 밝혀졌다.
② A국에서 도시 이외의 지역에 근무하던 사회 초년생들이 연봉을 낮추어서라도 도시로 이직한 주된 이유는 교통 시설의 부족으로 밝혀졌다.
③ A국과 유사한 상황이었던 B국에서는 교사 연봉을 5% 인상한 후, 도시 이외 지역의 학생 1인당 교사 비율이 크게 증가했다.
④ A국과 유사한 상황이었던 C국에서는 교사 양성 프로그램을 확대한 이후에 도시뿐 아니라 도시 이외의 지역에서 교사의 수가 크게 증가했다.

19 다음 글의 (가)를 강화하는 것으로 가장 적절한 것은?

> 쿤은 자연과학과 사회과학 모두를 포함하는 과학의 발전 단계를 세 시기로 구분한다. 패러다임을 한 번도 정립하지 못한 전정상과학 시기, 하나의 패러다임이 지배하는 정상과학 시기, 기존 패러다임이 새 패러다임으로 교체되는 과학혁명 시기가 그것이다. 패러다임은 모든 과학자에게 동일한 연구 방향 및 평가 기준을 따르게 하여, 연구의 효율성을 높이고 과학의 발전 단계를 성숙한 수준으로 올려놓는다. 한 번도 패러다임을 정립하지 못해 전정상과학 시기에 머물러 있는 과학 분야는 과학자 모두가 제각기 연구 활동을 한다. 과학의 발전 단계상 성숙한 수준에 도달하지 못한 것이다. 어떤 과학 분야라도 패러다임을 정립하면 정상과학 시기에 들어서게 되는데, 그 뒤에 다시 전정상과학 시기로 되돌아갈 수는 없다. 정상과학 시기는 언제나 과학혁명 시기로 이어지고, 과학혁명 시기는 언제나 정상과학 시기로 이어지기 때문이다. 정상과학 시기의 과학자는 동일한 패러다임에 따라, 과학혁명 시기의 과학자는 기존 패러다임 혹은 새 패러다임에 따라 과학 활동을 하기에 그 두 시기에 있는 과학 분야는 모두 성숙한 수준에 도달해 있는 것이다. 이 구분에 따를 때, (가) <u>일부 사회과학 분야는 과학의 발전 단계상 아직도 성숙한 수준에 도달하지 못했다</u>는 것이 쿤의 진단이다.

① 패러다임이 교체된 적이 있지만 과학자들의 연구 방향 및 평가 기준이 동일한 사회과학 분야가 있다.
② 패러다임이 교체되는 중이고 과학자들의 연구 방향 및 평가 기준이 서로 다른 사회과학 분야가 있다.
③ 패러다임이 정립된 적이 있지만 과학자들의 연구 방향 및 평가 기준이 서로 다른 사회과학 분야가 있다.
④ 패러다임이 정립된 적이 없고 과학자들의 연구 방향 및 평가 기준이 서로 다른 사회과학 분야가 있다.

20 다음 대화를 분석한 내용으로 적절하지 않은 것은?

> 보은: 기차가 달리고 있는 선로에 다섯 명의 인부가 일하고 있고, 그들에게 그 기차를 피할 시간적 여유는 없어. 그런데 스위치를 눌러서 선로를 변경하면 다섯 명의 인부 대신 다른 선로에 있는 한 사람이 죽게 돼. 이 선택의 딜레마 상황에서 너희들은 어떻게 할 거야?
>
> 소현: 이런 경우엔 행위에 따른 결과가 선택의 기준이 된다고 생각해. 그래서 나는 스위치를 눌러서 한 명이 죽더라도 다섯 명을 살리는 선택을 할 거야. 그건 결과적으로 봤을 때 불가피한 조치 아니겠어?
>
> 은주: 글쎄, 행위에 따른 결과보다 행위 자체의 도덕성을 기준에 두어야 하는 거 아니야? 행위 자체의 도덕성을 따진다면, 스위치를 눌러서 사람을 '죽이는 것'과 아무것도 하지 않고 '죽게 내버려 두는 것' 중에 당연히 살인에 해당하는 전자가 더 나쁘지.
>
> 보은: 나도 그렇게 생각해. 스위치를 누르면 살인이고, 누르지 않으면 방관일 텐데, 법적인 측면에서 보더라도 전자는 후자보다 무겁게 처벌되잖아. 게다가 생명의 가치는 수량화할 수 없으니 한 사람보다 다섯 사람이 가지는 생명의 가치가 더 크다고 말할 수 없어.
>
> 영민: 생명의 가치를 수량화할 수 없다는 데 원론적으로는 나도 동의해. 하지만 지금처럼 불가피한 선택의 상황에서 무엇보다 우선해야 할 것은 명확한 기준을 세우는 일이야. 나는 이 상황에서 어떻게 하면 죽는 사람의 수를 최소화하는가가 그 기준이 되어야 한다고 생각해.

① 스위치를 누르는 일을 살인으로 본다는 점에 대해 은주는 보은과 견해를 같이한다.
② 생명의 가치를 수량화할 수 없다는 점에 대해 영민은 원론적으로는 보은과 견해를 같이한다.
③ 선택의 딜레마 상황에서 소현은 행위에 따른 결과를, 은주는 행위 자체의 도덕성을 선택의 기준으로 삼는다.
④ 인명피해가 불가피한 선택의 상황에 놓인다면, 영민은 죽는 사람의 수를 최소화하는 선택을 하고, 소현은 그렇게 하지 않는다.

국어 | 2025년 지방직 9급

모바일 OMR

회독 CHECK 1 2 3

01 〈공공언어 바로 쓰기 원칙〉에 따라 수정한 것으로 적절하지 않은 것은?

> 〈공공언어 바로 쓰기 원칙〉
> • 표현의 정확성
> ㉠ 의미에 맞는 정확한 단어 쓰기.
> ㉡ 부적절한 피 · 사동 표현에 유의함.
> • 여러 뜻으로 해석되는 표현 삼가기
> ㉢ 하나의 뜻으로 해석되는 문장을 사용함.
> • 대등한 것끼리 접속
> ㉣ '-고', '-(으)며', '와/과' 등으로 접속되는 말에는 구조가 같은 표현을 사용함.

① "납세자의 결정세액이 기납부세액보다 적은 경우 그 차이만큼 납세자에게 환급할 예정이다."를 ㉠에 따라 "납세자의 결정세액이 기납부세액보다 적은 경우 그 차이만큼 납세자에게 환수할 예정이다."로 수정한다.

② "경제 성장에 방해가 되는 요소를 배제시켜야 한다."를 ㉡에 따라 "경제 성장에 방해가 되는 요소를 배제해야 한다."로 수정한다.

③ "시의회는 관련 단체와 시민들을 초청하기로 결정하였다."를 ㉢에 따라 "시의회는 관련 단체와 협의하여 시민들을 초청하기로 결정하였다."로 수정한다.

④ "사업 전체 목표 수립과 세부 사업별 추진 전략을 제시한다."를 ㉣에 따라 "사업 전체 목표를 수립하고 세부 사업별 추진 전략을 제시한다."로 수정한다.

02 다음 글을 이해한 내용으로 가장 적절한 것은?

> 김삿갓으로 알려진 김병연의 집안은 그의 할아버지인 김익순이 죄를 짓고 사형당하기 전까지 괜찮은 편이었다. 김병연의 5대조 할아버지 김시태가 경종 초에 신임사화에 연루되었지만, 영조가 즉위한 뒤 그것이 조작된 것임이 밝혀지고 명예가 회복되었다. 김익순은 김시태의 후광을 입어 여러 관직에 나아갔다. 1811년 그가 선천 부사로 재직 중일 때 홍경래의 난이 일어났다. 이때 그는 반란군에게 항복했을 뿐만 아니라, 반란이 수습될 무렵에는 반란군 장수의 목을 베어 왔다는 거짓 보고까지 했다. 김익순의 이러한 행적이 드러나 결국 그는 모든 재산이 몰수되고 사형을 당했다. 이후 김병연은 대역죄로 사형당한 인물의 후손이라는 오명을 쓰고 살아갈 수밖에 없었다. 그가 당대의 주류 세력과 관계를 맺지 못한 것도 이 때문이었다. 그는 20세 전후로 부모가 모두 숨지자 자신의 신세를 한탄하며 세상을 떠돌게 되었다.

① 김시태의 후손은 아무도 관직에 나아가지 못했다.

② 김익순은 김시태의 죄상이 드러나 재산이 몰수되었다.

③ 김병연은 자신의 조상이 신임사화에 연루되어 세상을 떠돌게 되었다.

④ 김병연은 대역죄인의 후손이어서 당대 주류 세력과 관계를 맺을 수 없었다.

03 다음 중 ㉠에 해당하는 사례로 적절한 것은?

> 하나의 단어는 하나의 품사에 속하는 것이 일반적이지만 어떤 단어는 두 가지 이상의 품사에 속할 수 있다. 예를 들어 '밝다'의 경우 '날이 밝았다.'에서는 '밤이 지나고 환해지며 새날이 오다'라는 의미의 동사이지만, '햇살이 밝은 날'에서는 '불빛 따위가 환하다'라는 의미의 형용사이다. 이렇듯 하나의 단어가 둘 이상의 품사로 사용되는 것을 품사 통용이라고 한다. 품사 통용은 동음이의 현상과 구별된다. 즉 품사 통용은 서로 관련된 두 의미가 같은 형태로 나타난 것인 반면, ㉠ 동음이의 현상은 먹는 '배'와 타는 '배'가 구별되는 것과 같이 서로 무관한 두 의미가 우연히 같은 형태로 나타난 것이다.

① 그는 여러 문화를 비교적 관점에서 연구했다. / 삼촌은 교통이 비교적 편리한 곳에 산다.
② 내가 언니보다 키가 더 크다. / 이번 여름에는 비가 많이 와서 마당의 풀이 잘 큰다.
③ 오늘이 드디어 기다리던 시험일이다. / 친구는 국립박물관에 오늘 갈 것이라 한다.
④ 나는 어제 산 모자를 쓰고 나갔다. / 형님은 시를 쓰고 누님은 그림을 그렸다.

04 〈지침〉에 따라 〈개요〉를 작성할 때 (가)~(라)에 들어갈 내용으로 적절하지 않은 것은?

〈지 침〉

- 서론은 보고서 작성의 배경과 필요성을 포함할 것.
- 본론은 제목에서 밝힌 내용을 2개의 장으로 구성하되, 2장의 하위 항목이 3장의 하위 항목과 서로 대응하도록 할 것.
- 결론은 기대 효과와 향후 과제를 순서대로 제시할 것.

〈개 요〉

- 제목: 국내 방송 산업의 친환경 제작 현황과 그 확산을 위한 정책 지원 방안

1장 서론
  1. 환경 위기에 대응하기 위한 해외 방송 산업의 정책 변화
  2. (가)

2장 국내 방송 산업의 친환경 제작 현황
  1. (나)
  2. 국내 친환경 방송 제작 관련 전문 인력 부재

3장 국내 방송 산업의 친환경 제작 확산을 위한 정책 지원 방안
  1. 국내 방송 산업의 특성을 반영한 친환경 제작 지침의 마련
  2. (다)

4장 결론
  1. (라)
  2. 현장 적용을 위한 정책 실행의 단계적 평가 및 개선

① (가): 국내 방송 산업의 친환경 제작 전략의 필요성
② (나): 국내 방송 산업 내 친환경 제작을 위한 지침 부재
③ (다): 국내 친환경 방송 제작 관련 전문 인력 채용의 제도화
④ (라): 친환경 방송 제작을 위한 세부 지침과 인력 채용 방안 제시

05 다음 글의 ㉠~㉣ 중 문맥상 어색한 곳을 수정한 것으로 가장 적절한 것은?

> 면역반응에는 '자연면역'과 '획득면역'이 있다. 먼저, 자연면역이란 외부 이물질에 대해 내 몸이 태어날 때부터 지니게 된 저항 능력을 가리킨다. 자연면역에서는 항원과 항체 사이의 ㉠ 직접적인 일대일 반응 관계가 존재하지 않는다. 외부에서 들어온 특정 항원에만 반응하는 유일의 항체가 별도로 존재하지 않는다는 것이다. 자연면역은 세균과 같은 미생물 등을 외부 이물질로 인식하여 제거한다. 예컨대 코나 폐에는 점막조직이 발달해 있어 외부 이물질을 걸러낸다. 세포 차원에서는 대식세포의 기능이 자연면역인데, 이 세포는 ㉡ 외부 미생물이 어떤 종류인지에 관계없이 대상을 제거한다.
>
> 특정 항원에만 반응하는 유일의 항체를 생성하는 면역반응을 획득면역이라고 한다. 획득면역에서는 자연면역과 달리 ㉢ 항원의 종류와 무관하게 특정 항원에 대해 여러 종류의 항체가 반응한다. 일례로 B림프구의 세포 표면에는 특정 항원을 인식하고 그 특정 항원에 결합하는 부위가 있는데, 이를 '항원 수용체'라고 한다. ㉣ 항원 수용체는 세포 표면에 형성되는 단백질의 일종으로, 항원에 의해 자극된다. 이 수용체가 림프구 세포로부터 떨어져 나와 혈액 안으로 들어간 단백질 단위를 항체라고 부른다.

① ㉠: 직접적인 일대일 반응 관계가 존재한다
② ㉡: 특정한 외부 미생물에 유일하게 반응하며 그 외의 대상은 제거하지 않는다
③ ㉢: 특정 항체가 특정 항원에 대해서만 반응한다
④ ㉣: 항원 수용체는 세포 내부에 형성되는 단백질의 일종으로, 항체에 의해 자극된다

06 (가)~(라)를 맥락에 맞추어 가장 적절하게 나열한 것은?

> (가) 픽셀 단위로 수치화된 이미지 데이터는 하나의 긴 데이터 형태로 컴퓨터에 저장된다. 초기 컴퓨터의 경우 흑백만 표현할 수 있었기 때문에 이미지는 하나의 픽셀에 대해 흑과 백이 0과 1로 표현되는 1비트로 저장되었다.
>
> (나) 높은 해상도의 구현은 데이터 저장 용량의 문제를 일으켰고, 용량을 줄이기 위한 여러 방법도 함께 고안되었다. 이를 통해 고해상도의 이미지도 웹사이트를 비롯한 다양한 분야에서 활발하게 사용할 수 있게 되었다.
>
> (다) 컴퓨터에서 이미지를 처리하기 위해서는 아날로그 영상 신호를 디지털로 변환하는 과정을 거쳐야 한다. 이미지를 디지털로 저장하는 가장 기본적인 방법은 픽셀 단위로 수치화하여 저장하는 것이다.
>
> (라) 하지만 현재는 컴퓨터 비전 기술이 발달하면서 하나의 픽셀에 여러 색상의 정보를 담게 되었다. 초기 색상 표현은 하나의 픽셀이 흑과 백의 1비트였으나, 최근에는 높은 해상도를 구현하기 위해 픽셀 하나에 32비트까지 사용한다.

① (나) – (가) – (라) – (다)
② (나) – (다) – (가) – (라)
③ (다) – (가) – (라) – (나)
④ (다) – (라) – (가) – (나)

[07~08] 다음 글을 읽고 물음에 답하시오.

천상계와 지상계로 나누어진 영웅 소설의 세계 구조에서 서사적으로 중요한 것은 지상계의 일이지만 인과론적 구도로는 천상계가 우위에 있다. 천상계의 의지나 그 대리자의 개입에 의해서 지상계의 서사가 결정되기 때문이다. 천상계는 지상에서 ㉠ 일어나는 모든 사건의 발생과 귀결을 지배하는 초월적 세계로서, 일시적으로 고난에 빠졌던 주인공이 세상에 창궐한 악을 물리치고 승리하도록 해 주는 근거로 작용한다. 지상의 혼란이나 세계 질서의 모순은 일시적인 것일 뿐 현실의 구체적 갈등에 뿌리를 둔 것이 아니어서 초월적 세계가 이미 설계한 바에 따라 쉽사리 해소된다. 이런 모습의 세계 구조를 '이원적 세계상'이라고 부른다.

반면에 판소리계 소설의 세계상은 대체로 일원적이고 경험적이다. 판소리계 소설에는 초월적 세계가 지배적 장치로 나타나는 경우가 극히 드물며, 현실의 경험적 인과 관계에 의해 서사가 전개된다. 예컨대 변학도의 횡포로 인한 춘향의 수난, 흥부의 가난과 고난, 심청과 심봉사의 불행, 유혹에 넘어간 토끼의 위기 탈출, 배비장의 욕망과 봉변, 장끼의 죽음 등은 초월적 세계의 의지나 그 대리자의 개입 없이 현실적 삶의 인과에 따라 이루어지는 것이다.

07 윗글을 이해한 내용으로 적절하지 않은 것은?

① 영웅 소설은 이원적 세계상을 잘 보여 주는 문학적 갈래이다.
② 판소리계 소설에서 서사의 인과 관계는 경험적 현실에 바탕을 둔 경우가 많다.
③ 천상계의 대리자가 지상계의 서사를 결정하는 작품에서는 이원적 세계상이 발견된다.
④ 영웅 소설에 비해 판소리계 소설에서는 초월적 세계가 현실의 문제를 해결하는 양상이 두드러진다.

08 윗글의 문맥상 ㉠의 의미와 가장 가까운 것은?

① 언니는 뽀얗게 일어나는 물보라에 손을 대었다.
② 그는 가까스로 일어나는 불꽃을 바라보고 있었다.
③ 아침 일찍 일어나는 습관을 들이는 것이 중요하다.
④ 싸움이 일어나는 동안 그는 숨어 있을 수밖에 없었다.

09 다음 진술이 모두 참일 때 반드시 참인 것은?

- 영희가 친구 혹은 선생님을 만났다면, 영희는 커피를 마셨다.
- 영희는 친구 혹은 선배를 만났다.
- 영희는 커피를 마신 적이 없다.

① 영희는 선배를 만났다.
② 영희는 친구를 만났다.
③ 영희는 선생님을 만났다.
④ 영희는 선배와 선생님을 모두 만났다.

[10~11] 다음 글을 읽고 물음에 답하시오.

이광수와 김동인은 한국 근대 문학 초기의 대표적인 소설가로, 이 둘의 작품은 표준어와 사투리의 사용에서 두드러진 차이를 보인다. 이광수의 대표작 「무정」에서는 작중 배경과 등장인물의 출신지가 서울이 아닌데도 인물들이 주고받는 대화가 표준어로 되어 있다. 반면 김동인의 대표작 「배따라기」에서 인물들의 대화는 출신지와 작중 배경에 ㉠ 맞는 사투리로 이루어진다. 작품의 리얼리티를 얼마나 잘 구현했는가를 기준으로 본다면, 「무정」보다 「배따라기」가 더 뛰어나다고 볼 수 있다.

그러나 이광수의 「무정」을 리얼리티의 구현 정도를 기준으로 낮잡아 평가하는 것은 곤란하다. 근대 국민국가 형성 과정에서 다양한 지방의 사투리를 통일하는 것은 중요한 화두였다. 이로 인해 표준어와 사투리의 위계가 공고해졌다. 당대의 지식인들은 표준어가 교양, 문화, 지식, 과학, 공적 영역 등의 근대적 가치를 나타내는 것으로, 사투리는 야만, 비문화, 무지, 비과학, 사적 영역 등의 전근대적인 가치를 ㉡ 나타내는 것으로 인식하였다. 이광수가 계몽주의의 신봉자였음을 ㉢ 떠올리면, 그가 「무정」에서 표준어를 사용한 것은 근대적 가치를 실현하기 위한 의도적인 선택이었다.

이처럼 표준어의 사용은 작가의 의도를 드러내는 기능을 한다. 이는 현대 문학 안에서도 찾아볼 수 있다. 박경리의 「토지」에서 대부분의 인물들은 경상도나 함경도 사투리를 사용한다. 하지만 주인공 '서희'는 사투리를 구사하지 않는다. 이는 작품의 리얼리티 형성에 방해가 되지만 해당 인물의 고고함과 차가움을 드러내는 데에 더할 수 없이 적절한 기능을 한다. 「토지」에 사용된 표준어는 인물의 성격을 ㉣ 뚜렷하게 보여 주는 효과를 지닌다.

10 윗글을 이해한 내용으로 가장 적절한 것은?

① 「배따라기」는 표준어를 사용하여 작품의 리얼리티를 확보하였다.

② 「무정」에는 근대적 가치의 실현과 관련된 작가의 의도가 담겨 있다.

③ 「토지」는 '서희'의 사투리 사용을 통해 작품의 리얼리티를 구현하였다.

④ 작품의 리얼리티를 기준으로 할 때, 「무정」이 「배따라기」보다 더 뛰어나다.

11 윗글의 ㉠~㉣과 바꿔 쓸 수 있는 유사한 표현으로 적절하지 않은 것은?

① ㉠: 영합(迎合)하는

② ㉡: 표상(表象)하는

③ ㉢: 상기(想起)하면

④ ㉣: 분명(分明)하게

[12~13] 다음 글을 읽고 물음에 답하시오.

경제적으로 보면 우리의 삶은 끊임없이 무언가를 소비한다. 의식주 같은 기본 생활에 더해 문화생활과 사회 활동도 소비를 떼어 놓고 생각할 수 없다. 소비되는 것을 흔히 '상품'이라고 부르지만 실은 '재화'라고 해야 하는데, 재화는 소비를 목적으로 하고 상품은 시장에서의 판매를 목적으로 한다는 점에서 구분되기 때문이다. 이렇게 볼 때 재화는 인류 역사상 늘 있었지만, 상품은 자본주의 시대에 이르러 출현하였다.

냉전 시대에는 다음과 같은 말이 있었다. "자본주의에서는 상인이 최고이고, 사회주의에서는 공직자가 최고이다." 자본주의는 자유경쟁을 기본으로 하기에 ㉠ 물건을 싸게 사서 비싸게 파는 상인이 돈을 가장 많이 벌 수 있으며, 사회주의는 관료제의 폐해로 국가 기관이 부패해서 고위 관료라든가 고급 당원이 배불리 먹고산다는 의미이다.

자본주의의 역사를 볼 때 이 말은 사실에 가깝다. 자본주의는 애초부터 상업의 발달과 밀접한 관계가 있었다. 중세의 상인들이 물건을 시장에 팔아 이윤을 얻기 위해 수공업자들을 조직하여 그들에게 자본과 도구를 빌려주고 물건을 대신 생산하게 한 데에서 자본주의가 출발하였다. 이처럼 자본주의는 ㉡ 상품에 기초한 사회로, 상품은 그것이 판매될 수 있는 시장을 전제로 생산되는 것이기 때문에 시장이 형성되어 있지 않다면 상품도 존재할 수 없다. 목수가 ㉢ 집에서 쓰기 위해 만든 의자와 시장에 팔기 위해 만든 의자는 동일한 의자임에도 재화와 상품의 관점에서 볼 때 서로 다르다.

이와 같이 상품에는 생산과 유통이라는 두 가지 측면이 있다. ㉣ 자본주의 사회에서 생산되는 물품의 유통을 맡은 사람이 바로 상인이다. "자본주의에서는 상인이 최고이다."라는 말은 만드는 이에 비해서 파는 이가 더 많은 이익을 남긴다는 뜻이다. 자본주의화가 진행될수록 전자와 후자 사이의 차이는 더 커진다. 기술혁신이 이루어져 상품을 생산하는 과정은 갈수록 단순해지고 상품의 대량생산은 쉬워지는 반면, 유통의 경우 상품과 최종 소비자 사이의 관계가 갈수록 복잡해지므로 생산에 비해 우회로를 더 많이 거치게 된다. 따라서 자본주의가 성숙할수록 제조업의 이윤은 적어지고 유통업의 이윤은 많아진다.

12 윗글에서 추론한 내용으로 가장 적절한 것은?

① 사회주의에서는 유통이 생산보다 중요하다.
② 상품이 존재한다는 것은 시장이 형성되어 있다는 것이다.
③ 자본주의가 성숙할수록 제조업과 유통업의 이윤 차이는 줄어든다.
④ 중세의 상인들은 물건의 생산 단가를 낮추기 위해 시장에 팔 물건을 손수 생산하였다.

13 윗글의 ㉠~㉣ 중 문맥상 의미가 나머지와 다른 하나는?

① ㉠
② ㉡
③ ㉢
④ ㉣

14 다음 글에서 추론한 내용으로 적절하지 않은 것은?

모든 기호에는 정보성, 즉 의미가 있다. 다시 말해 정보성은 기호가 가진 필수 조건이다. 그런데 기호에는 정보성뿐 아니라 의사소통의 의도를 가지는 것도 있다. 즉 기호는 정보성만 가진 기호와 정보성도 가진 의사소통적 기호로 구분된다. 가령 개나리가 피는 것은 봄이 왔다는 신호이고 낙엽이 지는 것은 가을이 왔음을 의미한다. 그러나 계절을 알리기 위해 개나리가 피고 낙엽이 지는 것은 아니기 때문에 그러한 자연적 기호들은 의사소통적 기호로 볼 수 없다. 개인의 지문이나 필체 역시 사람을 식별하는 기호가 될 수 있다. 하지만 지문과 필체가 사람을 식별하기 위해 존재하는 것은 아니므로 이들은 정보성을 가진 기호일 뿐이다. 코넌 도일의 소설에서 셜록 홈스는 상대의 손톱, 코트의 소매, 표정 등을 근거로 그 사람의 직업이나 성격을 추리해 낸다. 홈스에게는 이런 것들이 모두 정보를 제공하는 기호들이다. 그러나 이들을 의사소통적 기호라고는 할 수 없다. 반면 인간이 관습적으로 사용하는 기호인 봉화, 교통 신호등, 모스 부호 등은 정보성뿐만 아니라 의사소통의 의도를 명백히 가진다. 모든 기호를 통틀어 인간의 언어는 가장 복잡하고 체계적인 관습적 기호이며 의사소통적 기호이다.

① 전쟁 중에 군대에서 사용하는 암호는 관습적 기호이다.
② 일기예보에서 흐린 날씨를 표시하는 구름 모양의 아이콘은 자연적 기호이다.
③ 특정 질병에 걸렸을 때 나타나는 얼굴색은 정보성만을 가진 기호이다.
④ 이웃 마을과 구별하기 위해 마을의 명칭을 본떠 만든 상징탑은 의사소통적 기호이다.

15 다음 글의 (가), (나)에 들어갈 말을 적절하게 나열한 것은?

> 자아 개념이란 자신에 대한 주관적 견해로서 개인이 가지고 있는 능력, 성격, 태도, 느낌 등을 모두 포괄한다. 자아의 형성에 영향을 미치는 요인 중 하나로 타인에게서 듣게 되는 나와 관련된 메시지를 들 수 있다. 물론 타인 중에는 자신이 느끼기에 나에게 관련이 적은 사람도 있고 중요한 사람도 있다. 예를 들어 "너의 글은 인상적이야. 앞으로 좋은 작품을 쓸 수 있을 것 같아."라는 말을 누군가에게 들었을 때, 그 사람이 나에게 중요하다면 그 평가는 자아 개념 형성에 큰 영향을 미칠 수 있다. 그런 범주에 들어갈 수 있는 사람들로는 부모, 친구, 선생님 등이 있을 것이다. 나에게 (가) 의 말은 기억에 오래 남기 마련이다.
>
> 한편, 타인에게 영향을 받는 자아를 설명하는 개념 중에는 (나) 라는 것도 있다. 이 개념에 따르면 우리는 타인과 상호작용하는 과정에서 단순히 타인을 모범으로 삼아 따라 하거나 타인의 훈육을 통해 자아를 형성한다기보다는 타인에게 비치는 나의 모습을 상상하고 그 모습에 대한 타인의 판단을 추정한다. 그러한 추정을 통해 자기에게 생겨난 감정을 알아 가는 과정에서 성숙한 자아를 형성해 나간다.

	(가)	(나)
①	관련이 적은 타인	거울에 비친 자아
②	중요한 타인	모범적인 타인을 따르는 자아
③	관련이 적은 타인	모범적인 타인을 따르는 자아
④	중요한 타인	거울에 비친 자아

16 다음 글의 밑줄 친 결론을 이끌어 내기 위해 추가해야 할 것은?

> 마라톤을 하는 사람은 모두 식단을 조절하거나 근력 운동을 한다. 근력 운동을 하는 사람은 모두 건강하다. 따라서 <u>마라톤을 하는 사람은 모두 건강하다</u>.

① 건강한 사람은 모두 식단을 조절한다.
② 식단을 조절하는 사람은 모두 건강하다.
③ 식단을 조절하는 사람 중에 근력 운동을 하는 사람은 없다.
④ 식단 조절과 근력 운동을 병행하는 사람 중에 건강하지 않은 사람은 없다.

17 다음 대화를 분석한 내용으로 적절하지 않은 것은?

> 갑: 언어는 인간의 지각과 사고, 세계관 등을 결정해. 인간 사고의 내용과 구조는 언어에 의해 형성되며, 이 때문에 동일한 언어를 쓰는 민족은 그 언어에 의해 형성된 공통의 세계관을 갖게 되지. 사고가 언어에 영향을 미치는 것이 아니라 실은 그 반대야.
> 을: 나는 동의할 수 없어. 언어는 인간의 사고를 표현하는 도구에 불과해서 사고가 언어에 영향을 미친다고 봐야 해. 따라서 사고의 차이가 언어의 차이를 낳지.
> 병: 그렇긴 하지. 사고의 깊이가 깊은 사람은 그렇지 않은 사람에 비해 구사하는 언어의 수준이 높아. 하지만 나는 언어가 사고에 영향을 미친다는 것도 동의해. 남미의 어떤 부족은 방향을 표현할 때 '왼쪽'이나 '오른쪽'이 아니라 '북서쪽'과 같이 절대 방위로 표현하는데, 이 언어를 쓰는 사람들의 공간 감각은 이 언어를 쓰지 않는 사람들보다 더 뛰어나다고 하거든.
> 갑: 언어가 다르면 세계를 다르게 인식해. 어떤 언어의 화자가 자기 언어의 색채어에 맞추어 색깔을 구별하는 것을 그 사례로 들 수 있어. 이런 점에서 언어가 없다면 인식하고 사고할 수 없다는 말도 성립해.
> 을: 언어가 미숙한 유아라든지 언어가 없는 동물들도 자신들이 직면한 문제에 대해 사고하고 판단하잖아. 이건 언어가 사고에 영향을 미치지 못한다는 증거이지.
> 병: 나는 언어와 사고의 관계가 어느 한쪽이 일방적으로 영향을 주는 게 아니라 서로 영향을 주고받으면서 발전한다고 생각해.

① 언어와 사고가 서로 영향을 주고받는 관계라는 점에 대해 갑과 을은 동의하지 않지만 병은 동의한다.
② 사고가 언어에 영향을 미친다는 점에 대해 갑은 동의하지만 을은 동의하지 않는다.
③ 언어가 다르면 세계를 다르게 인식한다는 점에 대해 갑과 병은 동의한다.
④ 사고의 차이가 언어의 차이를 낳는다는 점에 대해 을과 병은 동의한다.

18 다음 대화에 대한 평가로 적절한 것만을 모두 고르면?

> 갑: 친구에게 보내는 감사 메일에 건강하기를 기원하는 의미로 "건강해라."라고 적었는데, 다른 친구가 그건 잘못된 표현이니까 쓰면 안 된다고 하더라고. 널리 쓰이는 표현인데 왜 쓰면 안 된다는 거야?
> 을: 문법 규범에 어긋난 표현이 자주 쓰인다는 이유로 문법 규범으로 인정되어서는 안 돼. 문맥상 "건강해라."는 상대방에게 명령하는 의미를 지니는데 건강한 상태를 명령할 수는 없잖아? 그래서 형용사의 명령형은 문법 규범에 어긋난 거니까 사용하면 안 돼. 마찬가지로 어휘도 사람들이 자주 쓴다고 해서 비표준어가 표준어가 되는 것은 아니잖아.
> 갑: 문법 규범에 맞게 쓰거나 표준어를 사용하는 것이 권장되어야 하는 것은 옳지만, 문법 규범에 맞지 않거나 비표준어라고 해서 사용하지 말아야 하는 것은 아니라고 생각해. 문법 규범이나 표준어는 공통의 언어 사용을 유도하기 위한 정책으로 제시된 것일 뿐이거든. "건강해라."는 언중에게 널리 쓰인다는 점에서 사용에 문제가 없어.

> ㄱ. '쓰여지다', '잊혀지다'와 같은 이중 피동은 사람들에게 널리 쓰이는 표현이지만 문법 규범에 맞지 않으니까 사용하지 말아야 한다는 주장은 갑과 을의 입장을 모두 강화한다.
> ㄴ. 명령문 "행복해라."가 문법 규범에 맞지 않지만 상대방이 행복하기를 바라는 기원의 의미로 널리 쓰이기 때문에 써도 된다는 주장은 갑의 입장을 약화한다.
> ㄷ. 언중이 비표준어이던 '맨날'을 자주 사용하는 현실에 따라 표준어 '만날'과 함께 '맨날'도 표준어로 인정되었다는 사실은 을의 입장을 약화한다.

① ㄷ
② ㄱ, ㄴ
③ ㄱ, ㄷ
④ ㄱ, ㄴ, ㄷ

19 다음 대화의 (가)에 들어갈 말로 적절한 것은?

> 갑: 공무원은 공직자이고 공직자는 그 직책만으로 국가나 사회에 영향을 미치는 공인이야. 모든 공무원은 공인이니까 공인으로서의 사명감을 가질 의무가 있어. 하지만 공무원이 아닌 사람이라면 그게 누구든 그런 사명감을 가질 의무는 없지.
> 을: 모든 사람이 죽는다고 죽는 것들이 모두 사람인 것은 아니잖아. 네가 "공무원이 아닌 모든 사람은 공인으로서의 사명감을 가질 의무가 없다."라는 주장을 하려면 " (가) ."가 참이어야 해.

① 몇몇 공인은 공인으로서의 사명감을 가질 의무가 없다
② 모든 공무원은 공인으로서의 사명감을 가질 의무가 없다
③ 공인으로서의 사명감을 가질 의무가 있는 사람은 모두 공무원이다
④ 공인으로서의 사명감을 가질 의무가 없는 사람은 모두 공무원이 아니다

20 다음 글의 논지를 약화하는 것으로 가장 적절한 것은?

> 인간이 지닌 대부분의 지적 능력을 상회하는 기능을 발휘하는 인공지능 컴퓨터 프로그램이나 이 프로그램을 사용해 작동하는 기계 장치를 '인공일반지능'이라고 부른다. 이론적으로 인공일반지능은 현재까지 개발된 모든 인공지능 프로그램의 기능을 전부 갖게 될 것이다. 인공일반지능의 등장이 인간의 본질적 가치를 훼손할 것이라고 우려하는 사람들이 있다. 그렇다면 인공일반지능의 개발은 허용되어야 하는가?
> 인공일반지능의 개발이 허용된다면 머지않아 인공일반지능은 개발된다. 이로 인해, 인공일반지능은 대부분의 직업 영역에서 인간을 대신해 업무를 수행할 것이고 많은 사람들이 직업을 잃고 소외감을 느낌으로써 인간의 본질적 가치가 훼손된다. 또한 인공일반지능이 개발된다면 인간은 더 이상 지구상에서 특별하고 우월한 존재가 아니게 된다. 이는 인간이 지닌 특별하고 우월한 존재론적 지위, 즉 인간의 본질적 가치가 훼손된다는 것이다. 인간의 본질적 가치는 어떠한 경우에도 훼손되어서는 안 되므로 인공일반지능의 개발은 허용될 수 없다.

① 인공일반지능의 수준에 미치지 못하는 특정 분야에 특화된 인공지능 프로그램만으로도 많은 사람이 일자리를 잃고 소외감을 느끼고 있다.
② 인공지능 연구로 노벨 물리학상을 받은 H는 인공지능 기술이 인간의 존재론적 지위에 위협이 될 것이라며 인공지능 개발 연구를 멈춰야 한다고 주장한다.
③ 현재 상용화되어 있는 대화형 인공지능은 마음의 상처를 입은 사람들에게 위안을 주어 사람들이 본질적 가치를 회복하는 데 도움을 주고 있음이 입증되었다.
④ 유관 학회 전문가들을 대상으로 한 설문에서, 인공일반지능의 개발이 인간의 본질적 가치를 훼손할 가능성이 높아 개발을 허용해서는 안 된다고 응답한 사람들이 그렇지 않은 사람들보다 압도적으로 많았다.

국어 | 2024년 국가직 9급

모바일 OMR

회독 CHECK 1 2 3

01 (가)~(라)를 맥락에 따라 가장 자연스럽게 배열한 것은?

> 약물은 질병을 치료하거나 예방할 목적으로 사용되는 의약품이다. 우리 주변에는 약물이 오남용되는 경우가 있다.
>
> (가) 더구나 약물은 내성이 있어 이전보다 더 많은 양을 사용하기 마련이므로 피해는 점점 커지게 된다.
>
> (나) 오남용은 오용과 남용을 합친 말로서 오용은 본래 용도와 다르게 사용하는 일, 남용은 함부로 지나치게 사용하는 일을 가리킨다.
>
> (다) 그러므로 약물을 사용할 때는 반드시 의사나 약사와 상의하고 설명서를 확인하여 목적에 맞게 적정량을 사용해야 한다.
>
> (라) 약물을 오남용하면 신체적 피해는 물론 정신적 피해를 입을 수 있다.

① (나) – (다) – (라) – (가)
② (나) – (라) – (가) – (다)
③ (라) – (가) – (나) – (다)
④ (라) – (다) – (나) – (가)

02 다음 대화를 분석한 내용으로 가장 적절한 것은?

> 갑: 고대 노예제 사회나 중세 봉건 사회는 타고난 신분에 따라 사회적 지위가 결정되는 계급사회였지만, 현대 사회는 계급사회가 아니라고 많이들 말해. 그런데 과연 그런지 의문이야.
>
> 을: 현대 사회는 고대나 중세만큼은 아니지만 귀속지위가 성취지위를 결정하는 면이 없다고 할 수 없어. 빈부 격차에 따라 계급이 나뉘고 그에 따른 불평등이 엄연히 존재하잖아. '금수저', '흙수저'라는 유행어에서 볼 수 있듯 빈부 격차가 대물림되면서 개인의 계급이 결정되고 있어.
>
> 병: 현대 사회가 빈부 격차로 인해 계급이 나누어지는 것처럼 보인다고 해서 계급사회라고 단정할 수는 없어. 계급사회라고 말하려면 계급 체계 자체가 인간의 생활을 전적으로 규정할 수 있어야 하는데, 오늘날 각종 문화나 생활 방식 전체를 특정한 계급 논리만으로는 설명할 수 없어. 따라서 현대 사회를 계급사회로 보기는 어려워.
>
> 갑: 현대 사회의 문화가 다양하다는 것은 맞아. 하지만 인간 생활의 근간은 결국 경제 활동이고, 경제적 계급 논리로 현대 사회의 문화를 충분히 설명하고 규정할 수 있어. 또한 현대 사회에서 인간의 사회적 지위는 부모의 경제력과 직결되기 때문에 계급사회라고 말할 수 있어.

① 갑은 을의 주장 중 일부는 수용하고 일부는 반박한다.
② 을의 주장은 갑의 주장과 대립하지 않는다.
③ 갑과 병은 상이한 전제에서 유사한 결론을 도출하고 있다.
④ 병의 주장은 갑의 주장과는 대립하지 않지만 을의 주장과는 대립한다.

×
03 밑줄 친 부분이 표준어로 쓰인 것은?

① 그 친구는 허구헌 날 놀러만 다닌다.
② 닭을 통째로 구우니까 더 먹음직스럽다.
③ 발을 잘못 디뎌서 하마트면 넘어질 뻔했다.
④ 언니가 허리가 잘룩하게 들어간 코트를 입었다.

×
04 다음은 다의어 '알다'의 뜻풀이 중 일부이다. ㉠~㉣의 예로 적절하지 않은 것은?

> ㉠ 어떤 일을 할 능력이나 소양이 있다.
> ㉡ 다른 사람과 사귐이 있거나 인연이 있다.
> ㉢ 어떤 일에 대하여 관여하거나 관심을 가지다.
> ㉣ 어떤 일을 어떻게 할지 스스로 정하거나 판단하다.

① ㉠: 그 외교관은 무려 7개 국어를 할 줄 안다.
② ㉡: 이 두 사람은 서로 알고 지낸 지 오래이다.
③ ㉢: 그 사람이 무엇을 하든 내가 알 바 아니다.
④ ㉣: 나는 그 팀이 이번 경기에서 질 줄 알았다.

05 진행자의 말하기 방식에 대한 설명으로 적절하지 않은 것은?

> 진행자: 우리 시에서도 다음 달부터 시내 도심부에서의 제한 속도를 조정하기로 했습니다. 이와 관련하여, 강ㅁㅁ 교수님 모시고 말씀 듣겠습니다. 교수님, 안녕하세요?
> 강 교수: 네, 안녕하세요?
> 진행자: 바뀌는 제도의 내용을 좀 더 구체적으로 설명해 주시죠.
> 강 교수: 네, 시내 도심부 간선도로에서의 제한 속도를 기존의 70km/h에서 60km/h로 낮추는 정책입니다.
> 진행자: 시의회에서 이 정책 도입에 중요한 역할을 하신 것으로 아는데, 어떤 효과를 얻을 것이라고 주장하셨나요?
> 강 교수: 차량 간 교통사고 발생 가능성을 줄이고 보행자 안전을 확보할 수 있다고 했습니다.
> 진행자: 그런데 일각에서는 그런 효과는 미미하고 오히려 교통체증을 유발하여 대기오염이 심화될 것이라며 이 정책에 반대합니다. 이에 대해 말씀해 주시겠어요?
> 강 교수: 그렇지 않습니다. ○○시가 작년에 7개 구간을 대상으로 이 제도를 시험 적용해 보니, 차가 막히는 시간은 2분 정도밖에 증가하지 않았습니다. 그런데 중상 이상의 인명사고는 26.2% 감소했습니다. 또 이산화질소와 미세먼지 같은 오염물질도 각각 28%, 21%가량 오히려 감소한다는 연구 결과가 있습니다.
> 진행자: 아, 그러니까 속도를 10km/h 낮출 때 2분 정도 늦어지는 것이라면 인명 사고의 예방과 오염물질의 감소를 위해 충분히 감수할 만한 시간이라는 말씀이시군요.
> 강 교수: 네, 맞습니다.
> 진행자: 교통사고를 줄이고 보행자 안전을 확보할 수 있다는 점, 교통체증 유발은 미미할 것이라는 점, 오염물질 배출이 감소할 것이라는 점에서 이번의 제한 속도 조정 정책은 훌륭한 정책이라는 것이군요. 맞습니까?
> 강 교수: 네, 그렇게 정리할 수 있겠습니다.

① 상대방이 통계 수치를 제시한 의도를 자기 나름대로 풀어 설명한다.
② 상대방의 견해를 요약하며 자신이 이해한 바가 맞는지를 확인한다.
③ 상대방의 주장에 대한 이견을 소개하고 그에 대한 의견을 요청한다.
④ 상대방이 설명한 내용을 뒷받침할 수 있는 자신의 경험을 예시한다.

×
06 다음을 참고할 때, 단어의 종류가 같은 것끼리 짝 지어진 것은?

> 어떤 구성을 두 요소로만 쪼개었을 때, 그 두 요소를 직접구성요소라 한다. 직접구성요소가 어근과 어근인 단어는 합성어라 하고 어근과 접사인 단어는 파생어라 한다.

① 지우개 – 새파랗다 ② 조각배 – 드높이다
③ 짓밟다 – 저녁노을 ④ 풋사과 – 돌아가다

×
07 다음 시를 감상한 내용으로 적절하지 않은 것은?

> 머리가 마늘쪽같이 생긴 고향의 소녀와
> 한여름을 알몸으로 사는 고향의 소년과
> 같이 낯이 설어도 사랑스러운 들길이 있다
>
> 그 길에 아지랑이가 피듯 태양이 타듯
> 제비가 날듯 길을 따라 물이 흐르듯 그렇게
> 그렇게
>
> 천연히
>
> 울타리 밖에도 화초를 심는 마을이 있다
> 오래오래 잔광이 부신 마을이 있다
> 밤이면 더 많이 별이 뜨는 마을이 있다
>
> – 박용래, 「울타리 밖」 –

① 향토적 소재를 활용하여 공간 풍경을 묘사하고 있다.
② 유사한 문장 구조를 반복하여 리듬감을 조성하고 있다.
③ 화자를 표면에 나타내어 고향에 대한 상실감을 표출하고 있다.
④ 하나의 시어를 독립된 연으로 구성하여 주제 의식을 강조하고 있다.

08 다음 글에서 추론한 내용으로 가장 적절한 것은?

> 진화 개념에 대해 흔히 오해되는 측면이 있다. 첫째, 인간의 행동은 철저하게 유전적으로 결정되어 있다는 생각이다. 그런데 진화 이론이 유전자 결정론을 주장하는 것은 아니다. 인간의 행동은 유전적인 적응 성향과 이러한 적응 성향을 발달시키고 활성화되게 하는 환경으로부터의 입력이 상호작용한 결과이다.
> 둘째, 현재 인간의 마음이나 행동 체계는 오랜 진화 과정에 의한 최적의 적응 방식이라는 생각이다. 그것이 항상 맞는 것은 아니다. 가령 구석기 시대의 적응 방식을 오늘날 인간이 지니고 있어 생기는 문제점이 있다. 원시 시대에 사용하던 인지적 전략 등이 현재 그대로 남아 있기 때문에 문제가 생길 수 있는 것이다. 우리가 복잡한 상황에 적응하는 데는 원시 시대의 적응 방식이 부적절한 경우가 있을 수 있다.

① 인간의 행동은 환경의 영향으로, 마음은 유전의 영향으로 결정된다.
② 우리에게 주어진 상황의 복잡한 정도가 클수록 인지적 전략의 최적화가 이루어진다.
③ 같은 조상을 둔 후손이라도 환경에서 얻은 정보가 다르면 행동은 다르게 나타날 수 있다.
④ 조상의 유전적 성향보다 조상이 살았던 과거 환경이 인간의 진화 방향을 우선적으로 결정한다.

×
09 (가)~(다)에 들어갈 한자어로 가장 적절한 것은?

> • 현실을 [(가)]한 그 정책은 결국 실패로 돌아갔다.
> • 그는 [(나)]이 잦아 친구들 사이에서 신의를 잃었다.
> • 이 소설은 당대의 구조적 [(다)]을 예리하게 비판했다.

	(가)	(나)	(다)
①	度外視	食言	矛盾
②	度外視	添言	腹案
③	白眼視	食言	矛盾
④	白眼視	添言	腹案

10 다음 글에서 추론한 내용으로 적절하지 않은 것은?

> 오늘날 인터넷과 디지털 미디어를 통해 '온라인'에서의 '비대면' 접촉에 의한 상호 관계가 급속도로 확장되고 있다. '오프라인'이나 '대면'이라는 용어는 물리적 실체감이 있는 아날로그적 접촉을 가리킨다. 그런데 우리는 온라인과 오프라인을 함께 경험할 수도 있고, 이러한 이분법적인 용어로 명료하게 분리되지 않는 활동들도 많다. 예를 들어 누군가와 만나서 대화하는 중에 문자를 주고받음으로써 대면 상호작용과 온라인 상호작용을 동시에 할 수 있다.
>
> 한편 오프라인 대면 상호작용에서보다 온라인 비대면 상호작용에서 만난 사람들에게 더 끈끈한 유대감을 느끼기도 한다. 서로 관계를 형성하고 유지할 때 아날로그 상호작용 수단과 디지털 상호작용 수단을 동시에 활용할 수도 있다. 이처럼 오늘날과 같은 초연결 사회에서 우리의 경험은 비대면 혹은 대면, 온라인 혹은 오프라인 같은 이분법적 범주로 온전히 분리되지 않는다. 상호작용 양식들이 서로 겹치거나 교차하는 현상들을 이해하고자 할 때 이분법적인 범주는 심각한 한계를 지닌다.

① 이분법적 시각으로는 상호작용 양식이 교차하는 양상을 이해하기 어렵다.
② 비대면 온라인 상호작용으로는 사람들 간에 깊은 유대 관계를 형성할 수 없다.
③ 온라인 비대면 활동과 오프라인 대면 활동이 온전히 분리되어 있는 것은 아니다.
④ 오늘날에는 대면 상호작용 중에도 디지털 수단에 의한 상호 관계가 이루어질 수 있다.

11 다음 글을 이해한 내용으로 가장 적절한 것은?

> 부사는 장화와 홍련이 꿈에 나타나 자신들의 원통한 사정에 대해 고한 말을 듣고 배 좌수를 관아로 불러들였다. 부사가 물었다. "딸들이 무슨 병으로 죽었소?" 배 좌수는 머뭇거리며 답하지 못했다. 그러자 후처가 엿보고 있다가 남편이 사실을 누설할까 싶어 곧장 들어와 답했다. "제 친정은 이곳의 양반 가문입니다. 장녀 장화는 음행을 저질러 낙태한 뒤 부끄러움을 못 이기고 밤을 틈타 스스로 물에 빠져 죽었습니다. 차녀 홍련은 언니의 일이 부끄러워 스스로 목숨을 끊었습니다. 이렇게 낙태한 증거물을 바치니 부디 살펴봐 주시기 바랍니다." 부사는 그것을 보고 미심쩍어하며 모두 물러가게 했다.
>
> 이날 밤 운무가 뜰에 가득한데 장화와 홍련이 다시 나타났다. "계모가 바친 것은 실제로 제가 낙태해서 나온 것이 아니라 계모가 죽은 쥐의 가죽을 벗겨 제 이불 안에 몰래 넣어 둔 것입니다. 다시 그것을 가져다 배를 갈라 보시면 분명 허실을 알게 되실 겁니다." 이에 부사가 그 말대로 했더니 과연 쥐가 분명했다.
>
> – 「장화홍련전」에서 –

① 부사는 배 좌수의 후처가 제시한 증거를 보고 장화와 홍련의 말이 거짓이라고 확신했다.
② 배 좌수의 후처는 음행을 저지른 홍련이 스스로 물에 빠져 죽었다고 부사에게 거짓말을 하였다.
③ 장화는 배 좌수의 후처가 제시한 증거가 거짓임을 확인할 수 있는 계책을 부사에게 알려 주었다.
④ 배 좌수는 장화와 홍련이 스스로 목숨을 끊은 이유를 물어보는 부사에게 머뭇거리며 대답하지 못했다.

12 다음 문장이 들어가기에 가장 적절한 곳을 (가)~(라)에서 고르면?

> 나라에 위기가 닥쳤을 때 제 몸을 희생해 가며 나라 지키기에 나섰으되 역사책에 이름 한 줄 남기지 못한 이들이 이순신의 일기에는 뚜렷하게 기록된 것이다.

> 『난중일기』의 진면목은 7년 동안 전란을 치렀던 이순신의 인간적 고뇌가 가감 없이 드러나 있다는 데 있다. (가) 왜군이라는 외부의 적은 물론이고 임금과 조정의 끊임없는 경계와 의심이라는 내부의 적과도 싸우며, 영웅이기 이전에 한 사람의 인간으로서 느낀 극심한 심리적 고통이 잘 나타나 있다. (나) 전란 중 겪은 원균과의 갈등도 적나라하게 드러나 있어 그가 완벽한 인간이 아니라 감정에 휘둘리는 보통의 인간이었음을 보여 준다. (다) 그뿐만 아니라 이순신은 『난중일기』에서 사랑하는 가족의 이름과 함께 휘하 장수에서부터 병졸들과 하인, 백성들의 이름까지도 언급하고 있다. (라) 『난중일기』의 위대함은 바로 여기에 있다.

① (가) ② (나)
③ (다) ④ (라)

13 다음 글을 이해한 내용으로 가장 적절한 것은?

> 문득, 제비와 같이 경쾌하게 전보 배달의 자전거가 지나간다. 그의 허리에 찬 조그만 가방 속에 어떠한 인생이 압축되어 있을 것인고. 불안과, 초조와, 기대와…… 그 조그만 종이 위의, 그 짧은 문면(文面)은 그렇게도 용이하게, 또 확실하게, 사람의 감정을 지배한다. 사람은 제게 온 전보를 받아 들 때 그 손이 가만히 떨림을 스스로 깨닫지 못한다. 구보는 갑자기 자기에게 온 한 장의 전보를 그 봉함(封緘)을 떼지 않은 채 손에 들고 감동하고 싶은 충동을 느꼈다. 전보가 못 되면, 보통우편물이라도 좋았다. 이제 한 장의 엽서에라도, 구보는 거의 감격을 가질 수 있을 게다.
>
> 흥, 하고 구보는 코웃음쳐 보았다. 그 사상은 역시 성욕의, 어느 형태로서의, 한 발현에 틀림없었다. 그러나 물론 결코 부자연하지 않은 생리적 현상을 무턱대고 업신여길 의사는 구보에게 없었다. 사실 서울에 있지 않은 모든 벗을 구보는 잊은 지 오래였고 또 그 벗들도 이미 오랫동안 소식을 전하여 오지 않았다. 그들은, 모두, 지금, 무엇들을 하고 있을꼬. 한 해에 단 한 번 연하장을 보내 줄 따름의 벗에까지, 문득 구보는 그리움을 가지려 한다. 이제 수천 매의 엽서를 사서, 그 다방 구석진 탁자 위에서…… 어느 틈엔가 구보는 가장 열정을 가져, 벗들에게 편지를 쓰고 있는 제 자신을 보았다. 한 장, 또 한 장, 구보는 재떨이 위에 생담배가 타고 있는 것도 깨닫지 못하고, 그가 기억하고 있는 온갖 벗의 이름과 또 주소를 엽서 위에 흘려 썼다…… 구보는 거의 만족한 웃음조차 입가에 띠며, 이것은 한 개 단편소설의 결말로는 결코 비속하지 않다, 생각하였다. 어떠한 단편소설의—물론, 구보는, 아직 그 내용을 생각하지 않았다.
>
> – 박태원, 「소설가 구보 씨의 일일」에서 –

① 벗들과의 추억을 시간순으로 회상하고 있다.
② 주인공인 서술자가 주변 거리를 재현하고 있다.
③ 연상 작용에 의해 인물의 생각이 연속되고 있다.
④ 전보가 이동된 경로를 따라 사건이 전개되고 있다.

14 밑줄 친 부분과 바꾸어 쓰기에 적절하지 않은 것은?

① 나는 하루 종일 거리를 배회(徘徊)하였다. → 돌아다녔다

② 이 산의 광물 자원은 무진장(無盡藏)하다. → 여러 가지가 있다

③ 그분의 주장은 경청(傾聽)할 가치가 있다. → 귀를 기울여 들을

④ 공지문에서는 회의의 사유를 명기(明記)하지 않았다. → 밝혀 적지

15 다음 글을 감상한 내용으로 적절하지 않은 것은?

> 내 님믈 그리ᅀᆞ와 우니다니
> 산(山) 졉동새 난 이슷ᄒᆞ요이다
> 아니시며 거츠르신 ᄃᆞᆯ 아으
> 잔월효성(殘月曉星)이 아ᄅᆞ시리이다
> 넉시라도 님은 ᄒᆞᆫᄃᆡ 녀져라 아으
> 벼기더시니 뉘러시니잇가
> 과(過)도 허믈도 천만(千萬) 업소이다
> ᄆᆞᆯ힛 마리신뎌
> ᄉᆞᆯ읏븐뎌 아으
> 니미 나ᄅᆞᆯ ᄒᆞ마 니ᄌᆞ시니잇가
> 아소 님하 도람 드르샤 괴오쇼셔.

① 자연물을 통해 화자의 처지를 드러내고 있다.

② 천상의 존재를 통해 화자의 결백함을 나타내고 있다.

③ 설의적 표현을 활용하여 화자의 정서를 부각하고 있다.

④ 큰 숫자를 활용하여 임을 향한 화자의 그리움을 강조하고 있다.

16 다음 글에서 추론한 내용으로 적절하지 않은 것은?

> 새의 몸에서 나오는 테스토스테론은 구애 행위나 짝짓기와 밀접하게 관련된다. 따라서 번식기가 아닌 시기에는 거의 분비되지 않는데, 번식기에 나타나는 테스토스테론의 수치 변화 양상은 새의 종류에 따라 다르다.
>
> 노래참새 수컷의 테스토스테론 수치는 짝짓기에 성공하여 암컷의 수정이 이루어지는 시점을 전후하여 달라진다. 번식기가 되면 수컷은 암컷의 마음을 얻는 데 필요한 영역을 차지하려고 다른 수컷과 싸워야 한다. 이 시기 수컷의 테스토스테론 수치는 암컷의 수정이 이루어질 때까지 계속 높아진다. 그러다가 수정이 이루어지면 수컷은 곧바로 새끼를 돌볼 준비를 하게 되는데, 이때부터 그 수치는 떨어진다. 새끼가 커서 둥지를 떠나게 되면 수컷은 더 이상 영역을 지킬 필요가 없기 때문에 번식기가 끝나지 않았는데도 테스토스테론 수치는 좀 더 떨어지고, 번식기가 끝나면 테스토스테론은 거의 분비되지 않는다.
>
> 검정깃찌르레기 수컷은 테스토스테론 수치가 번식기가 되면 올라갔다가 암컷이 수정한 이후부터 번식기가 끝날 때까지 떨어지지 않는다. 이 수컷은 자신의 둥지를 지키면서 암컷과 새끼를 돌보는 대신 다른 암컷과의 짝짓기를 위해 자신의 둥지를 떠나 버린다.

① 노래참새 수컷은 번식기 동안 테스토스테론 수치가 새끼를 양육할 때보다 양육이 끝난 후에 높게 나타난다.

② 번식기 동안 노래참새 수컷의 테스토스테론 수치는 암컷의 수정이 이루어지기 전보다 이루어진 후에 낮게 나타난다.

③ 검정깃찌르레기 수컷은 암컷이 수정한 이후 번식기가 끝날 때까지 테스토스테론 수치가 떨어지지 않는다.

④ 노래참새 수컷과 검정깃찌르레기 수컷 모두 번식기의 테스토스테론 수치는 번식기가 아닌 시기의 테스토스테론 수치보다 높다.

17 다음 글을 이해한 내용으로 가장 적절한 것은?

> A가 주장한 다중지능이론은 기존 지능이론의 대안으로 제시되었다. 그는 기존 지능이론이 언어지능이나 논리수학지능 등 인간의 인지 능력에만 초점을 맞추고 있다고 비판하면서 이뿐 아니라 신체와 정서, 대인 관계의 능력까지 포괄한 총체적 지능 개념을 창안해 냈다. 다중지능이론은 뇌과학 연구에 일정 부분 영향을 받았는데, 뇌과학 연구에 따르면 인간의 좌뇌는 분석적, 논리적 능력을 담당하고, 우뇌는 창조적, 감성적 능력을 담당한다. 다중지능이론에서는 좌뇌의 능력에만 초점을 둔 기존의 지능 검사에 대해 반쪽짜리 검사라고 혹평한다.
>
> 그런데 다중지능이론에 대해 비판적인 연구자들은 다음과 같은 점들을 지적한다. 우선, 다중지능이론에서 주장하는 새로운 지능의 종류들이 기존 지능이론에서 주목했던 지능의 종류들과 상호 독립적일 수 있는가 하는 점이다. 그들에 따르면, 전자는 후자의 하위 영역에 속해 있고, 둘 사이에는 유의미한 상관관계가 있으므로 서로 독립적일 수 없으며, 따라서 '다중'이라는 개념이 성립하지 않는다. 다음으로, 다중지능을 정확하게 측정할 수 있는 도구가 만들어질 수 있겠는가 하는 점이다. 그들은 지능이라는 말이 측정 가능한 인지 능력을 전제하는 것인데, 다중지능이론이 설정한 새로운 종류의 지능들을 정확하게 측정할 수 있는 도구가 만들어지기는 어려울 것이라 주장한다.

① 논리수학지능은 다중지능이론의 지능 개념에 포함되지 않는다.

② 대인 관계의 능력과 관련된 지능을 정확하게 측정할 수 있는 도구의 개발 가능성에 대해 회의적인 사람들이 있다.

③ 다중지능이론에서는 인간의 우뇌에서 담당하는 능력과 관련된 지능보다 좌뇌에서 담당하는 능력과 관련된 지능에 더 많이 주목한다.

④ 다중지능이론에 대해 비판적인 연구자들은 인간의 모든 지능 영역들이 상호 독립적이라는 이유에서 '다중' 개념이 성립하지 않는다고 주장한다.

18 다음 글을 퇴고할 때, ㉠~㉣ 중 어법상 수정할 필요가 있는 것은?

> 주지하듯이 ㉠ <u>기후 위기는 날이 갈수록 심각해지고 있다</u>. 극지방의 빙하가 녹고, 유럽에는 사상 최악의 폭염과 가뭄이 발생하고 그 반대편에서는 감당하기 어려울 정도의 폭우가 쏟아져 많은 사람이 고통받고 있다. ㉡ <u>우리의 삶을 지속적으로 위협하는 이러한 기상 재해 앞에서</u> 기후학자로서 자괴감이 든다. 무엇이 문제인지, 상황이 얼마나 심각한지 잘 알고 있으면서도 지구의 위기를 그저 바라만 볼 수밖에 없다.
>
> 그러나 우리가 기후 문제에 관심을 가지고 적극적으로 대처한다면 아직 희망이 있다. 크게는 신재생 에너지와 관련하여 ㉢ <u>국가 정책 수립과 국제 협약을 체결하기 위해</u> 힘을 기울여야 한다. 작게는 일상생활에서 불필요한 소비를 줄이고 에너지 절약을 습관화해야 한다. 만시지탄(晩時之歎)일 수는 있겠으나, ㉣ <u>지구가 파국으로 치닫는 것을 막을 기회는 아직 남아 있다</u>. 우리 모두 힘을 모아 지구의 위기를 극복하여야 한다.

① ㉠ ② ㉡
③ ㉢ ④ ㉣

19 다음 글의 빈칸에 들어갈 내용으로 가장 적절한 것은?

> 독자는 글을 읽을 때 생소하거나 이해하기 어려운 단어에 주시하는데, 이때 특정 단어에 눈동자를 멈추는 '고정'이 나타나며, 고정과 고정 사이에는 '이동', 단어를 건너뛸 때는 '도약'이 나타난다. 고정이 관찰될 때는 의미를 이해하려는 시도가 이루어지지만, 이동이나 도약이 관찰될 때는 이루어지지 않는다. 이를 바탕으로, K연구진은 동일한 텍스트를 활용하여 읽기 능력 하위 집단(A)과 읽기 능력 평균 집단(B)의 읽기 특성을 탐색하는 연구를 진행하였다. 독서 횟수는 1회로 제한하되 독서 시간은 제한하지 않았다.
>
> 그 결과, 눈동자의 평균 고정 빈도에서 A집단은 B집단에 비해 약 2배 많은 수치를 보였다. 그런데 총 고정 시간을 총 고정 빈도로 나눈 평균 고정 시간은 B집단이 A집단에 비해 더 높게 나타났다. 읽기 후 독해 검사에서 B집단은 A집단보다 평균 점수가 높았고, 독서 과정에서 눈동자가 이전으로 돌아가거나 이전으로 건너뛰는 현상은 모두 관찰되지 않았다. 연구진은 이를 종합하여 읽기 능력이 부족한 독자는 읽기 능력이 평균인 독자에 비해 난해하다고 느끼는 단어들이 [   ]는 결론을 내렸다.

① 더 많지만 난해하다고 느끼는 각각의 단어를 이해하는 과정에 들이는 평균 시간은 더 적다
② 더 많고 난해하다고 느끼는 각각의 단어를 이해하는 과정에 들이는 평균 시간도 더 많다
③ 더 적지만 난해하다고 느끼는 각각의 단어를 이해하는 과정에 들이는 평균 시간은 더 많다
④ 더 적고 난해하다고 느끼는 각각의 단어를 이해하는 과정에 들이는 평균 시간도 더 적다

20 다음 글의 (가)와 (나)에 들어갈 말로 적절한 것은?

> 채식주의자는 고기, 생선, 유제품, 달걀 섭취 여부에 따라 다섯 가지로 나뉜다. 완전 채식주의자는 이들 모두를 섭취하지 않으며, 페스코 채식주의자는 고기는 섭취하지 않지만 생선은 먹으며, 유제품과 달걀은 개인적 선호에 따라 선택적으로 섭취한다. 남은 세 가지 채식주의자는 고기와 생선 모두를 먹지 않되 유제품과 달걀 중 어떤 것을 먹느냐의 여부로 결정된다. 이들의 명칭은 라틴어의 '우유'를 의미하는 '락토(lacto)'와 '달걀'을 의미하는 '오보(ovo)'를 사용해 정해졌는데, 예를 들어, 락토오보 채식주의자는 고기와 생선은 먹지 않으나 유제품과 달걀은 먹는다. 락토 채식주의자는 [(가)] 먹지 않으며, 오보 채식주의자는 [(나)] 먹지 않는다.

① (가): 달걀은 먹지만 고기와 생선과 유제품은
   (나): 고기와 생선과 달걀은 먹지만 유제품은
② (가): 달걀은 먹지만 고기와 생선과 유제품은
   (나): 유제품은 먹지만 고기와 생선과 달걀은
③ (가): 유제품은 먹지만 고기와 생선과 달걀은
   (나): 고기와 생선과 유제품은 먹지만 달걀은
④ (가): 유제품은 먹지만 고기와 생선과 달걀은
   (나): 달걀은 먹지만 고기와 생선과 유제품은

국어 | 2024년 지방직 9급

모바일 OMR

회독 CHECK 1 2 3

01 밑줄 친 단어와 의미가 같은 것은?

> 아이가 말을 참 잘 듣는다.

① 이 약은 나에게 잘 듣는다.
② 학교에 가면 선생님 말씀을 잘 들어라.
③ 이번 학기에는 여섯 과목을 들을 계획이다.
④ 브레이크가 말을 듣지 않아 사고가 날 뻔했다.

02 밑줄 친 단어의 쓰임이 올바른 것은?

① 가슴을 옭죄는 아픔이 밀려왔다.
② 나는 해마다 양력과 음력으로 설을 쇤다.
③ 퇴근하는 길에 포장마차에 들렸다가 친구를 만났다.
④ 바지의 해어진 부분에 짜집기를 했다.

03 다음 글에서 알 수 있는 내용이 아닌 것은?

> '저작권'이란 인간의 사상이나 감정을 창의적으로 표현한 저작물을 보호하기 위해 저작자에게 부여한 권리를 말한다. 저작물은 '인간의 사상 또는 감정을 표현한 창작물'이며 저작자란 '저작 행위를 통해 저작물을 창작해 낸 사람'을 가리킨다. 그러므로 숨겨져 있던 다른 사람의 저작물을 발견했거나 발굴해 낸 사람, 저작물 작성을 의뢰한 사람, 저작에 관한 아이디어나 조언을 한 사람, 저작을 하는 동안 옆에서 도와주었거나 자료를 제공한 사람 등은 저작자가 될 수 없다. 저작물에는 1차적 저작물뿐만 아니라 2차적 저작물과 편집 저작물도 포함되어 있으므로 2차적 저작물 또는 편집 저작물의 작성자 또한 저작자가 된다.
>
> 저작권 보호와 관련하여 "거인의 어깨 위 난쟁이는 거인보다 멀리 볼 수 있다."라는 말이 있다. '거인'이란 현재의 저작자들보다 앞서 창작 활동을 통해 저작물을 남긴 선배 저작자를 가리키는 것인데, 이 말은 창작자는 다른 사람이 만들어 놓은 저작물을 모방하거나 인용할 수밖에 없다는 점을 강조한 것이다. 다만, 난쟁이가 거인의 어깨 위에 올라서는 특권을 누리기 위해서는 거인으로부터 허락을 받아야 하거나 거인에게 그에 따르는 대가를 지불해야 한다는 뜻도 내포하고 있다는 사실을 잊지 말아야 할 것이다.
>
> 창작물을 저작한 사람에게 저작권이라는 권리를 부여해서 보호하는 이유는 '저작물은 문화 발전의 원동력이 되므로 좋은 저작물이 많이 나와야 그 사회가 문화적으로 풍요로워질 수 있기 때문'이라고 할 수 있다. 그런데 만일 저작자에게 아무런 권리를 부여하지 않는다면 저작자가 장기간 노력해서 창작한 저작물을 누구든지 아무런 대가를 치르지 않고도 마음대로 이용하게 될 것이므로, 저작자로서는 창작 행위를 계속하지 않을 가능성이 높다.

① 저작물의 개념과 저작자의 정의
② 1차적 저작물과 2차적 저작물의 차이
③ 저작물에 대해 창작자가 지녀야 할 태도
④ 저작권을 보호해야 하는 이유

04 다음 글에서 밑줄 친 부분의 원인으로 가장 적절한 것은?

> 급격하게 돌아가는 현대적 생활 방식은 종종 삶을 즐기지 못하게 방해한다. 추위가 한창 매섭던 1월의 어느 아침 한 길거리 음악가가 워싱턴시의 지하철역에서 바이올린을 연주했다. 그는 스트라디바리우스 바이올린으로 바흐의 「샤콘」을 비롯하여 여섯 곡의 클래식 음악을 연주했다. 출근길에 연주가를 지나쳐 간 대략 천여 명의 시민이 대부분 그에게 관심조차 주지 않았고, 단지 몇 사람만 걷는 속도를 늦추었을 뿐이다. 7분 정도가 지났을 무렵 한 중년 여인이 지나가면서 모자에 1달러를 던져 주었다. 한 시간 정도가 지났을 때 연주가의 모자에는 32달러 17센트가 쌓여 있었지만, <u>연주를 듣기 위해 서 있는 사람은 아무도 없었다.</u> 그 음악가인 조슈아 벨은 전 세계적으로 유명한 바이올린 연주가였으며, 평상시 그의 콘서트 입장권은 백 달러가 넘는 가격에 판매되었다.

① 지하철역은 연주하기에 적절한 장소가 아니었기 때문이다.
② 연주하는 동안 연주가를 지나쳐 간 사람이 적었기 때문이다.
③ 출근하는 사람들이 연주를 감상할 여유가 없었기 때문이다.
④ 연주를 듣기 위해서는 백 달러의 입장권이 필요했기 때문이다.

×
05 ㉠~㉣에 대한 이해로 적절하지 않은 것은?

> (가) 추강(秋江)에 밤이 드니 물결이 ᄎᆞ노ᄆᆡ라
> 낙시 드리치니 고기 아니 무노ᄆᆡ라
> 무심(無心)ᄒᆞᆫ ᄃᆞᆯ빗만 싯고 ㉠ <u>뷘 ᄇᆡ</u> 저어 오노라.
> (나) 이런ᄃᆞᆯ 엇더ᄒᆞ며 뎌런ᄃᆞᆯ 엇더ᄒᆞ료
> ㉡ <u>초야우생(草野愚生)</u>이 이러타 엇더ᄒᆞ료
> ᄒᆞᄆᆞᆯ며 천석고황(泉石膏肓)을 고텨 므슴ᄒᆞ료.
> (다) 십 년을 경영ᄒᆞ여 초려삼간 지여 내니
> 나 ᄒᆞᆫ 간 ᄃᆞᆯ ᄒᆞᆫ 간에 청풍 ᄒᆞᆫ 간 맛져 두고
> ㉢ <u>강산</u>은 들일 듸 업스니 둘러 두고 보리라.
> (라) 말 업슨 청산이오 태 업슨 유수로다
> 갑 업슨 청풍이오 님ᄌᆞ 업슨 명월이로다
> 이 즁에 병 업슨 ㉣ <u>이 몸</u>이 분별 업시 늘그리라.

① ㉠에서 욕심 없는 화자의 모습을 볼 수 있다.
② ㉡에서 속세를 그리워하는 화자의 모습을 볼 수 있다.
③ ㉢에서 자연의 일부가 되어 살아가는 화자의 모습을 볼 수 있다.
④ ㉣에서 현실의 근심으로부터 초탈한 화자의 모습을 볼 수 있다.

×
06 밑줄 친 부분을 풀어 쓴 것으로 적절하지 않은 것은?

① 선생님께서 <u>수시(隨時)로</u> 교실에 들어오셨다.
– 아무 때나 늘
② 그는 세계 제일의 피아니스트라고 해도 <u>과언(過言)이</u> 아니다. – 지나친 말이
③ 문화 시설 대부분이 서울에 <u>편재(偏在)해</u> 있다.
– 치우쳐
④ 누구나 착한 심성을 <u>발현(發現)하는</u> 것은 아니다.
– 헤아려 보는

07 다음 글에서 추론한 내용으로 적절하지 않은 것은?

모든 문화가 감정에 관한 동일한 개념적 자원을 발전시켜 온 것은 아니다. 이를테면 미국인들은 보통 당혹감, 수치심, 죄책감, 수줍음을 구별하지만 자바 사람들은 이러한 감정을 하나의 단어로 표현한다. 감정 어휘들은 문화마다 다를 뿐만 아니라 역사적으로도 다르다. 중세 시대에는 우울감이 '검은 담즙(melan chole)'으로 인해 발생한다고 생각했기에 우울증을 '멜랑콜리(melancholy)'라고 불렀지만 오늘날 그렇게 생각하는 사람은 거의 없다. 또한 인터넷의 발명과 함께 감정 어휘는 이메일 보내기, 문자 보내기, 트위터하기에 스며든 관습에 의해서도 형성된다. 이제는 내 감정을 말로 기술하기보다 이모티콘이나 글자의 일부를 따서 표현하기도 한다. 이러한 기술 주도적인 상징의 창조와 확산은, 사람들이 자신의 감정을 묘사하기 위한 새로운 선택지를 만든다는 점에서 또 다른 역사의 발전일 것이다.

① 감정에 대한 개념적 자원은 문화에 따라 달리 형성된다.
② 동일한 감정이라도 그것을 표현하는 방식은 시대에 따라 다를 수 있다.
③ 감정 어휘를 풍부하게 갖고 있는 집단은 그렇지 않은 집단보다 기술 발전에 더 유연한 태도를 보인다.
④ 오늘날 인터넷에서 이모티콘을 사용하는 것과 같이 과거에는 없었던 감정 표현 방식이 활용되기도 한다.

× **08** 다음 글을 이해한 내용으로 적절하지 않은 것은?

흰 달빛
자하문

달 안개
물소리

대웅전
큰 보살

바람 소리
솔 소리

범영루
뜬 그림자

흐는히
젖는데

흰 달빛
자하문

바람 소리
물소리

– 박목월, 「불국사」 –

① 시선의 이동에 따라 대상을 그려내고 있다.
② 수미상관 구조를 통해 안정감을 드러내고 있다.
③ 다양한 이미지를 활용하여 시적 분위기를 조성하고 있다.
④ 대상과의 거리를 조정하여 화자와 현실 세계의 대립을 나타내고 있다.

×

09 ㉠~㉣을 활용하여 음운변동을 설명한 것으로 적절한 것은?

> ㉠ 교체: 한 음운이 다른 음운으로 바뀌는 현상
> ㉡ 탈락: 한 음운이 없어지는 현상
> ㉢ 첨가: 없던 음운이 새로 생기는 현상
> ㉣ 축약: 두 음운이 합쳐져 제삼의 음운으로 바뀌는 현상

① '색연필'의 발음에서는 ㉠과 ㉢이 나타난다.
② '외곬'의 발음에서는 ㉠과 ㉣이 나타난다.
③ '값지다'의 발음에서는 ㉡과 ㉢이 나타난다.
④ '깨끗하다'의 발음에서는 ㉢과 ㉣이 나타난다.

10 빈칸에 들어갈 내용으로 가장 적절한 것은?

> 프랑스에서 포도주는 간단한 식사에서 축제까지, 작은 카페의 대화에서 연회장의 교제에 이르기까지 언제 어디서나 함께한다. 포도주는 계절에 따른 어떤 날씨에도 분위기를 고양시킬 수 있어 추운 계절이 되면 따뜻한 분위기를 연출하고 한여름이 되면 서늘하거나 시원한 그늘을 떠올리는 분위기를 조성한다. 또한 배고프거나 지칠 때, 지루하거나 답답할 때, 심리적으로 불안할 때나 육체적으로 힘든 그 어느 경우에도 프랑스인들은 포도주가 절실하다고 느낀다. 프랑스에서 포도주는 장소와 시간, 상황에 관계없이 음식과 결부될 수 있는 모든 곳에 등장한다.
> 포도주가 일상의 세세한 부분에까지 결부된 탓에 프랑스 국민은 이제 포도주가 있어야 할 곳에 포도주가 없다는 사실만으로도 충격을 받는다. 르네 코티는 대통령 임기가 시작될 때 사적인 자리에서 사진을 찍은 적이 있는데 그 사진 속 탁자에는 포도주 대신 다른 술이 놓여 있었다. 이 때문에 온 국민이 들끓고 일어났다. 프랑스 국민에게 그들 자신과도 같은 포도주가 보이지 않는다는 사실은 참을 수 없는 일이었다. 결국 프랑스인에게 포도주란 [   ]

① 심신을 치유하는 신성한 물질과 같다.
② 자신들의 정체성을 나타내는 상징과도 같다.
③ 국가의 주요 행사에서 가장 주목받는 음료다.
④ 어느 계절에나 쉽게 분위기를 고양시킬 수 있는 음료다.

11 ㉠~㉣을 고쳐 쓴 것으로 적절하지 않은 것은?

> 얼마 전 나는 유명 축구 선수의 성공 과정을 담은 다큐멘터리 프로그램을 시청했다. 방송을 본 대부분의 사람들은 ㉠ 괴로운 고난을 이겨낸 그 선수의 노력과 집념에 감동을 받았을 것이다. ㉡ 그러므로 나는 그 선수의 가족과 훈련 트레이너 등 주변 사람들에게 더 큰 감명을 받았다.
> 선수의 가족들은 선수가 전지훈련을 가거나 원정경기를 할 때 묵묵히 뒤에서 응원하는 역할을 했고, 훈련 트레이너는 선수의 체력 증진은 물론 컨디션 조절 등에도 많은 역할을 하고 있었다. ㉢ 나는 그런 훈련 트레이너가 되는 과정이 궁금해졌다. 비록 사람들의 관심이 최고의 자리에 오른 그 선수에게로 향하는 것은 당연한 ㉣ 일로, 나는 그 가족과 훈련 트레이너의 도움이 주목받지 못하는 것 같아서 안타까웠다.

① ㉠은 의미가 중복되므로 '고난'으로 고친다.
② ㉡은 앞뒤 문장의 연결을 고려하여, '그러나'로 바꾼다.
③ ㉢은 글 전체의 흐름을 고려하여 삭제한다.
④ ㉣은 부사와의 호응을 고려하여, '일이라면'으로 수정한다.

12 강연자의 말하기 방식에 대한 설명으로 적절하지 않은 것은?

> 안녕하세요? 오늘 강연을 맡은 ○○○입니다. 저는 '사회역학'이라는 학문을 공부하고 있는데요, 혹시 '사회역학'이라는 단어를 들어 보신 적 있으신가요? 네, 별로 없네요. 간단히 말씀드리면, 질병 발생의 원인에 대한 사회적 요인을 탐구하는 분야입니다. 여러분들 표정을 보니 더 모르겠다는 표정인데요, 오늘 강연을 듣고 나면 제가 어떤 공부를 하는지 조금 더 알게 되실 겁니다.
>
> 흡연을 예로 들어서 말씀드릴게요. 저소득층에게 흡연은 적은 비용으로 스트레스를 해소할 수 있는 방편이 됩니다. 위험한 작업환경에서 일하는 노동자에게 담배를 피우면 10년 뒤에 폐암이 발생할 수 있으니 당장 금연해야 한다고 말한다면, 이 말은 그렇게 설득력이 있지는 않을 것입니다. 저소득층이 열악한 사회적 환경에서 살아남기 위해 나름의 이유로 흡연할 경우, 그 점을 고려하지 않은 금연 정책은 효과를 보기 어렵다는 의미입니다.
>
> 이러한 주장을 뒷받침하는 연구 결과가 있습니다. 하버드 보건대학원의 글로리안 소런슨 교수 팀은 제조업 사업체 15곳의 노동자 9,019명을 대상으로 연구를 진행하면서 다음과 같은 질문을 던집니다. "안전한 사업장에서 일하는 노동자가 금연할 가능성이 더 높지 않을까? 그렇다면 산업 안전 프로그램을 진행한 사업장의 금연율은 어떻게 다를까?" 이 프로그램이 진행되고 6개월 뒤에 흡연 상태를 측정했을 때 산업 안전 프로그램을 진행한 사업장의 금연율이, 금연 프로그램만 진행한 사업장 노동자들의 금연율보다 2배 가까이 높게 나타났습니다.

① 청중의 반응을 살피면서 발표를 진행하고 있다.
② 전문가의 연구 결과를 제시하여 신뢰성을 높이고 있다.
③ 시각 자료를 제시하여 청중의 주의를 끌고 있다.
④ 특정한 상황을 가정하여 내용의 이해를 돕고 있다.

13 다음 글의 중심 내용으로 가장 적절한 것은?

> 범죄소설이 지닌 이데올로기의 뿌리는 죽음에 대한 공포이다. 범죄소설의 탄생은 자본주의의 출현이라는 사회적 조건과 맞물려 있다. 자본주의가 출현하자 죽음을 대하는 태도가 근본적으로 변화했다. 원시사회에서는 죽음이 자연스러운 결과로 받아들여졌다. 죽음은 사람들이 스스로 준비해야 하는 것이면서, 가족과 사회로부터의 관심과 도움이 필요한 것이었다. 그러나 부르주아 사회에서는 인간이 소외되고, 소외된 인간은 노동을 하고 돈을 버는 데 없어서는 안 될 도구인 육체에 얽매이게 된다. 그에 따라 인간은 죽음에 강박관념을 갖게 되었다. 게다가 죽음은 불가피한 삶의 종결이 아니라 파국적 사고라는 견해를 갖게 된다. 죽음은 예기치 않은 사고라고, 강박적으로 바라보게 되면 폭력에 의한 죽음에 몰두하게 되고, 결국에는 살인과 범죄에 몰두하게 된다. 범죄소설에서 죽음은 인간의 운명이나 비극이 아니라 탐구의 대상이 되어버린다.

① 범죄소설은 자본주의의 출현 이후 죽음에 대한 달라진 태도에 기반을 두고 있다.
② 범죄소설은 부르주아 사회의 인간소외와 노동 문제를 다루는 문학 양식이다.
③ 범죄소설은 원시사회부터 이어져 온 죽음에 대한 보편적 공포로부터 생겨났다.
④ 범죄소설은 죽음을 예기치 못한 사고가 아닌 자연스럽고 불가피한 것으로 받아들인다.

14 다음 글을 이해한 내용으로 적절하지 않은 것은?

> 몸의 곳곳에 분포한 통점이 자극을 받아서 통각 신경을 통해 뇌로 통증 신호를 전달할 때 통증을 느낀다. 통점을 구성하는 세포의 세포막에는 통로라는 구조가 있다. 이 통로를 통해 세포의 안과 밖으로 여러 물질들이 오가면서 세포 사이에 다양한 신호를 전달한다.
>
> 통점의 세포에서 인식한 통증 신호는 통각 신경을 통해 뇌로 전달된다. 재미있는 사실은 통각 신경이 다른 감각 신경에 비해서 매우 가늘어 신호를 느리게 전달한다는 것이다. 예를 들어 몸길이가 30m인 흰긴수염고래는 꼬리에 통증이 생기면 최대 1분 후에 아픔을 느낀다.
>
> 통각 신경이 다른 감각 신경에 비해 가는 이유는 더 많이 배치되기 위해서다. 피부에는 $1cm^2$당 약 200개의 통점이 빽빽이 분포하는데, 통각 신경이 굵다면 이렇게 많은 수의 통점이 배치될 수 없다. 이렇게 통점이 빽빽이 배치되어야 아픈 부위를 정확하게 알 수 있다. 반면 내장 기관에는 통점이 $1cm^2$당 4개에 불과해 아픈 부위를 정확하게 알기 어렵다. 폐암과 간암이 늦게 발견되는 것도 폐와 간에 통점이 거의 없기 때문이다.

① 통로는 여러 물질들이 세포의 안팎으로 오가며 신호를 전달하는 구조이다.
② 통증을 느끼지 못하게 되면, 치명적인 질병에 걸려도 질병의 발견이 늦을 수 있다.
③ 통각 신경은 다른 감각 신경에 비해서 매우 가늘기 때문에, 신호의 전달이 빠르다.
④ 아픈 부위가 어디인지를 정확하게 알기 위해서는, 통점이 빽빽하게 배치되어야 한다.

15 ㉠과 ㉡에 대한 설명으로 가장 적절한 것은?

> (가) **[중모리]** 그 때여 승상 부인은 심 소저를 이별허시고 애석함을 못 이기어, 글 지어 쓴 심 소저의 ㉠ 화상 족자를 침상으 걸어두고 때때로 증험허시더니, 일일은 족자 빛이 홀연히 검어지며 귀에 물이 흐르거늘, 승상 부인 기가 맥혀, "아이고, 이것 죽었구나! 아이고, 이를 어쩔끄나?" 이렇듯이 탄식헐 적, 이윽고 족자 빛이 완연히 새로우니, "뉘라서 건져내어 목숨이나 살었느냐? 그러허나 창해 먼먼 길의 소식이나 알겠느냐?"
>
> – 작자 미상, 「심청가」에서 –
>
> (나) **[중중모리]** 화공 불러들여 토끼 ㉡ 화상을 그린다. …(중략)…거북 연적 오징어로 먹 갈아, 천하 명산 승지간의 경개 보든 눈 그리고, 난초 지초 왼갖 향초 꽃 따먹던 입 그리고, 두견 앵무 지지 울 제 소리 듣던 귀 그리고, 봉래방장 운무 중에 내 잘 맡던 코 그리고, 만화방창 화림 중 뛰어가던 발 그리고, 대한 엄동 설한풍 어한허든 털 그리고, 신농씨 상백초 이슬 떨던 꼬리라. 두 눈은 도리도리, 두 귀는 쫑긋, 허리 늘씬허고, 꽁지 묘똑허여. …(중략)… "아나, 엿다. 별주부야. 네가 가지고 나가거라."
>
> – 작자 미상, 「수궁가」에서–

① ㉠은 분노의 정서를 유발하는 반면, ㉡은 유쾌한 정서를 유발한다.
② ㉠은 대상이 처한 상황을 암시하며, ㉡은 대상의 외양을 드러낸다.
③ ㉠과 ㉡은 현실 공간을 배경으로 일상적인 사건을 전개해 나간다.
④ ㉠과 ㉡은 역사적 인물과 사건을 인용하여 내상을 묘사하고 있다.

16 다음 글의 '나'에 대한 이해로 가장 적절한 것은?

> 인도교와 거의 평행선을 지어 사람들의 발자국이 줄을 지어 얼음 위를 거멓게 색칠하였다. 인도교가 어엿하게 있음에도 불구하고 그들은 왜 얼음 위를 걸어가지 않으면 안 되었었나? 그들은 그만큼 그들의 길을 단축하지 않으면 안 되도록 무슨 크나큰 일이 있었던 것일까?……
>
> 나는 그들의 고무신을 통하여, 짚신을 통하여, 그들의 발바닥이 감촉하였을, 너무나 차디찬 얼음장을 생각하고, 저 모르게 부르르 몸서리치지 않을 수 없었다.
>
> 가방을 둘러멘 보통학교 생도가 얼음 위를 지났다. 팔짱 낀 사나이가 동저고리 바람으로 뒤를 따랐다. 빵장수가 통을 둘러메고 또 뒤를 이었다. 조바위 쓴 아낙네, 감투 쓴 노인……. 그들의 수효는 분명히 인도교 위를 지나는 사람보다 많았다.
>
> 강바람은 거의 끊임없이 불어왔다. 그 사나운 바람은 얼음 위를 지나는 사람들의 목을 움츠리게 하였다. 목을 한껏 움츠리고 강 위를 지나는 그들의 모양은 이곳 풍경을 좀 더 삭막하게 하여 놓았다.
>
> 나는 그것에 나의 마지막 걸어갈 길을 너무나 확실히 보고, 그리고 저 모르게 악연*하였다…….
>
> – 박태원, 「피로」 –
>
> * 악연하다: 몹시 놀라 정신이 아찔하다.

① 얼음 위를 지나는 사람들에게 이질감을 느끼면서도 공감하고 있다.
② 대도시에서 마주하는 타인의 비정함 때문에 좌절하고 있다.
③ 인도교 위를 지나는 사람들의 어리석음을 비판적으로 바라보고 있다.
④ 생의 종말이 멀지 않았다는 사실을 확인하고 슬퍼하고 있다.

17 (가)~(라)의 전개 순서로 가장 자연스러운 것은?

> 청소년 노동자를 바라보는 시각에는 양극단이 존재한다. '경제적으로 어려운 아이들'이라는 시각과 '지나치게 돈을 좋아하는 아이들'이라는 시각이 그것이다.
>
> (가) 이런 시각은 비행만을 강조하기에 청소년들이 스스로 노동하고 있다는 사실을 부끄러워하거나 다른 사람들에게 숨기는 경우도 많이 발생한다.
>
> (나) 전자는 청소년이 노동을 선택하는 이유를 '생계비 마련' 하나만으로 축소해 버리고 피해자로만 바라본다는 점에서 문제가 있다.
>
> (다) 그러다 보니 생활비 마련뿐만 아니라 의미 있는 시간 활용, 부모의 눈치를 보지 않는 독립적인 생활, 진로 탐색 등 노동을 선택하는 복합적인 이유가 삭제돼 버린다.
>
> (라) 후자의 시각은 청소년 노동을 학생의 본분을 저버린 그릇된 행위로 만들어 버림으로써, 문제의 원인을 노동 현장의 구조적 문제가 아니라 '청소년이 노동하고 있다는 사실' 자체로 돌려 버린다.
>
> 두 시각 모두 도달하게 되는 결론은 청소년을 노동에서 빨리 구원해야 한다는 것이다.

① (나) – (가) – (다) – (라)
② (나) – (가) – (라) – (다)
③ (나) – (다) – (라) – (가)
④ (나) – (라) – (다) – (가)

×

18 ㉠~㉣의 한자 표기로 올바른 것은?

> 외래어의 사용은 날로 늘어나는 추세이다. 일상적인 언어생활에서는 물론 ㉠ 공문서에서도 외래어가 남용되고 있다. 그리고 가상 ㉡ 공간에서 의사소통이 활발해지면서 국어를 과도하게 변형한 말들이 생겨나고, 이러한 말들이 ㉢ 일상의 의사소통에도 큰 영향을 미치고 있다. 이러한 상황에서 국어 사용에 대한 ㉣ 성찰이 필요하다.

① ㉠: 共文書　② ㉡: 公間
③ ㉢: 日想　④ ㉣: 省察

19 다음 글의 글쓰기 방식에 대한 설명으로 가장 적절한 것은?

> 인간을 움직이게 하는 두 축은 당근과 채찍, 즉 보상과 처벌이다. 우리가 의욕을 갖는 것은 당근 때문이다. 채찍을 피하기 위해서 살아가는 것도 한 방법일 테지만, 그건 너무 가혹할 것이다. 가끔이라도 웃음을 주고 피로를 풀어 주는 당근, 즉 긍정적 보상물이 있기에 고단한 일상을 감수한다. 어떤 부모에게는 아이가 꾹꾹 눌러 쓴 "엄마 아빠, 사랑해요."라는 카드가 당근이다. 어떤 직장인에게는 주말마다 떠나는 여행이 당근이다.

① 예시를 사용하여 독자의 이해를 돕고 있다.
② 전문가의 의견을 인용하여 글의 신뢰성을 높이고 있다.
③ 묻고 답하는 형식을 사용해 독자의 관심을 끌고 있다.
④ 비유를 사용하여 문제의 심각성을 강조하고 있다.

20 다음 대화를 분석한 내용으로 적절하지 않은 것은?

> 박 과장: 오늘은 우리 시에서 후원하는 '벚꽃 축제'의 홍보 방법을 논의하겠습니다. 타 지역 사람들이 축제에 찾아오게 하는 홍보 방법을 제안해 주세요.
> 김 주무관: 지역 주민들이 SNS로 정보도 얻고 소통도 하니까 우리도 SNS를 통해 홍보하는 것은 어떨까요? 지역 주민들이 많이 가입한 SNS를 선별해서 홍보하면 입소문이 날 테니까요.
> 이 주무관: 파급력을 생각하면 지역 주민보다는 대중이 널리 이용하는 라디오 광고로 홍보하는 방법이 좋을 것 같습니다. 라디오는 다양한 연령과 계층이 듣기 때문에 광고 효과가 더 클 것입니다.
> 윤 주무관: 어떤 홍보든 간에 가장 쉬운 방법이 제일 좋습니다. 우리 기관의 누리집에 홍보 자료를 올리는 방법을 추천합니다.
> 박 과장: 네, 윤 주무관의 생각에 저도 동의합니다. 우리 기관의 누리집에 홍보 자료를 올리면 시간도 적게 들고 홍보 효과도 크겠네요.

① 축제의 홍보 방안에 대해 구성원들이 토의하는 과정을 보여 주고 있다.
② 김 주무관은 지역 주민들이 SNS를 즐겨 이용한다는 사실을 근거로 제시하고 있다.
③ 이 주무관은 라디오 광고가 SNS보다 홍보 효과가 클 것이라고 추측하고 있다.
④ 박 과장은 김 주무관, 이 주무관, 윤 주무관의 제안을 비교하여 의견을 절충하고 있다.

국어 | 2023년 국가직 9급

모바일 OMR

회독 CHECK 1 2 3

×

01 '해양 오염'을 주제로 연설을 한다고 할 때, 다음에 제시된 조건을 모두 충족한 것은?

> • 해양 오염을 줄일 수 있는 생활 속 실천 방법을 포함할 것
> • 설의적 표현과 비유적 표현을 활용할 것

① 바다는 쓰레기 없는 푸른 날을 꿈꾸고 있습니다. 미세 플라스틱은 바다를 서서히 죽이는 보이지 않는 독입니다. 우리의 관심만이 다시 바다를 살릴 수 있을 것입니다.

② 우리가 버린 쓰레기는 바다로 흘러갔다가 해양 생물의 몸에 축적이 되어 해산물을 섭취하면 결국 다시 우리에게 돌아오게 됩니다. 분리수거를 철저히 하고 일회용품을 줄이는 것이 바다도 살리고 우리 자신도 살리는 길입니다.

③ 여름만 되면 피서객들이 마구 버린 쓰레기로 바다가 몸살을 앓는다고 합니다. 자기 집이라면 이렇게 함부로 쓰레기를 버렸을까요? 피서객들의 양심이 모래밭 위를 뒹굴고 있습니다. 자기 쓰레기는 자기가 집으로 되가져가도록 합시다.

④ 산업 폐기물이 바다로 흘러가 고래가 죽어 가는 장면을 다큐멘터리에서 본 적이 있습니다. 이대로 가다간 인간도 고통받게 되지 않을까요? 정부에서 산업 폐기물 관리 지침을 만들고 감독을 강화하지 않는다면 바다는 쓰레기 무덤이 되고 말 것입니다.

02 다음 대화에 나타난 말하기 방식을 설명한 것으로 적절하지 않은 것은?

> 백 팀장: 이번 워크숍 장면을 사내 게시판에 올리는 게 좋겠어요. 워크숍 내용을 공유하면 좋을 것 같아서요.
> 고 대리: 전 반대합니다. 사내 게시판에 영상을 공개하는 것은 부담스러워요. 타 부서와 비교될 것 같기도 하고요.
> 임 대리: 저도 팀장님 말씀대로 정보를 공유한다는 취지는 좋다고 생각해요. 다만 다른 팀원들의 동의도 구해야 할 것 같고, 여러 면에서 우려되긴 하네요. 팀원들 의견을 먼저 들어보고, 잘된 것만 시범적으로 한두 개 올리는 것이 어떨까요?

① 백 팀장은 팀원들에 대한 유대감을 드러내는 표현을 사용하며 자신의 바람을 전달하고 있다.

② 고 대리는 백 팀장의 제안에 반대하는 이유를 명시적으로 밝히며 백 팀장의 요청을 거절하고 있다.

③ 임 대리는 발언 초반에 백 팀장 발언의 취지에 공감하여 백 팀장의 체면을 세워 주고 있다.

④ 임 대리는 대화 참여자의 의견을 묻는 의문문을 사용하여 자신의 의견을 간접적으로 드러내고 있다.

×
03 관용 표현 ㉠~㉣의 의미를 풀이한 것으로 적절하지 않은 것은?

- 그의 회사는 작년에 노사 갈등으로 ㉠ 홍역을 치렀다.
- 우리 교장 선생님은 교육계에서 ㉡ 잔뼈가 굵은 분이십니다.
- 유원지로 이어지는 국도에는 차가 밀려 ㉢ 입추의 여지가 없었다.
- 그분은 세계 유수의 연구자들과 ㉣ 어깨를 나란히 하는 물리학자이다.

① ㉠: 심한 어려움을 겪었다
② ㉡: 오랫동안 일을 하여 그 일에 익숙한
③ ㉢: 돌아서 갈 수 있는 방법이 없었다
④ ㉣: 비슷한 지위나 힘을 가지는

04 다음 글에서 (가)~(다)의 순서를 자연스럽게 배열한 것은?

빅데이터가 부각된다는 것은 기업들이 빅데이터의 가치를 받아들이기 시작했다는 뜻이다. 여기에는 기업들이 데이터를 바라보는 시각이 변한 측면도 있다.
(가) 기업들은 고객이 판촉 활동에 어떻게 반응하고 평소에 어떻게 행동하며 사물에 대해 어떤 태도를 보이는지 알기 위해 많은 돈을 투자해 마케팅 조사를 해 왔다.
(나) 그런 상황에서 기업들은 SNS나 스마트폰 등 새로운 데이터 소스로부터 그러한 궁금증과 답답함을 해결할 수 있다는 것을 알게 되었다. 페이스북에 올리는 광고에 친구가 '좋아요'를 한 것에서 기업들은 궁금증과 답답함을 해결할 수 있다.
(다) 그런데 기업들의 그런 노력이 효과가 있는 경우도 있었으나 아쉬운 점도 많았다. 쉬운 예로, 기업들은 많은 광고비를 쓰지만 그 돈이 구체적으로 어느 부분에서 효과를 내는지는 알지 못했다.
결국 데이터가 있는 곳에서 기업들은 점점 더 고객의 취향에 집중할 수 있게 되었으며, 이에 따라 기업들은 소셜 미디어의 빅데이터를 중요한 경영 수단으로 수용하기 시작한 것이다.

① (가) – (나) – (다)
② (가) – (다) – (나)
③ (나) – (가) – (다)
④ (다) – (나) – (가)

×
05 ㉠을 이해한 내용으로 적절하지 않은 것은?

> "㉠ 무진(霧津)엔 명산물이 …… 뭐 별로 없지요?" 그들은 대화를 계속하고 있었다. "별게 없지요. 그러면서도 그렇게 많은 사람들이 살고 있다는 건 좀 이상스럽거든요." "바다가 가까이 있으니 항구로 발전할 수도 있었을 텐데요?" "가 보시면 아시겠지만 그럴 조건이 되어 있는 것도 아닙니다. 수심(水深)이 얕은 데다가 그런 얕은 바다를 몇백 리나 밖으로 나가야만 비로소 수평선이 보이는 진짜 바다다운 바다가 나오는 곳이니까요." "그럼 역시 농촌이군요?" "그렇지만 이렇다 할 평야가 있는 것도 아닙니다." "그럼 그 오륙만이 되는 인구가 어떻게들 살아가나요?" "그러니까 그럭저럭이란 말이 있는 게 아닙니까!" 그들은 점잖게 소리 내어 웃었다. "원, 아무리 그렇지만 한 고장에 명산물 하나쯤은 있어야지." 웃음 끝에 한 사람이 말하고 있었다.
>
> 무진에 명산물이 없는 게 아니다. 나는 그것이 무엇인지 알고 있다. 그것은 안개다. 아침에 잠자리에서 일어나서 밖으로 나오면, 밤사이에 진주해 온 적군들처럼 안개가 무진을 빙 둘러싸고 있는 것이었다. 무진을 둘러싸고 있는 산들도 안개에 의하여 보이지 않는 먼 곳으로 유배당해 버리고 없었다.
>
> – 김승옥, 「무진기행」에서 –

① 수심이 얕아서 항구로 개발하기 어려운 공간이다.
② 산으로 둘러싸여 있고 평야가 발달하지 않은 공간이다.
③ 지역의 경제적 여건에 비해 인구가 적지 않은 공간이다.
④ 누구나 인정할 만한 지역의 명산물로 안개가 유명한 공간이다.

×
06 다음 글의 빈칸에 들어갈 사자성어로 적절한 것은?

> 세상에는 어려운 일들이 많지만 외국 여행 다녀온 사람의 입을 막는 것도 그중 하나이다. 특히 그것이 그 사람의 첫 외국 여행이었다면, 입 막기는 포기하고 미주알고주알 늘어놓는 여행 경험을 들어 주는 편이 정신 건강에 좋다. 그 사람이 별것 아닌 사실을 ☐하거나 특수한 경험을 지나치게 일반화한들, 그런 수다로 큰 피해를 입는 것도 아니지 않은가?

① 刻舟求劍　　② 捲土重來
③ 臥薪嘗膽　　④ 針小棒大

×
07 다음 글을 감상한 내용으로 가장 적절한 것은?

> 어이 못 오던가 무슴 일로 못 오던가
> 너 오는 길 위에 무쇠로 성(城)을 쏘고 성안에 담 쏘고 담 안에란 집을 짓고 집 안에란 뒤주 노코 뒤주 안에 궤를 노코 궤 안에 너를 결박(結縛)ᄒᆞ여 너코 쌍(雙)비목 외걸쇠에 용(龍)거북 ᄌᆞ믈쇠로 수기수기 잠갓더냐 네 어이 그리 아니 오던가
> ᄒᆞᆫ ᄃᆞᆯ이 서른 날이여니 날 보라 올 하루 업스랴
>
> – 작자 미상, 「어이 못 오던가」 –

① 동일 구절을 반복하여 '너'에 대한 섭섭한 감정을 표출하고 있다.
② 날짜 수를 대조하여 헤어진 기간이 길다는 것을 강조하고 있다.
③ 동일한 어휘를 연쇄적으로 나열하여 감정의 기복을 표현하고 있다.
④ 단계적으로 공간을 축소하여 '너'를 만날 수 있다는 희망을 표현하고 있다.

08 (가)와 (나)에 들어갈 말로 가장 적절한 것은?

> 특정한 작업을 수행하기 위해 신체 근육의 특정 움직임을 조작하는 능력을 운동 능력이라고 한다. 언어에 관한 운동 능력은 '발음 능력'과 '필기 능력' 두 가지인데 모두 표현을 위한 능력이다.
>
> 말로 표현하기 위해서는 발음 능력이 필요한데, 이는 음성 기관을 움직여 원하는 음성을 만들어 내는 능력이다. 이 능력은 영 · 유아기에 수많은 시행착오와 꾸준한 훈련을 통해 습득된다. 이렇게 발음 능력을 습득하면 음성 기관의 움직임은 자동화되어 음성 기관의 어느 부분을 언제 어떻게 움직일지를 화자가 거의 의식하지 않는다. 우리가 모어에 없는 외국어 음성을 발음하기 어려운 이유는 [(가)] 있기 때문이다.
>
> 글로 표현하기 위해서는 필기 능력이 필요하다. 필기에서는 글자의 모양을 서로 구별되게 쓰는 것은 기본이고 그 수준을 넘어서서 쉽게 알아볼 수 있는 모양으로 잘 쓰는 것도 필요하다. 글씨를 쓰기 위해 손을 놀리는 것은 발음을 하기 위해 음성 기관을 움직이는 것에 비해 상당히 의식적이라 할 수 있다. 그렇지만 개인의 의사와 관계없이 필체가 꽤 일정하다는 사실은 손을 놀리는 데에 [(나)] 의미한다.

① (가): 음성 기관의 움직임이 모어의 음성에 맞게 자동화되어
　(나): 무의식적이고 자동적인 면이 있음을
② (가): 낯선 음성은 무의식적으로 발음하도록 훈련되어
　(나): 유아기에 수행한 훈련이 효과적이지 않음을
③ (가): 음성 기관의 움직임이 모어의 음성에 맞게 자동화되어
　(나): 유아기에 수행한 훈련이 효과적이지 않음을
④ (가): 낯선 음성은 무의식적으로 발음하도록 훈련되어
　(나): 무의식적이고 자동적인 면이 있음을

×
09 ㉠~㉣ 중 한글 맞춤법에 맞게 쓰인 것만을 모두 고르면?

> • 혜인 씨에게 ㉠ 무정타 말하지 마세요.
> • 재아에게는 ㉡ 섭섭치 않게 사례해 주자.
> • 규정에 따라 딱 세 명만 ㉢ 선발토록 했다.
> • ㉣ 생각컨대 그의 보고서는 공정하지 못했다.

① ㉠, ㉡　② ㉠, ㉢
③ ㉡, ㉣　④ ㉢, ㉣

×
10 ㉠~㉣의 한자로 적절하지 않은 것은?

> 예정보다 지연되긴 했으나 열 시쯤에는 마애불에 ㉠ 도착할 수가 있었다. 맑은 날씨에 빛나는 햇살이 환히 비춰 ㉡ 불상들은 불그레 물들어 있었다. 만일 신비로운 ㉢ 경지라는 말을 할 수 있다면 바로 이런 경우가 아닐지 모르겠다. 꼭 보고 싶다는 숙원이 이루어진 기쁨에 가슴이 벅차 왔다. 아마 잊을 수 없는 ㉣ 추억의 한 토막으로 남을 것 같다.

① ㉠: 到着　② ㉡: 佛像
③ ㉢: 境地　④ ㉣: 記憶

11 다음 글을 이해한 내용으로 적절하지 않은 것은?

> 사람의 '지각과 생각'은 항상 어떤 맥락, 관점 혹은 어떤 평가 기준이나 가정하에서 일어난다. 이러한 맥락, 관점, 평가 기준, 가정을 프레임이라고 한다. 지각과 생각은 인간의 모든 정신 활동을 뜻한다. 따라서 우리의 모든 정신 활동은 진공 상태에서 일어나는 것이 아니라, 어떤 맥락이나 가정하에서 일어난다. 한마디로 우리가 프레임이라는 안경을 쓰고 세상을 보고 있음을 의미한다. 간혹 어떤 사람이 자신은 어떤 프레임의 지배도 받지 않고 세상을 있는 그대로, 객관적으로 본다고 주장한다면, 그 주장은 진실이 아닐 것이다.

① 인간의 정신 활동은 프레임 없이 일어나지 않는다.
② 프레임은 인간이 세상을 바라볼 때 어떤 편향성을 가지게 한다.
③ 인간의 지각과 사고를 확장하는 과정에서 프레임은 극복해야 할 대상이다.
④ 프레임은 인간의 정신 활동에 영향을 미치는 어떤 맥락이나 평가 기준이다.

12 다음 글을 이해한 내용으로 가장 적절한 것은?

> 전 세계를 대표하는 항공기인 보잉과 에어버스의 중요한 차이점은 자동조종시스템의 활용 정도에 있다. 보잉의 경우, 조종사가 대개 항공기를 조종간으로 직접 통제한다. 조종간은 비행기의 날개와 물리적으로 연결되어 있어서 어떤 상황에서도 조종사가 조작한 대로 반응한다. 이와 다르게 에어버스는 조종간 대신 사이드스틱을 설치하여 컴퓨터가 조종사의 행동을 제한하거나 조종에 개입할 수 있게 설계되었다. 보잉에서는 조종사가 항공기를 통제할 수 있는 전권을 가지지만 에어버스에서는 컴퓨터가 조종사의 조작을 감시하고 제한한다.
>
> 보잉과 에어버스의 이러한 차이는 기계를 다루는 인간을 바라보는 관점이 서로 다른 데서 비롯된다. 보잉사를 창립한 윌리엄 보잉의 철학은 "비행기를 통제하는 최종 권한은 언제나 조종사에게 있다."이다. 시스템은 불안정하고 완벽하지 않기 때문에 컴퓨터가 조종사의 판단보다 우선시될 수 없다는 것이다. 반면 에어버스의 아버지라고 불리는 베테유는 "인간은 실수할 수 있는 존재"라고 전제한다. 베테유는 이런 자신의 신념을 토대로 에어버스를 설계함으로써 조종사의 모든 조작을 컴퓨터가 모니터링하고 제한하게 만든 것이다.

① 보잉은 시스템의 불완전성을, 에어버스는 인간의 실수 가능성을 고려하여 설계되었다.
② 베테유는 인간이 실수할 수 있는 존재라고 보지만 윌리엄 보잉은 그렇지 않다고 본다.
③ 에어버스의 조종사는 항공기 운항에서 자동조종시스템을 통제하고 조작한다.
④ 보잉의 조종사는 자동조종시스템을 사용하지 않고 항공기를 조종한다.

13 다음 글에서 추론한 내용으로 가장 적절한 것은?

> 공포의 상태와 불안의 상태를 구분하는 것은 쉽지 않다. 왜냐하면 두 감정을 함께 느끼거나 한 감정이 다른 감정을 유발할 때가 많기 때문이다. 가령, 무시무시한 전염병을 목도하고 공포에 빠진 사람은 자신도 언젠가 그 병에 걸릴지 모른다는 불안 상태에 빠지게 된다. 이처럼 두 감정은 서로 밀접하게 얽혀 있다는 점에서 혼동하기 쉽다. 하지만 두 감정을 야기한 원인을 따져 보면 두 감정을 명확하게 구분할 수 있다. 공포는 실재하는 객관적 위협에 의해 야기된 상태를 의미하고, 불안은 현재 발생하지 않았으며 미래에 일어날지 모르는 불명확한 위협에 의해 야기된 상태를 의미한다. 공포와 불안의 감정은 둘 다 자아와 관련되어 있지만 여기에서도 차이를 찾을 수 있다. 공포를 느끼는 것은 '나 자신'이 위험한 상황에 놓여 있다는 사실을 아는 것이고, 불안의 경험은 '나 자신'이 위해를 입을까 봐 걱정하는 것이다.

① 자신이 처한 위험한 상황을 정확히 인식하는 경우에는 공포감에 비해 불안감이 더 크다.
② 전기·가스 사고가 날까 두려워 외출하지 못하는 사람은 불안한 상태에 있는 것이다.
③ 시험에 불합격할 수 있다는 생각에 사로잡힌 사람은 공포감에 빠져 있는 것이다.
④ 과거에 큰 교통사고를 경험한 사람은 공포감은 크지만 불안감은 작다.

14 다음 글의 내용과 부합하지 않는 것은?

> 과학 혁명 이전 아리스토텔레스 철학은 로마 가톨릭교의 정통 교리와 결합되어 있었기 때문에 오랜 시간 동안 지배적인 영향력을 발휘하였다. 천문 분야 또한 예외는 아니었다. 아리스토텔레스의 세계관을 따라 우주의 중심은 지구이며, 모든 천체는 원운동을 하면서 지구의 주위를 공전한다는 천동설이 정설로 자리 잡고 있었다. 프톨레마이오스가 천체들의 공전 궤도를 관찰하던 도중, 행성들이 주기적으로 종전의 운동과는 반대 방향으로 움직인다는 관찰 결과를 얻었을 때도 그는 이를 행성의 역행 운동을 허용하지 않는 천동설로 설명하고자 하였다. 그래서 지구를 중심으로 공전하는 원 궤도에 중심을 두고 있는 원, 즉 주전원(周轉圓)을 따라 공전 궤도를 그리면서 행성들이 운동한다고 주장하였다.
>
> 과학과 아리스토텔레스 철학의 결별은 서서히 일어났다. 그 과정에서 일어난 가장 중요한 사건은 1543년 코페르니쿠스가 행성들의 운동 이론에 관한 책을 발간한 일이다. 코페르니쿠스는 천체의 중심에 지구 대신 태양을 놓고 지구가 태양의 주위를 공전한다고 주장하였다. 태양을 우주의 중심에 둔 코페르니쿠스의 지동설은 행성들의 운동에 대해 프톨레마이오스보다 수학적으로 단순하게 설명하였다.

① 과학 혁명 이전 시기에는 천동설이 정설로 받아들여졌다.
② 프톨레마이오스의 주전원은 지동설을 지지하고자 만든 개념이다.
③ 천동설과 지동설은 우주의 중심을 어디에 두느냐에 따라 구분된다.
④ 행성의 공전에 대한 프톨레마이오스의 설명은 코페르니쿠스의 설명보다 수학적으로 복잡하였다.

×
15 밑줄 친 단어가 표준어 규정에 맞게 쓰인 것은?

① 저기 보이는 게 암염소인가, <u>수염소</u>인가?
② 오늘 <u>윗층</u>에 사시는 분이 이사를 가신대요.
③ 봄에는 여기저기에서 <u>아지랭이</u>가 피어오른다.
④ 그는 수업을 마치면 <u>으레</u> 친구들과 운동을 한다.

16 ㉠~㉣을 문맥에 맞게 수정하는 방안으로 적절한 것은?

> 난독(難讀)을 해결하려면 정독을 해야 한다. 여기서 말하는 정독은 '뜻을 새겨 가며 자세히 읽음', 즉 '정교한 독서'라는 뜻으로 한자로는 '精讀'이다. '精讀'은 '바른 독서'를 의미하는 '正讀'과 ㉠ <u>소리는 같지만 뜻이 다르다</u>. 무엇이 정교한 것일까? 모든 단어에 눈을 마주치면서 제대로 인식하는 것이다. 이와 같은 ㉡ <u>정독(精讀)</u>의 결과로 생기는 어문 실력이 문해력이다. 문해력이 발달하면 결국 독서 속도가 빨라져, '빨리 읽기'인 속독(速讀)이 가능해진다. 빨리 읽기는 정독을 전제로 할 때 빛을 발한다. 짧은 시간에 같은 책을 제대로 여러 번 읽을 수 있기 때문이다. 그래서 문해력의 증가는 '정교하고 빠르게 읽기', 즉 ㉢ <u>정속독(正速讀)</u>에서 일어나게 되어 있다. 정독이 생활화되면 자기도 모르게 정속독의 경지에 오르게 된다. 그런 경지에 오른 사람들은 뭐든지 확실히 읽고 빨리 이해한다. 자연스레 집중하고 여러 번 읽어도 빠르게 읽으므로 시간이 여유롭다. ㉣ <u>정독이 빠진 속독은</u> 곧 빼먹고 읽는 습관, 즉 난독의 일종임을 잊지 말아야 한다.

① ㉠을 '다르게 읽지만 뜻이 같다'로 수정한다.
② ㉡을 '정독(正讀)'으로 수정한다.
③ ㉢을 '정속독(精速讀)'으로 수정한다.
④ ㉣을 '속독이 빠진 정독'으로 수정한다.

×
17 다음 글을 감상한 내용으로 적절하지 않은 것은?

> 막바지 뙤약볕 속
> 한창 매미 울음은
> 한여름 무더위를 그 절정까지 올려놓고는
> 이렇게 다시 조용할 수 있는가.
> 지금은 아무 기척도 없이
> 정적의 소리인 듯 쟁쟁쟁
> 천지(天地)가 하는 별의별
> 희한한 그늘의 소리에
> 멍청히 빨려 들게 하구나.
>
> 사랑도 어쩌면
> 그와 같은 것인가.
> 소나기처럼 숨이 차게
> 정수리부터 목물로 들이붓더니
> 얼마 후에는
> 그것이 아무 일도 없었던 양
> 맑은 구름만 눈이 부시게
> 하늘 위에 펼치기만 하노니.
>
> – 박재삼, 「매미 울음 끝에」 –

① 갑작스럽게 변화한 자연 현상을 감각적으로 제시하고 있다.
② 청각적 이미지와 시각적 이미지를 활용하여 시상을 전개하고 있다.
③ 소나기가 그치고 맑은 구름이 펼쳐진 것을 통해 사랑의 속성을 드러내고 있다.
④ 매미 울음소리가 절정에 이르렀다가 사라진 직후의 상황을 반어법으로 표현하고 있다.

18 다음 글을 이해한 내용으로 가장 적절한 것은?

루카치는 그리스 세계를 신과 인간의 결합 정도를 가리키는 '총체성' 개념을 기준으로 세 시대로 구분하였다. 첫 번째 시대에서 후대로 갈수록 총체성의 정도는 낮아진다. 첫째는 총체성이 완전히 구현되어 있는 '서사시의 시대'이다. 호메로스의 『일리아드』와 『오디세이아』에서는 신과 인간의 세계가 하나로 얽혀 있다. 인간들이 그리스와 트로이 두 패로 나뉘어 전쟁을 벌일 때 신들도 인간의 모습을 하고 두 패로 나뉘어 전쟁에 참여했다. 둘째는 '비극의 시대'이다. 소포클레스나 에우리피데스의 비극에서는 총체성이 흔들려 신과 인간의 세계가 분리된다. 하지만 두 세계가 완전히 분리되지는 않고 신탁이라는 약한 통로로 이어져 있다. 비극에서 신은 인간의 행위에 직접 개입하지 않고 신탁을 통해서 자신의 뜻을 그저 전달하는 존재로 바뀐다. 셋째는 플라톤으로 대표되는 '철학의 시대'이다. 이 시대는 이미 계몽된 세계여서 신탁 같은 것은 신뢰할 수 없게 되었다. 신과 인간의 세계가 완전히 분리됨으로써 신의 세계는 인격적 성격을 상실하여 '이데아'라는 추상성의 세계로 바뀐다. 신의 세계와 인간의 세계는 그 사이에 어떤 통로도 존재할 수 없는, 절대적으로 분리된 세계가 되었다.

① 계몽사상은 서사시의 시대에서 철학의 시대로의 전환을 이끌었다.
② 플라톤의 이데아는 신탁이 사라진 시대의 비극적 세계를 표현한다.
③ 루카치는 각기 다른 기준에 따라 그리스 세계를 세 시대로 구분하였다.
④ 에우리피데스의 비극에 비해 『오디세이아』에서는 신과 인간의 결합 정도가 높다.

19 다음 글의 내용과 부합하지 않는 것은?

몽유록(夢遊錄)은 '꿈에서 놀다 온 기록'이라는 뜻으로, 어떤 인물이 꿈에서 과거의 역사적 인물을 만나 특정 사건에 대한 견해를 듣고 현실로 돌아온다는 특징이 있다. 이때 꿈을 꾼 인물인 몽유자의 역할에 따라 몽유록을 참여자형과 방관자형으로 구분할 수 있다. 참여자형에서는 몽유자가 꿈에서 만난 인물들의 모임에 초대를 받고 토론과 시연에 직접 참여한다. 방관자형에서는 몽유자가 인물들의 모임을 엿볼 뿐 직접 그 모임에 참여하지는 않는다. 16~17세기에 창작되었던 몽유록에는 참여자형이 많다. 참여자형에서는 몽유자와 꿈속 인물들이 동질적인 이념을 공유하고 현실의 고통스러운 문제에 대해 의견을 나누며 비판적 목소리를 낸다. 그러나 주로 17세기 이후에 창작된 방관자형에서는 몽유자가 꿈속 인물들과 함께 현실을 비판하는 것이 아니라 구경꾼의 위치에 서 있다. 이 시기의 몽유록이 통속적이고 허구적인 성격으로 변모하는 것은 몽유자의 역할 변화와 무관하지 않다.

① 몽유자가 꿈속 인물들의 모임에 직접 참여하는지, 참여하지 않는지에 따라 몽유록의 유형을 나눌 수 있다.
② 17세기보다 나중 시기의 몽유록에서는 몽유자가 현실을 비판하는 경향이 강하게 나타난다.
③ 몽유자가 모임의 구경꾼 역할을 하는 몽유록은 통속적이고 허구적인 성격이 강하다.
④ 몽유자가 꿈속 인물들과 함께 현실을 비판하는 몽유록은 참여자형에 해당한다.

20 다음 글을 이해한 내용으로 적절한 것은?

> 디지털 트윈은 현실 세계와 똑같은 가상의 세계이다. 최근 주목받고 있는 메타버스와 개념은 유사하지만 활용 목적의 측면에서 구별된다. 메타버스는 가상 세계와 현실 세계가 융합된 플랫폼으로 이용자들에게 새로운 경제 · 사회 · 문화적 경험을 제공하는 데 목적을 둔다. 반면 디지털 트윈은 현실 세계에 존재하는 사물, 공간, 환경, 공정 등을 컴퓨터상에 디지털 데이터 모델로 표현하여 똑같이 복제하고 실시간으로 서로 반응할 수 있도록 한다. 그래서 디지털 트윈의 이용자는 가상 세계에서의 시뮬레이션을 통해 미래 상황을 예측할 수 있게 된다. 디지털 트윈에 대한 수요가 증가하면서 관련 시장도 확대되고 있으며, 국내외의 글로벌 기업들은 여러 산업 분야에서 디지털 트윈을 도입하여 사전에 위험 요소를 제거하고 수익 모델의 효율성을 높이고 있다. 디지털 트윈이 이렇게 주목받는 이유는 안정성과 경제성 때문인데 현실 세계를 그대로 옮겨 놓은 가상 세계에 데이터를 전송, 취합, 분석, 이해, 실행하는 과정은 실제 실험보다 매우 빠르고 정밀하며 안전할 뿐 아니라 비용도 적게 든다.

① 디지털 트윈을 활용함에 따라 글로벌 기업들의 고용률이 향상되었다.
② 디지털 트윈의 데이터 모델은 현실 세계의 각종 실험 모델보다 경제성이 낮다.
③ 디지털 트윈에서의 시뮬레이션으로 현실 세계의 위험 요소를 찾아내고 방지할 수 있다.
④ 디지털 트윈은 현실 세계의 이용자에게 새로운 문화적 경험을 제공하는 데 목적이 있다.

국어 | 2023년 지방직 9급

모바일 OMR

회독 CHECK 1 2 3

01 ㉠~㉣의 말하기 방식을 설명한 내용으로 가장 적절한 것은?

김 주무관: AI에 대한 국민 이해도를 높이기 위해 설명회를 개최할 필요가 있다고 생각해요.
최 주무관: ㉠ 저도 요즘 그 필요성을 절감하고 있어요.
김 주무관: ㉡ 그런데 어떻게 준비해야 효과적으로 전달할 수 있을지 고민이에요.
최 주무관: 설명회에 참여할 청중 분석이 먼저 되어야겠지요.
김 주무관: 청중이 주로 어떤 분야에 관심이 있는지 알면 준비할 때 유용하겠네요.
최 주무관: ㉢ 그럼 청중의 관심 분야를 파악하려면 청중의 특성 중에서 어떤 것들을 조사하면 좋을까요?
김 주무관: ㉣ 나이, 성별, 직업 등을 조사할까요?

① ㉠: 상대의 의견에 대해 공감을 표현하고 있다.
② ㉡: 정중한 표현을 사용하여 직접 질문하고 있다.
③ ㉢: 자신의 반대 의사를 우회적으로 드러내고 있다.
④ ㉣: 의문문을 통해 상대의 의견을 반박하고 있다.

02 (가)~(다)를 맥락에 따라 가장 자연스럽게 배열한 것은?

독서는 아이들의 전반적인 뇌 발달에 큰 영향을 미친다.
(가) 그에 따르면 뇌의 전두엽은 상상력을 관장하는데, 책을 읽으면 상상력이 자극되어 전두엽을 많이 사용하게 된다.
(나) A 교수는 책을 읽을 때와 읽지 않을 때의 뇌 변화를 연구해서 세계적인 명성을 얻었다.
(다) 이처럼 책을 많이 읽으면 전두엽이 훈련되어 전반적인 뇌 발달의 가능성이 높아지는데, 그 결과는 교육 현장에서 실증된 바 있다.
독서를 많이 한 아이는 학교에서 더 좋은 성적을 낼 뿐 아니라 언어 능력도 발달한다는 사실이 밝혀진 것이다.

① (나) – (가) – (다)
② (나) – (다) – (가)
③ (다) – (가) – (나)
④ (다) – (나) – (가)

03 ㉠~㉣을 설명한 내용으로 적절하지 않은 것은?

- ㉠ 지원은 자는 동생을 깨웠나.
- 유선은 도자기를 ㉡ 만들었다.
- 물이 ㉢ 얼음이 되었다.
- ㉣ 어머나, 현지가 언제 이렇게 컸지?

① ㉠: 동작의 주체를 나타내는 주어이다.
② ㉡: 주어와 목적어를 요구하는 서술어이다.
③ ㉢: 서술어를 꾸며주는 부사어이다.
④ ㉣: 문장의 다른 성분과 직접적으로 관련을 맺지 않는 독립어이다.

×
04 ㉠~㉣과 바꿔 쓸 수 있는 유사한 표현으로 적절하지 않은 것은?

- 서구의 문화를 ㉠ <u>맹종하는</u> 이들이 많다.
- 안일한 생활에서 ㉡ <u>탈피하여</u> 어려운 일에 도전하고 싶다.
- 회사의 생산성을 ㉢ <u>제고하기</u> 위해 노력하자.
- 연못 위를 ㉣ <u>부유하는</u> 연잎을 바라보며 여유를 즐겼다.

① ㉠: 무분별하게 따르는
② ㉡: 벗어나
③ ㉢: 끌어올리기
④ ㉣: 헤엄치는

×
05 (가)와 (나)를 이해한 내용으로 적절하지 않은 것은?

(가) 청산(青山)은 내 뜻이오 녹수(綠水)는 님의 정(情)이
녹수(綠水) l 흘너간들 청산(青山)이야 변(變)홀손가
녹수(綠水)도 청산(青山)을 못 니저 우러 녜여가는고.

(나) 청산(青山)는 엇뎨ᄒ야 만고(萬古)애 프르르며
유수(流水)는 엇뎨ᄒ야 주야(晝夜)애 긋디 아니는고
우리도 그치디 마라 만고상청(萬古常青)호리라.

① (가)는 '청산'과 '녹수'의 대조를 활용하여 화자가 처한 상황을 제시하고 있다.
② (나)는 시각적 심상과 청각적 심상을 활용하여 주제를 강조하고 있다.
③ (가)와 (나) 모두 대구를 활용하여 시상을 전개하고 있다.
④ (가)와 (나) 모두 설의적 표현을 활용하여 화자의 정서를 드러내고 있다.

06 다음 글의 중심 내용으로 가장 적절한 것은?

교환가치는 거래를 통해 발생하는 가치이며, 사용가치는 어떤 상품을 사용할 때 느끼는 가치이다. 전자가 시장에서 결정된다는 점에서 객관적이라면, 후자는 개인에 따라 다르다는 점에서 주관적이다. 상품에는 사용가치와 교환가치가 섞여 있는데, 교환가치가 아무리 높아도 '나'에게 사용가치가 없다면 해당 상품을 구매하지 않을 것이다.

하지만 이 같은 상식이 통하지 않는 경우를 종종 볼 수 있다. 예를 들어 보자. 인터넷 커뮤니티에서 백만 원짜리 공연 티켓을 판매하는데, 어떤 사람이 "이 공연의 가치는 돈으로 환산할 수 없어요." 등의 댓글들을 보고서 애초에 관심도 없던 이 공연의 티켓을 샀다. 그에게 그 공연의 사용가치는 처음에는 없었으나 많은 댓글로 인해 사용가치가 있을 것으로 잘못 판단한 것이다. 안타깝게도, 그는 그 공연에서 조금도 만족하지 못했다.

이 사례에서 볼 때 건강한 소비를 위해서는 구매하려는 상품의 사용가치가 어떤 과정을 거쳐 결정된 것인지 곰곰이 생각해봐야 한다. '나'에게 얼마나 필요한가에 대한 고민 없이 다른 사람들의 말에 휩쓸려 어떤 상품의 사용가치가 결정될 때, 그 상품은 '나'에게 쓸모없는 골칫덩이가 될 수 있다.

① 사용가치보다 교환가치가 큰 상품을 구매해야 한다.
② 상품을 구매할 때 사용가치와 교환가치를 두루 고려해야 한다.
③ 상품에 대한 다른 사람들의 평가를 반영해서 상품을 구매해야 한다.
④ 상품을 구매할 때 사용가치가 자신의 필요에 의해 결정된 것인지 신중하게 따져야 한다.

07 ㉠~㉣ 중 어색한 곳을 찾아 수정하는 방안으로 가장 적절한 것은?

> 조선 후기에 서학으로 불린 천주학은 '학(學)'이라는 말에서도 짐작할 수 있듯이 ㉠ <u>종교적인 관점에서보다 학문적인 관점에서</u> 받아들여졌다. 당시의 유학자 중 서학 수용에 적극적인 이들까지도 서학을 무조건 따르자고 ㉡ <u>주장하지는 않았는데</u>, 서학은 신봉의 대상이 아니라 분석의 대상이었기 때문이다. 그들은 조선 사회를 바로잡고 발전시키기 위해 새로운 학문과 지식이 필요하다고 생각했지만, 외부에서 유입된 사유 체계에는 양명학이나 고증학 등도 있어서 서학이 ㉢ <u>유일한 대안은 아니었다</u>. 그들은 서학을 검토하며 어떤 부분은 수용했지만, 반대로 어떤 부분은 ㉣ <u>지향했다</u>.

① ㉠: '학문적인 관점에서보다 종교적인 관점에서'로 수정한다.
② ㉡: '주장하였는데'로 수정한다.
③ ㉢: '유일한 대안이었다'로 수정한다.
④ ㉣: '지양했다'로 수정한다.

08 다음 글의 맥락을 고려할 때 빈칸에 들어갈 말로 가장 적절한 것은?

> 능숙한 필자와 미숙한 필자는 글쓰기 과정 중 '계획하기'에서 뚜렷한 차이를 보인다. 전자는 이 과정에 오랜 시간 공을 들이는 반면, 후자는 그렇지 않다. 글쓰기에서 계획하기는 글쓰기의 목적 수립, 주제 선정, 예상 독자 분석 등을 포함한다. 이 중 예상 독자 분석이 중요한 이유는 [　　　] 때문이다. 글을 쓸 때 독자의 수준에 비해 너무 어려운 개념과 전문용어를 사용한다면 독자가 글을 이해하기 어렵게 된다. 글쓰기는 필자가 글을 통해 자신의 메시지를 독자에게 전달하는 행위라는 점을 고려하면 계획하기 단계에서 반드시 예상 독자를 분석해야 한다.

① 계획하기 과정이 글쓰기 전체 과정의 첫 단계이기
② 글에 어려운 개념이나 전문용어를 어느 정도 포함해야 하기
③ 필자의 메시지를 독자에게 효과적으로 전달하는 데 도움이 되기
④ 독자의 배경지식 수준을 고려해야 글의 목적과 주제가 결정되기

×
09 다음 시를 이해한 내용으로 적절하지 않은 것은?

> 사랑을 잃고 나는 쓰네
>
> 잘 있거라, 짧았던 밤들아
> 창밖을 떠돌던 겨울 안개들아
> 아무것도 모르던 촛불들아, 잘 있거라
> 공포를 기다리던 흰 종이들아
> 망설임을 대신하던 눈물들아
> 잘 있거라, 더 이상 내 것이 아닌 열망들아
>
> 장님처럼 나 이제 더듬거리며 문을 잠그네
> 가엾은 내 사랑 빈집에 갇혔네
>
> – 기형도, 「빈집」 –

① 대상들을 호명하며 안타까운 심정을 표현하고 있다.
② '빈집'은 상실감으로 공허해진 내면을 상징하고 있다.
③ 영탄형 어조를 활용해 이별에 따른 정서를 부각하고 있다.
④ 글 쓰는 행위를 통해 잃어버린 사랑의 회복을 열망하고 있다.

×
10 다음 글을 이해한 내용으로 가장 적절한 것은?

> 반드시 갚는 조건임을 강조하면서 그는 마치 성경책 위에다 오른손을 얹고 말하듯이 엄숙한 표정을 했다. 하마터면 나는 잊을 뻔했다. 그가 적시에 일깨워 주었기 망정이지 안 그랬더라면 빌려주는 어려움에만 골똘한 나머지 빌려줬다 나중에 돌려받는 어려움이 더 클 거라는 사실은 생각도 못 할 뻔했다. 그렇다. 끼니조차 감당 못 하는 주제에 막벌이 아니면 어쩌다 간간이 얻어걸리는 출판사 싸구려 번역 일 가지고 어느 해가*에 빚을 갚을 것인가. 책임이 따르는 동정은 피하는 게 상책이었다. 그리고 기왕 피할 바엔 저쪽에서 감히 두말을 못 하도록 야멸치게 굴 필요가 있었다.
>
> "병원 이름이 뭐죠?" "원 산부인괍니다." "지금 내 형편에 현금은 어렵군요. 원장한테 바로 전화 걸어서 내가 보증을 서마고 약속할 테니까 권 선생도 다시 한번 매달려 보세요. 의사도 사람인데 설마 사람을 생으로 죽게야 하겠습니까. 달리 변통할 구멍이 없으시다면 그렇게 해 보세요."
>
> 내 대답이 지나치게 더디 나올 때 이미 눈치를 챈 모양이었다. 도전적이던 기색이 슬그머니 죽으면서 그의 착하디착한 눈에 다시 수줍음이 돌아왔다. 그는 고개를 좌우로 흔들어 보였다.
>
> "원장이 어리석은 사람이길 바라고 거기다 희망을 걸기엔 너무 늦었습니다. 그 사람은 나한테서 수술 비용을 받아 내기가 수월치 않다는 걸 입원시키는 그 순간에 벌써 알아차렸어요."
>
> – 윤흥길, 「아홉 켤레의 구두로 남은 사내」에서 –
>
> * 해가(奚暇): 어느 겨를

① 서술자가 등장인물의 심리를 전지적 위치에서 전달하고 있다.
② 서술자가 등장인물이 되어 다른 등장인물의 행동을 진술하고 있다.
③ 서술자가 주인공으로서 유년 시절을 회상하며 갈등 원인을 해명하고 있다.
④ 서술자가 주관을 배제하고 외부 관찰자의 시선으로 사건을 이야기하고 있다.

11 다음 대화를 분석한 내용으로 적절하지 않은 것은?

> 은지: 최근 국민 건강 문제와 관련해 '설탕세' 부과 여부가 논란인데, 나는 설탕세를 부과해야 한다고 생각해. 그러면 당 함유 식품의 소비가 감소하게 되고, 비만이나 당뇨병 등의 질병이 예방되니까 국민 건강 증진에 도움이 되기 때문이야.
> 운용: 설탕세를 부과하면 당 소비가 감소한다고 믿을 만한 근거가 있니?
> 은지: 세계보건기구 보고서를 보면 당이 포함된 음료에 설탕세를 부과하면 이에 비례해 소비가 감소한다고 나와 있어.
> 재윤: 그건 나도 알아. 그런데 설탕세 부과가 질병을 예방한다는 것은 타당하지 않아. 여러 연구 결과를 보면 당 섭취와 질병 발생은 유의미한 상관관계가 없어.

① 은지는 첫 번째 발언에서 화제를 제시하고 있다.
② 운용은 은지의 주장에 반대하고 있다.
③ 은지는 두 번째 발언에서 자신의 주장에 대한 근거를 제시하고 있다.
④ 재윤은 은지가 제시한 주장의 근거를 부정하고 있다.

×
12 ㉠~㉣에 들어갈 단어로 적절하지 않은 것은?

> • 우리 회사는 올해 최고 수익을 창출해서 전성기를 [㉠]하고 있다.
> • 그는 오래 살아온 자기 명의의 집을 [㉡]하려 했는데 사려는 사람이 없다.
> • 그들 사이에 [㉢]이 심해서 중재자가 필요하다.
> • 제가 부족하니 앞으로 많은 [㉣]을 부탁드립니다.

① ㉠: 구가(謳歌)　② ㉡: 매수(買受)
③ ㉢: 알력(軋轢)　④ ㉣: 편달(鞭撻)

×
13 밑줄 친 단어의 쓰임이 올바르지 않은 것은?

① 이 일은 정말 힘에 부치는 일이다.
② 그와 나는 전부터 알음이 있던 사이였다.
③ 대문 앞에 서 있는데 대문이 저절로 닫혔다.
④ 경기장에는 걷잡아서 천 명이 넘게 온 듯하다.

×
14 ㉠~㉢의 한자 표기로 올바른 것은?

> • 복지부 ㉠ 장관은 의료시설이 대도시에 편중된 문제에 대해 대책을 마련하라고 지시하였다.
> • 박 주무관은 사유지의 국유지 편입으로 발생한 주민들의 피해를 ㉡ 보상하는 업무를 맡고 있다.
> • 김 주무관은 이 팀장에게 부서 운영비와 관련된 ㉢ 결재를 올렸다.

	㉠	㉡	㉢
①	長官	補償	決裁
②	將官	報償	決裁
③	長官	報償	決濟
④	將官	補償	決濟

15 다음 글에서 추론한 내용으로 적절하지 않은 것은?

> 우리는 개별적으로 고립된 채 살아가는 존재일 수 없다. 사회 속에서 여럿이 모여 '복수(複數)'의 상태로 살아갈 수밖에 없는 존재라는 것이다. 복수의 상태로 살아가는 우리는 종(種)적인 차원에서 보면 보편적이고 동등한 존재이다. 그러나 우리는 각각 유일무이성을 지닌 '단수(單數)'이기도 하다. 즉 모든 인간은 개인으로서 고유한 인격체라는 특수성을 지닌다. 사회 속에서 우리는 보편적 복수성과 특수한 단수성을 겸비한 채 살아가고 있는 셈이다. 바로 이러한 이유로 우리는 다원적 존재이다. 이러한 존재들로 구성된 다원적 사회에서는 어떠한 획일화도 시도되어서는 안 된다. 우리가 이 같은 사회에서 살아가기 위해서는 타인을 포용하는 공존의 태도가 필요하다. 공동체 정화 등을 목적으로 개별적 유일무이성을 제거하는 것은 우리가 살아가는 사회의 다원성을 파괴하는 일이다.

① 우리는 고립된 상태에서 '단수'로 살아가는 존재가 아니다.

② 우리는 다원성을 지닌 존재로서 포용적으로 공존해야 한다.

③ 개인의 유일무이성을 보존하려는 제도는 개인의 보편적 복수성을 침해한다.

④ 개인의 특수한 단수성을 제거하려는 시도는 사회의 다원성을 파괴하는 결과로 이어질 수 있다.

×

16 다음 글을 이해한 내용으로 적절하지 않은 것은?

> 매우 치라 소리 맞춰, 넓은 골에 벼락치듯 후리쳐 딱 붙이니, 춘향이 정신이 아득하여, "애고 이것이 웬일인가?" 일자(一字)로 운을 달아 우는 말이, "일편단심 춘향이 일정지심 먹은 마음 일부종사 하쟀더니 일신난처 이 몸인들 일각인들 변하리까? 일월 같은 맑은 절개 이리 힘들게 말으시오."
>
> "매우 치라." "꽤 때리오." 또 하나 딱 부치니, "애고." 이자(二字)로 우는구나. "이부불경 이내 마음 이군불사와 무엇이 다르리까? 이 몸이 죽더라도 이도령은 못 잊겠소. 이 몸이 이러한들 이 소식을 누가 전할까? 이왕 이리 되었으니 이 자리에서 죽여 주오."
>
> "매우 치라." "꽤 때리오." 또 하나 딱 부치니, "애고." 삼자(三字)로 우는구나. "삼청동 도련님과 삼생연분 맺었는데 삼강을 버리라 하소? 삼척동자 아는 일을 이내 몸이 조각조각 찢겨져도 삼종지도 중한 법을 삼생에 버리리까? 삼월삼일 제비같이 훨훨 날아 삼십삼천 올라가서 삼태성께 하소연할까? 애고애고 서러운지고."
>
> – 「춘향전」에서 –

① 동일한 글자를 반복함으로써 리듬감을 조성하고 있다.

② 숫자를 활용하여 주인공이 처한 상황을 제시하고 있다.

③ 등장인물 간의 대화를 통해 주인공의 내적 갈등이 해결되고 있다.

④ 유교적 가치를 담고 있는 말을 활용하여 주인공의 의지를 드러내고 있다.

17 다음 글을 이해한 내용으로 적절하지 않은 것은?

> 고소설의 유통 방식은 '구연에 의한 유통'과 '문헌에 의한 유통'으로 나눌 수 있다. 구연에 의한 유통은 구연자가 소설을 사람들에게 읽어 주는 방식으로, 글을 모르는 사람들과 글을 읽을 수 있지만 남이 읽어 주는 것을 선호하는 이들을 대상으로 이루어졌다. 구연자는 '전기수'로 불렸으며, 소설 구연을 통해 돈을 벌던 전문적 직업인이었다. 하지만 이 방식은 문헌에 의한 유통에 비해 시간과 공간의 제약이 많아서 유통 범위를 넓히는 데 뚜렷한 한계가 있었다.
>
> 문헌에 의한 유통은 차람, 구매, 상업적 대여로 나눌 수 있다. 차람은 소설을 소유하고 있는 사람에게 직접 빌려서 보는 것으로, 알고 지내던 개인들 사이에서 이루어졌다. 구매는 서적 중개인에게 돈을 지불하고 책을 사는 것인데, 책값이 상당히 비쌌기 때문에 소설을 구매할 수 있는 사람은 그리 많지 않았다. 상업적 대여는 세책가에 돈을 지불하고 일정 기간 동안 소설을 빌려 보는 것이다. 세책가에서는 소설을 구매하는 것보다 훨씬 적은 비용으로 빌려 볼 수 있었기 때문에 경제적으로 넉넉하지 않은 사람도 소설을 쉽게 접할 수 있었다. 이로 인해 조선 후기 사회에서 세책가가 성행하게 되었다.

① 전기수는 글을 모르는 사람들에게 소설을 구연하였다.
② 차람은 알고 지내던 사람에게 대가를 지불하고 책을 빌려 보는 방식이다.
③ 문헌에 의한 유통은 구연에 의한 유통에 비해 시간과 공간의 제약이 적었다.
④ 조선 후기에 세책가가 성행한 원인은 소설을 구매하는 비용보다 세책가에서 빌리는 비용이 적다는 데 있다.

18 다음 글을 이해한 내용으로 가장 적절한 것은?

> 『삼국사기』는 본기 28권, 지 9권, 표 3권, 열전 10권의 체제로 되어 있다. 이 중 열전은 전체 분량의 5분의 1을 차지하며, 수록된 인물은 86명으로, 신라인이 가장 많고, 백제인이 가장 적다. 수록 인물의 배치에는 원칙이 있는데, 앞부분에는 명장, 명신, 학자 등을 수록했고, 다음으로 관직에 있지는 않았으나 기릴 만한 사람을 실었다.
>
> 반신(叛臣)의 경우 열전의 끝부분에 배치되어 있다. 이들을 수록한 까닭은 왕을 죽인 부정적 행적을 드러내어 반면교사로 삼는 데에 있었으나, 그 목적에 부합하지 않는 내용이 있어 흥미롭다. 가령 고구려의 연개소문은 반신이지만, 당나라에 당당히 대적한 민족적 영웅의 모습도 포함되어 있다. 흔히 『삼국사기』에 대해, 신라 정통론에 기반해 있으며, 유교적 사관에 따라 당시의 지배 질서를 공고히 하고자 했다고 평가한다. 하지만 연개소문의 사례에서 볼 수 있듯 『삼국사기』는 기존 평가와 달리 다면적이고 중층적인 역사 텍스트라고 할 수 있다.

① 『삼국사기』 열전에 고구려인과 백제인도 수록되었다는 점은 이 책이 신라 정통론을 계승하지 않았다는 것을 보여준다.
② 『삼국사기』 열전에 수록된 반신 중에는 이 책에 대한 기존 평가를 다르게 할 수 있는 사례가 있다.
③ 『삼국사기』 열전에는 기릴 만한 업적이 있더라도 관직에 오르지 못한 사람은 수록되지 않았다.
④ 『삼국사기』의 체제 중에서 열전이 가장 많은 권수를 차지한다.

19 다음 글에서 추론한 내용으로 적절하지 않은 것은?

> 프랑스에서 의무교육 제도를 실시하면서 정규학교에 입학하기 어려운 지적장애아, 학습부진아를 가려내고자 하였다. 이에 기초 학습 능력 평가를 목적으로, 1905년 최초의 IQ 검사가 이루어졌다. 이 검사를 통해 비로소 인간의 지능을 구체적으로 수치화하고 객관적으로 비교할 수 있게 되었다.
>
> 이후 오랫동안 IQ가 높으면 똑똑한 사람, 그렇지 않으면 머리가 좋지 않고 학습에도 부진한 사람으로 판단했다. 물론 IQ가 높은 아이는 그렇지 않은 아이에 비해 읽기나 계산 등 사고 기능과 관련된 과목에서 높은 성취도를 보이는 경우가 많다. 이는 IQ 검사가 기초 학습에 필요한 최소 능력인 언어이해력, 어휘력, 수리력 등을 측정하기 때문이다. 학습의 기초 능력을 측정하는 IQ 검사에서 높은 점수를 받은 아이는 동일한 능력을 측정하는 학업 평가에서도 높은 점수를 받을 가능성이 크다. 하지만 문제는 IQ 검사가 인간의 지능 중 일부만을 측정한다는 점이다.

① 최초의 IQ 검사는 학습 능력이 우수한 아이를 고르기 위해 시행되었다.
② IQ 검사가 만들어지기 전에는 인간의 지능을 수치로 비교할 수 없었다.
③ IQ가 높은 아이라도 전체 지능은 높지 않을 수 있다.
④ IQ가 높은 아이가 읽기 능력이 좋을 확률이 높다.

20 다음 글에서 추론한 내용으로 적절하지 않은 것은?

> 한글은 소리를 나타내는 표음문자여서 한국어 문장을 읽는 데 학습해야 할 글자가 적지만, 한자는 음과 상관없이 일정한 뜻을 나타내는 표의문자여서 한문을 읽는 데 익혀야 할 글자 수가 훨씬 많다. 이러한 번거로움에도 한글과 달리 한자가 갖는 장점이 있다. 한글에서는 동음이의어, 즉 형태와 음이 같은데 뜻이 다른 단어가 많아 글자만으로 의미를 파악하지 못하는 경우가 많다. 하지만 한자는 그렇지 않다. 예컨대, 한글로 '사고'라고만 쓰면 '뜻밖에 발생한 사건'인지 '생각하고 궁리함'인지 구별할 수 없다. 한자로 전자는 '事故', 후자는 '思考'로 표기한다. 그런데 한자는 문맥에 따라 같은 글자가 다른 뜻으로 쓰이지는 않지만 다른 문장성분으로 사용되기도 해 혼란을 야기한다. 가령 '愛人'은 문맥에 따라 '愛'가 '人'을 수식하는 관형어일 때도, '人'을 목적어로 삼는 서술어일 때도 있는 것이다.

① 한문은 한국어 문장보다 문장성분이 복잡하다.
② '淨水'가 문맥상 '깨끗하게 한 물'일 때 '淨'은 '水'를 수식한다.
③ '愛人'에서 '愛'의 문장성분이 바뀌더라도 '愛'는 동음이의어가 아니다.
④ '의사'만으로는 '병을 고치는 사람'인지 '의로운 지사'인지 구별할 수 없다.

인생의 실패는 성공이 얼마나 가까이 있는지도 모르고 포기했을 때 생긴다.

– 토마스 에디슨 –

PART 2

영어

- 2025년 국가직 9급
- 2025년 지방직 9급
- 2024년 국가직 9급
- 2024년 지방직 9급
- 2023년 국가직 9급
- 2023년 지방직 9급

꼭 읽어보세요!

2025년 영어 과목 출제기조 변화

2025년 국가직 9급 공무원 시험부터 문법(어법)이나 어휘 등 암기 영역의 문제가 줄어들고 이해력과 추론력을 평가하는 독해 문제의 비중이 커졌습니다. 또한 실생활에서 많이 사용하는 어휘, 이메일이나 안내문 등으로 구성된 독해 지문 위주로 출제되었습니다.

기출문제 학습 시 유의사항

본서는 2025년 영어 과목 출제기조 변화에 따라 출제 유형에서 벗어나거나 달라지는 문항에 ×표시를 하였습니다. 이는 행정안전부가 공개한 2025년 출제기조 전환 예시문제를 기준으로 한 것이며, **실제 출제 방향과 다를 수 있다는 점에 유의**하여 학습에 임하시기 바랍니다.

×표시를 한 문항은 출제되지 않는 영역이라는 의미가 아닌, 출제기조 변화에 따라 유형이 바뀔 수 있는 문항임을 표시한 것입니다. 어휘 영역은 문맥에 따라 밑줄에 들어갈 단어를 추론하는 유형으로 전환되며, 문법(어법) 영역은 밑줄이나 빈칸이 주어지고 문맥 속에서 명확하게 묻는 부분이 무엇인지 제시하는 방향으로 전환됩니다. 독해도 전자메일이나 안내문 등 업무현장에서 접할 수 있는 소재와 형식을 활용한 지문이 출제됩니다.

출제경향

2025년 국가직

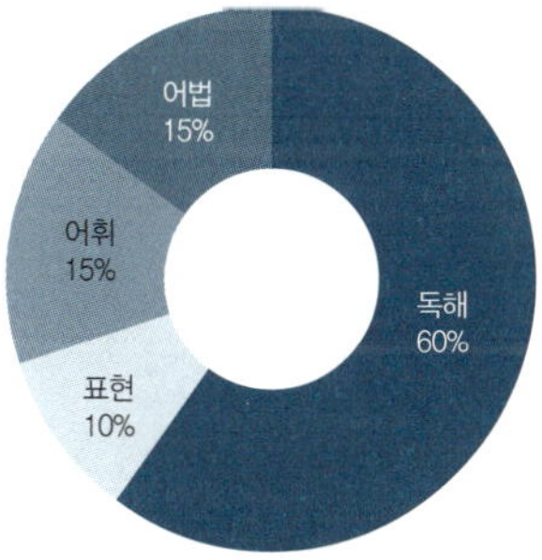

2025년 지방직

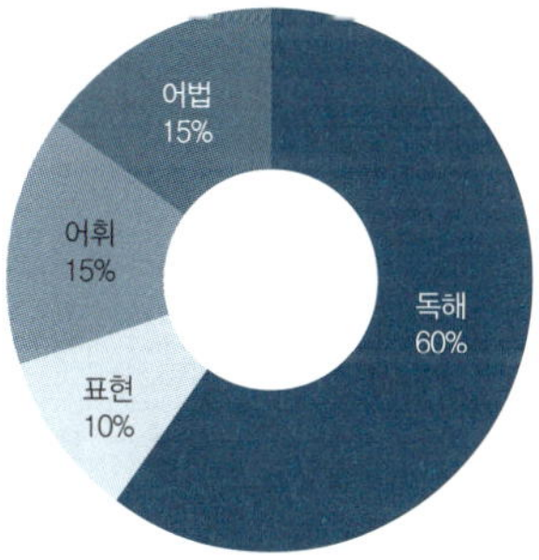

2024년 국가직

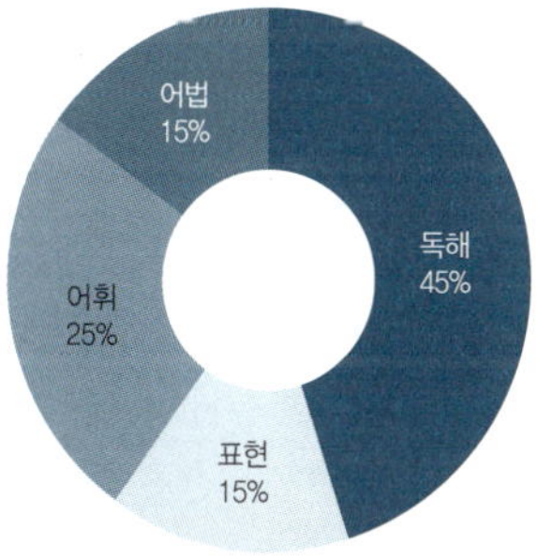

2024년 지방직

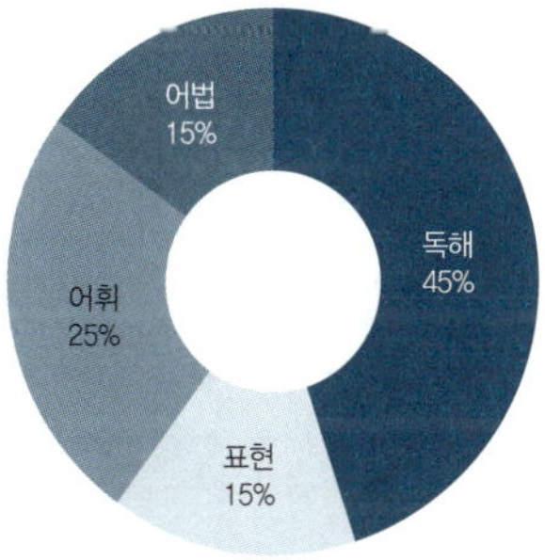

2023년 국가직

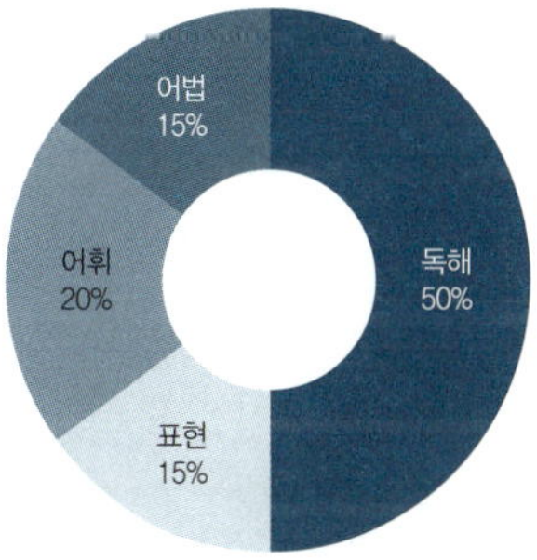

2023년 지방직

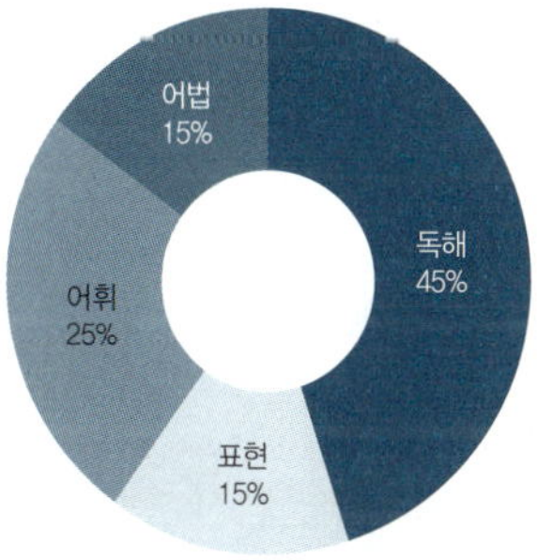

영어 | 2025년 국가직 9급

모바일 OMR

회독 CHECK 1 2 3

[01~05] 밑줄 친 부분에 들어갈 말로 가장 적절한 것을 고르시오.

01

All international travelers must carry acceptable ____________ when entering Canada. For example, a passport is the only reliable and universally accepted document when traveling abroad.

① currency
② identification
③ insurance
④ luggage

02

We are polluting the oceans, killing the fish and thereby ____________ ourselves of invaluable food supply.

① depriving
② informing
③ accusing
④ curing

03

Whitworths, a retailer offering online grocery shopping, says it has discovered that some staff members who are paid a salary ____________ paid enough in recent years.

① may not have been
② should not have
③ would not be
④ will not be

04

Alex Brown
Hello. Do you remember we have a meeting with the city hall staff this afternoon?
10:10 am

Cathy Miller
Is it today? Isn't it tomorrow?
10:11 am

Alex Brown
I'll check my calendar.
10:11 am
I'm sorry. I was mistaken.
The meeting is at 2 pm tomorrow.
10:13 am

Cathy Miller
Yes, that's right.
10:13 am

Alex Brown
You know we don't have to go to city hall for the meeting, right?
10:15 am

Cathy Miller
____________________________.
It's sometimes more convenient.
10:16 am

Alex Brown
I agree. Please share the meeting URL. Also, could you send me the ID and password?
10:19 am

Cathy Miller
Sure, I'll share them via email and text.
10:19 am

① Yes, it's an online meeting
② Yes, be sure to reply to the email
③ No, I didn't receive your text message
④ No, I don't have another meeting today

05

A: Aren't you going to have lunch?
B: No, I'm not hungry. I'd rather read my book. I'm reading *The Lucky Club*.
A: *The Lucky Club*? What's it about?
B: Well, it's about a group of Korean women who live in Los Angeles. The main character is a woman born in America whose mother came from Korea.
A: It sounds interesting. Who's it by?
B: ______________________.
A: She wrote *The Heroine Generation*, too, didn't she?
B: No, that was written by May Lee.
A: Oh, I see.

① I have already read it
② Lin Lee is the author
③ It originally belongs to me
④ She is one of my relatives in Korea

[06~07] 다음 글을 읽고 물음에 답하시오.

noplasticjuly
http://noplasticjuly.org

HOME ABOUT US CONTACT US SEARCH

(A)

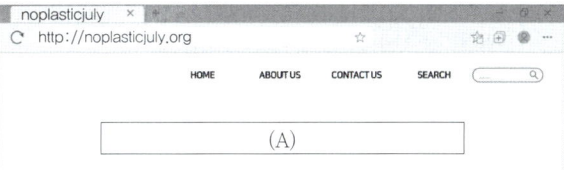

Each year in July people all over the world aim to exclude common plastic waste items from their daily life, opting instead for reusable containers or those made from biodegradable materials. We think this is a great idea and why not make it a year-round effort at home and in the workplace.

The vision started in Western Australia in 2011 and has since moved across the world to help promote the vision and stop the earth becoming further saturated with plastic materials which are part of our convenience lifestyle.

Lots of items are designed to be used once and disposed of. They fill up bins in homes, schools, at work and on streets across the world.

You can assist in achieving the goal of having a world without plastic waste.

Choose what you will do
□ Avoid single-use plastic packaging
□ Target the takeaway items that could end up in the ocean
□ Go completely plastic free

I will participate
□ for 1 day □ for 1 week
□ for 1 month □ from now on

06 (A)에 들어갈 윗글의 제목으로 가장 적절한 것은?

① Development of Single-Use Items
② Join the Plastic-Free Challenge
③ How to Dispose of Plastic Items
④ Simple Ways to Save Energy

07 윗글에서 캠페인에 관한 내용과 일치하지 않는 것은?

① 2011년 서호주에서 시작되었다.
② 플라스틱 과다 사용을 줄이기 위해 전 세계로 확산되었다.
③ 실천할 활동을 선택하여 참여할 수 있다.
④ 최대 한 달까지 참여할 수 있다.

[08~09] 다음 글을 읽고 물음에 답하시오.

Consular services

We welcome all feedback about our consular services, whether you receive them in the UK or from one of our embassies, high commissions or consulates abroad. Tell us when we get things wrong so that we can assess and improve our services.

If you want to make a complaint about a consular service you have received, we want to help you resolve it as quickly as possible. If you are complaining on behalf of someone else, we must have written, signed consent from that person allowing us to share their personal information with you before we can reply.

Send details of your complaint to our feedback contact form. We will record and examine your complaint, and use the information you provide to help make sure that we offer the best possible help and support to our customers. The relevant embassy, high commission or consulate will reply to you.

08 밑줄 친 assess의 의미와 가장 가까운 것은?

① upgrade
② prolong
③ evaluate
④ render

09 윗글의 목적으로 가장 적절한 것은?

① to give directions to the consulate
② to explain how to file complaints
③ to lay out the employment process
④ to announce the opening hours

10 다음 글의 주제로 가장 적절한 것은?

Young people are fast learners. They are energetic, active and have a 'can-do' mentality. Given the support and right opportunities, they can take the lead in their own development as well as the development of their communities. In many developing countries, agriculture is still the largest employer and young farmers play an important role in ensuring food security for future generations. They face many challenges, however. For example, it is very difficult to own land or get a loan if you do not have a house—which, if you are young and only just starting your career, is often not yet possible. Working in agriculture requires substantial and long-term investments. It is also quite risky and uncertain, because it relies heavily on the climate: flooding, drought and storms can damage and destroy farmers' crops and affect livestock.

① the economic advantages of working in the agricultural sector
② the importance of technology in modern farming practices
③ the roles of young farmers and the challenges they face
④ young people's efforts for urban development

11 다음 글의 목적으로 가장 적절한 것은?

Send Preview Save

To: citycouncil@woodville.gov
From: headcouncil@woodville.gov
Date: April 3, 2025
Subject: Attention Council

Dear Members of the Woodville City Council,

I am writing to inform you of several issues in our community that need attention. A resident, John Smith, of 123 Elm Street, has reported problems with the road conditions on Elm Street, especially between Maple Avenue and Oak Street. There are many potholes and cracks that have worsened after recent heavy rain, causing traffic disruptions and safety hazards. Even though temporary repairs have been made, the problems continue.

The resident is also concerned about poor lighting in Central Park, especially along Park Lane, because broken or missing streetlights have led to minor accidents and lowered property values. He requests that the Council repair Elm Street and improve the lighting in the park.

I urge the Council to address these issues for the safety and well-being of our community. Thank you for your attention to these matters. I trust we will work together to resolve these issues effectively.

Sincerely,

Stephen James
Head of Woodville City Council

① to express gratitude to the Council for their efforts
② to invite the Council to visit Central Park
③ to solicit the Council to deal with the community problems
④ to update the Council on recent repairs made in the area

[12~13] 밑줄 친 부분 중 어법상 옳지 않은 것을 고르시오.

12

The city opened the Smart Senior Citizens' Center, a leisure facility that offers ① <u>customized</u> programs for the elderly. It ② <u>features</u> virtual activities such as silver aerobics and ③ <u>laughter</u> therapy, monitors health metrics in collaboration with public health centers, and ④ <u>including</u> indoor gardening activities.

13

Fire served humans in many ways besides ① <u>cooking</u>. With it they could begin ② <u>rearranging</u> environments to suit themselves, clearing land to stimulate the growth of wild foods and ③ <u>opening</u> landscapes to encourage the proliferation of food animals that could be later driven by fire to a place ④ <u>choosing</u> to harvest them.

14 다음 글의 내용과 일치하지 않는 것은?

KIDS SUMMER ART CAMP 2025

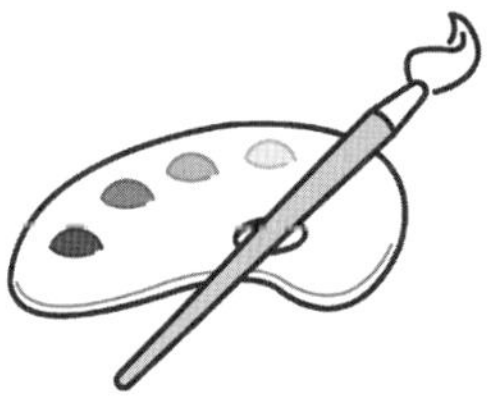

Join the Stan José Art Museum (SJAM) for a week of fun!
Campers get behind-the-scenes access to exhibitions, experiment with the artistic process, and show off their own work in a student exhibition.

WHO

For children ages 6 - 14

Each camper will receive individual artistic support, encouragement, and creative challenges unique to their learning style and skill level.

WHAT

Join SJAM for a summer art camp that pairs creative exploration of art materials and processes led by our experienced gallery teachers and studio art educators. In addition, campers will engage in interpretive art and science lessons created by Eddie Brown, a STEM consultant.

ART CAMP EXHIBITION

We invite families and caregivers to attend a weekly exhibition reception of campers' artwork to celebrate the artistic achievements of each participant.

WHEN

All camps run 9 am - 3 pm, Monday - Friday.

Monday, June 9 - Friday, July 25 (no camp the week of June 30)

① Campers will have opportunities to display their work in a student exhibition.

② The camp includes individual artistic support for children ages 6 - 14.

③ A STEM consultant developed interpretive art and science lessons.

④ The camp runs with no break between June 9 and July 25.

15 다음 글의 내용과 일치하는 것은?

Department of Health and Human Services

Mission Statement

The mission of the Department of Health and Human Services (HHS) is to enhance the health and well-being of all individuals in the nation, by providing for effective health and human services and by fostering sound, sustained advances in the sciences underlying medicine, public health, and social services.

Organizational Structure

HHS accomplishes its mission through programs and initiatives that cover a wide spectrum of activities. Eleven operating divisions, including eight agencies in the Public Health Service and three human services agencies, administer HHS's programs. While HHS is a domestic agency working to protect and promote the health and well-being of the American people, the interconnectedness of our world requires that HHS engage globally to fulfill its mission.

Cross-Agency Collaborations

Improving health and human services outcomes cannot be achieved by the Department on its own; collaborations are critical to achieve our goals and objectives. HHS collaborates closely with other federal departments and agencies on cross-cutting topics.

① HHS aims to improve the health and well-being of low-income families only.

② HHS's programs are administered by the eleven operating divisions.

③ HHS does not work with foreign countries to complete its mission.

④ HHS acts independently from other federal departments and agencies to achieve its goals.

16 주어진 문장이 들어갈 위치로 가장 적절한 것은?

> Schedule your time in a way that relegates distracting activities, such as news consumption and social-media scanning, to prescribed times.

When you learn to drive, you are taught to maintain a level of situational awareness that is wide enough to help you anticipate problems but not so wide that it distracts you. The same goes for your project. (①) You need to know what's going on around you that might affect your life and work, but not what is irrelevant to these things. (②) I am not advocating a "full ostrich" model of ignoring the outside world entirely. (③) Rather, I mean to recommend ordering your information intake so that extraneous stuff doesn't eat up your attention. (④) Perhaps you could decide to read the news for 30 minutes in the morning and vegetate* on social media for 30 minutes at the end of the day.

* vegetate: 하는 일 없이 지내다

17 다음 글의 흐름상 어색한 문장은?

As OECD countries prepare for an AI revolution, underscored by rapid advancements in generative AI and an increased availability of AI-skilled workers, the landscape of employment is poised for significant change. ① To navigate this shift, it's critical to prioritise training and education to equip both current and future workers with the necessary skills, and to support displaced workers with adequate social protection. ② Additionally, safeguarding workers' rights in the face of AI integration and ensuring inclusive labour markets become paramount. ③ Social dialogue will also be key to success in this new era. ④ Many experts believe that AI will completely replace all human jobs within the next decade. Together, these actions will ensure that the AI revolution benefits all, transforming potential risks into opportunities for growth and innovation.

18 주어진 글 다음에 이어질 글의 순서로 가장 적절한 것은?

> The idea that society should allocate economic rewards and positions of responsibility according to merit is appealing for several reasons.

> (A) An economic system that rewards effort, initiative, and talent is likely to be more productive than one that pays everyone the same, regardless of contribution, or that hands out desirable social positions based on favoritism.
> (B) Rewarding people strictly on their merits also has the virtue of fairness; it does not discriminate on any basis other than achievement.
> (C) Two of these reasons are generalized versions of the case for merit in hiring—efficiency and fairness.

① (A) - (C) - (B)
② (B) - (C) - (A)
③ (C) - (A) - (B)
④ (C) - (B) - (A)

[19~20] 밑줄 친 부분에 들어갈 말로 가장 적절한 것을 고르시오.

19

> Active listening is an art, a skill and a discipline that takes ________________. To develop good listening skills, you need to understand what is involved in effective communication and develop the techniques to sit quietly and listen. This involves ignoring your own needs and focusing on the person speaking—a task made more difficult by the way the human brain works. When someone talks to you, your brain immediately begins processing the words, body language, tone, inflection and perceived meanings coming from the other person. Instead of hearing one noise, you hear two: the noise the other person is making and the noise in your own head. Unless you train yourself to remain vigilant, the brain usually ends up paying attention to the noise in your own head. That's where active listening techniques come into play. Hearing becomes listening only when you pay attention to what the person is saying and follow it very closely.

① a sense of autonomy
② a creative mindset
③ a high degree of self-control
④ an extroverted personality

20

The holiday season is a time to give thanks, reflect on the past year, and spend time with family and friends. However, if you're not careful, it can also be a time you overspend on holiday purchases. People have an innate impulse to overspend, experts say. They are "wired" to be consumers. The short-term gratification of giving gifts to loved ones can eclipse the long-term focus that's needed to be good with money. That's where many people fall short. We can overspend because our long-term goals are much more abstract, and it actually requires us to do extra levels of cognitive processing to delay instant gratification. Additionally, consumers may feel ____________________ because they don't want to appear "cheap." Many companies also promote deals during the holidays that can encourage people to spend more than usual.

① a desire to work at overseas companies
② responsible for establishing their long-term goals
③ like limiting their spending during the holiday season
④ the social pressure to spend more than they might like

영어 | 2025년 지방직 9급

모바일 OMR

회독 CHECK 1 2 3

[01~05] 밑줄 친 부분에 들어갈 말로 가장 적절한 것을 고르시오.

01

Some plant diseases are indeed difficult to ________ because they can spread rapidly and easily, impacting multiple plants in a vast area.

① nourish
② eradicate
③ proliferate
④ detect

02

In the business world, ________ is highly valued as it showcases a person's commitment to meeting deadlines and respecting others' time.

① humility
② sincerity
③ frugality
④ punctuality

03

Preliminary investigations indicate that some, if not all, of the clients' money, ________ to be 6 million in total, has found its way into unquoted companies and property purchases.

① believe
② believing
③ believed
④ believes

04

Yuna
Hi Jenny, I need your advice on buying a car.
10:30 am

Jenny
Hi, do you want to buy a car? What kind of car?
10:31 am

Yuna
Maybe a mid-sized sedan or an SUV.
10:32 am

Jenny
An SUV is more practical.
10:32 am

Yuna
SUVs are more expensive than sedans. ________.
10:33 am

Jenny
One of my friends is a used car dealer. He can give you a good deal.
10:34 am

Yuna
Really? That would be nice.
10:34 am

Jenny
Do you want his number?
10:35 am

Yuna
Sure.
10:35 am

Jenny
Just one second.
10:35 am
707-123-5678
10:36 am

Yuna
Thanks!
10:36 am

① I'm on a tight budget
② I need to get in shape
③ It should clear up soon
④ I can pick you up later

05

A: How many copies of the presentation materials do you think we'll need?
B: 60 should be enough, but it's always good to have extras.
A: True. Better safe than sorry. How many would you recommend then?
B: Let's make it 75 just in case we have more attendees than expected like last time.
A: Good idea. ____________________?
B: Absolutely. We are going to have people asking for the presentation materials after the presentation.
A: Sure, that way everyone can easily have it whenever needed.

① How early do we need to distribute the materials
② Should we also have a digital version for sharing
③ Will the materials be printed in color or black and white
④ Are there any specific materials we should avoid including

[06~07] 다음 글을 읽고 물음에 답하시오.

(A)

We have been notified of a scam targeting people through text messages requesting they pay an overdue parking ticket.
- These text messages are not from us.
- Do not click the link or provide payment details.
- Report these messages to your cell phone provider and then delete them.
- We do not notify the public of fines through texting, media, or social media.

City-approved notification methods for parking tickets:
- Ticket served to vehicle
- Ticket sent by post to registered owner of vehicle

Don't show again　　Close

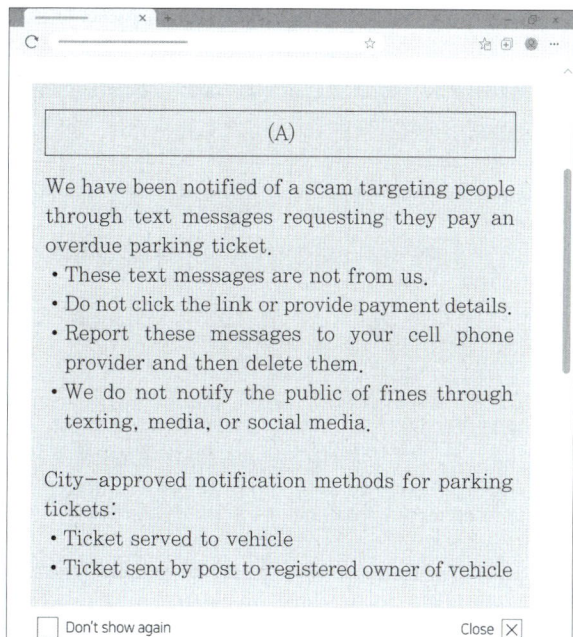

06 (A)에 들어갈 윗글의 제목으로 가장 적절한 것은?

① City Parking Ticket Payment Methods
② How to Avoid Getting Parking Tickets
③ Save Time and Money! Helpful Parking Tips
④ Alert! Fake Parking Ticket Payment Text Messages

07 윗글의 내용과 일치하는 것은?

① 전달된 링크에 결제 세부 정보를 입력해야 한다.
② 수신한 문자는 삭제하면 안 된다.
③ 시에서는 벌금을 문자로 통보한다.
④ 고지서는 등록된 차량 소유주에게 우편으로 발송된다.

[08~09] 다음 글을 읽고 물음에 답하시오.

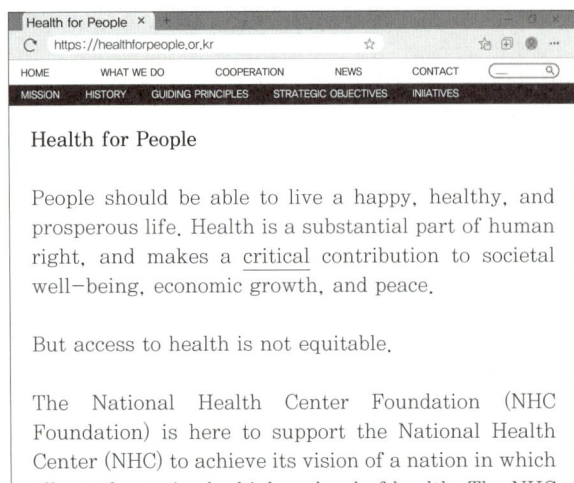

Health for People ×
https://healthforpeople.or.kr

HOME | WHAT WE DO | COOPERATION | NEWS | CONTACT

MISSION | HISTORY | GUIDING PRINCIPLES | STRATEGIC OBJECTIVES | INIATIVES

Health for People

People should be able to live a happy, healthy, and prosperous life. Health is a substantial part of human right, and makes a critical contribution to societal well-being, economic growth, and peace.

But access to health is not equitable.

The National Health Center Foundation (NHC Foundation) is here to support the National Health Center (NHC) to achieve its vision of a nation in which all people attain the highest level of health. The NHC aims to promote health and serve the vulnerable. The NHC Foundation is committed to helping the NHC by partnering with diverse actors, including businesses, philanthropists, and the general public.

08 밑줄 친 critical의 의미와 가장 가까운 것은?

① pivotal
② perilous
③ analytical
④ judgmental

09 윗글의 목적으로 가장 적절한 것은?

① 의료비 지원이 필요한 사람들을 위한 기부를 독려하려고
② 행복하고 건강한 삶을 위한 캠페인을 제안하려고
③ NHC를 지원하는 기관을 소개하려고
④ NHC의 파트너를 선정하려고

10 다음 글의 목적으로 가장 적절한 것은?

Send | Preview | Save

To: chlsbrown@cbsys.com
From: tomsmith@boogle.com
Date: June 21, 2025
Subject: Thank you for the interview

My PC | Browse

Dear Mr. Charles Brown,

I am writing to thank you for the interview last week. I truly enjoyed our conversation. The information you shared about your new Account Management System was very valuable.

I would like to follow up now to see if there are any updates regarding the status of my application.

This position looks like a great fit for me and my career goals. Anything you can share about your decision timeline or any next steps would be greatly appreciated.

I would gladly provide any additional information if needed. Thank you again.

Sincerely,

Tom Smith

① to submit an application form
② to set up an interview appointment
③ to inquire about updates on the decision process
④ to request more information about the company's business

11 다음 글에서 The National Independence Museum에 대한 내용과 일치하는 것은?

NIM
https://nim.memorial.or.kr
Search
Language ▾
Visit | Introduction | Exhibitions | Cultural Events | News

The National Independence Museum

The National Independence Museum

The National Independence Museum preserves the national history through exhibitions, research, and educational programs, while fostering national pride. We invite you to experience this legacy and hear the enduring calls for peace in a scenic rural setting.

Major Projects

- Exhibitions & Collection Management: A total of 150,000 relics of the independence movement are displayed in eight exhibition halls.
- Research: Dedicated to the study of the independence movement, the Museum supports scholarly work on related historical topics.
- Education: Through educational programs, the Museum promotes the national identity and deepens historical understanding among citizens.
- Cultural Events: Regular cultural events are held to provide visitors with insights into the national history and culture.

① It is located in an urban environment surrounded by many skyscrapers.

② It displays more than a million artifacts related to the independence movement.

③ It supports educational activities instead of scholarly projects.

④ It offers visitors cultural events on a regular basis.

12 다음 글의 내용과 일치하지 않는 것은?

① The East Coast's biggest aviation collectibles show will take place in September.

② Door prizes are exclusively for children under 12.

③ Rare airline and transportation collectibles will be displayed at the show.

④ Visitors can see both national and international collectibles.

[13~14] 밑줄 친 부분 중 어법상 옳지 않은 것을 고르시오.

13

We tend ① to imagine Robin Hood and outlaws in general as fugitives because they defied the king's officials and operated ② outside the law in the great forests of the kingdom. What we forget is that there ③ were an established process behind the creation of outlaws. On the whole, men did not choose to become outlaws; they ④ were made outlaws.

14

The olive tree was ① such a driving force in the economies of the Ancient Greek city-states ② that it was believed ③ to have been a gift of gods-namely from Athena, the goddess of wisdom, ④ whom Athens took its name.

15 다음 글의 주제로 가장 적절한 것은?

The reason artificial blue light in devices can be so harmful in the evening is that it mimics the sun's natural blue light-which confuses the body's circadian clock. A study showed that viewing artificial blue light in the evening will push sleep-inducing melatonin hormones down drastically, disrupting bedtimes and affecting daytime behavior. But getting that same blue light from the sun, which contains a health-boosting full spectrum of light, does the opposite. According to the study, the more daytime blue light a person gets, the better defense they have against the harms of evening blue light from screens. Thus, packing the day with sunshine creates a blue-light build-up that helps counteract the consequences of that artificial light at night. In other words, the more sunlight exposure a child gets during the day, the better their brain can build a wall against the harms of artificial blue light later.

① Sunlight's help in fighting artificial blue light effects
② The dangers of using devices during the day
③ How screens affect children's sleep cycles
④ Why melatonin levels drop in the evening

16 주어진 글 다음에 이어질 글의 순서로 가장 적절한 것은?

> Usually toddlers picking things up from the ground means trouble.

(A) The family reported the find to the Israel Antiquities Authority, which determined it is a beetle-shaped seal from the Middle Bronze Age.

(B) But as 3-year-old Ziv Nitzan of Israel brushed away the sand on what seemed to be a rock, she revealed a nearly 4,000-year-old Egyptian artifact.

(C) Ziv was awarded a certificate for good citizenship, and the Heritage Minister of Israel said the seal "connects us to a grand story," and that "even children can be a part of discovering history."

① (A) - (C) - (B)
② (B) - (A) - (C)
③ (B) - (C) - (A)
④ (C) - (B) - (A)

17 주어진 문장이 들어갈 위치로 가장 적절한 것은?

> However, according to Mike Tipton, a professor at University of Portsmouth, this is far from the quickest way of lowering your body temperature.

There are plenty of simple, scientifically supported techniques that will help you handle the heat. (①) If you're feeling the heat and somebody offers you a fan, it's likely that you'll try and cool your face first. (②) Certainly, all that breeze on your face will stimulate cold receptors there, which will give you a very powerful sensation of comfort. But actually, it's not going to extract the heat from your body. Instead, a better cooling strategy is to immerse your hands in cold water for 15 to 20 minutes. (③) Your hands have a high surface area to mass area-they have lots of blood flowing in them when you're hot. (④) If your core temperature is hot, your body will send blood to the extremities in order to lose heat.

18 다음 글의 흐름상 어색한 문장은?

Scientists in the UK grew special tomatoes with extra vitamin D, which is important for people's health. Vitamin D deficiency affects about one billion people worldwide. ① Tomatoes naturally contain a substance that gets converted into vitamin D. ② The team altered the genes of the tomato plants, breeding them to have more of this substance than usual. ③ Each tomato came to have about as much vitamin D as two medium-sized eggs. ④ Moreover, tomatoes are commonly eaten raw in salads and served as a cooked vegetable. The scientists think the technique could be used with other foods, too.

[19~20] 밑줄 친 부분에 들어갈 말로 가장 적절한 것을 고르시오.

19

A hunter-gatherer in the Stone Age knew how to make her own clothes, how to start a fire, how to hunt rabbits and how to escape lions. We think we know far more today, but as individuals, we actually know far less. We rely on the expertise of others for almost all our needs. In one humbling experiment, people were asked to evaluate how well they understood the workings of an ordinary zipper. Most people confidently replied that they understood zippers very well-after all, they use them all the time. They were then asked to describe in as much detail as possible all the steps involved in the zipper's operation. Most people had no idea. This is what Steven Sloman and Philip Fernbach have termed 'the knowledge illusion'. We think we know a lot, even though individually we know very little, because we treat knowledge ________________________ as if it were our own.

① from hands-on experiences
② in the minds of others
③ gained during education
④ learned through trial and error

20

A gazelle on the African savanna is trying not to be eaten by cheetahs, but it is also trying to outrun other gazelles when a cheetah attacks. What matters to the gazelle is being faster than other gazelles, not being faster than cheetahs. In the same way, psychologists sometimes wonder why people are endowed with the ability to learn the part of Hamlet or understand calculus when neither skill was of much use to mankind in the primitive conditions where his intellect was shaped. Einstein would probably have been as hopeless as anybody in working out how to catch a woolly rhinoceros. Nicholas Humphrey, a Cambridge psychologist, was the first to see clearly the solution to this puzzle. We use our intellects not to solve practical problems but to outwit each other. Deceiving people, detecting deceit, understanding people's motives, manipulating people-these are what intellect is used for. So what matters is ________________________.

① not how clever and crafty you are but how much more clever and craftier you are than other people
② that individuals act according to their collective interest rather than their own personal interest
③ to design a society where members cooperate to find optimal solutions to benefit themselves
④ coming up with the best solution to practical problems in a given condition

영어 | 2024년 국가직 9급

모바일 OMR

회독 CHECK 1 2 3

01 밑줄 친 부분에 들어갈 말로 적절한 것은?

> Obviously, no aspect of the language arts stands alone either in learning or in teaching. Listening, speaking, reading, writing, viewing, and visually representing are ____________.

① distinct
② distorted
③ interrelated
④ independent

[02~05] 밑줄 친 부분의 의미와 가장 가까운 것을 고르시오.

02

> The money was so cleverly concealed that we were forced to abandon our search for it.

① spent
② hidden
③ invested
④ delivered

03

> To appease critics, the wireless industry has launched a $12 million public-education campaign on the drive-time radio.

① soothe
② counter
③ enlighten
④ assimilate

04

> Center officials play down the troubles, saying they are typical of any start-up operation.

① discern
② dissatisfy
③ underline
④ underestimate

05

> She worked diligently and had the guts to go for what she wanted.

① was anxious
② was fortunate
③ was reputable
④ was courageous

06 밑줄 친 부분 중 어법상 옳지 않은 것은?

> ① Despite the belief that the quality of older houses is superior to ② those of modern houses, the foundations of most pre-20th-century houses are dramatically shallow ③ compared to today's, and have only stood the test of time due to the flexibility of ④ their timber framework or the lime mortar between bricks and stones.

영어
일반행정직

07 밑줄 친 부분이 어법상 옳지 않은 것은?

① They are not interested in reading poetry, still more in writing.

② Once confirmed, the order will be sent for delivery to your address.

③ Provided that the ferry leaves on time, we should arrive at the harbor by morning.

④ Foreign journalists hope to cover as much news as possible during their short stay in the capital.

08 우리말을 영어로 바르게 옮긴 것은?

① 지원자 수가 증가하고 있어서 우리는 기쁘다.
→ We are glad that the number of applicants is increasing.

② 나는 2년 전에 그에게서 마지막 이메일을 받았다.
→ I've received the last e-mail from him two years ago.

③ 어젯밤에 그가 잔 침대는 꽤 편안했다.
→ The bed which he slept last night was quite comfortable.

④ 그들은 영상으로 새해 인사를 교환했다.
→ They exchanged New Year's greetings each other on screen.

[09~11] 밑줄 친 부분에 들어갈 말로 적절한 것을 고르시오.

09

Brian
Hi, can I get some information on your city tour?
11:21

Ace Tour
Thank you for contacting us. Do you have any specific questions?
11:22

Brian
____
11:22

Ace Tour
It'll take you to all the major points of interest in the city.
11:23

Brian
How much is it?
11:24

Ace Tour
It's 50 dollars per person for a four-hour tour.
11:24

Brian
OK. Can I book four tickets for Friday afternoon?
11:25

Ace Tour
Certainly. I will send you the payment information shortly.
11:25

① How long is the tour?

② What does the city tour include?

③ Do you have a list of tour packages?

④ Can you recommend a good tour guide book?

10

A: Thank you. We appreciate your order.
B: You are welcome. Could you send the goods by air freight? We need them fast.
A: Sure. We'll send them to your department right away.
B: Okay. I hope we can get the goods early next week.
A: If everything goes as planned, you'll get them by Monday.
B: Monday sounds good.
A: Please pay within 2 weeks. Air freight costs will be added on the invoice.
B: ______________________
A: I am afraid the free delivery service is no longer available.

① I see. When will we be getting the invoice from you?
② Our department may not be able to pay within two weeks.
③ Can we send the payment to your business account on Monday?
④ Wait a minute. I thought the delivery costs were at your expense.

11

A: Have you found your phone?
B: Unfortunately, no. I'm still looking for it.
A: Have you contacted the subway's lost and found office?
B: ______________________.
A: If I were you, I would do that first.
B: Yeah, you are right. I'll check with the lost and found before buying a new phone.

① I went there to ask about the phone
② I stopped by the office this morning
③ I haven't done that yet, actually
④ I tried searching everywhere

12 Northeastern Wildlife Exposition에 관한 다음 글의 내용과 일치하는 것은?

newe
https://www.newe.org/saturday-admission-ticket/
HOME ABOUT US CONTACT US SEARCH

NORTHEASTERN WILDLIFE EXPOSITION(NEWE)

Admission ticket for Saturday, March 30th, 2024
- Price: $40.00
- Opening hours: 10:00 a.m. - 6:00 p.m.

Kids 10 and under are free. Entry to shows and lectures are first-come, first-served. All venues open rain or shine.

March 20th is the last day to buy tickets online for the 2024 Northeastern Wildlife Exposition.

Please note: Purchasing NEWE tickets in advance is the best way to guarantee entry into all exhibits. NEWE organizers may discontinue in-person ticket sales should any venue reach capacity.

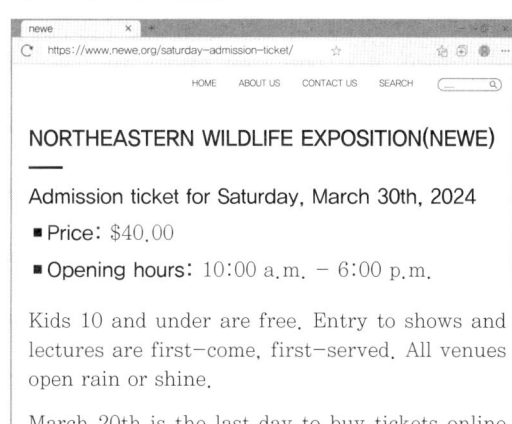

① 10세 어린이는 입장료 40불을 지불해야 한다.
② 공연과 강연의 입장은 선착순이다.
③ 비가 올 경우에는 행사장을 닫는다.
④ 입장권은 온라인으로만 구매할 수 있다.

13 다음 글의 내용과 일치하지 않는 것은?

The tragedies of the Greek dramatist Sophocles have come to be regarded as the high point of classical Greek drama. Sadly, only seven of the 123 tragedies he wrote have survived, but of these perhaps the finest is *Oedipus the King*. The play was one of three written by Sophocles about Oedipus, the mythical king of Thebes (the others being *Antigone* and *Oedipus at Colonus*), known collectively as the Theban plays. Sophocles conceived each of these as a separate entity, and they were written and produced several years apart and out of chronological order. *Oedipus the King* follows the established formal structure and it is regarded as the best example of classical Athenian tragedy.

① A total of 123 tragedies were written by Sophocles.
② *Antigone* is also about the king Oedipus.
③ The Theban plays were created in time order.
④ *Oedipus the King* represents the classical Athenian tragedy.

14 다음 글의 주제로 적절한 것은?

It seems incredible that one man could be responsible for opening our eyes to an entire culture, but until British archaeologist Arthur Evans successfully excavated the ruins of the palace of Knossos on the island of Crete, the great Minoan culture of the Mediterranean was more legend than fact. Indeed its most famed resident was a creature of mythology: the half-man, half-bull Minotaur, said to have lived under the palace of mythical King Minos. But as Evans proved, this realm was no myth. In a series of excavations in the early years of the 20th century, Evans found a trove of artifacts from the Minoan age, which reached its height from 1900 to 1450 B.C.: jewelry, carvings, pottery, altars shaped like bull's horns, and wall paintings showing Minoan life.

① King Minos' successful excavations
② Appreciating artifacts from the Minoan age
③ Magnificence of the palace on the island of Crete
④ Bringing the Minoan culture to the realm of reality

15 다음 글의 제목으로 적절한 것은?

Currency debasement of a good money by a bad money version occurred via coins of a high percentage of precious metal, reissued at lower percentages of gold or silver diluted with a lower value metal. This adulteration drove out the good coin for the bad coin. No one spent the good coin, they kept it, hence the good coin was driven out of circulation and into a hoard. Meanwhile the issuer, normally a king who had lost his treasure on interminable warfare and other such dissolute living, was behind the move. They collected all the good old coins they could, melted them down and reissued them at lower purity and pocketed the balance. It was often illegal to keep the old stuff back but people did, while the king replenished his treasury, at least for a time.

① How Bad Money Replaces Good
② Elements of Good Coins
③ Why Not Melt Coins?
④ What Is Bad Money?

16 다음 글의 흐름상 어색한 문장은?

In spite of all evidence to the contrary, there are people who seriously believe that NASA's Apollo space program never really landed men on the moon. These people claim that the moon landings were nothing more than a huge conspiracy, perpetuated by a government desperately in competition with the Russians and fearful of losing face. ① These conspiracy theorists claim that the United States knew it couldn't compete with the Russians in the space race and was therefore forced to fake a series of successful moon landings. ② Advocates of a conspiracy cite several pieces of what they consider evidence. ③ Crucial to their case is the claim that astronauts never could have safely passed through the Van Allen belt, a region of radiation trapped in Earth's magnetic field. ④ They also point to the fact that the metal coverings of the spaceship were designed to block radiation. If the astronauts had truly gone through the belt, say conspiracy theorists, they would have died.

일반행정직

17 주어진 문장이 들어갈 위치로 적절한 것은?

Tribal oral history and archaeological evidence suggest that sometime between 1500 and 1700 a mudslide destroyed part of the village, covering several longhouses and sealing in their contents.

From the village of Ozette on the westernmost point of Washington's Olympic Peninsula, members of the Makah tribe hunted whales. (①) They smoked their catch on racks and in smokehouses and traded with neighboring groups from around the Puget Sound and nearby Vancouver Island. (②) Ozette was one of five main villages inhabited by the Makah, an Indigenous people who have been based in the region for millennia. (③) Thousands of artifacts that would not otherwise have survived, including baskets, clothing, sleeping mats, and whaling tools, were preserved under the mud. (④) In 1970, a storm caused coastal erosion that revealed the remains of these longhouses and artifacts.

18 주어진 글 다음에 이어질 글의 순서로 적절한 것은?

Interest in movie and sports stars goes beyond their performances on the screen and in the arena.

(A) The doings of skilled baseball, football, and basketball players out of uniform similarly attract public attention.

(B) Newspaper columns, specialized magazines, television programs, and Web sites record the personal lives of celebrated Hollywood actors, sometimes accurately.

(C) Both industries actively promote such attention, which expands audiences and thus increases revenues. But a fundamental difference divides them: What sports stars do for a living is authentic in a way that what movie stars do is not.

① (A) - (C) - (B)
② (B) - (A) - (C)
③ (B) - (C) - (A)
④ (C) - (A) - (B)

[19~20] 밑줄 친 부분에 들어갈 말로 적절한 것을 고르시오.

19

____________________. Nearly every major politician hires media consultants and political experts to provide advice on how to appeal to the public. Virtually every major business and special-interest group has hired a lobbyist to take its concerns to Congress or to state and local governments. In nearly every community, activists try to persuade their fellow citizens on important policy issues. The workplace, too, has always been fertile ground for office politics and persuasion. One study estimates that general managers spend upwards of 80 % of their time in verbal communication—most of it with the intent of persuading their fellow employees. With the advent of the photocopying machine, a whole new medium for office persuasion was invented—the photocopied memo. The Pentagon alone copies an average of 350,000 pages a day, the equivalent of 1,000 novels.

① Business people should have good persuasion skills
② Persuasion shows up in almost every walk of life
③ You will encounter countless billboards and posters
④ Mass media campaigns are useful for the government

20

It is important to note that for adults, social interaction mainly occurs through the medium of language. Few native-speaker adults are willing to devote time to interacting with someone who does not speak the language, with the result that the adult foreigner will have little opportunity to engage in meaningful and extended language exchanges. In contrast, the young child is often readily accepted by other children, and even adults. For young children, language is not as essential to social interaction. So-called 'parallel play', for example, is common among young children. They can be content just to sit in each other's company speaking only occasionally and playing on their own. Adults rarely find themselves in situations where ____________________.

① language does not play a crucial role in social interaction
② their opinions are readily accepted by their colleagues
③ they are asked to speak another language
④ communication skills are highly required

영어 | 2024년 지방직 9급

모바일 OMR

회독 CHECK 1 2 3

[01~04] 밑줄 친 부분의 의미와 가장 가까운 것을 고르시오.

01

> While Shakespeare's comedies share many similarities, they also differ markedly from one another.

① softly
② obviously
③ marginally
④ indiscernibly

02

> Jane poured out the strong, dark tea and diluted it with milk.

① washed
② weakened
③ connected
④ fermented

03

> The Prime Minister is believed to have ruled out cuts in child benefit or pensions.

① excluded
② supported
③ submitted
④ authorized

04

> If you let on that we are planning a surprise party, Dad will never stop asking you questions.

① reveal
② observe
③ believe
④ possess

05 밑줄 친 부분에 들어갈 말로 가장 적절한 것은?

> Automatic doors in supermarkets ________ the entry and exit of customers with bags or shopping carts.

① ignore
② forgive
③ facilitate
④ exaggerate

06 밑줄 친 부분 중 어법상 옳지 않은 것은?

> One of the many ① virtues of the book you are reading ② is that it provides an entry point into *Maps of Meaning*, ③ which is a highly complex work ④ because of the author was working out his approach to psychology as he wrote it.

×
07 밑줄 친 부분이 어법상 옳지 않은 것은?

① You must plan <u>not to spend</u> too much on the project.

② My dog <u>disappeared</u> last month and hasn't been seen since.

③ I'm sad that the people <u>who</u> daughter I look after are moving away.

④ I bought a book on my trip, and it was <u>twice as expensive as</u> it was at home.

×
08 우리말을 영어로 잘못 옮긴 것은?

① 그는 이곳에서 일하는 것이 흥미롭다는 것을 알았다.
→ He found it exciting to work here.

② 그녀는 나에게 일찍 떠날 것이라고 언급했다.
→ She mentioned me that she would be leaving early.

③ 나는 그가 오는 것을 원하지 않았다.
→ I didn't want him to come.

④ 좀 더 능숙하고 경험 많은 선생님이었다면 그를 달리 대했을 것이다.
→ A more skillful and experienced teacher would have treated him otherwise.

[09~11] 밑줄 친 부분에 들어갈 말로 가장 적절한 것을 고르시오.

09

A: Charles, I think we need more chairs for our upcoming event.
B: Really? I thought we already had enough chairs.
A: My manager told me that more than 350 people are coming.
B: ______________________
A: I agree. I am also a bit surprised.
B: Looks like I'll have to order more then. Thanks.

① I wonder if the manager is going to attend the event.

② I thought more than 350 people would be coming.

③ That's actually not a large number.

④ That's a lot more than I expected.

10

A: Can I get the document you referred to at the meeting yesterday?
B: Sure. What's the title of the document?
A: I can't remember its title, but it was about the community festival.
B: Oh, I know what you're talking about.
A: Great. Can you send it to me via email?
B. I don't have it with me. Mr. Park is in charge of the project, so he should have it.
A: ______________________
B: Good luck. Hope you get the document you want.

① Can you check if he is in the office?

② Mr. Park has sent the email to you again.

③ Are you coming to the community festival?

④ Thank you for letting me know. I'll contact him.

11

A: Hello, can I ask you a question about the presentation next Tuesday?

B: Do you mean the presentation about promoting the volunteer program?

A: Yes. Where is the presentation going to be?

B: Let me check. It is room 201.

A: I see. Can I use my laptop in the room?

B: Sure. We have a PC in the room, but you can use yours if you want.

A: ______________________

B: We can meet in the room two hours before the presentation. Would that work for you?

A: Yes. Thank you very much!

① A computer technician was here an hour ago.

② When can I have a rehearsal for my presentation?

③ Should we recruit more volunteers for our program?

④ I don't feel comfortable leaving my laptop in the room.

12 다음 이메일의 내용과 일치하지 않는 것은?

Send Preview Save

To	reserve@metropolitan.com
From	BruceTaylor@westcity.com
Date	June 22, 2024
Subject	Venue facilities

My PC Browse

Times New 10pt G G G G G

Dear Sir,

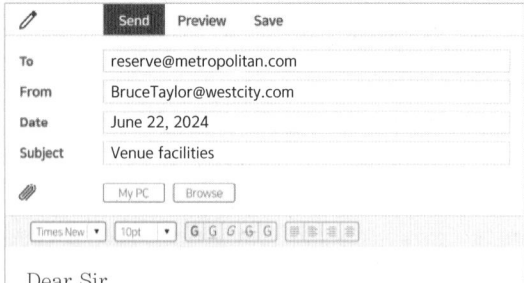

I am writing to ask for information about Metropolitan Conference Center.

We are looking for a venue for a three-day conference in September this year. We need to have enough room for over 200 delegates in your main conference room, and we would also like three small conference rooms for meetings. Each conference room needs wi-fi as well. We need to have coffee available mid-morning and mid-afternoon, and we would also like to book your restaurant for lunch on all three days.

In addition, could you please let me know if there are any local hotels with discount rates for Metropolitan clients or large groups? We will need accommodations for over 100 delegates each night.

I look forward to hearing from you.

Best regards,

Bruce Taylor, Event Manager

① 주 회의실은 200명 이상의 대표자를 수용할 수 있어야 한다.

② wi-fi가 있는 작은 회의실 3개가 필요하다.

③ 3일간의 저녁 식사를 위한 식당 예약이 필요하다.

④ 매일 밤 100명 이상의 대표자를 위한 숙박시설이 필요하다.

13 다음 글의 내용과 일치하지 않는 것은?

According to the historians, neckties date back to 1660. In that year, a group of soldiers from Croatia visited Paris. These soldiers were war heroes whom King Louis XIV admired very much. Impressed with the colored scarves that they wore around their necks, the king decided to honor the Croats by creating a military regiment called the Royal Cravattes. The word *cravat* comes from the word *Croat*. All the soldiers in this regiment wore colorful scarves or cravats around their necks. This new style of neckwear traveled to England. Soon all upper class men were wearing cravats. Some cravats were quite extreme. At times, they were so high that a man could not move his head without turning his whole body. The cravats were made of many different materials from plaid to lace, which made them suitable for any occasion.

① A group of Croatian soldiers visited Paris in 1660.
② The Royal Cravattes was created in honor of the Croatian soldiers wearing scarves.
③ Some cravats were too uncomfortable for a man to move his head freely.
④ The materials used to make the cravats were limited.

14 다음 글의 주제로 적절한 것은?

In recent years Latin America has made huge strides in exploiting its incredible wind, solar, geothermal and biofuel energy resources. Latin America's electricity sector has already begun to gradually decrease its dependence on oil. Latin America is expected to almost double its electricity output between 2015 and 2040. Practically none of Latin America's new large-scale power plants will be oil-fueled, which opens up the field for different technologies. Countries in Central America and the Caribbean, which traditionally imported oil, were the first to move away from oil-based power plants, after suffering a decade of high and volatile prices at the start of the century.

① booming oil industry in Latin America
② declining electricity business in Latin America
③ advancement of renewable energy in Latin America
④ aggressive exploitation of oil-based resources in Latin America

15 다음 글의 제목으로 적절한 것은?

Every organization has resources that it can use to perform its mission. How well your organization does its job is partly a function of how many of those resources you have, but mostly it is a function of how well you use the resources you have, such as people and money. You as the organization's leader can always make the use of those resources more efficient and effective, provided that you have control of the organization's personnel and agenda, a condition that does not occur automatically. By managing your people and your money carefully, by treating the most important things as the most important, by making good decisions, and by solving the problems that you encounter, you can get the most out of what you have available to you.

① Exchanging Resources in an Organization
② Leaders' Ability to Set up External Control
③ Making the Most of the Resources: A Leader's Way
④ Technical Capacity of an Organization: A Barrier to Its Success

16 다음 글의 흐름상 어색한 문장은?

Critical thinking sounds like an unemotional process but it can engage emotions and even passionate responses. In particular, we may not like evidence that contradicts our own opinions or beliefs. ① If the evidence points in a direction that is challenging, that can rouse unexpected feelings of anger, frustration or anxiety. ② The academic world traditionally likes to consider itself as logical and free of emotions, so if feelings do emerge, this can be especially difficult. ③ For example, looking at the same information from several points of view is not important. ④ Being able to manage your emotions under such circumstances is a useful skill. If you can remain calm, and present your reasons logically, you will be better able to argue your point of view in a convincing way.

17 주어진 글 다음에 이어질 글의 순서로 적절한 것은?

Computer assisted language learning(CALL) is both exciting and frustrating as a field of research and practice.

(A) Yet the technology changes so rapidly that CALL knowledge and skills must be constantly renewed to stay apace of the field.
(B) It is exciting because it is complex, dynamic and quickly changing—and it is frustrating for the same reasons.
(C) Technology adds dimensions to the domain of language learning, requiring new knowledge and skills for those who wish to apply it into their professional practice.

① (A) - (C) - (B)
② (B) - (A) - (C)
③ (B) - (C) - (A)
④ (C) - (B) - (A)

18 주어진 문장이 들어갈 위치로 적절한 것은?

> But she quickly popped her head out again.

> The little mermaid swam right up to the small window of the cabin, and every time a wave lifted her up, she could see a crowd of well-dressed people through the clear glass. Among them was a young prince, the handsomest person there, with large dark eyes. (①) It was his birthday, and that's why there was so much excitement. (②) When the young prince came out on the deck, where the sailors were dancing, more than a hundred rockets went up into the sky and broke into a glitter, making the sky as bright as day. (③) The little mermaid was so startled that she dove down under the water. (④) And look! It was just as if all the stars up in heaven were falling down on her. Never had she seen such fireworks.

[19~20] 밑줄 친 부분에 들어갈 말로 적절한 것을 고르시오.

19

> Javelin Research noticed that not all Millennials are currently in the same stage of life. While all Millennials were born around the turn of the century, some of them are still in early adulthood, wrestling with new careers and settling down. On the other hand, the older Millennials have a home and are building a family. You can imagine how having a child might change your interests and priorities, so for marketing purposes, it's useful to split this generation into Gen Y.1 and Gen Y.2. Not only are the two groups culturally different, but they're in vastly different phases of their financial life. The younger group is financial beginners, just starting to show their buying power. The latter group has a credit history, may have their first mortgage and is raising young children. The __________ in priorities and needs between Gen Y.1 and Gen Y.2 is vast.

① contrast
② reduction
③ repetition
④ ability

20

> Cost pressures in liberalized markets have different effects on existing and future hydropower schemes. Because of the cost structure, existing hydropower plants will always be able to earn a profit. Because the planning and construction of future hydropower schemes is not a short-term process, it is not a popular investment, in spite of low electricity generation costs. Most private investors would prefer to finance ______________________, leading to the paradoxical situation that although an existing hydropower plant seems to be a cash cow, nobody wants to invest in a new one. Where public shareholders/owners (states, cities, municipalities) are involved, the situation looks very different because they can see the importance of the security of supply and also appreciate long-term investments.

① more short-term technologies
② all high technology industries
③ the promotion of the public interest
④ the enhancement of electricity supply

영어 | 2023년 국가직 9급

모바일 OMR

회독 CHECK 1 2 3

[01~04] 밑줄 친 부분의 의미와 가장 가까운 것을 고르시오.

01

> Jane wanted to have a small wedding rather than a fancy one. Thus, she planned to invite her family and a few of her intimate friends to eat delicious food and have some pleasant moments.

① nosy
② close
③ outgoing
④ considerate

02

> The incessant public curiosity and consumer demand due to the health benefits with lesser cost has increased the interest in functional foods.

① rapid
② constant
③ significant
④ intermittent

03

> Because of the pandemic, the company had to hold off the plan to provide the workers with various training programs.

① elaborate
② release
③ modify
④ suspend

04

> The new Regional Governor said he would abide by the decision of the High Court to release the prisoner.

① accept
② report
③ postpone
④ announce

05 밑줄 친 부분 중 어법상 옳지 않은 것은?

> While advances in transplant technology have made ① it possible to extend the life of individuals with end-stage organ disease, it is argued ② that the biomedical view of organ transplantation as a bounded event, which ends once a heart or kidney is successfully replaced, ③ conceal the complex and dynamic process that more ④ accurately represents the experience of receiving an organ.

×

06 어법상 옳지 않은 것은?

① All assignments are expected to be turned in on time.

② Hardly had I closed my eyes when I began to think of her.

③ The broker recommended that she buy the stocks immediately.

④ A woman with the tip of a pencil stuck in her head has finally had it remove.

×

07 우리말을 영어로 잘못 옮긴 것은?

① 내 고양이 나이는 그의 고양이 나이의 세 배이다.
→ My cat is three times as old as his.

② 우리는 그 일을 이번 달 말까지 끝내야 한다.
→ We have to finish the work until the end of this month.

③ 그녀는 이틀에 한 번 머리를 감는다.
→ She washes her hair every other day.

④ 너는 비가 올 경우에 대비하여 우산을 갖고 가는 게 낫겠다.
→ You had better take an umbrella in case it rains.

08 다음 글의 내용과 일치하지 않는 것은?

> Are you getting enough choline? Chances are, this nutrient isn't even on your radar. It's time choline gets the attention it deserves. A shocking 90 percent of Americans aren't getting enough choline, according to a recent study. Choline is essential to health at all ages and stages, and is especially critical for brain development. Why aren't we getting enough? Choline is found in many different foods but in small amounts. Plus, the foods that are rich in choline aren't the most popular: think liver, egg yolks and lima beans. Taylor Wallace, who worked on a recent analysis of choline intake in the United States, says, "There isn't enough awareness about choline even among health-care professionals because our government hasn't reviewed the data or set policies around choline since the late '90s."

① A majority of Americans are not getting enough choline.

② Choline is an essential nutrient required for brain development.

③ Foods such as liver and lima beans are good sources of choline.

④ The importance of choline has been stressed since the late '90s in the U.S.

09 다음 글의 내용과 일치하는 것은?

Around 1700 there were, by some accounts, more than 2,000 London coffeehouses, occupying more premises and paying more rent than any other trade. They came to be known as penny universities, because for that price one could purchase a cup of coffee and sit for hours listening to extraordinary conversations. Each coffeehouse specialized in a different type of clientele. In one, physicians could be consulted. Others served Protestants, Puritans, Catholics, Jews, literati, merchants, traders, Whigs, Tories, army officers, actors, lawyers, or clergy. The coffeehouses provided England's first egalitarian meeting place, where a man chatted with his tablemates whether he knew them or not.

① The number of coffeehouses was smaller than that of any other business.
② Customers were not allowed to stay for more than an hour in a coffeehouse.
③ Religious people didn't get together in a coffeehouse to chat.
④ One could converse even with unknown tablemates in a coffeehouse.

[10~11] 밑줄 친 부분에 들어갈 말로 알맞은 것을 고르시오.

10

A: I got this new skin cream from a drugstore yesterday. It is supposed to remove all wrinkles and make your skin look much younger.
B: ______________________
A: Why don't you believe it? I've read in a few blogs that the cream really works.
B: I assume that the cream is good for your skin, but I don't think that it is possible to get rid of wrinkles or magically look younger by using a cream.
A: You are so pessimistic.
B: No, I'm just being realistic. I think you are being gullible.

① I don't buy it.
② It's too pricey.
③ I can't help you out.
④ Believe it or not, it's true.

11

A: I'd like to go sightseeing downtown. Where do you think I should go?
B: I strongly suggest you visit the national art gallery.
A: Oh, that's a great idea. What else should I check out?
B: ____________________
A: I don't have time for that. I need to meet a client at three.
B: Oh, I see. Why don't you visit the national park, then?
A: That sounds good. Thank you!

① This is the map that your client needs. Here you go.
② A guided tour to the river park. It takes all afternoon.
③ You should check it out as soon as possible.
④ The checkout time is three o'clock.

12 두 시람의 대화 중 지연스럽지 않은 것은?

① A: He's finally in a hit movie!
B: Well, he's got it made.
② A: I'm getting a little tired now.
B: Let's call it a day.
③ A: The kids are going to a birthday party.
B: So, it was a piece of cake.
④ A: I wonder why he went home early yesterday.
B: I think he was under the weather.

13 다음 글의 제목으로 알맞은 것은?

The feeling of being loved and the biological response it stimulates is triggered by nonverbal cues: the tone in a voice, the expression on a face, or the touch that feels just right. Nonverbal cues—rather than spoken words—make us feel that the person we are with is interested in, understands, and values us. When we're with them, we feel safe. We even see the power of nonverbal cues in the wild. After evading the chase of predators, animals often nuzzle each other as a means of stress relief. This bodily contact provides reassurance of safety and relieves stress.

① How Do Wild Animals Think and Feel?
② Communicating Effectively Is the Secret to Success
③ Nonverbal Communication Speaks Louder than Words
④ Verbal Cues: The Primary Tools for Expressing Feelings

14 다음 글의 주제로 알맞은 것은?

There are times, like holidays and birthdays, when toys and gifts accumulate in a child's life. You can use these times to teach a healthy nondependency on things. Don't surround your child with toys. Instead, arrange them in baskets, have one basket out at a time, and rotate baskets occasionally. If a cherished object is put away for a time, bringing it out creates a delightful remembering and freshness of outlook. Suppose your child asks for a toy that has been put away for a while. You can direct attention toward an object or experience that is already in the environment. If you lose or break a possession, try to model a good attitude ("I appreciated it while I had it!") so that your child can begin to develop an attitude of nonattachment. If a toy of hers is broken or lost, help her to say, "I had fun with that."

① building a healthy attitude toward possessions
② learning the value of sharing toys with others
③ teaching how to arrange toys in an orderly manner
④ accepting responsibility for behaving in undesirable ways

15 다음 글의 요지로 알맞은 것은?

Many parents have been misguided by the "self-esteem movement," which has told them that the way to build their children's self-esteem is to tell them how good they are at things. Unfortunately, trying to convince your children of their competence will likely fail because life has a way of telling them unequivocally how capable or incapable they really are through success and failure. Research has shown that how you praise your children has a powerful influence on their development. Some researchers found that children who were praised for their intelligence, as compared to their effort, became overly focused on results. Following a failure, these same children persisted less, showed less enjoyment, attributed their failure to a lack of ability, and performed poorly in future achievement efforts. Praising children for intelligence made them fear difficulty because they began to equate failure with stupidity.

① Frequent praises increase self-esteem of children.
② Compliments on intelligence bring about negative effect.
③ A child should overcome fear of failure through success.
④ Parents should focus on the outcome rather than the process.

16 밑줄 친 부분에 들어갈 말로 알맞은 것은?

In recent years, the increased popularity of online marketing and social media sharing has boosted the need for advertising standardization for global brands. Most big marketing and advertising campaigns include a large online presence. Connected consumers can now zip easily across borders via the internet and social media, making it difficult for advertisers to roll out adapted campaigns in a controlled, orderly fashion. As a result, most global consumer brands coordinate their digital sites internationally. For example, Coca-Cola web and social media sites around the world, from Australia and Argentina to France, Romania, and Russia, are surprisingly ____________. All feature splashes of familiar Coke red, iconic Coke bottle shapes, and Coca-Cola's music and "Taste the Feeling" themes.

① experimental
② uniform
③ localized
④ diverse

17 다음 글의 흐름상 어색한 문장은?

In our monthly surveys of 5,000 American workers and 500 U.S. employers, a huge shift to hybrid work is abundantly clear for office and knowledge workers. ① An emerging norm is three days a week in the office and two at home, cutting days on site by 30% or more. You might think this cutback would bring a huge drop in the demand for office space. ② But our survey data suggests cuts in office space of 1% to 2% on average, implying big reductions in density not space. We can understand why. High density at the office is uncomfortable and many workers dislike crowds around their desks. ③ Most employees want to work from home on Mondays and Fridays. Discomfort with density extends to lobbies, kitchens, and especially elevators. ④ The only sure-fire way to reduce density is to cut days on site without cutting square footage as much. Discomfort with density is here to stay according to our survey evidence.

18 주어진 문장이 들어갈 위치로 알맞은 것은?

They installed video cameras at places known for illegal crossings, and put live video feeds from the cameras on a Web site.

Immigration reform is a political minefield. (①) About the only aspect of immigration policy that commands broad political support is the resolve to secure the U.S. border with Mexico to limit the flow of illegal immigrants. (②) Texas sheriffs recently developed a novel use of the Internet to help them keep watch on the border. (③) Citizens who want to help monitor the border can go online and serve as "virtual Texas deputies." (④) If they see anyone trying to cross the border, they send a report to the sheriff's office, which follows up, sometimes with the help of the U.S. Border Patrol.

19 주어진 글 다음에 이어질 글의 순서로 알맞은 것은?

All civilizations rely on government administration. Perhaps no civilization better exemplifies this than ancient Rome.

(A) To rule an area that large, the Romans, based in what is now central Italy, needed an effective system of government administration.

(B) Actually, the word "civilization" itself comes from the Latin word *civis*, meaning "citizen."

(C) Latin was the language of ancient Rome, whose territory stretched from the Mediterranean basin all the way to parts of Great Britain in the north and the Black Sea to the east.

① (A) - (B) - (C)

② (B) - (A) - (C)

③ (B) - (C) - (A)

④ (C) - (A) - (B)

20 밑줄 친 부분에 들어갈 말로 알맞은 것은?

Over the last fifty years, all major subdisciplines in psychology have become more and more isolated from each other as training becomes increasingly specialized and narrow in focus. As some psychologists have long argued, if the field of psychology is to mature and advance scientifically, its disparate parts (for example, neuroscience, developmental, cognitive, personality, and social) must become whole and integrated again. Science advances when distinct topics become theoretically and empirically integrated under simplifying theoretical frameworks. Psychology of science will encourage collaboration among psychologists from various sub-areas, helping the field achieve coherence rather than continued fragmentation. In this way, psychology of science might act as a template for psychology as a whole by integrating under one discipline all of the major fractions/factions within the field. It would be no small feat and of no small import if the psychology of science could become a model for the parent discipline on how to combine resources and study science ________________.

① from a unified perspective
② in dynamic aspects
③ throughout history
④ with accurate evidence

영어 | 2023년 지방직 9급

모바일 OMR

회독 CHECK 1 2 3

[01~04] 밑줄 친 부분의 의미와 가장 가까운 것을 고르시오.

01

> Further explanations on our project will be given in <u>subsequent</u> presentations.

① required
② following
③ advanced
④ supplementary

02

> Folkways are customs that members of a group are expected to follow to show <u>courtesy</u> to others. For example, saying "excuse me" when you sneeze is an American folkway.

① charity
② humility
③ boldness
④ politeness

03

> These children have been <u>brought up</u> on a diet of healthy food.

① raised
② advised
③ observed
④ controlled

04

> Slavery was not <u>done away with</u> until the nineteenth century in the U.S.

① abolished
② consented
③ criticized
④ justified

05 밑줄 친 부분에 들어갈 말로 가장 적절한 것은?

> Voters demanded that there should be greater __________ in the election process so that they could see and understand it clearly.

① deception
② flexibility
③ competition
④ transparency

06 밑줄 친 부분 중 어법상 옳지 않은 것은?

> One reason for upsets in sports—① <u>in which</u> the team ② <u>predicted</u> to win and supposedly superior to their opponents surprisingly loses the contest—is ③ <u>what</u> the superior team may not have perceived their opponents as ④ <u>threatening</u> to their continued success.

×

07 밑줄 친 부분이 어법상 옳지 않은 것은?

① I should have gone this morning, but I was feeling a bit ill.

② These days we do not save as much money as we used to.

③ The rescue squad was happy to discover an alive man.

④ The picture was looked at carefully by the art critic.

×

08 우리말을 영어로 잘못 옮긴 것은?

① 우리는 그의 연설에 감동하게 되었다.
→ We were made touching with his speech.

② 비용은 차치하고 그 계획은 훌륭한 것이었다.
→ Apart from its cost, the plan was a good one.

③ 그들은 뜨거운 차를 마시는 동안에 일몰을 보았다.
→ They watched the sunset while drinking hot tea.

④ 과거 경력 덕분에 그는 그 프로젝트에 적합하였다.
→ His past experience made him suited for the project.

[09~10] 밑줄 친 부분에 들어갈 말로 가장 적절한 것을 고르시오.

09

A: Pardon mc, but could you givc mc a hand, please?
B: ______________________
A: I'm trying to find the Personnel Department. I have an appointment at 10.
B: It's on the third floor.
A: How can I get up there?
B: Take the elevator around the corner.

① We have no idea how to handle this situation.

② Would you mind telling us who is in charge?

③ Yes. I could use some help around here.

④ Sure. Can I help you with anything?

10

A: You were the last one who left the office, weren't you?
B: Yes. Is there any problem?
A: I found the office lights and air conditioners on this morning.
B: Really? Oh, no. Maybe I forgot to turn them off last night.
A: Probably they were on all night.
B: ______________________

① Don't worry. This machine is working fine.

② That's right. Everyone likes to work with you.

③ I'm sorry. I promise I'll be more careful from now on.

④ Too bad. You must be tired because you get off work too late.

×
11 두 사람의 대화 중 자연스럽지 않은 것은?

① A: How would you like your hair done?
B: I'm a little tired of my hair color. I'd like to dye it.

② A: What can we do to slow down global warming?
B: First of all, we can use more public transportation.

③ A: Anna, is that you? Long time no see! How long has it been?
B: It took me about an hour and a half by car.

④ A: I'm worried about Paul. He looks unhappy. What should I do?
B: If I were you, I'd wait until he talks about his troubles.

12 다음 글의 제목으로 가장 적절한 것은?

> Well-known author Daniel Goleman has dedicated his life to the science of human relationships. In his book *Social Intelligence* he discusses results from neuro-sociology to explain how sociable our brains are. According to Goleman, we are drawn to other people's brains whenever we engage with another person. The human need for meaningful connectivity with others, in order to deepen our relationships, is what we all crave, and yet there are countless articles and studies suggesting that we are lonelier than we ever have been and loneliness is now a world health epidemic. Specifically, in Australia, according to a national Lifeline survey, more than 80% of those surveyed believe our society is becoming a lonelier place. Yet, our brains crave human interaction.

① Lonely People
② Sociable Brains
③ Need for Mental Health Survey
④ Dangers of Human Connectivity

13 다음 글의 주제로 가장 적절한 것은?

Certainly some people are born with advantages (e.g., physical size for jockeys, height for basketball players, an "ear" for music for musicians). Yet only dedication to mindful, deliberate practice over many years can turn those advantages into talents and those talents into successes. Through the same kind of dedicated practice, people who are not born with such advantages can develop talents that nature put a little farther from their reach. For example, even though you may feel that you weren't born with a talent for math, you can significantly increase your mathematical abilities through mindful, deliberate practice. Or, if you consider yourself "naturally" shy, putting in the time and effort to develop your social skills can enable you to interact with people at social occasions with energy, grace, and ease.

① advantages some people have over others
② importance of constant efforts to cultivate talents
③ difficulties shy people have in social interactions
④ need to understand one's own strengths and weaknesses

14 다음 글의 요지로 가장 적절한 것은?

Dr. Roossinck and her colleagues found by chance that a virus increased resistance to drought on a plant that is widely used in botanical experiments. Their further experiments with a related virus showed that was true of 15 other plant species, too. Dr. Roossinck is now doing experiments to study another type of virus that increases heat tolerance in a range of plants. She hopes to extend her research to have a deeper understanding of the advantages that different sorts of viruses give to their hosts. That would help to support a view which is held by an increasing number of biologists, that many creatures rely on symbiosis, rather than being self-sufficient.

① Viruses demonstrate self-sufficiency of biological beings.
② Biologists should do everything to keep plants virus-free.
③ The principle of symbiosis cannot be applied to infected plants.
④ Viruses sometimes do their hosts good, rather than harming them.

15 다음 글의 내용과 일치하지 않는 것은?

The traditional way of making maple syrup is interesting. A sugar maple tree produces a watery sap each spring, when there is still lots of snow on the ground. To take the sap out of the sugar maple tree, a farmer makes a slit in the bark with a special knife, and puts a "tap" on the tree. Then the farmer hangs a bucket from the tap, and the sap drips into it. That sap is collected and boiled until a sweet syrup remains—forty gallons of sugar maple tree "water" make one gallon of syrup. That's a lot of buckets, a lot of steam, and a lot of work. Even so, most of maple syrup producers are family farmers who collect the buckets by hand and boil the sap into syrup themselves.

① 사탕단풍나무에서는 매년 봄에 수액이 생긴다.
② 사탕단풍나무의 수액을 얻기 위해 나무껍질에 틈새를 만든다.
③ 단풍나무시럽 1갤론을 만들려면 수액 40갤론이 필요하다.
④ 단풍나무시럽을 만들기 위해 기계로 수액 통을 수거한다.

16 다음 글의 흐름상 어색한 문장은?

I once took a course in short-story writing and during that course a renowned editor of a leading magazine talked to our class. ① He said he could pick up any one of the dozens of stories that came to his desk every day and after reading a few paragraphs he could feel whether or not the author liked people. ② "If the author doesn't like people," he said, "people won't like his or her stories." ③ The editor kept stressing the importance of being interested in people during his talk on fiction writing. ④ Thurston, a great magician, said that every time he went on stage he said to himself, "I am grateful because I'm successful." At the end of the talk, he concluded, "Let me tell you again. You have to be interested in people if you want to be a successful writer of stories."

17 주어진 글 다음에 이어질 글의 순서로 가장 적절한 것은?

Just a few years ago, every conversation about artificial intelligence (AI) seemed to end with an apocalyptic prediction.

(A) More recently, however, things have begun to change. AI has gone from being a scary black box to something people can use for a variety of use cases.
(B) In 2014, an expert in the field said that, with AI, we are summoning the demon, while a Nobel Prize winning physicist said that AI could spell the end of the human race.
(C) This shift is because these technologies are finally being explored at scale in the industry, particularly for market opportunities.

① (A) - (B) - (C)
② (B) - (A) - (C)
③ (B) - (C) - (A)
④ (C) - (A) - (B)

18 주어진 문장이 들어갈 위치로 가장 적절한 것은?

Yet, requests for such self-assessments are pervasive throughout one's career.

The fiscal quarter just ended. Your boss comes by to ask you how well you performed in terms of sales this quarter. How do you describe your performance? As excellent? Good? Terrible? (①) Unlike when someone asks you about an objective performance metric (e.g., how many dollars in sales you brought in this quarter), how to subjectively describe your performance is often unclear. There is no right answer. (②) You are asked to subjectively describe your own performance in school applications, in job applications, in interviews, in performance reviews, in meetings—the list goes on. (③) How you describe your performance is what we call your level of self-promotion. (④) Since self-promotion is a pervasive part of work, people who do more self-promotion may have better chances of being hired, being promoted, and getting a raise or a bonus.

영어
일반행정직

[19~20] 밑줄 친 부분에 들어갈 말로 가장 적절한 것을 고르시오.

19

We live in the age of anxiety. Because being anxious can be an uncomfortable and scary experience, we resort to conscious or unconscious strategies that help reduce anxiety in the moment—watching a movie or TV show, eating, video-game playing, and overworking. In addition, smartphones also provide a distraction any time of the day or night. Psychological research has shown that distractions serve as a common anxiety avoidance strategy. ____________, however, these avoidance strategies make anxiety worse in the long run. Being anxious is like getting into quicksand-the more you fight it, the deeper you sink. Indeed, research strongly supports a well-known phrase that "What you resist, persists."

① Paradoxically
② Fortunately
③ Neutrally
④ Creatively

20

How many different ways do you get information? Some people might have six different kinds of communications to answer—text messages, voice mails, paper documents, regular mail, blog posts, messages on different online services. Each of these is a type of in-box, and each must be processed on a continuous basis. It's an endless process, but it doesn't have to be exhausting or stressful. Getting your information management down to a more manageable level and into a productive zone starts by ________________________. Every place you have to go to check your messages or to read your incoming information is an in-box, and the more you have, the harder it is to manage everything. Cut the number of in-boxes you have down to the smallest number possible for you still to function in the ways you need to.

① setting several goals at once
② immersing yourself in incoming information
③ minimizing the number of in-boxes you have
④ choosing information you are passionate about

미래는 현재 우리가 무엇을 하는가에 달려있다.

– 마하트마 간디 –

PART 3

한국사

- 2025년 국가직 9급
- 2025년 지방직 9급
- 2024년 국가직 9급
- 2024년 지방직 9급
- 2023년 국가직 9급
- 2023년 지방직 9급

출제경향

2025년 국가직

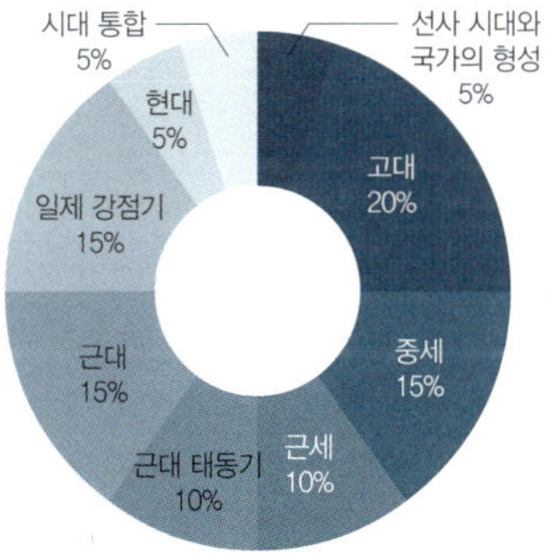

2025년 지방직

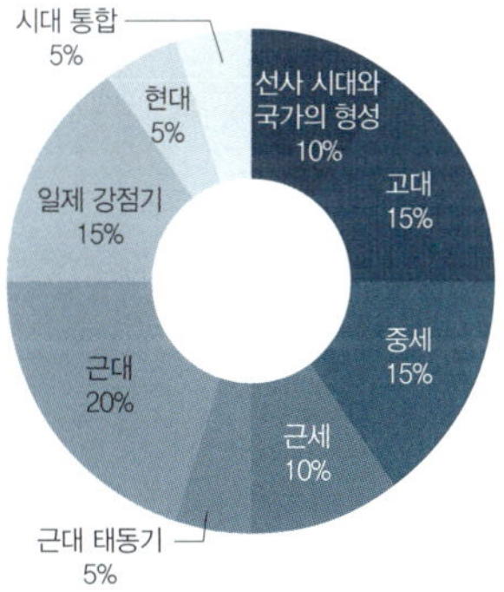

2024년 국가직

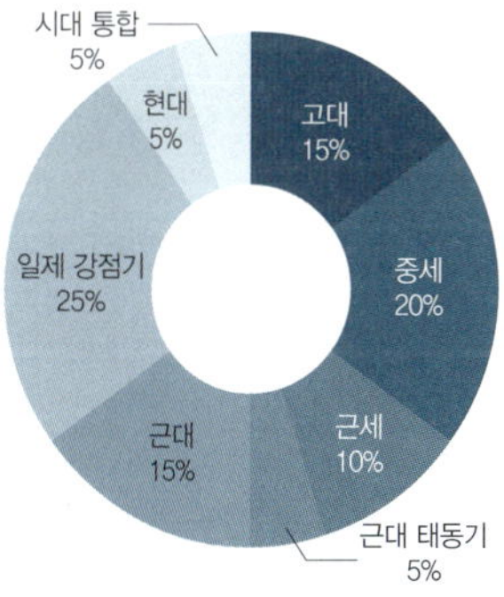

2024년 지방직

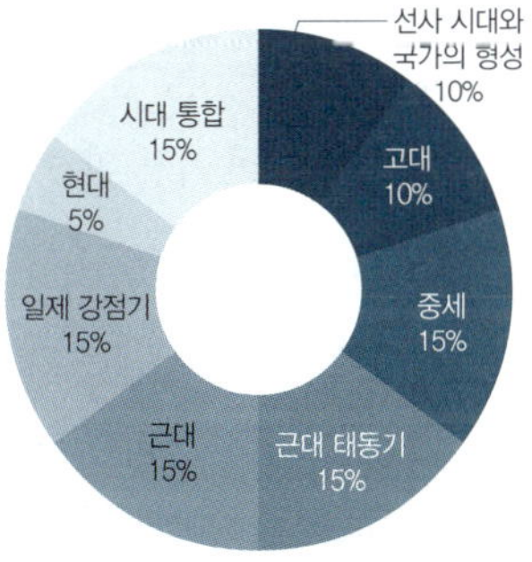

2023년 국가직

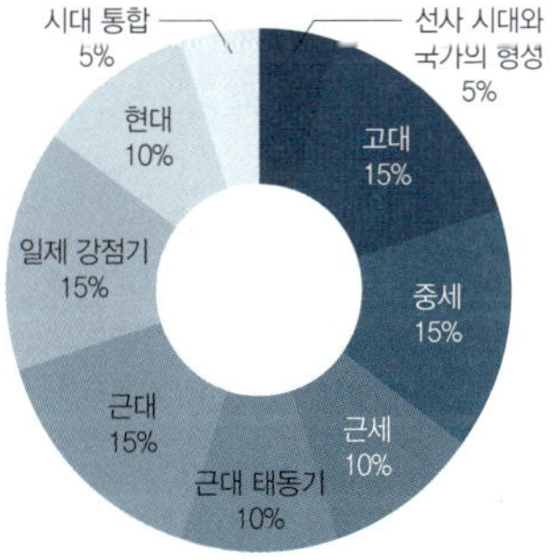

2023년 지방직

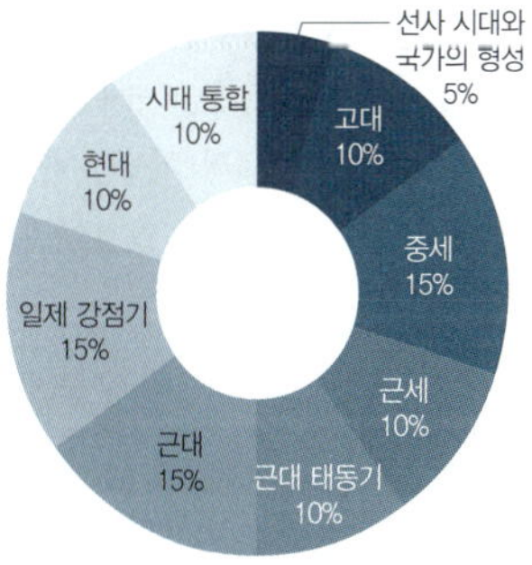

한국사 | 2025년 국가직 9급

모바일 OMR

회독 CHECK 1 2 3

01 다음 설명에 해당하는 문화유산은?

> 고래 잡는 사람, 호랑이, 사슴, 물을 뿜고 있는 고래, 작살이 꽂혀 있는 고래 등이 바위에 묘사되어 있다. 당시 이 지역 사람들의 생활 모습과 신앙, 예술 세계를 이해하는 데 중요한 자료이며 국보로 지정되어 있다.

① 고령 장기리 암각화
② 황해 안악 3호분 행렬도
③ 경주 천마총 장니 천마도
④ 울주 대곡리 반구대 암각화

02 (가)에 해당하는 기구는?

> (가) 은/는 원래 여진족과 왜구의 침입에 대비하기 위해 만든 임시회의 기구였다. 임진왜란을 거치면서 전·현직 정승을 비롯한 주요 관원이 참여하였고, 군사 문제뿐 아니라 외교, 재정, 인사 등 국정 전반을 다루었다. 이로 인해 의정부와 6조의 기능이 축소되었다.

① 비변사
② 삼군부
③ 상서성
④ 집사부

03 밑줄 친 '이 나라'에 대한 설명으로 옳은 것은?

> 이 나라는 고구려의 옛 땅이다. …(중략)… 곳곳에 촌락이 있는데 모두 말갈의 부락이다. 그 백성은 말갈이 많고 토인(土人)이 적은데, 모두 토인을 촌장으로 삼는다.
>
> – 『유취국사』 –

① 골품제를 실시하였다.
② 군사조직으로 9서당 10정을 두었다.
③ 영락이라는 독자적인 연호를 사용하였다.
④ 지방 행정 구역을 5경 15부 62주로 나누었다.

04 다음 업적이 있는 왕의 재위 기간에 볼 수 있는 모습은?

> • 우리 풍토에 맞는 농서인 『농사직설』을 편찬하였다.
> • 최윤덕과 김종서를 파견하여 4군 6진을 개척하였다.

① 송파장에 담배를 사려고 나온 농민
② 금난전권 폐지에 항의하는 시전 상인
③ 전분6등법을 처음 시행하기 위해 찬반 의견을 묻는 관료
④ 천주교 신자가 되어 어머니 제사를 거부하는 유생

05 밑줄 친 '왕'의 재위 기간에 있었던 사실로 옳은 것은?

> 왕이 신돈에게 국정을 맡겼다. 신돈은 힘있는 자들이 나라의 토지와 약한 자들의 토지를 모두 빼앗고 양민을 자신들의 노비로 삼고 있는 현실을 지적하였다. 그리고 관청을 만들어 그 문제를 개혁하려고 했다.

① 사심관 제도를 실시하였다.
② 정동행성 이문소를 폐지하였다.
③ 광덕, 준풍 등의 연호를 사용하였다.
④ 최승로의 시무 28조 건의를 수용하였다.

06 밑줄 친 '이곳'에 대한 설명으로 옳은 것은?

> • 이곳의 고인돌 유적은 유네스코 세계문화유산에 등재되었다.
> • 고려 정부는 이곳으로 천도하여 몽골의 침략에 대항하였다.

① 장보고가 청해진을 설치하였다.
② 정묘호란으로 인조가 피신하였다.
③ 원나라가 탐라총관부를 두었다.
④ 영국군이 러시아를 견제한다는 구실로 주둔하였다.

07 다음 설명에 해당하는 기구는?

> 개항 이후 정세 변화에 대응하여 개혁을 추진하기 위해 설립된 기구로 외교, 군사 등 개화와 관련된 정책을 총괄하였다. 또한 그 아래 12사를 두어 실무를 담당하게 하였다.

① 교정청
② 삼정이정청
③ 군국기무처
④ 통리기무아문

08 다음 사건 발생 이후에 있었던 사실로 옳은 것은?

> 노비 만적 등 6인이 개경의 북산에서 나무하다가 공노비와 사노비들을 불러 모의하기를, "정중부의 반란과 김보당의 반란 이후로 고관이 천민과 노비에서 많이 나왔다. 장상(將相)의 씨가 따로 있으랴!"라고 하였다.

① 정방 설치
② 동북 9성 축조
③ 노비안검법 실시
④ 상수리 제도 시행

09 밑줄 친 '그'에 대한 설명으로 옳은 것은?

> 그는 『양반전』을 지어 양반 사회의 허위의식을 고발하였다. 그는 상공업 진흥에도 관심을 기울여 수레와 선박의 이용 등에 대해서도 주목하였다.

① 효종의 북벌 운동을 지지하였다.
② 『과농소초』에서 한전제를 주장하였다.
③ 화성 건설을 위해 거중기를 설계하였다.
④ 우리 역사를 체계화한 『동사강목』을 저술하였다.

10 다음 사실이 있었던 왕대의 설명으로 옳은 것은?

> • 김흠돌의 난을 계기로 진골 귀족 세력 등을 숙청하였다.
> • 녹읍을 폐지하여 귀족의 경제적 기반을 약화하고자 하였다.

① 국학을 설립하였다.
② 불교를 공인하였다.
③ 독서삼품과를 시행하였다.
④ 이사부를 보내 우산국을 정벌하였다.

11 (가), (나) 사이 시기에 있었던 사실로 옳은 것은?

> (가) 왕이 보병과 기병 5만 명을 보내 신라를 구원하게 하였고, 이에 왜군이 퇴각하였다.
> (나) 백제 왕이 가야와 함께 관산성을 공격하였다. 신주군주 김무력이 나아가 교전을 벌였고, 비장인 도도가 백제 왕을 죽였다.

① 고구려가 낙랑군을 몰아냈다.
② 신라가 금관가야를 병합하였다.
③ 고구려가 안시성에서 당군을 물리쳤다.
④ 백제가 평양성에서 고국원왕을 전사시켰다.

12 다음 자료를 통해 알 수 있는 단체에 대한 설명으로 옳은 것은?

> 남만주로 집단 이주하려고 기도하고, 조선에서 상당한 재력이 있는 사람들을 그곳에 이주시켜 토지를 사들이고 촌락을 세워, …(중략)… 학교를 세워 민족 교육을 실시하고, 무관학교를 설립하여 문무를 겸하는 교육을 실시하면서, 기회를 엿보아 독립 전쟁을 일으켜 구한국의 국권을 회복하려고 하였다.
>
> –「105인 사건 판결문」–

① 만민공동회를 개최하였다.
② 민립대학 설립 운동을 추진하였다.
③ 비밀결사의 형태로 활동을 전개하였다.
④ 광주 학생 항일 운동이 일어나자 진상조사단을 파견하였다.

13 밑줄 친 '왕'의 재위 기간에 있었던 사실로 옳은 것은?

> 영의정 이원익은 공물 제도가 방납인에 의한 폐단이 크며, 경기도가 특히 심하다고 생각하였다. 그래서 별도의 관청을 만들어 경기 지역 백성들에게 봄과 가을에 토지 1결마다 8두씩 쌀로 거두고, 이것을 방납인에게 주어 수시로 물품을 구입하여 납부하게 하자고 왕에게 건의하였다. 왕은 그 의견을 받아들였다.

① 삼수병으로 구성된 훈련도감을 설치하였다.
② 조광조 등 사림을 등용하여 훈구세력을 견제하였다.
③ 유능한 관료를 재교육하는 초계문신 제도를 시행하였다.
④ 일본과 제한된 범위의 무역을 허용하는 기유약조를 맺었다.

14 밑줄 친 '이 개혁'의 내용으로 옳은 것은?

> 이 개혁에 따라 의정부를 내각으로, 8아문을 7부로 고쳤다. 또한 지방 8도는 23부로 개편하였다.

① 외국어 통역관 양성을 위한 동문학을 세웠다.
② 미국인 교사를 초빙한 육영공원을 창립하였다.
③ 교원양성을 위해 한성 사범 학교 관제를 발표하였다.
④ 상공학교와 광무학교 등의 실업학교를 설립하였다.

15 밑줄 친 '이 지역'에 있는 문화유산은?

> 백제는 5세기 고구려의 공격으로 한강 유역을 상실하면서 수도가 함락되어 이 지역으로 도읍을 옮겼다.

① 몽촌토성
② 무령왕릉
③ 미륵사지 석탑
④ 용현리 마애여래삼존상

16 밑줄 친 '이 지역'에 대한 설명으로 옳은 것은?

> 이 지역에서 권업회라는 독립운동 단체가 조직되었고, 권업회는 국외 무장 독립 단체들을 모아 대한 광복군 정부라는 독립군 조직을 만들었다.

① 동제사가 창립되었다.
② 경학사가 조직되었다.
③ 한인촌인 신한촌이 형성되었다.
④ 대조선 국민 군단이 창설되었다.

17 밑줄 친 '그'에 대한 설명으로 옳은 것은?

> 그는 문종의 넷째 아들인데, 출가하여 승려가 되었다. 송나라로 유학을 가서 화엄학과 천태학을 공부하였다. 이후 천태학을 부흥시켜 천태종을 창립하였다.

① 유 · 불 일치설을 주장하였다.
② 백련사에서 결사를 조직하였다.
③ 성혜쌍수의 수행법을 제시하였다.
④『신편제종교장총록』을 편찬하였다.

18 다음 글을 쓴 인물에 대한 설명으로 옳은 것은?

> 대저 우리나라가 아시아의 중립국이 된다면 러시아를 방어하는 큰 기틀이 될 것이고, 또 아시아의 여러 대국이 서로 보전하는 정략도 될 것이다. …(중략)… 이는 비단 우리나라만을 위한 것이 아니라 중국의 이익도 될 것이고, 여러 나라가 서로 보전하는 계책도 될 것이니 무엇이 괴로워서 하지 않겠는가.

① 영남 만인소 사건을 주도하였다.
② 미국에 파견된 보빙사의 일원이었다.
③ 제2차 수신사로『조선책략』을 조선에 가지고 왔다.
④ 왜양일체론을 내세우며 개항반대운동을 전개하였다.

19 다음 강령을 발표한 단체에 대한 설명으로 옳은 것은?

> 1. 부호의 의연금 및 일본인이 불법 징수하는 세금을 압수하여 무장을 준비한다.
> 6. 일본인 고관 및 한국인 반역자를 수시 수처에서 처단하는 행형부를 둔다.
> 7. 무력이 완비되는 대로 일본인 섬멸전을 단행하여 최후 목적의 달성을 기한다.

①「조선 혁명 선언」을 활동 지침으로 삼았다.
② 일본에 국권 반환 요구서를 보내려 하였다.
③ 박상진을 총사령으로 하여 공화정체를 지향하였다.
④ 대한민국 임시정부의 김구가 중심이 되어 창설하였다.

20 밑줄 친 '이 헌법' 공포 이후에 있었던 사실로 옳은 것은?

> 제헌 국회는 "유구한 역사와 전통에 빛나는 우리들 대한국민은 기미 삼일운동으로 대한민국을 건립하여 세계에 선포한 위대한 독립정신을 계승하여 이제 민주독립국가를 재건함에 있어서"라고 명시한 이 헌법을 공포하였다.

① 미군정청이 설치되었다.
② 5 · 10 총선거가 실시되었다.
③ 반민족 행위 처벌법이 공포되었다.
④ 한국의 독립을 언급한 카이로 회담이 개최되었다.

한국사 | 2025년 지방직 9급

모바일 OMR

회독 CHECK 1 2 3

01 신석기 시대에 대한 설명으로 옳은 것만을 모두 고르면?

> ㉠ 갈돌과 갈판을 사용하여 곡물이나 열매를 갈았다.
> ㉡ 반달돌칼을 사용하여 농작물을 수확하였다.
> ㉢ 뼈바늘을 사용하여 옷이나 그물을 만들었다.
> ㉣ 벼농사를 널리 짓게 되었다.

① ㉠, ㉢
② ㉠, ㉣
③ ㉡, ㉢
④ ㉡, ㉣

02 (가) 나라에 대한 설명으로 옳은 것은?

> 옛 (가) 의 풍속에는 비가 오는 것이 고르지 않아 곡식이 익지 않으면, 문득 왕에게 그 잘못을 돌려 "마땅히 바꾸어야 한다." 또는 "마땅히 죽여야 한다." 라고 말하였다.
>
> – 『삼국지』 위서 동이전 –

① 읍락의 우두머리들이 스스로 '삼로(三老)'라고 불렀다.
② 마가(馬加)와 우가(牛加) 등 가축의 이름을 딴 관리가 있었다.
③ 사람이 질병으로 죽으면 살던 집을 버리고 다시 새 집을 지었다.
④ 다른 읍락의 산천을 침범하면 노비와 소, 말 등으로 배상하게 하였다.

03 다음 외교문서를 작성한 나라에 대한 설명으로 옳지 않은 것은?

> 무예가 알립니다. "고(구)려의 옛 터전을 회복하고, 부여의 유속(遺俗)을 가지게 되었습니다."

① 당의 등주를 공격하였다.
② 행정구역을 5경 15부 62주로 나누었다.
③ 집사부 장관인 시중이 왕명을 받들어 행정을 총괄하였다.
④ '인안' 등의 연호를 사용하고 국왕을 '황상'이라고 부르기도 하였다.

04 밑줄 친 '국왕'의 업적으로 옳지 않은 것은?

> 이차돈이 국왕에게 아리기를 "신이 거짓으로 왕명을 전하였다고 문책하여 신의 머리를 베시면 만민이 모두 굴복하고 감히 왕명을 어기지 못할 것입니다."라고 하였다. …(중략)… 옥리(獄吏)가 이차돈의 머리를 베니 하얀 젖이 한 길이나 솟았다.

① 율령을 반포하고 상대등을 설치하였다.
② 병부를 설치하고 금관가야를 병합하였다.
③ '건원'이라는 독자적인 연호를 사용하였다.
④ 국호를 '신라'로 정하고 우산국을 정벌하였다.

05 (가) 시기에 일어난 고구려 관련 사건은?

태학 설립 → (가) → 평양 천도

① 동옥저를 정벌하였다.
② 전연의 침입으로 도성이 함락되었다.
③ 후연을 격파하고 요동지역을 차지하였다.
④ 백제의 수도 한성을 함락하고 개로왕을 살해하였다.

06 (가) 국왕의 업적으로 옳지 않은 것은?

> (가) 은/는 김부(金傅)를 경주의 사심관으로 임명하여 부호장(副戶長) 이하의 관직 등에 관한 일을 맡게 하였다. 이에 여러 공신들 역시 이를 본받아 자기 주(州)의 사심이 되었으니, 사심관이 이로부터 비롯되었다.

① 기인제도를 시행하였다.
② 발해 유민을 받아들였다.
③ 개경을 '황도'라고 불렀다.
④ 훈요 10조를 남겼다.

07 다음 대화가 오고 간 시기는?

> 소손녕: 그대 나라는 신라 땅에서 일어났고, 고구려 땅은 우리 땅인데 너희들이 쳐들어와 차지하였다.
> 서희: 우리는 고구려를 계승하여 나라 이름을 고려라 하였다. 땅의 경계를 논한다면 그대 나라의 동경도 모두 우리 땅이다.

	(가)		(나)		(다)		(라)	
고려 건국		귀주대첩		무신정변		개경 환도		위화도 회군

① (가)
② (나)
③ (다)
④ (라)

08 밑줄 친 '국왕'에 대한 설명으로 옳은 것은?

> 이달에 <u>국왕</u>이 친히 언문 28자를 지었는데, 그 글자는 옛 글자를 모방하였고, 초성 · 중성 · 종성으로 조합해야 한 음절이 이루어졌다. 무릇 문자로 기록한 것과 말로만 전해지는 것을 모두 쓸 수 있으며, 글자는 비록 쉽고 간단하지만 무궁무진한 표현이 가능하니, 이를 '훈민정음'이라고 한다.

① 『경국대전』을 반포하였다.
② 『삼강행실도』를 편찬하였다.
③ 『국조오례의』를 간행하였다.
④ 『동국여지승람』을 편찬하였다.

09 (가) 인물에 대한 설명으로 옳은 것은?

> (가) 은/는 무신집권기 불교의 세속화를 비판하면서 불교 본연의 정신을 확립하자는 결사 운동을 주도하여 수선사를 결성하였다. 그는 깨달음을 얻은 뒤에도 수행을 게을리하지 않아야 한다는 돈오점수를 내세웠다.

① 천태종을 창시하였다.
② 임제종을 도입하였다.
③ 교종의 입장에서 선종을 통합하려 하였다.
④ 정혜쌍수라는 실천 수행 방법을 제시하였다.

10 밑줄 친 '국왕'의 정책으로 옳은 것은?

> <u>국왕</u>은 성균관 앞에 "두루 사귀되 편당을 짓지 않는 것이 군자의 공정한 마음이요, 편당을 짓고 두루 사귀지 않는 것은 소인의 사사로운 마음이다."라는 내용을 새긴 탕평비를 세웠다.

① 균역법을 실시하였다.
② 수원 화성을 건설하였다.
③ 초계문신제를 시행하였다.
④ 『대전회통』을 편찬하였다.

11 (가) 인물에 대한 설명으로 옳은 것은?

> (가) 은/는 삼가 두 번 절하고 아뢰옵니다. …(중략)… 성학(聖學)에는 강령이 있고, 심법(心法)에는 지극히 요긴한 것이 있습니다. …(중략)… 이것을 합하여 『성학십도』를 만들어서 각 그림 아래에 또한 외람되게 신의 의견을 덧붙여서 조심스럽게 꾸며 올립니다.

① 한전론을 주장하여 토지 소유를 균등하게 하려고 하였다.
② (가)의 학문은 김장생 등에게 이어져 기호학파가 형성되었다.
③ (가)의 학문은 유성룡 등에게 이어져 영남학파가 형성되었다.
④ 여전제를 주장하여 토지를 마을 단위로 공동소유하게 하였다.

12 다음 조약이 체결된 이후에 있었던 사실이 아닌 것은?

> 제1조 한국 정부는 시정개선(施政改善)에 관하여 통감의 지도를 받을 것.
> 제4조 한국 고등관리의 임면(任免)은 통감의 동의를 받아 이를 집행할 것.
> 제5조 한국 정부는 통감이 추천한 일본인을 한국 관리로 임명할 것.

① 고종이 강제 퇴위당하였다.
② 대한제국의 군대가 해산되었다.
③ 안중근이 이토 히로부미를 저격하였다.
④ 이른바 '남한 대토벌 작전'이 전개되었다.

13 다음 조약에 대한 설명으로 옳은 것은?

> 제9관 수입 또는 수출되는 각 화물이 해관을 통과할 때는 응당 본 조약에 첨부된 세칙에 따라 관세를 납부해야 한다.
> 제37관 조선국에서 가뭄과 홍수, 전쟁 등으로 인하여 국내에 양식이 결핍할 것을 우려하여 일시 쌀 수출을 금지하려고 할 때에는 1개월 전에 지방관이 일본 영사관에게 통지하여 미리 그 기간을 항구에 있는 일본 상인들에게 전달하여 일률적으로 준수하는 데 편리하게 한다.

① 갑신정변의 영향으로 체결되었다.
② 최혜국 대우에 관한 내용을 담고 있다.
③ 일본 경비병의 공사관 주둔을 명시하였다.
④ 부산 외 2곳에 개항장이 설치되는 결과를 가져왔다.

14 밑줄 친 '내'에 대한 설명으로 옳은 것만을 모두 고르면?

> <u>내</u>가 원하는 우리 민족의 사업은 결코 세계를 무력으로 정복하거나 경제력으로 지배하려는 것이 아니다. 오직 사랑의 문화, 평화의 문화로 우리 스스로 잘 살고 인류 전체가 의좋게 즐겁게 살도록 하는 일을 하자는 것이다. 어느 민족도 일찍이 그러한 일을 한 이가 없었으니 그것은 공상이라고 하지 말라.

> ㉠ 대한민국 임시정부 주석을 지냈다.
> ㉡ 상하이에서 한인 애국단을 조직하였다.
> ㉢ 조선 의용대를 창설하여 항일 무장 투쟁을 전개하였다.
> ㉣ 조선 혁명군을 지휘하여 영릉가 전투를 승리로 이끌었다.

① ㉠, ㉡
② ㉠, ㉢
③ ㉡, ㉣
④ ㉢, ㉣

15 다음 선언으로 시작된 운동에 대한 설명으로 옳은 것은?

> 우리는 지금 우리 조선이 독립국이고 조선인이 자주민임을 선언하노라. 이를 세계 여러 나라에 알려 인류 평등의 대의를 분명히 밝히고, 이를 후손에게 대대로 전하여 민족 자존의 정당한 권리를 영원히 누릴 수 있도록 하노라.

① 형평 운동과 같은 연도에 발생하였다.
② 신간회에서 진상 조사단을 파견하였다.
③ 이 운동 이후 일제는 이른바 '문화 통치'로 통치 방식을 바꾸었다.
④ 운동 준비 과정에서 민족주의 세력과 사회주의 세력이 연대하였다.

16 유네스코 세계문화유산으로 등재된 것만을 모두 고르면?

> ㉠ 경복궁
> ㉡ 남한산성
> ㉢ 석촌동 고분군
> ㉣ 가야 고분군

① ㉠, ㉢
② ㉠, ㉣
③ ㉡, ㉢
④ ㉡, ㉣

17 (가)에 대한 설명으로 옳지 않은 것은?

> 대한민국 임시정부는 대한민국 원년에 정부가 공포한 군사 조직법에 의거하여 …(중략)… (가) 을/를 조직하고 …(중략)… 공동의 적인 일본 제국주의자들을 타도하기 위해 연합군의 일원으로 항전을 계속한다.

① 중국군과 연합하여 쌍성보 전투에서 승리했다.
② 조선 의용대가 합류하여 군사력이 한층 더 강화되었다.
③ 중국 충칭에서 국민당 정부의 지원을 받아 창설되었다.
④ 영국군의 협조 요청으로 미얀마, 인도 전선에 파견되었다.

18 다음 조약이 체결되고 난 이후에 일어난 일은?

> 제2조 당사국 중 어느 한 나라의 정치적 독립 또는 안전이 외부로부터의 무력 공격에 의하여 위협을 받고 있다고 어느 당사국이든지 인정할 때에는 언제든지 당사국은 서로 협의한다.
> 제4조 상호적 합이에 의하여 미합중국이 육군, 해군, 공군을 대한민국의 영토 내와 그 부근에 배치하는 권리를 대한민국은 이를 허가하고 미합중국은 이를 수락한다.

① 판문점에서 정전협정이 체결되었다.
② 베트남에 한국군 전투 부대가 파견되었다.
③ 이승만 대통령이 반공 포로를 석방하였다.
④ 유엔군 총사령관 맥아더가 인천 상륙 작전을 감행하였다.

19 (가) 국가에 대한 설명으로 옳지 않은 것은?

> 제1조 지계아문은 한성부와 13도 각 부·군의 산림, 토지, 전답, 가옥의 계권(契券)을 바로 잡기 위해 임시로 설치할 것.
> 제10조 산림, 토지, 전답, 가옥은 (가) 인(人) 이외에는 소유주가 될 수 없을 것임. 단, 각 개항장 내에서는 이러한 제한이 없을 것임.

① '광무'라는 연호를 사용하였다.
② 교육 입국의 조서를 반포하였다.
③ 구본신참의 원칙하에 개혁을 추진하였다.
④ 서대문과 청량리 사이에 전차를 부설하였다.

20 (가)~(라)를 시기가 이른 것부터 바르게 나열한 것은?

> (가) 어재연의 부대가 광성보에서 미국군에게 패하였다.
> (나) 양헌수의 부대가 정족산성에서 프랑스군을 물리쳤다.
> (다) 독일인 오페르트가 남연군의 묘를 도굴하려다 실패하였다.
> (라) 미국 상선 제너럴셔먼호가 평양 부근까지 들어와 통상을 요구하였다.

① (가) → (나) → (다) → (라)
② (나) → (라) → (가) → (다)
③ (다) → (나) → (가) → (라)
④ (라) → (나) → (다) → (가)

한국사 | 2024년 국가직 9급

모바일 OMR

회독 CHECK 1 2 3

01 밑줄 친 '이 나라'에 대한 설명으로 옳은 것은?

> 5세기 후반 가야의 주도 세력으로 성장한 <u>이 나라</u>는 낙동강 유역이라는 지리적 이점과 풍부한 철을 활용하여 후기 가야 연맹의 맹주가 되었다.

① 진흥왕에 의해 멸망하였다.
② 사비로 천도하고 국호를 남부여로 하였다.
③ 지방 행정 구역을 5경 15부 62주로 나누었다.
④ 평양으로 수도를 옮기고 남진 정책을 추진하였다.

02 고려의 경제 상황에 대한 설명으로 옳은 것은?

① 진대법이라는 구휼 제도를 시행하였다.
② 건원중보가 발행되었으나 널리 이용되지 못하였다.
③ 광산 경영 방식에서 덕대제가 유행하기 시작하였다.
④ 전통적 농업 기술을 정리한 『농사직설』이 편찬되었다.

03 다음 자료에 대한 설명으로 옳은 것은?

> 조선이라는 땅덩어리는 실로 아시아의 요충을 차지하고 있어 그 형세가 반드시 다툼을 불러올 것이다. 조선이 위태로우면 중동(中東)의 형세도 위급해진다. 따라서 러시아가 강토를 공략하려 한다면 반드시 조선이 첫 번째 대상이 될 것이다. …(중략)… 러시아를 막을 수 있는 조선의 책략은 무엇인가? 오직 중국과 친하며, 일본과 맺고, 미국과 연합함으로써 자강을 도모하는 길뿐이다.

① 강화도 조약 체결 이전 조선에 널리 퍼졌다.
② 흥선 대원군이 척화비를 세우는 계기가 되었다.
③ 이만손 등 영남 유생들의 반발을 불러일으켰다.
④ 청에 영선사로 파견된 김윤식에 의해 소개되었다.

04 (가)에 들어갈 말로 옳은 것은?

> 정부의 개화 정책이 추진되면서 구식 군인과 도시 하층민이 반발하였다. 제대로 봉급을 받지 못한 구식 군인들이 난을 일으키고 도시 하층민이 여기에 합세하였으나 청군에 의해 진압되었다. 이후 청은 조선에 군대를 주둔시키고 조선의 내정에 개입하였다. 또 (가) 을 체결하여 조선이 청의 속방임을 명문화하고 청 상인의 내륙 진출을 인정받았다.

① 한성 조약
② 텐진 조약
③ 제물포 조약
④ 조청상민수륙무역장정

05 위화도 회군 이후에 있었던 사실로 옳지 않은 것은?

① 과전법이 실시되었다.
② 정몽주가 살해되었다.
③ 한양으로 도읍을 이전하였다.
④ 황산 대첩에서 왜구를 토벌하였다.

06 다음의 논설을 작성한 인물에 대한 설명으로 옳은 것은?

> 이 날을 목 놓아 우노라[是日也放聲大哭]. …(중략)… 천하만사가 예측하기 어려운 것도 많지만, 천만 뜻밖에 5개조가 어떻게 제출되었는가. 이 조건은 비단 우리 한국뿐 아니라 동양 삼국이 분열할 조짐을 점차 만들어 낼 것이니 이토[伊藤] 후작의 본의는 어디에 있는가?

① 『한성순보』를 창간하였다.
② 『한국통사』를 저술하였다.
③ 『독사신론』을 발표하였다.
④ 『황성신문』의 주필을 역임하였다.

07 밑줄 친 '왕'의 재위 기간에 편찬된 서적으로 옳은 것은?

> • 왕은 집현전을 계승한 홍문관을 설치하고 중단되었던 경연을 다시 열었다.
> • 왕은 훈구 세력을 견제하기 위해 사림 세력을 등용하였다.

① 대전통편
② 동사강목
③ 동국여지승람
④ 훈민정음운해

08 밑줄 친 '반란'에 대한 설명으로 옳은 것만을 모두 고르면?

> 웅천주 도독 헌창이 반란을 일으켜, 무진주 · 완산주 · 청주 · 사벌주 네 주의 도독과 국원경 · 서원경 · 금관경의 사신 및 여러 군현의 수령들을 위협하여 자신의 아래에 예속시키려 하였다.

> ㉠ 천민이 중심이 된 신분 해방 운동 성격을 가졌다.
> ㉡ 반란 세력은 국호를 '장안', 연호를 '경운'이라 하였다.
> ㉢ 주동자의 아버지가 왕이 되지 못한 것에 대한 불만으로 일어났다.
> ㉣ 무열왕 직계가 단절되고 내물왕계가 다시 왕위를 차지하는 결과를 가져왔다.

① ㉠, ㉡
② ㉠, ㉣
③ ㉡, ㉢
④ ㉢, ㉣

09 다음 사건 이후에 있었던 사실로 옳은 것은?

> 홍서봉 등이 한(汗)의 글을 받아 되돌아왔는데, 그 글에, "대청국의 황제는 조선의 관리와 백성들에게 알린다. 짐이 이번에 정벌하러 온 것은 원래 죽이기를 좋아하고 얻기를 탐해서가 아니다. 본래는 늘 서로 화친하려고 했는데, 그대 나라의 군신이 먼저 불화의 단서를 야기시켰다."라고 하였다.

① 삼전도비가 세워졌다.
② 이괄이 난을 일으켰다.
③ 인조가 강화도로 피난하였다.
④ 정봉수가 용골산성에서 항전하였다.

10 (가)~(라)를 시기순으로 바르게 나열한 것은?

> (가) 13도 창의군이 결성되었다.
> (나) 지방군은 10정으로 조직하였다.
> (다) 친위 부대인 장용영을 설치하였다.
> (라) 중앙군은 2군 6위제로 운영하였다.

① (나) → (라) → (가) → (다)
② (나) → (라) → (다) → (가)
③ (라) → (나) → (가) → (다)
④ (라) → (나) → (다) → (가)

11 밑줄 친 '이 회의' 이후에 있었던 사실로 옳지 않은 것은?

> 미국, 영국, 소련 3국의 외무 장관이 모인 이 회의에서는 한국의 민주주의적 임시정부 수립과 이를 위한 미·소 공동 위원회의 설치, 최대 5년간의 신탁통치 방안 등이 결정되었다.

① 5·10 총선거가 실시되었다.
② 좌우 합작 7원칙이 발표되었다.
③ 조선 건국 준비 위원회가 결성되었다.
④ 반민족 행위 특별 조사위원회가 구성되었다.

12 밑줄 친 '가람'에 대한 설명으로 옳은 것은?

> 우리 왕후께서는 좌평 사택적덕의 따님으로 지극히 오랜 세월에 선인(善因)을 심어 이번 생에 뛰어난 과보를 받아 만민을 어루만져 기르시고 삼보(三寶)의 동량(棟梁)이 되셨기에 능히 가람을 세우시고, 기해년 정월 29일에 사리를 받들어 맞이하셨다. 원하옵나니, 영원토록 공양하고 다함이 없이 이 선(善)의 근원을 배양하여, 대왕 폐하의 수명은 산악과 같이 견고하고 치세는 천지와 함께 영구하며, 위로는 정법을 넓히고 아래로는 창생을 교화하게 하소서.

① 목탑의 양식을 간직한 석탑이 있다.
② 대리석으로 만든 10층 석탑이 있다.
③ 성주산문을 개창한 낭혜 화상의 탑비가 있다.
④ 돌을 벽돌 모양으로 만들어 쌓은 모전석탑이 있다.

13 조선 세조 대에 있었던 사실로 옳은 것만을 모두 고르면?

> ㉠ 사병을 혁파하였다.
> ㉡ 집현전을 폐지하였다.
> ㉢ 『경국대전』을 완성하였다.
> ㉣ 6조 직계제를 시행하였다.

① ㉠, ㉢
② ㉠, ㉣
③ ㉡, ㉢
④ ㉡, ㉣

14 (가)~(라)는 대한민국 임시정부와 관련한 사실이다. 이를 시기순으로 바르게 나열한 것은?

> (가) 한인애국단 창설
> (나) 한국광복군 창설
> (다) 국민대표회의 개최
> (라) 주석 · 부주석제로 개헌

① (가) → (다) → (나) → (라)
② (가) → (라) → (다) → (나)
③ (다) → (가) → (나) → (라)
④ (다) → (나) → (가) → (라)

15 (가) 시기에 있었던 사실로 옳은 것은?

(가)
↑ 제1차 조선교육령 발표 — ↑ 제2차 조선교육령 발표

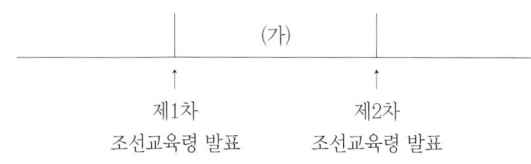

① 경성제국대학이 설립되었다.
② 근대 교육기관인 육영공원이 설립되었다.
③ 일본에서 2 · 8 독립선언서가 발표되었다.
④ 보안회의 주도로 일본의 황무지 개간권 반대 운동이 일어났다.

16 (가)의 재위 기간에 있었던 사실로 옳은 것은?

> 강조의 군사들이 궁문으로 마구 들어오자, 목종이 모면할 수 없음을 깨닫고 태후와 함께 목 놓아 울며 법왕사로 옮겼다. 잠시 후 황보유의 등이 (가) 을/를 받들어 왕위에 올렸다. 강조가 목종을 폐위하여 양국공으로 삼고, 군사를 보내 김치양 부자와 유행간 등 7인을 죽였다.

① 윤관이 별무반 편성을 건의하였다.
② 외적이 침입하여 국왕이 복주(안동)로 피난하였다.
③ 서희의 외교 담판으로 강동 6주 지역을 획득하였다.
④ 불교 경전을 집대성한 초조대장경 조판이 시작되었다.

17 (가)와 (나) 사이의 시기에 있었던 사실로 옳은 것은?

> (가) 순종의 인산일을 기하여 '동양 척식 주식회사를 철폐하라!', '일본인 지주에게 소작료를 바치지 말자!' 등의 격문을 내건 운동이 일어났다.
> (나) 광주에서 한국인 학생과 일본인 학생 사이에 일어난 충돌을 계기로 학생들이 총궐기하는 운동이 일어났다.

① 신간회가 창설되었다.
② 진단학회가 설립되었다.
③ 진주에서 조선 형평사가 창립되었다.
④ 대구에서 국채보상운동이 시작되었다.

18 1930년대에 있었던 사실로 옳은 것은?

① 비밀결사인 조선건국동맹이 결성되었다.
② 중국 관내에서 조선의용대가 창설되었다.
③ 연해주 지역에 대한광복군 정부가 설립되었다.
④ 서일을 총재로 하는 대한독립군단이 조직되었다.

19 밑줄 친 '이 나라'의 문화유산으로 옳지 않은 것은?

> 송나라 사신 서긍은 그의 저술에서 <u>이 나라</u> 자기의 빛깔과 모양에 대해, "도자기의 빛깔이 푸른 것을 사람들은 비색이라고 부른다. 근래에 와서 만드는 솜씨가 교묘하고 빛깔도 더욱 예뻐졌다. 술그릇의 모양은 오이와 같은데, 위에 작은 뚜껑이 있고 연꽃이나 엎드린 오리 모양을 하고 있다. 또, 주발, 접시, 사발, 꽃병 등도 있었다."라고 하였다.

① 안동 봉정사 극락전
② 구례 화엄사 각황전
③ 예산 수덕사 대웅전
④ 영주 부석사 무량수전

20 다음에서 설명하는 단체는?

> • '가갸날'을 제정하였다.
> • 기관지인 『한글』을 창간하였다.

① 국문연구소
② 조선광문회
③ 대한자강회
④ 조선어연구회

한국사 | 2024년 지방직 9급

모바일 OMR

회독 CHECK 1 2 3

01 신석기 시대에 대한 설명으로 옳지 않은 것은?

① 가락바퀴와 뼈바늘로 옷이나 그물을 만들었다.
② 군장이 죽으면 그의 권력을 상징하는 고인돌을 만들었다.
③ 동물 뼈나 조개껍데기로 된 목걸이나 팔찌를 만들어 착용하였다.
④ 일부 지역에서는 농경이 시작되어 조, 피, 수수 등을 재배하였다.

02 다음과 같은 법이 있었던 국가에 대한 설명으로 옳지 않은 것은?

> • 사람을 죽이면 즉시 사형에 처한다.
> • 남에게 상처를 입히면 곡식으로 배상한다.
> • 남의 물건을 훔친 자는 그 집의 노비로 삼는데, 스스로 죄를 면제받고자 하는 자는 50만을 내야 한다.

① 동맹이라는 제천 행사가 있었다.
② 상, 대부, 장군 등의 관직을 두었다.
③ 위만이 준왕을 몰아내고 왕이 되었다.
④ 중국의 한과 한반도 남부 사이에서 중계 무역을 하였다.

03 (가) 국가에 대한 설명으로 옳은 것은?

> (가) 의 호암사에는 정사암이란 바위가 있다. 나라에서 장차 재상을 의논할 때에 뽑을 후보 서너 명의 이름을 써서 상자에 넣고 봉해서 바위 위에 두었다. 얼마 후에 열어 보고 이름 위에 도장이 찍힌 자국이 있는 사람을 재상으로 삼았다. 이런 까닭에 정사암이라 했다.
>
> -『삼국유사』-

① 6좌평과 16관등제를 마련하였다.
② 태학이라는 교육기관을 설립하였다.
③ 인안이라는 독자적인 연호를 사용하였다.
④ 골품에 따라 관등이나 관직 승진에 제한이 있었다.

04 (가)에 해당하는 인물로 옳은 것은?

> (가) 은/는 중앙아시아와 인도지역의 다섯 천축국을 순례하고 각국의 지리, 풍속, 산물 등에 관한 기행문을 남겼다. 이 기행문은 중국의 둔황 막고굴에서 발견되었으며 현재 프랑스 국립도서관에 있다.

① 원광
② 원효
③ 의상
④ 혜초

05 (가)에 해당하는 기구로 옳은 것은?

> 비로소 (가) 을 설치했다. 판사 최무선의 말을 따른 것이다. 이때에 원나라의 염초 장인 이원이 최무선과 같은 동네 사람이었다. 최무선이 몰래 그 기술을 물어서 집의 하인들에게 은밀하게 배워서 시험하게 하고 조정에 건의했다.
>
> -『고려사절요』-

① 교정도감
② 대장도감
③ 식목도감
④ 화통도감

06 (가) 문화유산에 대한 설명으로 옳은 것은?

> (가) 은/는 1377년 청주 흥덕사에서 인쇄한 것이다. 독일 구텐베르크가 인쇄한 책보다 70여 년 앞서 간행된 것으로 밝혀졌다. 현재 유네스코 세계 기록 유산으로 등재되어 있다.

① 최윤의 등이 지은 의례서를 인쇄한 것이다.
② 몽골의 침략을 물리치려는 염원을 담고 있다.
③ 현존하는 금속활자본 중에서 가장 오래된 것이다.
④ 우리나라 풍토에 맞는 처방과 약재 등이 기록되어 있다.

07 병인양요에 대한 설명으로 옳지 않은 것은?

① 프랑스 함대가 강화부를 점령하였다.
② 외규장각이 소실되었고 의궤 등을 약탈당했다.
③ 어재연이 강화도 광성보 전투에서 전사하였다.
④ 프랑스 선교사와 천주교도가 처형당한 것이 원인이 되었다.

08 밑줄 친 '이 의거'를 일으킨 단체에 대한 설명으로 옳은 것은?

> 김구는 상하이 각 신문사에 편지를 보내 자신이 이 의거의 주모자임을 스스로 밝혔다. 이 편지에서 김구는 윤봉길이 휴대한 폭탄 두 개는 자신이 특수 제작하여 직접 건넨 것이며, 일본 민간인을 포함하여 다른 나라 사람이 무고한 피해를 입지 않도록 신중을 기하라고 당부하였음을 강조하였다.

① 이봉창이 단원으로 활동하였다.
② 고종의 밀명을 받아 결성되었다.
③「조선 혁명 선언」을 활동 지침으로 삼았다.
④ 일제가 날조한 105인 사건으로 와해되었다.

09 다음 주장을 내세운 민족 운동은?

> 1. 오늘날 우리의 이 행동은 정의와 인도 그리고 생존과 존엄함을 지키기 위한 민족적 요구에서 나온 것이니, 오직 자유로운 정신을 발휘할 것이며 결코 배타적 감정으로 치닫지 말라.
> 1. 마지막 한 사람까지 마지막 한순간까지 민족의 정당한 의사를 마음껏 발표하라.
> 1. 일체의 행동은 무엇보다 질서를 존중하며, 우리의 주장과 태도를 어디까지나 떳떳하고 정당하게 하라.

① 3 · 1운동
② 6 · 10 만세 운동
③ 물산 장려 운동
④ 민립 대학 설립 운동

10 다음 결의 사항을 실현하기 위해 일어난 사건에 대한 설명으로 옳은 것은?

> 1. 고부성을 격파하고 군수 조병갑의 목을 베어 매달 것
> 1. 군기창과 화약고를 점령할 것
> 1. 군수에게 아첨하여 백성을 침탈한 탐욕스러운 아전을 쳐서 징벌할 것
> 1. 전주 감영을 함락하고 서울로 곧바로 향할 것

① 혜상공국 폐지 등의 정강을 발표하였다.
② 집강소를 설치하고 폐정개혁을 시도하였다.
③ 별기군에 비해 차별을 받던 구식 군인들이 일으켰다.
④ 13도 창의군을 조직하고 서울 진공 작전을 추진하였다.

11 다음 상소문이 올라간 국왕 대에 있었던 사실로 옳은 것은?

> 불교는 몸을 닦는 근본이며 유교는 나라를 다스리는 근원입니다. 몸을 닦는 것은 내생을 위한 것이며 나라를 다스리는 일은 곧 오늘의 할 일입니다. 오늘은 극히 가깝고 내생은 지극히 먼 것이니, 가까운 것을 버리고 먼 것을 구하는 일이 그릇된 일이 아니겠습니까.

① 개경에 나성을 쌓았다.
② 전시과 제도를 처음 실시하였다.
③ 전국의 주요 지역에 12목을 설치하였다.
④ 「노비안검법」을 실시하여 호족 세력을 약화시켰다.

12 밑줄 친 '왕'의 재위 기간에 있었던 사실로 옳은 것은?

> 당초에 강홍립 등이 압록강을 건너게 된 것은 <u>왕</u>이 명 조정의 지원군 요청을 거부하기 어려워 출사시킨 것이었다. 우리나라는 애초부터 그들을 원수로 대하지 않아 싸울 뜻이 없었다. 그래서 <u>왕</u>이 강홍립에게 비밀리에 명령을 내려 오랑캐와 몰래 통하게 하였던 것이다.

① 전국에 「대동법」을 실시하였다.
② 허준이 『동의보감』을 편찬하였다.
③ 자의 대비의 복상 문제로 예송이 일어났다.
④ 청과 국경을 정하기 위해 백두산정계비를 세웠다.

13 (가), (나)에 해당하는 건축물을 옳게 짝지은 것은?

> (가) 은 고려 시대 건축물이며 배흘림기둥과 주심포양식으로 단아하면서도 세련된 아름다움을 담고 있다.
> (나) 은 우리나라에 남아 있는 조선 시대 건축물 중 유일한 5층 목탑이다.

	(가)	(나)
①	영주 부석사 무량수전	김제 금산사 미륵전
②	영주 부석사 무량수전	보은 법주사 팔상전
③	합천 해인사 장경판전	김제 금산사 미륵전
④	합천 해인사 장경판전	보은 법주사 팔상전

14 (가)~(라)를 시기 순으로 바르게 나열한 것은?

> (가) 지주에게 결작이라 하여 토지 1결당 미곡 2두씩 을 부담시켰다.
> (나) 전세를 풍흉에 관계없이 토지 1결당 미곡 4~6두로 고정시켰다.
> (다) 조세는 토지 1결당 수확량 300두의 10분의 1 수취를 원칙으로 삼았다.
> (라) 조세를 토지 비옥도와 풍흉의 정도에 따라 1결당 최고 20두에서 최하 4두로 하였다.

① (다) → (라) → (가) → (나)
② (다) → (라) → (나) → (가)
③ (라) → (다) → (가) → (나)
④ (라) → (다) → (나) → (가)

15 다음과 같이 주장한 인물에 대한 설명으로 옳은 것은?

> 이용할 줄 모르니 생산할 줄 모르고, 생산할 줄 모르니 백성은 나날이 궁핍해지는 것이다. 비유하건대, 대체로 재물은 우물과 같다. 퍼내면 가득 차고, 버려두면 말라 버린다. 그러므로 비단을 입지 않아서 나라에 비단 짜는 사람이 없게 되면, 여공이 쇠퇴한다. 쭈그러진 그릇을 싫어하지 않고 기교를 숭상하지 않아서 공장이 숙련되지 못하면 기예가 망하게 된다.

① 청과의 통상과 수레의 이용을 주장하였다.
② 양명학을 연구하여 강화 학파를 형성하였다.
③ 토지의 매매를 제한하는 한전론을 주장하였다.
④ 지전설을 주장하여 중국 중심의 세계관을 비판하였다.

16 다음 창립 취지문을 발표한 단체에 대한 설명으로 옳은 것은?

> 우리 사회에서도 여성운동이 제기된 것은 또한 이미 오래되었다. 그러나 회고하여 보면 여성운동은 거의 분산되어 있었다. 그것에는 통일된 조직이 없었고 통일된 목표와 정신도 없었다. …(중략)… 우리가 실제로 우리 자체를 위해, 우리 사회를 위해 분투하려면 우선 조선 자매 전체의 역량을 공고히 단결하여 운동을 전반적으로 전개하지 않으면 아니 된다.

① 호주제 폐지 운동을 전개하였다.
② 여학교 설립을 주장하는 「여권통문」을 발표하였다.
③ 어린이날을 제정하고 잡지 『어린이』를 창간하였다.
④ 봉건적 인습 타파, 여성 노동자의 임금 차별 철폐 등을 주장했다.

17 다음 법령이 반포된 시기는?

> 제1조 대한국은 세계 만국에 공인된 자주 독립한 제국이다.
> 제2조 대한 제국의 정치는 이전으로부터 500년이 내려왔고 이후로도 만세에 걸쳐 변치 않을 전제정치이다.
> 제3조 대한국 대황제는 무한한 군권을 향유하니 공법에서 말한바 자립 정체이다.
> 제4조 대한국 신민이 대황제가 향유하는 군권을 침해할 행위가 있으면 신민의 도리를 잃은 자로 인정할 것이다.

	(가)	(나)	(다)	(라)

갑신정변 발생	갑오개혁 실시	독립협회 해산	러·일전쟁 발발	을사늑약 체결

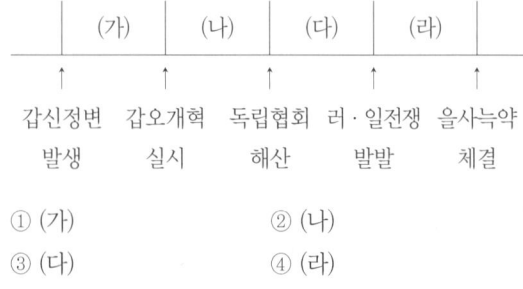

① (가)
② (나)
③ (다)
④ (라)

18 (가)~(라)의 사건을 시기 순으로 바르게 나열한 것은?

> (가) 남쪽 지방에서 반란군이 봉기하였다. 가장 심한 자들은 운문을 거점으로 한 김사미와 초전의 효심이었다. 이들은 유랑민을 불러 모아 주현을 습격하여 노략질하였다.
> (나) 진주의 난민들이 소동을 일으킨 것은 오로지 전 우병사 백낙신이 탐욕을 부려 수탈하였기 때문입니다. …(중략)… 이에 민심이 들끓고 노여움이 일제히 폭발해서 전에 듣지 못하던 변란으로 나타난 것입니다.
> (다) 여러 주 · 군에서 공물과 조세를 보내지 않아 나라의 씀씀이가 궁핍하게 되었으므로 왕이 사자를 보내 독촉하였다. 이로 인해 도적들이 곳곳에서 벌떼처럼 일어났다. 원종과 애노 등이 사벌주를 근거지로 반란을 일으켰다.
> (라) 평서 대원수는 급히 격문을 띄우노라. …(중략)… 조정에서는 서쪽 땅을 더러운 흙처럼 버렸다. 심지어 권세 있는 집의 노비들도 서쪽 사람을 보면 반드시 평안도 놈이라 일컫는다. 서쪽 땅에 있는 자로서 어찌 억울하고 원통하지 않겠는가.

① (가) → (다) → (나) → (라)
② (가) → (다) → (라) → (나)
③ (다) → (가) → (나) → (라)
④ (다) → (가) → (라) → (나)

19 (가), (나) 사이에 있었던 사실로 옳지 않은 것은?

> (가) 조선은 오랫동안 제후국으로서 중국에 대해 정해진 전례가 있다는 것은 다시 의논할 여지가 없다. …(중략)… 이번에 제정한 수륙 무역 장정은 중국이 속방을 우대하는 뜻이니만큼, 다른 조약 체결국들이 모두 똑같은 이익을 균점하도록 하는 데 있지 않다.
> (나) 제1조 청국은 조선국이 완전무결한 독립 자주국임을 확인한다. 아울러 조선의 청에 대한 공물 헌납 등은 장래에 완전히 폐지한다.
> 제4조 청국은 군비 배상금으로 은 2억 냥을 일본국에 지불할 것을 약정한다.

① 영국이 거문도를 점령하였다.
② 한 · 청 통상조약이 체결되었다.
③ 김옥균 등이 갑신정변을 일으켰다.
④ 청과 일본 사이에 전쟁이 발발하였다.

20 다음 법령에 의해 실시된 정책에 대한 설명으로 옳은 것은?

> 제1조 본법은 헌법에 의거하여 농지를 농민에게 적정히 분배함으로써 …(중략)… 농민 생활의 향상 내지 국민 경제의 균형과 발전을 기함을 목적으로 한다.
> 제12조 농지의 분배는 농지의 종목, 등급 및 농가의 능력 기타에 기준한 점수제에 의거하되 1가당 총경영면적 3정보를 초과하지 못한다.

① 한국민주당과 지주층의 반발로 중단되었다.
② 주택 개량, 도로 및 전기 확충 등도 추진하였다.
③ 유상 매수, 유상 분배의 방식으로 시행되었다.
④ 자작농이 감소하고 소작농이 증가하는 결과를 낳았다.

한국사 | 2023년 국가직 9급

모바일 OMR

회독 CHECK 1 2 3

01 다음 유물이 사용된 시대에 대한 설명으로 옳은 것은?

> 미송리식 토기, 팽이형 토기, 붉은 간 토기

① 비파형 동검이 사용되었다.
② 오수전 등의 화폐가 사용되었다.
③ 아슐리안형 주먹도끼가 사용되었다.
④ 철이 많이 생산되어 낙랑과 왜에 수출되었다.

02 밑줄 친 '왕'에 대한 설명으로 옳은 것은?

> 16년 겨울 10월, 왕이 질양(質陽)으로 사냥을 갔다가 길에 앉아 우는 자를 보았다. 왕이 말하기를 "아! 내가 백성의 부모가 되어 백성들이 이 지경에 이르게 하였으니 나의 죄로다." …(중략)… 그리고 관리들에게 명하여 매년 봄 3월부터 가을 7월까지 관청의 곡식을 내어 백성들의 식구 수에 따라 차등 있게 빌려 주었다가, 10월에 이르러 상환하게 하는 것을 법규로 정하였다.
>
> -『삼국사기』-

① 낙랑군을 축출하였다.
② 진대법을 시행하였다.
③ 백제의 침입으로 전사하였다.
④ 영락이라는 독자적인 연호를 사용하였다.

03 (가)에 대한 설명으로 옳은 것은?

> 신돈이 (가) 을/를 설치하자고 요청하자, …(중략)… 이제 도감이 설치되었다. …(중략)… 명령이 나가자 권세가 중에 전민을 빼앗은 자들이 그 주인에게 많이 돌려주었으며, 전국에서 기뻐하였다.
>
> -『고려사』-

① 시전의 물가를 감독하는 임무를 담당하였다.
② 국가재정의 출납과 회계 업무를 총괄하였다.
③ 불법적으로 점유된 토지와 노비를 조사하였다.
④ 부족한 녹봉을 보충하고자 관료에게 녹과전을 지급하였다.

04 다음과 같이 말한 인물에 대한 설명으로 옳은 것은?

> 우리나라가 곧 고구려의 옛 땅이다. 그리고 압록강의 안팎 또한 우리의 지역인데 지금 여진이 그 사이에 몰래 점거하여 저항하고 교활하게 대처하고 있어서 …(중략)… 만일 여진을 내쫓고 우리 옛 땅을 되찾아서 성보(城堡)를 쌓고 도로를 통하도록 하면 우리가 어찌 사신을 보내지 않겠는가?
>
> -『고려사』-

① 목종을 폐위하였다.
② 귀주에서 거란군을 물리쳤다.
③ 여진을 몰아내고 동북 9성을 쌓았다.
④ 소손녕과 담판하여 강동 6주를 획득하였다.

05 밑줄 친 '이곳'에 대한 설명으로 옳은 것은?

> • 장수왕은 남진정책의 일환으로 수도를 이곳으로 천도하였다.
> • 묘청은 이곳으로 수도를 옮길 것을 주장하였다.

① 쌍성총관부가 설치되었다.
② 망이 · 망소이가 반란을 일으켰다.
③ 제너럴셔먼호 사건이 발생하였다.
④ 1923년 조선 형평사가 결성되었다.

06 다음 전투 이후에 일어난 사건으로 옳은 것만을 모두 고르면?

> 이근행이 군사 20만 명의 대군을 이끌고 매소성(買肖城)에 머물렀다. 우리 군사가 공격하여 달아나게 하고 전마 30,380필을 얻었는데, 남겨놓은 병장기도 그 정도 되었다.
>
> -『삼국사기』-

> ㉠ 웅진도독부가 설치되었다.
> ㉡ 김흠돌이 반란을 일으켰다.
> ㉢ 교육 기관인 국학이 설립되었다.
> ㉣ 복신과 도침이 부여풍과 함께 백제 부흥 운동을 일으켰다.

① ㉠, ㉡　　② ㉠, ㉣
③ ㉡, ㉢　　④ ㉢, ㉣

07 다음 사건을 시기순으로 바르게 나열한 것은?

> (가) 신라의 우산국 복속
> (나) 고구려의 서안평 점령
> (다) 백제의 대야성 점령
> (라) 신라의 금관가야 병합

① (가) → (나) → (다) → (라)
② (가) → (라) → (나) → (다)
③ (나) → (가) → (라) → (다)
④ (나) → (다) → (가) → (라)

08 고려 시대 문화유산에 대한 설명으로 옳지 않은 것은? 〈변형〉

① 황해도 사리원 성불사 응진전은 다포 양식의 건물이다.
② 월정사 팔각 9층 석탑은 원의 석탑을 모방하여 제작하였다.
③ 여주 고달사지 승탑은 통일 신라의 팔각원당형 양식을 계승하였다.
④『직지심체요절』은 세계기록유산으로 등재된 현존하는 가장 오래된 금속활자본이다.

09 조선 시대 지도와 천문도에 대한 설명으로 옳지 않은 것은?

① 대동여지도는 거리를 알 수 있도록 10리마다 눈금을 표시하였다.
② 혼일강리역대국도지도는 중국에서 들여온 곤여만국전도를 참고하였다.
③ 천상열차분야지도는 하늘을 여러 구역으로 나누고 별자리를 표시한 그림이다.
④ 동국지도는 정상기가 실제 거리 100리를 1척으로 줄인 백리척을 적용하여 제작하였다.

10 (가)에 대한 설명으로 옳지 않은 것은?

> 임진왜란 이후에 우의정 유성룡도 역시 미곡을 거두는 것이 편리하다고 주장하였으나, 일이 성취되지 못하였다. 1608년에 이르러 좌의정 이원익의 건의로 (가) 을/를 비로소 시행하여, 민결(民結)에서 미곡을 거두어 서울로 옮기게 하였다.
>
> －『만기요람』－

① 장시의 확대에 기여하였다.
② 지주에게 결작을 부과하였다.
③ 공납의 폐단을 막기 위해 실시하였다.
④ 공인에게 비용을 지급하고 필요 물품을 조달하였다.

11 (가) 인물이 추진한 정책으로 옳지 않은 것은?

> 선비들 수만 명이 대궐 앞에 모여 만동묘와 서원을 다시 설립할 것을 청하니, (가) 이/가 크게 노하여 한성부의 조례(皂隸)와 병졸로 하여금 한강 밖으로 몰아내게 하고 드디어 천여 곳의 서원을 철폐하고 그 토지를 몰수하여 관에 속하게 하였다.
>
> －『대한계년사』－

① 사창제를 실시하였다.
②『대전회통』을 편찬하였다.
③ 비변사의 기능을 강화하였다.
④ 통상 수교 거부 정책을 추진하였다.

12 다음과 같은 선포문을 발표하면서 성립한 정부의 정책으로 옳지 않은 것은?

> 제1조 대한민국은 민주공화제로 함
> …(중략)…
> 민국 원년 3월 1일 우리 대한민족이 독립을 선언한 뒤 …(중략)… 이제 본 정부가 전 국민의 위임을 받아 조직되었으니 전 국민과 더불어 전심(專心)으로 힘을 모아 국토 광복의 대사명을 이룰 것을 선서한다.

① 독립 공채를 발행하였다.
② 기관지로『독립신문』을 발간하였다.
③ 비밀 행정 조직인 연통부를 설치하였다.
④ 재정 확보를 위하여 전환국을 설립하였다.

13 밑줄 친 '나'가 집권하여 추진한 사실로 옳은 것은?

> 나는 우리 국민이 선천적으로 타고난 재질을 최대한으로 활용하여 다각적인 생산 활동을 더욱 활발하게 하고, …(중략)… 공산품 수출을 진흥시키는 데 가일층 노력할 것을 요망합니다. 끝으로 나는 오늘 제1회 「수출의 날」 기념식에 즈음하여 …(중략)… 이 뜻깊은 날이 자립경제를 앞당기는 또 하나의 계기가 될 것을 기원합니다.

① 대통령 직선제 개헌을 추진하였다.
② 3·1 민주 구국 선언을 발표하였다.
③ 반민족 행위 특별 조사 위원회를 구성하였다.
④ 베트남 파병에 필요한 조건을 명시한 브라운 각서를 체결하였다.

14 다음과 같이 상소한 인물이 속한 붕당에 대한 설명으로 옳은 것만을 모두 고르면?

> 상소하여 아뢰기를, "신이 좌참찬 송준길이 올린 차자를 보았는데, 상복(喪服) 절차에 대하여 논한 것이 신과는 큰 차이가 있었습니다. 장자를 위하여 3년을 입는 까닭은 위로 '정체(正體)'가 되기 때문이고 또 전중(傳重: 조상의 제사나 가문의 법통을 전함)하기 때문입니다. …(중략)… 무엇보다 중요한 것은 할아버지와 아버지의 뒤를 이은 '정체'이지, 꼭 첫째이기 때문에 참최 3년복을 입는 것은 아닙니다."라고 하였다.
>
> -『현종실록』-

> ㉠ 기사환국으로 정권을 장악하였다.
> ㉡ 인조반정을 주도하여 집권세력이 되었다.
> ㉢ 정조 시기에 탕평정치의 한 축을 이루었다.
> ㉣ 이이와 성혼의 문인을 중심으로 형성되었다.

① ㉠, ㉡　　② ㉠, ㉢
③ ㉡, ㉣　　④ ㉢, ㉣

15 (나) 시기에 일어난 사실로 옳은 것은?

> (가) 삼포왜란이 발발하였다.
> ↓
> (나)
> ↓
> (다) 임진왜란이 발발하였다.

① 을사사화가 일어났다.
②『경국대전』이 반포되었다.
③『향약집성방』이 편찬되었다.
④ 금속활자인 갑인자가 주조되었다.

16 다음 법령이 시행된 시기에 있었던 사실로 옳은 것은?

> 제1조 회사의 설립은 조선 총독의 허가를 받아야 한다.
> 제5조 회사가 본령이나 본령에 따라 나오는 명령과 허가 조건을 위반하거나 공공질서와 선량한 풍속에 반하는 행위를 할 때 조선 총독은 사업의 정지, 지점의 폐쇄, 또는 회사의 해산을 명할 수 있다.

① 산미 증식 계획이 폐지되었다.
② 국가 총동원법이 제정되었다.
③ 원료 확보를 위한 남면북양 정책이 추진되었다.
④ 보통학교 수업 연한을 4년으로 정한 조선 교육령이 공포되었다.

17 다음과 같은 결의문에 근거하여 시행된 조치로 옳은 것은?

> 소총회는 …(중략)… 한국 인민의 대표가 국회를 구성하여 중앙정부를 수립할 수 있도록 선거를 시행함이 긴요하다고 여기며, 총회의 의결에 따라 국제연합 한국 임시위원단이 접근할 수 있는 지역에서 결의문 제2호에 기술된 계획을 시행함이 동 위원단에 부과된 임무임을 결의한다.

① 미군정청이 설치되었다.
② 5 · 10 총선거가 실시되었다.
③ 좌우 합작 위원회가 구성되었다.
④ 미 · 소 공동 위원회가 개최되었다.

18 (가), (나) 조약 사이의 시기에 있었던 사실로 옳은 것은?

> (가) 제10관 일본국 인민이 조선국 지정의 각 항구에 머무는 동안에 죄를 범한 것이 조선국 인민에 관계되는 사건일 때에는 일본국 관원이 재판한다.
>
> (나) 제4관 중국 상인이 조선의 양화진 및 한성에 영업소를 개설할 경우를 제외하고, 각종 화물을 내륙으로 운반하여 상점을 차리고 파는 것을 허가하지 않는다. 단, 내륙행상이 필요한 경우 지방관의 허가서를 받아야 한다.

① 개항장에서는 일본 화폐가 통용되었다.
② 러시아가 압록강 유역의 산림 채벌권을 획득하였다.
③ 황국 중앙 총상회가 조직되어 상권 수호 운동을 전개하였다.
④ 함경도의 방곡령에 불복하여 일본 상인이 손해 배상을 요구하였다.

19 밑줄 친 '14개 조목'에 해당하는 것만을 모두 고르면?

> 이제부터는 다른 나라를 의지하지 않으며 융성하도록 나라의 발걸음을 넓히고 백성의 복리를 증진하여 자주독립의 터전을 공고하게 할 것입니다. …(중략)… 이에 저 소자는 14개 조목의 홍범(洪範)을 하늘에 계신 우리 조종의 신령 앞에 맹세하노니, 우러러 조종이 남긴 업적을 잘 이어서 감히 어기지 않을 것입니다.

> ㉠ 탁지아문에서 조세 부과
> ㉡ 왕실과 국정 사무의 분리
> ㉢ 지계 발급을 위한 지계아문 설치
> ㉣ 대한 천일 은행 등 금융기관 설립

① ㉠, ㉡
② ㉠, ㉣
③ ㉡, ㉢
④ ㉢, ㉣

20 (가) 시기에 볼 수 있었던 모습으로 옳지 않은 것은?

(가)
만주사변 발생 ——— 태평양 전쟁 발발

① 소학교에 등교하는 조선인 학생
② 황국 신민 서사를 암송하는 청년
③ 『제국신문』 기사를 작성하는 기자
④ 쌍성보에서 항전하는 한국 독립당 군인

한국사 | 2023년 지방직 9급

모바일 OMR

회독 CHECK 1 2 3

01 밑줄 친 '주먹도끼'가 사용된 시대에 대한 설명으로 옳은 것은?

> 이 유적은 경기도 연천군 한탄강 언저리에 넓게 위치하고 있다. 이곳에서 아슐리안 계통의 주먹도끼가 다량으로 출토되어 더욱 많은 관심이 집중되었다. 이곳에서 발견된 주먹도끼는 그 존재 유무로 유럽과 동아시아 문화가 나뉘어진다고 한 모비우스의 학설을 무너뜨리는 결정적 증거가 되었다.

① 동굴이나 바위 그늘, 강가의 막집 등에서 살았다.
② 내부에 화덕이 있는 움집이 일반적인 주거 형태였다.
③ 토기를 만들어 음식을 조리하거나 식량을 저장하였다.
④ 구릉에 마을을 형성하고 그 주변에 도랑을 파고 목책을 둘렀다.

02 (가) 군사 조직에 대한 설명으로 옳은 것은?

> 고려 정부는 몽골과 강화를 맺고 개경으로 환도하였다. 대몽항전에 적극적이었던 (가) 은/는 개경 환도를 반대하고 반란을 일으켰다. 이어 진도로 근거지를 옮기면서 항쟁을 전개하였다.

① 포수, 사수, 살수의 삼수병으로 편제되었다.
② 윤관의 건의로 편성된 기병 중심의 부대였다.
③ 도적을 잡기 위해 설치한 야별초에서 시작되었다.
④ 양계 지방에서 국경 지역 방어를 맡았던 상비적인 전투부대였다.

03 다음과 같은 주장을 한 인물은?

> 일단 강화를 맺고 나면 저 적들의 욕심은 물화를 교역하는 데 있습니다. …(중략)… 저들이 비록 왜인이라고 하나 실은 양적(洋賊)입니다. 강화의 일이 한번 이루어지면 사학(邪學)의 서적과 천주의 상(像)이 교역하는 가운데 섞여 들어갈 것입니다.

① 박규수　② 최익현
③ 김홍집　④ 김윤식

04 다음에서 설명하는 신문은?

> • 서재필이 정부 지원을 받아 창간하였다.
> • 한글판을 발행하여 서양의 문물과 제도를 소개하였다.
> • 영문판을 발행하여 국내 사정을 외국인에게도 전달하였다.

① 제국신문　② 독립신문
③ 한성순보　④ 황성신문

05 (가), (나)에 들어갈 왕의 업적으로 옳은 것은?

> 삼국의 역사서로는 고구려에 『유기』가 있었는데, 영양왕 때 이문진이 이를 간추려 『신집』 5권을 편찬하였다. 백제에서는 (가) 시기에 고흥이 『서기』를, 신라에서는 (나) 시기에 거칠부가 『국사』를 편찬하였다.

① (가) – 국호를 남부여로 바꾸었다.
② (가) – 동진으로부터 불교를 받아들여 공인하였다.
③ (나) – 화랑도를 국가적 조직으로 개편하였다.
④ (나) – 병부를 처음으로 설치하여 군권을 장악하였다.

06 다음 문화재와 이를 통해 알 수 있는 내용의 연결이 옳지 않은 것은?

① 사택지적비 – 백제가 영산강 유역까지 영역을 확장하였다.
② 임신서기석 – 신라에서 청년들이 유교 경전을 공부하였다.
③ 충주 고구려비 – 고구려가 5세기에 남한강 유역까지 진출하였다.
④ 호우명 그릇 – 5세기 초 고구려와 신라가 밀접한 관계를 맺고 있었다.

07 밑줄 친 '곽재우'에 대한 설명으로 옳지 않은 것은?

> 여러 도에서 의병이 일어났다. …(중략)… 도내의 거족(巨族)으로 명망 있는 사람과 유생 등이 조정의 명을 받들어 의(義)를 부르짖고 일어나니 소문을 들은 자들은 격동하여 원근에서 이에 응모하였다. …(중략)… 호남의 고경명 · 김천일, 영남의 곽재우 · 정인홍, 호서의 조헌이 가장 먼저 일어났다.
>
> – 『선조수정실록』 –

① 홍의장군이라 칭하였다.
② 의령을 거점으로 봉기하였다.
③ 행주산성에서 일본군을 크게 무찔렀다.
④ 익숙한 지리를 활용한 기습 작전으로 일본군에 타격을 주었다.

08 다음과 같은 취지로 전개된 운동에 대한 설명으로 옳은 것은?

> 지금 우리들은 정신을 새로이 하고 충의를 떨칠 때이니, 국채 1,300만 원은 우리 대한 제국의 존망에 직결된 것입니다. 이것을 갚으면 나라가 보존되고 이것을 갚지 못하면 나라가 망할 것은 필연적인 사실이나, 지금 국고에서는 도저히 갚을 능력이 없으며, 만일 나라에서 갚지 못한다면 그때는 이미 삼천리 강토는 내 나라 내 민족의 소유가 못 될 것입니다.
>
> – 『대한매일신보』 –

① 조선 형평사를 조직하였다.
② 조선 물산 장려회를 조직하였다.
③ 신사 참배 거부 운동을 전개하였다.
④ 1907년 대구에서 시작되어 전국으로 확산되었다.

09 (가), (나)에 들어갈 말을 바르게 연결한 것은?

> 조선 시대 과거 제도에는 문과 · 무과 · 잡과가 있었는데, 이 가운데 문과를 가장 중시하였다. 『경국대전』에 따르면 문과 시험 업무는 (가) 에서 주관하고, 정기 시험인 식년시는 (나) 마다 실시하는 것이 원칙이었다.

	(가)	(나)
①	이조	2년
②	이조	3년
③	예조	2년
④	예조	3년

10 다음 원칙이 발표된 이후에 있었던 사실로 옳지 않은 것은?

> • 조선의 민주 독립을 보장한 삼상 회의 결정에 의하여 남북을 통한 좌우 합작으로 민주주의 임시정부를 수립할 것
> • 토지 개혁에 있어서 몰수, 유조건 몰수, 체감매상 등으로 토지를 농민에게 무상으로 나누어 주며, …(중략)… 민주주의 건국 과업 완수에 매진할 것
> • 입법 기구에 있어서는 일체 그 권능과 구성 방법 운영에 관한 대안을 본 합작 위원회에서 작성하여 적극적으로 실행을 기도할 것

① 3 · 15 부정선거에 대항하여 4 · 19 혁명이 일어났다.
② 친일파를 청산하기 위한 「반민족 행위 처벌법」이 공포되었다.
③ 제헌 국회에서 대통령에 이승만, 부통령에 이시영을 선출하였다.
④ 임시 민주 정부 수립을 논의하기 위해 제1차 미 · 소 공동 위원회가 개최되었다.

11 밑줄 친 '그'에 대한 설명으로 옳은 것은?

> 그는 화엄종을 중심으로 교종을 통합하고 해동 천태종을 창시하여 선종까지 포섭하려 하였다. 그러나 그의 사후에 교단은 다시 분열되었고, 권력층과 밀착되어 타락하는 양상까지 나타났다.

① 이론적인 교리 공부와 실천적인 수행을 아우를 것을 주장하였다.
② 참선과 독경은 물론 노동에도 힘을 쓰자고 하면서 결사를 제창하였다.
③ 삼국 시대 이래 고승들의 전기를 정리하여 『해동고승전』을 편찬하였다.
④ 백련사를 결성하여 극락왕생을 기원하는 참회와 염불 수행을 강조하였다.

12 (가) 시기에 있었던 사실로 옳지 않은 것은?

(가)
임진왜란 ―――― 병자호란

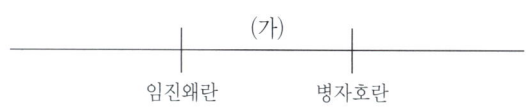

① 인조반정이 발생하였다.
② 영창대군이 사망하였다.
③ 강홍립이 후금에 항복하였다.
④ 청에 인질로 끌려갔던 봉림대군이 귀국하였다.

13 여름 휴가를 맞아 강화도로 답사 여행을 떠나고자 한다. 다음 중 유적(지)과 주제의 연결이 옳지 않은 것은?

	유적(지)	주제
①	외규장각	동학 농민 운동
②	고려궁지	대몽 항쟁
③	고인돌	청동기 문화
④	광성보	신미양요

14 조선 시대 붕당의 상황에 대한 설명으로 옳지 않은 것은?

① 선조 대 – 사림이 동인과 서인으로 분열하였다.
② 광해군 대 – 북인이 집권하였다.
③ 인조 대 – 남인이 정권을 독점하였다.
④ 숙종 대 – 서인이 노론과 소론으로 갈라졌다.

15 조선 세종 대에 있었던 사실로 옳지 않은 것은?

① 갑인자를 주조하였다.
② 화통도감을 설치하였다.
③ 역법서인 『칠정산』을 편찬하였다.
④ 간의를 만들어 천체를 관측하였다.

16 다음과 같은 강령을 발표한 단체의 활동으로 옳은 것은?

> 一. 우리는 정치적, 경제적 각성을 촉진함
> 一. 우리는 단결을 공고히 함
> 一. 우리는 기회주의를 일체 부인함

① 조선 민립 대학 기성회를 창립하였다.
② 파리 강화 회의에 대표를 파견하였다.
③ 6 · 10 만세 운동을 사전에 계획하였다.
④ 광주 학생 항일 운동이 일어나자 조사단을 파견하였다.

17 다음 글을 쓴 인물에 대한 설명으로 옳은 것은?

> 세상에서 동명왕의 신이(神異)한 일을 많이 말한다. …(중략)… 지난 계축년 4월에 『구삼국사』를 얻어 「동명왕 본기」를 보니 그 신기한 사적이 세상에서 얘기하는 것보다 더하였다. 그러나 처음에는 믿지 못하고 귀신이나 환상이라고만 생각하였는데, 두세 번 반복하여 읽어서 점점 그 근원에 들어가니 환상이 아닌 성스러움이며, 귀신이 아닌 신성한 이야기였다.

① 사실의 기록보다 평가를 강조한 강목체 사서를 편찬하였다.
② 단군부터 고려 충렬왕 때까지의 역사를 서사시로 기록하였다.
③ 단군신화와 전설 등 민간에서 전승되는 자료를 광범위하게 수록하였다.
④ 김부식의 『삼국사기』에 동명왕의 신이한 사적이 생략되어 있다고 평하였다.

18 1910년대에 있었던 사실로 옳은 것은?

① 중국 화북 지방에서 조선 독립 동맹이 결성되었다.
② 만주에서 참의부, 정의부, 신민부 등 3부가 조직되었다.
③ 임병찬이 주도한 독립 의군부는 항일 운동을 전개하였다.
④ 조선 혁명군이 양세봉의 지휘 아래 영릉가에서 일본군을 격파하였다.

19 다음 주장을 한 인물에 대한 설명으로 옳은 것은?

> 우리 조선의 역사적 발전의 전 과정은 가령 지리적 조건, 인종학적 골상, 문화 형태의 외형적 특징 등 다소의 차이는 인정되더라도, 다른 문화 민족의 역사적 발전 법칙과 구별되어야 하는 독자적인 것이 아니다. 세계사적인 일원론적 역사 법칙에 의해 다른 민족과 거의 같은 궤도로 발전 과정을 거쳐왔다.

① 민족정신으로서 조선 국혼을 강조하였다.
② 민족주의 사학을 계승하여 조선의 얼을 강조하였다.
③ 마르크스 유물 사관을 바탕으로 한국사를 연구하였다.
④ 진단 학회를 조직하여 문헌 고증을 중시하는 실증주의 사학을 정립하였다.

20 6·25 전쟁 중 있었던 사실로 옳지 않은 것은?

① 국군과 유엔군이 인천 상륙 작전을 감행하였다.
② 대통령 직선제를 포함한 발췌 개헌안이 국회에서 통과되었다.
③ 이승만 정부가 북한 송환을 거부하는 반공 포로를 석방하였다.
④ 미국이 한반도를 미국의 태평양 지역 방위선에서 제외한다는 애치슨 선언을 발표하였다.

PART 4

행정법총론

출제경향

2025년 국가직

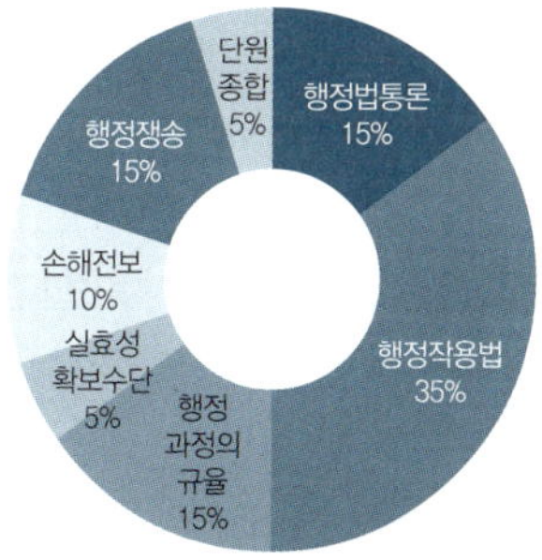

2025년 지방직

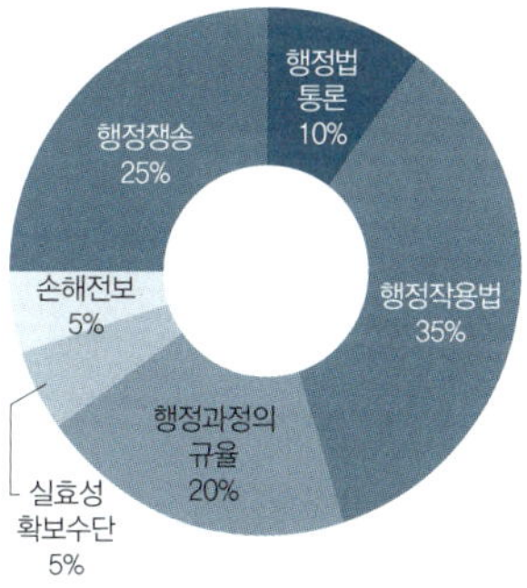

2024년 국가직

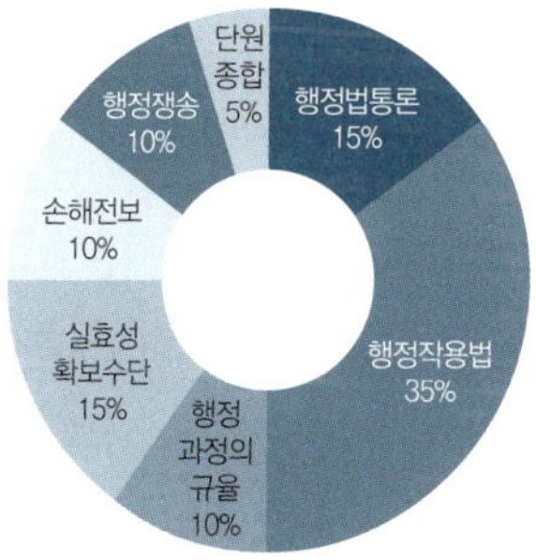

2024년 지방직

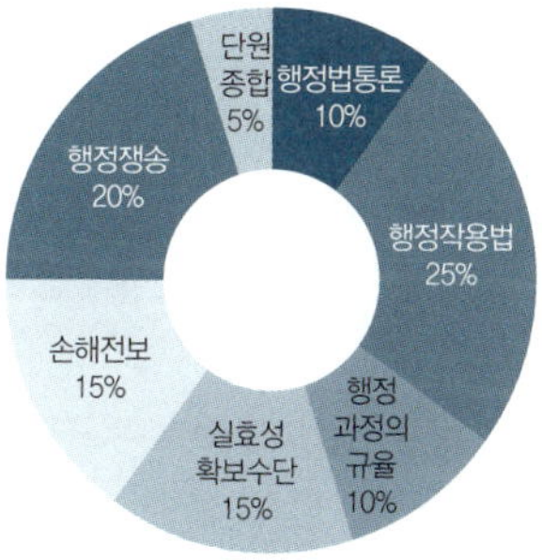

2023년 국가직

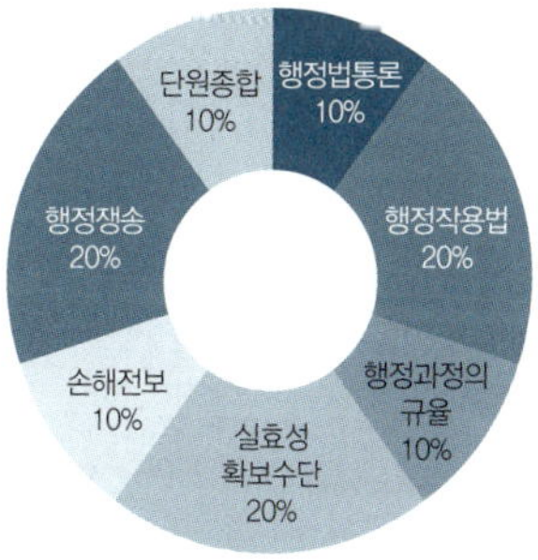

2023년 지방직

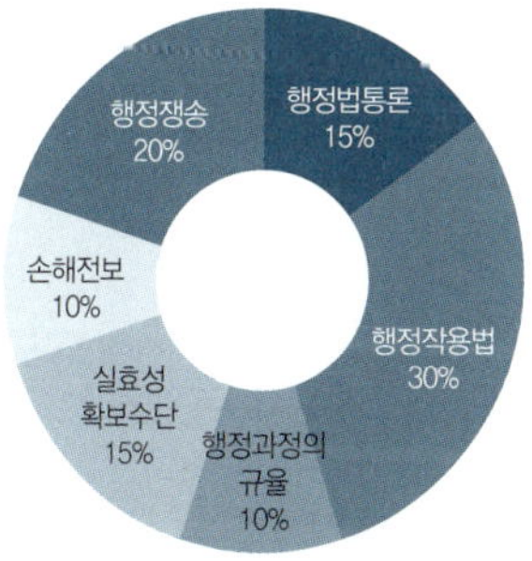

행정법총론 | 2025년 국가직 9급

모바일 OMR

회독 CHECK 1 2 3

지문의 내용에 대해 학설의 대립 등 다툼이 있는 경우 판례에 의함

01 행정법의 일반원칙에 대한 설명으로 옳지 않은 것은?

① 폐기물처리업에 대하여 사전에 관할 관청으로부터 사업계획 적합통보를 받고 막대한 비용을 들여 허가요건을 갖춘 다음 허가신청을 하였음에도 다수 청소업자의 난립으로 안정적이고 효율적인 청소업무의 수행에 지장이 있다는 이유로 한 불허가처분은 신뢰보호의 원칙 및 비례의 원칙에 반하는 것으로서 재량권을 남용한 위법한 처분이다.

② 지방자치단체장이 사업자에게 주택사업계획승인을 하면서 그 주택사업과는 아무런 관련이 없는 토지를 기부채납하도록 하는 부관을 주택사업계획승인에 붙인 경우, 그 부관은 부당결부금지의 원칙에 위반되어 위법하다.

③ 지방의회의 조사 · 감사를 위해 채택된 증인의 불출석 등에 대한 과태료를 그 사회적 신분에 따라 차등부과할 것을 규정한 조례안은 과태료를 부과하는 목적에 비추어 볼 때 그 합리성을 인정할 수 있어서 헌법에 규정된 평등의 원칙에 위배되지 않는다.

④ 과세관청이 납세의무자에게 부가가치세 면세사업자용 사업자등록증을 교부한 행위는 그가 영위하는 사업에 관하여 부가가치세를 과세하지 아니함을 시사하는 언동이나 공적인 견해를 표명한 것으로 볼 수 없다.

02 사인의 공법행위에 대한 설명으로 옳지 않은 것은?

① 「체육시설의 설치 · 이용에 관한 법률」상의 신고체육시설업에 있어서 적법한 요건을 갖춘 신고의 경우에는 행정청의 수리처분 등 별단의 조처를 기다릴 필요 없이 그 접수시에 신고로서의 효력이 발생하는 것이므로 그 수리가 거부되었다고 하여 무신고 영업이 되는 것은 아니다.

② 허가대상 건축물의 양수인이 구 「건축법 시행규칙」에 규정되어 있는 형식적 요건을 갖추어 시장 · 군수 등 행정관청에 적법하게 건축주의 명의변경을 신고한 때에는 행정관청은 그 신고를 수리하여야지 실체적인 이유를 내세워 신고의 수리를 거부할 수는 없다.

③ 인허가의제 효과를 수반하는 건축신고는 일반적인 건축신고와는 달리 특별한 사정이 없는 한 행정청이 그 실체적 요건에 관한 심사를 한 후 수리하여야 하는 이른바 '수리를 요하는 신고'에 해당한다.

④ 구 「장사 등에 관한 법률」상 납골당설치 신고는 수리를 요하지 않는 자기완결적 신고에 해당하므로, 형식적 요건을 갖춘 신고서가 접수기관에 도달한 때 곧바로 효력이 발생한다.

03 행정행위의 취소에 대한 설명으로 옳지 않은 것은?

① 도로관리청이 도로점용허가 중 특별사용의 필요가 없는 부분을 소급적으로 직권취소하였더라도, 도로관리청은 이미 징수한 점용료 중 취소된 부분의 점용면적에 해당하는 점용료를 반환하여야 하는 것은 아니다.

② 과세관청이 조세부과처분을 취소하면 그 부과처분으로 인한 법률효과는 일단 소멸하는 것이므로, 그 후 다시 동일한 과세대상에 대하여 조세부과처분을 하여도 이미 소멸한 법률효과가 다시 회복되는 것은 아니다.

③ 수익적 행정처분에 대한 취소권의 행사는 기득권의 침해를 정당화할 만한 중대한 공익상의 필요 또는 제3자의 이익보호의 필요가 있는 때에 한하여 허용될 수 있다는 법리는 쟁송취소의 경우에는 적용되지 않는다.

④ 행정청이 의료법인의 이사에 대한 이사취임승인취소처분(제1처분)을 직권으로 취소(제2처분)한 경우, 제1처분과 제2처분 사이에 법원에 의하여 선임결정된 임시이사들의 지위는 법원의 해임결정이 없더라도 당연히 소멸된다.

04 행정계획에 대한 설명으로 옳은 것만을 모두 고르면?

> ㉠ 구 「도시 및 주거환경정비법」에 따른 주택재건축정비사업조합이 수립한 사업시행계획은 인가 · 고시를 통해 확정되면 구속적 행정계획으로서 행정처분에 해당한다.
>
> ㉡ 환지계획은 환지예정지 지정이나 환지처분의 근거가 되고 그 자체가 직접 토지소유자 등의 법률상의 지위를 변동시키거나 다른 고유한 법률효과를 수반하는 것이어서 항고소송의 대상이 되는 처분에 해당한다.
>
> ㉢ 비구속적 행정계획안이나 행정지침이라도 국민의 기본권에 직접적으로 영향을 끼치고, 앞으로 법령의 뒷받침에 의하여 그대로 실시될 것이 틀림없을 것으로 예상될 수 있을 때에는, 공권력행위로서 예외적으로 헌법소원의 대상이 될 수 있다.

① ㉠, ㉡ ② ㉠, ㉢
③ ㉡, ㉢ ④ ㉠, ㉡, ㉢

05 행정행위의 부관에 대한 설명으로 옳지 않은 것은?

① 어업면허처분에서 면허의 유효기간을 1년으로 정하는 경우, 면허의 유효기간은 어업면허처분의 효력을 제한하기 위한 행정행위의 부관이라 할 것이고 이러한 행정행위의 부관은 독립하여 행정소송의 대상이 될 수 없다.

② 도로점용허가의 점용기간은 행정행위의 본질적인 요소에 해당한다고 볼 것이어서 부관인 점용기간을 정함에 있어서 위법사유가 있다면 이로써 도로점용허가 처분 전부가 위법하게 된다.

③ 행정처분과 실제적 관련성이 없어 부관으로 붙일 수 없는 부담은 사법상 계약의 형식으로도 행정처분의 상대방에게 부과할 수 없다.

④ 사도개설허가에서 정해진 공사기간은 사도개설허가 자체의 존속기간을 정한 것이라 보아야 하므로, 공사기간 내에 사도로 준공검사를 받지 못하였다면 사도개설허가는 당연히 실효된다.

06 행정행위에 대한 설명으로 옳은 것은?

① 사실상 영업이 양도 · 양수되었지만 승계신고 및 그 수리처분이 있기 이전에 양도인이 양수인으로 하여금 영업을 하도록 허락하였다면 양수인의 영업 중 발생한 위반행위에 대한 행정적인 책임은 양도인에게 귀속된다.

② 산림청장이 「산림법」등이 정하는 바에 따라 국유임야를 대부하는 행위는 사경제적 주체로서 하는 사법상 계약이지만, 이 대부계약에 의한 대부료부과 조치는 행정청이 공권력의 주체로서 일방적으로 행하는 행정처분이다.

③ 인가처분에 하자가 없더라도 기본행위에 하자가 있다면, 기본행위의 하자를 내세워 바로 그에 대한 행정청의 인가처분의 취소를 구할 수 있다.

④ 행정청이 행정처분을 하면서 논리적으로 당연히 수반되어야 하는 의사표시를 명시적으로 하지 않았으면, 그것이 행정청의 추단적 의사에 부합하고 상대방이 이를 알 수 있는 경우에도, 행정처분에 이와 같은 의사표시가 묵시적으로 포함되어 있다고 볼 수 없다.

07 공법상 계약에 대한 설명으로 옳은 것은?

① 甲 주식회사가 국책사업인 '한국형헬기 개발사업'에 개발주관사업자 중 하나로 참여하여 국가 산하 중앙행정기관인 방위사업청과 체결한 '한국형헬기 민군겸용 핵심구성품 개발협약'의 법률관계는 공법관계에 해당한다.

② 구 「예산회계법」상 입찰보증금의 국고귀속조치는 국가가 공권력을 행사하는 것이므로 이에 관한 분쟁은 행정소송의 대상이 된다.

③ 과학기술기본법령상 국가연구개발사업 협약의 해지 통보는 단순히 대등 당사자의 지위에서 형성된 공법상 계약을 계약당사자의 지위에서 종료시키는 의사표시에 불과하다.

④ 국립의료원 부설주차장에 관한 위탁관리용역운영계약은 관리청인 국립의료원이 순전히 사경제주체로서 행한 사법상 계약이다.

08 기속행위와 재량행위에 대한 설명으로 옳지 않은 것은?

① 구 여객자동차 운수사업법령상 마을버스 한정면허 시 확정되는 마을버스 노선을 정함에 있어서 기존 일반노선버스의 노선과의 중복 허용 정도에 대한 판단은 행정청의 재량에 속한다.

② 구 「수도권 대기환경개선에 관한 특별법」에서 정한 대기오염물질 총량관리사업장 설치의 허가는 부작위의무를 해제해 주는 행위로서 그 처분의 여부 및 내용의 결정은 기속행위에 해당한다.

③ 국유재산의 무단점유 등에 대한 변상금 징수의 요건은 구 「국유재산법」에 명백히 규정되어 있으므로 변상금을 징수할 것인가는 처분청의 기속행위이다.

④ 「국토의 계획 및 이용에 관한 법률」상 개발행위허가는 허가기준 및 금지요건이 불확정개념으로 규정된 부분이 많아 그 요건에 해당하는지 여부는 행정청의 재량판단의 영역에 속한다.

09 「행정절차법」상 행정절차에 대한 설명으로 옳은 것은?

① 행정청은 행정입법안에 관하여 공청회를 마친 후 입법할 때까지 새로운 사정이 발견되어 공청회를 다시 개최할 필요가 있다고 인정할 때에는 공청회를 다시 개최하여야 한다.

② 구 「국적법」에 따른 귀화는 성질상 행정절차를 거치기 곤란하거나 거칠 필요가 없다고 인정되는 사항이 아니므로, 처분의 이유제시를 규정한 「행정절차법」이 적용된다.

③ 국가에 대해 행정처분을 할 때에도 사전 통지, 의견청취, 이유 제시와 관련한 「행정절차법」이 그대로 적용된다고 보아야 한다.

④ 다수의 당사자등에 의해 선정된 대표자가 있는 경우에는 당사자등은 직접 또는 그 대표자를 통하여 행정절차에 관한 행위를 할 수 있다.

10 「공공기관의 정보공개에 관한 법률」상 정보공개에 대한 설명으로 옳은 것만을 모두 고르면?

> ㉠ 정보비공개결정에 대하여 이의신청이 있는 경우 국가기관등은 정보공개심의회를 개최해야 하는데, 법령에 따라 비밀로 규정된 정보에 대한 청구에 해당하는 경우에는 정보공개심의회를 개최하지 아니할 수 있다.
> ㉡ 공공기관이 보유·관리하고 있는 정보가 제3자와 관련이 있는 경우, 제3자의 비공개요청이 있다는 사유만으로도 「공공기관의 정보공개에 관한 법률」상 정보의 비공개사유에 해당한다.
> ㉢ 재소자가 교도관의 가혹행위를 이유로 형사고소 및 민사소송을 제기하면서 그 증명자료 확보를 위해 '징벌위원회 회의록' 등의 정보공개를 요청한 경우, 징벌위원회 회의록 중 징벌절차 진행 부분은 비공개사유에 해당한다.

① ㉠ ② ㉠, ㉢
③ ㉡, ㉢ ④ ㉠, ㉡, ㉢

11 제재처분에 대한 설명으로 옳지 않은 것은?

① 자동차운수사업면허조건 등을 위반한 사업자에 대한 과징금부과처분이 법이 정한 한도액을 초과하여 위법할 경우 법원으로서는 그 전부를 취소할 수밖에 없다.
② 「행정기본법」상 제재처분 제척기간의 적용 대상인 제재처분은 '인허가의 정지·취소·철회, 등록 말소, 영업소 폐쇄와 정지를 갈음하는 과징금 부과'에 한정된다.
③ 여러 처분사유에 관하여 하나의 제재처분을 하였을 때 그중 일부가 인정되지 않고 나머지 처분사유들만으로 처분의 정당성이 인정된다고 하더라도 그 처분은 위법하다고 보아 취소할 수 있다.
④ 효력기간이 정해져 있는 제재적 행정처분의 효력이 발생한 이후에도 행정청은 특별한 사정이 없는 한 상대방에 대한 별도의 처분으로써 효력기간의 시기와 종기를 다시 정할 수 있다.

12 공법상 부당이득에 대한 설명으로 옳지 않은 것은?

① 개발부담금 부과처분이 취소된 이상 그 후의 부당이득으로서의 과오납금 반환에 관한 법률관계는 단순한 민사 관계에 불과한 것이고, 행정소송 절차에 따라야 하는 관계로 볼 수 없다.
② 조세환급금은 조세채무가 처음부터 존재하지 않거나 그 후 소멸하였음에도 불구하고 국가가 법률상 원인 없이 수령하거나 보유하고 있는 부당이득에 해당하고, 환급가산금은 그 부당이득에 대한 법정이자로서의 성질을 가진다.
③ 당연무효인 변상금부과처분에 의하여 납부한 오납금에 대한 납부자의 부당이득반환청구권은 처음부터 법률상 원인이 없이 납부된 것이므로 납부시에 발생하여 확정된다.
④ 국가는 국유재산의 무단점유자를 상대로 구 「국유재산법」에 따른 변상금 부과·징수권을 행사해야 하고, 이와 별도로 국유재산의 소유자로서 민사상 부당이득반환청구의 소를 제기할 수는 없다.

13 행정의 실효성 확보수단에 대한 설명으로 옳지 않은 것은?

① 대집행에 요한 비용을 「국세징수법」의 예에 의하여 징수하였을 때에는 그 징수금은 사무비의 소속에 따라 국고 또는 지방자치단체의 수입으로 한다.
② 외국인의 출입국에 관한 사항에 관하여는 「행정기본법」상 행정상 강제 규정이 적용된다.
③ 「부동산 실권리자명의 등기에 관한 법률」상 장기미등기자가 같은 법에 규정된 기간이 지나서 등기신청의무를 이행하였다고 하더라도 이행강제금을 부과할 수 없다.
④ 지방자치단체 소속 공무원이 지방자치단체 고유의 자치사무를 수행하던 중 「도로법」의 규정에 의한 위반행위를 한 경우, 지방자치단체는 「도로법」의 양벌규정에 따라 처벌대상이 되는 법인에 해당한다.

14 행정소송의 제소기간과 행정심판의 청구기간에 대한 설명으로 옳지 않은 것은?

① 부작위위법확인의 소는 부작위상태가 계속되는 한 제소기간의 제한을 받지 않으므로, 행정심판 등 전심절차를 거친 경우에도 「행정소송법」상 제소기간이 적용되지 않는다.

② 당사자소송에 관하여 법령에 제소기간이 정하여져 있는 때에는 그 기간은 불변기간으로 한다.

③ 행정청이 법정 심판청구기간보다 긴 기간으로 잘못 알린 경우에 그 잘못 알린 기간 내에 심판청구가 있으면 그 심판청구는 법정 심판청구기간 내에 제기된 것으로 본다는 취지의 「행정심판법」의 규정은 행정소송 제기에도 당연히 적용되는 규정이라고 할 수는 없다.

④ 처분이 있음을 안 날부터 90일을 넘겨 청구한 부적법한 행정심판청구에 대한 재결이 있은 후 재결서를 송달받은 날부터 90일 이내에 원래의 처분에 대하여 취소소송을 제기하였다고 하여 취소소송이 다시 제소기간을 준수한 것으로 되는 것은 아니다.

15 항고소송의 피고적격에 대한 설명으로 옳은 것은?

① 조례에 대한 무효확인소송에서 피고적격이 있는 행정청은 지방의회이다.

② 합의제 행정기관의 처분에 대해서는 그 기관 자체가 피고가 되므로, 중앙노동위원회의 처분에 대한 소는 중앙노동위원회가 피고가 된다.

③ 국가공무원에 대한 징계처분의 처분청이 대통령인 경우에는 대통령이 피고가 된다.

④ 대리기관이 대리관계를 표시하고 피대리 행정청을 대리하여 행정처분을 한 때에는 피대리 행정청이 피고가 된다.

16 「공익사업을 위한 토지 등의 취득 및 보상에 관한 법률」의 내용으로 옳지 않은 것은?

① 사업시행자가 사업인정고시가 된 날부터 1년 이내에 재결신청을 하지 아니한 경우에는 사업인정고시가 된 날부터 1년이 되는 날의 다음 날에 사업인정은 그 효력을 상실한다.

② 재결에 계산상 또는 기재상의 잘못이 있는 것이 명백할 때에는 토지수용위원회는 직권으로 또는 당사자의 신청에 의하여 경정재결을 할 수 있다.

③ 보상액의 산정은 협의에 의한 경우에는 협의 성립 당시의 가격을, 재결에 의한 경우에는 수용 또는 사용의 재결 당시의 가격을 기준으로 한다.

④ 중앙토지수용위원회는 이의신청을 받은 경우 재결이 위법하다고 인정할 때에는 그 재결의 전부 또는 일부를 취소할 수 있고 보상액을 변경할 수는 없다.

17 「국가배상법」상 영조물의 설치 · 관리의 하자로 인한 손해배상책임에 대한 설명으로 옳지 않은 것은?

① 「국가배상법」상의 영조물의 설치 · 관리상의 하자로 인한 책임은 무과실책임이고 나아가 「민법」상의 공작물의 점유자의 책임과는 달리 면책사유도 규정되어 있지 않다.

② '공공의 영조물'이라 함은 국가 또는 지방자치단체에 의하여 특정 공공의 목적에 공여된 유체물 내지 물적 설비를 말하며, 국가 또는 지방자치단체가 소유권, 임차권 그 밖의 권한에 기하여 관리하고 있는 경우뿐만 아니라 사실상의 관리를 하고 있는 경우도 포함된다.

③ '영조물의 설치 또는 관리의 하자'에는 영조물이 공공의 목적에 이용됨에 있어 그 이용상태 및 정도가 일정한 한도를 초과하여 제3자에게 사회통념상 수인할 것이 기대되는 한도를 넘는 피해를 입히는 경우까지 포함된다.

④ 공유나 사유임을 불문하고 사실상 도로로 사용되고 있었다면, 도로의 노선인정 기타 공용개시가 없었다고 하여도 해당 도로는 「국가배상법」상 영조물이라고 할 수 있다.

18 판례의 입장으로 옳지 않은 것은?

① 증액경정처분이 있는 경우 당초처분은 증액경정처분에 흡수되어 소멸하고, 소멸한 당초처분의 절차적 하자는 존속하는 증액경정처분에 승계되지 아니한다.

② 「공무원연금법」상 퇴직연금의 환수결정은 당사자에게 의무를 과하는 처분이므로 퇴직연금의 환수결정에 앞서 당사자에게 의견진술의 기회를 주지 아니하면 「행정절차법」상 의견제출에 관한 규정이나 신의칙에 어긋난다.

③ 거부처분이 있은 후 당사자가 다시 신청을 한 경우에는 그 내용이 새로운 신청을 하는 취지라면 관할 행정청이 이를 다시 거절하는 것은 새로운 거부처분이라고 보아야 한다.

④ 처분청이 「행정절차법」상 고지절차에 관한 규정에 따른 고지의무를 이행하지 아니하였다고 하더라도 경우에 따라 행정심판의 제기기간이 연장될 수 있음에 그칠 뿐, 그 때문에 심판의 대상이 되는 행정처분이 위법하다고 할 수는 없다.

19 행정입법에 대한 설명으로 옳지 않은 것은?

① 행정규칙의 내용이 상위법령에 반하는 것이라면 법치국가원리에서 파생되는 법질서의 통일성과 모순금지 원칙에 따라 그것은 법질서상 당연무효이고, 행정내부적 효력도 인정될 수 없다.

② 행정처분이 법규성이 없는 내부지침 등의 규정에 위배된다고 하더라도 그 이유만으로 처분이 위법하게 되는 것은 아니고, 또 내부지침 등에서 정한 요건에 부합한다고 하여 반드시 그 처분이 적법한 것이라고 할 수도 없다.

③ 행정관청 내부의 사무처리규정에 불과한 전결규정에 위반하여 원래의 전결권자 아닌 보조기관 등이 처분권자인 행정관청의 이름으로 행정처분을 하였다면 그 처분은 권한 없는 자에 의하여 행하여진 무효의 처분이다.

④ 행정소송에 대한 대법원판결에 의하여 명령 · 규칙이 헌법 또는 법률에 위반된다는 것이 확정된 경우에는 대법원은 지체없이 그 사유를 행정안전부장관에게 통보하여야 한다.

20 인허가의제에 대한 설명으로 옳지 않은 것은?

① 인허가의제의 효과는 주된 인허가의 해당 법률에 규정된 관련 인허가에 한정된다.

② 「국토의 계획 및 이용에 관한 법률」상 건축물의 건축에 관한 개발행위허가가 의제되는 건축허가신청이 국토의 계획 및 이용에 관한 법령이 정한 개발행위허가기준에 부합하지 아니하면 허가권자로서는 이를 거부할 수 있다.

③ 주택건설사업계획 승인처분에 따라 의제된 인허가가 위법함을 다투고자 하는 이해관계인은 의제된 인허가의 취소를 구할 것이 아니라 주택건설사업계획 승인처분의 취소를 구하여야 한다.

④ 어떤 개발사업의 시행과 관련하여 인허가의 근거 법령에서 절차간소화를 위하여 관련 인허가를 의제 처리할 수 있는 근거 규정을 둔 경우, 사업시행자는 인허가를 신청하면서 반드시 관련 인허가의제 처리를 신청할 의무가 있는 것은 아니다.

행정법총론 | 2025년 지방직 9급

모바일 OMR

회독 CHECK 1 2 3

지문의 내용에 대해 학설의 대립 등 다툼이 있는 경우 판례에 의함

01 행정쟁송에 있어서 가구제에 대한 설명으로 옳지 않은 것은?

① 「행정소송법」상 집행정지의 결정 또는 기각의 결정에 대하여는 즉시항고할 수 있다.

② 행정처분의 효력이나 집행 혹은 절차속행 등의 정지를 구하는 신청은 「행정소송법」상 집행정지신청의 방법으로서만 가능할 뿐 「민사소송법」상 가처분의 방법으로는 허용될 수 없다.

③ 「행정심판법」상 임시처분은 집행정지로 목적을 달성할 수 없는 경우 관할 행정심판위원회가 직권으로 또는 당사자의 신청에 의하여 결정할 수 있다.

④ 집행정지결정 후 본안소송이 취하되어 소송이 계속되지 아니하더라도 집행정지결정의 효력이 당연히 소멸되는 것은 아니고 별도의 취소조치를 필요로 한다.

02 「행정절차법」상 처분의 이유제시에 대한 설명으로 옳은 것은?

① 신청 내용을 모두 그대로 인정하는 처분인 경우, 처분 후 당사자가 요청하더라도 행정청은 그 근거와 이유를 제시하지 않아도 된다.

② 단순 · 반복적인 처분 또는 경미한 처분으로서 당사자가 그 이유를 명백히 알 수 있는 경우, 처분 후 당사자가 요청하더라도 행정청은 그 근거와 이유를 제시하지 않아도 된다.

③ 긴급히 처분을 할 필요가 있는 경우, 처분 후 당사자가 요청하더라도 행정청은 그 근거와 이유를 제시하지 않아도 된다.

④ 처분 당시 당사자가 어떠한 근거와 이유로 처분이 이루어진 것인지를 충분히 알 수 있어 그에 불복하여 행정구제절차로 나아가는 데 별다른 지장이 없었던 것으로 인정되는 경우에도 처분서에 처분의 근거와 이유가 구체적으로 명시되지 않았다면 그 처분은 위법하다.

03 선결문제에 대한 설명으로 옳지 않은 것은?

① 위법한 행정대집행이 완료되면 대집행계고처분의 무효확인 또는 취소를 구할 소의 이익은 없다 하더라도, 미리 그 행정처분의 취소판결이 있어야만, 그 행정처분이 위법임을 이유로 한 손해배상 청구를 할 수 있는 것은 아니다.

② 행정행위의 하자가 취소사유에 불과한 때에는 그 처분이 취소되지 않는 한 처분의 효력을 부정하여 그로 인한 이득을 법률상 원인 없는 이득이라고 말할 수 없다.

③ 과세대상과 납세의무자 확정이 잘못되어 당연무효한 과세에 대하여는 체납이 문제될 여지가 없으므로 체납범이 성립하지 않는다.

④ 연령미달의 결격자인 피고인이 소외인의 이름으로 운전면허시험에 응시, 합격하여 교부받은 운전면허는 당연무효이므로, 그 경우 피고인의 운전행위는 무면허운전에 해당한다.

04 법치행정에 대한 설명으로 옳지 않은 것은?

① 자치조례에 대한 법률의 위임은 법규명령에 대한 법률의 위임과 같이 반드시 구체적으로 범위를 정하여야 할 필요가 없으며 포괄적인 것으로 족하다.

② 구 「여객자동차 운수사업법」 및 동법 시행령상 개인택시운송사업자의 운전면허가 취소된 때에는 그의 개인택시운송사업면허를 취소할 수 있도록 규정되어 있으므로, 개인택시운송사업자 甲이 운전면허 취소사유인 음주운전 교통사고로 사망하였다면 그 운전면허 취소처분이 없더라도 관할관청은 甲에 대한 개인택시운송사업면허를 취소할 수 있다.

③ 고도의 정치성을 띤 국가행위에 대하여는 이른바 통치행위라 하여 법원 스스로 사법심사권의 행사를 억제하여 그 심사대상에서 제외하는 영역이 있을 수 있으나, 이와 같이 통치행위의 개념을 인정하더라도 과도한 사법심사의 자제가 기본권을 보장하고 법치주의 이념을 구현하여야 할 법원의 책무를 태만히 하거나 포기하는 것이 되지 않도록 그 인정을 지극히 신중하게 하여야 한다.

④ 법률의 시행령은 모법인 법률에 의하여 위임받은 사항이나 법률이 규정한 범위 내에서 법률을 현실적으로 집행하는 데 필요한 세부적인 사항만을 규정할 수 있을 뿐, 법률에 의한 위임이 없는 한 법률이 규정한 개인의 권리 · 의무에 관한 내용을 변경 · 보충하거나 법률에 규정되지 아니한 새로운 내용을 규정할 수는 없다.

05 **행정소송상 재판관할에 대한 설명으로 옳지 않은 것은?**

① 토지의 수용 기타 부동산에 관계되는 처분등에 대한 취소소송은 그 부동산의 소재지를 관할하는 행정법원에 이를 제기할 수 있다.

② 수소법원의 재판관할권 유무는 법원의 직권조사사항이며, 소송당사자에게도 관할위반을 이유로 하는 이송신청권이 인정된다.

③ 원고가 고의 또는 중대한 과실 없이 행정소송으로 제기하여야 할 사건을 민사소송으로 잘못 제기한 경우, 수소법원으로서는 만약 그 행정소송에 대한 관할도 동시에 가지고 있다면 이를 행정소송으로 심리 · 판단하여야 한다.

④ 처분과 관련되는 손해배상청구소송이 계속된 법원에 당해 처분에 대한 취소소송을 병합할 수는 없다.

06 **거부처분의 취소소송에 대한 설명으로 옳지 않은 것은?**

① 도시계획구역 내 토지 등을 소유하고 있는 주민으로서는 도시시설계획의 입안권자 내지 결정권자에게 도시시설계획의 입안 내지 변경을 요구할 수 있는 법규상 또는 조리상 신청권이 있다.

② 주민등록번호가 피해자의 의사와 무관하게 유출된 경우 조리상 주민등록번호의 변경을 요구할 신청권이 인정된다.

③ 신청권은 그 신청에 따른 단순한 응답을 받을 권리를 넘어서 신청의 인용이라는 만족적 결과를 얻을 권리를 의미한다.

④ 「민원사무 처리에 관한 법률」에서 민원사항의 신청에 대한 행정기관의 절차적인 접수의무를 규정하고 있다고 하더라도, 그로써 바로 민원인에게 그 민원에서 요구하는 행정기관의 행위에 대한 실체적인 신청권까지 인정되는 것이라고 볼 수 없다.

07 **법령보충적 행정규칙에 대한 설명으로 옳지 않은 것은?**

① 헌법 제40조와 헌법 제75조, 제95조의 의미를 살펴보면, 의회가 구체적으로 범위를 정하여 위임한 사항에 관하여는 당해 행정기관이 법정립의 권한을 갖게 되고, 입법자가 규율의 형식도 선택할 수도 있다 할 것이다.

② 법령에서 전문적 · 기술적 사항이나 경미한 사항으로서 업무의 성질상 위임이 불가피한 사항에 관하여 구체적으로 범위를 정하여 위임한 경우에는 고시 등으로 정할 수 있다.

③ 구 「지방공무원보수업무 등 처리지침」 [별표 1] '직종별 경력환산율표 해설'이 정한 민간근무경력의 호봉 산정에 관한 부분은 「지방공무원법」과 구 「지방공무원 보수규정」 [별표 3]의 단계적 위임에 따라 행정규칙의 형식으로 법령의 내용이 될 사항을 구체적으로 정한 것이고, 법령의 내용 및 취지에 저촉된다거나 위임 한계를 벗어났다고 보기 어렵다면, 대외적 구속력이 있는 법규명령으로서의 효력을 갖는다.

④ 법령보충적 행정규칙은 법규명령 또는 행정규칙에 해당하므로 처분성을 갖는 경우라도 항고소송의 대상이 될 수 없다.

08 행정상 손실보상제도에 대한 설명으로 옳지 않은 것은?

① 「공익사업을 위한 토지 등의 취득 및 보상에 관한 법률」상 토지소유자가 행정소송으로 손실보상금의 증액을 구하는 경우에는 관할 토지수용위원회를 피고로 하여 보상금 증액 청구의 소를 제기하여야 한다.

② 손실보상은 공공필요에 의한 행정작용에 의하여 사인에게 발생한 특별한 희생에 대한 전보라는 점에서 그 사인에게 특별한 희생이 발생하여야 하는 것은 당연히 요구되는 것이고, 공유수면 매립면허의 고시가 있다고 하여 반드시 간척사업이 시행되고 그로 인하여 손실이 발생한다고 할 수 없다.

③ 「산업입지 및 개발에 관한 법률」상 민간기업에게 산업단지개발사업에 필요한 토지 등을 수용할 수 있도록 규정한 조항은 헌법 제23조 제3항의 '공공필요'에 위반되지 않는다.

④ 「공익사업을 위한 토지 등의 취득 및 보상에 관한 법률」상 적법하게 시행된 공익사업으로 인하여 이주하게 된 주거용 건축물 세입자의 주거이전비 보상청구권은 공법상의 권리이고, 주거이전비 보상청구소송은 공법상의 법률관계를 대상으로 하는 행정소송에 의하여야 한다.

09 「행정소송법」상 취소판결의 기속력에 대한 설명으로 옳은 것은?

① 취소소송에서 청구를 기각하는 판결이 확정된 경우에도 기속력이 인정된다.

② 취소판결의 기속력은 판결의 주문에 대해서만 인정된다.

③ 행정청의 거부처분을 취소하는 판결이 확정된 경우, 취소사유가 행정처분의 절차의 위법으로 인한 것이라면 그 처분 행정청은 확정판결의 취지에 따라 그 위법사유를 보완하여 다시 종전의 신청에 대한 거부처분을 할 수 있다.

④ 취소판결의 기속력에 반하는 처분은 그 하자가 중대하지만 명백하다고 볼 수는 없다.

10 소의 이익에 대한 설명으로 옳지 않은 것은?

① 지방의회 의원에 대한 제명의결 취소소송 계속 중 의원의 임기가 만료된 경우라도 그 제명의결의 취소를 구할 법률상 이익이 인정된다.

② 특별한 사정이 없는 한 경원관계에서 허가 등 수익적 처분을 받지 못한 사람은 자신에 대한 거부처분의 취소를 구할 소의 이익이 있다.

③ 항고소송의 일종인 무효확인소송에서는 행정처분의 근거 법률에 의해 보호되는 직접적이고 구체적인 이익이 있는 경우에 '무효확인을 구할 법률상 이익'이 있고, 별도로 무효확인소송의 보충성이 요구되지 않는다.

④ 고등학교에서 퇴학처분을 당한 후 고등학교졸업학력검정고시에 합격하였다면 퇴학처분을 받은 자는 퇴학처분의 위법을 주장하여 그 취소를 구할 소송상의 이익이 없다.

11 취소소송 확정판결의 기판력에 대한 설명으로 옳지 않은 것은?

① 「행정소송법」은 기판력에 관한 명문의 규정을 두지 않아, 「행정소송법」 제8조제2항에 따라 「민사소송법」상 기판력 규정이 준용된다.

② 취소판결의 기판력은 소송물로 된 행정처분의 위법성 존부에 관한 판단에 미치는 것이므로 전소와 후소가 그 소송물을 달리하는 경우에는 전소 확정판결의 기판력이 후소에 미치지 아니한다.

③ 과세처분의 취소소송에서 청구가 기각된 확정판결의 기판력은 그 과세처분의 무효확인을 구하는 소송에는 미치지 않는다.

④ 과세처분 취소소송의 피고는 처분청이지만 행정청을 피고로 하는 취소소송에 있어서의 기판력은 당해 처분이 귀속하는 국가 또는 공공단체에 미친다.

12 처분사유의 추가 · 변경에 대한 설명으로 옳지 않은 것은?

① 항고소송에서 처분청은 당초 처분의 근거로 삼은 사유와 기본적 사실관계가 동일성이 있다고 인정되는 한도 내에서만 다른 사유를 추가 · 변경할 수 있다.

② 당초 처분의 근거로 삼은 사유와 사회적 사실관계의 기본적 동일성이 인정된다면 그에 대한 규범적 평가와 처분의 근거 법령 변경으로 당초 처분의 내용을 변경할 필요성이 제기되는 경우라도, 처분청은 당초 처분의 내용을 그대로 유지한 채 근거 법령만 추가 · 변경할 수 있다.

③ 처분청이 처분 당시에 적시한 구체적 사실을 변경하지 아니하는 범위 내에서 단지 그 처분의 근거 법령만을 추가 · 변경하는 것에 불과한 경우에는 새로운 처분사유의 추가라고 볼 수 없다.

④ 어떤 처분 내용의 적법성을 뒷받침하기 위하여 당초 처분사유와 기본적 사실관계의 동일성이 인정되는 다른 사유가 처분 당시에 이미 존재하고 있다면 처분청은 그 처분에 대한 취소소송의 사실심 변론종결 시까지 그 사유를 적극적으로 주장 · 증명하여 법원으로부터 그 처분이 적법하다는 판단을 받아야 한다.

13 행정법의 법원(法源)에 대한 설명으로 옳지 않은 것은?

① 재량권 행사의 준칙인 행정규칙이 그 정한 바에 따라 되풀이 시행되어 행정관행이 이루어지게 되면 평등의 원칙이나 신뢰보호의 원칙에 따라 행정기관은 그 상대방에 대한 관계에서 그 규칙에 따라야 할 자기구속을 받게 된다.

② 위법한 행정처분이 수차례에 걸쳐 반복적으로 행하여졌다 하더라도 그러한 처분이 위법한 것인 때에는 행정청에 대하여 자기구속력을 갖게 된다고 할 수 없다.

③ 구 농림수산식품부에 의하여 공표된 「2008년도 농림사업시행지침서」가 되풀이 시행되어 행정관행이 이루어졌다거나 그 공표만으로 신청인이 보호가치 있는 신뢰를 갖게 되었다고 볼 수 없다면, 이 지침에 명시되지 않은 기준을 충족하지 못하였다는 이유를 들어 신청인의 사업자 인정신청을 반려한 처분은 행정의 자기구속의 원칙에 위배되지 않는다.

④ 세무조사가 과세자료의 수집 또는 신고내용의 정확성 검증이라는 본연의 목적이 아니라 부정한 목적을 위하여 행하여졌다고 하더라도, 이러한 세무조사에 의하여 수집된 과세자료를 기초로 한 과세처분은 위법하지 않다.

14 판례의 입장으로 옳은 것은?

① 행정청이 구 「토지구획정리사업법」상 토지구획정리사업의 환지예정지를 지정하고, 그 사업에 편입되는 건축물로서 지장물 소유자에게 지장물의 자진이전을 요구한 후 이에 응하지 않자 지장물의 이전에 대한 대집행을 계고하고 다시 대집행영장을 통지한 경우, 위 계고처분 등은 「행정대집행법」 제2조에 따라 명령된 지장물 이전의무가 없음에도 그러한 의무의 불이행을 사유로 행하여진 것이므로 위법하다.
② 선행처분인 철거명령을 다투지 못한 경우에도, 이에 후속하는 대집행계고처분 취소소송에서 불가쟁력이 발생한 철거명령의 위법을 다툴 수 있다.
③ 행정청이 행정대집행의 방법으로 건물철거의무의 이행을 실현할 수 있는 경우에는 건물철거 대집행 과정에서 부수적으로 건물의 점유자들에 대한 퇴거조치를 할 수 없다.
④ 법령상 요구되는 청문절차가 의무적 절차인 경우, 그 청문절차를 거치지 않은 처분은 무효이다.

15 행정행위 하자의 치유에 대한 설명으로 옳지 않은 것은?

① 주택재건축정비사업조합설립인가처분 당시 토지소유자 등의 동의율을 충족하지 못한 하자는 소제기 이후에 추가동의서가 제출되어 동의율을 충족한다면 치유된다.
② 흠이 있는 행정행위의 치유는 행정행위의 성질이나 법치주의 관점에서 볼 때 원칙적으로 허용될 수 없는 것이고, 예외적으로 이를 허용하는 때에도 국민의 권리나 이익을 침해하지 않는 범위에서 구체적 사정에 따라 합목적적으로 인정하여야 할 것이다.
③ 행정청이 청문서 도달기간을 다소 어겼다 하더라도 처분 상대방이 방어의 기회를 충분히 가졌다면 청문서 도달기간을 준수하지 아니한 하자는 치유되었다고 봄이 상당하다.
④ 징계처분이 중대하고 명백한 흠 때문에 당연무효의 것이라면 징계처분을 받은 자가 이를 용인하였다 하여 그 흠이 치유되는 것은 아니다.

16 행정계획에 대한 설명으로 옳지 않은 것은?

① 이미 고시된 실시계획에 포함된 상세계획으로 관리되는 토지 위의 건물의 용도를 상세계획 승인권자의 변경승인 없이 임의로 판매시설에서 상세계획에 반하는 일반목욕장으로 변경한 경우, 행정청이 그 영업신고를 수리하지 않고 영업소를 폐쇄한 처분은 적법하다.
② 구 건설교통부장관이 구역지정의 실효성이 적은 7개 중소도시권은 개발제한구역을 해제하고 구역지정이 필요한 7개 대도시권은 개발제한구역을 부분조정 하는 등의 내용을 담은 '개발제한구역제도 개선방안'을 발표한 것은 헌법소원의 대상이 되는 공권력의 행사에 해당되지 아니한다.
③ 구 「도시계획법」상 도시계획은 도시기본계획에 부합되어야 한다고 규정되어 있으므로, 서울특별시 도시기본계획에 포함되어 있지 않은 원지동 추모공원의 설치를 내용으로 하는 서울특별시장의 도시계획시설결정은 위법하다.
④ 자연환경 보호 등을 목적으로 하는 도시관리계획결정은 식생이 양호한 수림의 훼손 등과 같이 장래 발생할 불확실한 상황과 파급효과에 대한 예측 등을 반영한 행정청의 재량적 판단으로서, 그 내용이 현저히 합리성을 결여하거나 형평이나 비례의 원칙에 뚜렷하게 반하는 등의 사정이 없는 한 폭넓게 존중하여야 한다.

17 다음 사례에 대한 설명으로 옳은 것만을 모두 고르면?

> 1976. 12. 15. 대한민국에서 출생한 甲은 2002. 1. 18. 미국 시민권을 취득하여 대한민국 국적을 상실한 재외동포이다. 법무부장관은 '甲이 공연을 위하여 병무청장의 국외여행허가를 받고 출국한 후 미국 시민권을 취득하여 사실상 병역의무를 면탈하였으므로 甲의 입국 자체를 금지해 달라'는 병무청장의 요청에 응하여 「출입국관리법」에 따라 2002. 2. 1. 甲의 입국을 금지하는 결정을 하였다. 법무부장관은 그 정보를 내부전산망인 '출입국관리정보시스템'에 입력하였으나, 甲에게 통보하지는 않았다(이하 '이 사건 입국금지결정'). 이후 2015. 8. 27. 甲은 자신의 거주 지역을 관할하는 재외공관장 乙에게 재외동포(F-4) 체류자격의 사증발급을 신청하였다. 乙은 甲의 아버지에게 전화로 '이 사건 입국금지결정으로 사증발급이 불허되었다.'고 통보하면서 처분이유를 기재한 사증발급 거부처분서를 작성해 주지는 않았다(이하 '이 사건 사증발급 거부처분').

> ㉠ 이 사건 입국금지결정은 항고소송의 대상인 처분에 해당한다.
> ㉡ 이 사건 사증발급 거부처분은 문서로 처분을 하도록 한 「행정절차법」 제24조제1항을 위반한 하자가 있다.
> ㉢ 乙은 이 사건 입국금지결정의 공정력과 불가쟁력으로 인해 甲에게 사증을 발급할 수 없다.
> ㉣ 재외동포에 대한 사증발급은 행정청의 재량행위에 속하는 것으로서, 재외동포가 사증발급을 신청한 경우 재외동포체류자격의 요건을 갖추었다고 해서 무조건 사증을 발급해야 하는 것은 아니다.

① ㉠, ㉢
② ㉠, ㉣
③ ㉡, ㉢
④ ㉡, ㉣

18 「행정기본법」상 처분의 재심사에 대한 설명으로 옳지 않은 것은?

① 처분에 관한 법원의 확정판결이 있는 경우, 그러한 처분은 재심사의 대상에서 제외된다.
② 처분으로 법률상 이익이 침해된 제3자는 해당 처분에 대해 재심사를 청구할 수 있다.
③ 공무원 인사 관계 법령에 따른 징계 등 처분에 관한 사항은 재심사의 대상에서 제외된다.
④ 처분의 재심사 결과 중 처분을 유지하는 결과에 대해서는 행정소송을 통하여 불복할 수 없다.

19 행정상 강제에 대한 설명으로 옳은 것은?

① 외국인의 출입국에 관한 사항에 대하여는 「행정기본법」상 행정상 강제에 대한 규정이 적용된다.
② 행정상 강제조치에 관하여 「행정기본법」에서 정한 사항 이외의 사항을 다른 법률에서 정할 수 없다.
③ 행정상 즉시강제는 현재의 급박한 행정상의 장해를 제거하기 위한 경우로서 의무를 명할 시간적 여유가 없는 상황에서 의무불이행을 전제로 하지 않고 행정청이 곧바로 국민의 신체 또는 재산에 실력을 행사하여 행정목적을 달성하는 것을 말한다.
④ 보안처분 관계 법령에 따라 행하는 사항에 관하여는 「행정기본법」상 행정상 강제에 대한 규정이 적용된다.

20 **영업허가의 양도와 제재처분의 효과 및 제재사유의 승계에 대한 설명으로 옳지 않은 것은?**

① 「식품위생법」에 따른 영업장 면적 변경에 관한 신고 의무가 이행되지 않은 영업을 양수한 자가 그 신고 의무를 이행하지 않은 채 영업을 계속하는 경우, 시정명령 또는 영업정지 등 제재처분의 대상이 된다.

② 불법증차를 실행하고 유가보조금을 받은 운송사업자로부터 운송사업 영업을 양수하고 구 「화물자동차 운수사업법」에 따라 신고를 하여 운송사업자의 지위를 승계한 양수인에게, 행정청은 불법증차 차량에 관하여 지급된 유가보조금의 반환을 명할 수 있다. 다만, 그에 따른 양수인의 책임범위는 지위승계 후 유가보조금 부정수급액에 한정된다.

③ 행정청은 개인택시운송사업의 양도 · 양수에 대한 인가를 한 후, 그 양도 · 양수 이전에 있었던 양도인에 대한 운송사업면허 취소사유를 들어 양수인의 사업면허를 취소할 수 있다.

④ 분할하는 회사의 분할 전 「하도급거래 공정화에 관한 법률」 위반행위를 이유로 신설회사에 대하여 동법에 따른 시정조치를 명하는 것이 허용된다.

행정법총론 | 2024년 국가직 9급

모바일 OMR

회독 CHECK 1 2 3

지문의 내용에 대해 학설의 대립 등 다툼이 있는 경우 판례에 의함

01 「행정기본법」상 기간의 계산에 대한 설명으로 옳지 않은 것은?

① 행정에 관한 기간의 계산에 관하여는 「행정기본법」 또는 다른 법령 등에 특별한 규정이 있는 경우를 제외하고는 「민법」을 준용한다.

② 법령 등을 공포한 날부터 일정 기간이 경과한 날부터 시행하는 경우 그 기간의 말일이 토요일 또는 공휴일인 때에는 그 말일로 기간이 만료한다.

③ 법령 등을 공포한 날부터 일정 기간이 경과한 날부터 시행하는 경우 법령 등을 공포한 날을 첫날에 산입한다.

④ 법령 등 또는 처분에서 국민의 권익을 제한하거나 의무를 부과하는 경우 권익이 제한되거나 의무가 지속되는 기간을 계산할 때에 기간을 일, 주, 월 또는 연으로 정한 경우에는 기간의 첫날을 산입한다. 다만, 그러한 기준을 따르는 것이 국민에게 불리한 경우에는 그러하지 아니하다.

02 행정절차에 대한 설명으로 옳지 않은 것은?

① 청문은 당사자가 공개를 신청하거나 청문 주재자가 필요하다고 인정하는 경우 공개할 수 있다. 다만, 공익 또는 제3자의 정당한 이익을 현저히 해칠 우려가 있는 경우에는 공개하여서는 아니 된다.

② 일반적으로 당사자가 근거규정 등을 명시하여 신청하는 인·허가 등을 거부하는 처분을 함에 있어 당사자가 그 근거를 알 수 있을 정도로 상당한 이유를 제시한 경우에는 당해 처분의 근거 및 이유를 구체적 조항 및 내용까지 명시하지 않았더라도 그로 말미암아 그 처분이 위법한 것이 된다고 할 수 없다.

③ 공무원 인사관계 법령에 따른 처분에 관하여는 「행정절차법」 적용을 배제하고 있으므로, 군인사법령에 의하여 진급예정자명단에 포함된 자에 대하여 의견제출의 기회를 부여하지 아니하고 진급선발취소처분을 한 것이 절차상 하자가 있어 위법하다고 할 수 없다.

④ 과세의 절차 내지 형식에 위법이 있어 과세처분을 취소하는 판결이 확정되었을 때는 그 확정판결의 기판력은 거기에 적시된 절차 내지 형식의 위법사유에 한하여 미치는 것이므로 과세관청은 그 위법사유를 보완하여 다시 새로운 과세처분을 할 수 있다.

03 국가배상에 대한 설명으로 옳은 것은?

① 국가배상청구의 요건인 '공무원의 직무'에는 행정주체가 사경제주체로서 하는 작용도 포함된다.
② 청구기간 내에 헌법소원이 적법하게 제기되었음에도 헌법재판소 재판관이 청구기간을 오인하여 각하 결정을 한 경우, 이에 대한 불복절차 내지 시정절차가 없는 때에는 국가배상책임을 인정할 수 있다.
③ 군 복무 중 사망한 군인 등의 유족인 원고가 「국가배상법」에 따른 손해배상금을 지급받은 경우, 국가는 「군인연금법」 소정의 사망보상금을 지급함에 있어 원고가 받은 손해배상금 상당 금액을 공제할 수 없다.
④ 외국인이 피해자인 경우 해당 국가와 상호보증이 없더라도 「국가배상법」이 적용된다.

04 정보공개에 대한 설명으로 옳지 않은 것은?

① 구 「학교폭력예방 및 대책에 관한 법률」에 따른 학교폭력대책자치위원회의 회의록은 「공공기관의 정보공개에 관한 법률」 소정의 '공개될 경우 업무의 공정한 수행에 현저한 지장을 초래한다고 인정할 만한 상당한 이유가 있는 정보'에 해당한다.
② 정보공개를 청구하는 자가 공공기관에 대해 정보의 사본 또는 출력물의 교부 방법으로 공개방법을 선택하여 정보공개청구를 한 경우, 공개청구를 받은 공공기관은 「공공기관의 정보공개에 관한 법률」에서 규정한 정보의 사본 또는 복제물의 교부를 제한할 수 있는 사유에 해당하지 않는 한 그 공개방법을 선택할 재량권이 없다.
③ '2002학년도부터 2005학년도까지의 대학수학능력시험 원데이터'는 연구목적으로 그 정보의 공개를 청구하는 경우 「공공기관의 정보공개에 관한 법률」 소정의 비공개대상정보에 해당한다.
④ 「공공기관의 정보공개에 관한 법률」상 '공개하는 것이 공익 또는 개인의 권리구제를 위하여 필요하다고 인정되는 정보'에 해당하는지 여부는 비공개에 의하여 보호되는 개인의 사생활의 비밀 등 이익과 공개에 의하여 보호되는 국정운영의 투명성 확보 등의 공익 또는 개인의 권리구제 등 이익을 비교·교량하여 구체적 사안에 따라 신중히 판단하여야 한다.

05 행정행위의 직권취소 및 철회에 대한 설명으로 옳지 않은 것은?

① 처분에 대하여 행정심판이나 행정소송이 제기되어 쟁송이 진행되고 있는 도중에는 행정청은 스스로 대상 처분을 취소할 수 없다.

② 행정청은 사정변경으로 적법한 처분을 더 이상 존속시킬 필요가 없게 된 경우 그 처분의 전부 또는 일부를 장래를 향하여 철회할 수 있다.

③ 제소기간의 경과 등으로 처분에 불가쟁력이 발생하였다 하여도 행정청은 실권의 법리에 해당하지 않는다면 직권으로 처분을 취소할 수 있다.

④ 행정청은 위법 또는 부당한 처분의 전부나 일부를 소급하여 취소할 수 있다. 다만, 당사자의 신뢰를 보호할 가치가 있는 등 정당한 사유가 있는 경우에는 장래를 향하여 취소할 수 있다.

06 과징금에 대한 설명으로 옳지 않은 것은?

① 구 「독점규제 및 공정거래에 관한 법률」 소정의 부당지원행위에 대한 과징금은 부당지원행위의 억지라는 행정목적을 실현하기 위한 행정상 제재금으로서의 성격에 부당이득환수적 요소도 부가되어 있으므로 국가형벌권 행사로서의 처벌에 해당하지 아니한다.

② 행정기본법령에 따르면, 과징금 납부 의무자가 과징금을 분할 납부하려는 경우에는 납부기한 7일 전까지 과징금의 분할 납부를 신청하는 문서에 해당 사유를 증명하는 서류를 첨부하여 행정청에 신청해야 한다.

③ 관할 행정청이 여객자동차운송사업자의 여러 가지 위반행위를 인지하였다면 전부에 대하여 일괄하여 최고한도 내에서 하나의 과징금 부과처분을 하는 것이 원칙이고, 인지한 위반행위 중 일부에 대해서만 우선 과징금 부과처분을 하고 나머지에 대해서는 차후에 별도의 과징금 부과처분을 하는 것은 다른 특별한 사정이 없는 한 허용되지 않는다.

④ 과징금의 근거가 되는 법률에는 과징금에 관한 부과 · 징수 주체, 부과 사유, 상한액, 가산금을 징수하려는 경우 그 사항, 과징금 또는 가산금 체납 시 강제징수를 하려는 경우 그 사항을 명확하게 규정하여야 한다.

07 다음 사례에 대한 설명으로 옳은 것만을 모두 고르면?

> A시는 관광지개발사업을 시행하기 위하여 「공익사업을 위한 토지 등의 취득 및 보상에 관한 법률」의 절차에 따라 甲 소유 토지 및 건물을 포함하고 있는 지역 일대의 토지 및 건물들을 수용하였다. A시 시장은 甲에게 적법하게 토지의 인도와 건물의 철거 및 퇴거를 명하였으나 甲이 건물을 점유한 채 그 의무를 이행하지 않고 있다.

ㄱ A시 시장의 토지인도명령에 대해 甲이 이를 불이행하더라도 그 불이행에 대해서 A시 시장은 행정대집행을 할 수 없다.
ㄴ 甲이 위 건물철거의무를 이행하지 않을 경우, A시 시장은 행정대집행의 방법으로 건물의 철거 등 대체적 작위의무의 이행을 실현할 수 있는 경우에는 따로 민사소송의 방법으로 그 의무의 이행을 구할 수 없다.
ㄷ 甲이 토지 인도의무를 이행하지 않을 경우, 甲의 토지 인도의무는 공법상 의무에 해당하므로 그 권리에 끼칠 현저한 손해를 피하기 위한 경우라 하더라도 A시 시장이 그 권리를 피보전권리로 하는 민사상 명도단행가처분을 구할 수는 없다.
ㄹ 甲이 위력을 행사하여 적법한 행정대집행을 방해하는 경우 대집행 행정청은 필요한 경우에는 「경찰관 직무집행법」에 근거한 위험발생 방지조치 또는 「형법」상 공무집행방해죄의 범행방지 내지 현행범체포의 차원에서 경찰의 도움을 받을 수 있다.

① ㄱ, ㄷ
② ㄴ, ㄹ
③ ㄱ, ㄴ, ㄹ
④ ㄴ, ㄷ, ㄹ

08 신뢰보호의 원칙에 대한 설명으로 옳지 않은 것은?

① 개발사업을 시행하기 전에 사건 토지 지상에 예식장 등을 건축하는 것이 관계 법령상 가능한지 여부를 질의하여 민원 부서로부터 '저촉사항 없음'이라고 기재된 민원예비심사 결과를 통보받았다면, 이는 이후의 개발부담금부과처분에 관하여 신뢰보호의 원칙을 적용하기 위한 공적인 견해표명을 한 것에 해당한다.
② 시의 도시계획과장과 도시계획국장이 도시계획사업의 준공과 동시에 사업부지에 편입한 토지에 대한 완충녹지 지정을 해제함과 아울러 당초의 토지소유자들에게 환매하겠다는 약속을 했음에도 이를 믿고 토지를 협의매매한 토지소유자의 완충녹지지정해제신청을 거부한 것은 신뢰보호의 원칙을 위반하거나 재량권을 일탈·남용한 위법한 처분이다.
③ 국회에서 일정한 법률안을 심의하거나 의결한 적이 있다고 하더라도 그것이 법률로 확정되지 아니한 이상 국가가 이해관계자들에게 위 법률안에 관련된 사항을 약속하였다고 볼 수 없으며, 이러한 사정만으로 어떠한 신뢰를 부여하였다고 볼 수도 없다.
④ 헌법재판소의 위헌결정은 행정청이 개인에 대하여 신뢰의 대상이 되는 공적인 견해를 표명한 것이라고 할 수 없으므로 그 결정에 관련한 개인의 행위에 대하여는 신뢰보호의 원칙이 적용되지 아니한다.

09 **행정처분에 대한 설명으로 옳지 않은 것은?**

① 이 법이 정한 한도액을 초과하여 위법할 경우 법원으로서는 그 한도액을 초과한 부분이나 법원이 적정하다고 인정되는 부분을 초과한 부분만을 취소할 수 있다.

② 건축물대장의 용도는 건축물의 소유권을 제대로 행사하기 위한 전제요건으로서 건축물 소유자의 실체적 권리관계에 밀접하게 관련되어 있으므로, 건축물대장 소관청의 용도변경신청 거부행위는 국민의 권리관계에 영향을 미치는 것으로서 항고소송의 대상이 되는 행정처분에 해당한다.

③ 한국철도시설공단(현 국가철도공단)이 공사낙찰적격심사 감점처분의 근거로 내세운 규정은 공사낙찰적격심사세부기준이고, 이러한 규정은 공공기관이 사인과의 계약관계를 공정하고 합리적 · 효율적으로 처리할 수 있도록 관계 공무원이 지켜야 할 계약사무처리에 관한 필요한 사항을 규정한 것으로서 공공기관의 내부규정에 불과하여 대외적 구속력이 없다.

④ 「식품위생법」에 따른 식품접객업(일반음식점영업)의 영업신고의 요건을 갖춘 자라고 하더라도, 그 영업신고를 한 당해 건축물이 「건축법」 소정의 허가를 받지 아니한 무허가 건물이라면 적법한 신고를 할 수 없다.

10 **「공익사업을 위한 토지 등의 취득 및 보상에 관한 법률」상 손실보상에 대한 설명으로 옳지 않은 것은?**

① 영업을 하기 위해 투자한 비용이나 그 영업을 통해 얻을 것으로 기대되는 이익에 대한 손실은 영업손실보상의 대상이 된다고 할 수 없다.

② 토지소유자가 손실보상금의 액수를 다투고자 하는 경우 토지수용위원회가 아니라 사업시행자를 상대로 보상금의 증액을 구하는 소송을 제기해야 한다.

③ 토지수용위원회의 재결에 대한 토지소유자의 행정소송 제기는 사업의 진행 및 토지의 수용 또는 사용을 정지시키지 아니한다.

④ 어떤 보상항목이 손실보상대상에 해당함에도 관할 토지수용위원회가 사실을 오인하거나 법리를 오해함으로써 손실보상대상에 해당하지 않는다고 잘못된 내용의 재결을 한 경우에는, 피보상자는 관할 토지수용위원회를 상대로 재결취소소송을 제기하여야 한다.

11 **행정심판 재결의 효력에 대한 설명으로 옳지 않은 것은?**

① 행정심판 재결의 내용이 처분청의 처분을 스스로 취소하는 것일 때에는 그 재결의 형성력이 발생하여 당해 행정처분은 별도의 행정처분을 기다릴 것 없이 당연히 취소되어 소멸된다.

② 행정처분이나 행정심판 재결이 불복기간의 경과로 확정될 경우 그 확정력은 처분으로 법률상 이익을 침해받은 자가 당해 처분이나 재결의 효력을 더 이상 다툴 수 없다는 의미일 뿐 판결과 같은 기판력이 인정되는 것은 아니다.

③ 당사자의 신청을 받아들이지 않은 거부처분이 재결에서 취소된 경우에 행정청은 종전 거부처분 또는 재결 후에 발생한 새로운 사유를 내세워 다시 거부처분을 할 수 없다.

④ 교원소청심사위원회의 결정은 처분청에 대하여 기속력을 가지고 이는 그 결정의 주문에 포함된 사항뿐 아니라 처분 등의 구체적 위법사유에 관한 판단에까지 미친다.

12 판례의 입장으로 옳지 않은 것만을 모두 고르면?

> ㉠ 정보의 부분 공개가 허용되는 경우란 당해 정보에서 비공개대상정보에 관련된 기술 등을 제외 혹은 삭제하고 나머지 정보만 공개하는 것이 가능하고 나머지 부분의 정보만으로도 공개의 가치가 있는 경우를 의미한다.
> ㉡ 음주운전으로 적발된 주취운전자가 도로 밖으로 차량을 이동하겠다며 단속경찰관으로부터 보관중이던 차량열쇠를 반환받아 몰래 차량을 운전하여 가던 중 사고를 일으킨 경우, 국가배상책임이 인정되지 않는다.
> ㉢ 원고적격의 요건으로서 법률상 이익에는 당해 처분의 근거 법률에 의하여 보호되는 직접적이고 구체적인 이익뿐만 아니라 간접적이거나 사실적 · 경제적 이해관계를 가지는 경우도 여기에 포함된다.
> ㉣ 영어 과목의 2종 교과용 도서에 대하여 검정신청을 하였다가 불합격결정처분을 받은 자는 자신들이 검정신청한 교과서의 과목과 전혀 관계가 없는 수학 과목의 교과용 도서에 대한 합격결정처분에 대하여 그 취소를 구할 법률상 이익이 없다.

① ㉠, ㉡
② ㉠, ㉣
③ ㉡, ㉢
④ ㉢, ㉣

13 행정벌에 대한 설명으로 옳지 않은 것은?

① 지방자치단체 소속 공무원이 지방자치단체 고유의 자치사무를 수행하던 중 「도로법」 규정에 의한 위반행위를 한 경우 지방자치단체는 「도로법」 소정의 양벌규정에 따라 처벌대상이 되는 법인에 해당하지 않는다.
② 「개인정보 보호법」에 따르면, 죄형법정주의의 원칙상 '법인격 없는 공공기관'을 「개인정보 보호법」 소정의 양벌규정에 의하여 처벌할 수 없고, 그 경우 행위자 역시 위 양벌규정으로 처벌할 수 없다.
③ 과태료의 부과 · 징수, 재판 및 집행 등의 절차에 관한 다른 법률의 규정 중 「질서위반행위규제법」의 규정에 저촉되는 것은 「질서위반행위규제법」으로 정하는 바에 따른다.
④ 「질서위반행위규제법」에 따르면, 당사자와 검사는 과태료 재판에 대하여 즉시항고를 할 수 있으며, 이 경우 항고는 집행정지의 효력이 있다.

14 다음 사례에 대한 설명으로 옳지 않은 것만을 모두 고르면?

> 세무서장 A가 甲에게 과세처분을 하였는데, 그 후 과세처분의 근거가 되었던 법률규정은 헌법재판소에 의해 위헌으로 선언되었다. 그러나 그 과세처분에 대한 제소기간은 이미 경과하여 확정되었고, A는 甲 명의의 예금에 대한 압류처분을 하였다. 한편, 과세처분의 집행을 위한 위 압류처분의 근거규정 자체는 따로 위헌결정이 내려진 바 없다.

> ㉠ 甲에 대한 과세처분과 압류처분은 별개의 행정처분이므로 선행처분인 과세처분이 당연무효가 아닌 이상 압류처분을 다툴 수 있는 방법은 존재하지 않는다.
> ㉡ 압류처분은 과세처분 근거규정이 직접 적용되지 않고 압류처분 관련 규정이 적용될 뿐이므로, 과세처분 근거규정에 대한 위헌결정의 기속력은 압류처분과는 무관하다.
> ㉢ 과세처분 이후 조세부과의 근거가 되었던 법률규정에 대하여 위헌결정이 내려진 경우, 과세처분이 당연무효가 아니더라도 위헌결정 이후에 과세처분의 집행을 위한 압류처분을 하는 것은 더 이상 허용되지 않는다.

① ㉠
② ㉠, ㉡
③ ㉠, ㉢
④ ㉡, ㉢

15 공법상 계약에 대한 설명으로 옳은 것만을 모두 고르면?

> ㉠ 행정청은 법령 등을 위반하지 아니하는 범위에서 행정목적을 달성하기 위하여 필요한 경우에는 공법상 법률관계에 관한 계약을 체결할 수 있고, 이 경우 계약의 목적 및 내용을 명확하게 적은 계약서를 작성하여야 한다.
> ㉡ 계약직공무원 채용계약해지의 의사표시를 하는 경우 징계해고 등에서와 같이 그 징계사유에 한하여 효력 유무를 판단하여야 하거나, 행정처분과 같이 「행정절차법」에 의하여 근거와 이유를 제시하여야 한다.
> ㉢ 공익사업을 위한 토지 등의 취득 및 보상에 관한 법령에 의한 협의취득은 사법상의 법률행위이지만 당사자 사이의 자유로운 의사에 따라 채무불이행책임이나 매매대금 과부족금에 대한 지급의무를 약정할 수 있는 것은 아니다.
> ㉣ 「지방자치단체를 당사자로 하는 계약에 관한 법률」에 따라 지방자치단체가 일방 당사자가 되는 이른바 공공계약이 사경제의 주체로서 상대방과 대등한 위치에서 체결하는 사법상의 계약에 해당하는 경우 그에 관한 법령에 특별한 정함이 있는 경우를 제외하고는 사적 자치와 계약자유의 원칙 등 사법의 원리가 그대로 적용된다.

① ㉠, ㉡
② ㉠, ㉣
③ ㉠, ㉢, ㉣
④ ㉡, ㉢, ㉣

16 행정행위의 부관에 대한 설명으로 옳지 않은 것은?

① 기부채납받은 행정재산에 대한 사용 · 수익허가에서 공유재산의 관리청이 정한 사용 · 수익허가의 기간은 그 허가의 효력을 제한하기 위한 행정행위의 부관으로서 이러한 사용 · 수익허가의 기간에 대해서는 독립하여 행정소송을 제기할 수 없다.

② 토지소유자가 토지형질변경행위허가에 붙은 기부채납의 부관에 따라 토지를 국가나 지방자치단체에 기부채납(증여)한 경우, 기부채납의 부관이 당연무효이거나 취소되지 아니한 이상 토지소유자는 위 부관으로 인하여 증여계약의 중요부분에 착오가 있음을 이유로 증여계약을 취소할 수 없다.

③ 행정행위의 부관인 부담에 정해진 바에 따라 당해 행정청이 아닌 다른 행정청이 그 부담상의 의무이행을 요구하는 의사표시를 하였을 경우, 이러한 행위가 당연히 항고소송의 대상이 되는 처분에 해당한다고 할 수는 없다.

④ 행정처분에 부담인 부관을 붙인 경우 부관의 무효화에 의하여 본체인 행정처분 자체의 효력에도 영향이 있게 될 수 있으며, 그 처분을 받은 사람이 부담의 이행으로 사법상 매매 등의 법률행위를 한 경우 그 법률행위 자체는 당연무효이다.

17 행정계획에 대한 설명으로 옳지 않은 것은?

① 행정청은 구체적인 행정계획을 입안 · 결정할 때 비교적 광범위한 형성의 재량을 가진다.

② 행정청이 행정계획을 입안 · 결정할 때 이익형량을 하였으나 정당성과 객관성이 결여된 경우에는 그 행정계획 결정은 위법하게 될 수 있다.

③ 도시계획의 결정 · 변경 등에 관한 권한을 가진 행정청은 이미 도시계획이 결정 · 고시된 지역에 대하여도 다른 내용의 도시계획을 결정 · 고시할 수 있고, 이때에 후행 도시계획에 선행 도시계획과 서로 양립할 수 없는 내용이 포함되어 있다면, 특별한 사정이 없는 한 선행 도시계획은 후행 도시계획과 같은 내용으로 변경된다.

④ 도시기본계획은 도시의 장기적 개발 방향과 미래상을 제시하는 도시계획 입안의 지침이 되는 장기적 · 종합적인 개발계획으로서 직접적인 구속력이 있으므로, 도시계획시설결정 대상면적이 도시기본계획에서 예정했던 것보다 증가할 경우 도시기본계획의 범위를 벗어나 위법하다.

18 행정행위에 대한 설명으로 옳지 않은 것은?

① 여객자동차운송사업의 한정면허는 특정인에게 권리나 이익을 부여하는 수익적 행정행위로서 재량행위에 해당한다.

② 난민 인정에 관한 신청을 받은 행정청은 원칙적으로 법령이 정한 난민 요건에 해당하는지를 심사하여 난민 인정 여부를 결정할 수 있을 뿐이고, 법령이 정한 난민 요건과 무관한 다른 사유만을 들어 난민 인정을 거부할 수는 없다.

③ 자동차관리사업자로 구성하는 사업자단체 설립인가는 인가권자가 가지는 지도 · 감독 권한의 범위 등과 아울러 설립인가에 관하여 구체적인 기준이 정하여져 있지 않은 점 등에 비추어 재량행위로 보아야 한다.

④ 공익법인의 기본재산 처분허가에 부관을 붙인 경우, 그 처분허가의 법적 성질은 명령적 행정행위인 허가에 해당하며 조건으로서 부관의 부과가 허용되지 아니한다.

19 행정입법에 대한 설명으로 옳지 않은 것은?

① 정부는 권한 있는 기관에 의하여 위헌으로 결정되어 법령이 헌법에 위반되거나 법률에 위반되는 것이 명백한 경우 등 대통령령으로 정하는 경우에는 해당 법령을 개선하여야 한다.

② 헌법 제107조 제2항은 구체적 규범통제를 규정하고 있기 때문에 당사자는 구체적 사건의 심판을 위한 선결문제로서 행정입법의 위법성을 주장하여 법원에 대하여 당해 사건에 대한 적용 여부의 판단을 구할 수 있다.

③ 일반적으로 법률의 위임에 따라 효력을 갖는 법규명령의 경우에 위임의 근거가 없어 무효였다면 나중에 법 개정으로 위임의 근거가 부여되었다고 하여 그때부터 유효한 법규명령이 되는 것은 아니다.

④ 법률의 시행령은 모법인 법률에 의하여 위임받은 사항이나 법률이 규정한 범위 내에서 법률을 현실적으로 집행하는 데 필요한 세부적인 사항만을 규정할 수 있을 뿐, 법률에 의한 위임이 없는 한 법률이 규정한 개인의 권리 · 의무에 관한 내용을 변경 · 보충하거나 법률에 규정되지 아니한 새로운 내용을 규정할 수는 없다.

20 판례의 입장으로 옳지 않은 것은?

①「여객자동차 운수사업법」에 따르면, 여객자동차 운수사업자가 거짓이나 부정한 방법으로 지급받은 보조금에 대한 국토교통부장관 또는 시 · 도지사의 환수처분은 기속행위에 해당한다.

② 재량권의 일탈 · 남용에 관하여는 행정행위의 효력을 다투는 사람이 주장 · 증명책임을 부담한다.

③ 사업주가 당연가입자가 되는 고용보험 및 산업재해보상보험에서 보험료 납부의무 부존재확인은 당사자소송으로 다투어야 한다.

④ 지방자치단체의 장이 「공유재산 및 물품관리법」에 근거하여 기부채납 및 사용 · 수익허가 방식으로 민간투자사업을 추진하는 과정에서 사업시행자를 지정하기 위한 전 단계에서 공모 제안을 받아 일정한 심사를 거쳐 우선협상대상자를 선정하는 행위는 항고소송의 대상이 되는 행정처분에 해당하지 않는다.

행정법총론 | 2024년 지방직 9급

모바일 OMR

회독 CHECK 1 2 3

지문의 내용에 대해 학설의 대립 등 다툼이 있는 경우 판례에 의함

01 신뢰보호의 원칙에 대한 설명으로 옳지 않은 것은?

① 행정청의 공적 견해의 표명 후 그 견해표명 당시의 사정이 변경된 경우에도 행정청이 공적 견해표명에 반하는 처분을 하는 경우에는 특별한 사정이 없는 한 신뢰보호의 원칙에 위반된다.

② 신뢰보호의 원칙에서 개인의 귀책사유라 함은 행정청의 견해표명의 하자가 상대방 등 관계자의 사실은폐나 기타 사위의 방법에 의한 신청행위 등 부정행위에 기인한 것이거나 그러한 부정행위가 없더라도 하자가 있음을 알았거나 중대한 과실로 알지 못한 경우 등을 의미한다.

③ 행정청의 공적 견해표명이 있었는지 여부를 판단함에 있어서는, 반드시 행정조직상의 형식적인 권한분장에 구애될 것은 아니고, 담당자의 조직상의 지위와 임무, 당해 언동을 하게 된 구체적인 경위 및 그에 대한 상대방의 신뢰가능성에 비추어 실질에 의하여 판단하여야 한다.

④ 행정청은 권한 행사의 기회가 있음에도 불구하고 장기간 권한을 행사하지 아니하여 국민이 그 권한이 행사되지 아니할 것으로 믿을 만한 정당한 사유가 있는 경우에는 그 권한을 행사해서는 아니 되지만, 공익 또는 제3자의 이익을 현저히 해칠 우려가 있는 경우는 예외이다.

02 개인적 공권에 대한 설명으로 옳지 않은 것은?

① 환경영향평가 대상지역 밖의 주민이라 할지라도 공유수면매립면허처분 등으로 인하여 그 처분 전과 비교하여 수인한도를 넘는 환경피해를 받거나 받을 우려가 있는 경우에는, 공유수면매립면허처분 등으로 인하여 환경상 이익에 대한 침해 또는 침해우려가 있다는 것을 입증함으로써 그 처분 등의 무효확인을 구할 원고적격을 인정받을 수 있다.

② 공무원연금 수급권과 같은 사회보장수급권은 헌법 규정만으로는 이를 실현할 수 없어 법률에 의한 형성이 필요하고, 그 구체적인 내용 즉 수급요건 등은 법률에 의하여 비로소 확정된다.

③ 행정처분에 있어서 수익처분의 상대방은 그의 권리나 법률상 보호되는 이익이 침해되었다고 볼 수 없으므로 달리 특별한 사정이 없는 한 그 수익처분의 취소를 구할 이익이 없다.

④ 행정계획은 행정기관 내부의 행동 지침에 불과하므로, 도시계획구역 내 토지 등을 소유하고 있는 주민은 입안권자에게 도시계획입안을 요구할 수 있는 법규상 또는 조리상의 신청권이 없다.

03 무효등 확인소송에 대한 설명으로 옳은 것은?

① 무효확인판결에는 취소판결의 기속력에 관한 규정이 준용되지 않는다.
② 무효등 확인소송의 제기 당시에 원고적격을 갖추었다면 상고심 계속 중에 원고적격을 상실하더라도 그 소는 적법하다.
③ 행정처분의 무효란 행정처분이 처음부터 아무런 효력도 발생하지 아니한다는 의미이므로 무효등 확인소송에 대해서는 집행정지가 인정되지 아니한다.
④ 행정처분의 당연무효를 주장하여 그 무효확인을 구하는 행정소송에 있어서는 원고에게 그 행정처분이 무효인 사유를 주장 · 입증할 책임이 있다.

04 행정소송의 피고에 대한 설명으로 옳지 않은 것은?

① 취소소송은 다른 법률에 특별한 규정이 없는 한 그 처분 등을 행한 행정청을 피고로 하지만, 처분 등이 있은 뒤에 그 처분 등에 관계되는 권한이 다른 행정청에 승계된 때에는 이를 승계한 행정청을 피고로 한다.
② 조례가 집행행위의 개입 없이도 그 자체로서 직접 국민의 구체적인 권리 · 의무나 법적 이익에 영향을 미치는 등의 법률상 효과를 발생하는 경우 무효확인소송의 피고는 당해 조례를 통과시킨 지방의회가 된다.
③ 「행정소송법」상 원고가 피고를 잘못 지정한 때에는 법원은 원고의 신청에 의하여 결정으로써 피고의 경정을 허가할 수 있다.
④ 행정처분을 행할 적법한 권한 있는 상급행정청으로부터 내부위임을 받은 데 불과한 하급행정청이 권한 없이 행정처분을 한 경우 실제로 그 처분을 행한 하급행정청을 피고로 하여야 할 것이지 그 처분을 행할 적법한 권한 있는 상급행정청을 피고로 할 것은 아니다.

05 행정조사에 대한 설명으로 옳지 않은 것은?

① 우편물 통관검사절차에서 이루어지는 우편물의 개봉, 시료채취, 성분분석 등의 검사는 수출입물품에 대한 적정한 통관 등을 목적으로 한 행정조사의 성격을 가지는 것으로서 압수 · 수색영장 없이도 이러한 검사를 진행할 수 있다.
② 세무조사결정은 납세자의 권리 · 의무에 직접 영향을 미치는 공권력의 행사에 따른 행정작용으로서 항고소송의 대상이 된다.
③ 「행정조사기본법」에 따르면 조사대상자의 자발적인 협조에 따라 실시하는 행정조사에 대하여 조사대상자가 조사에 응할 것인지에 대한 응답을 하지 아니하는 경우에는 법령 등에 특별한 규정이 없는 한 그 조사를 거부한 것으로 본다.
④ 「행정조사기본법」상 행정조사를 실시하기 전에 관련 사항을 미리 통지하는 경우 증거인멸 등으로 행정조사의 목적을 달성할 수 없다고 판단되는 때에는, 행정기관의 장은 행정조사 종료 후 지체 없이 행정조사의 목적 등을 조사대상자에게 구두로 통지할 수 있다.

06 위법한 직무집행행위로 인한 손해배상책임에 대한 설명으로 옳지 않은 것은?

① 「국가배상법」상 '공무원'이라 함은 널리 공무를 위탁받아 실질적으로 공무에 종사하고 있는 일체의 자를 가리키는 것으로서, 단지 공무의 위탁이 일시적인 사항에 관한 활동을 위한 것은 포함되지 않는다.
② 「국가배상법」이 정한 배상청구의 요건인 '공무원의 직무'에는 권력적 작용만이 아니라 행정지도와 같은 비권력적 공행정작용도 포함된다.
③ 어떠한 행정처분이 후에 항고소송에서 위법한 것으로서 취소되었다고 하더라도 그로써 곧 당해 행정처분이 공무원의 고의 또는 과실에 의한 불법행위를 구성한다고 단정할 수는 없다.
④ 헌법상 과잉금지의 원칙 내지 비례의 원칙을 위반하여 국민의 기본권을 침해한 국가작용은 국가배상책임에 있어 법령을 위반한 가해행위가 된다.

07 행정행위에 대한 설명으로 옳은 것만을 모두 고르면?

> ㉠ 변상금 부과처분에 대한 취소소송이 진행 중인 경우 부과권자는 위법한 처분을 스스로 취소하고 그 하자를 보완하여 다시 적법한 부과처분을 할 수 없다.
> ㉡ 행정청이 「도시 및 주거환경정비법」 등 관련 법령에 근거하여 행하는 조합설립인가처분은 사인들의 조합설립행위에 대한 보충행위로서의 성질을 갖는 것에 그친다.
> ㉢ 「여객자동차 운수사업법」에 따른 개인택시운송사업면허는 특정인에게 권리나 이익을 부여하는 재량행위이다.
> ㉣ 귀화허가는 외국인에게 대한민국 국적을 부여함으로써 국민으로서의 법적 지위를 포괄적으로 설정하는 행위에 해당한다.

① ㉠, ㉡
② ㉡, ㉢
③ ㉢, ㉣
④ ㉠, ㉢, ㉣

08 국가배상에 대한 설명으로 옳은 것은?

① 「국가배상법」에 따른 손해배상의 소송은 배상심의회에 배상신청을 하지 아니하면 제기할 수 없다.
② 국가배상소송을 제기하는 경우 민사소송이 아니라 공법상 당사자소송으로 제기하여야 한다.
③ 군 복무 중 사망한 사람의 유족이 국가배상을 받은 경우, 관할 행정청 등은 「군인연금법」상 사망보상금에서 소극적 손해배상금 상당액을 공제할 수 있을 뿐, 이를 넘어 정신적 손해배상금까지 공제할 수는 없다.
④ 공공시설물의 하자로 손해를 입은 외국인에게는 해당 국가와 상호 보증이 없더라도 「국가배상법」이 적용된다.

09 행정절차에 대한 설명으로 옳지 않은 것은?

① 「행정절차법」상 행정청은 처분을 할 때에 단순·반복적인 처분 또는 경미한 처분으로서 당사자가 그 이유를 명백히 알 수 있는 경우에는 처분 후 당사자가 요청하더라도 당사자에게 그 근거와 이유를 제시하지 않아도 된다.
② 육군3사관학교의 사관생도에 대한 징계절차에서 징계심의대상자가 대리인으로 선임한 변호사가 징계위원회 심의에 출석하여 진술하려고 하였음에도, 징계권자나 그 소속 직원이 변호사가 징계위원회의 심의에 출석하는 것을 막은 후 내린 징계위원회의 징계의결에 따른 징계처분은 특별한 사정이 없는 한 위법하여 원칙적으로 취소되어야 한다.
③ 공무원 인사관계 법령에 의한 처분에 관한 사항 전부에 대하여 「행정절차법」의 적용이 배제되는 것이 아니라 성질상 행정절차를 거치기 곤란하거나 불필요하다고 인정되는 처분이나 행정절차에 준하는 절차를 거치도록 하고 있는 처분의 경우에만 「행정절차법」의 적용이 배제된다.
④ 군인사법령에 의하여 진급예정자명단에 포함된 자에 대하여 「행정절차법」상 의견제출의 기회를 부여하지 아니한 채 진급선발을 취소한 처분은 위법하다.

10 「공공기관의 정보공개에 관한 법률」상 정보공개청구에 대한 설명으로 옳지 않은 것은?

① 정보의 공개를 청구하는 자는 정보공개청구서에 청구대상 정보를 기재함에 있어서 사회일반인의 관점에서 청구대상정보의 내용과 범위를 확정할 수 있을 정도로 특정함을 요한다.

② 공공기관이 공개청구의 대상이 된 정보를 공개는 하되, 청구인이 신청한 공개방법 이외의 방법으로 공개하기로 하는 결정을 하였다면, 이는 정보공개청구 중 정보공개방법에 관한 부분에 대하여 일부 거부처분을 한 것이고, 청구인은 그에 대하여 항고소송으로 다툴 수 있다.

③ 「유아교육법」에 따른 사립유치원은 공공기관의 정보공개에 관한 법령상 공공기관에 해당하지 않는다.

④ 행정청이 정보를 공개하는 경우에 그 정보의 원본이 더럽혀지거나 파손될 우려가 있거나 그 밖에 상당한 이유가 있다고 인정할 때에는 그 정보의 사본·복제물을 공개할 수 있다.

11 행정소송에 대한 설명으로 옳지 않은 것은?

① 해당 처분을 다툴 법률상 이익이 있는지 여부는 직권조사사항으로 이에 관한 당사자의 주장은 직권발동을 촉구하는 의미밖에 없으므로, 원심법원이 이에 관하여 판단하지 않았다고 하여 판단유탈의 상고이유로 삼을 수 없다.

② 행정청은 「민사소송법」상의 보조참가를 할 수 있을 뿐만 아니라 「행정소송법」에 의한 소송참가를 할 수 있고 공법상 당사자소송의 원고가 된다.

③ 부작위위법확인의 소에 있어 당사자가 행정청에 대하여 어떠한 행정행위를 하여 줄 것을 요구할 수 있는 법규상 또는 조리상 권리를 갖고 있지 아니한 경우에는 원고적격이 없거나 항고소송의 대상인 위법한 부작위가 있다고 볼 수 없어 그 부작위위법확인의 소는 부적법하다.

④ 국가가 국토이용계획과 관련한 지방자치단체의 장의 기관위임사무의 처리에 관하여 지방자치단체의 장을 상대로 취소소송을 제기하는 것은 허용되지 않는다.

12 행정대집행에 대한 설명으로 옳지 않은 것은?

① 관계 법령상 행정대집행의 절차가 인정되어 행정청이 행정대집행의 방법으로 건물의 철거 등 대체적 작위의무의 이행을 실현할 수 있는 경우에는 따로 민사소송의 방법으로 그 의무의 이행을 구할 수 없다.

② 「공익사업을 위한 토지 등의 취득 및 보상에 관한 법률」에 따른 토지 등의 협의취득은 사법상 계약에 해당하므로, 협의취득시 부담한 의무는 행정대집행의 대상이 되지 않는다.

③ 「행정대집행법」에 따르면 대집행에 요한 비용을 징수하였을 때에는 그 징수금은 사무비의 소속에 따라 국고 또는 지방자치단체의 수입으로 한다.

④ 자기완결적 신고에 해당하는 대문설치신고가 형식적 하자가 없는 적법한 요건을 갖춘 신고임에도 불구하고 관할 행정청이 수리를 거부한 후 당해 대문의 철거명령을 하였더라도, 후행행위인 대문철거 대집행계고처분이 당연무효가 되는 것은 아니다.

13 행정의 실효성 확보수단에 대한 설명으로 옳지 않은 것은?

① 행정법상의 질서벌인 과태료의 부과처분과 형사처벌을 병과하는 것은 일사부재리의 원칙에 반하지 않는다는 것이 대법원의 입장이다.
② 계고서라는 명칭의 1장의 문서로서 일정기간 내에 위법건축물의 자진철거를 명함과 동시에 그 소정기한 내에 자진철거를 하지 아니할 때에는 대집행할 뜻을 미리 계고한 경우라면 「건축법」에 의한 철거명령과 「행정대집행법」에 의한 계고처분의 요건이 충족된 것은 아니다.
③ 직접강제는 행정대집행이나 이행강제금 부과의 방법으로는 행정상 의무 이행을 확보할 수 없거나 그 실현이 불가능한 경우에 실시하여야 한다.
④ 과세관청이 체납처분으로서 행하는 공매는 우월한 공권력의 행사로서 행정소송의 대상이 되는 공법상의 행정처분이며 공매에 의하여 재산을 매수한 자는 그 공매처분이 취소된 경우에 그 취소처분의 위법을 주장하여 행정소송을 제기할 법률상 이익이 있다.

14 행정입법에 대한 설명으로 옳지 않은 것은?

① 위임명령이 위임 내용을 구체화하는 단계를 벗어나 새로운 입법을 한 것으로 평가할 수 있다면 이는 위임의 한계를 일탈한 것으로서 허용되지 않는다.
② 교육부장관이 대학입시기본계획에서 내신성적 산정기준에 관한 시행지침을 마련하여 시 · 도교육감에게 통보한 경우, 각 고등학교에서 위 지침에 일률적으로 기속되어 내신성적을 산정할 수밖에 없고 대학에서도 이를 그대로 내신성적으로 인정하여 입학생을 선발할 수밖에 없으므로 내신성적 산정지침은 항고소송의 대상이 되는 행정처분에 해당한다.
③ 법규명령이 법률상 위임의 근거가 없어 무효였더라도 사후에 법 개정으로 위임의 근거가 부여되면 그 때부터는 유효한 법규명령이 된다.
④ 행정청이 개인택시운송사업면허발급 여부를 심사함에 있어서 이미 설정된 면허기준의 해석상 당해 신청이 면허발급의 우선순위에 해당함이 명백함에도 면허거부처분을 하였다면 특별한 사정이 없는 한 그 거부처분은 위법한 처분이 된다.

15 행정행위의 부관에 대한 설명으로 옳지 않은 것은?

① 행정처분에 붙은 부담인 부관이 제소기간 도과로 확정되어 이미 불가쟁력이 생긴 경우에도 그 부담의 이행으로서 하게 된 사법상 매매 등의 법률행위의 효력을 다툴 수 있다.

② 부담부 행정처분에 있어서 처분의 상대방이 부담을 이행하지 아니한 경우에 처분청이 이를 들어 당해 처분을 철회할 수 없다.

③ 지방국토관리청장이 일부 공유수면매립지에 대하여 한 국가 귀속처분은 매립준공인가를 함에 있어서 매립의 면허를 받은 자의 매립지에 대한 소유권취득을 규정한 구 「공유수면매립법」의 법률효과를 일부 배제하는 부관을 붙인 것이다.

④ 부담이 처분 당시 법령을 기준으로 적법하다면 처분 후 부담의 전제가 된 주된 행정처분의 근거 법령이 개정됨으로써 행정청이 더 이상 부관을 붙일 수 없게 되었다 하더라도 곧바로 위법하게 되거나 그 효력이 소멸하게 되는 것은 아니다.

16 행정행위의 하자에 대한 설명으로 옳지 않은 것은?

① 수익적 행정처분의 취소 제한에 관한 법리는 처분청이 수익적 행정처분을 직권으로 취소하는 경우에 적용되는 법리일 뿐 쟁송취소의 경우에는 적용되지 않는다.

② 구 「학교보건법」상 학교환경위생정화구역에서의 금지행위 및 시설의 해제 여부에 관한 행정처분을 함에 있어 학교환경위생정화위원회 심의절차를 누락하였다면, 특별한 사정이 없는 한 이는 행정처분을 위법하게 하는 취소사유가 된다.

③ 행정청이 청문서 도달기간을 어겼다면 당사자가 이에 대하여 이의 하지 아니한 채 스스로 청문일에 출석하여 방어의 기회를 충분히 가졌더라도 청문서 도달기간을 준수하지 아니한 하자가 치유되는 것은 아니다.

④ 토지등급결정내용의 개별통지가 있었다고 볼 수 없어 토지등급결정이 무효라면, 토지소유자가 그 결정 이전이나 이후에 토지등급결정내용을 알았다 하더라도 개별통지의 하자가 치유되는 것은 아니다.

17 행정계획에 대한 설명으로 옳지 않은 것은?

① 후행 도시계획결정을 하는 행정청이 선행 도시계획의 결정·변경 등에 관한 권한을 가지고 있지 아니한 경우 선행 도시계획과 양립할 수 없는 내용이 포함된 후행 도시계획결정은 다른 특별한 사정이 없는 한 무효이다.

②「도시 및 주거환경정비법」에 따라 인가·고시된 관리처분계획은 구속적 행정계획으로서 처분성이 인정된다.

③ 도시계획시설의 지정으로 말미암아 당해 토지의 이용가능성이 배제되거나 또는 토지소유자가 토지를 종래 허용된 용도대로도 사용할 수 없기 때문에 이로 인하여 현저한 재산적 손실이 발생하는 경우에는, 원칙적으로 국가나 지방자치단체는 이에 대한 보상을 해야 한다.

④ 도시계획시설결정의 장기미집행으로 인해 재산권이 침해된 경우, 도시계획시설결정의 실효를 주장할 수 있고, 이는 헌법상 재산권으로부터 당연히 직접 도출되는 권리이다.

18 이행강제금에 대한 설명으로 옳지 않은 것은?

①「건축법」상 이행강제금은 시정명령의 불이행이라는 과거의 위반행위에 대한 제재이다.

② 행정청은 이행강제금을 부과받은 자가 납부기한까지 이행강제금을 내지 아니하면 국세강제징수의 예 또는「지방행정제재·부과금의 징수 등에 관한 법률」에 따라 징수한다.

③ 처분의 근거법령에 의하면「비송사건절차법」에 따라 이행강제금 부과처분에 불복하도록 규정하고 있었지만, 관할청이 이행강제금 부과처분을 하면서 재결청에 행정심판을 청구하거나 관할 행정법원에 행정소송을 할 수 있다고 잘못 안내한 경우라도 이행강제금 부과처분에 대해 행정법원에 항고소송을 제기할 수 없다.

④「건축법」상 이행강제금을 부과받은 사람이 이행강제금사건의 제1심결정 후 항고심결정이 있기 전에 사망한 경우, 항고심결정은 당연무효이고, 이미 사망한 사람의 이름으로 제기된 재항고는 보정할 수 없는 흠결이 있는 것으로서 부적법하다.

19 손실보상에 대한 설명으로 옳은 것만을 모두 고르면?

> ㉠ 공공필요에 의한 재산권의 수용·사용 또는 제한 및 그에 대한 보상은 법률로써 하되, 정당한 보상을 지급하여야 한다.
> ㉡ 「하천법」 부칙과 이에 따른 특별조치법이 하천구역으로 편입된 토지에 대하여 손실보상청구권을 규정하였다고 하더라도 당해 법률규정이 아니라 관리청의 보상금지급결정에 의하여 비로소 손실보상청구권이 발생한다.
> ㉢ 「공익사업을 위한 토지 등의 취득 및 보상에 관한 법률」상 보상금의 증감에 관한 소송인 경우 그 소송을 제기하는 자가 토지소유자 또는 관계인일 때에는 지방토지수용위원회 또는 중앙토지수용위원회를 피고로 한다.
> ㉣ 수용재결에 불복하여 취소소송을 제기하는 때에는 이의신청을 거친 경우에도 수용재결을 한 중앙토지수용위원회 또는 지방토지수용위원회를 피고로 하여 수용재결의 취소를 구하여야 하지만, 이의신청에 대한 재결 자체에 고유한 위법이 있는 경우에는 그 이의재결을 한 중앙토지수용위원회를 피고로 하여 이의재결의 취소를 구할 수 있다.

① ㉠, ㉡
② ㉠, ㉣
③ ㉡, ㉢
④ ㉡, ㉢, ㉣

20 판례의 입장으로 옳지 않은 것은?

① 교원소청심사위원회의 결정은 학교법인에 대하여 기속력을 가지지만 기속력은 그 결정의 주문에 포함된 사항에 미치는 것이지 그 전제가 된 요건사실의 인정과 불리한 처분 등의 구체적 위법사유에 관한 판단에까지 미치는 것은 아니다.
② 어업권면허에 선행하는 우선순위결정은 행정청이 우선권자로 결정된 자의 신청이 있으면 어업권면허처분을 하겠다는 것을 약속하는 행위로서 행정처분이 아니다.
③ 행정지도가 강제성을 띠지 않은 비권력적 작용으로서 행정지도의 한계를 일탈하지 않았다면, 그로 인하여 상대방에게 어떤 손해가 발생하였다 하더라도 행정기관은 그에 대한 손해배상책임이 없다.
④ 「공익사업을 위한 토지 등의 취득 및 보상에 관한 법률」상 적법하게 시행된 공익사업으로 인하여 이주하게 된 주거용 건축물 세입자의 주거이전비 보상청구권은 공법상의 권리이고, 따라서 그 보상을 둘러싼 쟁송은 민사소송이 아니라 공법상의 법률관계를 대상으로 하는 행정소송에 의하여야 한다.

행정법총론 | 2023년 국가직 9급

모바일 OMR

회독 CHECK 1 2 3

지문의 내용에 대해 학설의 대립 등 다툼이 있는 경우 판례에 의함

01 행정절차법령상 처분의 신청에 대한 설명으로 옳지 않은 것은?

① 행정청은 신청인의 편의를 위하여 다른 행정청에 신청을 접수하게 할 수 있다.

② 행정청은 신청에 구비서류의 미비 등 흠이 있는 경우 접수를 거부하여야 한다.

③ 행정청은 처리기간이 "즉시"로 되어 있는 신청의 경우에는 접수증을 주지 아니할 수 있다.

④ 행정청은 다수의 행정청이 관여하는 처분을 구하는 신청을 접수한 경우에는 관계 행정청과의 신속한 협조를 통하여 그 처분이 지연되지 아니하도록 하여야 한다.

02 행정행위의 취소와 철회에 대한 설명으로 옳지 않은 것은?

① 「행정기본법」은 직권취소나 철회의 일반적 근거규정을 두고 있고, 직권취소나 철회는 개별법률의 근거가 없어도 가능하다.

② 행정행위의 철회 사유는 행정행위가 성립되기 이전에 발생한 것으로서 행정행위의 효력을 존속시킬 수 없는 사유를 말한다.

③ 수익적 처분이 상대방의 허위 기타 부정한 방법으로 인하여 행하여졌다면 상대방은 그 처분이 그와 같은 사유로 인하여 취소될 것임을 예상할 수 있으므로, 이러한 경우까지 상대방의 신뢰를 보호하여야 하는 것은 아니다.

④ 수익적 행정처분을 직권취소할 때에는 이를 취소하여야 할 중대한 공익상 필요와 취소로 인하여 처분상대방이 입게 될 기득권과 법적 안정성에 대한 침해 정도 등 불이익을 비교·교량한 후 공익상 필요가 처분상대방이 입을 불이익을 정당화할 만큼 강한 경우에 한하여 취소할 수 있다.

03 행정행위의 부관에 대한 설명으로 옳지 않은 것은?

① 수익적 행정처분에 있어서는 법령에 특별한 근거규정이 있는 경우에만 그 부관으로서 부담을 붙일 수 있다.

② 기선선망어업의 허가를 하면서 운반선, 등선 등 부속선을 사용할 수 없도록 제한한 부관은 그 어업허가의 목적달성을 사실상 어렵게 하여 그 본질적 효력을 해하는 것이므로 위법한 것이다.

③ 부관은 면허 발급 당시에 붙이는 것뿐만 아니라 면허 발급 이후에 붙이는 것도 법률에 명문의 규정이 있거나 변경이 미리 유보되어 있는 경우 또는 상대방의 동의가 있는 경우 등에는 특별한 사정이 없는 한 허용된다.

④ 토지소유자가 토지형질변경행위허가에 붙은 기부채납의 부관에 따라 토지를 국가나 지방자치단체에 기부채납한 경우, 기부채납의 부관이 당연무효이거나 취소되지 아니한 이상 토지소유자는 위 부관으로 인하여 기부채납계약의 중요부분에 착오가 있음을 이유로 기부채납계약을 취소할 수 없다.

04 공법관계와 사법관계의 구별에 대한 설명으로 옳지 않은 것은?

① 국유재산 중 행정재산의 사용허가는 공법관계이나, 한국공항공단이 무상사용허가를 받은 행정재산에 대하여 하는 전대행위는 사법관계이다.

② 조달청장이 「예산회계법」에 따라 계약을 체결하거나 입찰보증금 국고귀속조치를 취하는 것은 사법관계에 해당한다.

③ 국유재산의 무단점유에 대한 변상금부과는 공법관계에 해당하나, 국유 일반재산의 대부행위는 사법관계에 해당한다.

④ 조달청장이 법령에 근거하여 입찰참가자격을 제한하는 것은 사법관계에 해당한다.

05 「행정기본법」상 제재처분의 제척기간인 5년이 지나면 제재처분을 할 수 없는 경우는?

① 제재처분을 하지 아니하면 국민의 안전 · 생명 또는 환경을 심각하게 해치거나 해칠 우려가 있는 경우

② 거짓이나 그 밖의 부정한 방법으로 인허가를 받거나 신고를 한 경우

③ 정당한 사유 없이 행정청의 조사 · 출입 · 검사를 기피 · 방해 · 거부하여 제척기간이 지난 경우

④ 당사자가 인허가나 신고의 위법성을 경과실로 알지 못한 경우

06 행정입법에 대한 설명으로 옳지 않은 것은?

① 총리령 · 부령의 제정절차는 대통령령의 경우와는 달리 국무회의의 심의는 거치지 않아도 된다.

② 법령보충적 행정규칙은 물론이고 재량권 행사의 준칙이 되는 행정규칙이 행정의 자기구속원리에 따라 대외적 구속력을 가지는 경우에는 헌법소원의 대상이 될 수 있다.

③ 상위법령의 위임이 없음에도 상위법령에 규정된 처분 요건에 해당하는 사항을 부령에서 변경하여 규정한 경우 그 부령의 규정은 국민에 대한 대외적 구속력이 있다.

④ 「특정다목적댐법」에서 댐 건설로 손실을 입으면 국가가 보상해야 하고 그 절차와 방법은 대통령령으로 제정토록 명시되어 있음에도 미제정된 경우, 법령제정의 여부는 「행정소송법」상 부작위위법확인소송의 대상이 될 수 없다.

07 행정행위의 하자에 대한 설명으로 옳은 것은?

① 과세처분의 취소를 구하는 행정소송에서 선행처분인 개별공시지가결정의 위법을 독립된 위법사유로 주장할 수 있다.

② 재건축조합설립인가처분 당시 동의율을 충족하지 못한 하자는 후에 추가동의서가 제출되었다는 사정만으로도 치유된다.

③ 적법한 건축물에 대한 철거명령은 그 하자가 중대하고 명백하여 당연무효라고 할 것이지만, 그 후행행위인 건축물철거 대집행계고처분은 당연무효라고 할 수 없다.

④ 세액산출근거가 기재되지 아니한 납세고지서에 의한 부과처분은 강행법규에 위반하여 취소대상이 된다고 할 것이지만 이와 같은 하자는 납세의무자가 전심절차에서 이를 주장하지 아니하였거나, 그 후 부과된 세금을 자진납부하였다거나, 또는 조세채권의 소멸시효기간이 만료된 경우 치유된다.

08 항고소송의 대상에 대한 설명으로 옳지 않은 것은?

① 어떠한 처분에 법령상 근거가 있는지, 「행정절차법」에서 정한 처분절차를 준수하였는지는 소송요건 심사단계에서 고려하여야 한다.

② 병무청장이 「병역법」에 따라 병역의무 기피자의 인적사항 등을 인터넷 홈페이지에 게시하는 등의 방법으로 공개한 경우 병무청장의 공개결정은 항고소송의 대상이 되는 행정처분이다.

③ 국민건강보험공단이 행한 '직장가입자 자격상실 및 자격변동 안내' 통보는 가입자 자격의 변동 여부 및 시기를 확인하는 의미에서 한 사실상 통지행위에 불과할 뿐, 항고소송의 대상이 되는 행정처분에 해당하지 않는다.

④ 행정청의 행위가 '처분'에 해당하는지가 불분명한 경우에는 그에 대한 불복방법 선택에 중대한 이해관계를 가지는 상대방의 인식가능성과 예측가능성을 중요하게 고려하여 규범적으로 판단하여야 한다.

09 공익신고자 丙은 甲이 「국민기초생활 보장법」상의 복지급여를 부정수급하고 있다고 관할 乙행정청에 신고하였다. 이에 대하여 甲은 乙에게 부정수급 신고를 한 자와 그 내용에 대해 정보공개청구를 하였다. 이후 甲은 乙의 비공개결정통지를 받았고(2022.8.26.) 이에 대해 국민권익위원회에 고충민원을 제기하였으나(2022.9.16.), 국민권익위원회로부터 乙의 결정은 문제가 없다는 안내를 받았다(2022.10.26.). 그리고 甲은 乙의 비공개결정의 취소를 구하는 행정심판을 제기하게 되었다(2022.12.27.). 이에 대한 설명으로 옳은 것만을 모두 고르면?

> ㉠ 「개인정보 보호법」상 정보주체에게 열람청구권이 보장되어 있더라도, 甲은 이에 근거하여 乙에게 신고자에 대한 정보공개를 요구하여 그 정보를 받을 수 없다.
>
> ㉡ 甲의 행정심판청구는 행정심판 제기기간 내에 이루어졌으므로 적법하다.
>
> ㉢ 甲의 국민권익위원회에 대한 고충민원 제기는 이의신청에 해당하므로, 고충민원에 대한 답변을 받은 날이 행정심판 제기기간의 기산점이 된다.
>
> ㉣ 학술 · 연구를 위하여 일시적으로 체류하는 외국인 丙은 「국민기초생활 보장법」상의 복지급여 지급기준에 대해 정보공개를 청구할 권리가 인정된다.

① ㉠, ㉡
② ㉠, ㉣
③ ㉡, ㉢
④ ㉠, ㉢, ㉣

10 「행정절차법」상 송달과 처분절차에 대한 설명으로 옳지 않은 것은?

① 처분기준의 설정 · 공표의 규정은 침익적 처분뿐만 아니라 수익적 처분의 경우에도 적용된다.
② 정보통신망을 이용하여 전자문서로 송달하는 경우에는 송달받을 자가 지정한 컴퓨터 등에 입력된 때에 도달된 것으로 본다.
③ 공청회가 개최는 되었으나 정상적으로 진행되지 못하고 무산된 횟수가 2회인 경우 온라인공청회를 단독으로 개최할 수 있다.
④ 송달이 불가능한 경우에는 송달받을 자가 알기 쉽도록 관보, 공보, 게시판, 일간신문 중 하나 이상에 공고하고 인터넷에도 공고하여야 한다.

11 「질서위반행위규제법」상 과태료에 대한 설명으로 옳지 않은 것은?

① 신분에 의하여 성립하는 질서위반행위에 신분이 없는 자가 가담한 때에는 신분이 없는 자에 대하여도 질서위반행위가 성립한다.
② 하나의 행위가 2 이상의 질서위반행위에 해당하는 경우에는 각 질서위반행위에 대하여 정한 과태료 중 가장 중한 과태료를 부과한다.
③ 자신의 행위가 위법하지 아니한 것으로 오인하고 행한 질서위반행위는 그 오인에 정당한 이유가 있는 때에 한하여 과태료를 부과하지 아니한다.
④ 행정청이 위반사실을 적발하면 과태료를 부과받을 자의 주소지를 관할하는 지방법원에 통보하여야 하고, 당해 법원은 「비송사건절차법」에 따라 결정으로써 과태료를 부과한다.

12 「행정조사기본법」상 행정조사에 대한 설명으로 옳지 않은 것은?

① 행정기관의 장은 조사원이 조사목적의 달성을 위하여 한 시료채취로 조사대상자에게 손실을 입힌 때에는 그 손실을 보상하여야 한다.
② 개별 법령 등에서 행정조사를 규정하고 있지 않더라도, 행정기관은 조사대상자가 자발적으로 협조하는 경우에는 행정조사를 실시할 수 있다.
③ 행정기관의 장은 조사대상자의 신상이나 사업비밀 등이 유출될 우려가 있으므로 인터넷 등 정보통신망을 통하여 조사대상자로 하여금 자료의 제출 등을 하게 할 수 없다.
④ 행정기관의 장은 당해 행정기관 내의 2 이상의 부서가 동일하거나 유사한 업무분야에 대하여 동일한 조사대상자에게 행정조사를 실시하는 경우에는 공동조사를 하여야 한다.

13 판례의 입장으로 옳지 않은 것은?

① 거부처분에 대한 집행정지는 그 거부처분으로 인하여 신청인에게 생길 손해를 방지하는 데 아무런 보탬이 되지 아니하므로 허용되지 않는다.
② 사정판결의 요건인 처분의 위법성은 변론 종결 시를 기준으로 판단하고, 공공복리를 위한 사정판결의 필요성은 처분 시를 기준으로 판단하여야 한다.
③ 집행정지의 요건으로 규정하고 있는 '공공복리에 중대한 영향을 미칠 우려'가 없을 것이라고 할 때의 '공공복리'는 그 처분의 집행과 관련된 구체적이고도 개별적인 공익을 말하는 것으로서 이러한 집행정지의 소극적 요건에 대한 주장 · 소명책임은 행정청에게 있다.
④ 「도시 및 주거환경정비법」에 근거한 조합설립인가처분은 행정주체로서의 지위를 부여하는 설권적 처분이고, 조합설립결의는 조합설립인가처분의 요건이므로, 조합설립결의에 하자가 있다면 그 하자를 이유로 직접 항고소송의 방법으로 조합설립인가처분의 취소 또는 무효확인을 구하여야 한다.

14 「국가배상법」상 이중배상금지에 대한 판례의 입장으로 옳지 않은 것은?

① 「국가배상법」 제2조 제1항 단서에서 정한 '다른 법령의 규정'에 따른 보상금청구권이 모두 시효로 소멸된 경우라고 하더라도 「국가배상법」 제2조 제1항 단서 규정이 적용된다.

② 경찰공무원인 피해자가 「공무원연금법」에 따라 공무상 요양비를 지급받는 것은 「국가배상법」 제2조 제1항 단서에서 정한 '다른 법령의 규정'에 따라 보상을 지급받는 것에 해당하지 않는다.

③ 훈련으로 공상을 입은 군인이 「국가배상법」에 따라 손해배상금을 지급받은 다음 「보훈보상대상자 지원에 관한 법률」이 정한 보훈급여금의 지급을 청구하는 경우, 국가는 「국가배상법」 제2조 제1항 단서에 따라 그 지급을 거부할 수 있다.

④ 군인이 교육훈련으로 공상을 입은 경우라도 「군인연금법」 또는 「국가유공자예우 등에 관한 법률」에 의하여 재해보상금 · 유족연금 · 상이연금 등 별도의 보상을 받을 수 없는 경우에는 「국가배상법」 제2조 제1항 단서의 적용 대상에서 제외하여야 한다.

15 다음 사례에 대한 설명으로 옳은 것은?

> A구 의회 의원인 甲은 공무원을 폭행하는 등 의원으로서 품위를 손상시키는 행위를 하였다. 이러한 사유를 들어 A구 의회는 甲을 의원직에서 제명하는 의결을 하였다. 이에 甲은 위 제명의결을 행정소송의 방법으로 다투고자 한다.

① 甲이 제명의결을 행정소송으로 다투는 경우 소송의 유형은 무효확인소송으로 하여야 하며 취소소송으로는 할 수 없다.

② A구 의회는 입법기관으로서 행정청의 지위를 가지지 못하므로 甲에 대한 제명의결을 다투는 행정소송에서는 A구 의회 사무총장이 피고가 되어야 한다.

③ 「행정소송법」 제12조의 '법률상 이익' 개념에 관하여 법률상 이익구제설에 따르는 판례에 의하면 甲은 제명의결을 다툴 원고적격을 갖지 못한다.

④ 법원이 甲이 제기한 행정소송을 받아들여 소송의 계속 중에 甲의 임기가 만료되었더라도 수소법원은 소의 이익을 인정할 수 있다.

16 행정소송에 대한 설명으로 옳지 않은 것은?

① 건축물의 하자를 다투는 입주예정자들은 건물의 사용검사처분에 대해 제3자효 행정행위의 차원에서 행정소송을 통해 다툴 수 있다.

② 당사자소송으로 서울행정법원에 제기할 것을 민사소송으로 지방법원에 제기하여 판결이 내려진 경우, 그 판결은 관할위반에 해당한다.

③ 민사소송인 소가 서울행정법원에 제기되었는데도 피고가 제1심법원에서 관할위반이라고 항변하지 않고 본안에서 변론을 한 경우에는 제1심법원에 변론관할이 생긴다.

④ 환경부장관이 생태 · 자연도 1등급으로 지정되었던 지역을 2등급으로 변경하는 내용의 생태 · 자연도 수정 · 보완을 고시하는 경우, 1등급지역에 거주하던 인근 주민은 생태 · 자연도 등급변경처분의 무효확인을 구할 원고적격이 없다.

17 손실보상에 대한 설명으로 옳은 것은?

① 「공익사업을 위한 토지 등의 취득 및 보상에 관한 법률」상 사업시행자와 토지소유자 사이의 협의취득에 대한 분쟁은 민사소송으로 다투어야 한다.

② 「공익사업을 위한 토지 등의 취득 및 보상에 관한 법률」에 따라 사업인정고시가 된 후 토지의 사용으로 인하여 토지의 형질이 변경되는 경우에 토지소유자는 중앙토지수용위원회에 그 토지의 매수청구권을 행사할 수 있다.

③ 헌법재판소는 「개발제한구역의 지정 및 관리에 관한 특별조치법」 제11조 제1항 등에 대한 위헌소원 사건에서 토지의 효용이 감소한 토지소유자에게 토지매수청구권을 인정하는 등 보상규정을 두었지만 적절한 손실보상에 해당하지 않는다고 위헌결정을 하였다.

④ 사업시행자는 동일한 사업지역에 보상시기를 달리하는 동일인 소유의 토지 등이 여러 개가 있는 경우 토지 등의 소유자가 일괄보상을 요구하더라도 「공익사업을 위한 토지 등의 취득 및 보상에 관한 법률」에 따라 단계적으로 보상금을 지급하여야 한다.

18 행정의 실효성 확보수단에 대한 대법원 판례의 입장으로 옳지 않은 것은?

① 행정법상의 질서벌인 과태료의 부과처분과 형사처벌은 그 성질이나 목적을 달리하는 별개의 것이므로 행정법상의 질서벌인 과태료를 납부한 후에 형사처벌을 한다고 하여 이를 일사부재리의 원칙에 반하는 것이라고 할 수는 없다.

② 「건축법」상 시정명령을 받은 의무자가 그 시정명령의 취지에 부합하는 의무를 이행하기 위한 정당한 방법으로 행정청에 신청 또는 신고를 하였으나 행정청이 위법하게 이를 거부 또는 반려함으로써 결국 그 처분이 취소되기에 이르렀더라도, 이행강제금 제도의 취지에 비추어 볼 때 그 시정명령의 불이행을 이유로 이행강제금을 부과할 수 있다.

③ 건물의 소유자에게 위법건축물을 일정기간까지 철거할 것을 명함과 아울러 불이행할 때에는 대집행한다는 내용의 철거대집행 계고처분을 고지한 후 이에 불응하자 다시 제2차, 제3차 계고서를 발송하여 일정기간까지의 자진철거를 촉구하고 불이행하면 대집행을 한다는 뜻을 고지한 경우, 제2차, 제3차의 계고처분은 새로운 철거의무를 부과한 것이 아니라 대집행기한을 연기통지한 것에 불과하다.

④ 관할 행정청이 여객자동차운송사업자가 범한 여러 가지 위반행위 중 일부만 인지하여 과징금 부과처분을 하였는데 그 후 과징금 부과처분 시점 이전에 이루어진 다른 위반행위를 인지하여 이에 대하여 별도의 과징금 부과처분을 하게 되는 경우, 종전 과징금 부과처분의 대상이 된 위반행위와 추가 과징금 부과처분의 대상이 된 위반행위에 대하여 일괄하여 하나의 과징금 부과처분을 하는 경우와의 형평을 고려하여 추가 과징금 부과처분의 처분양정이 이루어져야 한다.

19 서훈 또는 서훈취소에 대한 설명으로 옳은 것만을 모두 고르면?

> ㉠ 서훈취소는 대통령이 국가원수로서 행하는 행위이지만 통치행위는 아니다.
> ㉡ 서훈은 서훈대상자의 특별한 공적에 의하여 수여되는 고도의 일신전속적 성격을 가지는 것이므로 유족이라고 하더라도 처분의 상대방이 될 수 없다.
> ㉢ 건국훈장 독립장이 수여된 망인에 대한 서훈취소를 국무회의에서 의결하고 대통령이 결재함으로써 서훈취소가 결정된 후에 국가보훈처장이 망인의 유족에게 독립유공자 서훈취소결정 통보를 하였다면 서훈취소처분취소소송에서의 피고적격은 국가보훈처장에 있다.
> ㉣ 국가보훈처장이 서훈추천 신청자에 대한 서훈추천을 거부한 것은 항고소송의 대상으로 볼 수는 없어 항고소송을 제기할 수는 없으나 행정권력의 부작위에 대한 헌법소원으로서 다툴 수 있다.

① ㉠, ㉡
② ㉠, ㉣
③ ㉠, ㉢, ㉣
④ ㉡, ㉢, ㉣

20 행정대집행에 대한 설명으로 옳지 않은 것은?

① 행정대집행은 「행정기본법」상 행정상 강제에 해당한다.
② 대집행에 요한 비용은 「국세징수법」의 예에 의하여 징수할 수 있다.
③ 「행정대집행법」상 대집행의 대상이 되는 대체적 작위의무는 공법상 의무이어야 한다.
④ 대집행에 요한 비용에 대하여서는 행정청은 사무비의 소속에 따라 국세와 동일한 순위의 선취득권을 가지며, 대집행에 요한 비용을 징수하였을 때에는 그 징수금은 국고의 수입으로 한다.

행정법총론 | 2023년 지방직 9급

모바일 OMR

회독 CHECK 1 2 3

지문의 내용에 대해 학설의 대립 등 다툼이 있는 경우 판례에 의함

01 자동화된 행정결정에 대한 설명으로 옳지 않은 것은?

① 자동화된 행정결정의 예로는 컴퓨터를 통한 중 · 고등학생의 학교배정, 신호등에 의한 교통신호 등이 있다.

② 「행정기본법」상 자동적 처분은 항고소송의 대상이 된다.

③ 「행정기본법」상 자동적 처분을 할 수 있는 '완전히 자동화된 시스템'에는 '인공지능 기술을 적용한 시스템'이 포함되지 않는다.

④ 「행정기본법」은 재량행위에 대해서 자동적 처분을 허용하지 않고 있다.

02 법치행정의 원칙에 대한 설명으로 옳지 않은 것은?

① 규율대상이 국민의 기본권 및 기본적 의무와 관련한 중요성을 가질수록 그리고 그에 관한 공개적 토론의 필요성 또는 상충하는 이익 사이의 조정 필요성이 클수록, 그것이 국회의 법률에 의해 직접 규율될 필요성은 더 증대된다고 보아야 한다.

② 법률의 시행령은 법률에 의한 위임 없이도 법률이 규정한 개인의 권리 · 의무에 관한 내용을 변경 · 보충하거나 법률에 규정되지 아니한 새로운 내용을 규정할 수 있다.

③ 법률유보의 원칙은 '법률에 의한 규율'만을 요청하는 것이 아니라 '법률에 근거한 규율'을 요청하는 것이기 때문에 기본권의 제한에는 법률의 근거가 필요할 뿐이고 기본권 제한의 형식이 반드시 법률의 형식일 필요는 없다.

④ 행정작용은 법률에 위반되어서는 아니 되며, 국민의 권리를 제한하거나 의무를 부과하는 경우와 그 밖에 국민생활에 중요한 영향을 미치는 경우에는 법률에 근거해야 한다.

03 행정입법의 사법적 통제에 대한 설명으로 옳지 않은 것은?

① 중앙선거관리위원회규칙은 법규명령이므로 구체적 규범통제의 대상이 될 수 있다.

② 처분적 법규명령은 무효등확인소송 또는 취소소송의 대상이 된다.

③ 대법원 이외의 각급법원도 구체적 규범통제의 방법으로 법규명령 조항에 대한 위헌 · 위법 판단을 할 수 있다.

④ 행정입법부작위는 부작위위법확인소송의 대상이 된다.

04 행정의 실효성 확보 수단에 대한 설명으로 옳지 않은 것은?

① 구「국세징수법」상 가산금 또는 중가산금의 고지는 항고소송의 대상이 되는 처분이 아니다.

② 지방자치단체 소속 공무원이 지방자치단체 고유의 자치사무를 수행하던 중 구「도로법」에 위반하는 행위를 한 경우 지방자치단체는 구「도로법」상 양벌규정에 따라 처벌대상이 되는 법인에 해당한다.

③ 구「음반 · 비디오물 및 게임물에 관한 법률」상 불법게임물에 대한 수거 및 폐기조치는 행정상 즉시강제에 해당한다.

④ 공매처분을 하면서 체납자에게 공매통지를 하지 않았거나 공매통지를 하였지만 그것이 적법하지 아니하다 하더라도 공매처분 자체는 위법하지 않다.

05 사인의 공법행위에 대한 설명으로 옳은 것은?

① 공무원에 의해 제출된 사직원은 그에 터잡은 의원면직처분이 있을 때까지 철회될 수 있고, 일단 면직처분이 있고 난 이후에도 자유로이 취소 및 철회될 수 있다.

② 시장 등의 주민등록전입신고 수리 여부에 대한 심사는「주민등록법」의 입법 목적의 범위 내에서 제한적으로 이루어져야 하는바, 전입신고자가 30일 이상 생활의 근거로서 거주할 목적으로 거주지를 옮기는지 여부가 심사 대상으로 되어야 한다.

③ 행정청은 신청에 구비서류의 미비 등 흠이 있는 경우 원칙상 형식적 · 절차적인 요건만을 보완요구하여야 하므로 실질적인 요건에 관한 흠이 민원인의 단순한 착오나 일시적인 사정 등에 기인한 경우에도 보완을 요구할 수 없다.

④ 사인의 공법행위는 원칙적으로 발신주의에 따라 그 효력이 발생한다.

06 행정소송의 판결에 대한 설명으로 옳지 않은 것은?

① 처분 등을 취소하는 확정판결은 제3자에 대하여도 효력이 있다.

② 취소 확정판결의 기속력은 판결의 주문 및 전제가 되는 처분 등의 구체적 위법사유에 관한 판단에도 미치므로, 종전 처분이 판결에 의하여 취소되었다면 종전 처분의 처분사유와 기본적 사실관계에서 동일하지 않은 다른 사유를 들어서 새로이 동일한 내용을 처분하는 것 또한 확정판결의 기속력에 저촉된다.

③ 법원은 원고의 청구가 이유있다고 인정하는 경우에도 처분 등을 취소하는 것이 현저히 공공복리에 적합하지 아니하다고 인정하는 때에는 원고의 청구를 기각할 수 있다.

④ 과세의 절차 내지 형식에 위법이 있어 과세처분을 취소하는 판결이 확정되었을 경우 과세관청은 그 위법사유를 보완하여 다시 새로운 과세처분을 할 수 있고, 그 새로운 과세처분은 확정판결에 의하여 취소된 종전의 과세처분과는 별개의 처분이다.

07 행정상 사실행위에 대한 설명으로 옳지 않은 것은?

① 행정상 사실행위의 예로는 폐기물 수거, 행정지도, 대집행의 실행, 행정상 즉시강제 등이 있다.

② 행정청이 위법 건축물에 대한 단전 및 전화통화 단절조치를 요청한 것은 항고소송의 대상이 되는 행정처분이라고 볼 수 없다.

③ 교도소장이 영치품인 티셔츠 사용을 재소자에게 불허한 행위는 항고소송의 대상이 되는 행정처분에 해당한다.

④ 교도소 내 마약류 관련 수형자에 대한 교도소장의 소변강제채취는 권력적 사실행위이나 헌법소원의 대상은 아니다.

08 **행정의 실효성 확보 수단에 대한 설명으로 옳지 않은 것은?**

① 「농지법」상 이행강제금 부과처분에 대한 불복은 「비송사건절차법」에 따른 재판절차뿐만 아니라 「행정소송법」상 항고소송 절차에 따를 수 있다.

② 관계 법령상 행정대집행의 절차가 인정되어 행정청이 행정대집행의 방법으로 건물의 철거 등 대체적 작위의무의 이행을 실현할 수 있는 경우에는 따로 민사소송의 방법으로 그 의무의 이행을 구할 수 없다.

③ 「행정조사기본법」에 따르면 조사대상자의 자발적인 협조를 얻어 행정조사를 실시하고자 하는 경우 조사대상자는 문서 · 전화 · 구두 등의 방법으로 당해 행정조사를 거부할 수 있다.

④ 통고처분은 상대방의 임의의 승복을 그 발효요건으로 하기 때문에 그 자체만으로는 통고이행을 강제하거나 상대방에게 아무런 권리 · 의무를 형성하지 않으므로 행정심판이나 행정소송의 대상으로서의 처분성을 인정할 수 없다.

09 **다음 각 사례에 대한 설명으로 옳은 것만을 모두 고르면?**

> • 행정청 甲은 국유 일반재산인 건물 1층을 5년간 대부하는 계약을 乙과 체결하면서 대부료는 1년에 1억으로 정하였고 6회에 걸쳐 분납하기로 하였다. 甲은 乙이 1년간 대부료를 납부하지 않자, 체납한 대부료를 납부할 것을 통지하였다. 「국유재산법」에 따르면 국유재산의 대부료 등이 납부기한까지 납부되지 아니한 경우에는 「국세징수법」상의 강제징수에 관한 규정을 준용하고 있다.
> • 행정청 甲은 국가 소유의 땅을 무단점유하여 사용하고 있는 丙에게 변상금 100만 원 부과처분을 하였다.

> ㉠ 甲이 乙에게 대부하는 행위는 공권력의 주체로서 상대방의 의사 여하에 불구하고 일방적으로 행하는 행정처분이 아니다.
> ㉡ 甲은 대부료를 납부하지 않은 乙을 상대로 민사소송을 제기하여 대부료 지급을 구해야 한다.
> ㉢ 변상금 부과처분은 순전히 사경제 주체로서 행하는 사법상의 법률행위이므로, 丙은 그 처분에 대해 민사소송을 제기하여 다툴 수 있다.

① ㉠
② ㉡
③ ㉠, ㉢
④ ㉠, ㉡, ㉢

10 행정지도에 대한 설명으로 옳지 않은 것은?

① 행정기관은 행정지도의 상대방이 행정지도에 따르지 아니하였다는 것을 이유로 불이익한 조치를 하여서는 아니 된다.
② 행정기관이 같은 행정목적을 실현하기 위하여 많은 상대방에게 행정지도를 하려는 경우에는 특별한 사정이 없으면 행정지도에 공통적인 내용이 되는 사항을 공표하여야 한다.
③ 위법한 행정지도에 따라 행한 사인의 행위는 위법성이 조각되어 범법행위가 되지 않는다.
④ 행정지도가 강제성을 띠지 않은 비권력적 작용으로서 행정지도의 한계를 일탈하지 아니하였다면, 그로 인하여 상대방에게 손해가 발생하였다 하더라도 행정기관은 손해배상책임이 없다.

11 행정행위의 하자의 승계에 대한 설명으로 옳지 않은 것은?

① 2개 이상의 행정처분이 연속적 또는 단계적으로 이루어지는 경우 선행처분과 후행처분이 서로 합하여 1개의 법률효과를 완성하는 때에는 선행처분에 하자가 있으면 그 하자는 후행처분에 승계된다.
② 선행처분과 후행처분이 서로 독립하여 별개의 법률효과를 발생 시키는 경우에는 선행처분에 불가쟁력이 생겨 그 효력을 다툴 수 없게 되면 수인한도를 넘는 가혹함을 가져오며 그 결과가 당사자에게 예측가능하지 않더라도 하자의 승계가 인정되지 않는다.
③ 과세관청의 선행처분인 소득금액변동통지에 하자가 존재하더라도 당연무효사유에 해당하지 않는 한 후행처분인 징수처분에 대한 항고소송에서 그 하자를 다툴 수 없다.
④ 수용보상금의 증액을 구하는 소송에서는 선행처분으로서 그 수용 대상 토지 가격 산정의 기초가 된 비교표준지공시지가결정의 위법을 독립된 사유로 주장할 수 있다.

12 「행정소송법」상 당사자소송에 대한 설명으로 옳지 않은 것은?

① 당사자소송이란 행정청의 처분 등을 원인으로 하는 법률관계에 관한 소송, 그 밖에 공법상의 법률관계에 관한 소송으로서 그 법률관계의 한쪽 당사자를 피고로 하는 소송을 의미한다.
② 공법상 계약의 한쪽 당사자가 다른 당사자를 상대로 효력을 다투거나 이행을 청구하는 소송은 공법상의 법률관계에 관한 분쟁이므로 분쟁의 실질이 공법상 권리 · 의무의 존부 · 범위에 관한 다툼이 아니라 손해배상액의 구체적인 산정방법 · 금액에 국한되는 등의 특별한 사정이 없는 한 당사자소송으로 제기하여야 한다.
③ 명예퇴직한 법관이 미지급 명예퇴직수당액에 대하여 가지는 권리는 명예퇴직수당 지급대상자 결정 절차를 거쳐 명예퇴직수당규칙에 의하여 확정된 공법상 법률관계에 관한 권리로서, 그 지급을 구하는 소송은 당사자소송에 해당하며, 그 법률관계의 당사자인 국가를 상대로 제기하여야 한다.
④ 당사자소송은 공법상 법률관계에 관한 소송이므로 이를 본안으로 하는 가처분에 대하여는 「민사집행법」상 가처분에 관한 규정이 준용되지 않는다.

13 「공공기관의 정보공개에 관한 법률」상 정보공개에 대한 설명으로 옳은 것만을 모두 고르면?

> ㉠ 모든 국민은 정보의 공개를 청구할 권리를 가진다.
> ㉡ 법무부령인 「검찰보존사무규칙」은 행정기관 내부의 사무처리준칙인 행정규칙이지만, 「검찰보존사무규칙」상의 열람 · 등사의 제한은 「공공기관의 정보공개에 관한 법률」 제9조 제1항 제1호의 '다른 법률 또는 법률에 의한 명령에 의하여 비공개사항으로 규정된 경우'에 해당한다.
> ㉢ 해당 정보를 취득 또는 활용할 의사가 전혀 없이 정보공개 제도를 이용하여 사회통념상 용인될 수 없는 부당한 이득을 얻으려 하거나, 오로지 공공기관의 담당 공무원을 괴롭힐 목적으로 정보공개청구를 하는 경우 권리 남용에 해당함이 명백하므로 정보공개청구권의 행사가 허용되지 아니한다.
> ㉣ 청구인이 정보공개와 관련한 공공기관의 결정에 대하여 불복이 있거나 정보공개청구 후 10일이 경과하도록 정보공개 결정이 없는 때에는 「행정심판법」에서 정하는 바에 따라 행정심판을 청구할 수 있다.

① ㉠, ㉡
② ㉠, ㉢
③ ㉡, ㉣
④ ㉢, ㉣

14 국가배상에 대한 설명으로 옳지 않은 것은?

① 시 · 도경찰청장 또는 경찰서장이 지방자치단체의 장으로부터 권한을 위탁받아 설치 · 관리하는 신호기의 하자로 인해 손해가 발생한 경우 「국가배상법」 제5조 소정의 배상책임의 귀속 주체는 국가뿐이다.
② 헌법재판소 재판관이 청구기간 내에 제기된 헌법소원심판청구 사건에서 청구기간을 오인하여 각하결정을 한 경우, 이에 대한 불복절차 내지 시정절차가 없는 때에는 배상책임의 요건이 충족되는 한 국가배상책임을 인정할 수 있다.
③ 영조물의 설치 · 관리자와 비용부담자가 다른 경우 피해자에게 손해를 배상한 자는 내부관계에서 그 손해를 배상할 책임이 있는 자에게 구상할 수 있다.
④ 군 복무 중 사망한 군인 등의 유족이 「국가배상법」에 따른 손해배상금을 지급받은 경우 그 손해배상금 상당 금액에 대해서는 「군인연금법」에서 정한 사망보상금을 지급받을 수 없다.

15 행정소송의 심리에 대한 설명으로 옳지 않은 것은?

① 「행정소송법」에 따르면 법원은 필요하다고 인정할 때에는 직권으로 증거조사를 할 수 있으나, 당사자가 주장하지 아니한 사실에 대하여는 판단할 수 없다.

② 법원은 행정처분 당시 행정청이 알고 있었던 자료뿐만 아니라 사실심 변론종결 당시까지 제출된 모든 자료를 종합하여 처분 당시 존재하였던 객관적 사실을 확정하고 그 사실에 기초하여 처분의 위법 여부를 판단할 수 있다.

③ 「행정소송법」에 따르면 법원은 당사자의 신청이 있는 때에는 결정으로써 재결을 행한 행정청에 대하여 행정심판에 관한 기록의 제출을 명할 수 있고, 제출명령을 받은 행정청은 지체없이 당해 행정심판에 관한 기록을 법원에 제출하여야 한다.

④ 결혼이민[F-6 (다)목] 체류자격을 신청한 외국인에 대하여 행정청이 그 요건을 충족하지 못하였다는 이유로 거부처분을 하는 경우 '그 요건을 갖추지 못하였다는 판단', 즉 '혼인파탄의 주된 귀책사유가 국민인 배우자에게 있지 않다는 판단' 자체가 처분 사유가 되는바, 결혼이민[F-6 (다)목] 체류자격 거부처분 취소소송에서 그 처분사유에 관한 증명책임은 피고 행정청에 있다.

16 「공익사업을 위한 토지 등의 취득 및 보상에 관한 법률」에 대한 설명으로 옳지 않은 것은?

① 구 「하천법」에 의한 하천수 사용권은 「공익사업을 위한 토지 등의 취득 및 보상에 관한 법률」이 손실보상의 대상으로 규정하고 있는 '물의 사용에 관한 권리'에 해당한다.

② 토지수용위원회의 재결에 대한 토지소유자의 행정소송 제기는 사업의 진행 및 토지의 수용 또는 사용을 정지시키지 아니한다.

③ 사업인정은 공익사업의 시행자에게 그 후 일정한 절차를 거칠 것을 조건으로 일정한 내용의 수용권을 설정하여 주는 형성행위이다.

④ 어떤 보상항목이 공익사업을 위한 토지 등의 취득 및 보상에 관한 법령상 손실보상대상에 해당함에도 관할 토지수용위원회가 사실을 오인하거나 법리를 오해함으로써 손실보상대상에 해당하지 않는다고 잘못된 내용의 재결을 한 경우에는, 피보상자는 관할 토지수용위원회를 상대로 재결취소소송을 제기하여야 한다.

17 다음 사례에 대한 설명으로 옳은 것은?

> 식품접객업을 하는 甲은 청소년의 연령을 확인하지 않고 주류를 판매한 사실이 적발되어 관할 행정청 乙로부터 「식품위생법」 위반을 이유로 영업정지 2개월을 부과받자 관할 행정심판위원회 丙에 행정심판을 청구하였다.

① 丙은 영업정지 2개월에 갈음하여 「식품위생법」 소정의 과징금으로 변경할 수 없다.

② 甲이 丙의 기각재결을 받은 후 재결 자체에 고유한 하자가 있음을 주장하며 그 기각재결에 대하여 취소소송을 제기한 경우, 수소법원은 심리 결과 재결 자체에 고유한 위법이 없다면 각하판결을 하여야 한다.

③ 丙이 영업정지처분을 취소하는 재결을 할 경우, 乙은 이 인용재결의 취소를 구하는 행정소송을 제기할 수 없다.

④ 丙은 행정심판의 심리과정에서 甲의 「식품위생법」상의 또 다른 위반 사실을 인지한 경우, 乙의 2개월 영업정지와는 별도로 1개월 영업정지를 추가하여 부과하는 재결을 할 수 있다.

18 「행정절차법」에 대한 설명으로 옳지 않은 것은?

① 처분기준을 공표하는 것이 해당 처분의 성질상 현저히 곤란하거나 공공의 안전 또는 복리를 현저히 해치는 것으로 인정될 만한 상당한 이유가 있는 경우에는 처분기준을 공표하지 아니할 수 있다.

② 행정처분의 상대방에 대한 청문통지서가 반송되었거나 행정처분의 상대방이 청문일시에 불출석하였다는 이유만으로 행정청이 관계 법령상 그 실시가 요구되는 청문을 실시하지 아니하고 한 침해적 행정처분은 위법하다.

③ 「행정절차법」상 사전통지 및 의견제출에 대한 권리를 부여하고 있는 '당사자 등'에는 불이익처분의 직접 상대방인 당사자와 행정청이 직권으로 또는 신청에 따라 행정절차에 참여하게 한 이해관계인, 그 밖에 제3자가 포함된다.

④ 행정청이 처분을 하면서 당사자가 그 근거를 알 수 있을 정도로 이유를 제시한 경우에는 처분의 근거와 이유를 구체적으로 명시하지 않았더라도 그로 말미암아 그 처분이 위법하다고 볼 수는 없다.

19 「질서위반행위규제법」에 대한 설명으로 옳지 않은 것은?

① 질서위반행위 후 법률이 변경되어 그 행위가 질서위반행위에 해당하지 아니하게 되거나 과태료가 변경되기 전의 법률보다 가볍게 된 때에는 법률에 특별한 규정이 없는 한 변경된 법률을 적용하여야 한다.

② 고의 또는 과실이 없는 질서위반행위라고 하더라도 과태료를 부과할 수 있다.

③ 행정청의 과태료 부과에 불복하는 당사자는 과태료 부과 통지를 받은 날부터 60일 이내에 해당 행정청에 서면으로 이의제기를 할 수 있다.

④ 법원이 심문 없이 과태료 재판을 하고자 하는 때에는 당사자와 검사는 특별한 사정이 없는 한 약식재판의 고지를 받은 날부터 7일 이내에 이의신청을 할 수 있다.

20 인가에 대한 설명으로 옳지 않은 것은?

①「자동차관리법」상 자동차관리사업자로 구성하는 사업자단체인 조합 또는 협회의 설립인가처분은 자동차관리사업자들의 단체결성행위를 보충하여 효력을 완성시키는 처분에 해당한다.

② 구「도시 및 주거환경정비법」상 조합설립추진위원회 구성승인처분은 조합의 설립을 위한 주체인 추진위원회의 구성행위를 보충하여 그 효력을 부여하는 처분이다.

③ 주택재개발정비사업조합이 수립한 사업시행계획에 하자가 있음에도 불구하고 관할 행정청이 해당 사업시행계획에 대한 인가처분을 하였다면, 그 인가처분에는 고유한 하자가 없더라도 사업시행계획의 무효를 주장하면서 곧바로 그에 대한 인가처분의 무효확인이나 취소를 구하여야 한다.

④ 구「도시 및 주거환경정비법」상 토지소유자들이 조합을 설립하지 아니하고 직접 도시환경정비사업을 시행하고자 하는 경우에 내려진 사업시행인가처분은 설권적 처분의 성격을 가진다.

PART 5

행정학개론

- 2025년 국가직 9급
- 2025년 지방직 9급
- 2024년 국가직 9급
- 2024년 지방직 9급
- 2023년 국가직 9급
- 2023년 지방직 9급

출제경향

2025년 국가직

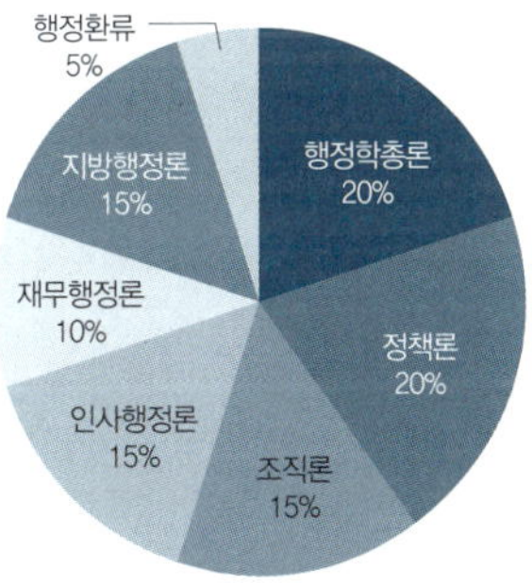

2025년 지방직

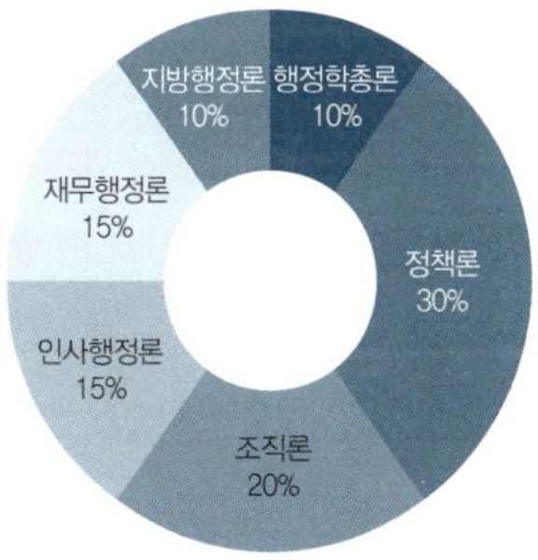

2024년 국가직

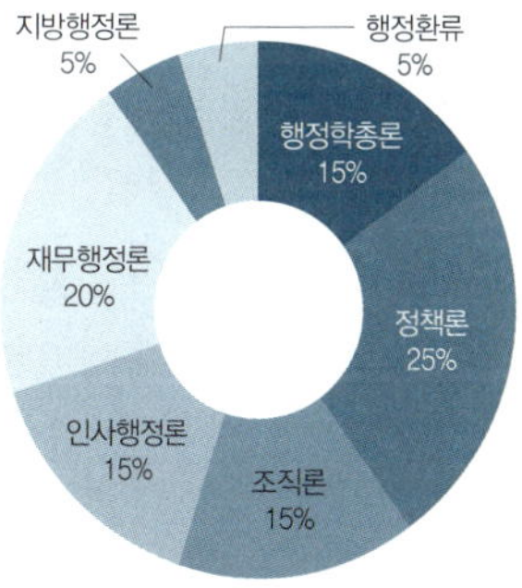

2024년 지방직

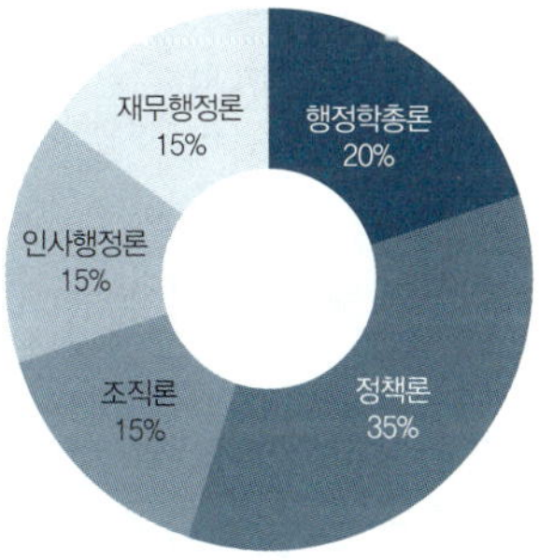

2023년 국가직

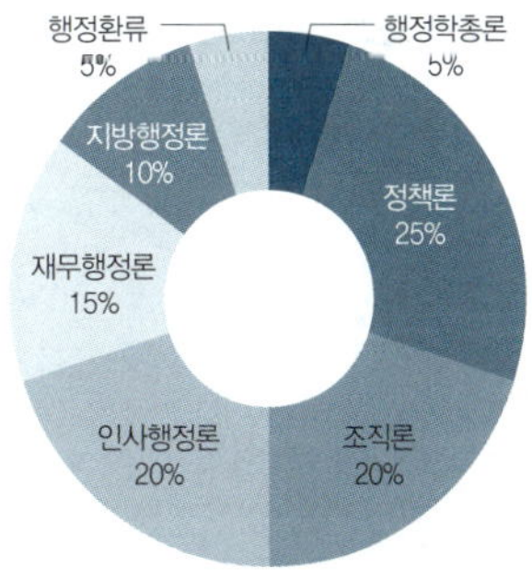

2023년 지방직

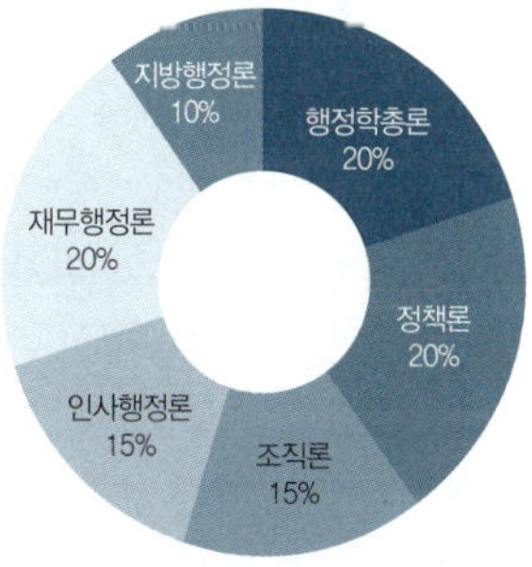

행정학개론 | 2025년 국가직 9급

모바일 OMR

회독 CHECK 1 2 3

01 정부실패(government failure)의 원인 중 다음 설명에 해당하는 것은?

> 비공식적 목표가 공식적 조직 목표를 대체하는 현상으로서, 관료 자신이 개인적 이익이나 소속기관의 이익을 사회적 목표보다 우선 고려함으로써 사회 전체의 목표와 조직 내부 목표 간 괴리가 발생하는 것이다.

① 파생적 외부효과　② X－비효율성
③ 권력의 편재　④ 내부성

02 신행정론에 대한 설명으로 옳지 않은 것은?

① 미국의 시민권 운동, 빈곤문제 등에 대응하여 행정이 사회의 실질적 문제를 해결하지 못하고 있다는 비판에서 대두되었다.
② 논리실증주의와 행태주의를 계승하였다.
③ 행정능률 지상주의에서 탈피하여 적실성, 사회적 형평성 등 가치를 중요시한다.
④ 정치와 행정의 긴밀한 관계를 주장한 점에서 정치·행정 일원론적 관점에 가깝다.

03 정책의제설정 모형에 대한 설명으로 옳지 않은 것은?

① 외부주도모형에서는 사회문제가 공중의제를 거쳐 공식의제로 전환된다.
② 동원모형에서는 정부가 먼저 공식의제를 채택한 후 공중의제화를 시도한다.
③ 내부접근모형에서는 정부 내부자나 그들과 밀접한 관계에 있는 집단에 의해 의제가 설정된다.
④ 공고화모형에서는 대중의 지지가 낮은 정책문제에 대하여 시민사회가 주도적으로 해결을 시도한다.

04 리플리(Ripley)와 프랭클린(Franklin)이 제시한 경쟁적 규제정책에 해당하는 것은?

① 특정 기업에게 특정 노선의 항공 운항권 부여
② 공공요금 책정
③ 최저임금제도 및 근로시간 제한
④ 환경 문제를 개선하기 위한 규제

05 정책평가 유형에 대한 설명으로 옳지 않은 것은?

① 총괄평가는 정책 집행이 완료된 후 정책의 효과성과 효율성을 종합적으로 판단하는 평가이다.
② 형성평가는 일종의 예비평가로 공식 영향평가의 실행 가능성과 유용성을 검토하기 위하여 실시된다.
③ 과정평가는 정책이 의도한 대로 집행되고 있는지, 정책 집행과정의 문제점을 파악하고 개선하는 데 초점을 맞춘 평가이다.
④ 집행 모니터링은 프로그램 투입 또는 활동을 측정하고 이를 사전에 결정되거나 기대하였던 기준값과 비교하여, 프로그램이 설계에 명시된 대로 수행되고 있는지를 판단한다.

06 호그우드(Hogwood)와 피터스(Peters)가 제시한 다음의 정책변동 유형에 해당하는 것은?

> 동일한 정책문제와 관련되는 영역에서 기존 정책목표는 유지되지만, 이전의 프로그램과 조직이 새로운 것으로 대체되는 것을 의미한다. 세부적으로는 정책통합, 정책분할 등이 있다.

① 정책승계(policy succession)
② 정책쇄신(policy innovation)
③ 정책유지(policy maintenance)
④ 정책종결(policy termination)

07 기금에 대한 설명으로 옳지 않은 것은?

① 국회는 정부가 제출한 기금운용계획안의 주요항목 지출금액을 증액하는 경우에도 미리 정부의 동의를 얻어야 한다.
② 기금의 종류 중 사업성 기금에는 공무원연금기금, 기술보증기금, 무역보험기금 등이 있다.
③ 기획재정부장관은 회계연도마다 전체 기금 중 3분의 1 이상의 기금에 대해 대통령령으로 정하는 바에 따라 그 운용실태를 조사 및 평가하여야 한다.
④ 기금관리주체는 안정성, 유동성, 수익성, 공공성을 고려하여 투명하고 효율적으로 운용하여야 한다.

08 성과주의 예산제도에 대한 설명으로 옳은 것만을 모두 고르면?

> ㉠ 행정의 재량 범위를 축소시켜 입법부의 통제가 상대적으로 용이하다.
> ㉡ 각 사업마다 가능한 한 업무 측정단위를 선정하여 업무를 계량화한다.
> ㉢ 사례로는 미국 테네시계곡개발청(TVA) 사업의 예산제도가 있다.
> ㉣ 이 제도는 1970년대 미국 연방정부 예산에 도입되었다.

① ㉠, ㉡
② ㉠, ㉣
③ ㉡, ㉢
④ ㉢, ㉣

09 지방자치 이론에 대한 설명으로 옳지 않은 것은?

① 피터슨(Peterson)의 도시한계론은 엘리트론과 다원론의 정치적 자율주의 관점과 달리 시장경제의 구조적 요인을 강조하였다.
② 티부(Tiebout)는 주민들의 자유로운 이동을 통해 지방정부가 제공하는 공공서비스를 선택함으로써 효율적인 자원배분이 가능하다고 보았다.
③ 로즈(Rhodes)의 권력의존모형은 정부 간 관계에서 지방의 중앙에 대한 의존을 강조하여 상호 의존적 관계를 부정하였다.
④ 엘코크(Elcock)의 정부 간 관계 모형 중 대리인 모형은 중앙정부가 지방정부를 권력적으로 통제한다고 본다.

10 주민참여제도에 대한 설명으로 옳은 것만을 모두 고르면?

> ㉠ 주민감사청구는 사무처리가 있었던 날이나 끝난 날부터 3년이 지나면 제기할 수 없다.
> ㉡ 주민은 비례대표 지방의회의원을 포함한 모든 지방의회의원을 소환할 수 있다.
> ㉢ 지방자치단체의 사무 중 예산 편성 · 의결 및 집행에 관한 사항을 주민투표에 부칠 수 있다.
> ㉣ 주민참여예산기구의 구성 · 운영에 관한 사항은 해당 지방자치단체의 조례로 정한다.

① ㉠, ㉡
② ㉠, ㉣
③ ㉡, ㉢
④ ㉢, ㉣

11 우리나라 정부조직에 대한 설명으로 옳지 않은 것은?

① 중앙행정기관의 설치와 직무 범위는 법률로 정한다.
② 식품 및 의약품의 안전에 관한 사무를 관장하기 위하여 보건복지부 소속으로 식품의약품안전처를 둔다.
③ 국무총리가 특별히 위임하는 사무를 수행하기 위하여 부총리 2명을 둔다.
④ 특허청은 중앙책임운영기관의 유형에 해당한다.

12 관료제 비판 중 다음 설명에 해당하는 것은?

> 각 계층에서 유능한 자가 승진하고 나면 결국 무능한 자만 남게 되어 관료제의 대다수 계층이 무능력자로 채워진다.

① 번문욕례(red tape)
② 파킨슨 법칙(Parkinson's law)
③ 피터의 원리(Peter's principle)
④ 훈련된 무능(trained incapacity)

13 블라우(Blau)와 스콧(Scott)의 조직유형에 대한 설명으로 옳지 않은 것은?

① '호혜적 조직(mutual-benefit associations)'은 고객이 주요 수익자가 되는 조직이다.
② '사업조직(business concerns)'은 조직의 소유자나 관리자가 주요 수익자가 된다.
③ '서비스조직(service organizations)'의 대표적인 예는 법률상담소, 학교, 사회사업기관 등이다.
④ '공익조직(commonweal organizations)'의 대표적인 예는 일반행정기관, 경찰서, 소방서 등이다.

14 공무원의 인사이동 방식에 대한 설명으로 옳지 않은 것은?

① '승진'은 상위 직급에 적합한 인재를 하위 직급으로부터 선별해 내는 내부임용을 말한다.
② '겸임'은 한 사람의 공무원에게 둘 이상의 직위를 부여하는 것을 말한다.
③ '강임'은 같은 직렬 내에서 하위 직급에 임명하거나 하위 직급이 없어 다른 직렬의 하위 직급으로 임명하는 것을 말한다.
④ '전직'은 같은 직급 내에서의 보직 변경 또는 고위공무원단 직위 간의 보직 변경을 말한다.

15 공무원의 보수에 대한 설명으로 옳지 않은 것은?

① 직능급은 직무수행능력을 기준으로 기본급을 결정하는 보수체계이다.
② 연공급은 사람을 중심으로 하는 속인적 기본급이다.
③ 실적급은 근무실적을 기준으로 기본급을 결정하는 보수체계이다.
④ 계급제에서의 보수는 직무급이 특징이다.

16 근무성적평정 시 나타날 수 있는 오류에 대한 설명으로 옳지 않은 것은?

① '후광효과(halo effect)'는 어떤 요소에 대한 평정이 다른 요소에 대한 평정에 연쇄적으로 영향을 미치는 현상이다.
② '근접효과(recency effect)'는 최초의 근무성적에 대한 평정자의 인식이 전체 기간의 평정에 영향을 미치는 현상이다.
③ '관대화 경향(tendency of leniency)'은 실제 수준보다 더 높게 평정하여 발생하는 현상이다.
④ '집중화 경향(central tendency)'은 평정 결과가 중간 등급을 중심으로 집중되는 현상이다.

17 우리나라 공공기관 및 지방공기업에 대한 설명으로 옳지 않은 것은?

① 「지방공기업법」에 근거하여 지방공기업 경영평가가 시행되고 있다.
② 지방직영기업은 지방자치단체가 직접 운영하는 지방공기업으로 하수도, 주택사업, 토지개발사업 등의 사업을 수행한다.
③ 「공공기관의 운영에 관한 법률」에 근거하여 공공기관운영위원회를 설치하며, 행정안전부장관이 위원장이 된다.
④ 준정부기관에는 기금관리형과 위탁집행형이 있다.

18 다음 설명에 해당하는 개념은?

> 공직자는 옳은 일을 하기 위해 비도덕적인 행위를 하는 상황에 놓이기도 한다. 왈처(Walzer)가 제시한 이 개념은 공직을 통해 대표성을 지닌 개인이 국가나 공동체의 대의를 위해, 개인의 가치관이나 윤리관에서는 수용할 수 없는 결정을 내려야 하는 문제 상황을 의미한다.

① 더러운 손의 딜레마(the problem of dirty hands)
② 선택의 역설(the paradox of choice)
③ 집단행동의 딜레마(collective action problems)
④ 편견의 동원(mobilization of bias)

19 「지방재정법」상 지방재정진단제도의 내용에 해당하는 것은?

① 재정위험 수준 점검결과 재정위험 수준이 대통령령으로 정하는 기준을 초과하는 지방자치단체에 대하여 실시할 수 있다.
② 대규모의 재정적 부담을 수반하는 사업의 유치를 신청할 때 미리 지방자치단체의 재정에 미칠 영향을 평가한다.
③ 지방재정을 계획성 있게 운용하기 위하여 매년 중기지방재정계획을 수립한다.
④ 소속 공무원의 인건비를 30일 이상 지급하지 못하여 자력으로 재정위기상황을 극복하기 어렵다고 판단되는 경우 실시한다.

20 공직부패의 유형과 사례가 바르게 연결된 것은?

① 제도화된 부패－A기관은 인·허가 관련 업무를 처리할 때 민원인에게 '급행료'를 받는 것이 관례화 되어 있다.
② 회색 부패－금융위기가 심각함에도 불구하고 경제안정이라는 공익을 위해 관련 공직자 B가 문제가 없다는 거짓말을 한다.
③ 거래형 부패－회계 담당 공무원 C는 공금을 횡령하여 이익을 편취한다.
④ 조직 부패－공무원 D는 담당직무를 수행하면서 개인적으로 금품을 수수한다.

행정학개론 | 2025년 지방직 9급

모바일 OMR

회독 CHECK 1 2 3

01 직위분류제에 대한 설명으로 옳은 것만을 모두 고르면?

> ㉠ 인사의 탄력성과 융통성이 높다.
> ㉡ 사람보다는 일을 기준으로 공직을 분류한다.
> ㉢ 동일직무에 동일보수를 지급하는 보수체계 확립이 장점이다.
> ㉣ 신분이 강하게 보장되어 직업공무원제 확립에 유리하다.

① ㉠, ㉢　② ㉠, ㉣
③ ㉡, ㉢　④ ㉡, ㉣

02 입법부 우위의 전통적 예산원칙에서 '국민의 눈높이에서 국민이 쉽게 이해할 수 있도록 예산서의 과목과 구조가 작성되어야 한다'는 원칙은?

① 명료성의 원칙　② 완전성의 원칙
③ 공개성의 원칙　④ 한정성의 원칙

03 우리나라 균형인사정책에 대한 설명으로 옳지 않은 것은?

① 장애인, 지방·지역인재, 양성평등, 이공계, 저소득층을 주요 대상으로 한다.
② 지방인재채용목표제, 전국 지역인재추천채용제, 양성평등채용목표제 순으로 도입하였다.
③ 장애인 구분모집제는 선발예정인원의 일정 규모를 장애인만 응시할 수 있도록 구분하여 시험을 실시한다.
④ 사회적 소수집단의 공직진출을 위한 지원정책으로 대표관료제의 적용사례라고 할 수 있다.

04 하우스(House)의 경로－목표모형에서 부하들의 욕구를 배려하고 그들의 복지에 관심을 가지며 구성원들의 인간관계를 강조하는 리더십은?

① 지시적(directive) 리더십
② 후원적(supportive) 리더십
③ 참여적(participative) 리더십
④ 성취 지향적(achievement－oriented) 리더십

05 조직구조에 대한 설명으로 옳지 않은 것은?

① 이음매 없는(seamless) 조직은 내부적 필요에 의해 조직단위와 기능을 분산적으로 설계한다.
② 네트워크 조직은 수직적 계층의 수가 최소화되고 유기적 구조로 환경적 변화에 적응성이 높다.
③ 매트릭스 조직은 기능적 조직의 역할과 프로젝트팀의 구조적 역할을 동시에 수행하는 이중구조의 성격을 갖는다.
④ 팀제는 수평적 구조와 자율적 권한부여로 구성원의 지식과 아이디어를 모아 창의적 문제해결에 유리하다.

06 다음 설명에 해당하는 행정가치는?

> 신행정론의 등장과 함께 강조된 개념으로 민주이념 실현과정에서 정치·경제적으로 소외된 약자 및 소수집단에 대한 특별한 배려가 필요함을 의미하며 롤스(Rawls)의 '차등의 원리'가 이론적 근거이다.

① 평등성　② 형평성
③ 민주성　④ 능률성

07 정책집행의 하향적 접근법과 상향적 접근법에 대한 설명으로 옳지 않은 것은?

① 하향적 접근법은 정책결정자의 의도와 정책목표를 중시한다.

② 상향적 접근법은 집행과정을 이해하기 위해 일선집행관료의 행태에 주목한다.

③ 하향적 접근법은 정책목표와 정책수단 간 긴밀한 인과관계를 강조한다.

④ 상향적 접근법은 정책결정과 집행의 엄격한 분리를 강조한다.

08 행정이론에 대한 설명으로 옳지 않은 것은?

① 공공가치관리론에서 보즈만(Bozeman)은 정당성과 지지, 공공가치, 운영역량으로 구성된 전략적 삼각형(strategic triangle) 모형을 제시한다.

② 신공공서비스론은 정부의 역할에 대해 시장에 의한 방향잡기보다 시민에 대한 봉사를 강조한다.

③ 뉴거버넌스론은 정부와 민간부문 그리고 비영리부문 간 상호신뢰 관계에 기초한 협력적 네트워크를 강조한다.

④ 공공선택론은 공공부문의 시장경제화를 통해 시민의 편익을 극대화할 수 있는 서비스의 공급과 생산이 가능하다고 본다.

09 정책결정 모형에 대한 설명으로 옳지 않은 것은?

① 킹던(Kingdon)의 정책흐름모형은 문제의 흐름, 해결책의 흐름, 참여자의 흐름, 선택기회의 흐름을 제시한다.

② 혼합탐사모형은 정책결정을 근본적 결정과 세부적 결정으로 구분하고 지속적인 교호작용이 이루어진다고 본다.

③ 최적모형은 정책결정에 경제적 합리성과 함께 직관, 통찰력과 같은 초합리적 요소들도 고려해야 한다고 주장한다.

④ 앨리슨모형 중 조직과정모형(Model II)에 따르면 정부는 하위조직들의 집합체이며, 하위조직의 표준운영절차(SOP)에 의해 정책이 결정된다.

10 「지방자치법」상 특별지방자치단체에 대한 설명으로 옳지 않은 것은?

① 특별지방자치단체는 법인으로 한다.

② 특별지방자치단체는 2개 이상의 지방자치단체가 공동으로 특정한 목적을 위하여 광역적으로 사무를 처리할 필요가 있을 때 설치할 수 있다.

③ 구성 지방자치단체의 지방의회의원은 특별지방자치단체의 의회 의원을 겸할 수 있다.

④ 특별지방자치단체를 구성하는 지방자치단체는 상호 협의에 따른 규약을 정하여 구성 지방자치단체의 지방의회 의결을 거쳐 기획재정부장관의 승인을 받아야 한다.

11 다음 설명에 해당하는 제도는?

> 주민이 지방자치단체의 조례를 제정하거나 개정하거나 폐지할 것을 청구할 수 있는 제도로 주민의 직접 참여를 보장하고 지방자치행정의 민주성과 책임성을 높이는 것을 목적으로 한다.

① 주민소환제도 ② 주민감사청구제도
③ 주민발안제도 ④ 주민소송제도

12 우리나라 정부의 규제제도에 대한 설명으로 옳은 것은?

① 정부의 규제정책을 심의 · 조정하고 규제의 심사 · 정비 등에 관한 사항을 종합적으로 추진하기 위하여 국무총리 소속으로 규제개혁위원회를 둔다.
② 규제일몰제는 규제의 존속기한 또는 재검토기한을 정하지 않고 규제의 타당성을 주기적으로 관리하는 제도이다.
③ 포지티브 규제는 '원칙적 허용, 예외적 금지'의 형식을 갖는 규제체계를 의미한다.
④ 규제샌드박스는 특정한 신기술을 활용한 새로운 서비스 또는 제품에 관련된 기존 규제의 적용을 일정 기간 면제 또는 완화해 주는 제도이다.

13 행정기관위원회에 대한 설명으로 옳지 않은 것은?

① 행정위원회는 합의제 행정기관으로 법률에 의하여 행정기관 소관사무의 일부를 독립하여 수행할 필요가 있을 때 둔다.
② 자문위원회는 행정기관의 자문에 응해 의견을 제공하거나 심의 · 조정 · 협의를 통해 의사결정에 도움을 준다.
③ 행정위원회인 공정거래위원회는 의사결정의 권한은 갖지만 집행까지 책임지지는 않는다.
④ 다양한 이해관계자들의 참여와 의견 반영으로 다양성의 가치를 증진할 수 있다.

14 정책평가의 타당성에 대한 설명으로 옳지 않은 것은?

① 외적 타당성(external validity)은 추정된 인과관계를 다른 상황에서도 일반화시킬 수 있는가를 의미한다.
② 구성적 타당성(construct validity)은 추상적 개념과 이를 측정하는 측정도구가 얼마나 일치하는가를 의미한다.
③ 통계적 결론의 타당성(statistical conclusion validity)은 표본자료의 통계적 검증에서 도출한 결론이 얼마나 정확한가를 의미한다.
④ 내적 타당성(internal validity)에 대한 논의는 우선 외적 타당성의 확보가 전제되어야 한다.

15 우리나라 정부의 예산제도에 대한 설명으로 옳은 것은?

① 회계연도는 매년 3월 1일부터 다음 해 2월 28일까지이다.
② 예산안 국회 제출 기한은 헌법상 회계연도 개시 90일 전까지이나 「국가재정법」상 회계연도 개시 120일 전까지이다.
③ 각 중앙관서의 장은 한 회계연도가 끝나기 전에 해당 회계연도의 중앙관서결산보고서를 기획재정부장관에게 제출하여야 한다.
④ 회계연도 개시 전까지 예산안이 국회에서 의결되지 못한 경우 잠정예산을 편성해야 한다.

16 베덩(Vedung)이 강제성의 정도에 따라 분류한 정책수단에 해당하지 않는 것은?

① 규제적 도구
② 종교적 도구
③ 경제적 도구
④ 정보적 도구

17 중앙정부의 일반회계에 대한 설명으로 옳지 않은 것은?

① 조세수입 등을 주요 재원으로 한다.
② 특정한 세입과 특정한 세출의 연계를 배제한다.
③ 세출은 주로 국가의 존립과 유지를 위한 기본적 경비로 구성된다.
④ 국가의 고유 기능 수행을 위해 양곡관리, 조달, 우편 사업, 우체국예금, 책임운영기관 등 총 6개의 일반회계가 설치되어 있다.

18 정책분석 기준에 대한 설명으로 옳지 않은 것은?

① 효과성(effectiveness)이란 정책대안이 의도한 목표를 어느 정도 달성할 수 있는가를 판단하는 기준이다.
② 대응성(responsiveness)이란 정책대안이 수혜집단의 요구를 어느 정도 반영하였는가를 판단하는 기준이다.
③ 실현가능성(feasibility)이란 정책대안의 내용이 충실히 집행될 수 있는가를 판단하는 기준이다.
④ 능률성(efficiency)이란 정책대안에 따른 비용과 편익이 상이한 개인 및 집단에게 얼마나 고르게 배분될 수 있는가를 판단하는 기준이다.

19 우리나라 공무원 구분에 대한 설명으로 옳은 것은?

① 임용주체와 경비부담을 기준으로 국가공무원과 지방공무원으로 나누며 지방공무원의 임용권자에는 지방의회의 의장도 포함된다.
② 별정직 공무원은 기술 · 연구 또는 행정 일반에 대한 업무를 담당하는 경력직 공무원이다.
③ 특정직 공무원은 헌법재판소 헌법연구관, 경찰공무원, 군무원 등 특수 분야의 업무를 담당하는 특수경력직 공무원이다.
④ 정무직 공무원은 대통령, 국무총리 등 선거로 취임하거나 임명할 때 국회의 동의가 필요한 경력직공무원이다.

20 데이터기반행정에 대한 설명으로 옳지 않은 것은?

① 우리나라는 2020년 「데이터기반행정 활성화에 관한 법률」을 제정하였다.
② 데이터기반행정이란 공공기관이 생성하거나 취득하여 관리하고 있는 데이터를 수집하고 분석하여 정책 수립 및 결정에 활용하는 행정을 의미한다.
③ 데이터 분석뿐만 아니라 정책결정자의 경험에 근거한 의사결정을 지향하여 객관적이고 과학적인 행정을 구현하고자 한다.
④ 행정안전부장관은 데이터기반행정을 체계적으로 추진하기 위하여 데이터기반행정 활성화를 위한 기본계획을 3년마다 수립하여야 한다.

행정학개론 | 2024년 국가직 9급

모바일 OMR

회독 CHECK 1 2 3

01 정책과정에서 철의 삼각(iron triangle)에 해당하지 않는 것은?

① 의회 상임위원회
② 행정부 관료
③ 이익집단
④ 법원

02 실적주의 공무원제도에 대한 설명으로 옳은 것은?

① 미국에서는 잭슨(Jackson) 대통령에 의해 공식화되었다.
② 공직의 일은 건전한 상식과 인품을 가진 일반 대중 누구나 수행할 수 있는 것이라고 전제하였다.
③ 공개경쟁시험, 신분보장, 정치적 중립이 핵심적인 요소이다.
④ 사회적 형평성을 가장 중요한 가치로 삼는 인사제도이다.

03 신공공관리론에 입각한 정부개혁의 내용으로 옳지 않은 것은?

① 효율성 대신 형평성에 초점을 맞춘 고객지향적 정부 강조
② 수익자 부담 원칙의 강화
③ 정부 부문 내의 경쟁 원리 도입
④ 결과 혹은 성과 중심주의의 강조

04 시장실패에 대한 설명으로 옳지 않은 것은?

① 민영화를 강조하는 작은 정부론은 시장실패에 대한 대응으로 제기되었다.
② 시장기구를 통해 자원을 효율적으로 배분할 수 없는 상태를 말한다.
③ 정부는 시장개입 및 규제를 통해 시장실패를 교정한다.
④ 공공재의 존재는 시장실패를 야기하는 요인이다.

05 영기준예산(ZBB)에 대한 설명으로 옳지 않은 것은?

① 기존 사업과 새로운 사업을 구분하지 않고 사업의 목적, 방법, 자원에 대한 근본적인 재평가를 바탕으로 예산을 편성하는 제도이다.
② 우리나라는 정부예산에 영기준 예산제도를 적용한 경험이 있다.
③ 예산편성의 기본 단위는 의사결정 단위(decision unit)이며 조직 또는 사업 등을 지칭한다.
④ 집권화된 관리체계를 갖기 때문에 예산편성 과정에 소수의 조직구성원만이 참여하게 된다.

06 정책참여자에 대한 설명으로 옳지 않은 것은?

① 시민단체(NGO)는 비공식적 참여자로서 시민 여론을 동원해 정책의제설정, 정책대안제시, 정부의 집행활동 감시 등 정책과정 전반에 영향을 미친다.
② 정당은 공식적 참여자로서 대중의 여론을 형성하고 일반 국민에게 정책 관련 주요 정보를 전달하는 역할을 통해 정책과정에 영향을 미친다.
③ 사법부는 공식적 참여자로서 정책과 관련된 법적 쟁송이 발생한 경우 그 정책의 타당성에 대한 판결을 통해 정책에 영향을 미친다.
④ 이익집단은 비공식적 참여자로서 특정 이해관계를 공유하는 사람들의 모임이며, 구성원들의 이익을 실현하기 위해 정부에 압력을 가함으로써 정책에 영향을 미친다.

07 국고채무부담행위에 대한 설명으로 옳은 것만을 모두 고르면?

> ㉠ 사항마다 필요한 이유를 명백히 하고 그 행위를 할 연도와 상환연도, 채무부담의 금액을 표시해야 한다.
> ㉡ 국가가 금전 급부 의무를 부담하는 행위로서 그 채무이행의 책임은 다음 연도 이후에 부담됨을 원칙으로 한다.
> ㉢ 국가가 채무를 부담할 권한과 채무의 지출권한을 부여받은 것으로, 지출을 위한 국회 의결 대상에서 제외된다.
> ㉣ 단년도 예산 원칙의 예외라는 점에서 계속비와 동일하지만, 공사나 제조 및 연구개발 사업 등 대상이 한정되어 있다는 점에서는 대상이 한정되지 않는 계속비와 차이가 있다.

① ㉠, ㉡
② ㉠, ㉣
③ ㉡, ㉢
④ ㉢, ㉣

08 정책평가의 논리모형에 대한 설명으로 옳지 않은 것은?

① 정책프로그램의 요소들과 해결하려는 문제들 사이의 논리적 인과관계를 투입(input) – 활동(activity) – 산출(output) – 결과(outcome)로 도식화한다.
② 산출은 정책집행이 종료된 직후의 직접적인 결과물을 의미하며, 결과는 산출로 인해 나타나는 변화를 의미한다.
③ 과정평가이기 때문에 정책프로그램의 목표달성 여부를 보여 주지는 못한다는 한계가 있다.
④ 정책프로그램과 관련된 다양한 이해관계자의 이해도를 높일 수 있다.

09 로위(Lowi)의 정책 유형에 대한 설명으로 옳지 않은 것은?

① 정부 혹은 정치체제의 정통성과 정당성을 확보하고, 국민의 단결력이나 자부심을 높여 줌으로써 정부의 정책활동을 원활하게 하기 위한 정책은 구성정책에 해당한다.
② 기초생활보장 대상자에 대한 생활 보소금 지급 등과 같이 소득이전과 관련된 정책은 재분배정책에 해당한다.
③ 도로 건설, 하천 · 항만 사업과 같이 국민에게 공공서비스나 혜택을 제공하기 위한 정책은 분배정책에 해당한다.
④ 사회구성원이나 집단의 활동을 통제해 다른 사람이나 집단을 보호하려는 목적을 가진 정책은 규제정책에 해당한다.

10 「비영리민간단체 지원법」상 정부의 비영리민간단체 지원에 대한 설명으로 옳지 않은 것은?

① 비영리민간단체는 영리가 아닌 공익활동을 수행하는 것을 주된 목적으로 하는 민간단체이어야 한다.
② 등록비영리민간단체는 공익사업의 소요경비를 지원받을 수 있으며 소요경비의 범위는 사업비를 원칙으로 한다.
③ 등록비영리민간단체가 공익사업 추진의 보조금을 교부받고자 할 때에는 사업의 목적과 내용, 소요경비, 기타 필요한 사항을 기재한 사업계획서를 제출해야 한다.
④ 등록비영리민간단체는 보조금을 받아 수행한 공익사업을 완료한 때에는 사업보고서를 대통령에게 제출해야 하며 사업평가, 사업보고서 및 평가결과의 공개 등에 필요한 사항은 대통령령으로 정한다.

11 신고전적 조직이론인 인간관계론이 강조한 내용으로 옳은 것은?

① 기계적 능률성
② 공식적 조직구조
③ 합리적 · 경제적 인간관
④ 인간의 사회 · 심리적 요인

12 갈등관리 유형에 대한 설명으로 옳지 않은 것은?

① 회피(avoiding)는 갈등이 존재함을 알면서도 표면상으로는 그것을 무시하거나 인정하지 않음으로써 갈등 상황에 소극적으로 대응한다.
② 수용(accommodating)은 자신의 이익을 양보하고 상대방의 이익을 배려해 협조한다.
③ 타협(compromising)은 갈등 당사자 간 서로 존중하고 자신과 상대방 모두의 이익을 극대화하려는 유형으로 'win－win' 전략을 취한다.
④ 경쟁(competing)은 갈등 당사자가 자기 이익은 극대화하고 상대방의 이익은 최소화한다.

13 다음 내용에 해당하는 조직유형에 대한 설명으로 옳지 않은 것은?

A회사는 장기적인 제품개발 프로젝트 수행을 위해 각 부서에서 총 10명을 차출하여 팀을 운영하려고 한다. 이 팀에 소속된 팀원들은 원부서에서 주어진 고유 기능을 수행하면서 제품개발을 위한 별도 직무가 부여된다. 따라서 프로젝트 수행 기간 중 팀원들은 프로젝트팀장과 원소속 부서장의 지휘를 동시에 받게 된다.

① 기능구조와 사업구조를 결합한 혼합형 구조이다.
② 동태적 환경 및 부서 간 상호 의존성이 높은 상황에서 효과적이다.
③ 조직 내부의 갈등 가능성이 커질 우려가 있다.
④ 명령 계통의 다원화로 유연한 인적자원 활용이 어렵다.

14 「공직자의 이해충돌 방지법」상 '사적이해관계자'로 규정하고 있는 대상이 아닌 것은?

① 공직자 자신 또는 그 가족
② 공직자의 직무수행과 관련하여 이익 또는 불이익을 직접적으로 받는 다른 공직자
③ 공직자로 채용 · 임용되기 전 2년 이내에 공직자 자신이 재직하였던 법인 또는 단체
④ 공직자 자신 또는 그 가족이 임원 · 대표자 · 관리자 또는 사외이사로 재직하고 있는 법인 또는 단체

15 다음 설명에 해당하는 공무원 교육훈련 방법은?

> 교육 참가자들을 소그룹 규모의 팀으로 구성해 개인, 그룹 또는 조직에 중요한 의미가 있는 실제 현안 문제를 해결하면서 동시에 문제 해결 과정에 대한 성찰을 통해 학습하도록 지원하는 교육방식이다. 우리나라 정부 부문에는 2005년부터 고위공직자에 대한 교육훈련 방법으로 도입되었다.

① 액션러닝
② 역할연기
③ 감수성훈련
④ 서류함기법

16 공무원과 관할 소청심사기관의 연결로 옳지 않은 것은?

① 경기도청 소속의 지방공무원 甲 – 경기도 소청심사위원회
② 지방검찰청 소속의 검사 乙 – 법무부 소청심사위원회
③ 소방청 소속의 소방위 丙 – 인사혁신처 소청심사위원회
④ 국립대학교 소속의 교수 丁 – 교육부 교원소청심사위원회

17 지방행정제도에 대한 설명으로 옳지 않은 것은?

① 일정 조건을 충족한 주민은 해당 지방의회에 조례를 제정하거나 개정 또는 폐지할 것을 청구할 수 있다.
② 지방자치단체 간 관할 구역의 경계변경 조정 시 일정기간 이내에 경계변경자율협의체를 구성하지 못한 경우 행정안전부장관은 지방자치단체중앙분쟁조정위원회의 심의·의결을 거쳐 조정할 수 있다.
③ 정책지원 전문인력인 정책지원관 제도는 지방자치단체장의 정책기능을 강화하기 위해 도입되었다.
④ 자치경찰사무는 합의제 행정기관인 시·도지사 소속 시·도 자치경찰위원회가 관장하며 업무는 독립적으로 수행한다.

18 규제유형에 대한 설명으로 옳지 않은 것은?

① 오염배출부과금제도, 이산화탄소 배출권거래제도는 시장유인적 규제유형에 속한다.
② 포지티브 규제방식은 네거티브 규제방식에 비해 피규제자의 자율성을 더 보장한다.
③ 명령지시적 규제는 시장유인적 규제에 비해 일반 국민이 이해하기 쉽고 직관적 설득력이 높다는 장점이 있다.
④ 사회규제는 주로 사회적 영향을 야기하는 기업행동에 대한 규제를 말하며 작업장 안전 규제, 소비자 보호 규제 등이 있다.

19 「국가재정법」상 온실가스감축인지 예산제도에 대한 설명으로 옳지 않은 것은?

① 온실가스감축인지 예산제도는 정부예산의 원칙 중 하나이다.
② 온실가스감축인지 예산서에는 온실가스 감축에 대한 기대효과, 성과목표, 효과분석 등을 포함해야 한다.
③ 정부의 기금은 온실가스감축인지 예산제도의 대상에 포함되지 않는다.
④ 정부는 예산이 온실가스를 감축하는 방향으로 집행되었는지를 평가하는 보고서를 작성하여야 한다.

20 다음은 4차 산업혁명 시대의 주요 정보기술을 설명하고 있다. 이에 해당하는 것은?

> 거래정보의 기록을 중앙집중화된 서버나 관리 기능에 의존하지 않고, 분산원장(distributed ledger)을 기반으로 모든 참여자에게 분산된 형태로 배분함으로써, 데이터 관리의 탈집중화된 환경을 제공하는 기술이다.

① 인공지능(AI) ② 블록체인(block chain)
③ 빅데이터(big data) ④ 사물인터넷(IoT)

행정학개론 | 2024년 지방직 9급

모바일 OMR

회독 CHECK 1 2 3

01 애덤스(Adams)의 공정성이론에 대한 설명으로 옳지 않은 것은?

① 투입과 산출의 비율을 준거인과 비교하여 공정성을 지각한다.
② 불공정성을 느낄 때 자신의 지각을 의도적으로 왜곡하기도 한다.
③ 노력과 기술은 투입에 해당하며, 보수와 인정은 산출에 해당한다.
④ 준거인과 비교하여 과소보상자는 불공정하다고 생각하고, 과대보상자는 공정하다고 생각한다.

02 공공선택이론에 대한 설명으로 옳지 않은 것은?

① 인간을 이기적이고 합리적인 경제인으로 본다.
② 비시장적 의사결정을 경제학적 관점에서 연구한다.
③ 뷰캐넌(Buchanan), 털럭(Tullock), 오스트롬(Ostrom) 등이 대표적인 학자이다.
④ 경제주체의 집단적 선택행위를 중시하는 방법론적 집단주의 입장이다.

03 피터스(Peters)가 『미래의 국정관리(The Future of Governing)』에서 제시한 정부개혁 모형에 해당하지 않는 것은?

① 시장 모형
② 자유민주주의 모형
③ 참여 모형
④ 탈규제 모형

04 「지방공무원법」상 공무원 인사이동에 대한 설명으로 옳지 않은 것은?

① 전직은 직렬을 달리하는 임명을 말한다.
② 전보는 같은 직급 내에서 보직변경을 말한다.
③ 강임의 경우, 같은 직렬의 하위 직급이 없는 경우 다른 직렬의 하위 직급으로는 이동할 수 없다.
④ 지방자치단체의 장 또는 지방의회의 의장은 공무원을 전입시키려고 할 때에는 해당 공무원이 소속된 지방자치단체의 장 또는 지방의회 의장의 동의를 받아야 한다.

05 프로그램 예산제도에 대한 설명으로 옳지 않은 것은?

① 우리나라 중앙정부는 2007년부터 프로그램 예산제도를 도입하였다.
② 예산 전 과정을 프로그램 중심으로 구조화하고 성과평가체계와 연계시킨다.
③ 세부 업무와 단가를 통해 예산 금액을 산정하는 상향식(bottom up) 방식을 사용한다.
④ 일반회계, 특별회계, 기금이 포괄적으로 표시되어 총체적 재정배분 파악이 가능하다.

06 사회적 형평성(social equity)에 대한 설명으로 옳지 않은 것은?

① 1968년 개최된 미노부룩 회의(Minnowbrook Conference)에서 태동한 신행정론에서 강조하였다.
② 롤스(Rawls)의 『정의론』은 사회적 형평성 논의에 영향을 주었다.
③ 수직적 형평성(vertical equity)은 '동등한 여건에 있지 않은 사람을 동등하게 취급'함을 의미하며, 누진세가 그 예이다.
④ 수평적 형평성(horizontal equity)은 '동등한 여건에 있는 사람을 동등하게 취급'함을 의미하며, 동일노동 동일임금이 그 예이다.

07 다음 설명에 해당하는 정책분석기법은?

> 관련 사건이 일어났느냐 일어나지 않았느냐에 기초하여 미래에 어떤 사건이 일어날 확률에 대해서 식견 있는 판단(informed judgments)을 끌어내는 방법이다.

① 브레인스토밍
② 교차영향분석
③ 델파이기법
④ 선형경향추정

08 예산 과정에 대한 설명으로 옳지 않은 것은?

① 「국가재정법」에서는 대통령의 승인을 얻은 정부 예산안이 회계연도 개시 90일 전까지 국회에 제출되어야 한다고 규정하고 있다.
② 기획재정부장관은 국무회의의 심의를 거쳐 대통령의 승인을 얻은 다음 연도의 예산안편성지침을 매년 3월 31일까지 중앙관서의 장에게 통보해야 한다.
③ 국회 예산결산특별위원회는 소관 상임위원회에서 삭감한 세출예산 각 항의 금액을 증가하게 하거나 새 비목을 설치할 경우 소관 상임위원회의 동의를 받아야 한다.
④ 정부는 국회에 예산안을 제출한 후 부득이한 사유로 인하여 그 내용의 일부를 수정하고자 하는 때에는 국무회의의 심의를 거쳐 대통령의 승인을 얻은 수정예산안을 국회에 제출할 수 있다.

09 신공공서비스론에 대한 설명으로 옳지 않은 것은?

① 신공공관리론을 극복하기 위해 등장하였으며, 비판이론과 포스트모더니즘을 활용한다.
② 공익은 시민의 공유된 가치에 대한 담론의 결과이다.
③ 정부는 '노젓기'보다 '방향잡기'에 집중하면서 시민에게 더 많은 권력을 부여해야 한다.
④ 정부관료는 헌법과 법률, 정치 규범, 시민에 대한 대응성을 중요시해야 한다.

10 팀제 조직에 대한 설명으로 옳은 것만을 모두 고르면?

> ㉠ 결정과 기획의 핵심 기능만 남기고 사업집행 기능은 전문업체에 위탁한다.
> ㉡ 역동적 환경변화에 유연하게 적응하고 신속한 문제해결이 가능하다.
> ㉢ 기술구조 부문이 중심이 되고 작업 과정의 표준화가 주요 조정수단이다.
> ㉣ 관료제의 병리를 타파하고 업무수행에 새로운 의식과 행태의 변화 필요성으로 등장하였다.

① ㉠, ㉡
② ㉠, ㉢
③ ㉡, ㉣
④ ㉢, ㉣

11 옹호연합모형(Advocacy Coalition Framework)에 대한 설명으로 옳은 것만을 모두 고르면?

> ㉠ 정책하위체제에 초점을 두어 정책변화를 이해한다.
> ㉡ 정책지향학습은 옹호연합 내부만 아니라 옹호연합 사이에서도 발생한다.
> ㉢ 행정규칙, 예산배분, 규정의 해석에 대한 결정은 정책 핵심 신념과 관련된다.
> ㉣ 신념 체계 구조에서 규범적 핵심 신념은 관심 있는 특정 정책 규범에 적용되며, 이차적 측면(secondary aspects)보다 변화 가능성이 작다.

① ㉠, ㉡
② ㉠, ㉣
③ ㉡, ㉢
④ ㉢, ㉣

12 「공직자윤리법」에서 규정하고 있는 것만을 모두 고르면?

> ㉠ 이해충돌 방지 의무
> ㉡ 등록재산의 공개
> ㉢ 종교 중립의 의무
> ㉣ 품위 유지의 의무

① ㉠, ㉡
② ㉠, ㉣
③ ㉡, ㉢
④ ㉢, ㉣

13 밑줄 친 연구에 해당하는 것은?

> 이 <u>연구</u>에서는 정책과 성과를 연결하는 모형에 정책기준과 목표, 집행에 필요한 자원, 조직 간 의사소통과 집행 활동(enforcement activities), 집행기관의 특성, 경제 · 사회 · 정치적 조건, 정책집행자의 성향(disposition)이라는 변수를 제시하였다.

① 립스키(Lipsky)의 일선관료제 연구
② 오스트롬(Ostrom)의 제도분석 연구
③ 사바티어와 마즈마니언(Sabatier & Mazmanian)의 집행과정 연구
④ 반 미터와 반 혼(Van Meter & Van Horn)의 정책집행과정 연구

14 예산집행의 신축성 유지 방안에 대한 설명으로 옳지 않은 것은?

① 추가경정예산의 경우, 정부는 국회에서 추가경정예산안이 확정되기 전에 이를 미리 배정하거나 집행할 수 없다.
② 예비비의 경우, 정부는 예측할 수 없는 예산 외의 지출 또는 예산초과지출에 충당하기 위하여 일반회계 예산총액의 100분의 5 이내의 금액으로 세입세출예산에 계상할 수 있다.
③ 계속비의 경우, 국가가 지출할 수 있는 연한은 그 회계연도로부터 5년 이내이나, 사업규모 및 국가재원 여건을 고려하여 필요한 경우에는 예외적으로 10년 이내로 할 수 있다.
④ 각 중앙관서의 장은 예산의 목적범위 안에서 재원의 효율적 활용을 위하여 대통령령으로 정하는 바에 따라 기획재정부장관의 승인을 얻어 각 세항 또는 목의 금액을 전용(轉用)할 수 있다.

15 「지방공기업법」상 지방공기업에 대한 설명으로 옳지 않은 것은?

① 지방직영기업의 관리자는 해당 지방자치단체의 공무원으로서 지방직영기업의 경영에 관하여 지식과 경험이 풍부한 사람 중에서 지방자치단체의 장이 임명한다.
② 지방공사를 설립하고자 하는 시장 · 군수 · 구청장은 설립 전에 행정안전부장관과 협의하여야 한다.
③ 지방자치단체는 상호 규약을 정하여 다른 지방자치단체와 공동으로 지방공사를 설립할 수 있다.
④ 지방자치단체는 지방직영기업을 설치 · 경영하려는 경우에는 그 설치 · 운영의 기본사항을 조례로 정하여야 한다.

16 정책문제의 구조화기법에 대한 설명으로 옳은 것만을 모두 고르면?

> ㉠ 가정분석: 문제상황의 가능성 있는 원인, 개연성(plausible) 있는 원인, 행동가능한 원인을 식별하기 위한 기법
> ㉡ 계층분석: 정책문제에 관해 서로 대립되는 가정의 창조적 종합을 목표로 하는 기법
> ㉢ 시네틱스(유추분석): 문제들 사이에 유사한 관계를 인지하는 것이 분석가의 문제해결 능력을 크게 증가시킬 것이라는 가정에 기초한 기법
> ㉣ 분류분석: 문제상황을 정의하고 분류하기 위해 사용되는 개념을 명확하게 하기 위한 기법

① ㉠, ㉡
② ㉠, ㉣
③ ㉡, ㉢
④ ㉢, ㉣

17 직무평가 방법에 대한 설명으로 옳지 않은 것은?

① 분류법은 미리 정해진 등급기준표를 이용하는 비계량적 방법이다.
② 서열법은 비계량적 방법으로, 직무의 수가 적은 소규모 조직에 적절하다.
③ 점수법은 직무와 관련된 평가요소를 선정하고 각 요소별로 중요도를 부여하는 과정에서 계량화를 통해 명확하고 객관적인 이론적 증명이 가능하다.
④ 요소비교법은 조직 내 기준직무(key job)를 선정하여 평가하려는 직무와 기준직무의 평가요소를 상호 비교하여 상대적 가치를 판단하는 방법이다.

18 리더-구성원교환이론에 대한 설명으로 옳은 것만을 모두 고르면?

> ㉠ 내집단(in-group)에 속한 구성원이 많을수록 집단의 성과가 높아진다고 본다.
> ㉡ 리더와 구성원이 파트너십 관계로 발전하는 과정을 '리더십 만들기'라 한다.
> ㉢ 리더가 모든 구성원을 차별 없이 대우하는 공정성을 중시한다.
> ㉣ 리더와 구성원이 점점 높은 도덕성과 동기 수준으로 서로를 이끌어 가는 상호 관계를 중시한다.

① ㉠, ㉡
② ㉠, ㉣
③ ㉡, ㉢
④ ㉢, ㉣

19 정책학의 발달에 대한 설명으로 옳지 않은 것은?

① 1951년 「정책지향(Policy Orientation)」이라는 논문은 정책학의 정체성 확립에 기여하였다.
② 라스웰(Lasswell)은 1971년 『정책학 소개(A Pre-View of Policy Sciences)』에서 맥락지향성, 이론지향성, 연합학문지향성을 제시하였다.
③ 1980년대 정책학의 연구는 정책형성, 집행, 평가, 변동 등 다양한 분야로 확대되었다.
④ 드로(Dror)는 정책결정 단계를 상위정책결정(meta-policymaking), 정책결정(policymaking), 정책결정 이후(post-policymaking)로 나누는 최적모형을 제시하였다.

20 공공가치론에 대한 설명으로 옳은 것만을 모두 고르면?

> ㉠ 무어(Moore)는 공공가치 실패를 진단하는 도구로 '공공가치 지도그리기(mapping)'를 제안한다.
> ㉡ 보즈만(Bozeman)은 공공기관에 의해 생산된 순(純) 공공가치를 추정하는 '공공가치 회계'를 제시했다.
> ㉢ '전략적 삼각형' 모델은 정당성과 지지, 운영 역량, 공공가치로 구성된다.
> ㉣ 시장과 공공부문이 공공가치 실현에 필수적으로 요구되는 재화와 서비스를 제공하지 못할 때 '공공가치 실패'가 일어난다.

① ㉠, ㉡
② ㉠, ㉣
③ ㉡, ㉢
④ ㉢, ㉣

행정학개론 | 2023년 국가직 9급

모바일 OMR

회독 CHECK 1 2 3

01 행정이론에 대한 설명으로 옳은 것은?

① 과학적 관리론은 최고관리자의 운영원리로 POSDCoRB를 제시하였다.
② 행정행태론은 가치와 사실을 구분하고 가치에 기반한 행정의 과학화를 시도하였다.
③ 신행정론은 실증주의적 방법론을 비판하고 사회적 형평성과 적실성을 강조하였다.
④ 신공공관리론은 민간과 공공 부문의 파트너십을 강조하고 기업가 정신보다 시민권을 중요시하였다.

02 베버(Weber)의 이념형(ideal type) 관료제에 대한 설명으로 옳지 않은 것은?

① 관료제 성립의 배경은 봉건적 지배체제의 확립이다.
② 법적 · 합리적 권위에 기초를 둔 조직구조와 형태이다.
③ 직위의 권한과 임무는 문서화된 법규로 규정된다.
④ 관료는 원칙적으로 상관이 임명한다.

03 예산이론에 대한 설명으로 옳지 않은 것은?

① 총체주의는 계획예산(PPBS), 영기준예산(ZBB)과 같은 예산제도 개혁을 설명하기에 적합한 이론이다.
② 점증주의는 거시적 예산결정과 예산삭감을 설명하기에 적합한 이론이다.
③ 총체주의는 합리적 · 분석적 의사결정과 최적의 자원배분을 전제로 한다.
④ 점증주의는 예산을 결정할 때 대안을 모두 고려하지는 못한다는 것을 전제로 한다.

04 바흐라흐(Bachrach)와 바라츠(Baratz)의 무의사결정론에 대한 설명으로 옳지 않은 것은?

① 무의사결정의 행태는 정책과정 중 정책문제 채택단계 이외에서도 일어난다.
② 기존 정치체제 내의 규범이나 절차를 동원하여 변화요구를 봉쇄한다.
③ 정책문제화를 막기 위해 폭력과 같은 강제력을 사용하기도 한다.
④ 엘리트의 두 얼굴 중 권력행사의 어두운 측면을 고려하지 못한다고 비판했기 때문에 신다원주의로 불린다.

05 우리나라의 통합재정에 대한 설명으로 옳지 않은 것은?

① 세입과 세출은 경상거래와 자본거래로 구분하여 작성한다.
② 통합재정의 범위에는 일반정부와 공기업 등 공공부문 전체가 포함된다.
③ 정부의 재정이 국민 경제에 미치는 효과를 파악하고자 하는 예산의 분류체계이다.
④ 통합재정 산출 시 내부거래와 보전거래를 제외함으로써 세입 · 세출을 순계 개념으로 파악한다.

06 **정책분석 및 평가연구에 적용되는 기준 중 내적 타당성에 대한 설명으로 옳은 것은?**

① 분석 및 평가 결과를 다른 상황에서도 적용할 수 있는 정도를 의미한다.
② 이론적 구성요소들의 추상적 개념을 성공적으로 조작화한 정도를 의미한다.
③ 집행된 정책내용과 발생한 정책효과 간의 관계에 대한 인과적 추론의 정확성 정도를 의미한다.
④ 반복해서 측정했을 때 일관성 있는 결과를 얻는 정도를 의미한다.

07 **「지방공무원법」상 인사위원회의 위원으로 임명되거나 위촉될 수 없는 사람은?**

① 지방의회의원
② 법관·검사 또는 변호사 자격이 있는 사람
③ 공무원으로서 20년 이상 근속하고 퇴직한 사람
④ 초등학교·중학교·고등학교 교장 또는 교감으로 재직하는 사람

08 **조직구조의 유형에 대한 설명으로 옳지 않은 것은?**

① 사업(부) 구조는 조직의 산출물에 기반을 둔 구조화 방식으로 사업(부) 간 기능 조정이 용이하다.
② 매트릭스 구조는 수직적 기능 구조에 수평적 사업 구조를 결합시켜 조직운영상의 신축성을 확보한다.
③ 네트워크 구조는 복수의 조직이 각자의 경계를 넘어 연결고리를 통해 결합 관계를 이루어 환경 변화에 대처한다.
④ 수평(팀제) 구조는 핵심업무 과정 중심의 구조화 방식으로 부서 사이의 경계를 제거하여 의사소통을 원활하게 한다.

09 **연공주의(seniority system)에 대한 설명으로 옳은 것만을 모두 고르면?**

> ㉠ 장기근속으로 조직에 대한 공헌도를 높인다.
> ㉡ 개인의 성과에 따른 적절한 보상을 통해 사기를 높인다.
> ㉢ 계층적 서열구조 확립으로 조직 내 안정감을 높인다.
> ㉣ 조직 내 경쟁을 통해서 개인의 역량 개발에 기여한다.

① ㉠, ㉡
② ㉠, ㉢
③ ㉡, ㉣
④ ㉢, ㉣

10 **앨리슨(Allison)의 관료정치모형(모형 III)에 대한 설명으로 옳은 것은?**

① 정책결정은 준해결(quasi-resolution)적 상태에 머무르는 경우가 많다.
② 정책결정자들은 국가 전체의 이익이나 전략적 목표를 극대화하기 위한 결정을 한다.
③ 정책결정에 참여하는 구성원들 간의 목표 공유 정도와 정책결정의 일관성이 모두 매우 낮다.
④ 정부는 단일한 결정주체가 아니며 반독립적(semi-autonomous) 하위조직들이 느슨하게 연결된 집합체이다.

11 **재니스(Janis)의 집단사고(groupthink)의 특성에 해당하지 않는 것은?**

① 토론을 바탕으로 한 집단지성의 활용
② 침묵을 합의로 간주하는 만장일치의 환상
③ 집단적 합의에 대한 이의 제기에 대한 자기 검열
④ 집단에 대한 과대평가로 집단이 실패할 리 없다는 환상

12 조직이론과 그 내용에 대한 설명으로 옳지 않은 것은?

① 구조적 상황이론 – 불안정한 환경 속에 있는 조직은 유기적인 조직구조를 선택하는 것이 효과적이다.

② 전략적 선택이론 – 동일한 환경에 처한 조직도 환경에 대한 관리자의 지각 차이로 상이한 선택을 할 수 있다.

③ 거래비용이론 – 시장에서의 거래비용이 조직의 내부 거래비용보다 클 경우 내부 조직화를 선택한다.

④ 조직군 생태학이론 – 조직군의 변화를 이끄는 변이는 우연적 변화(돌연변이)로 한정되며, 계획적이고 의도적인 변화는 배제된다.

13 직무평가 방법에 대한 설명으로 옳지 않은 것은?

① 점수법은 직무를 구성하는 하위요소별 점수를 합산하여 평가하는 방법이다.

② 분류법은 미리 정한 등급기준표와 직무 전체를 비교하여 등급을 결정하는 비계량적 방법이다.

③ 서열법은 직무의 구성요소를 구별하지 않고 직무 전체의 중요도를 종합적으로 평가하는 방법이다.

④ 요소비교법은 기준직무(key job)와 평가할 직무를 상호 비교해 가며 평가하는 비계량적 방법이다.

14 우리나라의 전자정부에 대한 설명으로 옳지 않은 것은?

① 정부는 '지능정보사회 종합계획'을 3년 단위로 수립하여야 한다.

② 과학기술정보통신부장관은 5년마다 행정기관 등의 기관별 계획을 종합하여 '전자정부기본계획'을 수립하여야 한다.

③ 「전자정부법」상 '전자화문서'는 종이문서와 그 밖에 전자적 형태로 작성되지 아니한 문서를 정보시스템이 처리할 수 있는 형태로 변환한 문서를 말한다.

④ 중앙행정기관의 장과 지방자치단체의 장은 해당기관의 지능정보사회 시책의 효율적 수립 · 시행과 대통령령이 정하는 업무를 총괄하는 '지능정보화책임관'을 임명하여야 한다.

15 롬젝(Romzeck)의 행정책임 유형에 대한 설명으로 옳지 않은 것은?

① 계층적 책임 – 조직 내 상명하복의 원칙에 따라 통제된다.

② 법적 책임 – 표준운영절차(SOP)나 내부 규칙(규정)에 따라 통제된다.

③ 전문가적 책임 – 전문직업적 규범과 전문가집단의 관행을 중시한다.

④ 정치적 책임 – 민간 고객, 이익집단 등 외부 이해관계자의 기대에 부응하는가를 중시한다.

16 우리나라의 재정사업 성과관리에 대한 설명으로 옳지 않은 것은?

① 재정사업 성과관리의 내용은 성과목표관리와 성과평가로 구성된다.
② 재정사업 성과평가 결과는 지출 구조조정 등의 방법으로 재정운용에 반영될 수 있다.
③ 재정사업 심층평가 결과 기획재정부장관이 필요하다고 판단하면 재정사업 자율평가를 실시할 수 있다.
④ 재정사업 자율평가는 미국 관리예산처(OMB)의 PART(Program Assessment Rating Tool)를 우리나라 실정에 맞게 도입한 제도이다.

17 공직자의 이해충돌에 대한 설명으로 옳지 않은 것은?

① 우리나라는 2021년 5월 「공직자의 이해충돌 방지법」을 제정하였다.
② 이해충돌은 그 특성에 따라 실제적, 외견적, 잠재적 형태로 분류할 수 있다.
③ 이해충돌 회피에 있어서는 '어느 누구도 자신이 연루된 사건의 재판관이 되어서는 안 된다'라는 원칙이 적용된다.
④ 「공직자의 이해충돌 방지법」의 위반행위는 감사원, 수사기관, 국민권익위원회 등에 신고할 수 있으나 위반행위가 발생한 기관은 제외된다.

18 공무원의 직위해제에 대한 설명으로 옳은 것은?

① 직위해제는 공무원 징계의 한 종류이다.
② 직위해제 처분을 받은 공무원은 잠정적으로 공무원 신분이 상실된다.
③ 직무수행 능력이 부족하거나 근무성적이 극히 나쁜 자에 대해서도 직위해제가 가능하다.
④ 직위해제의 사유가 소멸된 경우 임용권자는 인사위원회의 심의를 거쳐 3개월 이내에 직위를 부여하여야 한다.

19 2021년 1월 전부개정된 「지방자치법」에서 처음으로 도입된 주민참여 제도는?

① 주민소환
② 주민의 감사청구
③ 조례의 제정과 개정 · 폐지 청구
④ 규칙의 제정과 개정 · 폐지 관련 의견 제출

20 정책평가를 위한 사회실험에 대한 설명으로 옳지 않은 것은?

① 통제집단 사전 · 사후 설계는 검사효과를 통제할 수 있다.
② 준실험은 진실험에 비해 실행 가능성이 높다는 장점이 있다.
③ 회귀불연속 설계는 구분점(구간)에서 회귀직선의 불연속적인 단절을 이용한다.
④ 솔로몬 4집단 설계는 통제집단 사전 · 사후 설계와 통제집단 사후 설계의 장점을 갖는다.

행정학개론 | 2023년 지방직 9급

모바일 OMR

회독 CHECK 1 2 3

01 계급제에 대한 설명으로 옳지 않은 것은?

① 직무의 속성을 중심으로 공직을 분류하는 제도이다.
② 폐쇄형 충원방식을 원칙으로 한다.
③ 일반행정가 양성을 지향한다.
④ 탄력적 인사관리에 용이하다.

02 민츠버그(Mintzberg)가 제시한 조직유형이 아닌 것은?

① 기계적 관료제
② 애드호크라시(adhocracy)
③ 사업부제 구조
④ 홀라크라시(holacracy)

03 정책결정모형에 대한 설명으로 옳은 것은?

① 혼합주사모형(mixed scanning approach)은 1960년대 미국의 쿠바 미사일 위기사건을 설명하기 위해 연구된 모형이다.
② 사이버네틱스모형을 설명하는 예시로 자동온도조절장치를 들 수 있다.
③ 쓰레기통모형은 갈등의 준해결, 문제 중심의 탐색, 불확실성 회피, 표준운영절차의 활용을 설명하는 모형이다.
④ 합리모형은 만족할 만한 수준에서 의사결정이 이루어진다고 설명하는 모형이다.

04 행정이론의 발달을 오래된 순서대로 바르게 나열한 것은?

> (가) 과학적 관리론 – 테일러(Taylor)
> (나) 신공공관리론 – 오스본과 게블러(Osborne& Gaebler)
> (다) 신행정론 – 왈도(Waldo)
> (라) 행정행태론 – 사이먼(Simon)

① (가) – (다) – (라) – (나)
② (가) – (라) – (다) – (나)
③ (라) – (가) – (나) – (다)
④ (라) – (다) – (나) – (가)

05 엘리트이론과 다원주의이론에 대한 설명으로 옳지 않은 것은?

① 고전적 엘리트이론에서 엘리트들은 다른 계층에 대해 책임을 지지 않는다.
② 밀즈(Mills)는 명성접근법을 사용하여 엘리트들을 분석한다.
③ 달(Dahl)은 권력이 분산되어 있음을 전제로 다원주의론을 전개한다.
④ 바흐라흐와 바라츠(Bachrach & Baratz)는 무의사결정이 의제설정과정뿐만 아니라 정책결정과정에서도 발생할 수 있다고 주장한다.

06 예산 불성립에 따른 예산 종류에 대한 설명으로 옳지 않은 것은?

① 준예산은 전년도 예산을 기준으로 예산을 편성해 운영하는 제도이다.
② 현재 우리나라는 준예산제도를 채택하고 있다.
③ 가예산은 1개월분의 예산을 국회의 의결을 거쳐 집행하는 것으로 우리나라가 운영한 경험이 있다.
④ 잠정예산은 수개월 단위로 임시예산을 편성해 운영하는 것으로 가예산과 달리 국회의 의결이 불필요하다.

07 동기부여 이론에 대한 설명으로 옳은 것은?

① 로크(Locke)의 목표설정이론에서는 목표의 도전성(난이도)과 명확성(구체성)을 강조했다.
② 매슬로우(Maslow)의 욕구 5단계설에서는 욕구의 좌절과 퇴행을 강조했다.
③ 해크만과 올드햄(Hackman&Oldham)의 직무특성이론에서는 유의성, 수단성, 기대감을 동기부여의 핵심으로 보았다.
④ 앨더퍼(Alderfer)의 ERG이론에서는 위생요인이 충족되었다고 하더라도 동기부여가 되는 것은 아니라고 주장했다.

08 품목별 예산제도(line-item budget system)에 대한 설명으로 옳지 않은 것은?

① 미국에서 공무원의 부정부패를 막고 행정의 능률을 향상시키기 위해 도입되었다.
② 정부 활동에 대한 총체적인 사업계획과 우선순위 결정에 유리하다.
③ 예산 집행의 책임성을 확보할 수 있는 통제지향 예산제도이다.
④ 특정 사업의 지출 성과에 대해서는 파악하기 어렵다.

09 블랙스버그 선언(Blacksburg Manifesto)과 행정재정립운동(refounding movement)에 대한 설명으로 옳지 않은 것은?

① 블랙스버그 선언은 행정의 정당성을 침해하는 정치 · 사회적 상황을 비판했다.
② 행정재정립운동은 직업공무원제를 옹호했다.
③ 행정재정립운동은 정부를 재창조하기보다는 재발견해야 한다고 주장했다.
④ 블랙스버그 선언은 신행정학의 태동을 가져왔다.

10 정부예산의 종류에 대한 설명으로 옳지 않은 것은?

① 기금은 예산원칙의 일반적 제약으로부터 벗어나 탄력적으로 운용된다.
② 특별회계예산은 국가의 회계 중 특정한 세입으로 특정한 세출을 충당하기 위한 예산이다.
③ 특별회계예산은 일반회계예산과 달리 예산편성에 있어 국회의 심의 및 의결을 받지 않는다.
④ 기금은 예산 통일성 원칙의 예외가 된다.

11 지방정부의 사무에 대한 설명으로 옳지 않은 것은?

① 기관위임사무의 처리에 드는 경비는 중앙정부와 지방정부가 공동부담하는 것이 원칙이다.
② 단체위임사무는 집행기관장이 아닌 지방정부 그 자체에 위임된 사무이다.
③ 지방의회는 단체위임사무의 처리 과정에 관한 조례를 제정할 수 있다.
④ 중앙정부는 자치사무에 대해 합법성 위주의 통제를 주로 한다.

12 대표관료제에 대한 설명으로 옳지 않은 것은?

① 우리나라는 양성채용목표제, 장애인 의무고용제 등 다양한 균형인사제도를 통해 대표관료제의 논리를 반영하고 있다.
② 다양한 집단의 이익을 반영하는 실적주의 이념에 부합하는 인사제도이다.
③ 할당제를 강요하는 결과를 초래하고, 특정 집단에 대한 역차별 문제를 야기할 수 있다.
④ 임용 전 사회화가 임용 후 행태를 자동적으로 보장한다는 가정하에 전개되어 왔다.

13 킹던(Kingdon)이 제시한 정책흐름모형에 대한 설명으로 옳은 것만을 모두 고르면?

> ㉠ 경쟁하는 연합의 자원과 신념 체계(belief system)를 강조한다.
> ㉡ 쓰레기통모형을 발전시킨 것이다.
> ㉢ 정책 과정의 세 흐름은 문제흐름, 정책흐름, 정치흐름이 있다.

① ㉠ ② ㉢
③ ㉠, ㉡ ④ ㉡, ㉢

14 행정가치에 대한 설명으로 옳지 않은 것은?

① 합리성은 어떤 행위가 궁극적 목표 달성의 최적 수단이 되느냐의 여부를 가리는 개념이다.
② 효율성은 목표의 달성도를 나타내고, 효과성은 투입 대비 산출의 비율을 의미한다.
③ 자율적 책임성은 공무원이 직업윤리와 책임감에 기초해 전문가로서 자발적인 재량을 발휘할 때 확보된다.
④ 행정의 민주성은 국민과의 관계뿐만 아니라 관료조직의 내부의사결정 과정의 측면에서도 고려된다.

15 근무성적평정상의 오류에 대한 설명으로 옳지 않은 것은?

① 평정자가 피평정자를 잘 모르는 경우 집중화 경향이 발생할 수 있다.
② 평정자의 평정기준이 일정하지 않은 경우 총계적 오류(total error)가 발생할 수 있다.
③ 연쇄효과(halo effect)는 초기 실적이나 최근의 실적을 중심으로 평가함으로써 발생하는 시간적 오류를 의미한다.
④ 관대화 경향의 폐단을 막기 위해 강제배분법을 활용할 수 있다.

16 라이트(Wright)의 정부간관계(Inter-Governmental Relations; IGR) 모형에 대한 설명으로 옳지 않은 것은?

① 정부 간 상호권력관계와 기능적 상호의존관계를 기준으로 정부간관계(IGR)를 3가지 모델로 구분한다.
② 대등권위모형(조정권위모형, coordinate-authority model)은 연방정부, 주정부, 지방정부가 모두 동등한 권한을 가지고 있다고 설명한다.
③ 내포권위모형(inclusive-authority model)은 연방정부, 주정부, 지방정부를 수직적 포함관계로 본다.
④ 중첩권위모형(overlapping-authority model)은 연방정부, 주정부, 지방정부가 상호 독립적인 실체로 존재하며 협력적 관계라고 본다.

17 변혁적 리더십에 대한 설명으로 옳지 않은 것은?

① 도전적 목표와 임무, 미래에 대한 비전을 추구하도록 격려한다.
② 구성원 개개인에게 관심을 가지고 배려한다.
③ 상황적 보상과 예외관리를 특징으로 한다.
④ 새로운 관점에서 문제를 재구성하고 해결책을 찾도록 자극한다.

18 무어(Moore)의 공공가치창출론(creating public value)적 시각에 대한 설명으로 옳지 않은 것은?

① 행정의 정당성 위기를 극복하기 위한 대안적 접근이다.
② 전략적 삼각형 개념을 제시한다.
③ 신공공관리론을 계승하여 행정의 수단성을 강조한다.
④ 정부의 관리자들은 공공가치 실현에 힘써야 한다고 주장한다.

19 로위(Lowi)의 정책유형과 리플리와 프랭클린(Ripley &Franklin)의 정책유형에는 없지만, 앨먼드와 파웰(Almond&Powell)의 정책유형에는 있는 것은?

① 상징정책
② 재분배정책
③ 규제정책
④ 분배정책

20 정부 예산팽창이론에 대한 설명으로 옳지 않은 것은?

① 바그너(Wagner)는 경제 발전에 따라 국민의 욕구 부응을 위한 공공재 증가로 인해 정부 예산이 증가한다고 주장한다.
② 피코크(Peacock)와 와이즈맨(Wiseman)은 전쟁과 같은 사회적 변동이 끝난 후에도 공공지출이 그 이전 수준으로 되돌아가지 않는 데에서 예산팽창의 원인을 찾고 있다.
③ 보몰(Baumol)은 정부 부문과 민간 부문 간의 생산성 격차를 통해 정부 예산의 팽창 원인을 설명하고 있다.
④ 파킨슨(Parkinson)은 관료들이 자신들의 권력 극대화를 위해 필요 이상으로 자기 부서의 예산을 추구함에 따라 정부 예산이 지속적으로 증가한다고 주장한다.

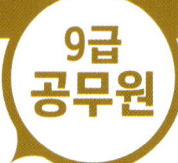

기출이 답이다

[9급 공무원]

일반행정직

전과목 3개년

기출문제집

문제편

2026
최/신/개/정/판

합격에듀 시대에듀

국가직 · 지방직 등 공무원 채용 대비

기출이 「답」이다

[9급 공무원]

일반 행정직

전과목 3개년

기출문제집

해설편

문제편, 해설편으로 구성된 「기출이 답이다」는 깊이가 다른 해설로
오직 여러분의 합격을 목표로 합니다.

▲합격의 모든 것!

편저 | 시대공무원시험연구소

시대에듀

기출이 답이다 9급 공무원

일반행정직

해설편

PART 1

국어

- 2025년 국가직 9급
- 2025년 지방직 9급
- 2024년 국가직 9급
- 2024년 지방직 9급
- 2023년 국가직 9급
- 2023년 지방직 9급

국어 | 2025년 국가직 9급

한눈에 훑어보기

영역 분석

국어학 03 14
2문항, 10%

화법과 작문 01 02 20
3문항, 15%

독해 04 05 06 07 08 09 10 11 12 13
10문항, 50%

논리 15 16 17 18 19
5문항, 25%

빠른 정답

01	02	03	04	05	06	07	08	09	10
③	④	④	③	③	②	②	②	②	①
11	12	13	14	15	16	17	18	19	20
③	④	①	②	③	③	①	②	④	④

점수 체크

구분	1회독	2회독	3회독
맞힌 문항 수	/ 20	/ 20	/ 20
나의 점수	점	점	점

01 난도 ★☆☆ 정답 ③

화법과 작문 > 공문서 수정

정답의 이유

③ '위탁(委託)하다'는 '남에게 사물이나 사람의 책임을 맡기다.'라는 의미이고, '수주(受注)하다'는 '주문을 받다.'라는 의미이다. 문맥상 별도의 전문 평가 기관에 조사를 맡기는 것이므로 ㉢ '위탁하며'를 '수주하며'로 수정하는 것은 적절하지 않다.

오답의 이유

① 생소한 외래어나 외국어는 우리말로 다듬어야 하므로 ㉠ '마스터 플랜'을 '기본 계획'으로 수정하는 것은 적절하다.

② 제시된 문장의 주어는 '본 조사의 대상은'이다. ㉡ '기업을 대상으로 합니다'는 주어와 호응하지 않으므로 주어에 맞게 '기업입니다'로 수정하는 것은 적절하다.

④ ㉣ '학교 현장 교수 학습 환경 개선 정책 개발 및'은 명사가 지나치게 나열되어 있으므로 조사와 어미를 활용하여 '학교 현장의 교수 학습 환경을 개선하는 정책을 개발하고'로 수정하는 것은 적절하다.

02 난도 ★★☆ 정답 ④

화법과 작문 > 작문

정답의 이유

④ 제시된 개요에서 'Ⅰ. 청소년 아르바이트의 실태'와 'Ⅱ. 청소년 아르바이트의 노동 문제 발생 원인', 'Ⅲ. 청소년 아르바이트의 노동 문제 개선 방안'의 하위 항목은 각각 대응한다. '청소년 고용 업체 규모 축소를 위한 정부의 지속적인 감독과 단속'은 Ⅰ.과 Ⅱ.에 관련한 내용이 없으므로 빈칸에 들어갈 내용으로 적절하지 않다.

오답의 이유

① '청소년의 노동 환경 개선을 위한 제도 정비'는 'Ⅱ-1 청소년의 노동 환경에 대한 실효성 있는 제도 부족'에 대한 개선 방안이므로 빈칸에 들어갈 내용으로 적절하다.

② '청소년 고용 업주에 대한 노동 관계법 교육과 지도 확대'는 'Ⅱ-2 노동 관계법에 관한 청소년 고용 업주의 인식 부족'에 대한 개선 방안이므로 빈칸에 들어갈 내용으로 적절하다.

③ '청소년 노동자의 인권 보호를 위한 사회적 교육 기관 설립'은 'Ⅱ-3 청소년 노동자의 인권을 존중하지 않는 사회의 통념'에 대한 개선 방안이므로 빈칸에 들어갈 내용으로 적절하다.

03 난도 ★★☆ 정답 ④

국어학 > 어휘

정답의 이유

④ (가) 1문단에서 '이 직접구성요소를 분석한 결과, 둘 중 어느 하나가 접사이면 파생어이고, 둘 다 어근이면 합성어이다.'라고 하였다. (가)의 앞에서 '쓴웃음'과 같은 단어에는 접사 '-음'이 있어서 (가)라고 생각한다고 하였으므로, (가)에는 '파생어'가 들어가는 것이 적절하다. (나) 2문단의 '그러나 이는 복합어 구분의 ~ 나올 수 있는 질문이다.', '전술한 바와 같이 복합어가 ~ 복합어 구분에 관여하지 않는다.'를 볼 때 '쓴웃음'은 파생어가 아닌 합성어임을 알 수 있다. 1문단에서 합성어는 '어근+어근'의 구성이라고 하였으므로 (나)에는 '어근'이 들어가는 것이 적절하다.

더 알아보기

단어의 형성

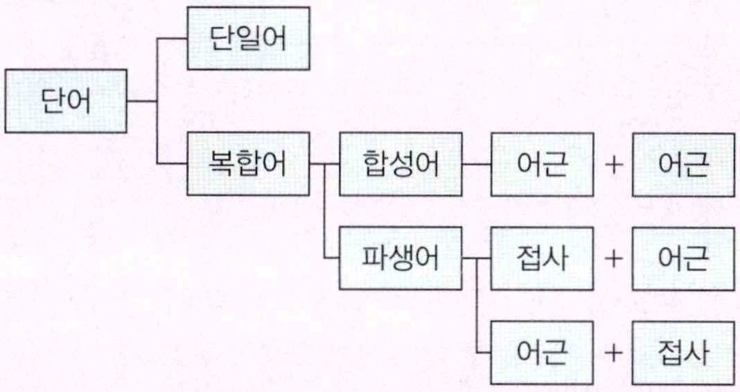

04 난도 ★☆☆ 정답 ③

독해 > 추론

정답의 이유

③ 2문단의 '이 시기 신문학의 순수학문 작품 ~ 사람들이 바로 그들이다.'를 볼 때 엘리트 독자층에 속한 사람들은 우리나라 문학 작품 외에도 외국 소설을 읽었다고 이해하는 것은 적절하다.

오답의 이유

① 2문단의 '그런데 20세기 초 문학 독자층 중에는 전통과 근대의 두 범주에 귀속시키기 어려운 독자층도 존재했다.'를 볼 때 '엘리트 독자층'은 전통이나 근대 독자층 어느 범주에도 해당하지 않는다. 따라서 근대적 대중 독자층에서 엘리트 독자층이 분화되어 나왔다는 내용은 적절하지 않다.

② 1문단에 따르면 '전통적 독자층'은 구활자본 고전소설과 일부 신소설의 독자이고, '근대적 대중 독자층'은 대중소설, 번안소설, 신문 연재 통속소설의 독자이다. '전통적 독자층'과 '근대적 대중 독자층'을 나누는 기준은 향유하는 작품이므로, 20세기 초의 문학 독자층을 구분하는 기준은 신분과 학력이라는 내용은 적절하지 않다.

④ 제시된 글에서 근대적 대중 독자층에 속한 사람들은 전통적 독자층에 속한 사람들보다 경제적으로 부유했다는 내용은 나타나지 않는다.

05 난도 ★☆☆ 정답 ③

독해 > 문맥 추론

정답의 이유

③ ㉢ 앞의 '높은 주파수의 영역에서도 귀에 들리지 않는 진동이 있다.'를 볼 때 ㉢을 '사람은 보통 20,000Hz 이상의 진동이 귀에 도달하면 소리로 인식하지 못한다.'로 수정하는 것은 적절하다.

오답의 이유

① 1문단에 따르면 가청 주파수 대역의 하한인 20Hz보다 낮은 주파수의 진동은 귀에 들리지 않는다. 이를 볼 때 ㉠을 '우리의 몸이 흔들리지 않을 뿐 귀로는 저음을 들을 수 있다.'로 수정하는 것은 적절하지 않다.

② 1문단에 따르면 귀에 들리지 않는 진동을 '초저주파음'이라고 부른다. 이는 들리지 않는 진동을 소리로 간주하기 때문이다. 따라서 ㉡을 '귀에 들리지 않는 진동은 소리로 간주할 수 없다는 생각에서이다.'로 수정하는 것은 적절하지 않다.

④ 3문단의 '예컨대 우리와 가까이 지내는 개의 경우 ~ 소리로 인식할 수 있다.'를 볼 때 개는 사람이 듣지 못하는 진동까지 소리로 인식한다. 따라서 ㉣을 '사람의 가청 주파수 대역보다 좁기 때문이다.'로 수정하는 것은 적절하지 않다.

06 난도 ★★☆ 정답 ②

독해 > 문단 순서 배열

정답의 이유

제시글은 LCD 기술과 OLED 기술의 차이에 대한 내용을 담고 있다.

- (나)에서는 '롤러블 TV'를 언급하며 접거나 말 수 있는 모니터라는 화제를 제시하고 있으므로 글의 처음에 오는 것이 적절하다.
- (가)에서는 '그 원리'를 알려면 LCD와 OLED의 차이를 이해해야 한다고 했는데, '그 원리'는 (나)의 모니터를 접거나 말 수 있는 원리를 의미하므로 (나)의 다음에 위치하는 것이 적절하다.
- (라)에서는 역접의 상황에서 쓰이는 '반면'이라는 접속어를 사용하여 OLED는 스스로 빛을 낼 수 있다고 설명하고 있다. 따라서 LCD 기술은 스스로 빛을 내지 못한다고 설명한 (가)의 다음에 위치하는 것이 적절하다.
- (다)에서는 OLED 기술은 모양을 자유롭게 변형할 수 있는 모니터 개발을 가능하게 하였다고 설명하고 있다. (라)에서 OLED 제품은 백라이트를 설치할 필요가 없어 얇게 만들 수 있고 특수 유리나 플라스틱으로 제작할 수 있다고 언급하고 있으므로 (라)의 다음에 위치하는 것이 적절하다.

따라서 문맥에 맞게 순서대로 나열한 것은 ② (나) - (가) - (라) - (다)이다.

07 난도 ★★☆ 정답 ②

독해 > 글의 주제 파악

정답의 이유

② 제시된 글은 체온조절을 위하여 열을 획득하는 방식에 따라 동물을 '내온동물'과 '외온동물'로 구분하고, 체온의 안정성을 기준으로 '항온동물'과 '변온동물'로 구분한다고 설명하고 있다. 또한 4문단에서 체온조절을 위해 열을 획득하는 방식과 체온의 안정성을 유지하는 것은 별개의 문제로, 내온동물과 외온동물을 구분하는 방식과 항온동물과 변온동물을 구분하는 방식 사이에는 어떠한 상관관계도 없다고 하였다. 이를 볼 때 제시된 글의 중심 내용으로 가장 적절한 것은 '체온조절을 위한 열 획득 방식과 체온의 안정성은 동물을 분류하는 서로 다른 기준이다.'이다.

오답의 이유

① 4문단의 '내온동물과 외온동물을 구분하는 방식과 항온동물과 변온동물을 구분하는 방식 사이에는 어떠한 상관관계도 없다.'를 볼 때 '내온동물과 외온동물의 특징을 통해 항온동물과 변온동물의 특징을 밝힐 수 있다.'는 중심 내용으로 적절하지 않다.

③ 제시된 글에서 동물을 구분하는 두 가지 기준의 모호성에 대하여 언급하고 있지 않으므로 '동물을 내온동물과 외온동물로 구분하는 기준은 항온동물과 변온동물로 구분하는 기준보다 모호하다.'는 중심 내용으로 적절하지 않다.

④ 제시된 글에서 동물을 구분하는 기준 중 어느 것이 더 적합한지는 언급하고 있지 않으므로 '체온조절을 위한 열 획득 방식보다 체온의 안정성을 유지하는 방식이 동물을 분류하는 더 적합한 기준이 된다.'는 중심 내용으로 적절하지 않다.

08 난도 ★★☆ 정답 ②

독해 > 어휘 추론

정답의 이유

② '조절(調節)하다'는 '균형이 맞게 바로잡다. 또는 적당하게 맞추어 나가다.'라는 의미이므로 '조절한다'를 '올린다'로 바꿔 쓰는 것은 적절하지 않다.

오답의 이유

① '획득(獲得)하다'는 '얻어 내거나 얻어 가지다.'라는 의미이므로 '획득한다'를 '얻는다'로 바꿔 쓰는 것은 적절하다.

③ '구분(區分)하다'는 '일정한 기준에 따라 전체를 몇 개로 갈라 나누다.'라는 의미이므로 '구분하기도'를 '나누기도'로 바꿔 쓰는 것은 적절하다.

④ '서식(棲息)하다'는 '생물 따위가 일정한 곳에 자리를 잡고 살다.'라는 의미이므로 '서식하기'를 '살기'로 바꿔 쓰는 것은 적절하다.

09 난도 ★★☆ 정답 ②

독해 > 추론

정답의 이유

② 3문단의 '이집트 종교는 수직적이고 이원적인 정신성에 ~ 이상주의적 미술로 표현되는 경향이 있다.'를 볼 때 이집트의 종교가 가지는 정신성이 이집트의 미술 양식에 영향을 끼쳤다고 추론하는 것은 적절하다.

오답의 이유

① 2문단에서 평범한 사람들은 찰나의 인생을 살고 있기 때문에 실제로 행위하는 모습 그대로 그려지고, 고귀한 존재는 영원한 세계의 이상을 반영하여 불변의 양식으로 그려진다고 하였다. 따라서 이집트의 벽화에서는 존재와 행위를 동등한 가치로 표현하고 있다는 추론은 적절하지 않다.

③ 1문단에 따르면 이집트 벽화에서 고귀한 존재는 이상적인 부분끼리의 조합으로 그려졌고, 평범한 일반인들은 사실적으로 그려졌다. 이를 볼 때 이집트의 이상적인 미술에서는 평범한 사람들은 그리지 않고 고귀한 존재들만 표현했다는 추론은 적절하지 않다.

④ 1문단의 '그들을 서로 다른 방식으로 표현하였다는 점은 ~ 선명하게 보여준다.'를 볼 때 특정한 이데올로기를 통해 이집트 미술이 양식화된 것을 알 수 있다. 따라서 이집트인들은 신체를 바라보는 독특한 시점을 토대로 예술에 관한 이데올로기를 형성하였다는 추론은 적절하지 않다.

10 난도 ★★☆ 정답 ①

독해 > 문맥 추론

정답의 이유

- ㉠의 '그들'은 여러 시점에서 바라본 모습을 하나의 형상에 집약하는 방식으로 벽화에 그려진 '신, 파라오, 귀족'을 지시한다.
- ㉡의 '그들'은 벽화에 그려진 대상이므로 '신, 파라오, 귀족, 평범한 일반인'을 지시한다.
- ㉢의 '그들'은 이 세상에서 실제로 행위하는 모습 그대로 그려지는 '평범한 사람들'을 지시한다.
- ㉣의 '그들'은 이상적 규범에 따라 불변의 양식으로 그려지는 '고귀한 존재', 즉 '신, 파라오, 귀족'을 지시한다.

따라서 문맥상 지시 대상이 같은 것은 ㉠, ㉣이다.

11 난도 ★★☆ 정답 ③

독해 > 추론

정답의 이유

③ 2문단의 '한자에 비해 한글은 익히기 쉽고 그만큼 쓰기도 편해서 한글 소설의 필사자는 내용을 바꾸고 싶다는 의지가 있다면 쉽게 바꿀 수 있었다.'를 볼 때 한자로 필사할 때보다 한글로 필사할 때 필사자의 의견이 반영되어 개작되기 쉬웠다고 추론하는 것은 적절하다.

오답의 이유

① 1문단의 '조선 시대에 많은 한글소설이 창작되어 읽혔지만 ~ 거의 남기지 않았다.'를 볼 때 한글소설은 문헌에 남지 않았을 뿐 많이 창작되어 읽혔다. 따라서 조선 시대의 소설은 한글소설보다 한문소설의 종류가 훨씬 다양했다고 추론하는 것은 적절하지 않다.

② 1문단의 '조선 시대에 많은 한글소설이 창작되어 읽혔지만 ~ 거의 남기지 않았다.'를 볼 때 조선 시대의 지식인들이 저급한 오락물로 여긴 것은 조선에서 창작한 한문소설이 아니라 한글소설이다.

④ 2문단에서 '중국에서 들여온 한문소설은 ~ 조선에서 창작한 한문소설은 필사본으로 유통되었다.'고 하였다. 하지만 조선의 필사본 소설 중 한문소설을 필사한 것이 소수였는지는 제시된 글에 나오지 않는다.

12 난도 ★☆☆ 정답 ④

독해 > 어휘 추론

정답의 이유

④ (가)의 '옮겨 쓰다'는 한글소설을 유통하는 과정에서 소설을 다른 책에 베끼어 썼다는 의미로 쓰였다. ㉣의 '필사(筆寫)하다'는 '베끼어 쓰다.'라는 의미이므로 문맥상 (가)의 의미와 가장 가깝다.

오답의 이유

① '표기(表記)하다'는 '적어서 나타내다. 문자 또는 음성 기호로 언어를 표시하다.'라는 의미이다.

② '번역(飜譯)하다'는 '어떤 언어로 된 글을 다른 언어의 글로 옮기다.'라는 의미이다.

③ '기록(記錄)하다'는 '주로 후일에 남길 목적으로 어떤 사실을 적다.'라는 의미이다.

13 난도 ★★☆ 정답 ①

독해 > 사례 추론

정답의 이유

① 제시된 글에 따르면 '언어의 자의성'은 '언어의 형식인 말소리와 언어의 내용인 의미 간에는 필연적 관계가 없다'는 것이다. 같은 언어 안에도 다양한 방언 형태가 존재한다는 것은 하나의 의미에 다양한 말소리(형식)가 있다는 뜻이므로, 말소리와 의미에 필연적 관계가 없음을 보여준다. 따라서 이는 언어의 자의성을 보여주는 사례로 적절하다.

오답의 이유

② '언어의 사회성'은 '언어에서 형식과 내용의 관계에 대한 사회적 약속은 한번 정해지면 개인이 쉽게 바꿀 수가 없다'는 것이다. 대화 상대에 따라 다른 표현을 사용하는 것은 언어의 사회성과 관련이 없다.

③ '언어의 역사성'은 '언어는 시간의 흐름에 따라 사회 구성원이 바뀌면서 끊임없이 변화한다'는 것이다. 유명인이 개인적으로 사용한 유행어가 시간이 지나도 표준어로 인정되지 않는다는 것은 언어의 역사성과 관련이 없다.

④ '언어의 추상성'은 '하나의 언어 형식은 수많은 구체적 대상이 가진 공통적 속성을 개념화하여 표현한다'는 것이다. 새로운 줄임말이 끊임없이 만들어지고 있는 것은 언어가 계속 변화하는 것에 해당하는 것으로, 언어의 추상성과는 관련이 없다.

더 알아보기

언어의 특징

- 언어의 기호성: 언어는 기호의 한 종류로 전달하고자 하는 의미를 기호를 통해 표현한다.
- 언어의 자의성: 언어에서 소리와 의미의 관계는 필연적이지 않다.
  예 한국에서는 '시계'라고 부르지만, 영어로는 'clock'이라고 부른다.
- 언어의 사회성: 언어는 그것을 사용하는 사람들 사이의 약속으로, 개인이 마음대로 바꿀 수 없다.
  예 '시계'라고 약속한 것을 마음대로 '자동차'로 바꿔 부를 수 없다.
- 언어의 창조성: 언어로 새로운 사상, 개념, 사물 등을 무한하게 만들어 낼 수 있다.
  예 '종이가 찢어졌어.'라는 말을 배운 아이는 '책이 찢어졌어.'라는 새로운 문장을 만들어 낸다.
- 언어의 규칙성: 언어는 구성 요소 간 일정한 규칙의 배열로 조직되고 운용되어야 의사소통 수단이 된다.
  예 철수가 밥에게 먹었다. (×) → 철수가 밥을 먹었다. (○)
- 언어의 역사성: 언어는 생성, 성장, 소멸의 과정을 거친다.
  예 'ㆍ(아래아)'는 현대 국어에서 더 이상 사용되지 않는다.
- 언어의 분절성: 언어는 연속적으로 이루어진 현실 세계를 불연속으로 끊어 표현하는 특성이 있다.
  예 언어는 문장, 단어, 형태소, 음운으로 쪼개어 나눌 수 있다.
- 언어의 추상성: 언어는 여러 대상의 공통점을 추출하는 과정을 통하여 개념을 형성한다.
  예 개별 사물인 '수박, 딸기, 사과, 배' 등에서 '사람이 먹을 수 있는 열매'라는 공통 속성을 추출하고 '과일'이라는 개념을 형성한다.

14 난도 ★★★ 정답 ②

국어학 > 표준 발음법

정답의 이유

② 1문단의 '둘째, 첫음절 이외의 음절에서 ~ 단모음 [ㅣ]로도 발음할 수 있다.'를 볼 때 '거의 끝났다'의 '거의'는 [거의]로 발음하는 것이 원칙이나 [거이]로도 발음할 수 있다.

오답의 이유

① 1문단에서 조사 '의'는 이중모음 [ㅢ]로 발음하는 것이 원칙이나 단모음 [ㅔ]로도 발음할 수 있다고 하였으므로, '꽃의 향기'에서 '꽃의'는 [꼬츼]로 발음하는 것이 원칙이나 [꼬체]로도 발음할 수 있다.

③ 2문단에서 앞 음절의 받침이 뒤 음절의 초성으로 오게 되는 경우에는 둘째 원칙이 적용된다고 하였다. 따라서 '편의점에 간다'에서 '편의점'은 [펴늬점]이라고 발음하는 것이 원칙이나 [펴니점]으로도 발음할 수 있다.

④ 1문단에서 초성이 자음인 음절의 'ㅢ'는 [ㅣ]로 발음해야 한다고 하였으므로, '한 칸을 띄고 쓴다'의 '띄'는 [띠]로 발음한다.

15 난도 ★★☆ 정답 ③

논리 > 논리 추론

정답의 이유

③ 제시된 대화를 논리 기호로 단순화하면 다음과 같다.

> 갑: 셋째 주 목요일 설명회 ∨ 넷째 주 목요일 설명회
> 을: [　　　　]
> 병: 셋째 주 목요일 설명회 → 홍보 포스터 이번 주 제작
> 정: 홍보 포스터 이번 주 제작(결론)

이때 결론인 '홍보 포스터 이번 주 제작'이 도출되려면 '셋째 주 목요일 설명회'가 참이어야 한다. 갑에 따르면 '셋째 주 목요일 설명회'가 참이거나 '넷째 주 목요일 설명회'가 참이므로, '셋째 주 목요일 설명회'가 참이 되려면 '넷째 주 목요일 설명회'가 참이어서는 안 된다. 따라서 빈칸에는 '~ 넷째 주 목요일 설명회', 즉 '다음 달 넷째 주 목요일에 개최할 수 없습니다.'가 들어가는 것이 가장 적절하다.

16 난도 ★★★ 정답 ③

논리 > 논리 추론

정답의 이유

③ 제시된 글을 논리 기호로 단순화하면 다음과 같다.

> (가) 인공일반지능 ∨ 인공지능 산업 쇠퇴
> (나) 인공일반지능 → 인간 생활 편리 ∧ 많은 사람 직장 잃음
> (다) 인공지능 산업 쇠퇴 → 많은 사람 직장 잃음 ∧ 세계 경제가 침체

(가)에 따르면 '인공일반지능'이 참이거나 '인공지능 산업 쇠퇴'가 참이다. (나)에 따르면 '인공일반지능'이 참이면 '인간 생활 편리'가 참이고, '많은 사람 직장 잃음'이 참이다. (다)에 따르면 '인공지능 산업 쇠퇴'가 참이면 '많은 사람 직장 잃음'이 참이고, '세계 경제가 침체'가 참이다. '인공일반지능'이 참이든, '인공지능 산업 쇠퇴'가 참이든 '많은 사람 직장 잃음'은 참이 되므로, (가) ~ (다)를 전제로 할 때 빈칸에 들어갈 결론으로 가장 적절한 것은 '많은 사람이 직장을 잃는다.'이다.

17 난도 ★★★ 정답 ①

논리 > 논리 추론

정답의 이유

① 제시된 글을 논리 기호로 단순화하면 다음과 같다.

> • 갑 제주도 출장 → ~을 제주도 출장
> • ~을 제주도 출장 → ~병 휴가
> • 병 휴가

'병 휴가'는 확정적 진술이고, 이를 두 번째에 대입하면 '병 휴가 → 을 제주도 출장'이 된다. 이를 첫 번째에 대입하면 '을 제주도 출장 → ~갑 제주도 출장'이라는 내용을 도출할 수 있다. 따라서 제시된 진술이 모두 참일 때 반드시 참인 것은 '갑이 제주도 출장을 가지 않는다.'이다.

18 난도 ★★☆ 정답 ②

논리 > 강화 약화

정답의 이유

② '문제를 해결하기 위해서는, 단기간에 ~ 사회 기반 시설을 확보하는 것이 급선무이다.'를 볼 때 제시된 글의 논지는 '초중고 교사가 도시 이외의 지역에서 근무할 수 있는 충분한 교육 환경과 사회 기반 시설을 확보'해야 한다는 것이다. A국에서 도시 이외의 지역에 근무하던 사회 초년생들이 연봉을 낮추어서라도 도시로 이직한 주된 이유는 교통 시설의 부족으로 밝혀졌다는 사례는 이러한 논지를 강화하는 것으로 적절하다.

오답의 이유

① A국 도시 이외 지역과 도시의 교육 환경이 별 차이가 없다면, 현직 교사나 대학 졸업 예정자들이 도시 이외의 지역에서 일하는 것을 꺼릴 가능성이 낮아질 수 있다. 따라서 제시된 글의 논지를 강화한다고 볼 수 없다.

③ 제시된 글에서는 연봉 인상이 문제의 근본적인 해결책이 되기 어렵다고 하였다. B국에서 교사 연봉을 인상한 후 도시 이외 지역의 교사 비율이 증가했다는 내용은 이를 반박하는 것이므로, 제시된 글의 논지를 강화한다고 볼 수 없다.

④ 제시된 글에서는 연봉 인상과 더불어 교사 양성 프로그램 역시 문제의 근본적인 해결책이 되기 어렵다고 하였다. C국에서 교사 양성 프로그램을 확대한 이후 도시 이외의 지역에서 교사의 수가 크게 증가했다는 내용은 이를 반박하는 것이므로, 제시된 글의 논지를 강화한다고 볼 수 없다.

19 난도 ★★★ 정답 ④

논리 > 강화 약화

정답의 이유

④ 제시된 글에 따르면 쿤은 과학의 발전 단계를 '전정상과학 시기', '정상과학 시기', '과학혁명 시기'로 구분하고, 한 번도 패러다임을 정립하지 못한 '전정상과학 시기'를 성숙한 수준에 도달하지 못한 단계라고 보았다. 이러한 '전정상과학 시기'는 패러다임을 정립하지 못하고, 과학자 모두가 제각기 연구 활동을 한다. (가)에서 언급한 아직 성숙한 수준에 도달하지 못한 단계는 바로 '전정상과학 시기'에 해당한다. 이를 보았을 때 '패러다임이 정립된 적이 없고 과학자들의 연구 방향 및 평가 기준이 서로 다른 사회과학 분야가 있다.'가 (가)를 강화하는 내용으로 가장 적절하다.

오답의 이유

①·②·③ 제시된 글에 따르면 어떤 과학 분야라도 패러다임을 정립하면 '정상과학 시기'에 들어서고, 그 뒤에 다시 '전정상과학 시기'로 돌아갈 수 없다. ①, ②, ③ 모두 패러다임이 정립되었거나, 교체되는 중이거나, 교체된 적이 있는 상태이므로 '전정상과학 시기'와는 관련이 없다. 따라서 '전정상과학 시기'에 대해 설명하는 (가)를 강화하는 사례로 적절하지 않다.

20 난도 ★★☆ 정답 ④

화법과 작문 > 화법

정답의 이유

④ 제시된 대화에 따르면 '영민'은 불가피한 선택의 상황에서 죽는 사람의 수를 최소화하는 가를 기준으로 여기고, '소현'은 행위에 따른 결과를 기준으로 한 명이 죽더라도 다섯 명을 살리는 선택을 택한다. 즉 두 사람 모두 선택의 상황에서 죽는 사람의 수를 최소화하는 것을 기준으로 두고 있으므로 '인명피해가 불가피한 선택의 상황에 놓인다면, 영민은 죽는 사람의 수를 최소화하는 선택을 하고, 소현은 그렇게 하지 않는다.'는 내용은 적절하지 않다.

오답의 이유

① '은주'는 스위치를 눌러서 사람을 '죽이는 것'은 살인에 해당한다고 하였고, '보은'은 스위치를 누르면 살인이고, 누르지 않으면 방관이라고 하였다. 따라서 '스위치를 누르는 일을 살인으로 본다는 점에 대해 은주는 보은과 견해를 같이한다.'는 내용은 적절하다.

② '보은'은 생명의 가치는 수량화할 수 없으니 한 사람보다 다섯 사람이 가지는 생명의 가치가 더 클 수 없다고 하였고, '영민'은 생명의 가치를 수량화할 수 없다는 데 원론적으로는 동의한다고 하였다. 따라서 '생명의 가치를 수량화할 수 없다는 점에 대해 영민은 원론적으로는 보은과 견해를 같이한다.'는 내용은 적절하다.

③ 대화에서 제시된 상황에 대하여 '소현'은 행위에 따른 결과가 선택의 기준이 된다고 하였고, '은주'는 행위에 따른 결과보다 행위 자체의 도덕성을 기준에 두어야 한다고 하였다. 따라서 '선택의 딜레마 상황에서 소현은 행위에 따른 결과를, 은주는 행위 자체의 도덕성을 선택의 기준으로 삼는다.'는 내용은 적절하다.

국어 | 2025년 지방직 9급

한눈에 훑어보기

영역 분석

국어학 1문항, 5%	03
화법과 작문 3문항, 15%	01 04 17
논리 5문항, 25%	09 16 18 19 20
독해 11문항, 55%	02 05 06 07 08 10 11 12 13 14 15

빠른 정답

01	02	03	04	05	06	07	08	09	10
①	④	④	④	③	③	④	④	①	②
11	12	13	14	15	16	17	18	19	20
①	②	③	②	④	②	②	①	③	③

점수 체크

구분	1회독	2회독	3회독
맞힌 문항 수	/ 20	/ 20	/ 20
나의 점수	점	점	점

01 난도 ★★☆ 정답 ①

화법과 작문 > 공문서 수정

정답의 이유

① 납세자의 결정세액이 기납부세액보다 적은 경우 그 차이만큼 돌려줘야 한다. 제시문에 쓰인 '환급(還給)하다'는 '도로 돌려주다.'라는 의미이므로 문맥상 적절하게 쓰였다. '환수(還收)하다'는 '도로 거두어들이다'라는 의미이므로 수정하기에 적절하지 않다.

오답의 이유

② '배제하다'에 '-시키다'를 결합한 것은 부적절한 사동 표현이므로 '배제시켜야'를 '배제해야'로 수정하는 것은 적절하다.

③ '시의회는 관련 단체와 시민들을 초청하기로 결정하였다.'에서는 시의회가 초청하는 대상이 '관련 단체와 시민들'이라고 해석될 수도 있고, '시의회와 관련 단체'가 시민들을 초청하는 것으로 해석될 수도 있다. 따라서 하나의 뜻으로 해석되도록 '시의회는 관련 단체와 협의하여 시민들을 초청하기로 결정하였다.'로 수정하는 것은 적절하다.

④ 제시문에서 '사업 전체 목표 수립'과 '세부 사업별 추진 전략을 제시한다'의 문장 구조가 대등하게 이어지지 않는다. 따라서 문장 구조를 맞추어 '사업 전체 목표를 수립하고 세부 사업별 추진 전략을 제시한다.'로 수정하는 것은 적절하다.

02 난도 ★☆☆ 정답 ④

독해 > 추론

정답의 이유

④ '이후 김병연은 대역죄로 사형당한 인물의 후손이라는 ~ 관계를 맺지 못한 것도 이 때문이었다.'를 볼 때 김병연은 대역죄인의 후손이어서 당대 주류 세력과 관계를 맺을 수 없었다고 이해하는 것은 적절하다.

오답의 이유

① '김익순은 김시태의 후광을 입어 여러 관직에 나아갔다.'를 볼 때 김시태의 후손이 아무도 관직에 나아가지 못했다고 이해하는 것은 적절하지 않다.

② 김익순은 반란군에게 항복하고 거짓 보고를 한 행적이 드러나 재산이 몰수되고 사형당한 것이다. 김시태의 죄상이 드러나 재산이 몰수되었다고 이해하는 것은 적절하지 않다.

③ 김병연의 5대조 할아버지 김시태가 신임사화에 연루되긴 했지만 이후 명예가 회복되었다. 김병연이 세상을 떠돌게 된 것은 할아버지 김익순이 대역죄로 사형당했기 때문이다.

03 난도 ★☆☆ 정답 ④

국어학 > 어휘

정답의 이유

④ ㉠의 동음이의 현상은 서로 무관한 두 의미가 우연히 같은 형태로 나타난 것이다. '모자를 쓰고'의 '쓰다'는 '모자 따위를 머리에 얹어 덮다'라는 의미이고, '형님은 시를 쓰고'의 '쓰다'는 '붓, 펜, 연필과 같이 선을 그을 수 있는 도구로 종이 따위에 획을 그어서 일정한 글자의 모양이 이루어지게 하다'라는 의미이다. 두 단어는 우연히 소리만 같을 뿐 단어 사이에 의미적 연관성이 없기 때문에 ㉠의 사례로 적절하다.

오답의 이유

① '비교적 관점'의 '비교적'은 체언을 수식하고 있으므로 관형사이고, '비교적 편리한'의 '비교적'은 용언을 수식하고 있으므로 부사이다. 이는 하나의 단어가 둘 이상의 품사로 사용되는 품사 통용에 해당한다.

② '키가 더 크다'의 '크다'는 '사람이나 사물의 외형적 길이, 넓이, 높이, 부피 따위가 보통 정도를 넘다'를 뜻하는 형용사이고, '풀이 잘 큰다'의 '크다'는 '동식물이 몸의 길이가 자라다'를 뜻하는 동사이다. 이는 하나의 단어가 둘 이상의 품사로 사용되는 품사 통용에 해당한다.

③ '오늘이 드디어'의 '오늘'은 '지금 지나가고 있는 이날'을 뜻하는 명사이고, '오늘 갈 것이라'의 '오늘'은 '지금 지나가고 있는 이날에'를 뜻하는 부사이다. 이는 하나의 단어가 둘 이상의 품사로 사용되는 품사 통용에 해당한다.

04 난도 ★★☆ 정답 ④

화법과 작문 > 작문

정답의 이유

④ 〈지침〉에 따르면 결론에는 기대 효과와 향후 과제가 순서대로 들어가야 한다. '현장 적용을 위한 정책 실행의 단계적 평가 및 개선'은 향후 과제에 해당하므로 (라)에는 기대 효과가 제시되어야 한다. '친환경 방송 제작을 위한 세부 지침과 인력 채용 방안 제시'는 정책 지원 방안이지 기대 효과가 아니므로 (라)에 들어갈 내용으로 적절하지 않다.

오답의 이유

① 〈지침〉에 따르면 서론에는 보고서 작성의 배경과 필요성이 들어가야 한다. '1장 1.'은 보고서 작성의 배경에 해당하므로 (가)에는 보고서 작성의 필요성이 제시되어야 한다. 따라서 '국내 방송 산업의 친환경 제작 전략의 필요성'은 (가)에 들어갈 내용으로 적절하다.

② 〈지침〉에 따르면 본론은 제목에서 밝힌 내용을 2개의 장으로 구성하되, 2장의 하위 항목이 3장의 하위 항목과 서로 대응해야 한다. 따라서 (나)는 '3장 1.'과 대응해야 하는데, '국내 방송 산업의 특성을 반영한 친환경 제작 지침의 마련'은 지침의 부재에 따른 지원 방안이므로, '국내 방송 산업 내 친환경 제작을 위한 지침 부재'는 (나)에 들어갈 내용으로 적절하다.

③ 〈지침〉에 따르면 (다)는 '2장 2.'와 대응해야 하므로, (다)에는 '국내 친환경 방송 제작 관련 전문 인력 부재'에 대한 지원 방안이 제시되어야 한다. 따라서 '국내 친환경 방송 제작 관련 전문 인력 채용의 제도화'는 (다)에 들어갈 내용으로 적절하다.

05 난도 ★★☆ 정답 ③

독해 > 문맥 추론

정답의 이유

③ ㉢의 앞에서 '획득면역'은 '특정 항원에만 반응하는 유일의 항체를 생성하는 면역반응'이라고 하였다. 이를 볼 때 ㉢을 '특정 항체가 특정 항원에 대해서만 반응한다.'로 수정하는 것은 적절하다.

오답의 이유

① ㉠의 뒤에서 '외부에서 들어온 특정 항원에만 반응하는 유일의 항체가 별도로 존재하지 않는다는 것이다.'라고 하였다. 이를 통하여 '자연면역'은 항원과 항체 사이의 일대일 반응 관계가 존재하지 않는다고 추론할 수 있다. 따라서 ㉠을 '직접적인 일대일 반응 관계가 존재한다'로 수정하는 것은 적절하지 않다.

② ㉡의 앞 내용을 볼 때 '대식세포'의 기능은 자연면역이다. 이를 통하여 '대식세포'는 세균과 같은 미생물 등을 외부 이물질로 인식하여 제거함을 추론할 수 있다. 따라서 ㉡을 '특정한 외부 미생물에 유일하게 반응하며 그 외의 대상은 제거하지 않는다'로 수정하는 것은 적절하지 않다.

④ ㉣의 앞 내용을 볼 때 '항원 수용체'는 B림프구의 세포 표면의 특정 항원을 인식하고 그 특정 항원에 결합하는 부위이다. 이를 통하여 항원 수용체는 '세포 표면'에서 자극됨을 추론할 수 있다. 따라서 ㉣을 '항원 수용체는 세포 내부에 형성되는 단백질의 일종으로, 항체에 의해 자극된다'로 수정하는 것은 적절하지 않다.

06 난도 ★★☆ 정답 ③

독해 > 문단 순서 배열

정답의 이유

제시된 글은 이미지 디지털화의 발달 과정에 대한 내용을 담고 있다.

- (다)에서는 '이미지를 디지털로 변환하는 과정'이라는 화제를 제시하고 있으므로 글의 처음에 오는 것이 적절하다.
- (가)에서는 '픽셀 단위로 수치화된 이미지 데이터'는 데이터 형태로 컴퓨터에 저장된다고 하였다. (다)에서 이미지를 디지털로 저장하는 가장 기본적인 방법은 '픽셀 단위'로 저장하는 것이라고 언급하였으므로, (가)는 (다)의 뒤에 위치하는 것이 적절하다.
- (라)에서는 역접의 상황에서 쓰이는 '하지만'이라는 접속어를 사용하여 현재는 컴퓨터 비전 기술이 발달하면서 픽셀 하나에 32비트까지 사용한다고 하였다. (가)에서 초기 컴퓨터의 경우 이미지는 하나의 픽셀에 대해 1비트로 저장되었다고 언급하였으므로, (라)는 (가)의 뒤에 위치하는 것이 적절하다.
- (나)에서는 데이터 저장 용량의 방법도 고안되어 고해상도의 이미지도 웹사이트를 비롯한 다양한 분야에서 활발하게 사용할 수 있게 되었다고 하며 전체적인 내용을 정리하고 있다. 또한 (라)에서 최근에는 높은 해상도를 구현하기 위해 픽셀 하나에 32비트까

지 사용한다고 언급하였으므로, (나)는 (라)의 뒤에 위치하는 것이 적절하다.

따라서 문맥에 맞게 순서대로 나열한 것은 ③ (다) – (가) – (라) – (나)이다.

07 난도 ★★☆ 정답 ④

독해 > 추론

정답의 이유

④ 1문단의 '지상의 혼란이나 세계 질서의 모순은 ~ 설계한 바에 따라 쉽사리 해소된다.'를 통하여 영웅 소설에서는 초월적 세계가 지상의 현실의 문제를 해결한다는 것을 알 수 있다. 또한 2문단의 '판소리계 소설에는 초월적 세계가 ~ 인과 관계에 의해 서사가 전개된다.'를 통하여 판소리계 소설에서는 초월적 세계가 지배적 장치로 나타나는 경우가 드물다는 것을 알 수 있다. 이를 볼 때 '영웅 소설에 비해 판소리계 소설에서는 초월적 세계가 현실의 문제를 해결하는 양상이 두드러진다.'고 이해하는 것은 적절하지 않다.

오답의 이유

① 1문단의 "지상의 혼란이나 세계 질서의 모순은 ~ '이원적 세계상'이라고 부른다."를 볼 때 '영웅 소설은 이원적 세계상을 잘 보여 주는 문학적 갈래이다.'라고 이해하는 것은 적절하다.

② '판소리계 소설에는 초월적 세계가 ~ 인과 관계에 의해 서사가 전개된다.'를 볼 때 '판소리계 소설에서 소설의 인과 관계는 경험적 현실에 바탕을 둔 경우가 많다.'라고 이해하는 것은 적절하다.

③ 1문단에서 '천상계'는 '모든 사건의 발생과 귀결을 지배하는 초월적 세계'라고 하였다. 또한 지상의 혼란이나 세계 질서의 모순은 초월적 세계가 이미 설계한 바에 따라 쉽사리 해소되고, 이런 모습의 세계 구조를 '이원적 세계상'이라고 부른다고 하였다. 이를 볼 때 '천상계의 대리자가 지상계의 서사를 결정하는 작품에서는 이원적 세계상이 발견된다.'라고 이해하는 것은 적절하다.

08 난도 ★☆☆ 정답 ④

독해 > 어휘 추론

정답의 이유

④ ㉠의 '일어나다'는 '어떤 일이 생기다.'라는 의미이다. '싸움이 일어나는 동안 그는 숨어 있을 수밖에 없었다.'의 '일어나다' 역시 '어떤 일이 생기다'라는 의미이므로, 문맥상 ㉠의 의미와 가장 가깝다.

오답의 이유

① '언니는 뽀얗게 일어나는 물보라에 손을 대었다.'의 '일어나다'는 '위로 솟거나 부풀어 오르다'라는 의미이다.

② '그는 가까스로 일어나는 불꽃을 바라보고 있었다.'의 '일어나다'는 '약하거나 희미하던 것이 성하여지다'라는 의미이다.

③ '아침 일찍 일어나는 습관을 들이는 것이 중요하다.'의 '일어나다'는 '잠에서 깨어나다'라는 의미이다.

09 난도 ★★☆ 정답 ①

논리 > 논리 추론

정답의 이유

제시된 진술을 논리 기호로 단순화하면 다음과 같다.

> • (친구 ∨ 선생님) → 커피
> • 친구 ∨ 선배
> • ~커피

이때 '~커피'를 통하여 1의 후건이 부정되어 '~(친구 ∨ 선생님)'이라는 내용을 도출할 수 있다. 이를 드모르간 법칙에 적용하면 '~친구 ∧ ~선생님'과 동치, 즉 동일한 결과가 되고 이를 단순화하면 '~친구', '~선생님'이 된다. 이를 '친구 ∨ 선배'에 적용하면 선언지가 제거되어 '선배'라는 내용이 도출되므로, 제시된 진술이 모두 참일 때 반드시 참인 것은 '영희는 선배를 만났다.'이다.

10 난도 ★☆☆ 정답 ②

독해 > 추론

정답의 이유

② 2문단의 '이광수가 계몽주의의 신봉자였음을 ~ 의도적인 선택이었다.'를 볼 때 '『무정』에는 근대적 가치의 실현과 관련된 작가의 의도가 담겨 있다.'라고 이해하는 것은 적절하다.

오답의 이유

① 1문단의 '반면 김동인의 대표작 ~ 사투리로 이루어진다.'를 볼 때 '「배따라기」는 표준어를 사용하여 작품의 리얼리티를 확보하였다.'라고 이해하는 것은 적절하지 않다.

③ 3문단의 "하지만 주인공 '서희'는 사투리를 구사하지 않는다."를 볼 때 "「토지」는 '서희'의 사투리를 통해 작품의 리얼리티를 구현하였다."라고 이해하는 것은 적절하지 않다.

④ 1문단에서 '작품의 리얼리티를 얼마나 잘 구현했는가를 기준으로 본다면, 「무정」보다 「배따라기」가 더 뛰어나다고 볼 수 있다.'라고 하였으므로, '작품의 리얼리티를 기준으로 할 때, 「무정」이 「배따라기」보다 더 뛰어나다.'라고 이해하는 것은 적절하지 않다.

11 난도 ★★☆ 정답 ①

독해 > 어휘 추론

정답의 이유

① '영합(迎合)하다'는 '사사로운 이익을 위하여 아첨하며 좇다, 서로 뜻이 맞다'라는 의미이다. ㉠의 '맞다'는 '어떤 행위나 내용이 일정한 기준이나 정도에 어긋나거나 벗어나지 아니한 상태이다'라는 의미이므로, ㉠ '맞는'을 '영합하는'으로 바꾸는 것은 적절하지 않다.

오답의 이유

② '표상(表象)하다'는 '추상적이거나 드러나지 아니한 것을 구체적인 형상으로 드러내어 나타내다'라는 의미이므로 ㉡ '나타내는'을 '표상하는'으로 바꾸는 것은 적절하다.

③ '상기(想起)하다'는 '지난 일을 돌이켜 생각하여 내다'라는 의미이므로 ㉢ '떠올리면'을 '상기하면'으로 바꾸는 것은 적절하다.

④ '분명(分明)하다'는 '모습이나 소리 따위가 흐릿함이 없이 똑똑하고 뚜렷하다, 태도나 목표 따위가 흐릿하지 않고 확실하다, 어떤 사실이 틀림이 없이 확실하다'라는 의미이므로 ㉣ '뚜렷하게'를 '분명하게'로 바꾸는 것은 적절하다.

12 난도 ★★☆ 정답 ②

독해 > 추론

정답의 이유

② 1문단에서 재화는 소비를 목적으로 하고 상품은 시장에서의 판매를 목적으로 한다는 점에서 구분된다고 하였다. 또한 3문단에서는 상품은 그것이 판매될 수 있는 시장을 전제로 생산되는 것이기 때문에 시장이 형성되어 있지 않다면 상품도 존재할 수 없다고 하였다. 이를 볼 때 '상품이 존재한다는 것은 시장이 형성되어 있다는 것이다.'라고 추론하는 것은 적절하다.

오답의 이유

① 2문단에서 냉전 시대에는 "자본주의에서는 상인이 최고이고, 사회주의에서는 공직자가 최고이다."라는 말이 있었다고 언급하긴 했지만, 제시문을 통하여 사회주의에서 유통과 생산 중 어떤 것을 더 중요하게 여기는지는 알 수 없다.

③ 4문단에서 '따라서 자본주의가 성숙할수록 제조업의 이윤은 적어지고 유통업의 이윤은 많아진다.'라고 하였다. 이를 볼 때 '자본주의가 성숙할수록 제조업과 유통업의 이윤 차이는 줄어든다.'라고 추론하는 것은 적절하지 않다.

④ 3문단에서 '중세의 상인들이 물건을 시장에 팔아 ~ 생산하게 한 데에서 자본주의가 출발하였다.'를 볼 때 중세 상인들은 수공업자에게 물건을 생산하게 하였다. 따라서 '중세의 상인들은 물건의 생산 단가를 낮추기 위해 시장에 팔 물건을 손수 생산하였다.'라고 추론하는 것은 적절하지 않다.

13 난도 ★★☆ 정답 ③

독해 > 문맥 추론

정답의 이유

- ㉢ 집에서 쓰기 위해 만든 의자: 시장에 팔기 위해 만든 의자와 구분되는 것으로, 소비를 목적으로 하는 '재화'에 해당한다.
- ㉠ 물건: 상인이 싸게 사서 비싸게 팔아 돈을 벌게 하므로, 판매를 목적으로 하는 '상품'에 해당한다.
- ㉡ 상품: 시장에서의 판매를 목적으로 하는 '상품'에 해당한다.
- ㉣ 자본주의 사회에서 생산되는 물품: 유통 과정을 통해 판매되는 것이므로, 판매를 목적으로 하는 '상품'에 해당한다.

따라서 문맥상 의미가 나머지와 다른 것은 ㉢이다.

14 난도 ★★☆ 정답 ②

독해 > 추론

정답의 이유

② 제시문에 따르면 '자연적 기호'는 무엇인가를 알리려는 의도 없이 단순히 정보성만 가진 기호이고, '의사소통적 기호'는 정보성을 가지고 있을 뿐 아니라 무엇인가를 알리려는 의도까지 갖춘 기호이다. 일기예보에서 흐린 날씨를 표시하는 구름 모양 아이콘은 정보를 가지고 있을 뿐 아니라 흐린 날씨를 알리려는 의도까지 갖춘 것이므로, 자연적 기호가 아닌 의사소통적 기호에 해당한다.

오답의 이유

① 전쟁 중에 군대에서 사용하는 암호는 정보성뿐만 아니라 의사소통의 의도를 명백히 가진 일종의 언어이다. 이를 볼 때 관습적 기호라고 추론할 수 있다.

③ 특정 질병에 걸렸을 때 나타나는 얼굴색은 질병을 알리려는 의도를 갖춘 것은 아니므로 정보성만을 가진 기호라고 볼 수 있다.

④ 이웃 마을과 구별하기 위해 마을의 명칭을 본떠 만든 상징탑은 정보성을 가지고 있을 뿐 아니라 마을을 구별하려는 의도를 갖춘 것이므로 의사소통적 기호라고 볼 수 있다.

15 난도 ★★☆ 정답 ④

독해 > 문맥 추론

정답의 이유

- (가) 1문단에 따르면 어떠한 말을 들었을 때 그 말을 한 사람이 나에게 중요한 사람이라면, 그 평가는 자아 개념 형성에 큰 영향을 미칠 수 있다. 이를 볼 때 (가)에 들어갈 말, 즉 나의 기억에 오래 남는 말을 하는 사람은 나에게 '중요한 타인'이다.
- (나) 2문단에 따르면 우리는 타인과 상호작용하는 과정에서 타인에게 비치는 나의 모습을 상상하고 그 모습에 대한 타인의 판단을 추정하여 성숙한 자아를 형성해 나간다. 이를 볼 때 (나)에 들어갈 말은 '거울에 비친 자아'가 적절하다.

16 난도 ★★☆ 정답 ②

논리 > 논리 추론

정답의 이유

② 제시된 진술을 논리 기호로 단순화하면 다음과 같다.

- 마라톤 → (식단 조절 ∨ 근력 운동)
- 근력 운동 → 건강
- (가)

∴ 마라톤 → 건강

결론이 노출되기 위해서는 '(식단 조절 ∨ 근력 운동)'과 '건강'을 연관지어 '(식단 조절 ∨ 근력 운동) → 건강'을 추가해야 한다. '(식단 조절 ∨ 근력 운동) → 건강'은 '(식단 조절 → 건강) ∧ (근력 운동 → 건강)'과 동치이다. 이를 단순화하면 '식단 조절 → 건강'과 '근력 운동 → 건강'으로 정리되는데, '근력 운동을 하는 사람은 모두 건강하다.'라는 전제는 이미 있으므로, 결론을 이끌어 내기 위해서는 '식단을 조절하는 사람은 모두 건강하다.'라는 전제를 추가해야 한다.

17 난도 ★★☆ 정답 ②

화법과 작문 > 화법

정답의 이유

② '갑'의 첫 번째 발언 중 '사고가 언어에 영향을 미치는 것이 아니라 실은 그 반대야.'를 통하여 '갑'은 언어가 사고에 영향을 미친다고 여기고 있음을 알 수 있다. '을'의 첫 번째 발언 중 '언어는 인간의 사고를 표현하는 도구에 불과해서 사고가 언어에 영향을 미친다고 봐야 해.'를 통하여 '을'은 사고가 언어에 영향을 미친다고 여기고 있음을 알 수 있다. 따라서 '사고가 언어에 영향을 미친다는 점에 대해 갑은 동의하지만 을은 동의하지 않는다.'라고 분석한 것은 적절하지 않다.

오답의 이유

① '병'은 두 번째 발언에서 언어와 사고가 서로 영향을 주고받으면서 발전한다고 생각한다고 하였다. 하지만 '갑'은 언어가 사고에 영향을 미친다고 생각하고, '을'은 사고가 언어에 영향을 미친다고 생각하다. 따라서 '언어와 사고가 서로 영향을 주고받는 관계라는 점에 대해 갑과 을은 동의하지 않지만 병은 동의한다.'라고 분석한 것은 적절하다.

③ '갑'은 두 번째 발언에서 '언어가 다르면 세계를 다르게 인식해.'라고 하였다. '병'은 첫 번째 발언에서 절대 방위로 방향을 표현하는 남미의 부족이 다른 언어를 쓰는 사람보다 공간 감각이 뛰어나다는 사실을 예로 들며, 언어가 다르면 세계를 다르게 인식한다는 의견에 동의하고 있다.

④ '을'은 첫 번째 발언에서 '사고의 차이가 언어의 차이를 낳지.'라고 하였다. 이에 대해 '병'은 '그렇긴 하지. 사고의 깊이가 깊은 사람은 그렇지 않은 사람에 비해 구사하는 언어의 수준이 높아.'라며 '을'의 의견에 동의하고 있다.

18 난도 ★★★ 정답 ①

논리 > 강화 약화

정답의 이유

ㄷ. '을'은 '마찬가지로 어휘도 사람들이 자주 쓴다고 해서 비표준어가 표준어가 되는 것은 아니잖아.'라고 하며 문법 규범에 어긋난 표현이 자주 쓰인다는 이유로 문법 규범으로 인정되어서는 안 된다고 주장한다. 원래 표준어는 '만날'이지만, 비표준어이던 '맨날'이 언중이 자주 사용하는 현실에 따라 표준어로 인정되었다는 사실은 '을'의 주장에 어긋나므로, '을'의 입장을 약화한다.

오답의 이유

ㄱ. '갑'은 문법 규범에 맞지 않거나 비표준어라도 언중에게 널리 쓰인다면 사용에 문제가 없다고 주장하고, '을'은 문법 규정에 어긋난 표현이나 비표준어는 사용하면 안 된다고 주장한다. 이중 피동은 사람들에게 널리 쓰이는 표현이지만 문법 규범에 맞지 않으니까 사용하지 말아야 한다는 주장은 '을'의 주장에는 부합하지만, '갑'의 주장에는 부합하지 않는다. 따라서 갑과 을의 주장을 모두 강화한다는 평가는 적절하지 않다.

ㄴ. '갑'은 문법 규범에 맞지 않거나 비표준어라고 해서 사용하지 말아야 하는 것은 아니라고 생각한다. "행복해라."가 문법 규범에는 맞지 않지만 널리 쓰이기 때문에 써도 된다는 주장은 '갑'의 입장과 부합한다. 따라서 '갑'의 입장을 약화한다는 평가는 적절하지 않다.

19 난도 ★★★ 정답 ③

논리 > 논리 추론

정답의 이유

③ 제시된 대화에서 '갑'과 '을'의 진술을 논리 기호로 단순화하면 다음과 같다.

[갑]
- 공무원 → 사명감을 가질 의무 (참)
- ~공무원 → ~사명감을 가질 의무 (참)

[을]

• 사람 → 죽음 (참) • 죽음 → 사람 (참이 아님)	• ~공무원 → ~사명감을 가질 의무 (참) • (가)

즉 '갑'은 원 명제의 '이'를 참이라고 주장하고 있다. 이러한 갑의 발언에 대하여 '을'은 '~공무원 → ~사명감을 가질 의무'를 주장하려면 (가)가 참이어야 한다고 했는데, 어떠한 명제가 참일 때 항상 참인 관계는 대우뿐이므로, (가)에는 '사명감을 가질 의무 → 공무원', 즉 '공인으로서의 사명감을 가질 의무가 있는 사람은 모두 공무원이다.'가 들어가야 한다. 하지만 이는 '갑'이 제시한 원 명제의 '역'이므로, '을'은 '모든 사람이 죽는다고 죽는 것들이 모두 사람인 것은 아니잖아.'라고 말하며 '갑'의 주장에 오류가 있음을 지적하고 있다.

20 난도 ★★☆ 정답 ③

논리 > 강화 약화

정답의 이유

③ 2문단의 '인간의 본질적 가치는 어떠한 경우에도 훼손되어서는 안 되므로 인공일반지능의 개발은 허용될 수 없다.'를 통하여 제시문은 인공일반지능은 인간의 본질적 가치를 훼손한다는 논지를 주장한다는 것을 알 수 있다. 현재 상용화되어 있는 대화형 인공지능은 사람들의 본질적 가치를 회복하는 데 도움을 준다는 것은 이를 반박하는 내용이므로, 제시문의 논지를 약화한다.

오답의 이유

① 인공일반지능의 수준에 미치지 못하는 인공지능 프로그램만으로도 많은 사람이 일자리를 잃고 소외감을 느낀다는 내용은 인공일반지능이 인간의 본질적 가치를 훼손한다는 논지를 강화한다.

② 인공지능 기술이 인간의 존재론적 지위에 위협이 될 것이라는 권위자의 주장은 인공일반지능이 인간의 본질적 가치를 훼손한다는 논지를 강화한다.

④ 인공일반지능의 개발이 인간의 본질적 가치를 훼손할 가능성이 높아 개발을 허용해서는 안 된다는 응답이 압도적으로 많았다는 설문 내용은 인공일반지능이 인간의 본질적 가치를 훼손한다는 논지를 강화한다.

국어 | 2024년 국가직 9급

한눈에 훑어보기

영역 분석

어휘 09 14
2문항, 10%

문법 03 04 06
3문항, 15%

고전 문학 11 15
2문항, 10%

현대 문학 07 13
2문항, 10%

비문학 01 02 05 08 10 12 16 17 18 19 20
11문항, 55%

빠른 정답

01	02	03	04	05	06	07	08	09	10
②	②	②	④	④	①	③	③	①	②
11	12	13	14	15	16	17	18	19	20
③	④	③	②	④	①	②	③	①	④

점수 체크

구분	1회독	2회독	3회독
맞힌 문항 수	/ 20	/ 20	/ 20
나의 점수	점	점	점

01 난도 ★☆☆ 정답 ②

비문학 > 글의 순서 파악

정답의 이유

- (나)에서는 '오남용'의 의미를 설명하고 있으므로, '약물의 오남용'이라는 화제가 처음으로 제시된 두 번째 문장 뒤에 오는 것이 적절하다.
- (라)에서는 약물을 오남용하면 신체적 · 정신적 피해를 입을 수 있다는 내용을 제시하고 있으므로, 약물 오남용의 폐해를 언급한 (가) 앞에 오는 것이 적절하다.
- (가)에서는 약물이 내성이 있어 신체적 · 정신적 피해가 점점 더 커진다는 내용을 제시하고 있으며, 접속어 '더구나'는 이미 있는 사실에 새로운 사실을 더하는 의미를 가지므로 약물 오남용 피해를 언급한 (라) 다음에 오는 것이 적절하다.
- (다)에서는 '그러므로'라는 접속어를 사용하여 적절한 약물 복용법에 대해 언급하고 있으므로 약물 오남용의 폐해에 대해 설명한 (가) 뒤에 오는 것이 적절하다.

따라서 문맥에 맞게 순서대로 나열한 것은 ② (나) – (라) – (가) – (다)이다.

02 난도 ★★☆ 정답 ②

비문학 > 화법

정답의 이유

② 을은 빈부 격차에 따라 계급이 나뉘고 이것이 대물림되면서 개인의 계급이 결정되고 있다며 현대 사회가 계급사회라고 주장하고 있다. 갑 역시 현대 사회에서 인간의 사회적 지위는 부모의 경제력과 직결된다는 점을 근거로 현대 사회가 계급사회라고 주장하고 있다. 따라서 을의 주장은 갑의 주장과 대립하지 않는다.

오답의 이유

① 을은 귀속지위가 성취지위를 결정하는 면이 있다고 하며 현대 사회가 계급사회라고 주장하고 있다. 갑은 현대 사회에서 인간의 사회적 지위는 부모의 경제력과 직결되기 때문에 현대 사회가 계급사회라고 주장한다. 이를 통해 갑은 을과 같은 주장을 하고 있으며, 을의 주장 중 일부는 수용하고 일부는 반박했다는 내용은 적절하지 않음을 확인할 수 있다.

③ 병은 오늘날 각종 문화나 생활 방식 전체를 특정한 계급 논리만으로 설명할 수 없다며 현대 사회를 계급사회로 보기 어렵다는 결론을 내리고 있다. 반면 갑은 경제적 계급 논리로 현대 사회의 문화를 충분히 설명하고 규정할 수 있으며, 현대 사회는 계급사회라는 결론을 내리고 있다. 이를 통해 갑과 병은 상이한 전제로 서로 다른 결론을 내리고 있다는 것을 확인할 수 있다.

④ 병은 현대 사회를 계급사회로 보기는 어렵다고 주장하고, 갑과 을은 현대 사회가 계급사회라고 주장하고 있으므로 병은 갑과 을 모두와 대립한다. 이를 통해 병의 주장은 갑의 주장과는 대립하지 않지만 을의 주장과는 대립한다는 내용은 적절하지 않음을 확인할 수 있다.

03 난도 ★☆☆ 정답 ②

문법 > 한글 맞춤법

정답의 이유

② 통째로(○): '나누지 아니한 덩어리 전부'를 의미하는 말은 '통째'이다.

오답의 이유

① 허구헌(×) → 허구한(○): '날, 세월 따위가 매우 오래다.'를 의미하는 말은 '허구하다'이므로 '허구한'이라고 써야 한다.

③ 하마트면(×) → 하마터면(○): '조금만 잘못하였더라면'을 의미하는 말로 위험한 상황을 겨우 벗어났을 때에 쓰는 말은 '하마터면'이다.

④ 잘룩하게(×) → 잘록하게(○): '기다란 물건의 한 군데가 패어 들어가 오목하다.'를 의미하는 말은 '잘록하다'이므로 '잘록하게'라고 써야 한다.

04 난도 ★★☆ 정답 ④

문법 > 의미론

정답의 이유

④ '나는 그 팀이 이번 경기에 질 줄 알았다.'에서 '알다'는 '어떠한 사실에 대하여 그러하다고 믿거나 생각하다.'라는 의미이므로 ㉣의 예로 적절하지 않다. ㉣의 의미로 쓰인 예시로는 '네 일은 네가 알아서 해라.' 등이 있다.

오답의 이유

① '그 외교관은 무려 7개 국어를 할 줄 안다.'의 '알다'는 '어떤 일을 할 능력이나 소양이 있다.'라는 의미이므로 ㉠의 예로 적절하다.

② '이 두 사람은 서로 알고 지낸 지 오래이다.'의 '알다'는 '다른 사람과 사귐이 있거나 인연이 있다.'라는 의미이므로 ㉡의 예로 적절하다.

③ '그 사람이 무엇을 하든 내가 알 바 아니다.'의 '알다'는 '어떤 일에 대하여 관여하거나 관심을 가지다.'라는 의미이므로 ㉢의 예로 적절하다.

05 난도 ★★☆ 정답 ④

비문학 > 화법

정답의 이유

④ 진행자는 시내 도심부에서의 제한 속도 조정이라는 화제에 대하여 강 교수에게 질문하고, 강 교수의 말을 요약 · 정리하고 있다. 진행자가 자신의 경험을 예로 들어 강 교수가 설명한 내용을 뒷받침하는 부분은 나타나지 않는다.

오답의 이유

① 강 교수가 ㅇㅇ시에서 제도를 시험 적용한 결과를 통계 수치로 제시하자, 진행자는 '아, 그러니까 속도를 10km/h 낮출 때 2분 정도 늦어지는 것이라면 인명 사고의 예방과 오염물질의 감소를 위해 충분히 감수할 만한 시간이라는 말씀이시군요.'라며 강 교수의 의도를 자기 나름대로 풀어 설명하고 있다.

② 진행자는 '교통사고를 줄이고 보행자 안전을 확보할 수 있다는 점, 교통체증 유발은 미미할 것이라는 점, 오염물질 배출이 감소할 것이라는 점에서 이번의 제한 속도 조정 정책은 훌륭한 정책이라는 것이군요. 맞습니까?'라며 강 교수의 견해를 요약하고 자신이 이해한 바가 맞는지 확인하고 있다.

③ 진행자는 '그런데 일각에서는 그런 효과는 미미하고 오히려 교통체증을 유발하여 대기오염이 심화될 것이라며 이 정책에 반대합니다. 이에 대해 말씀해 주시겠어요?'라며 강 교수의 주장에 대해 반대하는 일각의 견해를 소개하고 그에 대한 강 교수의 의견을 요청하고 있다.

06 난도 ★★☆ 정답 ①

문법 > 형태론

정답의 이유

① • '지우개'는 어근 '지우-'에 '그러한 행위를 하는 간단한 도구'의 뜻을 더하는 접미사 '-개'가 결합한 파생어이다.
• '새파랗(다)'는 어근 '파랗-'에 '매우 짙고 선명하게'의 뜻을 더하는 접두사 '새-'가 결합한 파생어이다.

오답의 이유

② • '조각배'는 어근 '조각'과 어근 '배'가 결합한 합성어이다.
• '드높이(다)'는 어근 '드높-'에 사동의 뜻을 더하는 접미사 '-이-'가 결합한 파생어이다. 이때 '드높-'은 어근 '높-'에 '심하게' 또는 '높이'의 뜻을 더하는 접두사 '드-'가 결합한 파생어이다.

③ • '짓밟(다)'는 어근 '밟-'에 '마구, 함부로'의 뜻을 더하는 접두사 '짓-'이 결합한 파생어이다.
• '저녁노을'은 어근 '저녁'과 어근 '노을'이 결합한 합성어이다.

④ • '풋사과'는 어근 '사과'에 '처음 나온' 또는 '덜 익은'의 뜻을 더하는 접두사 '풋-'이 결합한 파생어이다.
• '돌아가(다)'는 어근 '돌-'과 어근 '가-'가 연결 어미 '-아'를 매개로 하여 결합한 합성어이다.

07 난도 ★★☆ 정답 ③

현대 문학 > 현대 시

정답의 이유

③ 제시된 작품은 화자가 표면에 드러나지 않으며, 아름다운 고향의 풍경과 이에 대한 그리움이 나타날 뿐 고향에 대한 상실감은 나타나지 않는다.

오답의 이유

① '마늘쪽', '들길', '아지랑이', '제비' 등 향토적 소재를 사용하여 고향의 풍경을 묘사하고 있다.

② 2연의 '~가(이) ~듯', 4연의 '-ㄴ 마을이 있다'처럼 유사한 문장 구조를 반복하여 리듬감을 조성하고 있다.

④ 3연에서 '천연히'라는 하나의 시어로 독립적인 연을 구성하여 주제 의식을 강조하고 있다.

작품 해설

박용래, 「울타리 밖」

- 갈래: 자유시, 서정시
- 성격: 서정적, 향토적, 자연 친화적
- 주제: 자연과 인간이 어우러진 고향에 대한 그리움, 자연과 인간이 조화된 아름다운 세계에 대한 소망
- 특징
  - 시각적인 이미지를 활용하여 풍경을 묘사함으로써 회화성을 살림
  - 동일한 연결 어미를 반복하여 다양한 소재의 동질적 속성을 부각함
  - 하나의 시어로 독립적인 연을 구성하여 주제 의식을 강조함

08 난도 ★★☆ 정답 ③

비문학 > 추론적 읽기

정답의 이유

③ 1문단의 '인간의 행동은 유전적인 적응 성향과 이러한 적응 성향을 발달시키고 활성화되게 하는 환경으로부터의 입력이 상호작용한 결과이다.'를 통해 유전적인 적응 성향이 동일하더라도 환경에서 얻은 정보가 다르면 행동은 다르게 나타날 수 있음을 추론할 수 있다.

오답의 이유

① 1문단에서 인간의 행동은 유전적인 적응 성향과 환경으로부터의 입력이 상호작용한 결과라고 하였으므로 인간의 행동은 환경의 영향이 아니라 유전과 환경의 상호작용으로 결정된다는 것을 알 수 있다. 인간의 마음이 유전의 영향으로 결정된다는 내용은 제시되지 않았다.

② 2문단에서 '우리가 복잡한 상황에 적응하는 데는 원시 시대의 적응 방식이 부적절한 경우가 있을 수 있다.'라고 하였지만, 주어진 상황의 복잡한 정도가 클수록 인지적 전략의 최적화가 이루어진다는 내용은 제시되지 않았다.

④ 1문단에서 '인간의 행동은 유전적인 적응 성향과 이러한 적응 성향을 발달시키고 활성화되게 하는 환경으로부터의 입력이 상호작용한 결과이다.'라고 하였지만, 유전과 환경 중 어느 것이 인간의 진화 방향을 우선적으로 결정하는지는 제시되지 않았다.

09 난도 ★★☆ 정답 ①

어휘 > 한자어

정답의 이유

(가) 度外視(법도 도, 바깥 외, 볼 시): 상관하지 아니하거나 무시함

(나) 食言(먹을 식, 말씀 언): 한번 입 밖에 낸 말을 도로 입속에 넣는다는 뜻으로, 약속한 말대로 지키지 아니함을 이르는 말

(다) 矛盾(창 모, 방패 순): 어떤 사실의 앞뒤, 또는 두 사실이 이치상 어긋나서 서로 맞지 않음을 이르는 말

오답의 이유

- 白眼視(흰 백, 눈 안, 볼 시): 남을 업신여기거나 무시하는 태도로 흘겨봄
- 添言(더할 첨, 말씀 언): 덧붙여 말함
- 腹案(배 복, 책상 안): 겉으로 드러내지 아니하고 마음속으로만 생각함. 또는 그런 생각

10 난도 ★★☆ 정답 ②

비문학 > 추론적 읽기

정답의 이유

② 2문단의 '한편 오프라인 대면 상호작용에서보다 온라인 비대면 상호작용에서 만난 사람들에게 더 끈끈한 유대감을 느끼기도 한다.'를 통해 비대면 온라인 상호작용으로 사람들 간에 깊은 유대 관계를 형성할 수 있음을 추론할 수 있다.

오답의 이유

① 2문단의 '상호작용 양식들이 서로 겹치거나 교차하는 현상들을 이해하고자 할 때 이분법적인 범주는 심각한 한계를 지닌다.'를 통해 이분법적 시각으로는 상호작용 양식이 교차하는 양상을 이해하기 어려움을 추론할 수 있다.

③ 2문단의 '이처럼 오늘날과 같은 초연결 사회에서 우리의 경험은 비대면 혹은 대면, 온라인 혹은 오프라인 같은 이분법적 범주로 온전히 분리되지 않는다.'를 통해 온라인 비대면 활동과 오프라인 대면 활동이 온전히 분리되어 있지 않음을 추론할 수 있다.

④ 1문단의 '예를 들어 누군가와 만나서 대화하는 중에 문자를 주고받음으로써 대면 상호작용과 온라인 상호작용을 동시에 할 수 있다.'를 통해 오늘날에는 대면 상호작용 중에도 디지털 수단에 의한 상호 관계가 이루어질 수 있음을 추론할 수 있다.

11 난도 ★☆☆ 정답 ③

고전 문학 > 고전 산문

정답의 이유

③ 후처는 장화가 음행을 저질러 부끄러움을 못 이기고 스스로 물에 빠져 죽었다고 하며 부사에게 이를 입증하는 증거물을 제시하였다. 그날 밤 장화와 홍련이 나타나 '다시 그것을 가져다 배

국어

일반행정직

를 갈라 보시면 분명 허실을 알게 되실 겁니다.'라며 후처가 제시한 증거가 거짓임을 확인할 수 있는 계책을 부사에게 알려 주었다.

오답의 이유

① 1문단의 '부사는 그것을 보고 미심쩍어하며 모두 물러가게 했다.'를 통해 부사는 배 좌수의 후처가 제시한 증거를 보고 장화와 홍련의 말이 거짓이라고 확신하지 않았음을 알 수 있다.

② 1문단의 '장녀 장화는 음행을 저질러 낙태한 뒤 부끄러움을 못 이기고 밤을 틈타 스스로 물에 빠져 죽었습니다.'를 통해 후처가 음행을 저질러 스스로 물에 빠져 죽었다고 한 것은 홍련이 아닌 장화임을 알 수 있다.

④ 1문단의 '딸들이 무슨 병으로 죽었소?'를 통해 부사가 배 좌수에게 물어본 것은 장화와 홍련이 죽은 이유에 관한 것이지 스스로 목숨을 끊은 이유가 아님을 알 수 있다.

작품 해설

작자 미상, 「장화홍련전」
- 갈래: 고전 소설, 가정 소설, 계모갈등형 소설
- 성격: 전기적, 교훈적
- 주제: 계모의 흉계로 인한 가정의 비극과 권선징악
- 특징
  - 인물의 대화와 내면 심리 묘사를 통해 사건을 전개함
  - 고전 소설의 전형적 서술방식인 순행적 구성과 서술자의 개입이 나타남
  - 후처제의 제도적 모순과 가장의 무책임함을 다룸으로써 현실의 모순을 비판함

12 난도 ★☆☆ 정답 ④

비문학 > 글의 순서 파악

정답의 이유

④ 제시된 문장의 '나라에 위기에 닥쳤을 때 제 몸을 희생해 가며 나라 지키기에 나섰으되 역사책에 이름 한 줄 남기지 못한 이들'은 (라) 앞의 '휘하 장수에서부터 병졸들과 하인, 백성들'을 가리킨다. 또한 '이들이 이순신의 일기에는 뚜렷하게 기록된 것'은 『난중일기』의 위대함'과도 자연스럽게 연결되므로 제시된 문장은 (라)에 위치하는 것이 적절하다.

13 난도 ★★☆ 정답 ③

현대 문학 > 현대 소설

정답의 이유

③ 제시된 작품은 주인공이 서울 거리를 배회하며 느낀 것들을 의식의 흐름에 따라 서술하고 있다. 주인공 '구보'는 '전보 배달 자전거'를 보고 '전보를 그 봉함(封緘)을 떼지 않은 채 손에 들고 감동하고 싶은 충동'을 느끼다가 '서울에 있지 않은 모든 벗'을 떠올리고 '가장 열정을 가져, 벗들에게 편지를 쓰고 있는 제 자신'을 생각한다. 따라서 제시된 작품은 연상 작용에 의해 인물의 생각이 연속되고 있다고 볼 수 있다.

오답의 이유

① 제시된 작품에서 '구보'는 벗들이 오랫동안 소식을 전하여 오지 않았다고 생각하며 그들에게 엽서를 쓰는 자신을 떠올리고 있을 뿐 벗들과의 추억을 시간순으로 회상하고 있지는 않다.

② 제시된 작품에서 '문득, 제비와 같이 경쾌하게 전보 배달의 자전거가 지나간다.'처럼 서술자가 주변 거리의 모습을 재현하고 있긴 하지만 서술자는 주인공 '구보'가 아닌 작품 외부의 서술자이다.

④ 제시된 작품에서 '구보'는 '전보 배달 자전거'를 보고 전보를 받고 싶다고 생각하고 '오랫동안 소식을 전하여 오지' 않는 '벗들'에게 엽서를 쓰는 자신을 떠올리고 있을 뿐 전보가 이동된 경로를 따라 사건이 전개되고 있지는 않다.

작품 해설

박태원, 「소설가 구보 씨의 일일」
- 갈래: 중편 소설, 모더니즘 소설, 심리 소설, 세태 소설
- 성격: 묘사적, 관찰적, 심리적, 사색적
- 주제: 1930년대 무기력한 소설가의 눈에 비친 도시의 일상과 그의 내면 의식
- 특징
  - 주인공의 하루 여정에 따라 사건이 전개되는 여로형 구성
  - 특별한 줄거리 없이 주인공의 의식의 흐름에 따라 서술됨
  - 당대 서울의 모습과 세태를 구체적으로 보여줌

14 난도 ★★☆ 정답 ②

어휘 > 한자어

정답의 이유

② '무진장(無盡藏)하다'는 '다함이 없이 굉장히 많다.'라는 의미이므로 '무진장하다'를 '여러 가지가 있다'로 바꾸어 쓰는 것은 적절하지 않다.

오답의 이유

① '배회(徘徊)하다'는 '아무 목적도 없이 어떤 곳을 중심으로 어슬렁거리며 이리저리 돌아다니다.'라는 의미이므로 '배회하였다'를 '돌아다녔다'로 바꾸어 쓰는 것은 적절하다.

③ '경청(傾聽)하다'는 '귀를 기울여 듣다.'라는 의미이므로 '경청할'을 '귀를 기울여 들을'로 바꾸어 쓰는 것은 적절하다.

④ '명기(明記)하다'는 '분명히 밝히어 적다.'라는 의미이므로 '명기하지'를 '밝혀 적지'로 바꾸어 쓰는 것은 적절하다.

15 난도 ★★☆ 정답 ④

고전 문학 > 고전 운문

정답의 이유

④ '과(過)도 허믈도 천만(千萬) 업소이다'에서 큰 숫자가 나타나기는 하지만 이는 화자 자신에게는 잘못도 허물도 전혀 없다는 의미로, 결백을 주장하는 것이다. 따라서 큰 숫자를 활용하여 임을 향한 화자의 그리움을 강조하고 있다는 내용은 적절하지 않다.

오답의 이유

① '산(山) 졉동새 난 이슷ᄒᆞ요이다'에서 화자는 임을 그리워하는 자신과 '접동새'가 비슷하다며 자연물인 '접동새'에게 감정을 이입하여 자신의 처지를 드러내고 있다.

② '잔월효성(殘月曉星)이 아ᄅᆞ시리이다'의 '잔월효성'은 지는 달과 새벽 별을 가리키는 것으로, 화자는 '달'과 '별'이라는 천상의 존재를 통해 자신의 결백을 나타내고 있다.

③ '벼기더시니 뉘러시니잇가'에서 화자는 설의적 표현을 통하여 자신에게 허물이 있다고 우기던 이, 즉 자신을 모함한 이에 대한 원망을 드러내고 있다. 또한 '니미 나를 ᄒᆞ마 니ᄌᆞ시니잇가'라는 설의적 표현을 통하여 임이 자신을 잊었을까 염려하는 마음을 나타내고 있다.

작품 해설

정서, 「정과정」

- 갈래: 고려 가요
- 성격: 충신연주지사(忠臣戀主之詞)
- 주제: 자신의 결백과 임금에 대한 충절
- 특징
  - 3단 구성, 낙구의 감탄사 존재 등 향가의 영향이 남아 있음
  - 감정이입을 통하여 전통적인 정서인 한의 이미지를 표현함
  - 자신의 결백과 억울함을 자연물에 의탁하여 표현함

16 난도 ★★★ 정답 ①

비문학 > 추론적 읽기

정답의 이유

① 2문단의 '그러다가 수정이 이루어지면 수컷은 곧바로 새끼를 돌볼 준비를 하게 되는데, 이때부터 그 수치는 떨어진다. 새끼가 커서 둥지를 떠나게 되면 수컷은 더 이상 영역을 지킬 필요가 없기 때문에 번식기가 끝나지 않았는데도 테스토스테론 수치는 좀 더 떨어지고, 번식기가 끝나면 테스토스테론은 거의 분비되지 않는다.'를 통해 노래참새 수컷의 테스토스테론 수치는 새끼를 돌볼 준비를 할 때 떨어지기 시작해서 새끼가 둥지를 떠나면, 즉 양육이 끝나면 그 수치가 더 낮아짐을 알 수 있다.

오답의 이유

② 2문단의 '그러다가 수정이 이루어지면 수컷은 곧바로 새끼를 돌볼 준비를 하게 되는데, 이때부터 그 수치는 떨어진다.'를 통해 번식기 동안 노래참새 수컷의 테스토스테론 수치는 암컷의 수정이 이루어지기 전보다 이루어진 후에 낮게 나타난다고 추론할 수 있다.

③ 3문단의 '검정깃찌르레기 수컷은 테스토스테론 수치가 번식기가 되면 올라갔다가 암컷이 수정한 이후부터 번식기가 끝날 때까지 떨어지지 않는다.'를 통해 검정깃찌르레기 수컷은 암컷이 수정한 이후 번식기가 끝날 때까지 테스토스테론 수치가 떨어지지 않는다고 추론할 수 있다.

④ 2문단의 '번식기가 끝나면 테스토스테론은 거의 분비되지 않는다.'를 통해 노래참새 수컷의 테스토스테론은 번식기에 분비되고 번식기가 끝나면 분비되지 않음을 확인할 수 있다. 그리고 3문단의 '검정깃찌르레기 수컷은 테스토스테론 수치가 번식기가 되면 올라갔다가 암컷이 수정한 이후부터 번식기가 끝날 때까지 떨어지지 않는다.'를 통해 검정깃찌르레기 수컷의 테스토스테론 수치는 번식기가 끝날 때까지는 떨어지지 않지만 끝나면 떨어짐을 확인할 수 있다. 따라서 노래참새 수컷과 검정깃찌르레기 수컷 모두 번식기의 테스토스테론 수치가 번식기가 아닌 시기의 테스토스테론 수치보다 높다는 것을 추론할 수 있다.

17 난도 ★★★ 정답 ②

비문학 > 사실적 읽기

정답의 이유

② 2문단의 '다중지능이론이 설정한 새로운 종류의 지능들을 정확하게 측정할 수 있는 도구가 만들어지기는 어려울 것이라 주장한다.'를 통해 대인 관계의 능력과 관련된 지능을 정확하게 특정할 수 있는 도구의 개발 가능성에 대해 회의적인 사람들이 있음을 알 수 있다.

오답의 이유

① 1문단의 '그는 기존 지능이론이 언어지능이나 논리수학지능 등 인간의 인지 능력에만 초점을 맞추고 있다고 비판하면서 이뿐 아니라 신체와 정서, 대인 관계의 능력까지 포괄한 총체적 지능 개념을 창안해 냈다.'를 통해 다중지능이론은 언어지능이나 논리수학지능뿐 아니라 신체와 정서, 대인 관계의 능력까지 포괄한 총체적 지능임을 알 수 있다. 따라서 논리수학지능은 다중지능이론의 지능 개념에 포함되어 있음을 알 수 있다.

③ 1문단의 '다중지능이론에서는 좌뇌의 능력에만 초점을 둔 기존의 지능 검사에 대해 반쪽짜리 검사라고 혹평한다.'를 통해 다중지능이론은 기존 지능이론이 좌뇌 중심의 능력에만 주목하는 것을 비판하며, 우뇌에서 담당하는 창의적 · 감성적 능력까지 포괄하려는 이론임을 알 수 있다. 따라서 다중지능이론에서 우뇌보다 좌뇌에 더 많이 주목한다는 추론은 부적절하다.

④ 2문단의 "그들에 따르면, 전자는 후자의 하위 영역에 속해 있고, 둘 사이에는 유의미한 상관관계가 있으므로 서로 독립적일 수 없으며, 따라서 '다중'이라는 개념이 성립하지 않는다."를 통해 다중지능이론에 대해 비판적인 연구자들은 인간의 모든 지능 영역들이 상호 독립적일 수 없다는 이유에서 '다중' 개념이 성립하지 않는다고 주장함을 알 수 있다.

18 난도 ★★☆ 정답 ③

비문학 > 작문

정답의 이유

③ '과'로 연결되는 병렬 구조에서는 앞과 뒤의 문법 구조가 대등하게 호응해야 한다. '국가 정책 수립과 국제 협약을 체결하기 위해'는 '국가 정책 수립(구)'과 '국제 협약을 체결하기 위해(절)'의 호응 구조가 어색하다. 따라서 '국가 정책을 수립하고 국제 협약을 체결하기 위해' 또는 '국가 정책 수립과 국제 협약 체결을 위해'로 수정하는 것이 적절하다.

19 난도 ★★★ 정답 ①

비문학 > 추론적 읽기

정답의 이유

① '고정'은 독자가 글을 읽을 때 생소하거나 이해하기 어려운 단어에 눈동자를 멈추는 것으로, 평균 고정 빈도가 높다는 것은 생소하거나 이해하기 어려운 단어의 수가 많음을 의미하고, 평균 고정 시간이 낮다는 것은 단어를 이해하는 데 들이는 시간이 더 적다는 것을 의미한다. 따라서 읽기 능력이 부족한 독자는 읽기 능력이 평균인 독자에 비하여 이해하기 어려운 단어의 수가 많고, 단어를 이해하는 데 들이는 시간은 더 적으므로 빈칸에는 '더 많지만 난해하다고 느끼는 각각의 단어를 이해하는 과정에 들이는 평균 시간은 더 적다'가 들어가는 것이 적절하다.

20 난도 ★★☆ 정답 ④

비문학 > 추론적 읽기

정답의 이유

④ 제시된 글에 따르면 락토오보 채식주의자와 락토 채식주의자, 오보 채식주의자는 고기와 생선은 모두 먹지 않되 유제품과 달걀 섭취 여부에 따라 구분된다. '락토'는 '우유'를 의미하고, '오보'는 '달걀'을 의미하는데 락토오보 채식주의자는 유제품과 달걀을 먹으므로 각 채식주의자는 그 명칭에 해당하는 식품을 먹는다는 것을 알 수 있다. 이에 따라 락토 채식주의자는 유제품은 먹지만 고기와 생선과 달걀은 먹지 않고 오보 채식주의자는 달걀은 먹지만 고기와 생선과 유제품은 먹지 않는다는 것을 추론할 수 있다. 따라서 (가)에는 '유제품은 먹지만 고기와 생선과 달걀은'이 들어가는 것이 적절하고, (나)에는 '달걀은 먹지만 고기와 생선과 유제품은'이 들어가는 것이 적절하다.

국어 | 2024년 지방직 9급

한눈에 훑어보기

영역 분석

어휘 06 18
2문항, 10%

문법 01 02 09
3문항, 15%

고전 문학 05 15
2문항, 10%

현대 문학 08 16
2문항, 10%

비문학 03 04 07 10 11 12 13 14 17 19 20
11문항, 55%

빠른 정답

01	02	03	04	05	06	07	08	09	10
②	②	②	③	②	④	③	④	①	②
11	12	13	14	15	16	17	18	19	20
④	③	①	③	②	①	③	④	①	④

점수 체크

구분	1회독	2회독	3회독
맞힌 문항 수	/ 20	/ 20	/ 20
나의 점수	점	점	점

01 난도 ★☆☆ 정답 ②

문법 > 의미론

정답의 이유

② '아이가 말을 참 잘 듣는다.'의 '듣다'는 '다른 사람의 말을 받아들여 그렇게 하다.'라는 뜻이다. '학교에 가면 선생님 말씀을 잘 들어라.'의 '듣다' 역시 같은 의미로 쓰였다.

오답의 이유

① '이 약은 나에게 잘 듣는다.'의 '듣다'는 '주로 약 따위가 효험을 나타내다.'라는 뜻이다.
③ '이번 학기에는 여섯 과목을 들을 계획이다.'의 '듣다'는 '수업이나 강의 따위에 참여하여 어떤 내용을 배우다.'라는 뜻이다.
④ '브레이크가 말을 듣지 않아 사고가 날 뻔했다.'의 '듣다'는 '기계, 장치 따위가 정상적으로 움직이다.'라는 뜻이다.

02 난도 ★★☆ 정답 ②

문법 > 한글 맞춤법

정답의 이유

② 쇤다(○): '쇠다'는 '명절, 생일, 기념일 같은 날을 맞이하여 지내다.'라는 의미로 제시된 문장에서 적절하게 쓰였다.

오답의 이유

① 옭죄는(×) → 옥죄는(○): '옥여 바싹 죄다.'를 뜻하는 단어는 '옥죄다'이므로 '옥죄는'이라고 써야 한다.
③ 들렸다가(×) → 들렀다가(○): '지나가는 길에 잠깐 들어가 머무르다.'를 뜻하는 단어는 '들르다'이다. '들르다'는 어미 '-어' 앞에서 어간의 끝소리 'ㅡ'가 탈락하는 'ㅡ' 탈락 용언이며 '들러', '들르니', '들러서' 등으로 활용한다. 따라서 '들렀다가'라고 써야 한다.
④ 짜집기(×) → 짜깁기(○): '직물의 찢어진 곳을 그 감의 올을 살려 본디대로 흠집 없이 짜서 깁는 일'을 뜻하는 단어는 '짜깁기'이다.

03 난도 ★★☆ 정답 ②

비문학 > 사실적 읽기

정답의 이유

② 1문단에서 '저작물에는 1차적 저작물뿐만 아니라 2차적 저작물과 편집 저작물도 포함되어 있으므로 2차적 저작물 또는 편집 저작물의 작성자 또한 저작자가 된다.'라며 1차적 저작물과 2차적 저작물 모두 저작물에 포함된다고 설명하고 있긴 하지만 이 둘의 차이에 대한 내용은 나타나지 않는다.

오답의 이유

① 1문단에서 저작물은 '인간의 사상 또는 감정을 표현한 창작물'이며 저작자는 '저작 행위를 통해 저작물을 창작해 낸 사람'을 가리킨다고 하였다. 이를 통해 저작물의 개념과 저작자의 정의를 알 수 있다.

③ 2문단에서 창작자는 다른 사람이 만들어 놓은 저작물을 모방하거나 인용할 수밖에 없지만, 선배 저작자들의 허락을 받거나 그에 따른 대가를 지불해야 한다고 하였다. 이를 통해 저작물에 대해 창작자가 지녀야 할 태도를 알 수 있다.

④ 3문단에서 창작물을 저작한 사람에게 저작권이라는 권리를 부여해서 보호하는 이유는 '저작물은 문화 발전의 원동력이 되므로 좋은 저작물이 많이 나와야 그 사회가 문화적으로 풍요로워질 수 있기 때문'이라고 하였다. 이를 통해 저작권을 보호해야 하는 이유를 알 수 있다.

04 난도 ★★☆ 정답 ③

비문학 > 사실적 읽기

정답의 이유

③ '급격하게 돌아가는 현대적 생활 방식은 종종 삶을 즐기지 못하게 방해한다.'와 '출근길에 연주가를 지나쳐 간 대략 천여 명의 시민이 대부분 그에게 관심조차 주지 않았고, 단지 몇 사람만 걷는 속도를 늦추었을 뿐이다.'를 통해 출근하는 사람들이 연주를 감상할 여유가 없었기 때문에 연주를 듣기 위해 서 있는 사람은 아무도 없었다는 것을 추론할 수 있다.

오답의 이유

① 제시된 글에 지하철역은 연주하기에 적절한 장소가 아니라는 내용은 나타나지 않는다.

② 출근길에 대략 천여 명의 시민이 연주가를 지나쳐 갔다고 했으므로 연주하는 동안 연주가를 지나쳐 간 사람이 적었기 때문이라는 내용은 적절하지 않다.

④ 조슈아 벨은 세계적으로 유명한 바이올린 연주가이며 평상시 그의 콘서트 입장권이 백 달러가 넘는 가격에 판매되지만, 그의 지하철역 연주를 듣기 위해 백 달러의 입장권이 필요한 것은 아니다.

05 난도 ★★☆ 정답 ②

고전 문학 > 고전 운문

정답의 이유

② ㉡ '초야우생(草野愚生)'은 '시골에 묻혀서 사는 어리석은 사람'이라는 의미로, (나)의 화자는 '초야우생(草野愚生)이 이러타 엇더ᄒᆞ료'라며 자연을 벗 삼아 사는 삶의 자세를 강조하고 있다.

오답의 이유

① (가)는 가을 달밤의 풍류와 정취를 즐기며 유유자적하는 삶을 나타낸 작품이다. ㉠ '뷘 ᄇᆡ'는 세속의 욕심을 초월한 삶의 경지를 의미하므로, 욕심 없는 화자의 모습을 볼 수 있다.

③ (다)는 자연에 은거하며, 자연과 한데 어울리는 물아일체(物我一體)의 경지를 드러낸 작품이다. 따라서 ㉢ '강산(江山)'을 통해 자연의 일부가 되어 살아가는 화자의 모습을 볼 수 있다.

④ (라)는 자연을 벗 삼아 유유자적하게 살고 싶은 마음을 나타낸 작품이다. 따라서 ㉣ '이 몸'을 통해 자연에 묻혀서 현실의 근심으로부터 초탈한 화자의 모습을 볼 수 있다.

작품 해설

(가) 월산 대군, 「추강에 밤이 드니 ~」
• 갈래: 평시조, 단시조
• 성격: 한정가, 낭만적, 풍류적, 탈속적
• 주제: 가을 달밤의 풍류와 정취
• 특징
– 대구법을 통하여 가을밤 강가의 정적인 분위기를 표현함
– '빈 배'를 통하여 무욕의 경지를 형상화함

(나) 이황, 「도산십이곡」
• 갈래: 평시조, 연시조
• 성격: 교훈적, 관조적, 예찬적, 회고적
• 주제: 자연에 동화된 삶(전 6곡), 학문 수양에 정진하는 마음(후 6곡)
• 특징
– 생경한 한자어가 많이 사용된 강호가도의 대표적 작품
– 자연과 학문에 대한 진지한 성찰이 드러나 있으며, 화자 자신의 심경을 노래함

(다) 송순, 「십 년을 경영ᄒᆞ여 ~」
• 갈래: 평시조, 단시조
• 성격: 강호한정가, 전원적, 관조적, 풍류적
• 주제: 자연귀의(自然歸依), 안빈낙도(安貧樂道), 물아일체(物我一體)
• 특징
– 안빈낙도(安貧樂道)의 삶이 잘 드러남
– 중장에서 '근경(近景)'을, 종장에서 '원경(遠景)'을 제시함

(라) 성혼, 「말 업슨 청산이오 ~」
• 갈래: 평시조, 단시조
• 성격: 풍류적, 한정가
• 주제: 자연을 벗 삼는 즐거움
• 특징
– 학문에 뜻을 두고 살아가는 옛 선비의 생활상을 그림
– '업슨'이라는 말의 반복으로 운율감을 느낌

06 난도 ★★☆ 정답 ④

어휘 > 한자어

정답의 이유

④ '발현(發現)하다'는 '속에 있거나 숨은 것이 밖으로 나타나다. 또는 나타나게 하다.'라는 뜻이다. 따라서 '발현하는'을 '헤아려 보는'으로 풀어 쓴 것은 적절하지 않다.

오답의 이유

① 수시(隨時)로: 아무 때나 늘

② 과언(過言): 지나치게 말을 함. 또는 그 말

③ 편재(偏在)하다: 한곳에 치우쳐 있다.

07 난도 ★★☆ 정답 ③

비문학 > 추론적 읽기

정답의 이유

③ 제시된 글에서는 기술 주도적인 상징의 창조와 확산은 사람들이 자신의 감정을 묘사하기 위한 새로운 선택지를 만든다고 하였다. 하지만 이를 통해 감정 어휘를 풍부하게 갖고 있는 집단은 그렇지 않은 집단보다 기술 발전에 더 유연한 태도를 보이는지는 추론할 수 없다.

오답의 이유

① '모든 문화가 감정에 관한 동일한 개념적 자원을 발전시켜 온 것은 아니다. 이를테면 미국인들은 보통 당혹감, 수치심, 죄책감, 수줍음을 구별하지만 자바 사람들은 이러한 감정을 하나의 단어로 표현한다.'를 통해 감정에 대한 개념적 자원은 문화에 따라 달리 형성된다는 것을 추론할 수 있다.

② "감정 어휘들은 문화마다 다를 뿐만 아니라 역사적으로도 다르다. 중세 시대에는 우울감이 '검은 담즙(melan chole)'으로 인해 발생한다고 생각했기에 우울증을 '멜랑콜리(melancholy)'라고 불렀지만 오늘날 그렇게 생각하는 사람은 거의 없다."를 통해 동일한 감정이라도 그것을 표현하는 방식은 시대에 따라 다를 수 있다는 것을 추론할 수 있다.

④ '또한 인터넷의 발명과 함께 감정 어휘는 이메일 보내기, 문자 보내기, 트위터하기에 스며든 관습에 의해서도 형성된다. 이제는 내 감정을 말로 기술하기보다 이모티콘이나 글자의 일부를 따서 표현하기도 한다.'를 통해 오늘날 인터넷에서 이모티콘을 사용하는 것과 같이 과거에는 없었던 감정 표현 방식이 활용되기도 한다는 것을 추론할 수 있다.

08 난도 ★★☆ 정답 ④

현대 문학 > 현대 시

정답의 이유

④ 제시된 작품은 화자의 주관적인 정서는 배제하고 불국사의 고즈넉한 분위기와 경치를 묘사하는 것에 집중하고 있다. 따라서 대상과의 거리를 조정하여 화자와 현실 세계의 대립을 나타내고 있다는 설명은 적절하지 않다.

오답의 이유

① '자하문 – 대웅전 큰 보살 – 범영루'로 시선을 이동하며 대상을 그려내고 있다.

② 1, 2연과 7, 8연에서 '달 안개', '바람 소리'만 바꾸는 변형된 수미상관 구조를 사용하여 시의 구조적 안정감을 드러내고 있다.

③ '바람 소리, 솔 소리, 물 소리' 등 청각적 이미지와 '달 안개, 흰 달빛' 등 시각적 이미지를 활용하여 불국사의 고즈넉한 분위기를 조성하고 있다.

작품 해설

박목월, 「불국사」

- 갈래: 자유시, 서정시
- 성격: 전통적, 회화적, 정적
- 주제: 불국사의 고요하고 신비로운 정경
- 특징
  - 주관적 감정 표현을 배제하여 대상을 묘사함
  - 시각적, 청각적 이미지 등 감각적 이미지를 활용함
  - 명사 중심의 절제된 언어와 3음절 중심의 느린 호흡으로 여백의 미를 형성함

09 난도 ★★☆ 정답 ①

문법 > 음운론

정답의 이유

① 색연필 → [색년필]: 'ㄴ' 첨가(첨가) → [생년필]: 비음화(교체)
'색연필'은 '색'과 '연필'의 합성어로 앞 단어가 자음으로 끝나고 뒤 단어가 '여'로 시작하여 'ㄴ' 첨가가 일어나고, 'ㄴ'의 영향으로 앞 단어의 자음 'ㄱ'이 'ㅇ'으로 바뀌어 [생년필]로 발음된다.

오답의 이유

② 외곬 → [외골/웨골]: 자음군 단순화(탈락)
'외곬'은 받침 'ㄽ'의 'ㅅ'이 탈락하여 [외골/웨골]로 발음된다. 참고로 표준 발음법 제4항 [붙임] 규정에 따라 'ㅚ'는 이중 모음으로 발음하는 것도 인정되어 'ㅞ'로도 발음할 수 있다.

③ 값지다 → [갑지다]: 자음군 단순화(탈락) → [갑찌다]: 된소리되기(교체)
'값지다'는 받침 'ㅄ'의 'ㅅ'이 자음군 단순화로 탈락하고, 받침 'ㅂ'의 영향으로 'ㅈ'이 된소리로 바뀌어 [갑찌다]로 발음한다.

④ 깨끗하다 → [깨끋하다]: 음절의 끝소리 규칙(교체) → [깨끄타다]: 자음 축약(축약)
'깨끗하다'는 받침 'ㅅ'이 음절의 끝소리 규칙으로 'ㄷ'으로 바뀌고, 'ㄷ'이 'ㅎ'과 합쳐져 'ㅌ'으로 축약되어 [깨끄타다]로 발음된다.

10 난도 ★★☆ 정답 ②

비문학 > 추론적 읽기

정답의 이유

② 빈칸의 앞 문장 '프랑스 국민에게 그들 자신과도 같은 포도주가 보이지 않는다는 사실은 참을 수 없는 일이었다.'를 통해 프랑스 국민은 포도주를 자신과 같은 존재로 여김을 알 수 있다. 따라서 빈칸에 들어갈 내용으로 가장 적절한 것은 '자신들의 정체성을 나타내는 상징과도 같다.'이다.

오답의 이유

① '또한 배고프거나 지칠 때, 지루하거나 답답할 때, 심리적으로 불안할 때나 육체적으로 힘든 그 어느 경우에도 프랑스인들은 포도주가 절실하다고 느낀다.'를 통해 포도주가 프랑스인의 심신을 치유하는 의미를 지니고 있음을 알 수 있다. 하지만 제시문에 프랑스인이 포도주를 신성한 물질로 여긴다는 내용은 나타나지 않는다.

③ 제시된 글에 프랑스에서 포도주는 간단한 식사에서 축제까지, 작은 카페의 대화에서 연회장의 교제에 이르기까지 언제 어디서나 함께한다는 내용이 나타나긴 하지만 국가의 주요 행사에서 가장 주목받는다는 내용은 나타나지 않는다. 또한 빈칸 앞의 내용을 포괄하지 않기 때문에 빈칸에 들어갈 내용으로 적절하지 않다.

④ '포도주는 계절에 따른 어떤 날씨에도 분위기를 고양시킬 수 있어 추운 계절이 되면 따뜻한 분위기를 연출하고 한여름이 되면 서늘하거나 시원한 그늘을 떠올리는 분위기를 조성한다.'를 통해 포도주는 어느 계절에나 쉽게 분위기를 고양시킬 수 있는 음료라는 것을 알 수 있지만, 빈칸 앞의 내용을 포괄하지 않기 때문에 빈칸에 들어갈 내용으로 적절하지 않다.

11 난도 ★★☆ 정답 ④

비문학 > 작문

정답의 이유

④ '비록'은 '-ㄹ지라도', '-지마는'과 같은 어미가 붙는 용언과 함께 쓰이는 부사이다. 따라서 부사 '비록'과의 호응을 고려하여 '일로'는 '일일지라도' 또는 '일이지만' 등으로 수정하는 것이 적절하다.

오답의 이유

① '고난'은 '괴로움과 어려움을 아울러 이르는 말'이라는 뜻이므로 '괴로운 고난'은 괴롭다는 의미가 중복된다. 따라서 '괴로운 고난'을 '고난'으로 고치는 것은 적절하다.

② 제시된 글에서는 방송을 본 대부분의 사람들은 '선수'의 노력과 집념에 감동을 받았지만, 나는 그 선수의 '주변 사람들'에게 더 큰 감명을 받았다고 서술하고 있다. 따라서 '그러므로'를 상반된 내용을 이어주는 '그러나'로 바꾸는 것은 적절하다.

③ 제시된 글은 유명 축구 선수의 성공에 주변 사람들이 많은 역할을 하고 있다는 내용을 서술하고 있다. 따라서 훈련 트레이너가 되는 과정이 궁금해졌다는 것은 글의 흐름과 관련이 없으므로 삭제하는 것이 적절하다.

12 난도 ★☆☆ 정답 ③

비문학 > 화법

정답의 이유

③ 제시된 강연에서 강연자가 시각 자료를 제시하는 부분은 나타나지 않는다.

오답의 이유

① 1문단의 '여러분들 표정을 보니 더 모르겠다는 표정인데요. 오늘 강연을 듣고 나면 제가 어떤 공부를 하는지 조금 더 알게 되실 겁니다.'를 통해 강연자가 청중의 반응을 살피면서 발표를 진행하고 있음을 알 수 있다.

② 3문단의 '이러한 주장을 뒷받침하는 연구 결과가 있습니다. 하버드 보건대학원의 글로리안 소런슨 교수 팀은 제조업 사업체 15곳의 노동자 9,019명을 대상으로 연구를 진행하면서 다음과 같은 질문을 던집니다.'를 통해 강연자가 전문가의 연구 결과를 제시하여 신뢰성을 높이고 있음을 알 수 있다.

④ 강연자는 위험한 작업환경에서 일하는 노동자에게 금연해야 한다고 말하는 상황을 가정하여 내용의 이해를 돕고 있다.

13 난도 ★★☆ 정답 ①

비문학 > 사실적 읽기

정답의 이유

① 제시된 글에서는 '범죄소설의 탄생은 자본주의의 출현이라는 사회적 조건과 맞물려 있다.'라고 하며, 원시사회에서는 죽음이 자연스러운 결과로 받아들여졌지만 부르주아 사회에서 죽음은 파국적 사고로 바뀌었다고 하였다. 이를 보았을 때 중심 내용으로 가장 적절한 것은 '범죄소설은 자본주의의 출현 이후 죽음에 대한 달라진 태도에 기반을 두고 있다.'이다.

오답의 이유

② 부르주아 사회의 인간소외와 노동 문제는 범죄소설이 탄생하게 된 배경에 해당하는 것으로, 범죄소설이 다루는 주제는 아니다.

③ 제시된 글에 따르면, 원시사회에서는 죽음이 자연스러운 결과로 받아들여졌고 자본주의 출현 이후 달라진 죽음에 대한 견해가 범죄소설에 반영되었다고 하였다. 따라서 범죄소설이 원시사회부터 이어져 온 죽음에 대한 보편적 공포로부터 생겨났다는 내용은 적절하지 않다.

④ 제시된 글에 따르면, 자본주의 출현 이후 죽음을 예기치 않은 사고라고 바라보게 되면서 살인과 범죄에 몰두하고, 범죄소설이 탄생하였다. 죽음을 자연스럽고 불가피한 것으로 받아들인 것은 원시사회이므로 적절하지 않다.

14 난도 ★☆☆ 정답 ③

비문학 > 사실적 읽기

정답의 이유

③ 2문단의 '재미있는 사실은 통각 신경이 다른 감각 신경에 비해서 매우 가늘어 신호를 느리게 전달한다는 것이다.'를 통해 통각 신경은 매우 가늘어서 신호의 전달이 느림을 확인할 수 있다.

오답의 이유

① 1문단의 '이 통로를 통해 세포의 안과 밖으로 여러 물질들이 오가면서 세포 사이에 다양한 신호를 전달한다.'를 통해 확인할 수 있다.

② 3문단의 '폐암과 간암이 늦게 발견되는 것도 폐와 간에 통점이 거의 없기 때문이다.'를 통해 통점이 없어 통증을 느끼지 못하게 되면 치명적인 질병에 걸려도 질병의 발견이 늦을 수 있음을 확인할 수 있다.

④ 3문단의 '이렇게 통점이 빽빽이 배치되어야 아픈 부위를 정확하게 알 수 있다.'를 통해 확인할 수 있다.

15 난도 ★★☆ 정답 ②

고전 문학 > 고전 산문

정답의 이유

② (가)에서 승상 부인은 ㉠의 빛이 검어지며 귀에 물이 흐르자 심 소저가 죽었다고 탄식했고, ㉠의 빛이 완연히 새로워지자 심 소저가 살았다고 여겼다. 이를 통해 (가)의 ㉠은 심 소저가 처한 상황을 암시한다는 것을 알 수 있다. (나)의 ㉡에는 토끼의 눈, 입, 귀, 코, 발, 털, 꼬리 등 외양이 그려져 있다. 따라서 ㉡은 대상인 토끼의 외양을 드러낸다는 것을 알 수 있다.

오답의 이유

① (가)에서 승상 부인은 ㉠을 보고 "아이고, 이것 죽었구나! 아니고, 이를 어쩔끄나?"라며 안타까움을 드러내고 있다. (나)의 ㉡에는 토끼의 외양이 그려져 있을 뿐 유쾌한 정서를 유발하고 있지는 않다.

③ (가)의 ㉠은 '족자 빛이 홀연히 검어지고, 귀에 물이 흐르거'나 '족자 빛이 완연히 새로'워진다고 하였으므로 일상적인 사건이라고 볼 수 없다. (나)의 ㉡ 역시 '용궁'을 배경으로 별주부에게 토끼 화상을 전달하고 있으므로 현실 공간을 배경으로 일상적인 사건을 전개해 나간다는 설명은 적절하지 않다.

④ (나)의 ㉡은 '신농씨'라는 중국 고대 제왕, 즉 역사적 인물을 인용하여 대상을 묘사하고 있지만 (가)에는 역사적 인물과 사건의 인용이 나타나지 않는다.

작품 해설

(가) 작자 미상, 「심청가」

- 갈래: 판소리 사설
- 성격: 교훈적, 비현실적, 우연적
- 주제: 심청의 지극한 효성
- 특징
  - 일상어와 한문 투의 표현이 혼재함
  - 당시 서민들의 생활과 가치관이 드러남

(나) 작자 미상, 「수궁가」

- 갈래: 판소리 사설
- 성격: 교훈적, 비현실적, 우연적
- 주제: 헛된 욕망에 대한 경계, 위기에서 벗어나는 지혜
- 특징
  - 조선 시대 판소리 중 유일하게 우화적 성격을 띰
  - 표면적 주제와 이면적 주제가 동시에 나타남

16 난도 ★★★ 정답 ①

현대 문학 > 현대 소설

정답의 이유

① '나'는 인도교 대신 얼음 위를 걸어가는 사람들을 보며 '인도교가 어엿하게 있음에도 불구하고 그들은 왜 얼음 위를 걸어가지 않으면 안 되었나?'라고 이질감을 느끼고 있다. 그와 동시에 '그들의 발바닥이 감촉하였을, 너무나 차디찬 얼음장을 생각하고, 저 모르게 부르르 몸서리치지 않을 수 없었다'며 그들에게 공감하고 있다.

오답의 이유

② '나'는 목을 움츠리고 얼음 위를 걸어가는 사람들을 바라보며, 그 모습이 풍경을 삭막하게 만들었다고 생각한다. 그리고 그 길을 걸어갈 '나' 또한 그 풍경의 일부가 될 것이라 생각하며 자신도 모르게 악연하다고 하였다. 따라서 '나'가 대도시에서 마주하는 타인의 비정함 때문에 좌절하고 있다고 이해한 것은 적절하지 않다.

③ '나'는 인도교 대신 얼음 위를 걷는 사람들을 관찰하고 있을 뿐, 인도교 위를 지나는 사람들의 어리석음을 비판적으로 바라보고 있지는 않다.

④ '나'는 인도교 대신 얼음 위를 걷는 사람들을 보며 '나'가 처해 있는 현실을 자각하고 자신도 모르게 악연한다. 따라서 '나'가 생의 종말이 멀지 않았다는 사실을 확인하고 슬퍼하고 있다고 이해한 것은 적절하지 않다.

작품 해설

박태원, 「피로」

- 갈래: 단편 소설, 세대 소설, 심리 소설
- 성격: 교훈적, 비현실적, 우연적
- 주제: 한 소설가의 일상과 그의 내면 의식
- 특징
  - 특별한 사건이나 갈등, 인과적인 사건 전개가 뚜렷하지 않음
  - 인물의 내면세계에 대한 섬세한 묘사가 나타남

17 난도 ★★☆ 정답 ③

비문학 > 글의 순서 파악

정답의 이유

- (나)에서 '전자'는 도입부의 '경제적으로 어려운 아이들이라는 시각'에 해당하므로 도입부 다음에 오는 것이 적절하다.
- (다)에서 '생활비 마련' 외에 노동을 선택하는 복합적인 이유가 삭제된다고 하였다. 따라서 '생계비 마련'을 언급한 (나) 뒤에 오는 것이 적절하다.
- (라)에서 '후자의 시각'은 도입부의 '지나치게 돈을 좋아하는 아이들이라는 시각'에 해당한다. (나)와 (다)에서는 '경제적으로 어려운 아이들'에 대한 내용이 제시되었으므로 새롭게 '후자의 시각'을 언급한 (라)는 (나)와 (다)의 뒤에 오는 것이 적절하다.
- (가)의 '비행'은 (라)에 나오는 '학생의 본분을 저버린 그릇된 행위'에 해당하므로 (라)의 뒤에 오는 것이 적절하다.

따라서 글의 순서를 자연스럽게 배열한 것은 ③ (나) – (다) – (라) – (가)이다.

18 난도 ★★☆ 정답 ④

어휘 > 한자어

정답의 이유

④ 省察(살필 성, 살필 찰)(○): 자기의 마음을 반성하고 살핌

오답의 이유

① 共文書(함께 공, 글월 문, 글 서)(×) → 公文書(공변될 공, 글월 문, 글 서)(○): 공공 기관이나 단체에서 공식으로 작성한 서류
② 公間(공변될 공, 사이 간)(×) → 空間(빌 공, 사이 간)(○): 아무것도 없는 빈 곳, 물리적으로나 심리적으로 널리 퍼져 있는 범위, 영역이나 세계를 이르는 말
③ 日想(날 일, 생각 상)(×) → 日常(날 일, 항상 상)(○): 날마다 반복되는 생활

19 난도 ★★☆ 정답 ①

비문학 > 글의 전개 방식

정답의 이유

① 제시된 글은 인간을 움직이게 하는 두 축인 '보상과 처벌'을 설명하며 아이가 꾹꾹 눌러 쓴 카드, 직장인이 주말마다 떠나는 여행 등을 예로 들어 설명하고 있다.

오답의 이유

② 제시된 글에 전문가의 의견을 인용한 부분은 나타나지 않는다.
③ 제시된 글에 묻고 답하는 형식은 나타나지 않는다.
④ 인간을 움직이게 하는 두 축인 보상과 처벌을 '당근'과 '채찍'에 비유하고 있지만 이를 설명하고 있을 뿐 문제의 심각성을 강조하고 있지는 않다.

20 난도 ★☆☆ 정답 ④

비문학 > 화법

정답의 이유

④ 박 과장은 두 번째 발언에서 누리집에 홍보 자료를 올리자는 윤 주무관의 의견에 동의하고 있으나 김 주무관, 이 주무관의 제안과 비교하며 의견을 절충하고 있지는 않다.

오답의 이유

① 제시된 대화는 구성원들이 '벚꽃 축제'의 홍보 방안에 대하여 논의하는 과정을 보여 주고 있다.
② 김 주무관은 '지역 주민들이 SNS로 정보도 얻고 소통도 하니까 우리도 SNS를 통해 홍보하는 것은 어떨까요?'라고 말하며 지역 주민들이 SNS를 즐겨 이용한다는 사실을 근거로 SNS를 통한 홍보 방안을 제시하고 있다.
③ 이 주무관은 '라디오는 다양한 연령과 계층이 듣기 때문에 광고 효과가 더 클 것입니다.'라고 말하며 라디오 광고가 SNS보다 홍보 효과가 클 것이라고 추측하고 있다.

국어 | 2023년 국가직 9급

한눈에 훑어보기

영역 분석

어휘 03 06 10
3문항, 15%

문법 09 15
2문항, 10%

고전 문학 07
1문항, 5%

현대 문학 05 17
2문항, 10%

비문학 01 02 04 08 11 12 13 14 16 18 19 20
12문항, 60%

빠른 정답

01	02	03	04	05	06	07	08	09	10
③	①	③	②	④	④	①	①	②	④
11	12	13	14	15	16	17	18	19	20
③	①	②	②	④	③	④	④	②	③

점수 체크

구분	1회독	2회독	3회독
맞힌 문항 수	/ 20	/ 20	/ 20
나의 점수	점	점	점

01 난도 ★★☆ 정답 ③

비문학 > 작문

정답의 이유

③ '자기 집이라면 이렇게 함부로 쓰레기를 버렸을까요?'에서 설의적 표현이 쓰였고, '바다가 몸살을 앓는다고 합니다.'와 '양심이 모래밭 위를 뒹굴고 있습니다.'에서 비유적 표현이 쓰였다. 또한 마지막에 '자기 쓰레기는 자기가 집으로 되가져가도록 합시다.'라며 생활 속 실천 방법을 포함하였다.

오답의 이유

① '바다는 쓰레기 없는 푸른 날을 꿈꾸고 있습니다.', '미세 플라스틱은 바다를 서서히 죽이는 보이지 않는 독입니다.' 등 비유적 표현을 쓰긴 했지만, 설의적 표현이 쓰이지 않았으며 생활 속 실천 방법도 포함하지 않았다.

② '분리수거를 철저히 하고 일회용품을 줄이는 것'이라는 생활 속 실천 방법을 포함하긴 했지만 설의적 표현과 비유적 표현이 쓰이지 않았다.

④ '인간도 고통받게 되지 않을까요?'에서 설의적 표현이, '바다는 쓰레기 무덤'에서 비유적 표현이 쓰였지만, 해양 오염을 줄일 수 있는 생활 속 실천 방법을 포함하지 않았다.

02 난도 ★☆☆ 정답 ①

비문학 > 화법

정답의 이유

① 백 팀장은 워크숍 장면을 사내 게시판에 올리면 좋겠다는 바람을 전달하고 있다. 하지만 팀원들에 대한 유대감을 드러내는 표현은 사용하지 않았다.

오답의 이유

② 고 대리는 '사내 게시판에 영상을 공개하는 것은 부담스러워요. 타 부서와 비교될 것 같기도 하고요.'라며 백 팀장의 제안에 반대하는 이유를 명시적으로 밝히고 있다.

③ 임 대리는 '팀장님 말씀대로 정보를 공유한다는 취지는 좋다고 생각해요.'라며 백 팀장의 발언 취지에 공감하고 있다.

④ 임 대리는 '팀원들 의견을 먼저 들어 보고, 잘된 것만 시범적으로 한두 개 올리는 것이 어떨까요?'라며 의견을 묻는 의문문을 사용해 자신의 의견을 간접적으로 드러내고 있다.

03 난도 ★★☆ 정답 ③

어휘 > 관용 표현

정답의 이유

③ '입추의 여지가 없다'는 송곳 끝도 세울 수 없을 정도라는 뜻으로, 발 들여놓을 데가 없을 정도로 많은 사람이 꽉 들어찬 경우를 비유적으로 이르는 속담이다.

오답의 이유

① 홍역을 치르다[앓다]: 몹시 애를 먹거나 어려움을 겪다.
② 잔뼈가 굵다: 오랜 기간 일정한 곳이나 직장에서 일을 하여 그 일에 익숙하다.
④ 어깨를 나란히 하다: 서로 비슷한 지위나 힘을 가지다.

04 난도 ★★☆ 정답 ②

비문학 > 글의 순서 파악

정답의 이유

- (가)에서는 기업들이 많은 돈을 투자해 마케팅 조사를 해 왔다는 화제를 제시하고 있으므로 처음에 위치하는 것이 적절하다.
- (다)의 '기업들의 그런 노력'은 (가)에 나오는 '많은 돈을 투자해 마케팅 조사를 해 왔다.'를 가리키므로 (가) 뒤에 위치하는 것이 적절하다.
- (나)의 '그런 상황'은 (다)에 나오는 '기업들은 많은 광고비를 쓰지만 그 돈이 구체적으로 어느 부분에서 효과를 내는지는 알지 못했다.'를 가리키므로 (다) 뒤에 위치하는 것이 적절하다.

따라서 글의 순서를 자연스럽게 배열한 것은 ② (가) – (다) – (나)이다.

05 난도 ★☆☆ 정답 ④

현대 문학 > 현대 소설

정답의 이유

④ 제시된 작품에서 '그들'은 "무진(霧津)엔 명산물이 …… 뭐 별로 없지요?", "원, 아무리 그렇지만 한 고장에 명산물 하나쯤은 있어야지."라며 무진에 명산물이 없다는 대화를 나누고 있다. 무진에 명산물이 있고 그것이 안개라고 여기는 사람은 서술자뿐이다. 따라서 무진이 누구나 인정할 만한 지역의 명산물로 안개가 유명한 공간이라는 설명은 적절하지 않다.

오답의 이유

① "바다가 가까이 있으니 항구로 발전할 수도 있었을 텐데요?"와 "가 보시면 아시겠지만 ~ 수심(水深)이 얕은 데다가 얕은 바다를 몇백 리나 밖으로 나가야만 비로소 수평선이 보이는 진짜 바다가 나오는 곳이니까요."를 통해 무진은 수심이 얕아서 항구로 개발하기 어려운 공간임을 알 수 있다.
② "그렇지만 이렇다 할 평야가 있는 것도 아닙니다."와 '무진을 둘러싸고 있는 산들도'를 통해 무진은 산으로 둘러싸여 있고 평야가 발달하지 않은 공간임을 알 수 있다.
③ "그럼 그 오륙만이 되는 인구가 어떻게들 살아가나요?"를 통해 무진은 지역 여건에 비하여 인구가 적지 않은 공간임을 알 수 있다.

작품 해설

김승옥, 「무진기행」
- 갈래: 단편 소설
- 성격: 상징적, 암시적
- 주제: 이상과 현실 사이에서 갈등하는 현대인의 허무 의식
- 특징
  - 서정적이고 몽환적인 분위기가 강함
  - 배경(안개)을 통해 서술자의 의식을 표출함

06 난도 ★★☆ 정답 ④

어휘 > 한자성어

정답의 이유

④ 내용상 빈칸에는 별것 아닌 사실을 부풀려 말한다는 뜻의 사자성어가 들어가야 한다. 따라서 '작은 일을 크게 불리어 떠벌린다.'라는 뜻의 針小棒大(침소봉대)가 들어가는 것이 적절하다.
- 針小棒大: 바늘 침, 작을 소, 막대 봉, 큰 대

오답의 이유

① 刻舟求劍(각주구검): 융통성 없이 현실에 맞지 않는 낡은 생각을 고집하는 어리석음을 이르는 말
- 刻舟求劍: 새길 각, 배 주, 구할 구, 칼 검

② 捲土重來(권토중래): 땅을 말아 일으킬 것 같은 기세로 다시 온다는 뜻으로, 한 번 실패하였으나 힘을 회복하여 다시 쳐들어옴을 이르는 말
- 捲土重來: 말 권, 흙 토, 무거울 중, 올 래

③ 臥薪嘗膽(와신상담): 불편한 섶에 몸을 눕히고 쓸개를 맛본다는 뜻으로, 원수를 갚거나 마음먹은 일을 이루기 위하여 온갖 괴로움과 외로움을 참고 견딤을 이르는 말
- 臥薪嘗膽: 누울 와, 섶 신, 맛볼 상, 쓸개 담

07 난도 ★★☆ 정답 ①

고전 문학 > 고전 운문

정답의 이유

① 초장에서 '못 오던가'라는 구절을 반복하여 오지 않는 임에 대한 섭섭한 감정을 표출하고 있다.

오답의 이유

② 종장의 'ᄒᆞᆫ 둘이 서른 날이여니 날 보라 올 하루 업스랴'는 한 달이 삼십 일인데 날 보러 올 하루가 없겠냐며 오지 않는 임에 대한 섭섭한 마음을 드러내는 구절이다. 날짜 수의 대조나 헤어진 기간이 길다는 내용은 나타나지 않는다.
③ 중장에서 '성', '담', '집', '뒤주', '궤' 등을 연쇄적으로 나열하고 있긴 하지만 임이 오지 못하는 이유를 추측할 뿐 감정의 기복이 나타나지는 않는다.
④ 중장에서 '성–담–집–뒤주–궤'로 공간을 단계적으로 축소하여 오지 않는 임에 대한 섭섭한 마음을 나타내고 있다.

작품 해설

작자 미상, 「어이 못 오던가 ~」
- 갈래: 사설시조
- 성격: 해학적, 과장적
- 주제: 임을 기다리는 안타까운 마음
- 특징
  - 사물을 연쇄적으로 나열하여 오지 않는 임에 대한 간절한 마음을 드러냄
  - 임을 기다리는 안타까운 마음을 해학과 과장을 통해 나타냄

08 난도 ★★★ 정답 ①

비문학 > 추론적 읽기

정답의 이유

(가) 2문단에서 '발음 능력을 습득하면 음성 기관의 움직임은 자동화되어 음성 기관의 어느 부분을 언제 어떻게 움직일지를 화자가 거의 의식하지 않는다.'라고 하였으므로 모어에 없는 외국어 음성을 발음하기 어려운 이유는 음성 기관의 움직임이 영·유아기에 습득된 모어를 기준으로 자동화되었기 때문임을 추론할 수 있다. 따라서 (가)에 들어갈 말로는 '음성 기관의 움직임이 모어의 음성에 맞게 자동화되어'가 적절하다.

(나) 3문단에서 '글씨를 쓰기 위해 손을 놀리는 것은 ~ 상당히 의식적이라 할 수 있다.'라며 필기가 의식적이라고 하였지만 다음 문장의 '그렇지만 개인의 의지와 관계없이 필체가 꽤 일정하다'는 내용을 볼 때 (나)에는 필기에도 어느 정도 무의식적인 면이 개입된다는 내용이 나와야 함을 알 수 있다. 따라서 (나)에 들어갈 말로는 '무의식적이고 자동적인 면이 있음을'이 적절하다.

09 난도 ★☆☆ 정답 ②

문법 > 한글 맞춤법

정답의 이유

㉠·㉢ 무정타(○)/선발토록(○): 한글 맞춤법 제40항에 따르면 어간의 끝음절 '하'의 'ㅏ'가 줄고 'ㅎ'이 다음 음절의 첫소리와 어울려 거센소리로 될 적에는 거센소리로 적는다. 이때 어간의 끝음절이 울림소리 [ㄴ, ㅁ, ㅇ, ㄹ]로 끝나면 'ㅏ'는 줄고 'ㅎ'만 남아 뒷말과 결합하여 거센소리로 표기된다. 따라서 '무정하다'와 '선발하도록'은 어간 '무정'과 '선발'의 끝음절이 울림소리인 'ㅇ, ㄹ'이므로 '무정타', '선발토록'으로 줄여 쓰는 것이 적절하다.

오답의 이유

㉡·㉣ 섭섭치(×) → 섭섭지(○)/생각컨대(×) → 생각건대(○): 한글 맞춤법 제40항 [붙임 2]에 따르면 어간의 끝음절 '하'가 아주 줄 적에는 준 대로 적는다. 이때 어간의 끝음절이 안울림소리 [ㄱ, ㅂ, ㅅ(ㄷ)]로 끝나면 '하'가 아주 준다. 따라서 '섭섭하다'와 '생각하건대'는 어간 '섭섭'과 '생각'의 끝음절이 안울림소리인 'ㅂ, ㄱ'이므로 '섭섭지'와 '생각건대'로 쓰는 것이 적절하다.

더 알아보기

한글 맞춤법 제40항

어간의 끝음절 '하'의 'ㅏ'가 줄고 'ㅎ'이 다음 음절의 첫소리와 어울려 거센소리로 될 적에는 거센소리로 적는다.

본말	준말	본말	준말
간편하게	간편케	다정하다	다정타
연구하도록	연구토록	정결하다	정결타
가하다	가타	흔하다	흔타

[붙임 1] 'ㅎ'이 어간의 끝소리로 굳어진 것은 받침으로 적는다.

않다	않고	않지	않든지
그렇다	그렇고	그렇지	그렇든지
아무렇다	아무렇고	아무렇지	아무렇든지
어떻다	어떻고	어떻지	어떻든지
이렇다	이렇고	이렇지	이렇든지
저렇다	저렇고	저렇지	저렇든지

[붙임 2] 어간의 끝음절 '하'가 아주 줄 적에는 준 대로 적는다.

본말	준말	본말	준말
거북하지	거북지	넉넉하지 않다	넉넉지 않다
생각하건대	생각건대	못하지 않다	못지않다
생각하다 못해	생각다 못해	섭섭하지 않다	섭섭지 않다
깨끗하지 않다	깨끗지 않다	익숙하지 않다	익숙지 않다

[붙임 3] 다음과 같은 부사는 소리대로 적는다.

결단코	결코	기필코	무심코
아무튼	요컨대	정녕코	필연코
하마터면	하여튼	한사코	

10 난도 ★★☆ 정답 ④

어휘 > 한자어

정답의 이유

④ 記憶(기록할 기, 생각할 억)(×) → 追憶(쫓을 추, 생각할 억)(○)
- 기억(記憶): 이전의 인상이나 경험을 의식 속에 간직하거나 도로 생각해 냄
- 추억(追憶): 지나간 일을 돌이켜 생각함. 또는 그런 생각이나 일

오답의 이유

① 도착(到着: 이를 도, 붙을 착)(○): 목적한 곳에 다다름
② 불상(佛像: 부처 불, 모양 상)(○): 부처의 형상을 표현한 상
③ 경지(境地: 지경 경, 땅 지)(○): 몸이나 마음, 기술 따위가 어떤 단계에 도달해 있는 상태

11 난도 ★★☆ 정답 ③

비문학 > 사실적 읽기

정답의 이유

③ 제시된 글에 따르면 인간의 지각과 생각은 프레임을 바탕으로 이루어진다. 따라서 지각과 사고를 확장하는 과정에서 프레임을 극복해야 하는 대상이라고 이해한 내용은 적절하지 않다.

오답의 이유

① '인간의 모든 정신 활동은 진공 상태에서 일어나는 것이 아니라, 어떤 맥락이나 가정하에서 일어난다.'라고 하였다. 여기서 맥락이나 가정은 프레임을 의미하므로 인간의 정신 활동은 프레임 없이 일어나지 않는다고 이해한 것은 적절하다.

② '어떤 사람이 자신은 어떤 프레임의 지배도 받지 않고 세상을 있는 그대로 객관적으로 본다고 주장한다면, 그 주장은 진실이 아닐 것이다.'라고 하였으므로 프레임이 어떤 편향성을 가지게 하는 개념이라고 이해한 것은 적절하다.

④ '사람의 지각과 생각은 인간의 모든 정신 활동을 뜻하고 항상 어떤 맥락, 관점 혹은 어떤 평가 기준이나 가정하에서 일어난다.', '이러한 맥락, 관점, 평가 기준, 가정을 프레임이라고 한다.'라고 하였으므로 프레임이 인간의 정신 활동에 영향을 미치는 어떤 맥락이나 평가 기준이라고 이해한 것은 적절하다.

12 난도 ★★☆ 정답 ①

비문학 > 사실적 읽기

정답의 이유

① 2문단에서 '시스템은 불안정하고 완벽하지 않기 때문에 컴퓨터가 조종사의 판단보다 우선시될 수 없다는 것이다.'라고 하였으며, '인간은 실수할 수 있는 존재'라는 에어버스의 아버지 베테유의 전제를 언급하였다. 이를 통해 보잉은 시스템의 불안정성을, 에어버스는 인간의 실수 가능성을 고려하여 설계되었음을 알 수 있다.

오답의 이유

② 2문단에서 베테유는 '인간은 실수할 수 있는 존재'라고 전제하였다. 하지만 윌리엄 보잉은 시스템이 불안정하고 완벽하지 않아 조종사의 판단보다 우선시될 수 없다고 여겼을 뿐, 이것이 인간이 실수하지 않는 존재라고 본 것은 아니다.

③ 1문단에서 에어버스는 컴퓨터가 조종사의 조작을 감시하고 제한한다고 하였다. 이를 통해 에어버스의 조종사는 자동조종시스템의 통제를 받음을 알 수 있다.

④ 1문단에서 보잉과 에어버스의 중요한 차이점이 자동조종시스템의 활용 정도에 있으며 보잉의 경우 대개 항공기를 조종간으로 직접 통제한다고 하였으므로 보잉의 조종사가 자동조종시스템을 아예 활용하지 않는다고 볼 수 없다.

13 난도 ★★★ 정답 ②

비문학 > 추론적 읽기

정답의 이유

② 제시된 글에서 '불안은 현재 발생하지 않았으며 미래에 일어날지 모르는 불명확한 위협에 의해 야기된 상태를 의미한다.'라고 하였다. 따라서 전기 · 가스 사고가 날까 두려워 외출하지 못하는 사람은 불안한 상태에 있다고 추론할 수 있다.

오답의 이유

① 제시된 글에서 '공포를 느끼는 것은 나 자신이 위험한 상황에 놓여 있다는 사실을 아는 것'이라고 하였다. 따라서 자신이 처한 위험한 상황을 정확히 인식하는 경우는 불안감에 비해 공포감이 더 클 것이다.

③ 제시된 글에서 '공포는 실재하는 객관적 위협에 의해 야기된 상태를 의미하고, 불안은 현재 발생하지 않았으며 미래에 일어날지 모르는 불명확한 위협에 의해 야기된 상태'라고 하였다. 따라서 시험에 불합격할 수 있다는 생각에 사로잡힌 사람은 공포감이 아닌 불안감에 빠져 있을 것이다.

④ 제시된 글에서 '공포의 상태와 불안의 상태를 구분하는 것은 쉽지 않다. 왜냐하면 두 감정을 함께 느끼거나 한 감정이 다른 감정을 유발할 때가 많기 때문이다.'라고 하였다. 따라서 과거에 큰 교통사고를 경험한 사람은 미래에 일어날지 모르는 교통사고를 걱정하게 되기 때문에 공포감과 동시에 불안감도 크다.

14 난도 ★★★ 정답 ②

비문학 > 사실적 읽기

정답의 이유

② 1문단의 '프톨레마이오스가 천체들의 공전 궤도를 관찰하던 도중, ~ 즉 주전원(周轉圓)을 따라 공전 궤도를 그리면서 행성들이 운동한다고 주장하였다.'라는 내용을 통해 주전원은 지동설을 지지하고자 만든 개념이 아니라 프톨레마이오스가 자신의 관찰 결과를 천동설로 설명하기 위해 도입한 것임을 알 수 있다.

오답의 이유

① 1문단의 '과학 혁명 이전 아리스토텔레스 철학은 ~ 지구의 주위를 공전한다는 천동설이 정설로 자리 잡고 있었다.'라는 내용을 통해 과학 혁명 이전 시기에는 천동설이 정설로 받아들여졌음을 알 수 있다.

③ 1문단의 '아리스토텔레스의 세계관을 따라 ~ 천동설이 정설로 자리 잡고 있었다.'와 2문단의 '코페르니쿠스는 천체의 중심에 지구 대신 태양을 놓고 지구가 태양의 주위를 공전한다고 주장하였다.'라는 내용을 통해 천동설은 우주의 중심을 지구라 여기고 지동설은 우주의 중심을 태양이라 여김을 알 수 있다. 따라서 천동설과 지동설은 우주의 중심을 어디에 두느냐에 따라 구분된다.

④ 2문단의 '태양을 우주의 중심에 둔 코페르니쿠스의 ~ 수학적으로 단순하게 설명하였다.'라는 내용을 통해 행성의 공전에 대한 프톨레마이오스의 설명은 코페르니쿠스의 설명보다 수학적으로 복잡하였음을 알 수 있다.

15 난도 ★☆☆ 정답 ④

문법 > 표준어 사정 원칙

정답의 이유

④ 으레(○): 표준어 사정 원칙 제10항에 따라 '으레'를 표준어로 삼는다.

오답의 이유

① 수염소(×) → 숫염소(○): 표준어 사정 원칙 제7항에서 '수'와 뒤의 말이 결합할 때, 발음상 [ㄴ(ㄴ)] 첨가가 일어나거나 뒤의 예사소리가 된소리가 되는 경우 사이시옷과 유사한 효과를 보이는 것이라 판단하여 '수'에 'ㅅ'을 붙인 '숫'을 표준어형으로 규정하고 있다. 이러한 경우는 '숫양[순냥], 숫염소[순념소], 숫쥐[숟쮜]'만 해당하므로 '숫염소'로 표기하는 것이 적절하다.

② 윗층(×) → 위층(○): 표준어 사정 원칙 제12항 '다만 1.'에 따르면 '웃-' 및 '윗-'은 명사 '위'에 맞추어 '윗-'으로 통일하지만 된소리나 거센소리 앞에서는 '위-'로 한다고 하였으므로 '위층'으로 표기하는 것이 적절하다.

③ 아지랭이(×) → 아지랑이(○): 표준어 사정 원칙 제9항 [붙임 1]에 따르면 '아지랑이'는 'ㅣ' 역행 동화가 일어나지 아니한 형태를 표준어로 삼는다고 하였으므로 '아지랑이'로 표기하는 것이 적절하다.

16 난도 ★☆☆ 정답 ③

비문학 > 작문

정답의 이유

③ 제시된 글에서 '정교한 독서'라는 뜻의 '정독'은 한자로 '精讀'이라 하였고, '빨리 읽기'라는 뜻의 '속독'은 한자로 '速讀'이라 하였다. 따라서 '정교하고 빠르게 읽기'를 뜻하는 '정속독'은 '精速讀'으로 표기하는 것이 적절하다.

오답의 이유

① '정교한 독서'라는 뜻의 '정독(精讀)'과 '바른 독서'라는 뜻의 '정독(正讀)'은 소리는 같지만 뜻이 다르다. 따라서 ㉠을 '다르게 읽지만 뜻이 같다'로 수정하는 것은 적절하지 않다.

② ㉡ 앞부분에서 '무엇이 정교한 것일까? 모든 단어에 눈을 마주치면서 제대로 인식하는 것이다.'라고 하였으므로 ㉡은 '정교한 독서'를 뜻하는 '정독(精讀)'임을 알 수 있다. 따라서 '정독(正讀)'으로 수정하는 것은 적절하지 않다.

④ ㉣ 뒷부분에서 '빼먹고 읽는 습관, 즉 난독의 일종임을 잊지 말아야 한다.'라고 하였으며 제시된 글의 첫 문장에서 '난독을 해결하려면 정독을 해야 한다.'라고 하였으므로 ㉣에는 '정독이 빠진 속독'이 들어가야 한다. 따라서 '속독이 빠진 정독'으로 수정하는 것은 적절하지 않다.

17 난도 ★★☆ 정답 ④

현대 문학 > 현대 시

정답의 이유

④ 1연에서 매미 울음소리가 절정에 이르렀다가 사라진 직후의 상황을 '정적의 소리'라고 표현하였다. 이는 원래 표현하려는 의미와 반대로 표현하는 반어법이 사용된 것이 아니라, 울음이 사라지고 고요한 상태인 '정적'을 '쟁쟁쟁'이라는 시끄러운 소리로 표현한 역설법이 사용된 것이다.

오답의 이유

① '매미 울음', '정적의 소리인 듯 쟁쟁쟁' 등의 청각적 이미지, '땡볕', '소나기', '맑은 구름만 눈이 부시게' 등의 시각적 이미지, '그늘의 소리' 등의 공감각적 이미지를 활용하여 절정이었던 매미 울음소리가 잦아들고 고요해진 상황을 감각적으로 제시하고 있다.

② '매미 울음', '정적의 소리인 듯 쟁쟁쟁' 등의 청각적 이미지, '맑은 구름만 눈이 부시게', '하늘 위에 펼쳐지기만 하노니' 등 시각적 이미지를 활용하여 시상을 전개하고 있다.

③ 2연에서 사랑의 속성을 세차게 들이붓다가 어느 순간 아무 일 없었던 양 멈추는 '소나기'에 비유하여 표현하였다.

작품 해설

박재삼, 「매미 울음 끝에」

- 갈래: 자유시, 서정시
- 성격: 관찰적, 감각적, 낭만적, 유추적
- 주제: 매미의 울음을 통해 본 사랑의 본질적 속성
- 특징
  - 다양한 감각적 심상을 활용하여 대상을 표현함
  - 역설법을 통해 매미 울음소리가 잦아든 상황을 제시함
  - 자연 현상(매미 울음소리)과 인생(사랑)의 공통된 속성에서 주제를 이끌어 냄

18 난도 ★★★ 정답 ④

비문학 > 사실적 읽기

정답의 이유

④ '호메로스의 『일리아드』와 『오디세이아』에서는 신과 인간의 세계가 하나로 얽혀 있다.'와 '소포클레스나 에우리피데스의 비극에서는 총체성이 흔들려 신과 인간의 세계가 분리된다.'를 통해 『오디세이아』가 에우리피데스의 비극에 비해 신과 인간의 결합 정도가 높음을 알 수 있다.

오답의 이유

① '철학의 시대'가 '이미 계몽된 세계'라는 내용은 있으나 계몽사상이 '서사시의 시대'에서 '철학의 시대'로의 전환을 이끌었다는 내용은 제시되지 않았다.

② '비극의 시대'는 신과 인간이 분리되나 신탁이라는 약한 통로로 이어져 있고, 플라톤으로 대표되는 '철학의 시대'는 신탁을 신뢰할 수 없는, 신과 인간이 완전히 분리된 세계이다. 따라서 플라톤의 이데아가 표현하는 것은 '철학의 세계'이지 '비극적 세계'가 아니다.

③ "루카치는 그리스 세계를 신과 인간의 결합 정도를 가리키는 '총체성' 개념을 기준으로 세 시대로 구분하였다."를 통해 루카치는 그리스 세계를 '총체성'이라는 단일한 개념을 기준으로 세 시대로 구분하였음을 알 수 있다.

19 난도 ★★☆ 정답 ②

비문학 > 사실적 읽기

정답의 이유

② '16~17세기에 창작되었던 몽유록에는 참여자형이 많다. 참여자형에서는 몽유자와 꿈속 인물들이 동질적인 이념을 공유하고 현실의 고통스러운 문제에 대해 의견을 나누며 비판적 목소리를 낸다.'라고 하였으므로 몽유자가 현실을 비판하는 경향이 강하게 나타나는 시기는 16~17세기임을 알 수 있다.

오답의 이유

① 제시된 글에 따르면, 몽유록은 몽유자의 역할에 따라 참여자형과 방관자형으로 구분할 수 있다. 참여자형에서는 몽유자가 꿈에서 만난 인물들의 모임에 직접 참여하지만, 방관자형에서는 모임을 엿볼 뿐 직접 참여하지는 않는다. 이를 통해 몽유자가 꿈속 인물들의 모임에 직접 참여하는지, 참여하지 않는지에 따라 몽유록의 유형을 나눌 수 있음을 알 수 있다.

③ '그러나 주로 17세기 이후에 창작된 방관자형에서는 ~ 이 시기의 몽유록이 통속적이고 허구적인 성격으로 변모하는 것은 몽유자의 역할 변화와 무관하지 않다.'를 통해 몽유자가 구경꾼 역할을 하는 몽유록은 통속적이고 허구적인 성격이 강하다는 것을 알 수 있다.

④ '참여자형에서는 몽유자와 꿈속 인물들이 동질적인 이념을 공유하고 현실의 고통스러운 문제에 대해 의견을 나누며 비판적 목소리를 낸다.'를 통해 몽유자가 꿈속 인물들과 함께 현실을 비판하는 몽유록은 참여자형에 해당함을 알 수 있다.

20 난도 ★★☆ 정답 ③

비문학 > 사실적 읽기

정답의 이유

③ '국내외의 글로벌 기업들은 여러 산업 분야에서 디지털 트윈을 도입하여 사전에 위험 요소를 제거하고 수익 모델의 효율성을 높이고 있다.'를 통해 디지털 트윈에서의 시뮬레이션으로 현실 세계의 위험 요소를 찾아내고 방지할 수 있음을 알 수 있다.

오답의 이유

① 디지털 트윈을 활용함에 따라 글로벌 기업들의 고용률이 향상되었다는 내용은 제시되어 있지 않다.

② 디지털 트윈이 주목받는 이유는 안정성과 경제성 때문이며, 가상 세계에 데이터를 전송, 취합, 분석, 이해, 실행하는 과정은 실제 실험보다 비용이 적게 든다고 하였다. 따라서 디지털 트윈의 데이터 모델은 현실 세계의 각종 실험 모델보다 경제성이 높음을 알 수 있다.

④ 이용자들에게 새로운 경제 · 사회 · 문화적 경험을 제공하는 데 목적을 둔 것은 메타버스이다. 디지털 트윈은 현실 세계에 존재하는 것을 컴퓨터상에 똑같이 복제하고 실시간으로 반응할 수 있도록 하는 데 목적이 있다.

국어 | 2023년 지방직 9급

한눈에 훑어보기

영역 분석

어휘 04 12 14
3문항, 15%

문법 03 13
2문항, 10%

고전 문학 05 16
2문항, 10%

현대 문학 09 10
2문항, 10%

비문학 01 02 06 07 08 11 15 17 18 19 20
11문항, 55%

빠른 정답

01	02	03	04	05	06	07	08	09	10
①	①	③	④	②	④	④	③	④	②
11	**12**	**13**	**14**	**15**	**16**	**17**	**18**	**19**	**20**
②	②	④	①	③	③	②	②	①	①

점수 체크

구분	1회독	2회독	3회독
맞힌 문항 수	/ 20	/ 20	/ 20
나의 점수	점	점	점

01 난도 ★☆☆ 정답 ①

비문학 > 화법

정답의 이유

① 최 주무관은 AI에 대한 국민 이해도를 높이기 위해 설명회를 개최할 필요가 있다는 김 주무관의 의견에 대하여 '저도 요즘 그 필요성을 절감하고 있어요.'라고 말하며 공감을 표현하고 있다.

오답의 이유

② 김 주무관은 어떻게 준비해야 효과적으로 전달할 수 있을지 고민이라고 말하며 최 주무관의 의견을 듣고 싶다는 것을 간접적으로 표현하고 있다.

③ 최 주무관은 '그럼 청중의 관심 분야를 파악하려면 청중의 특성 중에서 어떤 것들을 조사하면 좋을까요?'라며 청중 분석에 대한 구체적인 방안을 묻고 있으므로 자신의 반대 의사를 우회적으로 드러내고 있다고 볼 수 없다.

④ 김 주무관은 '나이, 성별, 직업 등을 조사할까요?'라는 의문문을 통해 자신의 답변에 확신을 얻고자 하는 것이지 상대의 의견을 반박하고 있는 것은 아니다.

02 난도 ★★☆ 정답 ①

비문학 > 글의 순서 파악

정답의 이유

- (나)에서는 독서가 뇌 발달에 끼치는 영향에 대한 A 교수의 연구를 소개하고 있으므로 화제를 제시하는 첫 문장 '독서는 아이들의 전반적인 뇌 발달에 큰 영향을 미친다.'의 뒤에 오는 것이 적절하다.
- (가)의 '그'는 (나)의 A 교수를 가리키므로 (나) 뒤에 오는 것이 적절하다.
- (다)의 '이처럼'은 앞에 나오는 내용을 받아 뒷문장과 이어주는 기능을 하는 접속어이다. '이처럼' 뒤에 책을 많이 읽으면 전두엽이 훈련되어 뇌 발달의 가능성이 높아진다는 내용을 제시하고 있으므로 (다) 앞에도 독서와 전두엽의 관계에 대한 내용이 나와야 한다. 그러므로 책을 읽으면 상상력이 자극되어 전두엽을 많이 사용하게 된다는 내용의 (가) 뒤에 오는 것이 적절하다.

따라서 맥락에 따라 가장 자연스럽게 배열한 것은 ① (나) – (가) – (다)이다.

03 난도 ★★☆ 정답 ③

문법 > 통사론

정답의 이유

③ ㉢ '얼음이'는 부사어가 아니고, 서술어 '되다' 앞에서 말을 보충해 주는 역할을 하는 보어이다.

오답의 이유

① ㉠ '지원은'은 서술어 '깨우다'의 주체인 주어이다.
② ㉡ '만들었다'는 문맥상 '노력이나 기술 따위를 들여 목적하는 사물을 이루다.'라는 뜻이며, 이 경우 '~이/가 …을/를 만들다'와 같이 쓰이므로 주어와 목적어를 요구하는 두 자리 서술어임을 알 수 있다.
④ ㉣ '어머나'는 문장에서 다른 성분과 직접적으로 관련을 맺지 않는 독립어로, 생략되어도 문장이 성립한다.

04 난도 ★★☆ 정답 ④

어휘 > 한자어

정답의 이유

④ '부유(浮遊)하다'는 '물 위나 물속, 또는 공기 중에 떠다니다.'라는 뜻이고, '헤엄치다'는 '사람이나 물고기 따위가 물속에서 나아가기 위하여 팔다리를 젓거나 지느러미를 움직이다.'라는 뜻이므로 '헤엄치는'과 바꿔 쓸 수 없다.

오답의 이유

① '맹종(盲從)하다'는 '옳고 그름을 가리지 않고 남이 시키는 대로 덮어놓고 따르다.'라는 뜻이므로 '무분별하게 따르는'과 바꿔 쓸 수 있다.
② '탈피(脫皮)하다'는 일정한 상태나 처지에서 완전히 벗어나다.'라는 뜻이므로 '벗어나'와 바꿔 쓸 수 있다.
③ '제고(提高)하다'는 '수준이나 정도 따위를 끌어올리다.'라는 뜻이므로 '끌어올리기'와 바꿔 쓸 수 있다.

05 난도 ★★☆ 정답 ②

고전 문학 > 고전 운문

정답의 이유

② (나)에서는 '청산(靑山)', '유수(流水)' 등과 같은 시각적 심상을 활용하여 항상 푸르른 청산과 밤낮으로 흐르는 유수처럼 학문 수양에 끊임없이 정진하겠다는 의지를 강조하고 있다. (나)에서 청각적 심상은 나타나지 않는다.

오답의 이유

① (가)는 변하지 않는 '청산(靑山)'과 변하는 '녹수(綠水)'를 대조하여 임에 대한 '나'의 변함없는 사랑을 나타내고 있다.
③ (가)는 '청산(靑山)은 내 뜻이오 녹수(綠水)ᄂᆞᆫ 님의 정(情)이'에서 대구를 활용하여 시상을 전개하였고, (나)는 '청산(靑山)ᄂᆞᆫ 엇데ᄒᆞ야 만고(萬古)애 프르르며 / 유수(流水)ᄂᆞᆫ 엇데ᄒᆞ야 주야(晝夜)애 긋디 아니ᄂᆞᆫ고'에서 대구를 활용하여 시상을 전개하였다.
④ (가)는 '청산(靑山)이야 변(變)ᄒᆞᆯ손가'에서 설의적 표현을 활용하여 '임'에 대한 변함없는 사랑을 나타내고 있다. (나)는 '유수(流水)ᄂᆞᆫ 엇데ᄒᆞ야 주야(晝夜)애 긋디 아니ᄂᆞᆫ고'에서 설의적 표현을 활용하여 유수가 그치지 않고 밤낮으로 흐르는 것처럼 학문 수양에 정진하겠다는 의지를 나타내고 있다.

작품 해설

(가) 황진이, 「청산은 내 뜻이오 ~」
- 갈래: 평시조, 단시조
- 성격: 감상적, 상징적, 은유적
- 주제: 임을 향한 변함없는 사랑
- 특징
  - 시어의 대비를 통하여 주제를 강조함
  - 임에 대한 마음을 자연물에 대입함

(나) 이황, 「청산ᄂᆞᆫ 엇데ᄒᆞ야 ~」
- 갈래: 평시조, 연시조
- 성격: 관조적, 교훈적, 한정가
- 주제: 끊임없는 학문 수양에 대한 의지
- 특징
  - 총 12수로 이루어진 연시조 『도산십이곡』 중 제11곡
  - 생경한 한자어를 많이 사용한 강호가도의 대표적 작품
  - 설의법, 대구법 등을 사용하여 주제를 강조함

06 난도 ★☆☆ 정답 ④

비문학 > 사실적 읽기

정답의 이유

④ 1문단에서는 교환가치가 아무리 높아도 '나'에게 사용가치가 없다면 상품을 구매하지 않는다고 설명하였으며, 2문단에서는 댓글로 인해 공연 티켓의 사용가치를 잘못 판단한 사례를 제시하였다. 그리고 3문단에서는 건강한 소비를 위해 상품이 '나'에게 얼마나 필요한가에 대한 고민이 필요하다고 하였으므로 제시된 글의 중심 내용으로는 '상품을 구매할 때 사용가치가 자신의 필요에 의해 결정된 것인지 신중하게 따져야 한다.'가 가장 적절하다.

오답의 이유

① 사용가치보다 교환가치가 큰 상품을 구매해야 한다는 내용은 나타나지 않는다.
② 상품에는 사용가치와 교환가치가 섞여 있다고 하였으나 3문단에서 '건강한 소비를 위해서는 구매하려는 상품의 사용가치가 어떤 과정을 거쳐 결정된 것인지 곰곰이 생각해 봐야 한다.'라고 하였으므로 상품을 구매할 때 고려해야 하는 것은 상품의 사용가치임을 알 수 있다. 따라서 '상품을 구매할 때 사용가치와 교환가치를 두루 고려해야 한다.'는 중심 내용으로 적절하지 않다.
③ 3문단에서 '다른 사람들의 말에 휩쓸려 어떤 상품의 사용가치가 결정될 때, 그 상품은 '나'에게 쓸모없는 골칫덩이가 될 수 있다.'라고 하였으므로 '상품에 대한 다른 사람들의 평가를 반영해서 상품을 구매해야 한다.'는 중심 내용으로 적절하지 않다.

07 난도 ★★☆ 정답 ④

비문학 > 작문

정답의 이유

④ '그들은 서학을 검토하며 어떤 부분은 수용했지만' 뒤에 '반대로'를 덧붙였으므로 ㉣에는 '수용하다'와 상반되는 단어가 와야 한다. ㉣의 '지향하다'는 '어떤 목표로 뜻이 쏠리어 향하다.'라는 뜻이며, 이는 '수용하다'와 상반되는 단어가 아니므로 '더 높은 단계로 오르기 위하여 어떠한 것을 하지 아니하다.'라는 뜻의 '지양하다'로 수정하는 것이 적절하다.

오답의 이유

① 천주학의 '학(學)'은 '학문'을 의미하므로 ㉠을 '학문적 관점에서보다 종교적인 관점에서'로 수정하는 것은 적절하지 않다.

② 조선 후기에 서학은 신봉의 대상이 아니라 분석의 대상이었다. 따라서 서학 수용에 적극적인 이들도 무조건 따르자고 주장하지는 않았을 것이므로 ㉡을 '주장하였는데'로 수정하는 것은 적절하지 않다.

③ 외부에서 유입된 사유 체계에는 '양명학'이나 '고증학' 등도 있다고 하였으므로 ㉢을 '유일한 대안이었다'로 수정하는 것은 적절하지 않다.

08 난도 ★☆☆ 정답 ③

비문학 > 추론적 읽기

정답의 이유

③ 빈칸 뒤의 내용을 살펴보면, 글을 쓸 때 독자의 수준을 고려하지 않고 너무 어려운 개념과 전문용어를 사용하면 독자가 글을 이해하기 어렵다고 하였다. 또한 글쓰기는 필자가 글을 통해 자신의 메시지를 독자에게 전달하는 행위이기 때문에 계획하기 단계에서 반드시 예상 독자를 분석해야 한다고 하였다. 따라서 빈칸에 들어갈 말로 가장 적절한 것은 '필자의 메시지를 독자에게 효과적으로 전달하는 데 도움이 되기'이다.

오답의 이유

① 계획하기 과정이 글쓰기 과정 중 첫 단계라는 내용은 제시되지 않았다.

② '글을 쓸 때 독자의 수준에 비해 너무 어려운 개념과 전문용어를 사용한다면 독자가 글을 이해하기 어렵게 된다.'라고 하였으므로 예상 독자의 수준에 따라 어려운 개념과 전문용어를 적절히 사용해야 한다.

④ 독자의 배경지식에 따라 글의 목적과 주제가 결정된다는 내용은 제시되지 않았다.

09 난도 ★★☆ 정답 ④

현대 문학 > 현대 시

정답의 이유

④ 화자는 글을 쓰는 행위를 통해 사랑을 잃은 후의 절망과 공허한 마음을 나타내고 있다. 잃어버린 사랑의 회복을 열망하는 마음은 드러나지 않는다.

오답의 이유

① '짧았던 밤', '겨울 안개', '촛불', '흰 종이', '눈물', '열망' 등을 호명하며 이별에 대한 안타까운 심정을 드러내고 있다.

② 화자는 사랑을 잃은 뒤 '가엾은 내 사랑'을 '빈집'에 가두었다. 이를 통해 '빈집'은 사랑을 잃은 절망적인 공간이자, 사랑을 잃은 화자의 공허한 내면을 상징한다는 것을 알 수 있다.

③ '밤들아', '안개들아', '촛불들아' 등 대상을 부르는 돈호법과 '나는 쓰네', '빈집에 갇혔네' 등 감탄형 어미 '-네'의 반복적 사용을 통해 영탄적 어조로 이별에 따른 공허함과 절망감을 부각하고 있다.

작품 해설

기형도, 「빈집」

- 갈래: 자유시, 서정시
- 성격: 애상적, 비유적, 독백적
- 주제: 사랑을 잃은 공허함과 절망
- 특징
  - 영탄적 어조를 사용하여 화자의 감정을 부각함
  - 대상을 열거하며 화자의 상실감을 강조함
  - 사랑을 잃은 화자의 공허함과 절망적 내면을 빈집으로 형상화함

10 난도 ★☆☆ 정답 ②

현대 문학 > 현대 소설

정답의 이유

② 제시된 작품의 서술자는 등장인물인 '나'이다. '나'는 주인공인 '그'의 행동을 관찰하고 심리를 추측한다. 즉, 제시된 작품은 주인공이 아닌 '나'가 작품 속 서술자가 되어 주인공을 관찰하여 서술하는 1인칭 관찰자 시점을 취하고 있다.

오답의 이유

① 서술자인 '나'는 대화나 행동, 표정 등을 통하여 '그'의 심리를 추측할 뿐 전지적 위치에서 심리를 전달하고 있지 않다.

③ 서술자인 '나'는 작품의 주인공이 아니라 관찰자이며, 유년 시절을 회상하며 갈등 원인을 해명하고 있지 않다.

④ 서술자인 '나'는 관찰자로 '그'의 행동을 진술하고 있으며, '끼니조차 감당 못 하는 주제에 막벌이 아니면 어쩌다 간간이 얻어걸리는 출판사 싸구려 번역 일 가지고 어느 해가에 빚을 갚을 것인가.'를 통해 '그'에 대해 주관적인 판단을 내리고 있음을 확인할 수 있다.

작품 해설

윤흥길, 「아홉 켤레의 구두로 남은 사내」

- 갈래: 중편 소설, 세태 소설
- 성격: 비판적, 사실적, 현실 고발적
- 주제: 산업화로 소외된 계층의 삶과 그에 대한 연민
- 특징
  - 상징적 소재와 관련된 행위로 인물의 심리와 성격을 드러냄
  - 사실적 문체를 통해 현실의 모순을 예리하게 지적함

11 난도 ★☆☆ 정답 ②

비문학 > 화법

정답의 이유

② 운용은 설탕세를 부과하면 당 소비가 감소한다는 은지의 발언에 대하여 믿을 만한 근거가 있냐고 질문하고 있을 뿐 은지의 주장에 반대하고 있지는 않다.

오답의 이유

① 은지는 첫 번째 발언에서 '설탕세 부과 여부'라는 화제를 제시하고 있다.

③ 은지는 두 번째 발언에서 '세계보건기구 보고서'를 자신의 주장에 대한 근거로 제시하고 있다.

④ 재윤은 '그런데 설탕세 부과가 질병을 예방한다는 것은 타당하지 않아. 여러 연구 결과를 보면 당 섭취와 질병 발생은 유의미한 상관관계가 없어.'라며 은지가 제시한 주장의 근거를 부정하고 있다.

12 난도 ★★☆ 정답 ②

어휘 > 한자어

정답의 이유

② 매수(買受: 살 매, 받을 수)(×) → 매수(買售: 살 매, 팔 수)(○)
- 買受(매수): 물건을 사서 넘겨받음
- 買售(매수): 물건을 팔고 사는 일

오답의 이유

① 구가(謳歌: 노래할 구, 노래 가)(○): 여러 사람이 입을 모아 칭송하여 노래함 / 행복한 처지나 기쁜 마음 따위를 거리낌 없이 나타냄. 또는 그런 소리

③ 알력(軋轢: 삐걱거릴 알, 수레에 칠 력)(○): 수레바퀴가 삐걱거린다는 뜻으로, 서로 의견이 맞지 아니하여 사이가 안 좋거나 충돌하는 것을 이르는 말

④ 편달(鞭撻: 채찍 편, 매질할 달)(○): 경계하고 격려함

13 난도 ★☆☆ 정답 ④

문법 > 한글 맞춤법

정답의 이유

④ 걷잡아서(×) → 겉잡아서(○): '걷잡다'는 '한 방향으로 치우쳐 흘러가는 형세 따위를 붙들어 잡다. / 마음을 진정하거나 억제하다.'라는 의미이다. 제시된 문장에서는 '겉으로 보고 대강 짐작하여 헤아리다.'라는 의미로 사용되었으므로 '겉잡다'가 적절하다.

오답의 이유

① 부치는(○): 모자라거나 미치지 못하다.

② 알음(○): 사람끼리 서로 아는 일

③ 닫혔다(○): 열린 문짝, 뚜껑, 서랍 따위가 도로 제자리로 가 막히다.

14 난도 ★★☆ 정답 ①

어휘 > 한자어

정답의 이유

㉠ 長官(길 장, 벼슬 관): 국무를 나누어 맡아 처리하는 행정 각부의 우두머리

㉡ 補償(기울 보, 갚을 상): 남에게 끼친 손해를 갚음 / 국가 또는 단체가 적법한 행위에 의하여 국민이나 주민에게 가한 재산상의 손실을 갚아 주기 위하여 제공하는 대상

㉢ 決裁(결정할 결, 마를 재): 결정할 권한이 있는 상관이 부하가 제출한 안건을 검토하여 허가하거나 승인함

오답의 이유

- 將官(장수 장, 벼슬 관): 군사를 거느리는 우두머리
- 報償(갚을 보, 갚을 상): 남에게 진 빚 또는 받은 물건을 갚음
- 決濟(결정할 결, 건널 제): 증권 또는 대금을 주고받아 매매 당사자 사이의 거래 관계를 끝맺는 일

15 난도 ★★☆ 정답 ③

비문학 > 추론적 읽기

정답의 이유

③ 제시된 글에서 우리는 '사회 속에서 여럿이 모여 복수의 상태로 살아갈 수밖에 없는 존재'이며 동시에 '각각 유일무이성을 지닌 단수'라고 하였다. 또한 '개별적 유일무이성을 제거하는 것은 우리가 살아가는 사회의 다원성을 파괴하는 일'이라고 하였다. 하지만 개인의 유일무이성을 보존하려는 제도가 개인의 보편적 복수성을 침해하는지의 여부는 제시된 글에 나타나 있지 않다.

오답의 이유

① 제시된 글에서 '우리는 개별적으로 고립된 채 살아가는 존재일 수 없다. 사회 속에서 여럿이 모여 '복수(複數)'의 상태로 살아갈 수밖에 없는 존재라는 것이다.'라고 하였으므로 우리는 고립된 상태에서 '단수'로 살아가는 존재가 아니라는 내용은 적절하다.

② 제시된 글에서 '바로 이러한 이유로 우리는 다원적 존재이다.', '우리가 이 같은 사회에서 살아가기 위해서는 타인을 포용하는 공존의 태도가 필요하다.'라고 하였으므로 우리는 다원성을 지닌 존재로서 포용적으로 공존해야 한다는 내용은 적절하다.

④ 제시된 글에서 '공동체 정화 등을 목적으로 개별적 유일무이성을 제거하는 것은 우리가 살아가는 사회의 다원성을 파괴하는 일이다.'라고 하였으므로 개인의 특수한 단수성을 제거하려는 시도는 사회의 다원성을 파괴하는 결과로 이어질 수 있다는 내용은 적절하다.

16 난도 ★★☆ 정답 ③

고전 문학 > 고전 산문

정답의 이유

③ 제시된 작품에서 주인공 춘향은 이도령에 대한 굳은 절개를 드러내고 매를 맞는 자신의 상황에 대해 한탄하고 있을 뿐, 대화를 통하여 주인공의 내적 갈등이 해결되고 있지는 않다.

오답의 이유

① '일편단심, 일정지심, 일부종사, 일신난처, 일각인들, 일월 같은'과 '이부불경, 이군불사, 이 몸이, 이왕 이리 되었으니, 이 자리에서', '삼청동, 삼생연분, 삼강을, 삼척동자, 삼종지도, 삼생에, 삼월삼일, 삼십삼천, 삼태성께'에서 동일한 글자를 반복하여 리듬감을 조성하고 있다.

② '일자(一字)', '이자(二字)', '삼자(三字)' 등 숫자를 활용하여 춘향이 매를 맞는 상황과 매를 맞으면서도 이도령에 대한 절개를 지키려는 모습을 제시하고 있다.

④ '일부종사(한 남편만을 섬김)', '이부불경(두 남편을 공경할 수 없음)', '이군불사(두 임금을 섬기지 않음)', '삼종지도(여자가 따라야 할 세 가지 도리)' 등 유교적 가치를 담고 있는 말을 활용하여 이도령에 대한 절개를 지키려는 춘향의 의지를 드러내고 있다.

17 난도 ★★☆ 정답 ②

비문학 > 사실적 읽기

정답의 이유

② 2문단의 '차람은 소설을 소유하고 있는 사람에게 직접 빌려서 보는 것으로, 알고 지내던 개인들 사이에서 이루어졌다.'를 통해 차람은 알고 지내던 사람에게 책을 빌려 보는 방식임을 알 수 있다. 하지만 대가를 지불했는지의 여부는 제시된 글에서 확인할 수 없다.

오답의 이유

① 1문단의 '구연에 의한 유통은 구연자가 소설을 사람들에게 읽어 주는 방식으로, 글을 모르는 사람들과 글을 읽을 수 있지만 남이 읽어 주는 것을 선호하는 이들을 대상으로 이루어졌다.'를 통해 전기수가 글을 모르는 사람들에게 소설을 구연하였다고 이해한 것은 적절하다.

③ 1문단의 '하지만 이 방식은 문헌에 의한 유통에 비해 시간과 공간의 제약이 많아서 유통 범위를 넓히는 데 뚜렷한 한계가 있었다.'를 통해 문헌에 의한 유통은 구연에 의한 유통에 비해 시간과 공간의 제약이 적었다고 이해한 것은 적절하다.

④ 2문단의 '세책가에서는 소설을 구매하는 것보다 훨씬 적은 비용으로 빌려 볼 수 있었기 때문에 경제적으로 넉넉하지 않은 사람도 소설을 쉽게 접할 수 있었다. 이로 인해 조선 후기 사회에서 세책가가 성행하게 되었다.'를 통해 조선 후기에 세책가가 성행한 원인은 소설을 구매하는 비용보다 세책가에서 빌리는 비용이 적다는 데 있다고 이해한 것은 적절하다.

18 난도 ★★★ 정답 ②

비문학 > 사실적 읽기

정답의 이유

② 반신이지만 민족적 영웅의 모습으로 기록된 연개소문의 사례는 『삼국사기』가 신라 정통론에 기반에 있다는 기존의 평가와는 다르게 다면적이고 중층적인 역사 텍스트임을 보여주는 근거이다. 따라서 열전에 수록된 반신 중 『삼국사기』에 대한 기존 평가를 다르게 할 수 있는 사례가 있다고 이해한 것은 적절하다.

오답의 이유

① 1문단의 '이 중 열전은 전체 분량의 5분의 1을 차지하며, 수록된 인물은 86명으로, 신라인이 가장 많고, 백제인이 가장 적다.'와 2문단의 '가령 고구려의 연개소문은 반신이지만, 당나라에 당당히 대적한 민족적 영웅의 모습도 포함되어 있다.'에서 『삼국사기』에는 신라인뿐만 아니라 백제인과 고구려인도 포함되어 있음을 확인할 수 있다. 그러나 2문단에 따르면, 『삼국사기』는 신라 정통론에 기반해 당시 지배 질서를 공고히 하고자 했다고 평가받으므로 『삼국사기』가 신라 정통론을 계승하지 않았다고 단정할 수 없다.

③ 1문단에서 '수록 인물의 배치에는 원칙이 있는데, 앞부분에는 명장, 명신, 학자 등을 수록했고, 다음으로 관직에 있지는 않았으나 기릴 만한 사람을 실었다.'라고 하였으므로 『삼국사기』 열전에는 관직에 오르지 못한 사람이더라도 기릴 만한 업적이 있으면 수록되었다는 것을 알 수 있다.

④ 1문단의 『삼국사기』는 본기 28권, 지 9권, 표 3권, 열전 10권의 체제로 되어 있다. 이 중 열전은 전체 분량의 5분의 1을 차지하며, 수록된 인물은 86명으로, 신라인이 가장 많고, 백제인이 가장 적다.'를 통해 『삼국사기』의 체제 중 가장 많은 권수를 차지하는 것은 '본기'임을 알 수 있다.

19 난도 ★★☆ 정답 ①

비문학 > 추론적 읽기

정답의 이유

① 1문단의 '프랑스에서 의무교육 제도를 실시하면서 정규학교에 입학하기 어려운 지적장애아, 학습부진아를 가려내고자 하였다. 이에 기초 학습 능력 평가를 목적으로, 1905년 최초의 IQ 검사가 이루어졌다.'를 통해 IQ 검사가 정규학교에 입학하기 어려운 지적장애아, 학습부진아를 가려내고자 시행되었음을 알 수 있다.

오답의 이유

② 1문단의 '이 검사를 통해 비로소 인간의 지능을 구체적으로 수치화하고 객관적으로 비교할 수 있게 되었다.'를 통해 IQ 검사가 만들어진 이후에야 인간의 지능을 구체적으로 수치화할 수 있었음을 파악할 수 있다. 따라서 IQ 검사가 만들어지기 전에는 인간의 지능을 수치로 비교할 수 없었음을 추론할 수 있다.

③ 2문단의 '하지만 문제는 IQ 검사가 인간의 지능 중 일부만을 측정한다는 점이다.'를 통해 IQ 검사가 인간의 지능 중 일부만 측정한다는 것을 알 수 있다. 따라서 IQ가 높은 아이라도 전체 지능은 높지 않을 수 있음을 추론할 수 있다.

④ 2문단의 '이는 IQ 검사가 기초 학습에 필요한 최소 능력인 언어이해력, 어휘력, 수리력 등을 측정하기 때문이다.'를 통해 IQ 검사가 읽기 능력과 관련된 언어이해력, 어휘력 등을 측정한다는 것을 알 수 있다. 따라서 IQ가 높은 아이가 읽기 능력이 좋을 확률이 높다는 것을 추론할 수 있다.

20 난도 ★★★ 정답 ①

비문학 > 추론적 읽기

정답의 이유

① '그런데 한자는 문맥에 따라 같은 글자가 다른 뜻으로 쓰이지는 않지만 다른 문장성분으로 사용되기도 해 혼란을 야기한다.'에서 한자는 문맥에 따라 같은 글자가 다른 문장성분으로 사용되기도 한다는 것을 알 수 있지만 한국어 문장보다 문장성분이 복잡하다는 내용은 나타나지 않는다.

오답의 이유

② 제시된 글에서 '愛人'은 문맥에 따라 '愛'가 '人'을 수식하는 관형어일 때도, '人'을 목적어로 삼는 서술어일 때도 있다고 하였다. 따라서 '淨水'가 문맥상 '깨끗하게 한 물'일 때 '淨'은 '水'를 수식하는 관형어로 사용되었음을 추론할 수 있다. 만일 '淨水'가 '물을 깨끗하게 하다.'라는 의미로 사용되었다면, '淨'은 '水'를 목적어로 삼는 서술어일 것이다.

③ '한글에서는 동음이의어, 즉 형태와 음이 같은데 뜻이 다른 단어가 많아 글자만으로 의미를 파악하지 못하는 경우가 많다.'라고 하였으므로 한글에서 동음이의어는 형태와 음은 같지만 뜻이 다른 단어이다. 하지만 한자는 '문맥에 따라 같은 글자가 다른 뜻으로 쓰이지는 않지만 다른 문장성분으로 사용되기도 해 혼란을 야기한다.'를 통해 문장성분이 달라져도 뜻은 달라지지 않기 때문에 동음이의어가 아님을 확인할 수 있다. 따라서 '愛人'에서 '愛'의 문장성분이 바뀌더라도 '愛'의 뜻은 바뀌지 않기 때문에 동음이의어가 아님을 추론할 수 있다.

④ '한글에서는 동음이의어, 즉 형태와 음이 같은데 뜻이 다른 단어가 많아 글자만으로 의미를 파악하지 못하는 경우가 많다.'를 통해 한글은 글자만으로 의미를 파악하는 못하는 경우가 많음을 알 수 있다. 또한, 한글로 '사고'라고만 쓰면 '뜻밖에 발생한 사건'인지 '생각하고 궁리함'인지 알 수 없다고 예시를 제시하고 있으므로 한글로 적힌 '의사'만으로는 '병을 고치는 사람'인지 '의로운 지사'인지 구별할 수 없다고 추론할 수 있다.

PART 2

영어

- 2025년 국가직 9급
- 2025년 지방직 9급
- 2024년 국가직 9급
- 2024년 지방직 9급
- 2023년 국가직 9급
- 2023년 지방직 9급

영어 | 2025년 국가직 9급

한눈에 훑어보기

영역 분석

어휘 01 02 08
3문항, 15%

독해 06 07 09 10 11 14 15 16 17 18 19 20
12문항, 60%

어법 03 12 13
3문항, 15%

표현 04 05
2문항, 10%

빠른 정답

01	02	03	04	05	06	07	08	09	10
②	①	①	①	②	②	④	③	②	③
11	12	13	14	15	16	17	18	19	20
③	④	④	④	②	④	④	③	③	④

점수 체크

구분	1회독	2회독	3회독
맞힌 문항 수	/ 20	/ 20	/ 20
나의 점수	점	점	점

01 난도 ★☆☆ 정답 ②

어휘 > 단어

정답의 이유

빈칸 다음에서 'when entering Canada(캐나다에 입국할 때)'라고 했고, 다음 문장에서 'For example, a passport is the only reliable and universally accepted document when traveling abroad(예를 들어, 여권은 해외여행 시 신뢰할 수 있고 보편적으로 인정되는 유일한 문서이다).'라고 했으므로 문맥상 빈칸에 들어갈 말로 적절한 것은 ② 'identification(신분증)'이다.

오답의 이유

① 통화 ③ 보험 ④ (여행용) 짐[수하물]

본문해석

모든 해외 여행객은 캐나다에 입국할 때 허용되는 신분증을 소지해야 한다. 예를 들어, 여권은 해외여행 시 신뢰할 수 있고 보편적으로 인정되는 유일한 문서이다.

VOCA

- international 국제적인, 국제간의
- carry 휴대하다, 가지고 다니다
- acceptable 용인되는[받아들여지는], 받아들일 수 있는
- passport 여권
- reliable 믿을[신뢰할] 수 있는
- universally 보편적으로, 어디에서나

02 난도 ★☆☆ 정답 ①

어휘 > 단어

정답의 이유

빈칸 앞의 'thereby(그것 때문에)'로 미루어서 빈칸 앞의 'We are polluting the oceans, killing the fish(우리가 바다를 오염시키고 물고기를 죽이며)'와 빈칸 다음의 'ourselves of invaluable food supply'가 '원인과 결과'의 관계라는 것을 유추할 수 있다. 빈칸 앞 행위의 결과로 우리 자신들로부터 귀중한 식량 자원을 ~하게 되었으므로, 문맥상 빈칸에 들어갈 말로 가장 적절한 것은 ① 'depriving(빼앗는)'이다. 「deprive+A+of+B」는 'A에게서 B를 빼앗다'의 뜻이다.

오답의 이유

② 알리는 ③ 비난하는 ④ 치료하는

본문해석

우리는 바다를 오염시키고 물고기를 죽이고 있으며, 그것 때문에 우리 자신들에게서 귀중한 식량 공급을 빼앗고 있다.

VOCA

- pollute 오염시키다
- thereby 그렇게 함으로써, 그것 때문에
- invaluable 매우 유용한, 귀중한
- food supply 식량 공급

더 알아보기

박탈 · 제거 동사 + A of B: 'A에게서 B를 빼앗다'

deprive[rob, cure, relive, clear, strip] A of B

- deprive A of B: A에게서 B(권리, 자유 등)를 빼앗다[박탈하다]
  - 예 The war deprived the country of peace.
    (전쟁은 그 나라에게서 평화를 빼앗았다.)
- rob A of B: A에게서 B를 강탈하다
  - 예 The thief robbed her of her purse.
    (도둑이 그녀의 지갑을 강탈했다.)
- cure A of B: A에게서 B(병 등)를 고치다[제거하다]
  - 예 The treatment cured the patient of the disease.
    (그 치료는 환자의 병을 고쳤다.)
- relieve A of B: A에게서 B(고통, 책임 등)를 덜어주다[없애주다]
  - 예 The medicine relieved her of the pain.
    (약이 그녀의 고통을 덜어주었다.)
- clear A of B: A에게서 B(불필요하거나 방해되는 것)를 치우다[제거하다]
  - 예 The workers cleared the road of snow.
    (노동자들은 도로에서 눈을 치웠다.)
- strip A of B: A에게서 B(자격, 직책 등)를 박탈하다[벗기다]
  - 예 The new policy stripped citizens of their basic rights.
    (새로운 정책은 시민들의 기본 권리를 박탈했다.)

03 난도 ★★☆ 정답 ①

어법 > 정문 찾기

정답의 이유

has discovered와 in recent years로 미루어, 문맥상 빈칸에는 과거에 급여를 충분히 '받지 못했을 수도 있다'라는 의미의 표현이 들어가야 함을 유추할 수 있다. 따라서 빈칸에 들어갈 말로 적절한 것은 과거에 대한 추측을 나타내는 ① 'may not have been'이다.

본문해석

온라인 식료품 쇼핑을 제공하는 소매업체인 Whitworths는 최근 몇 년 동안에 급여를 받은 일부 직원들이 충분한 급여를 받지 못했을 수도 있다는 사실을 발견했다고 말한다.

VOCA

- retailer 소매업체, 소매상
- offer 내놓다[제공하다]
- staff member 직원
- salary 급여, 월급

더 알아보기

조동사 + have p.p.: 과거에 대한 '가능성 · 추측' 또는 '후회 · 원망'

과거에 대한 가능성 · 추측: would[may/might, must] + have p.p.

- would have + p.p.: ~했을 것이다
  - 예 She would have been tired after the long trip.
    (긴 여행 후에 그녀는 분명 피곤했을 것이다.)
- may[might] have p.p.: ~했을 수도 있다[~했을지도 모른다]
  - 예 He may not have understood the instructions.
    (그가 지시사항을 이해하지 못했을 수도 있다.)
- must have + p.p.: ~했음에 틀림없다
  - 예 She must have left early.
    (그녀는 일찍 떠났음에 틀림없어.)

과거의 후회 · 원망: should[should not] + have pp, could + have p.p.

- should have + p.p.: ~했어야 했는데 (하지 않았다)
  - 예 I should have studied more.
    (나는 더 공부했어야 했어.)
- should not have + p.p.: ~하지 말았어야 했는데 (했다)
  - 예 I should not have eaten so much cake.
    (케이크를 그렇게 많이 먹지 말았어야 했는데 (많이 먹었다).
- could have + p.p.: ~했을 수도 있었을 것이다(그렇게 하지 않았다)
  - 예 You could have told me.
    (너 나한테 말할 수도 있었잖아.)

04 난도 ★☆☆ 정답 ①

표현 > 일반회화

정답의 이유

대화에서 Alex Brown이 빈칸 앞에서 'You know we don't have to go to city hall for the meeting, right(우리가 회의 때문에 시청에 가지 않아도 되는 거 알고 계시죠)?'라고 묻자, Cathy Miller가 빈칸 다음에서 'It's sometimes more convenient(때로 그게 더 편할 때도 있어요).'라고 대답했으므로, 대화의 흐름상 빈칸에 들어갈 말로 적절한 것은 ① 'Yes, it's an online meeting(네, 온라인 회의예요).'이다.

오답의 이유

② 네, 꼭 이메일에 회신해주세요.
③ 아니요, 문자 메시지를 받지 못했어요.
④ 아니요, 오늘 다른 회의는 없어요.

본문해석

Alex Brown: 안녕하세요. 오늘 오후에 시청 직원들과 회의 있는 거 기억하시죠?
Cathy Miller: 오늘이에요? 내일 아닌가요?
Alex Brown: 일정표를 확인해볼게요.
Alex Brown: 죄송해요. 제가 착각했어요. 회의는 내일 오후 2시에 있어요.
Cathy Miller: 네, 맞아요.
Alex Brown: 우리가 회의 때문에 시청에 가지 않아도 되는 거 알고 계시죠?
Cathy Miller: 네, 온라인 회의예요. 때로 그게 더 편할 때도 있어요.
Alex Brown: 동의해요. 회의 URL을 공유해 주세요. 그리고 ID랑 비밀번호도 보내주시겠어요?
Cathy Miller: 물론이죠. 이메일과 문자로 공유해드릴게요.

VOCA

- city hall 시청
- mistaken 잘못 알고[판단하고] 있는
- convenient 편리한
- be sure to 반드시 ~하다

05 난도 ★☆☆ 정답 ②

표현 > 일반회화

정답의 이유

대화에서 A가 빈칸 앞에서 'Who's it by(누가 쓴 책이야)?'라고 물었고, 빈칸 다음에서 'She wrote The Heroine Generation, too, didn't she(그 사람이 The Heroine Generation도 썼지, 그렇지 않니)?'라고 했으므로, 대화의 흐름상 빈칸에 들어갈 말로 적절한 것은 ② 'Lin Lee is the author(Lin Lee라는 작가야).'이다.

오답의 이유

① 나는 이미 그것을 읽었어
③ 그건 원래 내 거야
④ 그녀는 한국에 있는 내 친척들 중 한 명이야

본문해석

A: 너 점심 안 먹을 거야?
B: 응, 배 안 고파. 차라리 책을 읽으려고. *The Lucky Club*을 읽는 중이야.
A: *The Lucky Club*? 무슨 내용인데?
B: 음, 로스앤젤레스에 사는 한국 여성들에 대한 이야기야. 주인공이 한국 출신 어머니를 둔 미국에서 태어난 여성이야.
A: 재미있겠다. 누가 쓴 책이야?
B: Lin Lee가 작가야.
A: 그녀가 *The Heroine Generation*도 썼지, 그렇지 않니?
B: 아니야, 그건 May Lee가 썼어.
A: 아, 그렇구나.

VOCA

- would rather 차라리 ~하겠다
- main character 주인공
- born 태어난
- author 작가, 저자
- belong to ~의 것이다, ~에 속하다

[06~07]

본문해석

플라스틱 안 쓰기 챌린지에 참여하세요

매년 7월이 되면, 전 세계 사람들은 일상생활에서 흔한 플라스틱 폐기물을 줄이고, 그 대신 재사용 가능한 용기 또는 생분해성 소재로 만든 제품을 선택하는 것을 목표로 한다. 이것은 매우 좋은 아이디어이며, 가정과 직장에서도 1년 내내 그렇게 해보면 어떨까 생각한다.
이 비전은 2011년 서호주에서 시작되었으며, 이후 전 세계로 확산되어 이 비전을 홍보하고, 우리의 편리한 생활방식의 일부인 플라스틱 물건들로 더 이상 지구가 포화상태가 되는 것을 막는 데 기여한다.
많은 제품들이 한 번 사용한 후 폐기하도록 만들어졌다. 그것들은 가정, 학교, 직장, 거리 곳곳에서 쓰레기통을 가득 채운다.
여러분도 플라스틱 폐기물 없는 세상을 만드는 목표를 달성하는 데 도움을 줄 수 있다.

여러분이 할 활동을 선택하세요

- ☐ 일회용 플라스틱 포장재 피하기
- ☐ 바다로 흘러갈 수 있는 포장 음식용 제품을 (줄이는 것을) 목표로 하기
- ☐ 완전히 플라스틱 없이 생활하기

나는 참여하겠습니다

- ☐ 하루 동안
- ☐ 일주일 동안
- ☐ 한 달 동안
- ☐ 지금부터 계속

VOCA

- aim 목표로 하다
- exclude 제외[배제]하다
- item 물품[품목]
- opt for ~을 선택하다[고르다]
- reusable 재사용할 수 있는
- container 그릇, 용기
- biodegradable 생분해[자연분해]성의
- material 재료
- year-round 1년 내내
- promote 홍보하다, 촉진하다
- saturated (더 이상 담을 수 없을 만큼) 가득 찬, 포화된
- convenience 편의, 편리
- be designed to ~하도록 제작되다

- dispose of ~을 처리하다
- fill up (~으로) 가득 차다/~을 가득 채우다
- assist 돕다
- avoid 방지하다, 막다, 모면하다
- single-use 1회용의
- target 목표[표적]로 삼다, 겨냥하다
- plastic free 플라스틱이 없는
- participate 참가[참여]하다

06 난도 ★★☆ 정답 ②

독해 > 대의 파악 > 제목, 주제

정답의 이유

제시문의 첫 문장에서 '매년 7월이 되면, 전 세계 사람들은 일상생활에서 흔한 플라스틱 폐기물을 줄이고, 그 대신 재사용 가능한 용기 또는 생분해성 소재로 만든 제품을 선택하는 것을 목표로 한다.'라고 한 다음에, 마지막 문장에서 'You can assist in achieving the goal of having a world without plastic waste(여러분도 플라스틱 폐기물 없는 세상을 만드는 목표를 달성하는 데 도움을 줄 수 있다).'라고 하면서 각자 할 활동과 실천 기간 항목을 선택하도록 했다. 따라서 글의 제목으로 가장 적절한 것은 ② 'Join the Plastic-Free Challenge(플라스틱 안 쓰기 챌린지에 참여하세요)'이다.

오답의 이유

① 일회용품의 개발
③ 플라스틱 제품을 버리는 방법
④ 에너지를 절약하는 간단한 방법들

07 난도 ★★☆ 정답 ④

독해 > 세부 내용 찾기 > 내용 (불)일치

정답의 이유

글의 후반부에 참여 기간 선택 항목에 'from now on(지금부터 계속)'이라는 항목이 있으므로, 글의 내용과 일치하지 않는 것은 ④ '최대 한 달까지 참여할 수 있다.'이다.

오답의 이유

① 두 번째 문단의 첫 번째 문장의 전반부에서 'The vision started in Western Australia in 2011 ~'라고 했으므로, 글의 내용과 일치한다.
② 두 번째 문단의 첫 번째 문장의 후반부에서 '~ and has since moved across the world to help promote the vision and stop the earth becoming further saturated with plastic materials which are part of our convenience lifestyle.'이라고 했으므로, 글의 내용과 일치한다.
③ 제시문의 후반부의 'Choose what you will do(여러분이 할 활동을 선택하세요)'에서 활동을 선택할 수 있으므로, 글의 내용과 일치한다.

[08~09]

본문해석

영사 서비스

영국 내에서나 해외의 대사관, 고등판무관 사무소, 영사관 중 한 곳에서 우리의 영사 서비스를 이용하셨다면, 그에 대한 모든 피드백을 환영합니다. 잘못된 부분이 있다면 서비스를 평가하고 개선할 수 있도록 알려주세요.

귀하가 받은 영사 서비스에 대해 불만이 있으신 경우, 가능한 한 신속하게 해결할 수 있도록 도와드리겠습니다. 다른 사람을 대신하여 불만을 제기하는 경우, 당사자 서명이 있는 서면 동의서를 소지해야 해당 당사자의 개인 정보를 귀하와 공유하고 답변을 드릴 수 있습니다.

불만 사항에 대한 세부 사항을 피드백 접수 양식으로 보내주세요. 귀하의 불만 사항을 기록하고 검토하고 제공하신 정보를 사용하여 우리의 고객들에게 가능한 한 최상의 도움과 지원을 드리도록 하겠습니다. 관련 대사관, 고등판무관 사무소 또는 영사관에서 귀하에게 답변을 드릴 것입니다.

VOCA

- consular service 영사 서비스
- feedback 피드백
- embassy 대사관
- high commission (영연방 국가 간의) 고등판무관 사무실
- assess 평가[사정]하다
- make a complaint about ~에 관해 항의하다, 클레임을 걸다
- on behalf of ~을 대신하여
- consent 동의[허락]
- personal information 신상 정보
- examine 조사[검토]하다
- relevant 관련 있는

08 난도 ★☆☆ 정답 ③

어휘 > 단어

정답의 이유

밑줄 친 assess는 '평가하다'의 뜻이므로, 의미가 가장 가까운 것은 ③ 'evaluate(평가하다)'이다.

오답의 이유

① 업그레이드하다, 향상시키다
② 연장하다, 오래 끌다
④ ~하게 만들다, 제공하다

09 난도 ★★☆ 정답 ②

독해 > 대의 파악 > 글의 목적

정답의 이유

첫 번째 문장에서 'We welcome all feedback about our consular services ~'라고 한 다음에, 두 번째 문단에서 영사 서비스에 대한 불만 사항 접수 방법을 설명하고 있으므로, 윗글의 목적으로 적절한 것은 ② 'to explain how to file complaints(불만 제기 방법을 설명하기 위해)'이다.

오답의 이유

① 영사관 가는 길을 안내하기 위해
③ 채용 절차를 설명하기 위해
④ 운영 시간을 알리기 위해

10 난도 ★★☆ 정답 ③

독해 > 대의 파악 > 제목, 주제

정답의 이유

제시문에서 젊은이들은 배우는 속도가 빠르고 자신의 성장뿐만 아니라 지역사회의 발전도 주도할 수 있지만, 반면에 농업 경력이 짧아서 토지를 소유하거나 대출을 받는 것이 어렵다고 했다. 마지막 문장에서 'It is also quite risky and uncertain, because it relies heavily on the climate~(또한 농업은 여전히 기후에 많이 의존하기 때문에 상당히 위험하고 불확실한데,~).'라고 하면서 홍수, 가뭄, 폭풍으로 인해 농작물과 가축에 피해를 입을 수 있다고 했으므로, 글의 주제로 가장 적절한 것은 ③ 'the roles of young farmers and the challenges they face(젊은 농부들의 역할과 그들이 직면한 어려움)'이다.

오답의 이유

① 농업 부문에 종사하는 것의 경제적 이점
② 현대 농업 관행에서 기술의 중요성
④ 도시 개발을 위한 청년들의 노력

본문해석

젊은이들은 배우는 속도가 빠르다. 그들은 에너지가 넘치고, 활동적이며, '할 수 있다'라는 긍정적인 사고방식을 가지고 있다. 적절한 지원과 기회가 주어진다면, 그들은 자신의 성장뿐만 아니라 지역사회의 발전도 주도할 수 있다. 많은 개발도상국에서 농업은 여전히 가장 큰 고용 분야이며, 젊은 농부들은 미래 세대를 위한 식량 안전을 보장하는 데 중요한 역할을 하고 있다. 그러나 그들은 많은 어려움에 직면해 있다. 예를 들어, 집이 없다면 토지를 소유하거나 대출을 받는 것이 매우 어렵다. 그런데, 여러분이 젊고 이제 막 경력을 시작한 경우라면 집을 소유하는 것이 아직은 어려운 일이기도 하다. 농업에 종사하는 것은 상당한 장기 투자를 요구한다. 또한 농업은 기후에 크게 의존하기 때문에 상당히 위험하고 불확실한데, 홍수, 가뭄, 폭풍은 농작물에 피해를 주거나 파괴할 수 있으며, 가축에도 영향을 미칠 수 있다.

VOCA

- fast learner 빨리 배우는 학생[사람]
- energetic 정력[활동]적인
- mentality 사고방식
- take the lead 솔선수범하다
- developing country 개발도상국
- agriculture 농업
- employer 고용주, 고용인
- play a role in ~에서 역할을 하다
- ensure 반드시 ~하게[이게] 하다, 보장하다
- food security 식량 안전 보장
- face 직면하다[닥쳐오다]
- get a loan 대출을 받다
- substantial 상당한
- risky 위험한
- uncertain 불확실한, 불안정한
- rely on 기대다, 의존하다
- damage 손상을 주다, 피해를 입히다
- affect 영향을 미치다
- livestock 가축

11 난도 ★★☆ 정답 ③

독해 > 대의 파악 > 글의 목적

정답의 이유

편지의 첫 문장에서 'I am writing to inform you of several issues in our community that need attention.'이라고 한 다음에, Elm Street 도로의 포트홀과 Central Park의 나쁜 조명으로 인한 문제를 나열했다. 마지막 문단에서 'I urge the Council to address these issues for the safety and well-being of our community(지역사회의 안전과 복지를 위해 시의회가 이 문제들을 신속히 해결해 주시기를 강력히 요청합니다).'라고 했으므로, 글의 목적으로 적절한 것은 ③ 'to solicit the Council to deal with the community problems(지역 사회의 문제를 해결해 달라고 시의회에 요청하기 위해)'이다.

오답의 이유

① 시의회의 노력에 감사를 표하기 위해
② 시의회가 Central Park를 방문하도록 초대하기 위해
④ 시의회에 그 지역에서 최근 이루어진 보수 작업에 대해 가장 최근 정보를 알려주기 위해

본문해석

Woodville 시의회 의원님들께,

우리 지역사회에서 관심이 필요한 몇 가지 문제에 대해 알려드리고자 이 글을 씁니다. Elm Street 123번지에 거주하는 주민 John Smith 씨가, 특히 Maple Avenue와 Oak Street 사이 Elm Street 도로의 문제점을 신고했습니다. 최근 폭우 이후 발생한 다수의 포트홀(도로 파임)과 균열로 도로 상황이 악화되었으며, 그 결과 교통 혼란과 안전상 위험을 초래하고 있습니다. 임시 보수 작업이 이루어졌지만, 문제는 여전히 계속되고 있습니다.

해당 주민은 또한 Central Park, 특히 Park Lane 주변의 나쁜 조명 상태에 대해서도 우려했는데, 가로등이 파손되거나 소실되어 경미한 사건이 발생했고, 부동산 가치도 하락했기 때문입니다. 그는 시의회에 Elm Street 도로 보수와 공원 내 조명 개선을 요청하고 있습니다.

지역사회의 안전과 복지를 위해 시의회가 이 문제들을 신속히 해결해 주시기를 강력히 요청합니다. 이 사안들에 관심을 가져주셔서 감사드립니다. 나는 우리가 함께 협력하여 이 문제들을 효과적으로 해결해 나가리라 믿습니다.

진심을 담아,

Stephen James

Woodville 시의회 의장

VOCA

- city council 시의회
- inform of ~을 알리다
- community 지역사회
- pothole 포트홀, (도로에) 움푹 패인 곳
- crack (무엇이 갈라져 생긴) 금
- worsen 악화되다, 악화시키다
- traffic disruption 교통 장애, 교통 혼란
- safety hazard 안전상 위험
- lighting 조명 (시설 · 유형)
- streetlight 가로등
- lead to ~로 이어지다
- property value 주택[부동산] 가치
- resolve 해결하다
- effectively 효과적으로

12 난도 ★★☆ 정답 ④

어법 > 비문찾기

정답의 이유

밑줄 친 including은 주어 It에 연결되는 본동사로, features · monitors와 등위접속사 and로 연결되는 병렬구조이므로, including → includes가 되어야 한다.

오답의 이유

① customized는 명사 programs를 수식하는 분사인데, 의미상 프로그램이 노인에게 '맞춰진' 것이므로 수동의 의미인 과거분사 customized는 올바르게 사용되었다.

② 주어가 단수 대명사인 It이므로 features가 올바르게 사용되었다.

③ 명사 laughter가 다음에 오는 명사(therapy)와 함께 '웃음 치료'를 뜻하는 복합 명사로 올바르게 사용되었다.

본문해석

시는 노인 맞춤형 프로그램을 제공하는 여가 시설인 'Smart Senior Citizens' Center'를 개관했다. 이 센터는 실버 에어로빅과 웃음 치료와 같은 가상[온라인] 활동을 특징으로 하며, 보건소와 협력하여 건강지표를 정기적으로 모니터링하고, 실내 원예활동도 포함한다(including → includes).

VOCA

- leisure facility 여가 시설
- offer 내놓다[제공하다]
- customized 개개인의 요구에 맞춘
- elderly 나이가 지긋한, 초로인(the elderly 노인층)
- feature 특징으로 하다, 제공하다
- virtual 가상의
- laughter therapy 웃음 치료
- monitor 모니터[감시]하다
- health metrics 건강 지표, 건강 관련 데이터
- in collaboration with …와 협력[공동, 제휴]하여
- indoor gardening activity 실내 원예 활동

13 난도 ★★☆ 정답 ④

어법 > 비문찾기

정답의 이유

밑줄 친 choosing은 명사(a place)를 수식하는 분사로, 문맥상 장소를 '선택하는(choosing)' 것이 아니라 '선택된(chosen)' 것이므로, 능동 의미인 현재분사(choosing) → 수동 의미인 과거분사(chosen)가 되어야 한다.

오답의 이유

① '~외에(도)'를 뜻하는 전치사(besides) 다음에 목적어로 명사(cooking)가 올바르게 사용되었다.

② begin은 목적어로 동명사를 취할 수 있으며, 타동사 rearrange 다음에 목적어(environments)가 왔으므로, 능동형 동명사 rearranging이 올바르게 사용되었다.

③ 분사구문 'clearing land to stimulate the growth of wild foods'와 'opening landscapes to encourage the proliferation of food animals~'가 등위접속사 and로 연결된 병렬구조이므로 opening이 올바르게 사용되었다.

본문해석

불은 음식 조리 외에도 여러 방면에서 인간에게 도움이 되었다. 그것(불)을 이용해 그들은 야생 식량의 성장을 촉진하기 위해 땅을 개간하고, 식용동물의 번식을 유도하기 위해 지형을 개방해서 추후에 불을 이용해 그것들을 선택된(choosing → chosen) 장소로 몰아넣으면서, 자신들에게 맞게 환경을 재배치하기 시작할 수 있었다.

영어 일반행정직

VOCA

- serve 도움이 되다, 기여하다
- besides ~ 외에
- rearrange 재배치하다, 다시 배열하다
- suit 적합하다, 어울리다
- clear land 토지를 개간하다
- stimulate 자극[격려]하다, 활발하게 하다
- landscape 지형, 환경
- encourage 부추기다, 조장하다
- proliferation 확산, 번식
- food animal 식용동물
- driven by fire 불로 몰아가다
- harvest (사냥하여) 동물을 포획하다, 채집하다

14 난도 ★★☆ 정답 ④

독해 > 세부 내용 찾기 > 내용 (불)일치

정답의 이유

안내문의 마지막 문장에서 'no camp the week of June 30(6월 30일 주간은 캠프 없음)'이라고 했으므로, 글의 내용과 일치하지 않는 것은 ④ 'The camp runs with no break between June 9 and July 25(캠프는 6월 9일부터 7월 25일까지 중단 없이 운영된다).'이다.

오답의 이유

① 캠프 참가자들은 학생 전시회에서 자신들의 작품을 전시할 기회를 갖게 될 것이다. → 안내문의 첫 번째 문단의 마지막 문장에서 'Campers ~ show off their own work in a student exhibition(캠프 참가자들은 ~ 그들의 작품을 학생 전시회에서 선보이게 됩니다).'라고 했으므로, 글의 내용과 일치한다.

② 캠프는 6세부터 14세 어린이를 위한 개별적인 예술 지원을 포함한다. → 안내문의 두 번째 문단에서 참가 대상은 6~14세 어린이로, 캠프에 참가하는 어린이들은 각각 자신들의 학습 스타일과 실력 수준에 따른 개별 예술 지원, 격려, 창의적인 과제를 받을 것이라고 했으므로, 글의 내용과 일치한다.

③ STEM 컨설턴트가 해석 중심의 예술과 과학 수업을 개발했다. → 안내문의 세 번째 문단의 마지막 문장에서 '~ interpretive art and science lessons created by Eddie Brown, a STEM consultant(~ STEM 컨설턴트 Eddie Brown이 기획한 해석 중심의 예술과 과학 수업)'라고 했으므로, 글의 내용과 일치한다.

본문해석

2025 어린이 여름 아트 캠프

Stan José Art Museum(SJAM)에서 즐거운 1주일을 참가해 보세요! 캠프 참가자들은 전시회의 비공개 영역에 접근하고, 예술적 과정을 실험하며, 학생 전시회에서 자신들의 작품을 선보이게 됩니다.

참가 대상

6~14세 어린이

캠프에 참가하는 어린이들은 각각 자신들의 학습 스타일과 실력 수준에 따른 개별 예술 지원, 격려, 창의적인 과제를 받을 것입니다.

캠프 내용

경험이 풍부한 갤러리 교사들과 스튜디오 아트 교육자들이 이끄는 다양한 예술 재료와 표현 기법의 창의적 탐구가 결합된 SJAM 여름 아트 캠프에 참가하세요. 또한, 캠프 참가자들은 STEM 컨설턴트 Eddie Brown이 기획한 해석 중심의 예술과 과학 수업에도 참여하게 됩니다.

아트 캠프 전시회

참가 어린이들의 예술적 성장을 함께 축하하기 위해, 가족과 보호자 여러분을 매주 참가자들의 전시 감상회에 초대합니다.

일정

모든 캠프는 월요일부터 금요일까지, 오전 9시부터 오후 3시까지 운영됩니다.

캠프 기간은 6월 9일 (월)부터 7월 25일 (금)까지입니다. (6월 30일 주간은 캠프 없음)

VOCA

- get access to 접근하다, 이용하다
- behind-the-scenes 무대 뒤의, 비공식적인
- exhibition 전시회
- experiment with ~을 실험하다
- process 과정, 절차
- show off ~을 자랑하다
- challenge 도전[시험대]
- unique 고유의, 특유의
- pair 쌍을 이루다, 연결[결합]하다
- engage in ~에 관여[참여]하다
- interpretive 해석상의, 해석[설명]을 제공하는
- participant 참가자
- run (언급된 시간에) 진행되다

15 난도 ★★☆ 정답 ②

독해 > 세부 내용 찾기 > 내용 (불)일치

정답의 이유

두 번째 문단의 두 번째 문장에서 'Eleven operating divisions, ~ administer HHS's programs(~ 총 11개 운영 부서에서 HHS 프로그램을 운영한다).'라고 했으므로, 글의 내용과 일치하는 것은 ② 'HHS's programs are administered by the eleven operating divisions(HHS 프로그램은 11개 운영 부서에 의해 운영된다).'이다.

오답의 이유

① HHS는 저소득 가정의 건강과 복지 향상만을 목표로 한다. → 첫 번째 문단의 첫 번째 문장에서 'The mission of the Department of Health and Human Services (HHS) is to enhance the health and well-being of all individuals in the nation~ (HHS의 사명은 ~ 국민 모두의 건강과 복지를 증진하는 것이다).'라고 했으므로, 글의 내용과 일치하지 않는다.

③ HHS는 그 사명을 완수하기 위해 외국의 국가들과 일하지 않는다. → 두 번째 문단의 세 번째 문장에서 '~ the interconnectedness of our world requires that HHS engage globally to fulfill its mission(~ 세계가 서로 밀접하게 연결된 현실은 HHS가 그 사명을 수행하기 위해 전 세계적으로 관여하기를 요구한다).'이라고 했으므로, 글의 내용과 일치하지 않는다.

④ HHS는 목표를 달성하기 위해 다른 연방 부처 및 기관들로부터 독립적으로 활동한다. → 세 번째 문단의 마지막 문장에서 'HHS collaborates closely with other federal departments and agencies on cross-cutting topics(HHS는 공통적인 주제에 대해 다른 연방 부처 및 기관들과 긴밀하게 협력하고 있다).'라고 했으므로, 글의 내용과 일치하지 않는다.

본문해석

보건사회복지부

사명 선언문

보건사회부(HHS)의 사명은 효과적인 보건 복지 서비스를 제공하고, 의학, 공중보건, 사회복지의 기반이 되는 과학 분야에서 건전하고 지속적인 발전을 촉진함으로써, 국민 모두의 건강과 복지를 증진하는 것이다.

조직 구조

HHS는 폭넓은 활동 영역을 포함하는 다양한 프로그램과 계획을 통해 그 사명을 완수한다. 공중보건국 산하 8개 기관과 3개 복지기관을 포함한 총 11개 운영 부서에서 HHS 프로그램을 운영한다. HHS는 미국 국민의 건강과 복지를 담당하는 국내 기관이지만, 세계가 서로 밀접하게 연결된 현실은 HHS가 그 사명을 수행하기 위해 전 세계적으로 관여하기를 요구한다.

부처 간 협력

보건 복지 서비스의 성과 향상은 부서 단독으로 이루어 낼 수 없다. 우리의 목표와 과제를 달성하기 위해서는 부처 간 협력이 대단히 중요하다. HHS는 공통적인 주제에 대해 다른 연방 부처 및 기관들과 긴밀하게 협력하고 있다.

VOCA

- Department of Health and Human Services (美) 보건사회복지부
- Mission Statement 사명 선언문
- enhance 높이다[향상시키다]
- foster 조성하다, 발전시키다
- sound 건전한, 믿을 만한, 타당한
- sustained 지속된, 일관된
- underlying 기초가 되는, 근본적인[근원적인]
- accomplish 완수하다, 성취하다, 해내다
- initiative 새로운 중요 기획[계획]
- cover 다루다, 포함시키다
- spectrum 범위[영역]
- administer 관리하다[운영하다]
- interconnectedness 상호 연락[연결]됨, 상관됨
- engage 관계를 맺다
- fulfill 이행하다, 수행하다
- collaboration 협력, 합작
- objective 목적, 목표

16 난도 ★★☆ 정답 ④

독해 > 글의 일관성 > 문장 삽입

정답의 이유

주어진 문장에서 '뉴스 소비나 소셜 미디어를 확인하는 것과 같은 주의를 산만하게 하는 활동은 정해진 시간으로 미루도록 일정을 잡으라.'라고 했는데, ④ 앞문장에서 '~ I mean to recommend ordering your information intake so that extraneous stuff doesn't eat up your attention(~ 관련 없는 사소한 것들이 여러분의 주의력을 잡아먹지 않도록 정보 수용의 우선순위를 정하는 것을 권장한다는 것이다).'이라고 했고, ④ 다음 문장에서 아침에 30분 동안 뉴스를 읽고, 하루가 끝날 무렵에는 소셜 미디어를 30분 정도 가볍게 훑어보는 식으로 정할 수도 있을 것이라고 했으므로, 글의 흐름상 주어진 문장이 들어갈 위치로 가장 적절한 것은 ④이다.

본문해석

여러분이 운전을 배울 때는 문제를 예측하는 데 도움이 될 만큼 충분히 넓지만, 주의를 산만하게 할 정도는 아닌 적절한 수준의 상황 인식 수준을 유지하라고 배운다. 이것은 여러분의 프로젝트에도 해당된다. 여러분의 생활과 일에 영향을 미칠 수도 있는 주변 상황은 파악할 필요가 있지만, 무관한 정보까지 알 필요는 없다. 나는 외부 세계를 완전히 무시하는 '타조[현실 도피] 전략'을 권장하는 것이 아니다. 오히려, 관련 없는 사소한 것들이 여러분의 주의력을 잡아먹지 않도록 정보 수용의 우선순위를 정하는 것을 권장한다는 것이다. 뉴스 소비나 소셜 미디어를 확인하는 것과 같은 주의를 산만하게 하는 활동은 정해진 시간으로 미루도록 일정을 잡으라. 어쩌면, 아침에 30분 동안 뉴스를 읽고, 하루가 끝날 무렵에는 소셜 미디어를 30분 정도 가볍게 훑어보는 식으로 정할 수도 있을 것이다.

VOCA

- schedule 일정[시간 계획]을 잡다
- relegate 격하[좌천]시키다
- distracting 집중할 수 없는
- prescribed 예정된
- maintain 유지하다[지키다]
- anticipate 예상하다
- irrelevant 무관한, 상관없는
- advocate 지지하다[옹호하다]
- full ostrich 현실 도피(현실을 회피하는 태도를 뜻하는 비유적인 표현)
- intake 섭취, 수용
- extraneous (특정 상황이나 주제와) 관련 없는
- stuff 가치없는 것, 시시한 것
- eat up 다 먹어치우다, (자원 · 시간 · 돈 등을) 잡아먹다, 소모하다

17 난도 ★★★ 정답 ④

독해 > 글의 일관성 > 무관한 어휘 · 문장

정답의 이유

제시문은 OECD 국가들이 AI 혁명을 대비하면서 고용 환경의 중대한 변화가 일어날 것이며 이런 변화에 대응하기 위한 조치들에 대한 내용이다. ④ 앞부분에서 새로운 시대의 성공을 위해서 노동자들의 권리 보호와 폭넓은 노동시장 보장, 사회적 대화가 무엇보다도 중요하다고 했고, ④ 다음 문장에서 'Together, these actions will ensure that the AI revolution benefits all, transforming potential risks into opportunities for growth and innovation(더불어, 이러한 조치들이 잠재적인 위험 요소들을 성장과 혁신의 기회로 전환시켜서 AI 혁명이 모두를 이롭게 한다는 것을 보장할 것이다).'이라고 했다. 따라서 글의 흐름상 어색한 문장은 '많은 전문가들은 AI가 향후 10년 안에 모든 인간의 일자리를 완전히 대체할 것이라고 믿고 있다.'라고 한 ④이다.

본문해석

OECD 국가들이 생성형 AI의 급속한 발전과 AI 기술을 갖춘 이용가능한 노동자들의 증가로 인해 강조되는 AI 혁명을 대비함에 따라, 고용 환경은 중대한 변화에 대한 태세를 갖추었다. 이러한 변화에 대응하기 위해서는 현재와 미래의 노동자들이 필요한 기술을 갖추도록 교육과 훈련을 우선적으로 처리하고, 실직한 노동자들에게 적절한 사회적 보호를 제공하는 것이 중요하다. 아울러, AI 통합에 직면하여 노동자들의 권리 보호와 폭넓은 노동시장 보장이 무엇보다도 중요해진다. 사회적 대화 역시 이 새로운 시대의 성공에 핵심적인 요소가 될 것이다. (많은 전문가들은 AI가 향후 10년 안에 모든 인간의 일자리를 완전히 대체할 것이라고 믿고 있다.) 더불어, 이러한 조치들이 잠재적인 위험 요소들을 성장과 혁신의 기회로 전환시켜서 AI 혁명이 모두에게 이익이 된다는 것을 보장할 것이다.

VOCA

- underscore ~에 밑줄을 긋다, ~을 강조하다
- advancement 발전, 진보
- generative AI 생성형 인공지능
- availability 이용 가능성
- landscape (특정 분야의) 전망, 상황, 경관
- employment 고용, 취업, 근무
- poised for ~할 태세를 갖춘
- navigate 다루다[처리하다]
- shift (위치 · 입장 · 방향의) 변화
- critical 대단히 중요한[중대한]
- prioritise 우선적으로 처리하다
- equip 준비를 갖추게 하다
- support 지원하다
- displace 대신[대체]하다, (직장 지위에서) 쫓아내다
- safeguard (분실 · 손상 등에 대비하여) 보호하다
- in the face of ~에도 불구하고[~에 직면하여]
- integration 통합
- ensure 반드시 ~하게[이게] 하다, 보장하다
- inclusive 폭넓은, 포괄적인
- paramount 다른 무엇보다[가장] 중요한, 최고의
- era 시대
- replace 대체하다, 교체하다
- benefit ~의 득이 되다, ~에 이익을 주다
- transform 전환하다, 변형[변태]시키다
- potential 잠재적인, 가능성 있는

18 난도 ★★☆ 정답 ③

독해 > 글의 일관성 > 글의 순서

정답의 이유

주어진 글에서 '사회가 공로에 따라 경제적 보상과 책임 있는 지위를 배분해야 한다는 생각은 여러 가지 이유(several reasons)로 매력적이다.'라고 했으므로, 문맥상 주어진 글의 'several reasons'를 받는 'Two of these reasons(이러한 이유들 중 두 가지)'로 시작하는 (C)가 와야 한다. (C)의 마지막에서 '효율성과 공정성(efficiency and fairness)'을 언급했으므로, 문맥상 노력, 진취성, 재능을 보상하는 경제 시스템이 '더 생산적(효율성)'일 가능성이 크다고 한 (A)가 오고, 마지막으로 사람들을 오직 그들의 능력에 따라 보상하는 방식은 '공정성'의 미덕을 갖고 있다고 한 (B)가 와야 한다. 따라서 주어진 글 다음에 이어질 글의 순서로 적절한 것은 ③ '(C) — (A) — (B)'이다.

본문해석

사회가 공로에 따라 경제적 보상과 책임 있는 지위를 배분해야 한다는 생각은 여러 가지 이유로 매력적이다.

(C) 이러한 이유들 중 두 가지는 공로 위주 고용에 대한 일반화된 형태인 효율성과 공정성이다.

(A) 노력, 진취성, 재능을 보상하는 경제 시스템은 기여도에 상관없이 모두에게 동일한 보상을 주거나 편파적인 기준에 따라 선호하는 사회적 지위를 주는 시스템보다 더 생산적일 가능성이 크다.

(B) 또한 사람들을 오직 그들의 공로에 따라 보상하는 것은 공정성의 미덕이 있는데, 이는 성취 외의 다른 어떤 기준으로도 차별하지 않는다.

VOCA

- allocate 할당하다
- merit 공적, 공로, 장점
- appealing 매력적인, 흥미로운
- reward 보상[보답/사례]하다
- productive 결실 있는, 생산적인
- regardless of ~에 상관없이[구애받지 않고]
- contribution 기여, 이바지
- hand out 나눠주다, 배포하다
- favoritism 편애, 편파, 정실
- virtue of fairness 공정성의 미덕
- discriminate 차별하다
- achievement 성취, 달성
- generalized 일반[전반]적인
- efficiency 효율(성), 능률

19 난도 ★★☆ 정답 ③

독해 > 빈칸 완성 > 단어 · 구 · 절

정답의 이유

첫 문장에서 '적극적인 경청은 예술이자 기술이며, ~ 을 요하는 훈련이다.'라고 한 다음에, 세 번째 문장에서 'This involves ignoring your own needs and focusing on the person speaking—a task made more difficult by the way the human brain works(이것은 자신의 욕구를 무시하고 말하는 사람에게 집중하는 것을 포함하는데, 이는 인간의 두뇌 작동 방식 때문에 더 어려운 과제이다).'라고 했다. 글의 후반부에서 '스스로 경계심을 유지하도록 훈련하지 않는다면(Unless you train yourself to remain vigilant)', 뇌는 대개 결국 여러분 자신의 머릿속 소리에 더 집중하게 되기 때문에 바로 그 지점에서 적극적인 경청 기술이 중요한 역할을 하게 된다고 했다. 마지막 문장에서 '듣는 것은 상대방이 말하는 내용을 주의 깊게 집중할 때만 비로소 '경청'이 된다.'라고 했으므로, 빈칸에 들어갈 말로 적절한 것은 ③ 'a high degree of self-control(높은 수준의 자기 통제력)'이다.

오답의 이유

① 자율성의 감각
② 창의적인 사고방식
④ 외향적인 성격

본문해석

적극적인 경청은 예술이자 기술이며, 높은 수준의 자기 통제력을 요하는 훈련이다. 훌륭한 경청 능력을 기르기 위해서는 효과적인 의사소통에 포함된 것을 이해하고, 차분하게 앉아서 듣는 기술을 개발해야 한다. 이것은 자신의 욕구를 무시하고 말하는 사람에게 집중하는 것을 포함하는데, 이는 인간의 두뇌 작동 방식 때문에 더 어려운 과제이다. 누군가가 여러분에게 말을 걸면, 여러분의 뇌는 즉시 상대방의 단어 · 몸짓 · 어조 · 억양 · 의미를 처리하기 시작한다. 여러분은 하나의 소리를 듣는 게 아니라, 두 가지, 즉 상대방이 내는 소리와 여러분 머릿속의 소리를 듣는다. 스스로 경계심을 유지하도록 훈련하지 않는다면, 뇌는 대개 결국 여러분 자신의 머릿속 소리에 더 집중하게 된다. 바로 그 지점에서 적극적 경청 기술이 (중요한) 역할을 하게 된다. 듣는 것은 상대방이 말하는 내용을 주의 깊게 집중할 때만 비로소 '경청'이 된다.

VOCA

- involve 수반[포함]하다, 관련시키다
- ignore 무시하다
- focus on ~에 집중하다, ~에 중점을 두다
- process (정보 등을) 처리하다
- inflection 억양, 어조
- perceived 인지된
- remain 계속[여전히] ~이다
- vigilant 바짝 경계하는, 조금도 방심하지 않는
- end up 결국 (어떤 처지에) 처하게 되다
- pay attention to ~에 유의하다
- come into play 작동[활동]하기 시작하다

20 난도 ★★☆ 정답 ④

독해 > 빈칸 완성 > 단어 · 구 · 절

정답의 이유

제시문은 사람들이 연말연시 휴일 동안 과소비하게 되는 원인을 설명하는 내용이다. 빈칸 다음에서 'because they don't want to appear cheap(그들은 인색하게 보이고 싶지 않아서)'이라고 했고, 마지막 문장에서 또한 많은 기업들도 휴일 기간에 사람들이 평소보다 더 많이 소비하도록 장려하는 판촉 활동을 한다고 했으므로, 빈칸에는 사람들이 과소비할 수밖에 없는 마음과 관련된 내용이 들어가야 함을 유추할 수 있다. 따라서 빈칸에 들어갈 말로 적절한 것은 ④ 'the social pressure to spend more than they might like(그들이 원하는 것보다 더 많이 지출하도록 하는 사회적 압박)'이다.

오답의 이유

① 외국 기업에 취업하고 싶은 욕구
② 장기적인 목표를 설정할 책임
③ 연휴 시즌 동안 지출을 줄이고 싶은 마음

본문해석

연말 시즌은 감사 인사를 전하고 한 해를 되돌아보며 가족과 친구들과 함께 시간을 보내는 시기이다. 하지만 주의하지 않으면, 휴일 쇼핑으로 과소비하는 시기가 될 수도 있다. 전문가들에 따르면, 사람들은 과소비하려는 타고난 충동을 갖고 있다. 그들은 소비자가 되도록 (본능적으로) '설계되어' 있다. 사랑하는 사람들에게 선물을 주는 즉각적인 만족감은 돈을 잘 관리하는 데 필요한 장기적인 집중력을 가릴 수 있다. 바로 그 지점이 바로 많은 사람들이 부족한 부분이다. 장기적인 목표가 훨씬 더 추상적이며, 즉각적인 만족을 미루기 위해서는 실제로 추가적인 수준의 인지적 처리를 요구하기 때문에 우리는 과소비할 수 있다. 게다가, 소비자들은 '인색하게' 보이고 싶지 않아서 그들이 원하는 것보다 더 많이 지출하도록 하는 사회적 압박을 느낄 수 있다. 또한 많은 기업들도 휴일 기간에 사람들이 평소보다 더 많이 소비하도록 장려하는 판촉 활동을 한다.

VOCA

- reflect on ~을 반성하다, 되돌아보다
- overspend (계획보다) 초과 지출하다
- innate 타고난, 선천적인
- impulse 충동
- wired 연결된, 배선된
- short-term 단기의, 난기직인
- gratification 만족감[희열](을 주는 것)
- eclipse 가리다, 빛을 잃게[무색하게] 만들다
- be good with ~을 잘 다루다, ~에 재주가 있다
- fall short 부족하다, 미치지 못하다
- abstract 추상적인
- cognitive processing 인지적 처리
- appear ~처럼 보이다
- promote 촉진[고취]하다
- deal 거래
- encourage 권장[장려]하다

영어 | 2025년 지방직 9급

한눈에 훑어보기

영역 분석

어휘 01 02 08
3문항, 15%

독해 06 07 09 10 11 12 15 16 17 18 19 20
12문항, 60%

어법 03 13 14
3문항, 15%

표현 04 05
2문항, 10%

빠른 정답

01	02	03	04	05	06	07	08	09	10
②	④	③	①	②	④	④	①	③	③
11	12	13	14	15	16	17	18	19	20
④	②	③	④	①	②	②	④	②	①

점수 체크

구분	1회독	2회독	3회독
맞힌 문항 수	/ 20	/ 20	/ 20
나의 점수	점	점	점

01 난도 ★☆☆ 정답 ②

어휘 > 단어

정답의 이유

빈칸 앞에서 'Some plant diseases are indeed difficult to ~(일부 식물의 질병은 실제로 ~하기 어렵다)'라고 했고, 빈칸 다음에서 '(질병이) 매우 빠르고 쉽게 퍼져서 방대한 지역의 다양한 식물에 영향을 미치기 때문에'라고 했으므로, 문맥상 빈칸에 들어갈 말로 적절한 것은 ② 'eradicate(근절하다)'이다.

오답의 이유

① 영양분을 공급하다
③ 급증하다
④ 발견하다[알아내다/감지하다]

본문해석

일부 식물 질병은 매우 빠르고 쉽게 퍼져서 방대한 지역의 다양한 식물에 영향을 미칠 수 있기 때문에 실제로 근절하는 것이 어렵다.

VOCA

- disease 질병, 병, 질환
- spread 퍼지다[확산되다]
- rapidly 빠르게
- impact 영향[충격]을 주다
- multiple 많은, 다수[복수]의
- vast 방대한, 막대한
- area 지역

02 난도 ★☆☆ 정답 ④

어휘 > 단어

정답의 이유

빈칸 앞에서 'In the business world(비즈니스 세계에서)'라고 했고, 빈칸 다음 '~은 매우 중요하게 여겨지는데, 이는 마감 기한을 엄수하고 타인의 시간을 존중하려는 개인의 책무를 보여 주기 때문이다'라고 했으므로, 문맥상 빈칸에 들어갈 말로 가장 적절한 것은 ④ 'punctuality(시간 엄수)'이다.

오답의 이유

① 겸손
② 성실함, 진정성
③ 근검절약

본문해석

비즈니스 세계에서, 시간 엄수는 매우 중요하게 여겨지는데, 이는 마감 기한을 엄수하고 타인의 시간을 존중하려는 개인의 책무를 보여 주기 때문이다.

VOCA

- highly 크게, 대단히, 매우
- value (가치 · 가격을) 평가하다
- showcase 진열[전시]하다, 두드러지게 나타내다
- commitment 약속, 책무
- meet deadlines 마감 기한을 지키다
- respect 존경하다, 존중하다

더 알아보기

형용사와 의미가 다른 부사

bad(나쁜) badly(심하게)	예 The plane was delayed for several hours by bad weather. (비행기는 악천후로 인해 몇 시간이나 지연되었다.) 예 He was beaten so badly that his brother didn't recognize him. (그는 너무 심하게 맞아서 그의 남동생은 그를 알아보지 못했다.)
late(늦은) lately(최근에)	예 There are penalties if loan repayments are late. (대출 상환이 늦어지면 벌금이 부과된다.) 예 I've been really busy lately, so I haven't been out much. (최근에 정말 바빠서 외출을 많이 못했다.)
close(가까운) closely(자세히)	예 I don't mind where we go on vacation as long as it's close to a beach. (해변 가까운 곳이라면 어디로 휴가를 가도 괜찮다.) 예 I sat and watched everyone very closely. (나는 자리에 앉아 모든 사람을 자세히 지켜보았다.)
hard(어려운) hardly(거의 ~없는)	예 Anthropocene is more about pop culture than hard science. (인류세는 난해한 과학이라기보다는 대중문화에 더 가깝다.) 예 Hardly did she enter the house when someone turned on the light. (그녀가 집에 들어오자마자 누군가 불을 켰다.)
high(높은) highly(아주, 매우)	예 The camp was surrounded by a high fence. (그 캠프는 높은 울타리로 둘러싸여 있었다.) 예 He's a highly gifted young singer. (그는 재능이 매우 뛰어난 젊은 가수이다.)
near(가까운) nearly(거의)	예 Why might people hovering near the poverty line be more likely to help their fellow humans? (왜 빈곤선 가까이에 있는 사람들이 동료 인간을 더 잘 도우려 할까?) 예 Nearly every day, after the warm up of push-ups and squat thrusts, we were forced to run relays. (거의 매일, 팔굽혀펴기와 스쿼트 점프 같은 준비 운동을 마친 뒤 우리는 억지로 릴레이 달리기를 해야 했다.)
short(짧은) shortly(곧 이내)	예 It is by no means easy for us to learn English in a short time. (우리가 영어를 단시간에 배우는 것은 결코 쉬운 일이 아니다.) 예 The accident happened shortly before midday. (그 사고는 정오 직전에 발생했다.)
deep(깊은) deeply(몹시, 매우)	예 The castle is on an island surrounded by a deep lake. (그 성은 깊은 호수로 둘러싸인 섬 위에 있다.) 예 He was deeply saddened to hear of his son's death. (그는 아들의 사망 소식을 듣고 몹시 슬퍼했다.)
most(대부분의) mostly(주로)	예 The planet was frozen over most of the 85 million-year period. (그 행성은 8천5백만 년 기간의 대부분 동안 얼어 있었다.) 예 More than 150 people have fallen ill, mostly in Hong Kong and Vietnam, over the past three weeks. (지난 3주 동안, 주로 홍콩과 베트남에서 150명 이상의 사람들이 병에 걸렸다.)

03 난도 ★☆☆ 정답 ③

어법 > 정문 찾기

정답의 이유

주절의 동사인 indicate의 목적어가 되는 that이 이끄는 명사절에서 주어는 some of the clients' money이고 동사는 has found이므로, 빈칸이 포함된 '~ to be $6 million in total'은 주어(some of the clients' money)를 수식하는 부사구이다. 이때 돈이 총 600만 달러임을 '믿는' 것이 아니라 '믿어지는' 것이므로 수동의 의미인 과거분사가 와야 한다. 따라서 빈칸에 들어갈 말로 가장 적절한 것은 ③ 'believed'이다.

본문해석

예비 조사에 따르면, 총 600만 달러가 될 것으로 추정되는 고객들의 자금 중, 전부는 아니더라도, 일부가 비상장 기업과 부동산 구매에 흘러들어간 것으로 보인다.

VOCA

- preliminary 예비의
- investigation 조사[연구]
- indicate 나타내다, 암시하다
- client 고객, 의뢰인
- in total 총계
- find its way ~에 도달하다, 이르다
- unquoted (기업이) 비상장의
- property purchase 부동산 구매

04 난도 ★☆☆ 정답 ①

표현 > 일반회화

정답의 이유

대화에서 Yuna가 자동차 구매에 대해 Jenny에게 조언을 구하는 상황이다. Jenny가 SUV가 더 실용적이라고 하자 빈칸 앞에서 Yuna가 SUV는 세단보다 비싸다고 했고, 빈칸 다음에서 Jenny가 "One of my friends is a used car dealer. He can give you a good deal."이라고 말하였다. 이것으로 보아, 빈칸에는 Yuna의 제한된 예산을 표현하는 내용이 와야 한다는 것을 유추할 수 있다. 따라서 대화의 흐름상 빈칸에 들어갈 말로 적절한 것은 ① 'I'm on a tight budget(내가 예산이 빠듯하다).'이다.

오답의 이유

② 몸매 관리가 필요해요

③ 곧 날씨가 갤 거예요

④ 나중에 내가 데리러 갈 수 있어요

본문해석

Yuna: 안녕하세요, Jenny, 자동차 구입에 대해 조언이 필요해요. [10:30 am]

Jenny: 안녕하세요, 자동차를 사고 싶어요? 어떤 종류의 차요? [10:31 am]

Yuna: 아마 중형 세단이나 SUV를 생각 중이에요. [10:32 am]

Jenny: SUV가 더 실용적이에요. [10:32 am]

Yuna: SUV는 세단보다 더 비싸요. 내가 예산이 빠듯해요. [10:33 am]

Jenny: 내 친구 중 한 명이 중고차 딜러예요. 좋은 조건으로 해줄 수 있어요. [10:34 am]

Yuna: 정말요? 그럼 좋겠네요. [10:34 am]

Jenny: 그의 번호를 원하세요? [10:35 am]

Yuna: 물론이에요. [10:35 am]

Jenny: 잠시만요. [10:35 am]

Jenny: 707-123-5678이에요. [10:36 am]

Yuna: 고마워요! [10:36 am]

VOCA

- advice 조언, 충고
- mid-sized 보통[중간] 크기의
- practical 현실[실질/실제]적인

05 난도 ★☆☆ 정답 ②

표현 > 일반회화

정답의 이유

대화는 발표 자료 준비 수량에 관해 논의하고 있는 상황이다. B가 '지난번처럼 예상보다 참석자가 많을 경우를 대비해서 75부로 합시다.'라고 하자, A가 빈칸 앞에서 동의했고, 빈칸 다음에서 B가 '물론이에요. 발표 후에 발표 자료를 요청하는 사람들이 분명 있을 거에요.'라고 말했다. 대화의 마지막에서 A가 '그렇게 하면(that way)' 모두가 필요할 때 자료를 쉽게 받을 수 있다고 말한 것으로 보아, 빈칸에 들어갈 말로 가장 적절한 것은 ② 'Should we also have a digital version for sharing(공유를 위한 디지털 버전도 있어야 할까요)'이다.

오답의 이유

① 자료는 얼마나 일찍 배포해야 하나요

③ 자료는 컬러로 인쇄되나요, 아니면 흑백으로 인쇄되나요

④ 포함하지 말아야 할 특정 자료가 있나요

본문해석

A: 발표 자료는 몇 부 정도 필요할 것 같아요?

B: 60부면 충분할 것 같지만, 항상 여분이 있는 게 좋지요.

A: 맞아요. 나중에 후회하는 것보다 안전한 게 나아요. 그럼 몇 부가 적당할까요?

B: 지난번처럼 예상보다 참석자가 많을 경우를 대비해서 75부로 합시다.

A: 좋은 생각이에요. 공유를 위한 디지털 버전도 있어야 할까요?

B: 물론이에요. 발표가 끝난 후에 발표 자료를 요청하는 사람들이 분명 있을 거예요.

A: 그래요, 그렇게 하면 모두가 필요할 때마다 쉽게 받을 수 있겠네요.

VOCA

- extra 여분의[특별한] 것
- recommend 권고[권장]하다[권하다]
- in case (~할) 경우에 대비해서
- attendee 참석자

[06~07]

본문해석

경고! 가짜 주차 위반 과태료 납부 문자 메시지

연체된 주차 위반 과태료를 납부하라는 문자 메시지를 통해 사람들을 속이려는 사기 행위가 있다는 신고를 받았습니다.

- 이러한 문자 메시지는 저희가 보낸 것이 아닙니다.
- 링크를 클릭하거나 납부 세부 정보를 제공하지 마세요.
- 휴대폰 서비스 제공업체에 이런 메시지를 신고하고, 삭제하세요.
- 저희는 문자 메시지, 미디어, 또는 소셜 미디어를 통해 과태료를 통보하지 않습니다.

시에서 승인한 주차 위반 과태료 통지 방법:

- 차량에 교부된 고지서
- 등록된 차량 소유자에게 우편으로 발송된 고지서

VOCA

- notify 알리다[통고/통지하다]
- scam 신용 사기
- target 목표[표적]로 삼다, 겨냥하다
- request 요청[요구/신청]하다
- pay 납부하다, 지불하다
- overdue (지불 · 반납 등의) 기한이 지난
- parking ticket 주차 위반 딱지
- provider 공급자
- delete 삭제하다

06 난도 ★★☆ 정답 ④

독해 > 대의 파악 > 제목, 주제

정답의 이유

제시문의 첫 문장에서 '연체된 주차 위반 과태료를 납부하라는 문자 메시지를 통해 사람들을 속이려는 사기 행위가 있다는 신고를 받았습니다.'라고 한 다음에, 이런 메시지를 받은 후에 어떻게 해야 하는지 설명했다. 또한 글의 마지막에서 '시에서 승인한 주차 위반 과태료 통지 방법'을 말하고 있으므로, 글의 제목으로 가장 적절한 것은 ④ 'Alert! Fake Parking Ticket Payment Text Messages(경고! 가짜 주차 위반 과태료 납부 문자 메시지)'이다.

오답의 이유

① 시의 주차 위반 과태료 납부 방법
② 주차 위반 과태료를 피하는 방법
③ 시간과 돈을 절약하세요! 유용한 주차 팁

07 난도 ★★☆ 정답 ④

독해 > 세부 내용 찾기 > 내용 (불)일치

정답의 이유

글의 마지막에서 '시에서 승인한 주차 위반 과태료 통지 방법'은 '차량에 교부된 고지서와 등록된 차량 소유자에게 우편으로 발송된 고지서'라고 했으므로, 글의 내용과 일치하는 것은 ④ '고지서는 등록된 차량 소유주에게 우편으로 발송된다.'이다.

오답의 이유

① 세 번째 문장에서 'Do not click the link or provide payment details(링크를 클릭하거나 납부 세부 정보를 제공하지 마세요).'라고 했으므로, 글의 내용과 일치하지 않는다.
② 네 번째 문장의 후반부에서 '~ and then delete them.'이라고 했으므로, 글의 내용과 일치하지 않는다.
③ 다섯 번째 문장에서 'We do not notify the public of fines through texting, media, or social media.'라고 했으므로, 글의 내용과 일치하지 않는다.

[08~09]

본문해석

사람들을 위한 건강

사람들은 행복하고 건강하며 풍요로운 삶을 살 수 있어야 합니다. 건강은 인권의 중요한 부분이며 사회복지, 경제 성장, 평화에 중대한 기여를 합니다.

하지만 건강에 대한 접근성은 공평하지 않습니다.

국립보건센터재단(NHC 재단)은 모든 사람이 최고 수준의 건강을 누리는 국가라는 비전을 달성하려는 국립보건센터(NHC)를 지원하기 위해 있습니다. NHC는 건강을 증진하고 취약 계층을 돕는 것을 목표로 합니다. NHC 재단은 기업, 자선가, 일반 대중을 포함하여 다양한 주체와 제휴하여 NHC를 돕기 위해 최선을 다하고 있습니다.

VOCA

- prosperous 번영한, 번창한
- substantial 상당한
- make a contribution to ~에 기부[공헌]하다
- critical 대단히 중요한[중대한]
- societal 사회의
- well-being 행복, 웰빙
- access to ~에 접근
- equitable 공정한, 공평한
- support 지지[옹호/재청]하다
- achieve 달성하다, 성취하다
- attain 이루다[획득하다]
- aim ~을 목표로 하다
- promote 촉진[고취]하다
- vulnerable (~에) 취약한, 연약한
- be committed to ~에 헌신[전념]하다
- partner 제휴하다
- diverse 다양한
- philanthropist 독지가, 자선가
- general public 일반 대중

08 난도 ★☆☆ 정답 ①

어휘 > 단어

정답의 이유

밑줄의 critical은 '대단히 중대한'의 뜻이므로, 의미가 가장 가까운 것은 ① 'pivotal(중대한, 중심이 되는)'이다.

오답의 이유

② 아주 위험한

③ 분석적인

④ 재판[판단]의, 판단을 내린

09 난도 ★★☆ 정답 ③

독해 > 대의 파악 > 글의 목적

정답의 이유

세 번째 문단의 첫 번째 문장에서 'The National Health Center Foundation (NHC Foundation) is here to support the National Health Center (NHC) ~'라고 했고, 마지막 문장에서 'The NHC Foundation is committed to helping the NHC ~'라고 했으므로, 윗글의 목적으로 적절한 것은 ③ 'NHC를 지원하는 기관을 소개하려고'이다.

10 난도 ★★☆ 정답 ③

대의 파악 > 글의 목적

정답의 이유

주어진 서신은 지난주에 본 면접의 진행 사항에 대하여 문의하는 내용이다. 서신의 네 번째 문장에서 'I would like to follow up now to see if there are any updates regarding the status of my application(현재 제 지원서의 진행 상황에 대한 업데이트가 있는지 더 알아보고 싶습니다).'라고 했고, 마지막에서 두 번째 문장에서 'Anything you can share about your decision timeline or any next steps would be greatly appreciated(결정 일정이나 다음 단계에 대해 공유해 주실 내용이 있다면 대단히 감사하겠습니다).'라고 했으므로, 글의 목적으로 가장 적절한 것은 ③ 'to inquire about updates on the decision process(결정 과정에 대한 업데이트를 문의하기 위해)'이다.

오답의 이유

① 지원서를 제출하기 위해

② 면접 약속을 정하기 위해

④ 회사의 사업에 대한 추가 정보를 요청하기 위해

본문해석

Mr. Charles Brown께,

지난주 면접에 대해 감사드리고자 이 서신을 씁니다. 정말 즐거운 대화였으며, 공유해 주신 귀사의 새로운 계정 관리 시스템에 대한 정보는 매우 귀중했습니다.

현재 제 지원서의 진행 상황에 대한 업데이트가 있는지 더 알아보고 싶습니다.

이 직책은 저와 제 경력 목표와 매우 잘 맞는다고 생각합니다. 결정 일정이나 다음 단계에 대해 공유해 주실 수 있다면 대단히 감사하겠습니다.

필요하다면 추가 정보를 기꺼이 제공하겠습니다.

다시 한번 감사드립니다.

진심을 담아,

Tom Smith

VOCA

- share 공유하다
- valuable 소중한, 귀중한
- follow up 더 알아보다
- update 가장 최근의 정보를 알려주다[덧붙이다]
- regarding ~에 관하여[대하여]
- status 지위
- application 지원[신청]
- position (일)자리, 직위

11 난도 ★★☆ 정답 ④

독해 > 세부 내용 찾기 > 내용 (불)일치

정답의 이유

마지막의 '문화행사(Cultural Events)' 프로젝트에서 'Regular cultural events are held to provide visitors with insights into the national history and culture(방문객들에게 국가의 역사와 문화에 대한 통찰력을 제공하기 위해 정기적인 문화행사가 열립니다).'라고 했으므로, The National Independence Museum에 대한 내용과 일치하는 것은 ④ 'It offers visitors cultural events on a regular basis(이곳은 방문객들에게 정기적으로 문화행사를 제공한다).'이다.

오답의 이유

① 이곳은 많은 고층건물들에 둘러싸인 도시 환경에 위치하고 있다. → 두 번째 문장에서 'We invite you to experience this legacy ~ in a scenic rural setting(풍광이 수려한 시골의 자연에서 이 유산을 경험하고, ~ 여러분을 초대합니다).'이라고 했으므로, 글의 내용과 일치하지 않는다.

② 이곳은 100만 점 이상의 독립운동 관련 유물을 전시한다. → 전시 및 유물관리(Exhibitions & Collection Management) 프로젝트에서 'A total of 150,000 relics of the independence movement are displayed ~(총 15만 점의 독립운동 관련 유물이 ~ 전시되어 있습니다).'라고 했으므로, 글의 내용과 일치하지 않는다.

③ 이곳은 학술 프로젝트 대신에 교육 활동을 지원한다. → 연구(Research) 프로젝트에서 '~ the Museum supports scholarly work on related historical topics.'라고 했으므로, 글의 내용과 일치하지 않는다.

본문해석

국립독립기념관

국립독립기념관은 전시, 연구, 교육 프로그램을 통해 국가의 역사를 보존하고, 국가적인 자긍심을 육성하고 있습니다. 경치가 좋은 시골의 환경에서 이 유산을 경험하고, 평화를 향한 끊임없는 외침을 들어보도록 여러분을 초대합니다.

주요 프로젝트

– 전시 및 유물 관리: 총 15만 점의 독립운동 관련 유물이 8개 전시관에 전시되어 있습니다.

– 연구: 독립운동에 대한 연구에 전념하며, 박물관은 관련 역사적인 주제에 대한 학술 활동을 지원합니다.

– 교육: 교육 프로그램을 통해, 박물관은 국가 정체성을 함양하고 시민들 사이에서 역사적인 이해를 깊게 합니다.

– 문화행사: 방문객들에게 국가의 역사와 문화에 대한 통찰력을 제공하기 위해 정기적인 문화행사가 열립니다.

VOCA

- preserve 보존[관리]하다
- exhibition 전시회
- foster 조성하다, 발전시키다
- legacy 유산
- enduring 오래가는[지속되는]
- scenic 경치가 좋은
- rural 시골의, 지방의
- setting 환경, 주위
- relic 유물, 유적
- display 전시[진열]하다, 내보이다
- dedicated 전념하는, 헌신적인
- scholarly 학자의, 학구적인
- identity 정체성, 독자성
- deepen 깊어지다[깊게 하다]
- provide 제공[공급]하다, 주다
- insight 이해, 간파, 통찰력

12 난도 ★★☆ 정답 ②

독해 > 세부 내용 찾기 > 내용 (불)일치

정답의 이유

글의 중반에서 입장료는 10달러이고 12세 미만 어린이는 무료, 매시간 경품 추첨이 있다고 했으므로, 글의 내용과 일치하지 않는 것은 ② 'Door prizes are exclusively for children under 12(입장 경품은 12세 이하 어린이에게만 제공된다).'이다.

오답의 이유

① 동부 해안 최대 규모의 항공 수집품 전시회가 9월에 개최될 것이다. → 제목에서 'THE LARGEST AVIATION COLLECTIBLES SHOW IN THE EAST COAST'라고 했고, 2025년 9월 6일에 열린다고 했으므로, 글의 내용과 일치한다.

③ 희귀한 항공 및 수송 관련 수집품들이 전시회에서 전시될 것이다. → 글의 중반에서 'Over 90 Tables of Hard-to-find Airline and Transportation Collectibles(구하기 힘든 항공 및 운송 수집품을 전시한 테이블이 90개 이상)!'라고 했으므로, 글의 내용과 일치한다.

④ 방문객들은 국내외 수집품을 모두 볼 수 있다. → 글의 후반에서 'Discover and Buy Sensational Domestic and Foreign Airline Collectibles such as:(다음과 같은 멋진 국내 및 해외 항공 수집품을 발견하고 구매하세요)'라고 했으므로, 글의 내용과 일치한다.

본문해석

동부 해안 최대 규모의 항공 수집품 전시회

일시

2025년 9월 6일 토요일

오전 10시 – 오후 6시

장소

그랜드 엑스포 센터 Airport가 160번지

- 입장료 10달러
- 12세 미만 어린이 무료

매시간 경품 추첨

구하기 힘든 항공 및 운송 수집품을 전시한 테이블이 90개 이상!

다음과 같은 멋진 국내 및 해외 항공 수집품을 발견하고 구매하세요.

항공 및 여행 포스터, 다이캐스트 모형, 수천 개의 기타 역사적인 항공 및 운송 유물, 그리고 그 밖의 다양한 전시물들!

VOCA

- aviation 비행[항공](술)
- collectibles 수집할 가치가 있는 것, 수집 대상물
- door prizes (파티 등에서) 당첨된 참가자에게 증정되는 상품
- hard-to-find 찾기 힘든, 구하기 어려운
- transportation 수송
- sensational 대단한, 멋들어진, 놀라운

13 난도 ★☆☆ 정답 ③

어법 > 비문 찾기

정답의 이유

'there be ~'는 '~가 있다'라는 뜻으로, 동사 다음에 오는 명사에 수일치해야 한다. 여기서는 단수명사인 an established process에 수일치하여 단수 동사가 와야 한다. 따라서 were → was가 되어야 한다.

오답의 이유

① 'tend to 동사원형'은 '~하는 경향이 있다'라는 뜻으로, to imagine이 올바르게 사용되었다.

② outside는 '~밖에서'라는 목적어가 필요한 전치사인데, 목적어로 명사 the law를 사용하여 어법상 적절하다.

④ 문맥상 앞 문장의 men을 받는 복수명사(they)가 무법자를 '만든' 것이 아니라 무법자로 '만들어진' 것이므로 were made가 올바르게 사용되었다.

본문해석

우리는 일반적으로 Robin Hood와 무법자들을 도망자라고 상상하기 쉬운데, 그것은 그들이 왕의 관리들에게 저항하고 왕국의 거대한 숲속에서 법의 테두리 밖에서 활동했기 때문이었다. 우리가 잊고 있는 점은 무법자들의 탄생 뒤에는 정해진 과정이 있었다는 것이다. 대체로, 사람들은 무법자가 되기로 선택한 것이 아니라, 무법자로 만들어졌던 것이다.

VOCA

- tend (~하는) 경향이 있다, (~을) 하기 쉽다[잘하다]
- outlaw 상습적 범죄자, 무법자
- fugitive 도망자, 탈주자
- defy 반항[저항/거역]하다
- operate 일하다, 작전(활동)을 하다
- forget 잊다
- established 정해진
- process 과정[절차]
- on the whole 전체[전반]적으로 보아, 대체로

14 난도 ★★☆ 정답 ④

어법 > 비문 찾기

정답의 이유

도시 이름 Athens는 여신 Athena에서 따왔다는 의미로 'Athens took its name from Anena'을 관계절로 표현한 문장이다. 'Athena, from whom Athens took its name'가 적절한 문장이므로 whom은 from whom이 되어야 한다.

오답의 이유

① such는 'such+a(n)+형용사+명사'의 어순으로 쓰이므로 such a driving force가 올바르게 사용되었다.

② '너무 ~해서 ~하다'라는 뜻의 'such ~ that' 구문으로 접속사 that이 올바르게 사용되었다.

③ was believed to have been은 '과거에 이미 신의 선물로 여겨졌음'이라는 뜻으로, 과거보다 앞선 시점의 사실을 표현한 완료부정사(to have been)가 올바르게 사용되었다.

본문해석

올리브 나무는 고대 그리스 도시 국가들의 경제에서 매우 강력한 원동력이어서 그것은 신의 선물, 즉 지혜의 여신인 Athena로부터의 선물로 믿어졌으며, Athens 도시 이름도 그녀의 이름에서 따왔다.

VOCA

- driving force 원동력, 추진력
- city-states 도시 국가
- gift 선물
- namely 즉, 다시 말해

15 난도 ★★☆ 정답 ①

독해 > 대의 파악 > 제목, 주제

정답의 이유

제시문은 화면에서 나오는 인공 청색광이 야간 수면을 방해하고 낮 동안의 행동에도 영향을 미치는데, 태양으로부터 나오는 자연 청색광은 인공 청색광의 이러한 나쁜 영향을 상쇄하는 데 도움이 된다는 내용이다. 마지막에서 세 번째 문장에서 'the more daytime blue light a person gets, the better defense they have against the harms of evening blue light from screens.'라고 한 다음에 '하루를 햇빛으로 가득 채우는 것은 청색광의 축적을 만들어 내어 밤에 인공 청색광이 주는 영향을 상쇄하는 데 도움이 된다.'라고 했다. 따라서 글의 주제로 가장 적절한 것은 ① 'Sunlight's help in fighting artificial blue light effects(인공 청색광의 영향에 대항하는 데 있어 햇빛의 도움)'이다.

오답의 이유

② 낮 동안 기기를 사용하는 것의 위험

③ 화면이 아이들의 수면 주기에 영향을 미치는 방식

④ 저녁에 멜라토닌 수치가 떨어지는 이유

본문해석

전자기기에서 나오는 인공적인 청색광이 저녁 시간에 특히 해로운 이유는 그것이 태양의 자연 청색광을 모방하기 때문인데, 이는 인체의 생체 시계를 혼란스럽게 만든다. 한 연구는 저녁 시간에 인공 청색광을 보면 수면을 유도하는 멜라토닌 호르몬을 급격히 감소시켜서 취침 시간을 방해하고 낮 동안의 행동에도 영향을 미치는 것을 보여준다. 그러나 건강을 증진하는 전체 스펙트럼의 빛을 포함하는 태양으로부터 동일한 청색광을 받는 것은 정반대의 효과를 낸다. 연구에 따르면, 사람이 낮 시간의 청색광을 더 많이 받을수록 화면으로부터 나오는 유해한 저녁 시간의 청색광으로부터 더 잘 방어한다. 따라서 하루를 햇빛으로 가득 채우는 것은 청색광의 축적을 만들어 내어 밤에 인공 청색광이 주는 영향을 상쇄하는 데 도움이 된다. 다시 말해, 아이가 낮 동안 햇빛에 더 많이 노출될수록, 아이의 뇌는 나중에 인공 청색광의 해로움을 막는 장벽을 더 잘 구축할 수 있다.

VOCA

- artificial 인공[인조]의, 인위적인
- blue light 청색광(전자기기의 화면에서 나오는 파란색 파장을 가진 빛)
- device 장치[기구]
- mimic ~처럼 보이다, ~을 모방하다
- confuse 혼란시키다
- circadian clock 체내 시계
- drastically 급격하게
- disrupt 방해하다, 지장을 주다
- affect 영향을 미치다
- contain ~이 들어[함유되어] 있다
- pack [용기에] [물건을] 꽉 채워넣다[out/with~]
- create 만들어내다, 창조하다, 형성하다
- counteract 대응하다
- consequence 결과, 중요함
- exposure 노출

더 알아보기

the 비교급, the 비교급

- The 비교급+주어+동사, the 비교급+주어+동사: '~하면 할수록 더 ~하다'
  - 예 The older you grow, the more difficult it becomes to learn a foreign language.
    (나이가 들어갈수록, 그만큼 더 외국어 공부하기가 어려워진다.)
  - 예 The more we try to anticipate these problems, the better we can control them.
    (이러한 문제들을 예측하려고 하면 할수록, 우리는 그것들을 더 잘 통제할 수 있다.)
- the가 비교급 양쪽에 모두 있어야 하며, the 다음에는 반드시 비교급이 와야 한다.
  - 예 The closer you look, the more complicated it gets.
    (자세히 들여다볼수록, 더 복잡해진다.)
  - 예 The more you have, the harder it is to manage everything.
    (가진 것이 많을수록, 모든 것을 관리하기가 더 어려워진다.)
  - 예 The more infectious pathogens are, the faster it is likely to spread.
    (병원체의 전염성이 강할수록, 그것은 더 빨리 퍼질 가능성이 크다.)

16 난도 ★★☆ 정답 ②

독해 > 글의 일관성 > 글의 순서

정답의 이유

주어진 글은 '일반적으로 아기가 땅에서 무언가를 줍는 것은 골칫거리를 의미한다.'라고 했다. But으로 시작한 (B)에서 이러한 통념과는 달리, 땅에서 우연히 고대 이집트 유물을 발견한 세 살배기 아기 Ziv Nitzan의 사례를 소개하고 있으므로, 주어진 글 다음에는 (B)가 오는 것이 자연스럽다. 이어서 그 가족이 '발견물(the find)'을 이스라엘 문화재 관리국에 신고했고, 조사 결과 그것이 청동기시대 중기의 인장이라는 것이 밝혀졌다는 내용의 (A)로 이어지고, (C)에서 (A)의 인장(a beetle-shaped seal)을 the seal로 재지칭하여 'the seal connects us to a grand story(그 인장은 우리를 위대한 이야기와 연결해 주며)' 아이들조차도 역사를 발견하는 데 일원이 될 수 있다고 한 이스라엘 문화재 관리국 장관의 말을 인용하면서 마무리 짓고 있다. 따라서 글의 순서로 가장 적절한 것은 ② '(B) – (A) – (C)'이다.

본문해석

보통 아기가 땅에서 무언가를 줍는 일은 골칫거리를 의미한다.

(B) 그러나 이스라엘의 세 살배기 Ziv Nitzan은 바위처럼 보이던 것의 모래를 털어내다 거의 4,000년 된 이집트 유물을 발견했다.

(A) 그 가족은 이 발견물을 이스라엘 문화재 관리국에 신고했고, 그것이 청동기시대 중기의 딱정벌레 모양을 한 인장임을 알아냈다.

(C) Ziv는 모범 시민상장을 받았으며, 이스라엘 문화재 관리국 장관은 말하기를, 그 인장은 "우리를 위대한 이야기와 연결해 주며, 아이들조차도 역사를 발견하는 데 일원이 될 수 있다."라고 했다.

VOCA

- toddler 걸음마를 배우는 아이
- report 신고[보고]하다
- determine 알아내다, 밝히다, 결정하다
- seal 도장, 인장
- the Middle Bronze Age 청동기시대 중기
- brush away 털어버리다
- reveal 드러내다[밝히다/폭로하다]
- artifact 인공물[가공품]
- award 수여하다, 수여[지급] 판정을 내리다
- certificate 증서, 증명서
- citizenship 시민[공민]권

17 난도 ★★★ 정답 ②

독해 > 글의 일관성 > 문장 삽입

정답의 이유

역접 연결사 However로 시작하는 주어진 문장에서 '이것(this)'은 체온을 낮추는 가장 빠른 방법과는 거리가 멀다고 했으므로, 주어진 문장은 일반적으로 사람들이 잘못 알고 있는 체온을 낮추는 방법 다음에 와야 한다. ② 앞 문장에서 'If you're feeling the heat and somebody offers you a fan, it's likely that you'll try and cool your face first(만약 여러분이 더위를 느끼고 있을 때 누군가가 선풍기를 건네준다면, 여러분은 아마 우선 얼굴을 식히려고 할 것이다).'라고 했고, ② 다음 문장에서 '확실히(Certainly) 얼굴에 닿는 그 모든 바람은 그곳의 냉각 수용체를 자극해서 여러분에게 매우 강력한 편안함의 느낌을 줄 것이지만, 실제로 그것이 여러분의 신체에서 열을 빼내지는 않을 것'이라고 했으므로, 주어진 문장이 들어갈 위치로 가장 적절한 것은 ②이다.

본문해석

더위를 견디는 데 도움이 되는 간단하면서도 과학적으로 입증된 방법들이 많이 있다. 만약 여러분이 더위를 느끼고 있을 때 누군가가 선풍기를 건네준다면, 여러분은 아마 우선 얼굴을 식히려고 할 것이다. 하지만 Portsmouth 대학의 교수인 Mike Tipton에 따르면, 이것은 여러분의 체온을 낮추는 가장 빠른 방법과는 거리가 멀다. 확실히 얼굴에 닿는 모든 바람은 그곳의 냉각 수용체를 자극해서 여러분에게 매우 강력한 편안함의 느낌을 줄 것이다. 하지만 실제로 그것은 여러분의 신체에서 열을 빼내지는 못할 것이다. 대신, 더 효과적인 냉각 방법은 손을 차가운 물에 15~20분 동안 담그는 것이다. 손은 질량 대비 넓은 표면적을 갖고 있어, 더울 때 그 속에서 혈액이 많이 흐른다. 만약 여러분의 심부체온이 높다면, 열을 방출하기 위해 신체는 혈액을 말단 부위로 보낼 것이다.

VOCA

- lower 낮추다[낮아지다]
- scientifically 과학적으로
- handle 다루다[다스리다/처리하다]
- breeze 산들바람, 미풍
- stimulate (신체의 기능을) 활성화하다
- cold receptor 냉각 수용체
- sensation 감각
- comfort 안락, 편안
- extract 추출하다, 빼내다
- cooling 냉각의
- strategy 전략
- immerse (액체 속에) 담그다
- surface 표면[표층]
- core temperature 심부온도
- extremities 사지

18 난도 ★★☆ 정답 ④

독해 > 글의 일관성 > 무관한 어휘 · 문장

정답의 이유

제시문은 비타민 D로 전환되는 성분을 더 많이 함유하도록 유전자를 변형한 토마토 재배에 관한 내용이다. ④는 토마토의 일반적인 섭취 방법을 소개하는 내용이므로, 글의 흐름상 어색하다.

본문해석

영국에서 과학자들은 사람들의 건강에 중요한 비타민 D가 추가된 특별한 토마토를 재배했다. 비타민 D 결핍은 전 세계적으로 약 10억 명에게 영향을 미친다. 토마토에는 자연적으로 비타민 D로 전환되는 성분이 들어 있다. 연구팀은 토마토 식물의 유전자를 변형하여, 이 성분을 평소보다 더 많이 함유하도록 재배했다. 각 토마토는 중간 크기 달걀 두 개에 들어있는 양의 비타민 D를 갖게 되었다. (게다가 토마토는 일반적으로 샐러드에서 익히지 않고 날로 먹거나 조리된 채소로 제공된다.) 과학자들은 이 기술이 다른 식품에도 활용될 수 있다고 생각한다.

VOCA

- grow 기르다, 재배하다
- deficiency 결핍[부족](증)
- affect 영향을 미치다
- contain ~이 들어[함유되어] 있다
- substance 물질
- alter 변하다, 달라지다
- gene 유전자
- breed 사육하다[재배하다]
- medium-sized 중간 크기[치수]의
- raw 익히지 않은, 날것의

19 난도 ★★☆ 정답 ②

독해 > 빈칸 완성 > 단어 · 구 · 절

정답의 이유

제시문은 오늘날 우리가 알고 있다고 생각하는 것과 실제 아는 것에는 차이가 많다는 '지식의 착각'에 대한 내용이다. 두 번째 문장에서 '오늘날 우리는 원시시대 수렵인보다 훨씬 더 많이 알고 있다고 생각하지만, 실제 개인으로서는 아는 것이 훨씬 적다.'라고 했고, 세 번째 문장에서 'We rely on the expertise of others for almost all our needs(우리는 대부분의 필요를 (해결하기) 위해 타인의 전문 지식에 의존한다).'라고 했다. 일상에서 흔히 사용하는 지퍼의 작동 원리를 설명할 수 있는 사람이 거의 없다고 한 실험 결과를 통해 '지식의 착각'이라는 개념을 설명하고 있다. 빈칸 앞에서 '우리는, 개인적으로는 알고 있는 것이 거의 없지만, 많이 알고 있다고 생각하는데, 이는 우리가 ~한 지식을 여기기 때문'이라고 했고, 빈칸 다음에서 '마치 우리들 자신의 것처럼'이라고 했으므로, 글의 흐름상 빈칸에 들어갈 말로 가장 적절한 것은 ② 'in the minds of others(다른 사람들의 머릿속에 있는)'이다. 이는 세 번째 문장의 '다른 사람들의 전문 지식(the expertise of others)'과도 연결된다.

오답의 이유

① 직접적인 경험에서 비롯된
③ 교육받는 동안 얻은
④ 시행착오를 통해 배운

본문해석

석기시대의 수렵 · 채집인은 자신의 옷을 만드는 법, 불을 피우는 법, 토끼를 사냥하는 법과 사자를 피하는 법을 알고 있었다. 오늘날 우리는 훨씬 더 많은 것을 알고 있다고 생각하지만, 실제로 개인적으로는 아는 것이 훨씬 적다. 우리는 대부분의 필요를 (해결하기) 위해 다른 사람들의 전문 지식에 의존한다. 겸손해지게 만드는 한 실험에서, 사람들은 일상적인 지퍼의 작동 원리를 얼마나 잘 이해하고 있는지 평가해 보라고 요청받았다. 사람들은 대부분, 어쨌든 매일 지퍼를 사용하고 있으니까, 지퍼를 잘 알고 있다고 자신 있게 대답했다. 이어서 그들은 지퍼 작동의 모든 단계를 가능한 한 자세하게 설명해 보라고 요청받았다. 대부분 사람들은 아무것도 설명하지 못했다. 이것이 바로 Steven Sloman과 Philip Fernbach이 '지식의 착각'이라고 칭한 것이다. 우리는, 개인적으로는 알고 있는 것이 거의 없음에도 불구하고, 많이 알고 있다고 생각하는데, 이는 우리가 다른 사람들의 머릿속에 있는 지식을 마치 우리들 자신의 것처럼 여기기 때문이다.

VOCA

- hunter-gatherer 수렵 · 채집인
- the Stone Age 석기시대
- escape 달아나다, 탈출하다
- individual 개인
- rely on 의존하다, 의지하다
- expertise 전문 지식[기술]
- humble 겸허하게[겸손하게] 만들다
- evaluate 평가하다[감정하다]
- ordinary 보통의, 평범한
- confidently 자신 있게, 대담하게
- reply 대답하다
- describe 말하다[서술하다], 묘사하다
- operation (기계 · 시스템의) 운용[작동]
- term 칭하다[일컫다]
- the knowledge illusion 지식의 착각. 사람들이 실제 자신들이 알고 있는 것보다 더 많이 안다고 착각하는 현상으로, 개인적 지식의 한계를 과소평가하고, 집단적 지식(사회적 지식)에 의존하는 특성에서 비롯된다.
- treat 여기다, 대하다[다루다/취급하다]

20 난도 ★★★ 정답 ①

독해 > 빈칸 완성 > 단어 · 구 · 절

정답의 이유

제시문은 지적 능력이 실제 문제를 해결하기 위해서보다는 다른 사람보다 더 앞서기 위해 사용된다는 내용이다. 마지막에서 세 번째 문장에서 'We use our intellects not to solve practical problems but to outwit each other(우리는 우리의 지능을 현실적인 문제를 해결하기 위해서가 아니라 각자보다 한 수 더 앞서기 위해 사용한다).'라고 했다. 빈칸 앞 문장에서 사람들을 속이고, 속임수를 간파하고, 사람들의 동기를 이해하고, 사람들을 조종하는 것, 이런 것들이 바로 지능이 사용되는 목적이라고 했고, 빈칸 문장에서 '그러므로 중요한 것은 ~이다.'라고 했으므로, 문맥상 빈칸에 들어갈 말로 가장 적절한 것은 ① 'not how clever and crafty you are but how much more clever and craftier you are than other people(여러분이 얼마나 영리하고 교활한지가 아니라 다른 사람들보다 여러분이 얼마나 더 영리하고 더 교활한지)'이다.

오답의 이유

② 개인들이 자신의 개인적 이익보다 공동의 이익에 따라 행동하는 것
③ 구성원들이 그들에게 이익이 되는 최적의 해법을 찾기 위해 협력하는 사회를 설계하는 것
④ 주어진 조건에서 실제적인 문제에 대한 최선의 해결책을 찾아내는 것

본문해석

아프리카 사바나의 가젤은 치타에게 잡아먹히지 않으려 노력하지만, 치타가 공격할 때 다른 가젤들보다 더 빨리 달리려 노력하기도 한다. 가젤에게 중요한 것은 치타보다 빠른 것이 아니라 다른 가젤들보다 빠른 것이다. 마찬가지로, 심리학자들은, 때때로 사람들이 Hamlet의 대사를 외우거나 미적분을 이해하는 능력을 타고난 것의 이유를 궁금해하는데, 인류의 지능이 형성되던 원시적 환경에서는 둘 다 그다지 쓸모가 없었을 시기였기 때문이다. Einstein도 아마 털복숭이 코뿔소를 사냥하는 법을 알아내는 데는 다른 사람들처럼 형편없었을 것이다. Cambridge의 심리학자 Nicholas Humphrey는 이 수수께끼의 해답을 최초로 명확하게 알아냈다. 우리는 우리의 지능을 현실적인 문제를 해결하기 위해서가 아니라 각자보다 한 수 더 앞서기 위해 사용한다. 사람들을 속이고, 속임수를 간파하고, 사람들의 동기를 이해하고, 사람들을 조종하는 것, 이런 것들이 바로 지능이 사용되는 목적이다. 그러므로 중요한 것은 여러분이 얼마나 영리하고 교활한지가 아니라 다른 사람들보다 여러분이 얼마나 더 영리하고 더 교활한지이다.

VOCA

- gazelle 가젤(작은 영양)
- cheetah 치타
- outrun ~보다 더 빨리[멀리] 달리다
- attack 공격
- psychologist 심리학자
- wonder 궁금해하다
- endow (보통 수동태로) 타고난 (재능이) 있다(with)
- calculus 미적분학
- primitive 원시 사회의
- condition 상태
- intellect 지적 능력, 지력
- hopeless 가망 없는, 절망적인
- woolly 털이 뒤덮인, 털북숭이의
- rhinocero 코뿔소
- solution 해법, 해결책
- puzzle 수수께끼[미스터리]
- outwit ~보다 한 수 앞서다
- deceive 속이다, 기만하다
- deceit 속임수, 사기
- manipulate 조종하다, 다루다

영어 | 2024년 국가직 9급

한눈에 훑어보기

영역 분석

어휘 01 02 03 04 05
5문항, 25%

독해 12 13 14 15 16 17 18 19 20
9문항, 45%

어법 06 07 08
3문항, 15%

표현 09 10 11
3문항, 15%

빠른 정답

01	02	03	04	05	06	07	08	09	10
③	②	①	④	④	②	①	①	②	④
11	12	13	14	15	16	17	18	19	20
③	②	③	④	①	④	③	②	②	①

점수 체크

구분	1회독	2회독	3회독
맞힌 문항 수	/ 20	/ 20	/ 20
나의 점수	점	점	점

01 난도 ★☆☆ 정답 ③

어휘 > 단어

정답의 이유

첫 번째 문장에서 언어 과목의 어떤 측면도 학습이나 교습에서 서로 분리되어 있지 않다고 했으므로 문맥상 밑줄에는 stands alone(분리되다)과 반대되는 뜻을 가진 단어가 와야 함을 유추할 수 있다. 따라서 밑줄 친 부분에 들어갈 말로 적절한 것은 ③ 'interrelated(서로 밀접하게 연관된)'이다.

오답의 이유

① 뚜렷한, 구별되는
② 왜곡된
④ 독자적인

본문해석

분명히, 언어 과목의 어떤 측면도 학습이나 교습에서 서로 분리되어 있지 않다. 듣기, 말하기, 읽기, 쓰기, 보기, 그리고 시각적 표현은 서로 밀접하게 연관되어 있다.

VOCA

- obviously 확실히[분명히]
- aspect 측면, 양상
- stand alone 독립하다, 분리되다, 혼자[따로] 떨어져 있다
- visually representing 시각적으로 나타내기

02 난도 ★☆☆ 정답 ②

어휘 > 단어

정답의 이유

밑줄 친 concealed는 conceal(숨기다, 감추다)의 과거분사형으로 '숨겨진, 감춰진'이라는 뜻이다. 이와 의미가 가장 가까운 것은 ② 'hidden(숨겨진)'이다.

오답의 이유

① 사용된
③ 투자된
④ 배달된

본문해석

그 돈은 매우 교묘하게 숨겨져 있어서 우리는 그것에 대한 수색을 포기하도록 강요당했다.

VOCA

- be forced to ~하도록 강요 당하다
- abandon 그만두다, 포기하다

03 난도 ★☆☆ 정답 ①

어휘 > 단어

정답의 이유

밑줄 친 appease는 '달래다, 진정시키다'라는 뜻으로, 이와 의미가 가장 가까운 것은 ① 'soothe(진정시키다)'이다.

오답의 이유

② 반박하다, 대응하다
③ 교화하다
④ 동화되다[시키다]

본문해석

반대자들을 달래기 위해 그 무선사업자들은 출퇴근 시간대 라디오 방송에서 1,200만 달러의 공교육 캠페인을 시작했다.

VOCA

- critic 비평가, 반대자
- launch 시작[개시/착수]하다
- public-education campaign 공교육 캠페인
- drive-time 드라이브 타임(출퇴근 시간같이 하루 중 많은 사람들이 차를 운전하는 시간대)

04 난도 ★☆☆ 정답 ④

어휘 > 어구

정답의 이유

밑줄 친 play down은 '경시하다'라는 뜻으로, 이와 의미가 가장 가까운 것은 ④ 'underestimate(과소평가하다)'이다.

오답의 이유

① 식별하다, 알아차리다
② 만족시키지 않다
③ 강조하다

본문해석

센터 관계자들은, 그것들이 전형적인 신생기업의 운영 방식이라고 말하면서, 그 문제들을 경시한다.

VOCA

- typical 전형적인, 대표적인
- start-up 신생기업

05 난도 ★☆☆ 정답 ④

어휘 > 어구

정답의 이유

밑줄 친 had the guts는 '~할 용기가 있었다'라는 뜻으로, 이와 의미가 가장 가까운 것은 ④ 'was courageous(용감했다)'이다.

오답의 이유

① 걱정했다
② 운이 좋았다
③ 평판이 좋았다

본문해석

그녀는 부지런히 일했고 자신이 원하는 것을 시도할 용기가 있었다.

VOCA

- diligently 부지런히, 열심히
- go for ~을 시도하다, 찬성하다

06 난도 ★☆☆ 정답 ②

어법 > 비문 찾기

정답의 이유

② those 앞에 be superior to(~보다 더 뛰어나다)가 있으므로 the quality of older houses(옛날 오래된 주택의 품질)와 those of modern houses(현대의 주택들의 품질)를 비교하고 있음을 알 수 있다. 여기서 those는 단수 명사(quality)를 받고 있으므로 those → that이 되어야 한다.

오답의 이유

① 전치사 Despite 다음에 명사(구)인 the belief that the quality of older houses is superior to those of modern houses가 왔으므로 어법상 적절하게 사용되었다. the belief 다음의 that절(that the quality of older houses is superior to those of modern houses)은 명사(the belief)를 가리키는 동격의 that절이다.

③ compared to의 비교 대상이 the foundations of most pre-20th-century houses와 today's이고, 문맥상 20세기 이전 주택의 기초는 오늘날의 주택 기초와 비교가 되는, 즉 수동의 의미이므로 과거분사(compared)가 적절하게 사용되었다.

④ their가 주절의 주어(the foundations ~ houses)를 받고 있으므로 어법상 대명사의 복수형으로 적절하게 사용되었다.

본문해석

예전의 오래된 주택의 품질이 현대 주택의 품질보다 우수하다는 믿음에도 불구하고, 대부분 20세기 이전 주택의 기초는 오늘날의 주택에 비해 기반이 극히 얕으며, 그것들의 목재 구조의 유연성이나 벽돌과 돌 사이의 석회 모르타르 덕분에 시간의 시험을 견뎌왔을 뿐이다.

VOCA

- be superior to ~보다 더 뛰어나다
- foundation (건물의) 토대[기초]
- dramatically 극적으로, 인상적으로
- shallow 얄팍한, 얕은
- stand 견디다
- flexibility 신축성, 유연성
- timber 목재
- framework (건물 등의) 뼈대[골조]
- lime mortar 석회 모르타르

더 알아보기

양보 접속사 vs. 양보 전치사

- 양보 접속사

  though[although, even if, even though]+주어+동사: 비록 ~이지만, ~라 하더라도

  예 Sometimes, even though you may want to apologize, you just may not know how.
  (때로는, 사과하고 싶을지라도 단지 방법을 모를 수도 있다.)

  예 Though I loved reading about biology, I could not bring myself to dissect a frog in lab.
  (나는 생물학에 관한 책을 읽는 것을 좋아했지만, 아무리 해도 실험실에서 개구리를 해부할 수 없었다.)

- 양보 전치사

  despite[in spite of]+명사[명사상당어구]: 비록 ~이지만, ~라 하더라도

  예 The US government began to feed poor children during the Great Depression despite the food shortage.
  (미국 정부는 식량 부족에도 불구하고 대공황 동안 가난한 아이들에게 급식을 시작했다.)

  예 Despite the common conceptions of deserts as hot, there are cold deserts as well.
  (사막은 덥다는 일반적 개념에도 불구하고, 추운 사막도 존재한다.)

07 난도 ★★☆ 정답 ①

어법 > 비문 찾기

정답의 이유

① still more는 '~은 말할 것도 없이 …도 ~하다'라는 비교급 관용구문으로, 긍정문에서는 still more를, 부정문에서는 still less를 쓴다. 제시된 문장은 부정문(are not interested in)이므로 still more → still less가 되어야 한다.

오답의 이유

② 밑줄 친 Once confirmed 다음에 목적어가 없으므로 주어와 동사가 생략된 분사구문이라는 것을 알 수 있다. 따라서 confirmed의 주어가 주절의 주어(the order)와 같고 수동의 의미이므로 어법상 과거분사(confirmed)가 적절하게 사용되었다.

③ 밑줄 친 provided (that)은 '~을 조건으로, ~한다면'이라는 뜻으로, 조건 부사절을 이끄는 분사형 접속사로 적절하게 사용되었다.

④ news는 셀 수 없는 명사이고, much가 수식하고 있으므로 어법상 적절하게 사용되었다.

본문해석

① 그들은 시를 읽는 것에 관심이 없으며, 하물며 시를 쓰는 것은 더 아니다(관심이 없다).

② (주문이) 확인되면, 주문은 귀하의 주소로 발송될 것이다.

③ 페리가 정시에 출발한다면, 우리는 아침까지 항구에 도착해야 한다.

④ 외신 기자들은 단기간 수도에 체류하는 동안 가능한 한 많은 뉴스를 취재하기를 바란다.

VOCA

- still less 하물며 ~은 아니다
- confirm 확인하다
- provided that ~라면
- ferry 연락선[(카)페리]
- cover 취재[방송/보도]하다

더 알아보기

still[much] more vs. still[much] less

- still[much] more: 하물며 ~은 말할 것도 없이

  긍정의미 강화표현으로 긍정문 다음에 사용된다.

  예 Everyone has a right to enjoy his liberty, much more his life.
  (누구나 자유를 누릴 권리가 있으며, 자신의 삶은 말할 것도 없다.)

- still[much] less: 하물며 ~은 아니다

  부정의미 강화표현으로 부정문 다음에 사용된다.

  예 I doubt Clemson will even make the finals, much less win.
  (Clemson이 우승은 고사하고 하물며 결승에 진출할지도 의심스럽다.)

  예 The students are not interested in reading poetry, still less in writing.
  (학생들은 시를 쓰는 것은 고사하고, 시를 읽는 데도 관심이 없다.)

08 난도 ★★☆ 정답 ①

어법 > 영작하기

정답의 이유

① '감정 형용사(glad)+that ~'에서 that은 감정의 이유를 보충·설명하는 부사절을 이끄는 접속사이며, 주어(We)가 기쁜 이유(the number of applicants is increasing)를 설명하고 있으므로 어법상 적절하게 사용되었다. 또한 that절의 주어(the number of applicants)는 '~의 수'라는 뜻의 'the number of+복수명사+단수동사' 구문이므로 단수동사 is가 적절하게 사용되었다.

오답의 이유

② 과거 부사구(two years ago)가 있으므로 I've received → I received가 되어야 한다.

③ 관계대명사 which 다음에 불완전한 절이 와야 하는데, 1형식 완전자동사(sleep)가 왔으므로 어법상 적절하지 않다. 따라서 which → where(관계부사) 또는 on which(전치사+관계대명사)가 되어야 한다.

④ 'exchange A with B'는 'A를 B와 교환하다'라는 뜻으로, A(사람) 앞에는 전치사 with를 함께 써야 한다. 따라서 each other → with each other가 되어야 한다. each other는 '서로'라는 뜻의 대명사로, 부사처럼 단독으로 사용할 수 없다.

VOCA

- applicant 지원자
- increase 증가하다, 인상되다
- comfortable 편(안)한, 쾌적한
- exchange 교환하다[주고받다]

09 난도 ★☆☆ 정답 ②

표현 > 일반회화

정답의 이유

밑줄 앞에서 Ace Tour는 'Do you have any specific questions(혹시 구체적으로 궁금한 점이 있으신가요)?'라고 물었고, 뒤에서 'It'll take you to all the major points of interest in the city(도시의 흥미로운 주요 장소들을 모두 안내해 드릴 겁니다).'라고 대답했으므로 밑줄 친 부분에 들어갈 말로 적절한 것은 ② 'What does the city tour include(시티 투어에는 무엇이 포함되어 있나요)?'이다.

오답의 이유

① 투어 기간은 얼마나 되나요?
③ 패키지여행 리스트가 있나요?
④ 좋은 여행 안내서를 추천해 주실 수 있나요?

본문해석

Brian: 안녕하세요, 시티 투어에 대한 정보를 얻을 수 있을까요?
Ace Tour: 문의주셔서 감사합니다. 혹시 구체적으로 궁금한 점이 있으신가요?
Brian: 시티 투어에는 무엇이 포함되어 있나요?
Ace Tour: 도시의 흥미로운 주요 장소들을 모두 안내해 드릴 겁니다.
Brian: 얼마인가요?
Ace Tour: 4시간 투어에 1인당 50달러입니다.
Brian: 알겠어요, 금요일 오후 티켓 4장을 예약할 수 있을까요?
Ace Tour: 물론입니다. 곧 결제정보를 보내드리겠습니다.

VOCA

- specific 구체적인
- of interest 흥미있는
- book 예약하다
- payment information 결제정보

10 난도 ★☆☆ 정답 ④

표현 > 일반회화

정답의 이유

밑줄 앞에서 A가 'Air freight costs will be added on the invoice(송장에 항공운임이 추가될 겁니다).'라고 한 다음 'I am afraid the free delivery service is no longer available(죄송하지만, 무료배송 서비스는 더 이상 제공되지 않습니다).'라고 했으므로 대화의 흐름상 밑줄 친 부분에 들어갈 말로 적절한 것은 ④ 'Wait a minute. I thought the delivery costs were at your expense(잠시만요. 배송비는 귀사에서 부담하는 줄 알았어요).'이다.

오답의 이유

① 알겠습니다. 송장은 언제 받게 될까요?
② 저희 부서가 2주 안에 결제하지 못할 수도 있어요.
③ 월요일에 저희가 귀사의 법인 계좌로 결재액을 송금해도 될까요?

본문해석

A: 감사합니다. 주문해주셔서 감사합니다.
B: 천만에요. 항공화물로 물품을 보내주실 수 있나요? 저희는 빨리 물건이 필요해요.
A: 네. 지금 바로 귀하의 부서로 보내겠습니다.
B: 알겠습니다. 다음 주 초에 물건을 받을 수 있으면 좋겠어요.
A: 모든 것이 일정대로 진행된다면 월요일까지 받을 수 있을 거예요.
B: 월요일 좋아요.
A: 2주 안에 결제 부탁드립니다. 송장에 항공운임이 추가될 겁니다.
B: 잠시만요. 배송비는 귀사에서 부담하는 줄 알았어요.
A: 죄송하지만, 무료배송 서비스는 더 이상 제공되지 않습니다.

VOCA

- appreciate 고마워하다
- goods 상품, 제품
- by air freight 항공편으로
- air freight cost 항공운임
- add 합하다[더하다]
- invoice 송장

11 난도 ★☆☆ 정답 ③

표현 > 일반회화

정답의 이유

밑줄 앞에서 A가 'Have you contacted the subway's lost and found office(지하철 분실물 센터에 연락해 봤어요)?'라고 물었고, 뒤에서 'If I were you, I would do that first(나라면 먼저 그렇게 하겠어요).'라고 했으므로 밑줄 친 부분에 들어갈 말로 적절한 것은 ③ 'I haven't done that yet, actually(사실, 아직 안 했어요)'이다.

오답의 이유

① 전화에 대해 문의하러 그곳에 갔어요
② 오늘 아침 사무실에 들렀어요
④ 모든 곳을 다 찾아봤어요

영어 일반행정직

본문해석

A: 휴대폰을 찾았나요?

B: 유감스럽게도, 못 찾았어요. 아직 찾고 있어요.

A: 지하철 분실물 센터에 연락해 봤어요?

B: 사실, 아직 안 했어요.

A: 나라면 먼저 그렇게 하겠어요.

B: 네, 맞는 말이에요. 새 휴대폰을 사기 전에 분실물 센터에 문의해 볼게요.

VOCA

- unfortunately 유감스럽게도
- lost and found 분실물 보관소
- check with ~에 문의[조회]하다

12 난도 ★☆☆ 정답 ②

독해 > 세부 내용 찾기 > 내용 (불)일치

정답의 이유

두 번째 문장에서 'Entry to shows and lectures are first-come, first-served.'라고 했으므로 글의 내용과 일치하는 것은 ② '공연과 강연의 입장은 선착순이다.'이다.

오답의 이유

① 첫 번째 문장에서 'Kids 10 and under are free(10세 이하 어린이는 무료입니다).'라고 했으므로 글의 내용과 일치하지 않는다.

③ 세 번째 문장에서 'All venues open rain or shine(모든 행사장은 날씨와 관계없이 운영합니다).'이라고 했으므로 글의 내용과 일치하지 않는다.

④ 마지막 문장에서 'NEWE organizers may discontinue in-person ticket sales should any venue reach capacity (NEWE 주최 측은 행사장이 수용 인원에 도달하면 현장 입장권 판매를 중단할 수 있습니다.)'라고 했으므로 현장 판매도 한다는 것을 유추할 수 있다.

본문해석

북동부 야생동물 박람회(NEWE)

2024년 3월 30일 토요일 입장권

- 가격: $40.00
- 개장시간: 오전 10:00 – 오후 6:00

10세 이하 어린이는 무료입니다. 공연과 강연 입장은 선착순입니다. 모든 행사장은 날씨와 관계없이 운영합니다.

3월 20일은 2024 북동부 야생동물 박람회 입장권 온라인 구매 마지막 날입니다.

참고: NEWE 입장권을 사전에 구매하는 것이 모든 전시장 입장을 보장하는 최선의 방법입니다. NEWE 주최 측은 행사장이 수용 인원에 도달하면 현장 입장권 판매를 중단할 수 있습니다.

VOCA

- admission ticket 입장권
- entry 입장
- lecture 강의, 강연
- first-come, first-served 선착순
- rain or shine 날씨에 관계없이
- guarantee 보장[약속]하다
- discontinue 중단하다
- reach ~에 이르다[도달하다]
- capacity 용량, 수용력

13 난도 ★★☆ 정답 ③

독해 > 세부 내용 찾기 > 내용 (불)일치

정답의 이유

네 번째 문장에서 '~ they were written and produced several years apart and out of chronological order(그것들은 몇 년 간격으로 연대순을 벗어나 집필 · 제작되었다).'라고 했으므로 글의 내용과 일치하지 않는 것은 ③ 'The Theban plays were created in time order(테베의 희곡들은 시대순으로 창작되었다).'이다.

오답의 이유

① 소포클레스는 총 123편의 비극을 썼다. → 두 번째 문장에서 'Sadly, only seven of the 123 tragedies he wrote have survived(애석하게도, 그가 쓴 123편의 비극 중 단지 7편만 남아 있지만) ~'라고 했으므로 글의 내용과 일치한다.

② Antigone도 오이디푸스 왕에 관한 것이다. → 세 번째 문장에서 'The play was one of three written by Sophocles about Oedipus, the mythical king of Thebes (the others being *Antigone* and *Oedipus at Colonus*)[그 희곡은 테베의 신화적인 오이디푸스 왕에 대해 쓴 세 편 중 하나(나머지는 *Antigone*와 *Oedipus at Colonus*이다)인데] ~'라고 했으므로 글의 내용과 일치한다.

④ *Oedipus the King*은 고전적인 아테네 비극을 대표한다. → 마지막 문장에서 '*Oedipus the King* follows the established formal structure and it is regarded as the best example of classical Athenian tragedy(*Oedipus the King*은 정해진 형식적 구조를 따르며, 아테네 고전 비극의 가장 좋은 예로 여겨지고 있다).'라고 했으므로 글의 내용과 일치한다.

본문해석

그리스 극작가 소포클레스의 비극은 그리스 고전극의 절정으로 여겨지게 되었다. 애석하게도, 그가 쓴 123편의 비극 중 단지 7편만 남아 있지만, 이 중에서 가장 빼어난 작품은 *Oedipus the King*일 것이다. 그 희곡은 테베의 신화적인 오이디푸스 왕에 대해 쓴 세 편 중 하나(나머지는 *Antigone*와 *Oedipus at Colonus*이다)인데, 일괄적으로 테베의 희곡이라고 알려져 있다. 소포클레스는 이 희곡들을 각각 별개의 작품으로 구상했고, 그것들은 몇 년 간격으로 연대순을 벗어나 집필 · 제작되었다. *Oedipus the King*은 정해진 형식적 구조를 따르며, 아테네 고전 비극의 가장 좋은 예로 여겨지고 있다.

VOCA
- dramatist 극작가
- be regarded as ~로 여겨지다
- survive 살아남다, 생존[존속]하다
- mythical 신화적인, 신화[전설]상의
- collectively 전체적으로, 일괄하여
- conceive 생각해 내다, 착상하다
- separate 별개의
- entity 독립체
- chronological order 연대순

14 난도 ★★☆ 정답 ④

독해 > 대의 파악 > 제목, 주제

정답의 이유

제시문은 고고학자 Arthur Evans가 크노소스 궁전의 유적과 미노스 시대의 유물을 발굴해서 신화로만 여겨졌던 미노스 문명이 사실로 드러났다는 내용이다. 세 번째 문장에서 'But as Evans proved, this realm was no myth(그러나 Evans가 증명했듯이, 이 왕국은 신화가 아니었다).'라고 했고, 마지막 문장에서 'In a series of excavations in the early years of the 20th century, Evans found a trove of artifacts from the Minoan age(20세기 초 일련의 발굴에서, Evans는 미노스 시대의 유물들을 발견했는데) ~'라고 했으므로, 글의 주제로 적절한 것은 ④ 'Bringing the Minoan culture to the realm of reality(미노스 문명을 현실 영역으로 가져오기)'이다.

오답의 이유

① 미노스 왕의 성공적인 발굴
② 미노스 시대의 유물 감상하기
③ 크레타 섬 궁전의 웅장함

본문해석

한 사람이 전체 문명에 대한 우리의 눈을 뜨게 할 수 있다는 것은 믿기 힘든 것처럼 보이지만, 영국의 고고학자 Arthur Evans가 크레타섬에 있는 크노소스 궁전의 유적을 성공적으로 발굴하기 전까지 지중해의 위대한 미노스 문명은 사실보다는 전설에 가까웠다. 실제로 그곳의 가장 유명한 거주자는 신화에 나오는 생명체인 반인반우의 미노타우로스로, 전설적인 미노스 왕의 궁전 아래에서 살았다고 한다. 그러나 Evans가 증명했듯이, 이 왕국은 신화가 아니었다. 20세기 초 일련의 발굴에서, Evans는 기원전 1900년부터 1450년까지 최고로 번창했던 미노스 시대의 유물들을 발견했는데 보석, 조각품, 도자기, 황소 뿔 모양의 제단, 그리고 미노스 문명의 삶을 보여주는 벽화 등이었다.

VOCA
- be responsible for ~을 맡다, 담당하다
- archaeologist 고고학자
- excavate 발굴하다
- ruins 유적, 폐허
- Minoan culture 미노스 문명
- realm 왕국
- excavation 발굴
- trove 귀중한 발견물[수집품]
- reach its height 절정에 도달하다, 최고로 번창하다
- carving 조각품
- pottery 도자기
- altar 제단

15 난도 ★★☆ 정답 ①

독해 > 대의 파악 > 제목, 주제

정답의 이유

첫 번째 문장에서 '나쁜 버전의 화폐에 의한 좋은 화폐의 가치 저하는 귀금속 함량이 높은 동전이 더 낮은 가치의 금속과 희석되어 낮은 함량의 금 또는 은을 함유하여 재발행되는 방식으로 일어났다.'라고 한 다음, 뒷부분에서 왕이 좋은 화폐를 나쁜 화폐로 대체하는 방법을 설명하고 있으므로 글의 제목으로 적절한 것은 ① 'How Bad Money Replaces Good(나쁜 화폐가 좋은 화폐를 대체하는 법)'이다.

오답의 이유

② 좋은 동전의 요소
③ 동전을 녹이는 게 어때?
④ 나쁜 화폐는 무엇인가?

본문해석

나쁜 버전의 화폐에 의한 좋은 화폐의 가치 저하는 귀금속 함량이 높은 동전이 더 낮은 가치의 금속과 희석되어 금이나 은 함량이 더 낮은 동전으로 재발행되는 방식으로 나타났다. 이러한 변질은 좋은 동전을 나쁜 동전으로 몰아냈다. 아무도 좋은 동전을 사용하지 않았고, 보관했으므로, 좋은 동전은 유통되지 않았고 비축되기에 이르렀다. 한편, 이러한 조치의 배후에는 발행인(대부분 왕)이 있었는데, 왕은 끝없이 계속된 전쟁과 그 밖의 다른 방탕한 생활로 국고를 탕진한 상황이었다. 그들은 모을 수 있는 모든 좋은 옛날 동전을 모았으며, 그것들을 녹여서 더 낮은 순도로 재발행하고 그 잔액을 착복했다. 오래된 동전을 계속 가지고 있는 것은 종종 불법이었지만, 사람들은 그렇게 했고, 한편 왕은 최소한 잠깐 동안은 그의 국고를 보충했다.

VOCA
- currency 화폐, 통화
- debasement 저하, 하락
- occur 일어나다, 생기다
- reissue 재발행하다
- dilute 희석하다
- adulteration 불순물 섞기, 변질
- drive out 몰아내다, 쫓아내다
- circulation 유통, 순환
- hoard 비축, 축적, 저장
- interminable 끝없는
- warfare 전쟁

• dissolute 방탕한
• purity 순도
• pocket 착복하다, 횡령하다
• balance 차액, 차감, 잔액
• replenish 다시 채우다, 보충하다
• treasury 국고

16 난도 ★★☆ 정답 ④

독해 > 글의 일관성 > 무관한 어휘 · 문장

정답의 이유

제시문은 미국의 달 착륙이 미국 정부가 꾸며낸 음모론이라고 믿는 사람들의 주장에 관한 내용이다. 이런 음모론 옹호자들이 가장 결정적인 증거로 인용하는 것은 우주비행사들이 지구를 벗어나기 위해 밴 앨런 벨트를 통과하지 못했을 것이라는 주장이다. ③에서 'Crucial to their case is the claim that astronauts never could have safely passed through the Van Allen belt(그들의 논거에서 아주 중요한 것은 우주비행사들이 밴 앨런 벨트를 결코 안전하게 통과할 수 없었을 것이라는 주장이다) ~'라고 했고, 제시문의 마지막 문장에서 'If the astronauts had truly gone through the belt, say conspiracy theorists, they would have died(음모론자들은 말하기를, 만약 우주비행사들이 정말로 밴 앨런 벨트를 통과했다면 그들은 죽었을 것이라고 한다).'라고 했는데, ④에서는 우주선의 금속 덮개가 방사선을 차단하도록 설계되었다고 했으므로 글의 흐름상 어색한 문장은 ④이다.

본문해석

모든 반대되는 증거에도 불구하고, 나사의 아폴로 우주 프로그램이 실제로 사람들을 달에 착륙시킨 적이 없다고 진지하게 믿는 사람들이 있다. 이 사람들은 주장하기를 달 착륙은 러시아와의 필사적인 경쟁과 체면 깎이는 것을 염려한 미국 정부에 의해 영속된 거대한 음모에 불과했다고 했다. 이 음모론자들의 주장은 미국이 우주 경쟁에서 러시아와 경쟁할 수 없다는 것을 알았고, 그래서 일련의 성공적인 달착륙을 꾸며낼 수밖에 없었다는 것이다. 음모론 옹호자들은 자신들이 증거라고 생각하는 몇 가지를 인용한다. 그들의 논거에서 아주 중요한 것은 우주비행사들이 지구의 자기장인 밴 앨런 벨트(지구를 둘러싸고 있는 방사능을 가진 층)를 결코 안전하게 통과할 수 없었을 것이라는 주장이다. 그들은 또한 우주선의 금속 덮개가 방사선을 차단하도록 설계되었다는 사실을 지적한다. 음모론자들이 말하기를, 만약 우주비행사들이 정말로 밴 앨런 벨트를 통과했다면 그들은 죽었을 것이라고 한다.

VOCA

• claim (~이 사실이라고) 주장하다
• conspiracy 음모
• perpetuate 영속하게 하다, 불멸하게 하다
• in competition with ~와 경쟁하여
• lose face 체면을 잃다
• fake 위조[날조/조작]하다, 꾸며내다
• advocate 옹호자
• cite (이유 · 예를) 들다[끌어내다], 인용하다
• crucial to ~에 있어서 아주 중대한
• the Van Allen belt 밴 앨런 대(지구를 둘러싸고 있는 방사능을 가진 층)
• trap 가두다
• magnetic field 자기장

17 난도 ★★☆ 정답 ③

독해 > 글의 일관성 > 문장 삽입

정답의 이유

주어진 문장은 '부족의 구전 역사와 전해지는 증거에 따르면 1500년에서 1700년 사이의 어느 시기에 진흙 사태가 마을을 파괴했고 그 바람에 일부 전통 가옥 내부의 물건들이 봉인되었다'는 내용이다. ③ 앞 문장에서 'Ozette 마을은 수천 년 동안 그 지역에 기반을 둔 원주민인 Makah족이 살았던 다섯 개의 주요 마을 중 하나였다.'라고 했고, ③ 다음 문장에서 '그렇지 않았다면, 남아 있지 않았을 바구니, 의복, 요, 고래잡이 도구를 포함한 수 천개의 유물들이 진흙 아래에 보존되어 있었다.'라고 했으므로 글의 흐름상 주어진 문장이 들어갈 위치로 적절한 것은 ③이다.

본문해석

워싱턴의 올림픽 반도 최서단에 위치한 Ozette 마을에서 Makah 부족민들이 고래를 사냥했다. 그들은 자신들의 어획물을 선반과 훈연실에서 훈제했으며, 주변의 Puget Sound와 인근의 Vancouver섬에서 온 이웃 부족들과 물물교환했다. Ozette 마을은 수천 년 동안 그 지역에 기반을 둔 원주민인 Makah족이 살았던 다섯 개의 주요 마을 중 하나였다. 부족의 구전 역사와 고고학적 증거는, 1500년에서 1700년 사이의 어느 시기에 진흙 사태가 마을 일부를 파괴했는데, 몇몇 전통가옥들을 뒤덮고 그 내부에 있던 것들을 봉인했다고 시사한다. 그렇지 않았다면 남아 있지 않았을 바구니, 의복, 요, 고래잡이 도구를 포함한 수 천개의 유물들이 진흙 아래에 보존되어 있었다. 1970년, 폭풍이 해안침식을 일으켰으며, 이들 전통가옥과 유물의 잔해가 드러났다.

VOCA

• westernmost 가장 서쪽의, 서단의
• smoke 훈제하다
• catch 잡은 것, 포획한 것
• rack 선반, 받침대, 시렁
• smokehouse 훈제실, 훈연장
• trade with ~와 무역[거래]하다
• neighboring 이웃의, 근처[인근]의
• inhabit 살다, 거주하다
• indigenous 토착의, 원산의
• archaeological 고고학의
• mudslide 진흙사태
• longhouse (미국에서 일부 원주민들의) 전통가옥
• seal 봉하다, 봉인하다
• preserve 보존하다
• coastal erosion 해안침식

18 난도 ★★☆ 정답 ②

독해 > 글의 일관성 > 글의 순서

정답의 이유

주어진 글에서 유명 영화배우와 운동선수에 대한 관심은 그들의 영화와 경기장에서의 활약을 넘어선다고 하였다. 따라서 문맥상 주어진 글 다음에는 할리우드 영화배우들의 사생활을 취재하는 언론에 대한 내용인 (B)가 오는 것이 적절하며, 다음으로는 '마찬가지로(similarly)' 숙련된 운동선수들의 평상시 행동도 대중의 관심을 받는다는 내용인 (A)로 이어지는 것이 자연스럽다. 마지막으로, 이들 '두 산업(Both industries)'이 '그런 관심(such attention)'을 활성화하는 것은 관객을 늘리고 수입을 증대하기 위한 것이지만, 기본적으로 영화배우와 운동선수들에게는 근본적인 차이가 있다고 마무리하는 (C)가 오는 것이 적절하다. 따라서 주어진 글 다음에 이어질 글의 순서로 적절한 것은 ② '(B) – (A) – (C)'이다.

본문해석

유명 영화배우와 운동선수에 대한 관심은 영화와 경기장에서의 그들의 활약을 넘어선다.

(B) 신문 칼럼, 전문적인 잡지, 텔레비전 프로그램, 웹사이트들은 때로 유명한 할리우드 배우들의 사생활을 정확하게 기록한다.

(A) 마찬가지로, 기량이 뛰어난 야구, 축구, 농구 선수들이 유니폼을 입지 않고 하는 평상시 행동도 대중의 관심을 끈다.

(C) 두 산업 모두 적극적으로 그러한 관심을 활성화하여, 관객을 늘리고 따라서 수입을 증가시킨다. 그러나 근본적인 차이가 그들을 구분한다. 유명 운동선수들이 생계를 위해 하는 일은 허구를 연기하는 영화배우들과는 다르게 진짜라는 것이다.

VOCA

- go beyond 넘어서다
- out of uniform 평복[사복]으로
- attract 불러일으키다[끌다]
- expand 확대[확장/팽창]시키다
- revenue 수입, 수익
- fundamental 근본적인, 기본적인
- authentic 진정성 있는, 진짜인

19 난도 ★★☆ 정답 ②

독해 > 빈칸 완성 > 단어 · 구 · 절

정답의 이유

밑줄 다음에는 다양한 계층의 사람들이 자신들의 이익을 위해 여러 방법으로 설득하는 사례가 나열되어 있다. 정치인들은 대중을 설득하기 위해, 사업체와 이익 단체들은 정부를 설득하기 위해, 지역사회 활동가들은 시민들을 설득하기 위해, 직장에서 일반 매니저들은 동료를 설득하기 위해 노력한다고 했으므로 밑줄 친 부분에 들어갈 말로 적절한 것은 ② 'Persuasion shows up in almost every walk of life(설득은 삶의 거의 모든 분야에서 나타난다).'이다.

오답의 이유

① 사업가는 설득력이 있어야 한다

③ 수많은 광고판과 포스터를 만나게 될 것이다

④ 대중 미디어 캠페인은 정부에 유익하다

본문해석

설득은 삶의 거의 모든 분야에서 나타난다. 거의 모든 주요 정치인들이 대중에 어필하는 법을 조언하는 미디어 컨설턴트와 정치 전문가를 고용한다. 실질적으로 모든 주요 기업과 특수 이익 집단은 로비스트를 고용하여 그 관심사를 의회 또는 주 정부와 지방 정부에 전달하기 위해 로비스트를 고용해 왔다. 거의 모든 지역 사회에서 활동가들은 중요한 정책 문제에 대해 동료 시민들을 설득하려고 노력한다. 직장도 역시 언제나 사무실 내 정치와 설득 활동을 위한 비옥한 터전이었다. 한 연구는 추정하기를, 일반 사무실 내 정치와 관리자들이 그들의 시간의 80% 이상을 언어적 의사소통에 소비하는데, 그 대부분이 동료 직원들을 설득하는 의도라고 한다. 복사기의 출현으로, 사무실에서의 설득을 위한 완전히 새로운 매체가 발명되었는데, 바로 복사된 메모이다. 미국의 국방부에서만 1일 평균 35만 페이지를 복사하는데, 이것은 소설 1,000권에 해당하는 분량이다.

VOCA

- persuasion 설득
- show up 나타나다, 등장하다
- walk 영역, 부문, 분야, 사회[경제]적 지위, 직업
- appeal 호소하다, 관심을 끌다
- virtually 사실상, 실질적으로, 거의
- special-interest group 특수 이익 집단
- concern 관심사, 사건, 이해관계
- fertile 활동하기에 좋은, 비옥한
- with the intent of ~할 의도를 가지고
- with the advent of ~의 출현으로
- photocopy 복사하다
- the Pentagon 미국 국방부
- equivalent 상당하는 대등한

20 난도 ★★☆ 정답 ①

독해 > 빈칸 완성 > 단어 · 구 · 절

정답의 이유

제시문은 사회적 상호작용에서 언어가 차지하는 비중이 성인과 어린아이가 서로 다르다는 내용이다. 성인의 경우 사회적 상호작용이 주로 언어를 통해서 발생하지만, 어린아이의 경우 사회적 상호작용에 언어가 그다지 필수적인 것이 아니라고 했다. 밑줄 앞 문장에서 어린아이들 사이에서 흔한 '평행 놀이'를 예로 들면서 아이들은 서로 별말 없이 혼자 놀면서 그냥 옆에 앉아만 있는 상태에도 만족할 수 있다고 했다. 또 밑줄 문장의 앞부분에서 'Adults rarely find themselves in situations where(성인들은 ~ 상황에 처하는 경우가 거의 없다) ~'라고 했으므로 밑줄에는 앞 문장의 평행 놀이 경우와는 상반되는 상황이 들어가야 함을 유추할 수 있다. 따라서 밑줄 친 부분에 들어갈 말로 적절한 것은 ① 'language does not play a crucial role in social interaction(언어가 사회적 상호작용에서 중요한 역할을 하지 않는)'이다.

영어 일반행정직

오답의 이유

② 그들의 의견이 동료들에 의해 선뜻 받아들여지는
③ 그들이 다른 언어를 사용하도록 요청받는
④ 의사소통 능력이 매우 요구되는

본문해석

성인의 경우 사회적 상호작용이 주로 언어 수단을 통해 이루어진다는 데 주목하는 것이 중요하다. 성인 원어민들이 그 언어를 사용하지 않는 누군가와의 상호작용에 시간을 할애하려는 경우는 거의 없으며, 그 결과 성인 외국인은 유의미하면서 폭넓은 언어 교환에 참여할 기회가 거의 없을 것이다. 반대로, 어린아이는 종종 다른 아이들에 의해, 심지어 성인들에 의해서도 선뜻 받아들여진다. 어린아이들의 경우 언어는 사회적 상호작용에 필수적인 것이 아니다. 예를 들어, 소위 '평행 놀이'는 어린아이들 사이에서 흔하다. 그들은 가끔 말하고 혼자 놀면서도 단지 서로 옆에 앉아 있는 것만으로도 만족할 수 있다. 성인들은 언어가 사회적 상호작용에서 중요한 역할을 하지 않는 상황에 처하는 경우가 거의 없다.

VOCA

- interaction 상호작용
- occur 일어나다, 발생하다
- devote to ~에 전념하다
- engage in 참여하다, 관련하다
- readily 선뜻, 기꺼이
- essential 필수적인, 극히 중요한
- parallel play 평행 놀이
- crucial 중대한, 결정적인

영어 | 2024년 지방직 9급

한눈에 훑어보기

영역 분석

어휘 01 02 03 04 05
5문항, 25%

독해 12 13 14 15 16 17 18 19 20
9문항, 45%

어법 06 07 08
3문항, 15%

표현 09 10 11
3문항, 15%

빠른 정답

01	02	03	04	05	06	07	08	09	10
②	②	①	①	③	④	③	②	④	④
11	12	13	14	15	16	17	18	19	20
②	③	④	③	③	③	③	④	①	①

점수 체크

구분	1회독	2회독	3회독
맞힌 문항 수	/ 20	/ 20	/ 20
나의 점수	점	점	점

01 난도 ★☆☆ 정답 ②

어휘 > 단어

정답의 이유

밑줄 친 markedly는 '현저하게'라는 뜻으로, 이와 의미가 가장 가까운 것은 ② 'obviously(분명하게)'이다.

오답의 이유

① 부드럽게
③ 조금만, 가까스로
④ 분별할 수 없게

본문해석

셰익스피어의 희극들은 많은 유사점을 갖고 있지만, 그것들은 또한 서로 현저하게 다르다.

VOCA

- similarity 유사성, 닮음
- differ from ~와 다르다

02 난도 ★☆☆ 정답 ②

어휘 > 단어

정답의 이유

밑줄 친 diluted는 'dilute(희석하다)'의 과거형으로, 이와 의미가 가장 가까운 것은 ② 'weakened(약화시켰다)'이다.

오답의 이유

① 세척했다
③ 연결했다
④ 발효시켰다

본문해석

Jane은 진한 흑차를 따르고 그것을 우유로 희석했다.

03 난도 ★☆☆ 정답 ①

어휘 > 어구

정답의 이유

밑줄 친 ruled out은 'rule out(제외하다)'의 과거형으로, 이와 의미가 가장 가까운 것은 ① 'excluded(제외했다)'이다.

영어 일반행정직

오답의 이유

② 지지했다
③ 제출했다
④ 재가했다

본문해석

수상은 육아 수당 또는 연금 삭감을 제외했던 것으로 여겨진다.

VOCA

- Prime Minister 수상
- be believed to ~로 여겨지다
- cuts 삭감, 감축, 인하
- child benefit (정부가 지급하는) 육아 수당
- pension 연금, 생활 보조금

04 난도 ★☆☆ 정답 ①

어휘 > 어구

정답의 이유

밑줄 친 let on은 '(비밀을) 말하다, 털어놓다'라는 뜻으로, 이와 의미가 가장 가까운 것은 ① 'reveal(밝히다, 폭로하다)'이다.

오답의 이유

② 관찰[관측]하다
③ 믿다
④ 소유하다

본문해석

우리가 깜짝 파티를 계획하고 있다고 네가 털어놓으면, 아빠는 네게 질문을 멈추지 않을 거야.

05 난도 ★☆☆ 정답 ③

어휘 > 단어

정답의 이유

빈칸 앞에 '슈퍼마켓의 자동문'이 있고, 빈칸 다음에 'the entry and exit of customers with bags or shopping carts(가방이나 쇼핑카트를 지닌 고객의 출입)'라고 했으므로 문맥상 빈칸에는 슈퍼마켓 자동문의 역할을 나타내는 말이 와야 한다. 따라서 빈칸에 들어갈 말로 적절한 것은 ③ 'facilitate(용이하게 하다)'이다.

오답의 이유

① 무시하다, 묵살하다
② 용서하다
④ 과장하다

본문해석

슈퍼마켓의 자동문은 가방이나 장바구니를 든 고객의 출입을 용이하게 한다.

06 난도 ★☆☆ 정답 ④

어법 > 비문 찾기

정답의 이유

④ 전치사구인 because of 다음에는 명사(구)가 와야 하는데, 여기서는 절(the author was working out his approach to psychology as he wrote it)이 왔으므로 because of → because로 고쳐야 한다.

오답의 이유

① one of 다음에 복수명사(virtues)가 어법상 바르게 사용되었으며, virtues를 수식하는 수 형용사인 many가 적절하게 사용되었다.
② 문장의 주어가 One이므로 단수동사(is)가 수일치되어 어법상 바르게 사용되었다.
③ 밑줄 친 which 앞의 Maps of Meaning과 which 다음에 오는 동사(is)가 있고 불완전한 문장이 왔으므로, which는 주격 관계대명사가 계속적 용법으로 올바르게 사용되었다.

본문해석

여러분이 읽고 있는 책의 여러 덕목 중 하나는 *Maps of Meaning*에 대한 진입점을 제공한다는 것이며, *Maps of Meaning*은 상당히 복잡한 작품인데, 작가가 그것을 집필할 때 심리에 대한 자신의 접근법을 끌어냈기 때문이다.

VOCA

- virtue 미덕, 덕목
- entry point 입구, 진입 지점
- work out 이끌어내다, ~을 계획해[생각해] 내다
- psychology 심리, 심리학

07 난도 ★★☆ 정답 ③

어법 > 비문 찾기

정답의 이유

③ 관계대명사 who 다음에 daughter가 있고, 이어지는 절(I look after)이 목적어가 없는 불완전한 절이므로, 주격 관계대명사가 아닌 소유격 관계대명사가 와야 한다. 따라서 who → whose가 되어야 한다. that절에서 주어는 the people(관계대명사의 선행사), 동사는 are moving away이다.

오답의 이유

① plan은 to부정사를 목적어로 취하는 동사로, to부정사의 부정은 'not+to부정사'이므로 not to spend가 어법상 올바르게 사용되었다.
② disappear는 '사라지다, 없어지다'라는 뜻의 자동사이다. 따라서 수동태로 쓸 수 없으며, 뒤에 last month라는 과거 시점 부사구가 있으므로 과거동사(disappeared)가 올바르게 사용되었다.
④ '~배만큼 ~한[하게]'이란 의미를 지닌 배수사 비교 구문은 '배수사+as+형용사/부사+as'이며, 2형식 동사 was의 주격 보어는 형용사이므로 twice as expensive as가 올바르게 사용되었다.

본문해석

① 프로젝트에 너무 많은 돈을 쓰지 않도록 계획해야 한다.

② 내 개가 지난달에 사라졌고 그 이후로 보이지 않았다.

③ 내가 돌봐주는 딸의 부모들이 이사 가게 되어 유감이다.

④ 나는 여행 중에 책을 한 권 샀는데, 그것은 본국에서보다 두 배 나 더 비쌌다.

VOCA

• look after 돌봐주다, 보살피다
• move away 이사[이전]하다
• at home 본국에서

더 알아보기

수동태로 쓸 수 없는 동사

• 목적어를 갖지 않는 자동사는 수동태로 쓸 수 없다.

appear, disappear, occur, happen, remain, come, arrive 등

예 My dog disappeared last month and hasn't been seen since.
(내 개가 지난달에 사라졌고 그 이후로 보이지 않았다.)

예 I'll be there whatever happens.
(나는 무슨 일이 있어도 거기 갈 것이다.)

예 All passengers should arrive at the railway station on time. (○)
All passengers should be arrived at the railway station on time. (×)
(모든 승객은 제시간에 기차역에 도착해야 한다.)

• 대상의 성질 또는 상태를 나타내는 상태동사는 수동태로 쓸 수 없다.

have, resemble, cost, weigh, equal, lack 등

예 Tom resembles his father. (○)
His father is resembled by Tom. (×)
(Tom은 그의 아버지를 닮았다.)

예 This area lacks enough rain for rice farming.
(이 지역은 벼농사를 짓기에는 비가 부족하다.)

08 난도 ★★☆ 정답 ②

어법 > 영작하기

정답의 이유

② mention은 3형식 동사이기 때문에 수여동사로 쓸 수 없으므로 간접목적어(me) 앞에 전치사 to를 써야 한다. 따라서 mentioned me that → mentioned to me that이 되어야 한다. leave(떠나다)는 진행형으로 가까운 미래를 나타낼 수 있는 왕래발착동사로 would be leaving이 올바르게 사용되었다.

오답의 이유

① find가 to부정사를 목적어로 취하는 경우 'find+가목적어(it)+목적격 보어+to부정사'의 구조로 'to부정사가 목적격 보어한 것을 알다[생각하다]'라는 뜻을 갖는다. 그런데 목적어인 'to work here(이곳에서 일하는 것)'가 '흥미를 느끼게 된' 것이 아니라 '흥미를 유발하는 것'이므로, 목적격 보어로 능동의 현재분사인 exciting이 올바르게 사용되었다.

③ 'want+목적어+to부정사'는 '목적어가 to부정사 하기를 원하다'의 뜻이므로, 목적격 보어로 to come이 올바르게 사용되었다.

④ 형용사 skillful과 experienced가 등위접속사 and로 병렬되어 뒤의 명사 teacher를 수식하고 있다. 또한 '좀 더 능숙하고 경험 많은 선생님이었다면 그를 달리 대했을 것'이라며 과거 사실의 반대를 가정하고 있으므로, 가정법 과거완료로 '조동사 과거형+have p.p.'가 올바르게 사용되었다.

더 알아보기

4형식으로 쓸 수 없는 완전타동사

다음 동사는 수여동사로 사용할 수 없는 완전타동사이다.

believe, explain, describe, announce, introduce, say, mention, prove, suggest, confess, propose 등	+(to+사람)+that절[의문사절]

예 Police believe (that) the man may be armed.
(경찰은 그 남자가 무기를 갖고 있을지도 모른다고 생각한다.)

예 She explained *to them* what to do in an emergency. (○)
She explained *them* what to do in an emergency. (×)
(그녀는 비상시에는 어떻게 해야 하는지를 그들에게 설명했다.)

cf. that절 또는 의문사절을 직접목적어로 취하는 4형식 동사

tell, convince, inform, notify, remind 등	+간접목적어(사람)+that절[의문사절]

예 They've told *us* (that) they're not coming.
(그들은 오지 않을 거라고 우리에게 말했다.)

예 Will you tell *me* what I should do next?
(이제 내가 다음에 뭘 해야 하는지 알려 줄래?)

예 The doctor advised ~~to me~~(→ me) that I should stop smoking.
(의사는 나에게 내가 금연해야 한다고 충고했다.)

09 난도 ★☆☆ 정답 ④

표현 > 일반회화

정답의 이유

A와 B는 행사에 사용할 의자를 더 주문해야 하는지에 대해 대화를 나누고 있다. 빈칸 뒤에서 A가 'I agree. I am also a bit surprised(맞아요. 저도 조금 놀랐어요).'라고 하자 B가 'Looks like I'll have to order more then(그럼 더 주문해야 할 것 같네요).'이라고 했으므로, 빈칸에는 예상한 것보다 참석자가 많아서 놀랐다는 내용이 들어가야 한다. 따라서 빈칸에 들어갈 말로 가장 적절한 것은 ④ 'That's a lot more than I expected(내가 예상했던 것보다 훨씬 더 많네요).'이다.

오답의 이유

① 그 매니저가 행사에 참석할지 궁금해요.
② 나는 350명 이상 참석할 것으로 생각했어요.
③ 그다지 많은 수는 아니에요.

본문해석

A: Charles, 곧 있을 행사에 의자가 더 필요할 것 같아요.
B: 정말요? 의자가 이미 충분하다고 생각했는데요.
A: 매니저가 350명 이상 오신다고 말했어요.
B: 내가 예상했던 것보다 훨씬 더 많네요.
A: 맞아요. 저도 조금 놀랐어요.
B: 그럼 더 주문해야 할 것 같네요. 감사합니다.

VOCA

- upcoming 다가오는, 곧 있을
- look like ~할 것 같다
- attend 참석하다

10 난도 ★☆☆ 정답 ④

표현 > 일반회화

정답의 이유

대화는 어제 회의에서 언급했던 문서를 이메일로 요청하는 상황으로, B가 빈칸 앞에서 'I don't have it with me. Mr. Park is in charge of the project, so he should have it(내가 그것을 가지고 있지 않아요. Mr. Park이 프로젝트 담당자이니까 가지고 있을 겁니다).'라고 했고, 빈칸 다음에서 'Hope you get the document you want(원하는 문서를 받으시길 바랍니다).'라고 했으므로, 대화의 흐름상 빈칸에 들어갈 말로 적절한 것은 ④ 'Thank you for letting me know. I'll contact him(알려주셔서 감사합니다. 그에게 연락해 볼게요).'이다.

오답의 이유

① 그가 사무실에 있는지 확인해 주시겠습니까?
② Mr. Park이 당신에게 다시 이메일을 보냈어요.
③ 지역 축제에 오시나요?

본문해석

A: 어제 회의에서 언급했던 문서를 받을 수 있을까요?
B: 네. 문서 제목이 뭐지요?
A: 제목은 기억이 나지 않는데, 지역 축제에 관한 것이었어요.
B: 네, 무엇을 얘기하고 계신지 알아요.
A: 좋아요. 그것을 내게 이메일로 보내주실 수 있나요?
B: 내가 그것을 가지고 있지 않아요. Mr. Park이 프로젝트 담당자이니까 갖고 있을 겁니다.
A: 알려주셔서 감사합니다. 그에게 연락해 볼게요.
B: 행운을 빌어요. 원하는 문서를 받으시길 바랍니다.

VOCA

- refer to 언급[지칭]하다
- community 주민, 지역 사회
- via (특정한 사람 · 시스템 등을) 통하여
- in charge of ~을 맡아서, 담당해서

11 난도 ★☆☆ 정답 ②

표현 > 일반회화

정답의 이유

대화는 다음 주 화요일에 있을 프레젠테이션에 관해 A가 B에게 질문하는 상황으로, 빈칸 다음에서 B가 프레젠테이션 2시간 전에 강의실에서 만날 수 있다고 하였으므로, 대화의 흐름상 빈칸에는 프레젠테이션 전에 미리 만나야 하는 이유와 관련된 내용이 들어가야 함을 유추할 수 있다. 따라서 빈칸에 들어갈 말로 가장 적절한 것은 ② 'When can I have a rehearsal for my presentation(프레젠테이션 리허설은 언제 할 수 있나요)?'이다.

오답의 이유

① 컴퓨터 기술자가 한 시간 전에 여기에 왔어요.
③ 우리 프로그램을 위해 더 많은 자원봉사자를 모집해야 할까요?
④ 회의실에 내 노트북을 두고 가는 게 불편해요.

본문해석

A: 안녕하세요. 다음 주 화요일에 있을 프레젠테이션에 대해 질문을 해도 될까요?
B: 자원봉사 프로그램 홍보에 대한 프레젠테이션 말인가요?
A: 네. 프레젠테이션 장소는 어디인가요?
B: 확인해 보겠습니다. 201호입니다.
A: 그렇군요. 회의실에서 노트북을 사용할 수 있나요?
B: 물론입니다. 회의실에 PC가 있긴 한데 원하시면 본인 것을 사용하실 수 있어요.
A: 프레젠테이션 리허설은 언제 할 수 있나요?
B: 프레젠테이션 2시간 전에는 회의실에서 만날 수 있어요. 괜찮으신가요?
A: 네. 정말 감사합니다!

VOCA

- promote 홍보하다
- laptop 휴대용[노트북] 컴퓨터
- rehearsal 리허설, 예행연습
- Would that work for you? 괜찮으세요?
- technician 기술자, 기사
- recruit 모집하다[뽑다]

12 난도 ★☆☆ 정답 ③

독해 > 세부 내용 찾기 > 내용 (불)일치

정답의 이유

이메일에서 'we would also like to book your restaurant for lunch on all three days(3일 내내 귀사의 레스토랑에 점심식사를 예약하고 싶습니다).'라고 했으므로 이메일의 내용과 일치하지 않는 것은 ③ '3일간의 저녁 식사를 위한 식당 예약이 필요하다.'이다.

오답의 이유

① 'We need to have enough room for over 200 delegates in your main conference room(귀사의 주 회의실에 200명 이상의 대표자를 수용할 수 있는 충분한 공간이 필요하며) ~'이라고 했으므로 내용과 일치한다.

② '~ we would also like three small conference rooms for meetings. Each conference room needs wi-fi as well(회의를 위한 소회의실도 3곳이 필요합니다. 각 회의실에는 와이파이도 필요합니다).'이라고 했으므로 내용과 일치한다.

④ 'We will need accommodations for over 100 delegates each night(매일 밤 100명 이상의 대표단 숙소가 필요합니다).'라고 했으므로 내용과 일치한다.

본문해석

담당자님께,

Metropolitan Conference Center에 대한 정보를 요청하고자 메일 드립니다.

저희는 올해 9월에 3일 동안 컨퍼런스를 위한 장소를 찾고 있습니다. 귀사의 주 회의실에 200명 이상의 대표자를 수용할 수 있는 충분한 공간이 필요하며, 회의를 위한 소회의실도 3곳이 필요합니다. 각 회의실에는 와이파이도 필요합니다. 오전과 오후 중간에 커피를 마실 수 있어야 하고, 3일 내내 귀사의 레스토랑에 점심식사를 예약하고 싶습니다.

더불어, 메트로폴리탄 고객이나 대규모 단체를 위한 할인이 적용되는 현지 호텔이 있는지 알려주시겠습니까? 매일 밤 100명 이상의 대표단 숙소가 필요합니다.

회신 기다리겠습니다.

안부를 전하며,

Bruce Taylor, 행사 매니저 드림

VOCA

- venue (콘서트 · 스포츠 경기 · 회담 등의) 장소
- delegate 대표(자)
- available 구할[이용할] 수 있는
- book 예약하다
- discount rate 할인율
- accommodation 숙박 시설

13 난도 ★☆☆ 정답 ④

독해 > 세부 내용 찾기 > 내용 (불)일치

정답의 이유

마지막 문장에서 'The cravats were made of many different materials from plaid to lace(cravat는 격자무늬부터 레이스까지 많은 다른 재료들로 제작되어) ~'라고 했으므로 글의 내용과 일치하지 않는 것은 ④ 'The materials used to make the cravats were limited(cravat를 만드는 데 사용된 재료는 제한적이었다).'이다.

오답의 이유

① 1660년 한 무리의 크로아티아 군인이 파리를 방문했다. → 첫 번째, 두 번째 문장에서 'According to the historians, neckties date back to 1660. In that year, a group of soldiers from Croatia visited Paris(역사학자들에 따르면, 넥타이는 1660년까지 거슬러 올라간다. 그해에, 크로아티아에서 온 한 무리의 군인들이 파리를 방문했다).'라고 했으므로 글의 내용과 일치한다.

② Royal Cravattes는 스카프를 두른 크로아티아 군인들을 기리기 위해 만들어졌다. → 네 번째 문장에서 '~ the king decided to honor the Croats by creating a military regiment called the Royal Cravattes(왕은 Royal Cravattes라고 불리는 군사 연대를 만들어 크로아티아인들을 기리기로 결정했다).'라고 했으므로 글의 내용과 일치한다.

③ 일부 cravat는 남자가 머리를 자유자재로 움직이기에는 너무 불편했다. → 열 번째 문장에서 'At times, they were so high that a man could not move his head without turning his whole body(때로, 그것들이 너무 높아서 남자가 온몸을 돌리지 않고는 자신의 머리를 움직일 수 없었다).'라고 했으므로 글의 내용과 일치한다.

본문해석

역사학자들에 따르면, 넥타이는 1660년까지 거슬러 올라간다. 그해에, 크로아티아에서 온 한 무리의 군인들이 파리를 방문했다. 이 군인들은 루이 14세가 매우 존경했던 전쟁 영웅들이었다. 그들이 목에 걸었던 색깔이 있는 스카프에 감명받은 왕은 Royal Cravattes라고 불리는 군사 연대를 만들어 크로아티아인들을 기리기로 결정했다. cravat라는 단어는 크로아티아어 단어로부터 생겼다. 이 연대의 모든 군인들은 다양한 색깔의 스카프 또는 cravat를 목에 걸었다. 이 새로운 스타일의 목에 두르는 물건은 영국으로 이동했다. 곧 모든 상류층 남자들이 cravat를 착용하고 있었다. 일부 cravat는 꽤 극단적이었다. 때로, 그것들이 너무 높아서 남자가 온몸을 돌리지 않고는 자신의 머리를 움직일 수 없었다. cravat는 격자무늬부터 레이스까지 많은 다른 재료들로 제작되어, 어떤 행사에도 어울렸다.

VOCA

- historian 사학자
- date back ~까지 거슬러 올라가다
- admire 존경하다, 칭찬하다
- impressed with ~에 감동하다, 깊은 감명을 받나
- honor ~에게 영광을 베풀다
- military regiment 군대 연대
- come from ~에서 생겨나다
- cravat 크라바트(넥타이처럼 매는 남성용 스카프)
- plaid 격자[타탄(tartan)]무늬 천
- suitable for ~에 알맞은[어울리는]
- occasion 행사[의식/축하]

14 난도 ★☆☆

정답 ③

독해 > 대의 파악 > 제목, 주제

정답의 이유

도입부에서 최근 라틴 아메리카는 풍력, 태양열, 지열 및 바이오 연료 에너지 자원을 활용하는 데 큰 진전을 이루어서 전력 부문의 석유 의존도를 낮추기 시작했다고 했고, 마지막 문장에서 'Countries in Central America and the Caribbean, ~ were the first to move away from oil-based power plants(중앙 아메리카와 카리브해 국가들은 ~ 석유 기반 발전소로부터 가장 먼저 벗어났다) ~' 라고 했으므로 글의 주제로 적절한 것은 ③ 'advancement of renewable energy in Latin America(라틴 아메리카의 재생 에너지 발전)'이다.

오답의 이유

① 호황을 누리고 있는 라틴 아메리카의 석유 산업

② 감소하는 라틴 아메리카의 전기 사업

④ 라틴 아메리카의 공격적인 석유 기반 자원 개발

본문해석

최근 몇 년 동안 라틴 아메리카는 엄청난 풍력, 태양열, 지열 및 바이오 연료 에너지 자원을 활용하는 데 막대한 진전을 이루었다. 라틴 아메리카의 전력 부문은 이미 석유에 대한 의존도를 점차 낮추기 시작했다. 라틴 아메리카는 2015년에서 2040년 사이에 전력 생산량을 거의 두 배로 늘릴 것으로 예상된다. 사실상 라틴 아메리카의 새로운 대규모 발전소 중 석유를 연료로 사용하는 발전소가 거의 없을 것이고, 이는 다른 기술을 위한 장을 열어줄 것이다. 중앙 아메리카와 카리브해 국가들은 전통적으로 석유를 수입했는데, 금세기 초 10년 동안 높고 불안정한 (석유) 가격으로 고통받은 후에 석유 기반 발전소로부터 가장 먼저 벗어났다.

VOCA

- stride 진전
- exploit 이용하다
- geothermal 지열의
- biofuel 바이오 연료
- energy resource 동력 자원
- electricity sector 전기 부분
- gradually 서서히
- decrease 줄다[감소하다]
- dependence 의존, 의지
- output 생산량, 산출량
- practically 사실상, 거의
- power plant 발전소
- oil-fueled 기름을 연료로 쓰는
- open up ~을[이] 가능하게 하다[가능해지다]
- volatile 변덕스러운, 불안한
- boom 호황을 맞다, 번창[성공]하다
- advancement 발전, 진보
- renewable energy 재생 에너지
- aggressive 공격적인[대단히 적극적인]

15 난도 ★★☆

정답 ③

독해 > 대의 파악 > 제목, 주제

정답의 이유

두 번째 문장에서 조직의 직무 수행은 자원을 얼마나 갖고 있느냐의 역할이라기보다는 보유 자원을 얼마나 잘 활용하느냐의 역할이라고 했고, 세 번째 문장에서 'You as the organization's leader can always make the use of those resources more efficient and effective(여러분은 조직의 리더로서 항상 이러한 자원을 더 능률적이고 효과적으로 사용할 수 있는데) ~'라고 했다. 마지막 문장에서 조직의 리더로서 주어진 자원을 효율적으로 이용할 수 있는 구체적인 방법을 제시하고 있으므로 글의 제목으로 적절한 것은 ③ 'Making the Most of the Resources: A Leader's Way(자원을 최대한 활용하기: 리더의 길)'이다.

오답의 이유

① 조직 내 자원 교환하기

② 외부 통제를 설정하는 리더의 능력

④ 조직의 기술적 역량: 성공을 가로막는 장벽

본문해석

모든 조직은 임무를 수행하기 위해 사용할 수 있는 자원을 가지고 있다. 조직이 얼마나 직무를 잘 수행하느냐는 부분적으로 이러한 자원을 얼마나 많이 가지고 있느냐에 달려있지만, 대부분 인력과 자금 같은 보유 자원을 얼마나 잘 활용하느냐에 달려있다. 조직의 인사와 정책에 대한 통제권을 가지고 있다는 조건하에, 여러분은 조직의 리더로서 항상 이러한 자원을 더 능률적이고 효과적으로 사용할 수 있는데, 이는 자동적으로 발생하는 조건이 아니다. 인력과 자금을 신중하게 관리하고, 가장 중요한 일을 가장 중요하게 취급하고, 좋은 결정을 내리고, 직면한 문제를 해결함으로써 여러분은 여러분이 이용 가능한 것들을 최대한 활용할 수 있다.

VOCA

- resource 자원, 재원
- mission 임무
- function 기능, 역할
- make use of ~을 이용하다, 활용하다
- efficient 능률적인, 유능한
- effective 효과적인
- personnel 인원[직원들]
- agenda 의제[안건] (목록)
- occur 일어나다, 발생하다
- automatically 자동적으로
- treat 대하다[다루다/취급하다/대우하다]
- encounter 접하다[마주치다]
- set up 설립[수립]하다
- external 외부의[외부적인]
- capacity 용량, 수용력
- barrier 장애물[장벽]

16 난도 ★★☆ 정답 ③

독해 > 글의 일관성 > 무관한 어휘 · 문장

정답의 이유

제시문은 비판적 사고 과정에서 드러나는 감정을 잘 관리하여 자신의 의견을 설득력 있게 주장해야 한다는 내용이다. ③ 앞 문장에서 '학계는 전통적으로 스스로 논리적이고 감정이 없는 것으로 여기는 것을 좋아하기 때문에, 감정을 드러낼 경우, 이는 특히 어려울 수 있다.'라고 했고, ③ 다음 문장에서 감정을 관리하는 것은 유용한 기술이라고 했다. ③은 '예를 들어, 동일한 정보를 여러 관점에서 보는 것이 중요하지 않다.'라는 내용이므로 글의 흐름상 어색한 문장이다.

본문해석

비판적 사고는 감정적이지 않은 과정처럼 들리지만, 감정과 심지어 격렬한 반응을 끌어들일 수 있다. 특히, 우리는 우리 자신의 의견이나 신념에 반하는 증거를 좋아하지 않을 수도 있다. 만약 그 증거가 도전적인 방향을 향하면, 그것은 예상치 못한 분노, 좌절감 또는 불안감을 불러일으킬 수 있다. 학계는 전통적으로 스스로 논리적이고 감정이 없다고 여기는 것을 좋아하기 때문에, 감정을 드러낼 경우, 이는 특히 어려울 수 있다. 예를 들어, 동일한 정보를 여러 관점에서 보는 것은 중요하지 않다. 그런 상황에서 여러분의 감정을 관리할 수 있는 것은 유용한 기술이다. 만약 여러분이 침착함을 유지하고 논리적으로 자신의 이유를 제시할 수 있다면, 여러분은 자신의 관점을 설득력 있는 방법으로 더 잘 주장할 수 있을 것이다.

VOCA

- unemotional 감정을 드러내지 않는, 침착한
- engage (주의 · 관심을) 사로잡다[끌다]
- passionate 열정적인, 열렬한
- evidence 증거, 흔적
- contradict 부정[부인]하다, 반박하다
- point (특정 방향으로) 향하다[향하게 되다]
- challenging 도전적인, 도전 의식을 북돋우는
- rouse (어떤 감정을) 불러일으키다[자아내다]
- unexpected 예기치 않은, 예상 밖의, 뜻밖의
- emerge 드러나다, 알려지다
- circumstance 환경, 상황, 정황
- remain (없어지지 않고) 남다
- present 보여 주다[나타내다/묘사하다]
- argue 주장하다, 논증하다
- convincing 설득력 있는, (승리 등이) 확실한

17 난도 ★★★ 정답 ③

독해 > 글의 일관성 > 글의 순서

정답의 이유

주어진 글에서 컴퓨터 보조언어학습(CALL)이 흥미와 좌절감을 동시에 준다고 했으므로, 문맥상 그 두 가지 감정을 주는 이유를 설명하는 (B)가 오는 것이 자연스럽다. (C)에서 '기술(Technology)'이 언어학습 영역에서 새로운 차원을 더해 주어 실무에 적용하려는 사람들에게 새로운 지식과 기술을 요구한다고 했고, (A)에서 '그러나(Yet)' 그 기술(the technology)이 너무 빨리 변해서 따라잡으려면 컴퓨터 보조언어학습의 지식과 기술도 끊임없이 갱신되어야 한다고 했으므로, 흐름상 (C)가 오고 다음에 (A)가 와야 한다. 따라서 주어진 글 다음에 이어질 순서로 적절한 것은 ③ '(B) – (C) – (A)'이다.

본문해석

컴퓨터 보조언어학습(CALL)은 연구 및 실습 분야로서 흥미로우면서 좌절감을 주기도 한다.

(B) 그것은 복잡하고 역동적이면서 빠르게 변하기 때문에 흥미로운데, 같은 이유로 인해 좌절감을 주기도 한다.

(C) 기술은 언어학습 영역에 차원을 더하여 전문적인 실습에 적용하려는 사람들에게 새로운 지식과 기술을 요구한다.

(A) 하지만 그 기술은 너무 빠르게 변해서 CALL 지식과 기술이 그 분야에서 발맞추기 위해서는 끊임없이 갱신되어야 한다.

VOCA

- assist 돕다, 도움이 되다
- frustrating 좌절감을 주는
- dynamic 역동적인
- dimension 차원, 관점
- domain 영역[분야], (책임의) 범위
- apply 꼭 들어맞다, 적용되다,
- constantly 끊임없이, 계속
- renewed 새롭게 한, 회복된, 갱신된
- apace 발맞추어, 빨리

18 난도 ★☆☆ 정답 ④

독해 > 글의 일관성 > 문장 삽입

정답의 이유

주어진 문장에서 '그러나 인어공주(she)가 재빨리 다시 머리를 내밀었다.'라고 했으므로 주어진 문장은 물속으로 들어가는 내용 다음에 위치해야 한다. ④ 앞 문장의 후반부에서 '~ she dove down under the water(그녀는 물속으로 들어갔다).'라고 했으므로 주어진 문장이 들어갈 위치로 적절한 것은 ④이다.

본문해석

인어공주는 선실의 작은 창문까지 헤엄쳐 올라갔고, 파도가 그녀를 들어올릴 때마다, 그녀는 투명한 유리를 통해 옷을 잘 차려입은 사람들의 무리를 볼 수 있었다. 그중에 커다란 검은 눈을 가진 젊은 왕자가 있었는데, 그곳에서 가장 잘생긴 사람이었다. 그날은 왕자의 생일이었고, 그것이 바로 그토록 신나는 이유였다. 젊은 왕자가 선원들이 춤추고 있는 갑판으로 나왔을 때, 100개가 넘는 폭죽이 하늘로 올라갔다가 반짝이면서 부서져서 하늘을 낮처럼 밝게 만들었다. 인어공주는 너무 놀라서 물속으로 들어갔다. 그러나 그녀는 재빨리 다시 머리를 내밀었다. 이것 봐! 마치 하늘에 있는 모든 별들이 그녀에게로 떨어지는 것 같았다. 그녀는 그런 불꽃놀이를 본 적이 없었다.

VOCA

- pop 잠깐[불쑥] 내놓다
- mermaid 인어
- lift 들어올리다[올리다]
- rocket 폭죽
- glitter 반짝반짝 빛나다
- startled ~에 놀란
- dive 잠수하다
- firework 불꽃놀이

19 난도 ★★☆ 정답 ①

독해 > 빈칸 완성 > 단어 · 구 · 절

정답의 이유

제시문은 모든 밀레니얼 세대가 현재 같은 삶의 단계에 있는 것이 아니라고 하면서, 나이에 따라 Y.1세대와 Y.2세대로 구분하여 설명하고 있다. 다섯 번째 문장에서 'Not only are the two groups culturally different, but they're in vastly different phases of their financial life(두 집단은 문화적으로 다를 뿐만 아니라, 재정적으로도 크게 다른 단계에 있다).'라고 했고, 이후에서 더 어린 집단(The younger group)과 후자의 집단(The latter group)의 차이를 서술하고 있다. 따라서 빈칸에 들어갈 말로 적절한 것은 ① 'contrast(차이)'이다.

오답의 이유

② 축소, 삭감

③ 반복, 재현

④ 능력, 역량

본문해석

Javelin Research는 모든 밀레니얼 세대가 현재 같은 삶의 단계에 있는 것은 아니라는 것을 주목했다. 모든 밀레니얼 세대는 세기의 전환기에 출생했지만, 그들 중 일부는 아직 성인 초기 단계에 있어서, 새로운 직업과 씨름하면서 정착하고 있다. 반면에, 더 나이가 많은 밀레니얼 세대는 집이 있고 가족을 형성하고 있다. 여러분은 아이를 갖는 것이 여러분의 관심사와 우선순위를 어떻게 바꿀 수 있는지 상상해볼 수 있을 것이다. 따라서 마케팅적인 목적을 위해 이 세대를 Y.1세대와 Y.2세대로 나누는 것이 유용하다. 두 집단은 문화적으로 다를 뿐만 아니라, 재정적으로도 크게 다른 단계에 있다. 나이가 더 어린 집단은 재정적으로 초보자로, 이제 막 그들의 구매력을 보여주기 시작한다. 후자의 집단은 신용 기록이 있고, 그들의 첫 번째 대출을 받았을 수도 있고 어린아이들을 키우고 있다. Y.1세대와 Y.2세대 사이의 우선순위와 필요의 차이는 방대하다.

VOCA

- notice 주목하다, 관심을 기울이다
- Millennials 밀레니얼 세대(1980년대에서 2000년대 사이에 태어난 세대)
- currently 현재는, 지금은
- adulthood 성인(임), 성년
- wrestle with ~을 해결하려고 애쓰다
- settle down 정착하다
- priority 우선순위
- split 분열되다, 의견이 갈리다; 분열시키다
- vastly 대단히, 엄청나게
- phase 단계[시기/국면]
- financial 금융[재정]의
- mortgage (담보) 대출(금), 융자(금)
- vast 어마어마한[방대한/막대한]

20 난도 ★★☆ 정답 ①

독해 > 빈칸 완성 > 단어 · 구 · 절

정답의 이유

제시문은 자유화된 시장에서 비용 압박이 기존 수력 발전 계획과 미래의 수력 발전 계획에 미치는 서로 다른 영향에 대한 내용이다. 두 번째 문장에서 'Because of the cost structure, existing hydropower plants will always be able to earn a profit(비용 구조 때문에 기존 수력 발전소는 항상 이익을 얻을 수 있을 것이다).'라고 한 다음에, 세 번째 문장에서 미래의 수력 발전 계획과 건설은 단기적인 과정이 아니기 때문에, 낮은 발전 비용에도 불구하고 대중적인 투자가 아니라고 했다. 빈칸 앞에서 '대부분의 민간 투자자들은 ~에 자금을 조달하는 것을 선호할 것'이라고 했고, 빈칸 다음에서 '기존 수력 발전소가 고수익 사업처럼 보이지만 아무도 새로운 곳에 투자하기를 원하지 않는 역설적인 상황으로 이어진다.'라고 했으므로 빈칸에는 '단기적인 투자'와 관련된 내용이 와야 함을 알 수 있다. 따라서 빈칸에 들어갈 말로 적절한 것은 ① 'more short-term technologies(더 단기적인 기술)'이다.

오답의 이유

② 모든 첨단 기술 산업
③ 공익의 증진
④ 전력 공급의 향상

본문해석

자유화된 시장에서 비용 압력은 기존의 그리고 미래의 수력 발전 계획에 다른 영향을 미친다. 비용 구조 때문에 기존 수력 발전소는 항상 이익을 얻을 수 있을 것이다. 미래의 수력 발전 계획과 건설은 단기간의 프로세스가 아니기 때문에, 낮은 발전 비용에도 불구하고 대중적인 투자가 아니다. 대부분 민간 투자자들은 더 단기적인 기술에 자금을 조달하는 것을 선호할 것이고, 이는 기존 수력 발전소가 고수익 사업처럼 보이지만 누구도 새로운 곳(수력 발전소)에 투자하기를 원하지 않는 역설적인 상황으로 이어진다. 공공 주주들/소유자들(주, 시, 지방자치단체)이 관련된 경우, 상황은 매우 다르게 보이는데, 그들이 공급 안정성의 중요성을 이해할 수 있고 장기적인 투자를 높이 평가하기 때문이다.

VOCA

- cost pressure 비용 압박
- have effects on ~에 영향을 미치다
- existing 기존의, 현재 사용되는
- hydropower 수력 전기(력)
- scheme 계획, 제도, 책략
- cost structure 원가구조
- short-term process 단기간의 프로세스
- investment 투자
- electricity generation costs 발전(전기 생산) 비용
- prefer to ~보다 선호하다
- finance 자금[재원]을 대다
- paradoxical 역설적인
- cash cow 고수익[효자] 상품[사업]
- shareholder 출자자, 주주
- municipality 지방자치제, 지방자치제 당국
- security 안전, 무사(safety), 안전 확보
- appreciate (가치를) 정당하게 평가하다, 높이 평가하다
- public interest 공익, 일반 대중의 관심
- enhancement 고양, 증진, 증대, 강화
- electricity supply 전력 공급

영어 | 2023년 국가직 9급

한눈에 훑어보기

영역 분석

어휘 01 02 03 04
4문항, 20%

독해 08 09 13 14 15 16 17 18 19 20
10문항, 50%

어법 05 06 07
3문항, 15%

표현 10 11 12
3문항, 15%

빠른 정답

01	02	03	04	05	06	07	08	09	10
②	②	④	①	③	④	②	④	④	①
11	12	13	14	15	16	17	18	19	20
②	③	③	①	②	②	③	③	③	①

점수 체크

구분	1회독	2회독	3회독
맞힌 문항 수	/ 20	/ 20	/ 20
나의 점수	점	점	점

01 난도 ★☆☆ 정답 ②

어휘 > 단어

정답의 이유

밑줄 친 intimate는 '친한'의 뜻으로 이와 의미가 가장 가까운 것은 ② 'close(친한)'이다.

오답의 이유

① 참견하기 좋아하는
③ 외향적인
④ 사려 깊은

본문해석

Jane은 화려한 결혼식보다는 작은 결혼식을 하고 싶었다. 따라서 그녀는 가족과 그녀의 친한 친구 몇 명을 초대해 맛있는 음식을 먹고 즐거운 시간을 보내려고 계획했다.

VOCA

- fancy 화려한, 값비싼
- rather than ~보다는

02 난도 ★☆☆ 정답 ②

어휘 > 단어

정답의 이유

밑줄 친 incessant는 '끊임없는'의 뜻으로 이와 의미가 가장 가까운 것은 ② 'constant(끊임없는)'이다.

오답의 이유

① 빠른
③ 중요한
④ 간헐적인

본문해석

더 적은 비용으로 얻는 건강상 이점으로 인한 끊임없는 대중의 호기심과 소비자 수요가 기능성 식품에 대한 관심을 증가시켰다.

VOCA

- public 일반인[대중]의
- consumer demand 소비자 수요
- due to ~에 기인하는, ~때문에
- benefit 혜택, 이득
- functional food 기능성[건강 보조] 식품

03 난도 ★☆☆ 정답 ④

어휘 > 어구

정답의 이유

밑줄 친 hold off는 '미루다'의 뜻으로 이와 의미가 가장 가까운 것은 ④ 'suspend(연기하다)'이다.

오답의 이유

① 정교하게 만들다
② 풀어 주다, 석방[해방]하다
③ 수정하다

본문해석

전국적인 유행병 때문에 그 회사는 직원들에게 다양한 연수 프로그램을 제공하려는 계획을 미뤄야 했다.

VOCA

- pandemic 전국[전 세계]적인 유행병
- provide A with B A에게 B를 제공하다

04 난도 ★☆☆ 정답 ①

어휘 > 어구

정답의 이유

밑줄 친 abide by는 '준수하다, 지키다'의 뜻으로 이와 의미가 가장 가까운 것은 ① 'accept(받아들이다, 수용하다)'이다.

오답의 이유

② 보고하다
③ 미루다
④ 발표하다

본문해석

신임 지방 주지사는 그 죄수를 석방하라는 고등법원의 결정을 준수할 것이라고 말했다.

VOCA

- Regional Governor 지방 주지사
- the High Court 고등법원
- release 풀어주다, 석방하다

05 난도 ★★★ 정답 ③

어법 > 비문 찾기

정답의 이유

③ 밑줄 친 conceal의 주어는 단수명사(the biomedical view)이므로 3인칭 단수형 동사로 수일치해야 한다. 따라서 conceal → conceals가 되어야 한다.

오답의 이유

① 'make+it(가목적어)+목적격 보어+to부정사(진목적어)'는 'to부정사하는 것을 목적격 보어하게 만들다'라는 뜻이다. 이때 it은 가목적어로 진목적어(to extend the life of individuals with end-stage organ disease)를 대신하고 있으므로 올바르게 사용되었다.

② 'it(가주어)+is argued+that(진주어)' 구문에서 가주어(it)와 진주어(that 이하)가 올바르게 사용되었으며, 명사절 접속사 that 다음에 완전한 문장이 왔으므로 어법상 적절하다.

④ accurately는 동사(represents)를 수식하는 부사로 올바르게 사용되었다.

본문해석

이식 기술의 발전은 말기 장기(臟器) 질환 환자의 생명 연장을 가능하게 만들었지만, 장기이식을 일단 심장이나 신장을 성공적으로 교체하면 끝나는 한계성 사건으로 보는 생물의학적 견해는 장기이식 경험을 더 정확하게 보여주는 복잡하고 역동적인 과정을 숨기고 있다고 주장되고 있다.

VOCA

- advance 진전, 발전
- transplant 이식, 이식하다
- extend 연장하다
- end-stage 말기의
- biochemical 생물 의학적인
- organ transplantation 장기이식
- bounded 경계[한계]가 있는
- kidney 신장, 콩팥
- replace 바꾸다[교체하다]
- conceal 숨기다, 감추다
- accurately 정확하게
- represent 나타내다, 보여주다

06 난도 ★★☆ 정답 ④

어법 > 비문 찾기

정답의 이유

④ '사역동사(have)+목적어+목적격 보어'는 '목적어를 ~하도록 하다'의 뜻으로 목적어와 목적격 보어의 관계가 능동이면 원형부정사를, 수동이면 과거분사를 목적격 보어로 취한다. had it remove에서 목적어 it이 가리키는 것은 the tip of a pencil인데, 문맥상 연필 끝은 머리에서 제거되는 수동의 관계에 있으므로 remove → removed가 되어야 한다.

오답의 이유

① 'be expected to+동사원형'은 '~할 것으로 기대된다'의 뜻이다. 과제(assignments)는 제출되는 수동의 대상이므로, 어법상 to be turned in이 올바르게 사용되었다.

② 'Hardly+had+주어+과거분사 ~ when+주어+과거동사'는 '~하자마자 …했다'의 뜻으로, 어법상 올바르게 사용되었다.

③ '주장 · 요구 · 명령 · 제안 · 조언 · 권고 동사+that절'에서 that절의 동사는 '(should)+동사원형'을 쓰므로 recommended that 다음에 should가 생략되어, 동사원형 형태인 buy가 올바르게 사용되었다.

본문해석

① 모든 과제는 제시간에 제출될 것으로 예상된다.

② 나는 눈을 감자마자 그녀를 생각하기 시작했다.

③ 그 중개인은 그녀에게 즉시 주식을 사라고 권했다.

④ 머리에 연필심이 박힌 여자가 마침내 그것을 제거받았다.

VOCA

- assignment 과제, 임무
- turn in 제출하다
- broker 중개인
- stock (주로 복수로) 주식
- stick 찌르다(stick-stuck-stuck)

더 알아보기

사역동사+목적어+목적격 보어: '목적어를 ~하도록[당하도록] 하다'

'사역동사(have, make, let 등)+목적어+목적격 보어'에서 목적어와 목적격 보어가 능동 관계이면 목적격 보어로 원형부정사가 오고, 수동 관계이면 목적격 보어로 과거분사가 온다.

make	목적어를 ~하도록[당하도록] 만들다	• make/have/let+목적어+목적격 보어(원형부정사): 능동 • make/have/let+목적어+목적격 보어(과거분사): 수동
have	목적어를 ~하도록[당하도록] 하다	
let	목적어를 ~하도록[당하도록] 허락하다	

예 He made his secretary fill orders and handle meetings with clients.
(그는 비서가 주문을 이행하고 고객들과의 회의를 진행하도록 했다.)

예 She refused to let her question ignored by the upper management.
(그녀는 고위 경영진들에 의해 그녀의 질문이 무시되는 것을 거부했다.)

07 난도 ★★☆ 정답 ②

어법 > 영작하기

정답의 이유

② 전치사 by는 동작의 완료를, until은 동작의 지속을 나타내는 동사와 함께 사용된다. finish는 '~을 마치다'의 뜻으로 동작의 완료를 나타내는 동사이므로, until → by가 되어야 한다.

오답의 이유

① '배수사+as+형용사/부사+as'의 배수사 비교 구문은 '~배만큼 …한[하게]'라는 뜻이다. '내 고양이'와 '그의 고양이'를 비교하고 있으므로, as 다음에 his cat이 소유대명사 his(그의 것=그의 고양이)가 올바르게 사용되었다.

③ 습관은 현재시제로 쓰므로 washes가 올바르게 사용되었다.

④ 'had better+동사원형'은 '~하는 편이 낫다'의 뜻으로 동사원형 take가 올바르게 사용되었다. in case는 '~에 대비하여'의 뜻으로 조건부사절을 이끄는 접속사구이다. 시간 · 조건 부사절에서 현재시제가 미래시제를 대신하므로, 어법상 현재시제 rains가 올바르게 사용되었다.

VOCA

- every other day 이틀에 한 번, 격일로
- in case ~에 대비하여
- had better ~하는 편이 낫다

더 알아보기

현재시제의 쓰임

- 현재의 사실, 동작, 상태를 나타낸다.
  예 She looks very happy.
  (그녀는 매우 행복해 보인다.)
- 현재의 습관, 반복적 동작을 나타낸다.
  예 She washes her hair every other day.
  (그녀는 이틀에 한 번 머리를 감는다.)
- 객관적인 진리, 사실, 격언, 사회적인 통념을 나타낸다.
  예 The early birds catch the worm.
  (일찍 일어나는 새가 벌레를 잡는다.)
- 왕래발착(go, come, arrive, leave, begin, start 등) 동사는 미래 부사구와 함께 쓰여 미래를 나타낸다.
  예 The flight to Seoul arrives ten o'clock tomorrow evening.
  (서울행 비행기는 내일 저녁 10시에 도착할 거야.)
- 시간 · 조건 부사절에서 현재시제가 미래시제를 대신한다.
  예 Employees are entitled to use sick leave if an illness prevents them from performing their duties.
  (직원들은 질병으로 인해 직무를 수행하지 못할 경우 병가를 사용할 권리가 있다.)
  예 The bus will depart after everyone fastens their safety belts.
  (버스는 모든 사람이 안전벨트를 맨 후에 출발할 것이다.)

08 난도 ★☆☆ 정답 ④

독해 > 세부 내용 찾기 > 내용 (불)일치

정답의 이유

마지막 문장에서 'Taylor Wallace, who worked on a recent analysis of choline intake in the United States, says, "There isn't enough awareness about choline even among health-care professionals because our government hasn't reviewed the data or set policies around choline since the late '90s."(최근 미국의 콜린 섭취량에 대한 분석을 시행한 Taylor Wallace는 우리 정부가 90년대 후반 이후로 콜린에 관한 데이터를 검토하거나 정책을 수립하지 않았기 때문에 보건 전문가들 사이에서조차 그것에 대해 잘 모른다).'라고 했으므로, 글의 내용과 일치하지 않는 것은 ④ 'The importance of choline has been stressed since the late '90s in the U.S(미국에서 90년대 후반부터 콜린의 중요성이 강조되었다)'.이다.

오답의 이유

① 대다수 미국인들은 콜린을 충분히 섭취하고 있지 않다. → 네 번째 문장에서 'A shocking 90 percent of Americans aren't getting enough choline, according to a recent study(최근 연구에 따르면, 충격적이게도 미국인의 90%가 콜린을 충분히 섭취하고 있지 않다고 한다).'라고 했으므로 글의 내용과 일치한다.

② 콜린은 두뇌 발달에 필요한 필수 영양소이다. → 다섯 번째 문장에서 'Choline ~ is especially critical for brain development(콜린은 ~ 특히 두뇌 발달에 매우 중요하다).'라고 했으므로 글의 내용과 일치한다.

③ 간과 리마콩과 같은 음식은 콜린의 좋은 공급원이다. → 여덟 번째 문장에서 'Plus, the foods that are rich in choline aren't the most popular: think liver, egg yolks and lima beans(게다가 콜린이 풍부한 음식은 그다지 인기가 없다. 간, 달걀노른자, 리마콩을 생각해 보라).'라고 했으므로 글의 내용과 일치한다.

본문해석

당신은 콜린을 충분히 섭취하고 있는가? 아마 이 영양소는 심지어 당신의 레이더에 없을(알지도 못할) 것이다. 이제 콜린이 관심을 받을 만한 때이다. 최근 연구에 따르면, 충격적이게도 미국인의 90%가 콜린을 충분히 섭취하고 있지 않다고 한다. 콜린은 모든 연령과 (발달) 단계에서 건강에 필수적이며, 특히 두뇌 발달에 매우 중요하다. 왜 우리는 (콜린을) 충분히 섭취하고 있지 않을까? 콜린은 다양한 음식에서 발견되지만, 극소량이다. 게다가 콜린이 풍부한 음식은 그다지 인기가 없다. 간, 달걀 노른자, 리마콩을 생각해 보라. 최근 미국의 콜린 섭취량에 대한 분석을 시행한 Taylor Wallace는 "우리 정부가 90년대 후반 이후로 콜린에 관한 데이터를 검토하거나 정책을 수립하지 않았기 때문에 보건 전문가들 사이에서조차 그것에 대해 잘 모른다."라고 말한다.

VOCA

- choline 콜린(비타민 B 복합체의 하나)
- chances are 아마 ~할 것이다
- nutrient 영양소, 영양분
- radar 레이더
- deserve ~을 받을 만하다, 마땅히 ~할 만하다
- essential 필수적인
- critical for ~에 매우 중요한
- lima bean 리마콩(연녹색의 둥글납작한 콩)
- intake 섭취(량)
- awareness 의식[관심]
- set policy 정책을 설정하다

09 난도 ★★☆ 정답 ④

독해 > 세부 내용 찾기 > 내용 (불)일치

정답의 이유

마지막 문장에서 '~ where a man chatted with his tablemates whether he knew them or not(그곳에서 아는 사람이든 모르는 사람이든 같은 테이블에 앉은 사람들과 대화를 나눴다).'이라고 했으므로 글의 내용과 일치하는 것은 ④ 'One could converse even with unknown tablemates in a coffeehouse(커피 하우스에서 같은 테이블에 앉은 사람들은 심지어 모르는 사람과도 대화할 수 있었다).'이다.

오답의 이유

① 커피 하우스의 수는 다른 어느 사업체 수보다도 적었다. → 첫 번째 문장에서 '~ occupying more premises and paying more rent than any other trade(다른 어느 업종보다도 더 많은 부지를 점유하고 더 많은 임차료를 내고 있었다고 한다).'라고 했으므로 글의 내용과 일치하지 않는다.

② 고객들은 커피 하우스에 한 시간 이상 머무를 수 없었다. → 두 번째 문장에서 '~ because for that price one could purchase a cup of coffee and sit for hours listening to extraordinary conversations(누구나 그 가격(1페니)에 커피 한 잔을 사면 몇 시간이고 앉아 특별한 대화들을 들을 수 있었기 때문이었다).'라고 했으므로 글의 내용과 일치하지 않는다.

③ 종교인들은 잡담하기 위해 커피 하우스에 모이지 않았다. → 마지막에서 두 번째 문장에서 'Others served Protestants, Puritans, Catholics, Jews, ~ actors, lawyers, or clergy(다른 곳들은 개신교도들, 청교도들, 천주교도들, 유대인들, ~ 배우들, 변호사들, 성직자들을 대접했다).'라고 했으므로 글의 내용과 일치하지 않는다.

본문해석

일설에 의하면, 1700년경 런던에 2,000개가 넘는 커피 하우스가 있었으며, 다른 어느 업종보다도 더 많은 부지를 점유하고 더 많은 임차료를 내고 있었다고 한다. 그것들은 'penny universities'로 알려지게 되었는데, 누구나 그 가격(1페니)에 커피 한 잔을 사면 몇 시간이고 앉아 특별한 대화들을 들을 수 있었기 때문이었다. 각각의 커피 하우스는 각기 다른 유형의 고객층을 전문으로 했다. 한 곳에서는 의사들이 상담받을 수 있었다. 다른 곳들은 개신교도들, 청교도들, 천주교도들, 유대인들, 문인들, 상인들, 무역 상인들, 휘그당원들, 토리당원들, 육군 장교들, 배우들, 변호사들, 성직자들을 대접했다. 커피 하우스는 영국 최초로 평등주의적 만남의 장소를 제공했고, 그곳에서 아는 사람이든 모르는 사람이든 같은 테이블에 앉은 사람들과 대화를 나눴다.

VOCA

- by some accounts 일설에 의하면[따르면]
- occupy 차지하다
- premises 부지[지역], 구내
- specialized 전문적인, 전문화된
- clientele 모든 고객들

영어 일반행정직

• clergy 성직자들
• egalitarian 평등주의(자)의
• tablemate 함께 식사하는 사람

10 난도 ★★☆ 정답 ①

표현 > 일반회화

정답의 이유

A가 어제 새로 산 스킨 크림의 효능을 말하는 대화로 A가 빈칸 앞에서 'It is supposed to remove all wrinkles and make your skin look much younger(이것은 모든 주름을 없애주고 피부를 훨씬 어려 보이게 해줄 거야).'라고 말하고, 빈칸 다음에서 'Why don't you believe it(왜 안 믿는 거니)?'라고 했으므로 대화의 흐름상 B가 빈칸에서 크림의 효과를 믿지 않는다고 말했음을 유추할 수 있다. 따라서 빈칸에 들어갈 말로 알맞은 것은 ① 'I don't buy it(난 안 믿어).'이다.

오답의 이유

② 너무 비싸.
③ 난 널 도와줄 수 없어.
④ 믿거나 말거나 사실이야.

본문해석

A: 어제 약국에서 이 새 스킨 크림을 샀어. 이것은 모든 주름을 없애주고 피부를 훨씬 어려 보이게 해줄 거야.
B: 난 안 믿어.
A: 왜 안 믿는 거니? 난 블로그들에서 이 크림이 정말 효과 있다는 글도 읽었어.
B: 그 크림이 피부에는 좋겠지만, 크림 하나 쓴다고 주름이 없어지거나 마법처럼 더 어려 보이게 하는 게 가능하다고 생각하지 않아.
A: 넌 너무 비관적이야.
B: 아니야. 난 그냥 현실적인 거야. 난 네가 잘 속아 넘어가는 것 같아.

VOCA

• be supposed to ~하기로 되어 있다
• wrinkle 주름
• work 효과가 나다[있다]
• assume 추정[상정]하다
• get rid of 제거하다, 끝내다
• pessimistic 비관적인
• gullible 잘 속아 넘어가는
• pricey 돈[비용]이 드는, 비싼

11 난도 ★☆☆ 정답 ②

표현 > 일반회화

정답의 이유

대화에서 시내 관광을 원하는 A가 빈칸 앞에서 'What else should I check out(또 어떤 것을 봐야 하나요)?'이라고 물었고, 빈칸 다음에서 그럴 시간이 없다고 했으므로 빈칸에는 B가 추천한 관광 장소와 그 소요 시간에 관한 내용이 와야 함을 유추할 수 있다. 따라서 빈칸에 들어갈 말로 알맞은 것은 ② 'A guided tour to the river park. It takes all afternoon(강 공원으로 가는 가이드 투어요. 오후 내내 걸려요).'이다.

오답의 이유

① 이게 당신의 고객에게 필요한 지도예요. 여기 있어요.
③ 가능한 한 빨리 그걸 봐야 해요.
④ 체크아웃 시간은 3시입니다.

본문해석

A: 시내 관광을 하고 싶어요. 제가 어디로 가야 한다고 생각해요?
B: 국립 미술관을 방문하는 것을 강력히 추천해요.
A: 아, 좋은 생각이네요. 또 어떤 것을 봐야 하나요?
B: 강 공원으로 가는 가이드 투어요. 오후 내내 걸려요.
A: 그럴 시간이 없어요. 3시에 고객을 만나야 하거든요.
B: 아, 그렇군요. 그러면 국립 공원을 방문해보는 건 어때요?
A: 좋네요. 감사합니다!

VOCA

• go sightseeing 구경을 다니다
• check out (흥미로운 것을) 살펴보다[보다]

12 난도 ★★☆ 정답 ③

표현 > 일반회화

정답의 이유

A가 아이들이 생일 파티에 갈 거라고 하자 B가 'So, it was a piece of cake(그래서 그건 식은 죽 먹기였어).'라고 대답한 ③의 대화가 자연스럽지 않다.

본문해석

① A: 그가 마침내 흥행작에 출연했어!
B: 그래, 그는 성공했구나.
② A: 나 이제 좀 피곤해.
B: 오늘은 여기까지 하자.
③ A: 아이들이 생일 파티에 갈 거야.
B: 그래서 그건 식은 죽 먹기였어.
④ A: 어제 그가 왜 집에 일찍 갔는지 궁금해.
B: 내 생각엔 그가 몸이 안 좋았던 거 같아.

VOCA

• get it made 잘 풀리다, (부러울 정도로) 잘되다
• call it a day ~을 그만하기로 하다
• wonder 궁금해 하다
• under the weather 몸이 안 좋은

13 난도 ★★☆ 정답 ③

독해 > 대의 파악 > 제목, 주제

정답의 이유

주어진 글은 비언어적 신호의 중요성에 관한 내용이다. 두 번째 문장에서 'Nonverbal cues—rather than spoken words—make us feel that the person we are with is interested in, understands, and values us(비언어적인 신호는 말보다, 우리가 함께 있는 사람이 우리에게 관심을 갖고 이해하고 우리를 소중하게 여긴다는 것을 느끼게 한다).'라고 했으므로, 글의 제목으로 알맞은 것은 ③ 'Nonverbal Communication Speaks Louder than Words(비언어적 소통이 말보다 더 크게 말한다[중요하다])'이다.

오답의 이유

① 야생 동물들은 어떻게 생각하고 느낄까?

② 효과적으로 의사소통하는 것이 성공의 비결이다.

④ 언어적 신호: 감정을 표현하는 주요 도구

본문해석

사랑받는다는 느낌과 그것이 자극하는 생물학적 반응은 목소리의 톤, 얼굴 표정 혹은 딱 맞는 느낌의 손길 같은 비언어적인 신호에 의해 촉발된다. 비언어적인 신호는 말보다, 우리가 함께 있는 사람이 우리에게 관심을 갖고 이해하고 우리를 소중하게 여긴다는 것을 느끼게 한다. 우리는 그것들과 함께할 때, 안전하다고 느낀다. 우리는 심지어 야생에서도 비언어적인 신호의 힘을 본다. 포식자들의 추적을 피한 후에, 동물들은 종종 스트레스 해소의 수단으로 서로 코를 비빈다. 이러한 신체적 접촉은 안전에 대한 확신을 제공하고 스트레스를 덜어준다.

VOCA

- biological 생물체의
- stimulate 자극[격려]하다
- trigger 촉발시키다
- nonverbal 비언어적인
- cue 신호
- value 소중하게[가치 있게] 생각하다[여기다]
- evade 피하다[모면하다]
- chase 추적, 추격
- predator 포식자, 포식 동물
- nuzzle 코[입]를 비비나
- as a means of ~의 수단으로서
- bodily 신체의
- reassurance 안심시키는 말[행동]
- relieve 없애[덜어] 주다

14 난도 ★★☆ 정답 ①

독해 > 대의 파악 > 제목, 주제

정답의 이유

제시문은 자녀에게 물건에 대한 '건강한 비의존성(healthy nondependency)'을 가르치는 방법을 설명하고 있다. 두 번째 문장에서 'You can use these times to teach a healthy nondependency on things(당신은 이 시기를 물건에 대한 건강한 비의존성을 가르치기 위해 이용할 수 있다).'라고 하면서 당신의 자녀를 장난감들로 둘러싸지 말고 그것들을 바구니에 정돈하고 한 번에 하나의 바구니를 꺼내놓으라고 했다. 또한 당신이 소유물을 잃어버리거나 망가뜨린 경우, 자녀가 물건에 집착하지 않는 태도를 기를 수 있도록 "난 그것을 가지고 있는 동안 감사했어!"라는 좋은 태도를 모범으로 보이려고 노력하라고 했으므로, 글의 주제로 알맞은 것은 ① 'building a healthy attitude toward possessions(소유물에 대한 건강한 태도를 형성하기)'이다.

오답의 이유

② 다른 사람들과 장난감을 공유하는 것의 가치를 배우기

③ 장난감을 질서정연하게 정리하는 방법을 가르치기

④ 바람직하지 않은 방식으로 행동하는 것에 대한 책임을 받아들이기

본문해석

휴일과 생일처럼 아이의 삶에 장난감과 선물이 쌓이는 시기가 있다. 당신은 이 시기를 물건에 대한 건강한 비의존성을 가르치는 데 이용할 수 있다. 당신의 자녀를 장난감들로 둘러싸지 마라. 대신 그것들을 바구니에 정리해서 한 번에 하나의 바구니만 꺼내놓고, 가끔씩 바구니를 교체해라. 소중한 물건이 잠시 치워지면, 그것을 꺼내오는 것은 즐거운 기억과 관점의 신선함을 만들어 낸다. 가령 당신의 자녀가 한동안 치워둔 장난감을 요구한다고 가정해 보자. 당신은 이미 주위(환경)에 있는 물건이나 경험으로 관심을 이끌 수 있다. 당신이 소유물을 잃어버리거나 망가뜨린 경우, 당신의 자녀가 물건에 집착하지 않는 태도를 기를 수 있도록 "그것을 가지고 있는 동안 감사했어!"라는 좋은 자세를 모범으로 보이려고 노력하라. 아이의 장난감이 망가지거나 분실된 경우, 아이가 "재미있게 가지고 놀았어."라고 말할 수 있도록 도와줘라.

VOCA

- accumulate 모으다, 축적하다
- nondependency 비의존성
- surround 둘러싸다, 에워싸다
- arrange 정리하다, 배열하다
- rotate 회전하다[시키다]
- occasionally 가끔
- cherish 소중히 여기다, 아끼다
- put away 넣다[치우다]
- bring out ~을 꺼내다
- delightful 정말 기분 좋은[마음에 드는]
- outlook 관점, 세계관, 인생관
- suppose 가령[만약] ~이라고 하다
- direct 안내하다, 지휘하다, 총괄하다
- possession 소유물, 소지, 보유

15 난도 ★★☆ 정답 ②

독해 > 대의 파악 > 요지, 주장

정답의 이유

제시문은 부모가 자녀를 칭찬하는 방식이 아이들의 발달에 미치는 영향에 대한 내용이다. 네 번째 문장에서 노력보다 지능으로 칭찬받은 아이들은 결과에 지나치게 집착하게 된다는 사실을 발견했다고 했으며, 마지막 문장에서는 아이들의 지능을 칭찬하는 것은 그들로 하여금 어려움을 두려워하게 만드는데, 그것은 그들이 실패를 어리석음과 동일시하기 시작했기 때문이라고 했다. 따라서 글의 요지로 알맞은 것은 ② 'Compliments on intelligence bring about negative effect(지능에 대한 칭찬은 부정적인 영향을 초래한다).'이다.

오답의 이유

① 잦은 칭찬이 아이들의 자존감을 증가시킨다.
③ 아이는 성공을 통해 실패에 대한 두려움을 극복해야 한다.
④ 부모들은 과정보다 결과에 집중해야 한다.

본문해석

많은 부모들이 '자존감 운동'에 의해 잘못된 방향으로 인도받았는데, 이 운동은 자녀들의 자존감을 키우는 방식이 자녀들이 어떤 일을 얼마나 잘하는지 말해주는 것이라고 알려준다. 안타깝게도, 당신의 자녀들에게 그들의 능력을 확신시키는 것은 실패할 가능성이 큰데, 그것은 인생이 아이들에게 성공과 실패를 통해 실제로 그들이 얼마나 유능하거나 무능한지를 명백히 알려주기 때문이다. 연구는 당신이 자녀를 칭찬하는 방식이 그들의 발달에 강력한 영향을 미친다는 것을 보여주었다. 일부 연구자들은 노력에 비해 지능에 대한 칭찬을 받은 아이들이 결과에 지나치게 집착하게 된다는 사실을 발견했다. 실패 후, 이 아이들은 끈기를 덜 보였고, 덜 즐거워했으며, 실패를 그들의 능력 부족 탓으로 돌리며, 향후 성취를 위한 노력에서 저조한 성과를 보였다. 아이들의 지능을 칭찬하는 것은 그들로 하여금 어려움을 두려워하게 만드는데, 그것은 그들이 실패를 어리석음과 동일시하기 시작했기 때문이다.

VOCA

- misguide 잘못 이끌다
- build 만들어 내다, 창조[개발]하다
- self-esteem 자부심
- convince 납득시키다, 확신시키다
- competence 능숙함, 능숙도
- unequivocally 명백히
- capable ~을 할 수 있는
- as compared to ~과 비교하여
- overly 너무, 몹시
- persist 집요하게 계속하다
- attribute ~ to ~을 …의 탓으로 돌리다
- equate 동일시하다
- stupidity 어리석음, 우둔

16 난도 ★★☆ 정답 ②

독해 > 빈칸 완성 > 단어 · 구 · 절

정답의 이유

제시문은 소비자들의 온라인 활동이 활발해짐에 따라 글로벌 브랜드의 광고 표준화에 대한 필요성이 대두되고 있다는 내용이다. 세 번째 문장에서는 온라인상에서 연결된 소비자들이 인터넷과 소셜 미디어를 통해 국경을 넘나들어서 광고주들이 통제되고, 질서정연한 방식으로 캠페인을 펼치기 어렵다고 했다. 빈칸 앞 문장에서는 대부분 글로벌 브랜드들이 자신들의 디지털 사이트들을 국제적으로 대등하게 조정한다고 했고, 빈칸 다음 문장에서 친숙한 코카콜라의 붉은색과 상징적인 병 모양, 음악, 주제 등을 특징으로 한다고 했다. 따라서 빈칸에 들어갈 말로 알맞은 것은 ② 'uniform(획일적인)'이다.

오답의 이유

① 실험적인
③ 국지적인
④ 다양한

본문해석

최근 온라인 마케팅과 소셜 미디어 공유의 인기가 증가하면서 글로벌 브랜드의 광고 표준화에 대한 필요성이 커졌다. 대부분의 대형 마케팅 및 광고 캠페인은 대규모 온라인상에서의 영향력을 포함한다. (온라인상에서) 연결된 소비자들은 인터넷과 소셜 미디어를 통해 국경을 쉽게 넘나들 수 있게 되었는데, 이것은 광고주들로 하여금 통제되고 질서정연한 방식으로 맞춤화된 캠페인을 전개하는 것을 어렵게 한다. 그 결과, 대부분의 글로벌 소비자 브랜드들은 전 세계적으로 그들의 디지털 사이트를 대등하게 조정한다. 예를 들어, 코카콜라의 웹사이트와 소셜 미디어 사이트들은 호주와 아르헨티나에서부터 프랑스, 루마니아, 러시아에 이르기까지 놀랄 만큼 전 세계적으로 획일적이다. 모든 것이 친숙한 코카콜라의 붉은색, 코카콜라의 상징적인 병 모양, 코카콜라의 음악, "Taste the Feeling"이라는 주제 등을 특징으로 한다.

VOCA

- boost 신장시키다, 북돋우다
- advertising 광고
- standardization 표준화
- online presence 온라인상에서의 존재감, 영향력
- zip 쌩[휙] 하고 가다[나아가게 하다]
- via 경유하여[거쳐]
- roll out 출시하다, 시작하다
- orderly 정돈된, 정연한
- coordinate ~을 대등하게 조정하다, 통합[일원화]하다
- feature 특징을 이루다

17 난도 ★★☆ 정답 ③

독해 > 글의 일관성 > 무관한 어휘 · 문장

정답의 이유

제시문은 하이브리드 근무 방식, 즉 사무실 출근과 재택근무를 병행하는 근무 형태가 점점 늘어나서 사무실에서 근무하는 일수가 줄어들었지만, 사무실 공간은 별로 줄지 않고 사무실 공간의 밀집도가 크게 낮아졌다는 내용이다. ③ 앞 문장에서 사무실에서의 고밀집도는 불편하고 많은 근로자들이 그들의 책상 주변이 붐비는 것을 싫어한다고 했고, ③ 다음 문장에서 밀집도로 인한 불편함은 로비, 주방, 엘리베이터까지 연장된다고 했다. 따라서 글의 흐름상 어색한 문장은 ③ 'Most employees want to work from home on Mondays and Fridays(대부분의 직원이 월요일과 금요일에 재택근무하기를 원한다).'이다.

본문해석

미국의 근로자 5,000명과 미국의 고용주 500명을 대상으로 매월 실시하는 우리의 설문조사에 따르면, 사무직 및 지식 근로자 사이에서 하이브리드 근무로의 대규모 전환이 매우 뚜렷하게 보인다. 새롭게 나타난 표준은 1주일 중 3일은 사무실에서, 2일은 집에서 근무하는 것으로 현장근무일수가 30% 이상 줄었다. 당신은 이러한 단축으로 인해 사무실 공간 수요가 크게 감소될 것이라고 생각할 수도 있다. 그러나 우리의 설문조사 데이터는 사무실 공간은 평균 1~2%의 축소를 보여주는데, 이는 공간이 아닌 밀집도의 큰 감소를 시사한다. 우리는 그 이유를 이해할 수 있다. 사무실에서의 고밀집도는 불편하며 많은 근로자가 그들의 책상 주변이 붐비는 것을 싫어한다. 대부분의 직원이 월요일과 금요일에 재택근무하기를 원한다. 밀집도로 인한 불편함은 로비, 주방, 특히 엘리베이터까지 연장된다. 밀집도를 낮출 수 있는 유일하고 확실한 방법은 (사무실의) 평방 피트를 줄이지 않고 현장근무일을 줄이는 것이다. 우리의 조사 증거에 따르면, 밀집도에 대한 불편함은 앞으로도 계속될 것이다.

VOCA

- huge shift 엄청난 입장변화/전환
- hybrid 혼성체, 혼합물
- abundantly 풍부하게
- emerging 최근 생겨난
- norm 규범, 규준
- cutback 삭감, 감축
- imply 암시[시사]하다
- reduction 축소, 삭감
- density 밀도(빽빽한 정도)
- extend 연장하다
- sure-fire 확실한, 틀림없는
- reduce 줄이다[축소하다]
- square footage 평방 피트
- be here to stay 우리 생활의 일부이다

18 난도 ★★☆ 정답 ③

독해 > 글의 일관성 > 문장 삽입

정답의 이유

주어진 문장에서 '그들은 불법적인 국경 횡단 장소로 알려진 곳에 비디오카메라를 설치했고 실시간 비디오 자료를 웹사이트에 올렸다.'라고 했으므로 주어진 문장의 앞에는 They가 가리키는 대상이, 주어진 문장 다음에는 실시간 비디오 자료를 웹사이트에 올린 결과가 나와야 한다. They는 ③ 앞 문장의 불법 이민자들을 단속하는 Texas sheriffs를 가리키며, 새로운 인터넷 활용법(a novel use of the Internet)은 카메라를 설치하고 불법 국경 횡단자들이 찍힌 비디오 자료를 실시간으로 웹사이트에 올리는 것을 의미한다. ③ 다음 문장에서 국경 감시를 돕고자 하는 시민들은 온라인에 접속해 가상 보안관 역할을 할 수 있다고 했으므로 이것이 실시간 비디오 자료를 웹사이트에 올린 결과가 된다. 따라서 주어진 문장이 들어갈 위치로 알맞은 것은 ③이다.

본문해석

이민 개혁은 정치적 지뢰밭이다. 광범위한 정치적 지지를 받는 이민 정책의 거의 유일한 측면은 불법 이민자들의 흐름을 제한하기 위해 멕시코와 미국 사이 국경을 안전하게 지키겠다는 결의이다. 텍사스 보안관들은 최근에 그들의 국경 감시를 돕기 위해 새로운 인터넷 활용법을 개발했다. 그들은 불법적인 국경 횡단 장소로 알려진 곳에 비디오 카메라를 설치했고, 카메라의 실시간 비디오 자료를 웹사이트에 올렸다. 국경 감시를 돕고자 하는 시민들은 온라인에 접속해 '가상 텍사스 보안관' 역할을 할 수 있다. 국경을 넘으려는 사람을 발견하면 그들은 보안관 사무실에 보고서를 보내고, 이것은 때로 미국 국경 순찰대의 도움으로 추가 조사된다.

VOCA

- immigration 이민
- reform 개혁[개선]
- minefield 지뢰밭
- command (받아야 할 것을) 받다, 요구하다, 강요하다
- resolve 결심[결의]
- secure 획득[확보]하다
- illegal immigrant 불법 입국[체류]자
- sheriff 보안관
- novel 새로운, 신기한
- install 설치[설비]하다
- illegal 불법적인
- video feed 비디오 자료
- virtual 가상의
- follow up (방금 들은 내용에 대해) 더 알아보다

19 난도 ★★☆ 정답 ③

독해 > 글의 일관성 > 글의 순서

정답의 이유

주어진 글은 모든 문명(civilization)이 정부 행정에 의존하고, 고대 로마의 문명이 가장 대표적 예시라는 내용이므로, 주어진 글에서 언급된 civilization이 라틴어의 *civis*에서 유래했다는 (B)로 이어지는 것이 자연스럽다. (B) 다음으로는 라틴어가 고대 로마의 언어였으며 로마의 영토에 대해 부연 설명하고 있는 (C)가 와야 한다. 마지막으로, 로마의 방대한 영토(an area that large)를 통치하기 위한 '효과적인 정부 행정 시스템(an effective system of government administration)'의 필요성을 말한 (A)로 마무리하는 것이 자연스럽다. 따라서 글의 순서로 알맞은 것은 ③ '(B) – (C) – (A)'이다.

본문해석

모든 문명은 정부 행정에 의존한다. 아마 고대 로마보다 이것을 대표적인 예시로 더 잘 보여주는 문명은 없을 것이다.

(B) 사실, '문명'이라는 단어 자체는 '시민'을 의미하는 라틴어 *civis*에서 유래했다.

(C) 라틴어는 고대 로마의 언어였으며, 로마의 영토는 지중해 유역부터 북쪽의 영국 일부와 동쪽의 흑해까지 뻗어 있었다.

(A) 그렇게 넓은 영토를 통치하기 위해, 현재의 이탈리아 중부에 기반을 두고 있었던 로마인들에겐 효과적인 정부 행정 시스템이 필요했다.

VOCA

- rely on 의존하다
- administration 관리[행정]
- exemplify 전형적인 예가 되다
- come from ~에서 나오다
- territory 지역, 영토
- stretch 뻗어 있다
- basin 유역
- rule 통치하다, 다스리다
- based in ~에 기반을 둔

20 난도 ★★★ 정답 ①

독해 > 빈칸 완성 > 단어 · 구 · 절

정답의 이유

제시문은 심리학의 하위분야들에 대한 통합의 필요성과 이 과정에서 심리 과학이 통합의 중추 역할을 할 것이라는 내용으로, 글의 세 번째 문장에서 'Science advances when distinct topics become theoretically and empirically integrated under simplifying theoretical frameworks(과학은 서로 다른 별개의 주제들이 단순화된 이론적 틀 아래에서 이론적, 경험적으로 통합될 때 발전한다).'라고 했다. 또한 빈칸 앞 문장에서 이러한 방식으로 심리 과학은 그 분야 내 모든 주요 분과/분파를 '하나의 학문하에(under one discipline)' 통합함으로써 심리학 전체에 대한 본보기 역할을 할 수 있을 것이라고 했으므로 빈칸 문장 앞부분의 'how to combine resources and study science(자료를 결합하고 과학을 연구하는 방법)'을 수식하는 빈칸에 들어갈 말로 알맞은 것은 ① 'from a unified perspective(통합된 관점에서)'임을 유추할 수 있다.

오답의 이유

② 역동적인 측면에서

③ 역사를 통틀어

④ 정확한 증거를 가지고

본문해석

지난 50년 동안 심리학의 모든 주요 하위분야는 교육이 점점 전문화되고 그 초점이 좁아짐에 따라 서로 점점 더 고립되어 왔다. 일부 심리학자들이 오랫동안 주장해 온 것처럼, 심리학 분야가 과학적으로 성숙해지고 발전하려면 그것의 이질적인 부분들 [예를 들어, 신경과학, 발달 (심리학), 인지 (심리학), 성격 (심리학), 사회 (심리학)]이 다시 하나가 되고 통합되어야 한다. 과학은 서로 다른 별개의 주제들이 단순화된 이론적 틀 아래에서 이론적, 경험적으로 통합될 때 발전한다. 과학 심리학은 여러 하위영역의 심리학자들 간의 협업을 장려하여 이 분야가 지속적인 분열보다는 일관성을 성취하도록 도울 것이다. 이러한 방식으로 과학 심리학은 그 분야 내 모든 주요 분과/분파를 하나의 학문하에 통합함으로써 심리학 전체에 대한 본보기 역할을 할 수 있을 것이다. 과학 심리학이 통합된 관점에서 자료를 결합하고 과학을 연구하는 방법에 대한 모 학문의 모범이 될 수 있다면, 이는 결코 작은 업적이 아니며 그 중요도 또한 작지 않을 것이다.

VOCA

- subdiscipline 학문분야의 하위 구분
- isolated from ~에서 고립된
- in focus 초점[핀트]이 맞아
- mature (충분히) 발달하다
- advance 증진되다[진전을 보다]
- disparate 이질적인
- neuroscience 신경 과학
- developmental 발달[개발]상의
- cognitive 인식[인지]의
- integrate 통합시키다[되다]
- theoretically 이론상
- empirically 실증적으로
- simplify 간소화[단순화]하다
- framework 체제, 체계
- encourage 권장[장려]하다
- achieve 달성하다, 성취하다
- coherence 일관성
- fragmentation 균열, 분절
- act as ~으로서의 역할을 하다[맡다]
- template 견본, 본보기
- fraction 부분, 일부
- faction 파벌, 파당
- model 모범, 귀감
- feat 위업, 개가

영어 | 2023년 지방직 9급

한눈에 훑어보기

영역 분석

어휘 01 02 03 04 05
5문항, 25%

독해 12 13 14 15 16 17 18 19 20
9문항, 45%

어법 06 07 08
3문항, 15%

표현 09 10 11
3문항, 15%

빠른 정답

01	02	03	04	05	06	07	08	09	10
②	④	①	①	④	③	③	①	④	③
11	12	13	14	15	16	17	18	19	20
③	②	②	④	④	④	②	②	①	③

점수 체크

구분	1회독	2회독	3회독
맞힌 문항 수	/ 20	/ 20	/ 20
나의 점수	점	점	점

01 난도 ★☆☆ 정답 ②

어휘 > 단어

정답의 이유

밑줄 친 subsequent는 '차후의, 그다음의'의 뜻으로, 의미가 가장 가까운 것은 ② 'following(그다음에 나오는)'이다.

오답의 이유

① 필수의

③ 선진의

④ 보충의, 추가의

본문해석

우리의 프로젝트에 대한 추가적인 설명은 차후의 프레젠테이션에서 제공될 것이다.

VOCA

- further 그 이상의
- explanation 설명

02 난도 ★☆☆ 정답 ④

어휘 > 단어

정답의 이유

밑줄 친 courtesy는 '공손함, 정중함'이라는 뜻으로, 의미가 가장 가까운 것은 ④ 'politeness(공손함, 예의바름)'이다.

오답의 이유

① 자선, 자비

② 겸손, 겸양

③ 대담, 배짱

본문해석

사회적 관행은 한 집단의 구성원들이 다른 사람들에게 공손함을 보이기 위해 따라야 하는 관습이다. 예를 들어, 재채기를 할 때 "실례합니다."라고 말하는 것은 미국의 사회적 관행이다.

VOCA

- folkway 민속, 사회적 관행
- custom 관습, 풍습, 관행
- be expected to ~하도록 기대된다, 예상된다
- follow 따르다[따라 하다]
- sneeze 재채기하다

03 난도 ★☆☆ 정답 ①

어휘 > 어구

정답의 이유

bring up은 '~을 기르다[양육하다]'라는 뜻인데, 주어진 문장에서는 수동의 뜻인 '양육되어지다'로 사용되었으므로, 의미가 가장 가까운 것은 ① 'raised(길러진)'이다.

오답의 이유

② 조언받은
③ 관찰된
④ 관리[운영/통제]된

본문해석

이 아이들은 건강에 좋은 음식을 주식으로 먹고 양육되었다.

VOCA

- on a diet of ~을 주식[먹이]으로
- healthy food 건강에 좋은 음식

04 난도 ★★☆ 정답 ①

어휘 > 어구

정답의 이유

do away with는 '~을 폐지하다'라는 뜻인데, 주어진 문장에서는 수동의 의미로 쓰였으므로, 의미가 가장 가까운 것은 ① 'abolished(폐지된)'이다.

오답의 이유

② 합의된
③ 비판된
④ 정당화된

본문해석

노예제는 19세기까지 미국에서 폐지되지 않았다.

VOCA

- slavery 노예, 노예제도

05 난도 ★☆☆ 정답 ④

어휘 > 단어

정답의 이유

주어진 문장의 뒷부분에서 'so that they could see and understand it clearly(그들이 그것을 명확하게 보고 이해할 수 있도록)'이라고 했고, 앞부분에서 '유권자들은 선거 과정에서 더 많은 ~이 있어야 한다고 요구했다.'라고 했으므로, 밑줄 친 부분에 들어갈 말로 가장 적절한 것은 ④ 'transparency(투명성)'이다.

오답의 이유

① 속임, 속임수
② 융통성, 유연성
③ 경쟁, 경쟁 상대

본문해석

유권자들은 선거 절차를 명확히 보고 이해할 수 있도록 선거 과정에서 더 많은 투명성이 있어야 한다고 요구했다.

VOCA

- voter 투표자, 유권자
- demand 요구하다
- election process 선거 과정
- so that can ~할 수 있도록

06 난도 ★★☆ 정답 ③

어법 > 비문 찾기

정답의 이유

③ what은 선행사를 포함하는 관계대명사로 다음에 불완전한 절이 와야 하는데, what 다음에 'the superior team may not have perceived their opponents ~ their continued success'인 완전한 절이 왔다. 따라서 동사(is) 다음에 명사절 접속사 that이 와야 하므로, what → that이 되어야 한다.

오답의 이유

① in which(전치사+관계대명사) 다음에 완전한 절인 'the team ~ surprisingly loses the contest'가 왔으므로, 적절하게 사용되었다.

② predicted는 바로 앞의 명사(the team)를 수식하는 분사로, the team은 승리할 것이라고 '예측되는' 대상이므로 과거분사인 predicted가 적절하게 사용되었다. 이때 predicted 앞에는 'which was'가 생략된 것이다. 문맥상 관계사절(in which the team predicted to win ~ loses the contest)의 동사는 loses이다.

④ 'perceive A as B'는 'A를 B라고 여기다'의 뜻으로, their opponents가 '위협하는' 것이므로, 능동의 현재분사 threatening이 적절하게 사용되었다.

본문해석

스포츠에서 우승할 것으로 예상되고 상대 팀보다 우세할 것으로 추정되는 팀이 놀랍게도 경기에서 지는 뜻밖의 패배의 한 가지 이유는 우세한 팀이 상대 팀을 자신의 지속적인 성공에 위협적이라고 여기지 않았을 수도 있기 때문이다.

VOCA

- upset 뜻밖의 패배
- predict 예측[예견]하다
- supposedly 추정상, 아마
- superior to ~보다 뛰어난
- opponent (시합 · 논쟁 등의) 상대
- surprisingly 놀랍게도
- threatening 위협적인
- continued 지속적인

더 알아보기

관계대명사 what

- 선행사를 포함하는 관계대명사 what은 '~하는 것'의 뜻으로, the thing which[that]로 쓸 수 있다. 관계대명사 what은 명사절을 이끌며 문장에서 주어, 목적어, 보어 역할을 한다.

  예 They are fully able to discern what concerns their business. (to discern의 목적어)

  (그들은 자신들의 사업과 관련된 것을 완전히 분별할 수 있다.)

- what=선행사+관계대명사

  예 She didn't understand what I said. = She didn't understand the fact that I said.

  (그녀는 내가 한 말을 이해하지 못했다.)

- 관계대명사 what vs. 접속사 that

  관계대명사 what과 접속사 that은 둘 다 명사절을 이끌고 what 다음에는 불완전한 절이, 접속사 that 다음에는 완전한 절이 온다.

  예 I believe what he told me.

  (나는 그가 내게 말한 것을 믿는다.)

  → what이 believe의 목적어가 되는 명사절을 이끌며, what 이하는 불완전한 문장이다.

  예 I can't believe that he's only 17.

  (나는 그가 겨우 17세라는 것을 믿을 수 없다.)

  → that이 believe의 목적어가 되는 명사절을 이끌며, that 이하는 완전한 문장이다.

07 난도 ★★☆ 정답 ③

어법 > 비문 찾기

정답의 이유

③ alive는 '살아 있는'의 뜻으로 서술적 용법으로만 쓰이는 형용사이므로, an alive man → a living man이 되어야 한다. 그 밖에 서술적 용법으로만 사용되는 형용사로는 alive, asleep, afloat 등이 있다.

오답의 이유

① 'should have p.p.'는 '~했어야 했는데 (안 했다)'의 뜻으로, 'but I was feeling a bit ill'에 하지 않은 이유가 나오고 있으므로 어법상 적절하게 사용되었다.

② 'as ~ as' 원급 비교 구문에서 두 번째 as 다음에 'we used to'가 왔으므로, as가 접속사로 적절하게 사용되었다. 'used to 동사원형'은 '(~하곤) 했다'라는 뜻으로 과거의 습관을 나타내는 표현으로 to 다음에 save money가 생략되었다.

④ '자동사+전치사'인 look at은 '~을 보다'의 뜻으로, 수동태로 전환할 때 전치사를 생략할 수 없으므로, was looked at이 적절하게 사용되었다. 이 문장을 능동태로 바꾸면 'The art critic looked at the picture carefully.'가 된다.

본문해석

① 나는 오늘 아침에 갔어야 했는데, 몸이 좀 안 좋았다(그래서 못 갔다).

② 요즘 우리는 예전에 그랬던 것만큼 많은 돈을 저축하지 않는다.

③ 구조대는 살아있는 남자를 발견해서 기뻤다.

④ 그 그림은 미술 평론가에 의해 주의 깊게 관찰되었다.

VOCA

- a bit 조금, 약간
- save 모으다, 저축하다
- rescue squad 구조대
- discover 발견하다, 찾다
- art critic 미술 비평가

더 알아보기

형용사가 서술적 용법으로 사용되는 경우

- afraid, alone, ashamed, alive, asleep, alike, awake, aware 등 'a-' 형용사는 서술적 용법(주격 보어, 목적격 보어)으로만 사용되며 한정적 용법으로는 쓰일 수 없다.

  예 He caught a living tiger. (○)

  He caught an alive tiger. (×)

  (그는 살아있는 호랑이를 잡았다.)

  예 He caught a tiger alive. (○)

  (그는 호랑이 한 마리를 산 채로 잡았다.)

- alert, aloof 등은 한정적 용법, 서술적 용법 모두 사용된다.

  예 An alert guard stopped the robbers.

  (기민한 경비원이 강도들을 막았다.)

  예 Being aware of this, you will be alert and attentive to meaning.

  (이것을 알게 되면, 여러분은 방심하지 않고 의미에 주의를 기울일 것이다.)

- 형용사 다음에 to부정사, 전치사구, that절이 연결되면 서술적 용법으로 사용된다. -able, likely, famous, sure 등은 한정적 용법과 서술적 용법 둘 다 가능한데, to부정사, 전치사구, that절과 함께 나올 때 서술적 용법으로 사용된다.

  예 the most likely cause of the problem

  (그 문제의 가장 유력한 원인)

  예 Children who live in the country's rural areas are very likely to be poor.

  (시골 지역에 사는 어린이들은 가난할 가능성이 매우 높다.)

- well, unwell, ill, poorly, faint 등 건강 상태를 나타내는 형용사는 서술적 용법으로만 사용된다.

  예 I have been well. (나는 그동안 건강하게 지냈다.)

  예 Jane felt unwell and went home.

  (Jane은 몸이 좋지 않아서 집에 갔다.)

08 난도 ★☆☆ 정답 ①

어법 > 영작하기

정답의 이유

① 'He made us touched with his speech.'의 수동태 문장으로, 목적어인 us는 '감동을 주는' 것이 아니라 '감동을 받는' 것이므로 touching → touched가 되어야 한다.

오답의 이유

② apart from은 '~은 차치하고, ~은 제외하고'라는 뜻의 전치사구로, 뒤에 명사(its cost)가 온 것 역시 적절하다. 부정대명사 one은 the plan 대신 사용되었다.

③ 'while drinking hot tea'는 분사구문으로, 주절과 부사절의 주어가 they로 같기 때문에 부사절에서 they were를 생략하였다. 또한 they는 차를 '마시는' 능동적인 대상이므로 능동의 의미인 현재분사 drinking은 적절하게 사용되었다.

④ '사역동사(make)+목적어+목적격 보어'에서 목적어 him 다음에 '어울리는, 적당한'이라는 뜻의 형용사 suited가 목적격 보어로 적절하게 사용되었다.

09 난도 ★☆☆ 정답 ④

표현 > 일반회화

정답의 이유

대화에서 A가 빈칸 앞에서 도움을 요청하고 빈칸 다음에서 인사과를 찾는다고 말했으므로, 대화의 흐름상 빈칸에는 B가 도와주겠다고 말하는 내용이 들어가야 함을 유추할 수 있다. 따라서 빈칸에 들어갈 말로 가장 적절한 것은 ④ 'Sure. Can I help you with anything(물론이죠. 무엇을 도와드릴까요)?'이다.

오답의 이유

① 우리는 이 상황을 어떻게 처리해야 할지 모르겠어요.

② 담당자가 누구인지 말씀해 주시겠어요?

③ 네. 여기 도움이 필요해요.

본문해석

A: 죄송하지만, 좀 도와주실 수 있나요?

B: 물론이죠. 무엇을 도와드릴까요?

A: 인사과를 찾으려 하고 있어요. 10시에 약속이 있어요.

B: 3층에 있어요.

A: 어떻게 올라가죠?

B: 모퉁이를 돌아서 엘리베이터를 타세요.

VOCA

- give a hand 도와주다
- Personnel Department 인사과
- have no idea 전혀 모르다
- in charge of ~을 맡은, 담당인
- could use some help 도움이 필요하다

10 난도 ★☆☆ 정답 ③

표현 > 일반회화

정답의 이유

대화는 A가 B에게 사무실 전등과 에어컨을 끄지 않고 퇴근한 것에 대해 주의를 주는 상황으로, 빈칸 앞에서 A가 'Probably they were on all night.'이라고 했으므로, 빈칸에 들어갈 말로 가장 적절한 것은 ③ 'I'm sorry. I promise I'll be more careful from now on(죄송합니다. 앞으로 더 조심하겠습니다).'이다.

오답의 이유

① 걱정하지 마세요. 이 기계는 잘 작동하고 있어요.

② 맞아요. 모든 사람들이 당신과 함께 일하는 것을 좋아해요.

④ 안됐군요. 너무 늦게 퇴근해서 피곤하시겠어요.

본문해석

A: 마지막으로 퇴근하셨죠, 그렇죠?

B: 네. 무슨 문제라도 있나요?

A: 오늘 아침에 사무실 전등과 에어컨이 켜져 있는 것을 발견했어요.

B: 정말요? 아, 이런. 아마 어젯밤에 그것들을 끄는 것을 깜빡 잊었나 봐요.

A: 아마 밤새 켜져 있었을 거예요.

B: 죄송합니다. 앞으로 더 조심하겠습니다.

VOCA

- turn off (전기 · 가스 · 수도 등을) 끄다
- from now on 이제부터, 향후

11 난도 ★☆☆ 정답 ③

표현 > 일반회화

정답의 이유

A가 오랜만에 만나서 얼마 만에 보는 건지 물었는데, 차로 한 시간 반 정도 걸렸다는 B의 대답은 어색하다. 따라서 대화 중 자연스럽지 않은 것은 ③이다.

본문해석

① A: 머리는 어떻게 해 드릴까요?
B: 머리 색깔이 좀 싫증나서요. 염색하고 싶어요.

② A: 지구 온난화를 늦추기 위해 우리가 할 수 있는 일은 무엇일까요?
B: 우선, 대중교통을 더 많이 이용할 수 있어요.

③ A: Anna, 당신이에요? 오랜만이에요! 이게 얼마 만이죠?
B: 차로 한 시간 반 정도 걸렸어요.

④ A: Paul이 걱정돼요. 불행해 보여요. 어떻게 해야 하죠?
B: 내가 당신이라면, 그가 자기 문제에 대해 말할 때까지 기다릴 거예요.

VOCA

- be tired of ~에 질리다
- dye 염색하다
- slow down 속도를 늦추다

• global warming 지구 온난화
• public transportation 대중교통
• be worried about ~에 대해 걱정하다

12 난도 ★★★ 정답 ②

독해 > 대의 파악 > 제목, 주제

정답의 이유

주어진 글은 인간 관계학의 유명한 작가 Daniel Goleman의 주장을 바탕으로 인간의 뇌가 얼마나 사교적인지를 주장하는 내용이다. 세 번째 문장에서 'we are drawn to other people's brains whenever we engage with another person.'이라고 했고, 마지막 문장에서 'Yet, our brains crave human interaction.'이라고 했으므로, 글의 제목으로 가장 적절한 것은 ② 'Sociable Brains(사교적인 두뇌)'이다.

오답의 이유

① 외로운 사람들
③ 정신 건강 조사의 필요성
④ 인간 연결성의 위험

본문해석

저명한 작가 Daniel Goleman은 인간관계 과학에 평생을 바쳐 왔다. 그의 저서 '*Social Intelligence*'에서 그는 인간의 뇌가 얼마나 사교적인지 설명하기 위해 신경사회학의 결과를 논한다. Goleman에 따르면, 우리는 다른 사람과 관계를 맺을 때마다 다른 사람의 뇌에 마음이 끌린다고 한다. 우리의 관계를 깊이 있게 하기 위해 다른 사람들과의 의미 있는 연결에 대한 인간의 욕구는 우리 모두가 갈망하는 것이지만, 우리는 그 어느 때보다 더 외로우며 이제 외로움은 세계적인 유행병이 되었음을 시사하는 수많은 기사와 연구들이 있다. 특히 호주에서 전국적인 Lifeline 설문조사에 따르면, 조사 대상자의 80% 이상이 우리 사회가 더 외로운 곳이 되어가고 있다고 생각한다. 하지만 우리의 뇌는 인간 간의 상호 작용을 갈망한다.

VOCA

• well-known 유명한, 잘 알려진
• dedicate 전념하다
• sociable 사교적인, 붙임성 있는
• be drawn to (마음이) 끌리다
• engage with ~와 관계를 맺다
• connectivity 연결(성)
• deepen 깊어지다[깊게 하다]
• crave 갈망[열망]하다
• epidemic (유행성) 전염병
• interaction 상호 작용

13 난도 ★☆☆ 정답 ②

독해 > 대의 파악 > 제목, 주제

정답의 이유

주어진 글은 어떤 사람들은 선천적으로 특별한 재능을 가지고 태어나지만, 그렇지 않은 사람이라도 오랜 기간 꾸준한 연습을 통해서 재능을 발달시키고 성공할 수 있다고 주장하는 글이다. 두 번째 문장에서 'Yet only dedication to mindful, deliberate practice over many years ~ advantages into talents and those talents into successes.'라고 했고, 세 번째 문장에서 동일한 종류의 헌신적인 연습을 통해 그러한 장점을 갖고 태어나지 않은 사람들도 재능을 개발할 수 있다고 했으므로, 글의 주제로 가장 적절한 것은 ② 'importance of constant efforts to cultivate talents(재능을 키우기 위한 지속적인 노력의 중요성)'이다.

오답의 이유

① 일부 사람들이 다른 사람들에 비해 가지고 있는 장점들
③ 수줍음 많은 사람들이 사회적 상호 작용에서 겪는 어려움들
④ 자신의 강점과 약점에 대한 이해의 필요성

본문해석

확실히 어떤 사람들은 장점을 가지고 태어난다(예를 들어, 기수들의 신체적 크기, 농구선수들의 키, 음악가들의 음악에 대한 '귀'). 하지만 오랜 기간에 걸쳐 의도적이고 계획적으로 연습에 전념해야만 이러한 장점을 재능으로, 그리고 그 재능을 성공으로 바꿀 수 있다. 동일한 종류의 헌신적인 연습을 통해 그러한 장점을 가지고 태어나지 않은 사람들도 자연이 그들이 닿을 수 있는 곳보다 좀 더 멀리 놓아둔(타고나지 않은) 재능을 개발할 수 있다. 예를 들어, 여러분이 수학적인 재능을 타고나지 않았다고 느낄지라도 의식적이고, 계획적인 연습을 통해 여러분의 수학적 능력을 크게 개발할 수 있다. 혹은 여러분이 스스로 '천성적으로' 수줍음이 많다고 생각한다면 사교적 능력을 개발하기 위해 시간과 노력을 들이는 것은 여러분이 사교적인 행사에서 사람들과 활기차게, 우아하게, 편안하게 교류할 수 있도록 만든다.

VOCA

• certainly 틀림없이, 분명히
• be born with 타고나다
• advantage 유리한 점, 장점
• jockey 기수
• height 키[신장]
• dedication 전념, 헌신
• mindful ~을 염두에 두는[의식하는]
• deliberate 신중한, 의도[계획]적인
• nature 천성, 본성
• significantly 상당히[크게]
• enable ~을 할 수 있게 하다
• interact with ~와 상호 작용을 하다
• occasion (특별한) 행사, 의식, 축하
• with energy 힘차게

14 난도 ★★☆ 정답 ④

독해 > 대의 파악 > 요지, 주장

정답의 이유

주어진 글은 Dr. Roossinck가 우연히 발견한 사실, 즉 바이러스가 식물에 미치는 이로운 영향에 대한 내용이다. 첫 문장에서 'a virus increased resistance to drought on a plant(바이러스가 식물의 가뭄에 대한 저항력을 증가시킨다)'고 했고, 세 번째 문장에서 다른 종류의 바이러스가 식물의 내열성을 증가시키는 실험을 하고 있다고 했다. 마지막에서 두 번째 문장에서 다른 종류의 바이러스가 그들의 숙주들에게 주는 이점을 더 깊이 있게 이해하기 위해 연구를 확장하기를 희망한다고 했으므로, 글의 요지로 가장 적절한 것은 ④ 'Viruses sometimes do their hosts good, rather than harming them(바이러스는 때로 숙주에게 해가 되기보다는 도움이 된다).'이다.

오답의 이유

① 바이러스는 생물학적 존재들의 자급자족을 증명한다.
② 생물학자들은 식물에 바이러스가 없는 상태로 유지하기 위해 모든 것을 해야 한다.
③ 공생의 원리는 감염된 식물에는 적용될 수 없다.

본문해석

Roossinck 박사와 그녀의 동료들은 바이러스가 식물학 실험에서 널리 사용되는 식물의 가뭄에 대한 저항력을 증가시킨다는 사실을 우연히 발견했다. 관련 바이러스를 이용한 추가실험은 그 사실이 15종의 다른 식물 종에서도 사실이라는 것을 보여주었다. Roossinck 박사는 현재 다양한 식물의 내열성을 증가시키는 또 다른 유형의 바이러스 연구를 위한 실험을 수행하고 있다. 그녀는 다양한 종류의 바이러스가 그들의 숙주들에게 주는 이점을 더 깊이 있게 이해하기 위해 그녀의 연구를 확장하기를 희망한다. 이는 많은 생물들이 자급자족보다는 공생에 의존한다는 점점 더 많은 생물학자들이 주장하는 견해를 뒷받침하는 데 도움이 될 것이다.

VOCA

- colleague 동료
- by chance 우연히, 뜻밖에
- resistance 저항[반대]
- drought 가뭄
- botanical 식물(학)의
- experiment 실험
- related 동족[동류]의
- species 종
- heat tolerance 내열성
- a range of 다양한
- extend 연장하다
- host (기생 생물의) 숙주
- support 지지[옹호/재청]하다
- biologist 생물학자
- creature 생물
- rely on ~에 의지[의존]하다
- symbiosis 공생
- self-sufficient 자급자족할 수 있는

15 난도 ★★☆ 정답 ④

독해 > 세부 내용 찾기 > 내용 (불)일치

정답의 이유

주어진 글은 사탕단풍나무 수액을 채취해서 시럽을 만드는 과정을 설명하는 내용이다. 마지막 문장에서 '대부분의 단풍나무시럽 생산자들은 손으로 통을 수거하고, 직접 수액을 끓여 시럽으로 만든다.'고 했으므로, 글의 내용과 일치하지 않는 것은 ④ '단풍나무시럽을 만들기 위해 기계로 수액 통을 수거한다.'이다.

오답의 이유

① 두 번째 문장에서 'A sugar maple tree produces a watery sap each spring, ~'이라고 했으므로, 글의 내용과 일치한다.
② 세 번째 문장에서 'To take the sap out of the sugar maple tree, a farmer makes a slit in the bark with a special knife, ~'라고 했으므로, 글의 내용과 일치한다.
③ 다섯 번째 문장 후반부에서 '~ forty gallons of sugar maple tree "water" make one gallon of syrup.'이라고 했으므로, 글의 내용과 일치한다.

본문해석

단풍나무시럽을 만드는 전통적인 방법은 흥미롭다. 매년 봄, 사탕단풍나무는 땅에 여전히 많은 눈이 있을 때 물기가 많은 수액을 생산한다. 사탕단풍나무에서 수액을 채취하기 위해 농부는 특수한 칼로 나무껍질에 틈을 만들고 나무에 '수도꼭지'를 단다. 그러고 나서 농부가 꼭지에 통을 걸면, 수액이 그 안으로 떨어진다. 채취된 수액은 달콤한 시럽이 남을 때까지 끓여지는데, 사탕단풍나무 '물' 40갤론이 시럽 1갤론을 만든다. 이는 수많은 통, 수많은 증기, 수많은 노동을 의미한다. 그렇기는 하지만, 대부분의 단풍나무시럽 생산자들은 손으로 통을 수거하고, 직접 수액을 끓여 시럽으로 만드는 가족 단위의 농부들이다.

VOCA

- sugar maple tree 사탕단풍나무
- watery 물기가 많은
- sap 수액
- slit 구멍[틈]
- bark 나무껍질
- tap 수도꼭지
- hang 걸다, 매달다
- drip 방울방울[뚝뚝] 흘리다[떨어뜨리다]
- collect 모으다, 수집하다
- boil 끓다[끓이다]

16 난도 ★☆☆ 정답 ④

독해 > 글의 일관성 > 무관한 어휘 · 문장

정답의 이유

주어진 글은 단편소설 쓰기 수업에서 필자가 들었던 경험에 대한 내용이다. 수업 중에 한 유명한 편집자가 작가는 사람들에게 관심을 갖는 것이 중요하다고 강조한 것을 제시했는데, ④는 마술사가 무대에 오를 때마다 스스로에게 말했던 내용이므로, 글의 흐름상 어색한 문장이다.

본문해석

나는 언젠가 단편소설 쓰기 강좌를 들은 적이 있는데, 그 강좌 중에 선두적인 잡지의 한 유명한 편집자가 우리 수업에서 강연했다. 그는 매일 자신의 책상에 오는 수십 편의 이야기들 중에서 어느 것이든 하나를 골라 몇 단락만 읽어도 그 작가가 사람들을 좋아하는지 아닌지를 느낄 수 있다고 말했다. "작가가 사람들을 좋아하지 않는다면, 사람들도 그 또는 그녀의 이야기를 좋아하지 않을 것"이라고 그는 말했다. 그 편집자는 소설 쓰기 강연에서 사람들에게 관심을 갖는 것의 중요성을 계속해서 강조했다. 위대한 마술사 Thurston은 그가 무대에 오를 때마다 스스로에게 "나는 성공했으니 감사한다."라고 말했다고 했다. 강연 끝부분에서, 그는 "다시 한번 말씀드리겠습니다. 성공적인 이야기 작가가 되고 싶다면 사람들에게 관심을 가져야 합니다."라며 끝맺었다.

VOCA

- renowned 유명한, 명성 있는
- leading 선두적인
- dozens of 수십의, 많은
- stress 강조하다
- conclude 결론[판단]을 내리다

17 난도 ★★☆ 정답 ②

독해 > 글의 일관성 > 글의 순서

정답의 이유

주어진 문장에서 몇 년 전만 해도 인공지능(AI)에 대한 종말론적인 예측으로 끝나는 것 같다고 했으므로, 주어진 문장 다음에는 'In 2014'로 시작하는 (B)에서 AI에 대한 부정적인 의견들을 서술하는 것이 자연스럽다. 그런 다음에 however로 시작하는 (A)에서 AI에 대한 과거의 부정적인 의견이 최근 긍정적인 것으로 바뀌었다고 서술하는 내용으로 이어지는 것이 적절하며, 마지막으로 (A)에서 설명한 변화를 This shift로 받는 (C)로 이어져야 한다. 따라서 글의 순서로 가장 적절한 것은 ② '(B) – (A) – (C)'이다.

본문해석

몇 년 전만 해도, 인공지능(AI)에 대한 모든 대화는 종말론적인 예측으로 끝나는 것 같았다.

(B) 2014년에 이 분야의 한 전문가는 말하기를, 우리가 AI로 악마를 소환하고 있다고 했으며, 한 노벨상을 수상한 물리학자는 AI가 인류의 종말을 불러올 수 있다고 말했다.

(A) 하지만 최근에는 상황이 달라지기 시작했다. AI는 무서운 블랙박스에서 사람들이 다양한 활용 사례에 이용할 수 있는 것으로 변했다.

(C) 이러한 변화는 이 기술들이 마침내 업계에서 특히 시장 기회를 위해 대규모로 탐색되고 있기 때문이다.

VOCA

- apocalyptic 종말론적
- prediction 예측, 예견
- summon 호출하다, (오라고) 부르다
- demon 악령, 악마
- spell (보통 나쁜 결과를) 가져오다[의미하다]
- shift (위치 · 입장 · 방향의) 변화
- at scale 대규모로

영어 일반행정직

18 난도 ★★☆ 정답 ②

독해 > 글의 일관성 > 문장 삽입

정답의 이유

'그렇지만(Yet)'으로 시작하는 주어진 문장의 앞에는 상반되는 내용이 나와야 한다. ② 앞 문장에서 '정답은 없다.'라고 했는데, 주어진 문장에서 '그러한 자기 평가에 대한 요청은 한 사람의 경력 전반에 걸쳐 만연하다.'라고 했으므로, 주어진 문장이 들어갈 위치로 적절한 것은 ②이다. 또한 ② 다음 문장의 입학, 입사, 면접, 성과 검토, 회의 등이 주어진 문장의 'pervasive throughout one's career'를 부연 설명하고 있으며, 주어진 문장의 such self-assessments는 앞부분의 'how to subjectively describe your performance(주관적으로 여러분의 성과를 설명하는 법)'을 받는다.

본문해석

회계 분기가 막 끝났다. 여러분의 상사가 여러분에게 이번 분기의 매출에서 여러분이 얼마나 좋은 성과를 보였는지 물어보기 위해 잠시 들른다. 여러분은 어떻게 자신의 성과를 설명할 것인가? 매우 뛰어남? 훌륭함? 나쁨? 누군가가 여러분에게 객관적인 성과 지표(예를 들어, 이번 분기에 몇 달러의 매출을 가져왔는지)에 대해 물어볼 때와는 다르게, 주관적으로 여러분의 성과를 설명하는 법은 종종 불분명하다. 정답은 없다. 그렇지만, 그러한 자기 평가에 대한 요청은 한 사람의 경력 전반에 걸쳐 만연하다. 여러분은 입학지원서, 입사지원서, 면접, 성과 검토, 회의 등에서 여러분의 성과를 주관적으로 설명할 것을 요구받고, 이런 목록은 계속 이어진다. 여러분이 자신의 성과를 설명하는 법이 소위 말하는 자기 홍보의 수준이다. 자기 홍보는 업무의 일부로 만연되었기 때문에 자기 홍보를 더 많이 하는 사람들이 채용되고, 승진되고, (연봉) 인상 또는 상여금을 받을 기회가 더 많을 수 있다.

VOCA

- self-assessment 자기 평가
- pervasive 만연한, 널리 퍼진
- fiscal 회계의, 재정의
- in terms of ~에 있어서
- objective 객관적인
- metric 측정기준
- subjectively 주관적으로
- what we call 소위, 이른바
- self-promotion 자기 홍보
- get a raise 급여를 인상받다

19 난도 ★☆☆ 정답 ①

독해 > 빈칸 완성 > 단어 · 구 · 절

정답의 이유

제시문은 우리는 불안의 시대에 살고 있으며, 우리의 불안 회피 전략은 오히려 불안을 가중시킨다는 내용이다. 빈칸 문장에 역접의 접속사인 'however'가 있으므로 앞에 상반되는 내용이 나와야 하는데, 빈칸 앞 문장에서 스마트폰처럼 밤낮으로 주의를 산만하게 하는 것들이 불안 회피 전략 역할을 한다고 했고, 빈칸 다음에서 이러한 회피 전략은 결국에는 불안을 더욱 가중시킨다는 모순을 지적하고 있으므로, 빈칸에 들어갈 말로 가장 적절한 것은 ① 'Paradoxically(역설적으로)'이다.

오답의 이유

② 다행스럽게도
③ 중립적으로
④ 독창적으로

본문해석

우리는 불안의 시대에 살고 있다. 불안해하는 것은 불편하고 무서운 경험이 될 수 있으므로, 우리는 영화나 TV쇼 시청하기, 먹기, 비디오게임 하기, 과로하기 등 순간의 불안을 줄이는 데 도움이 되는 의식적 또는 무의식적 전략들에 의지한다. 또한, 스마트폰은 낮이든 밤이든 언제든지 주의를 산만하게 만들기도 한다. 심리학 연구는 주의를 산만하게 하는 것들이 일반적인 불안 회피 전략의 역할을 한다는 것을 보여주었다. 그러나 역설적으로, 이러한 회피 전략은 결국에는 불안을 더욱 가중시킨다. 불안해하는 것은 들어가면 헤어나오지 못하는 모래 속에 빠지는 것과 같아서 여러분이 그것에 맞서 싸울수록 더 깊이 가라앉는다. 실제로, 연구는 "여러분이 저항하는 것은 지속된다."라는 잘 알려진 문구를 강력하게 지지한다.

VOCA

- anxiety 불안(감), 염려
- resort to ~에 의지하다
- conscious 의식하는, 자각하는
- reduce 줄이다[축소하다]
- overworking 과로, 혹사
- distraction 정신을 산만하게 만드는 것
- serve as ~의 역할을 하다
- avoidance 회피, 방지
- in the long run 결국에는
- get into 처하다[처하게 만들다]
- quicksand 유사, 헤어나기 힘든[위험한] 상황
- fight 싸우다[전투하다]
- sink 가라앉다[빠지다]
- resist 저항[반대]하다
- persist 집요하게[고집스럽게/끈질기게] 계속하다

20 난도 ★★☆ 정답 ③

독해 > 빈칸 완성 > 단어 · 구 · 절

정답의 이유

주어진 글은 정보를 효율적인 방식으로 얻기 위해서 메일 수신함을 간소화할 필요성과 관리 방법을 서술하는 내용이다. 빈칸 다음 문장의 후반부에서 메일 수신함이 많을수록 관리하기 어려워진다고 했고, 마지막 문장에서 'Cut the number of in-boxes you have down to the smallest number possible for you ~'라고 했으므로, 빈칸에 들어갈 말로 가장 적절한 것은 ③ 'minimizing the number of in-boxes you have(여러분이 가진 메일 수신함의 수를 최소화하는 것)'이다.

오답의 이유

① 한 번에 여러 목표를 설정하는 것
② 들어오는 정보에 몰두하는 것
④ 여러분이 열중해 있는 정보를 선택하는 것

본문해석

여러분은 얼마나 다양한 방법으로 정보를 얻는가? 어떤 사람들은 문자 메시지, 음성 메일, 종이 문서, 일반우편, 블로그 게시물, 다양한 온라인 서비스의 메시지라는 6가지 서로 다른 종류의 통신 수단에 응답해야 할지도 모른다. 이것들은 각각 일종의 메일 수신함으로, 지속적으로 처리되어야 한다. 그것은 끝없는 과정이지만, 기진맥진하거나 스트레스 받을 필요는 없다. 정보 관리를 더 관리하기 쉬운 수준으로 낮추고 생산적인 영역으로 전환하는 것은 여러분이 가진 메일 수신함의 수를 최소화하는 것으로 시작한다. 여러분이 메시지를 확인하거나 수신 정보를 읽으러 가야 하는 모든 장소는 메일 수신함이며, 메일 수신함이 많을수록 모든 것을 관리하기가 더 어려워진다. 여러분이 해야 하는 방식으로 여전히 기능하기 위해서 메일 수신함의 수를 가능한 한 최소한으로 줄여라.

VOCA

- in-box 메일 수신함[미결 서류함]
- process 처리하다
- on a continuous basis 지속적으로
- exhausting 기진맥진하게 만드는
- stressful 스트레스가 많은
- manageable 관리[감당/처리]할 수 있는
- productive 생산적인
- zone 구역
- minimize 최소화하다
- incoming 도착하는, 들어오는
- function 기능하다[작용하다]

오랫동안 꿈을 그리는 사람은 마침내 그 꿈을 닮아간다.

– 앙드레 말로 –

PART 3

한국사

- 2025년 국가직 9급
- 2025년 지방직 9급
- 2024년 국가직 9급
- 2024년 지방직 9급
- 2023년 국가직 9급
- 2023년 지방직 9급

한국사 | 2025년 국가직 9급

한눈에 훑어보기

영역 분석

선사 시대와 국가의 형성 01
1문항, 5%

고대 03 10 11 15
4문항, 20%

중세 05 08 17
3문항, 15%

근세 02 04
2문항, 10%

근대 태동기 09 13
2문항, 10%

근대 07 14 18
3문항, 15%

일제 강점기 12 16 19
3문항, 15%

현대 20
1문항, 5%

시대 통합 06
1문항, 5%

빠른 정답

01	02	03	04	05	06	07	08	09	10
④	①	④	③	②	②	④	①	②	①
11	12	13	14	15	16	17	18	19	20
②	③	④	③	②	③	④	②	③	③

점수 체크

구분	1회독	2회독	3회독
맞힌 문항 수	/ 20	/ 20	/ 20
나의 점수	점	점	점

01 난도 ★☆☆ 정답 ④

선사 시대와 국가의 형성 > 선사 시대

자료해설

바위에 '고래 잡는 사람', '호랑이', '사슴', '물을 뿜고 있는 고래', '작살이 꽂혀 있는 고래' 등 여러 동물과 사냥하는 모습이 묘사됐다는 내용으로 보아 제시된 자료가 가리키는 문화유산은 울주 대곡리 반구대 암각화임을 알 수 있다.

정답의 이유

④ 울주 대곡리 반구대 암각화는 선사 시대에 만들어졌으며, 바위면에 고래, 거북, 사슴, 호랑이 등의 동물들과 배를 타고 고래를 사냥하는 장면 등이 새겨져 있다. 이는 사냥과 고기잡이의 성공과 풍성한 수확을 비는 것으로 보인다.

오답의 이유

① 경북 고령 장기리 암각화에는 동심원, 십자형, 가면 모양 등 기하학무늬 모양의 그림이 새겨져 있으며, 청동기 후기의 암각화로 추정한다.

② 황해 안악 3호분은 북한 황해도 안악군에 위치한 고구려의 굴식 돌방 무덤으로, 널방의 벽면에는 250여 명에 달하는 사람들로 구성된 행렬도가 그려져 있다.

③ 경주 천마총은 신라의 대표적인 돌무지 덧널 무덤으로, 내부에서 말의 안장 양쪽에 달아 늘어뜨리는 부속품인 장니에 그려진 천마도(장니 천마도)가 출토되었다.

02 난도 ★★☆ 정답 ①

근세 > 정치사

자료해설

제시된 자료에서 '여진족과 왜구의 침입에 대비하기 위해 만든 임시 회의 기구', '임진왜란 이후 국정 전반을 다루었다', '의정부와 6조의 기능이 축소' 등의 내용으로 보아 (가)에 해당하는 기구는 비변사임을 알 수 있다.

정답의 이유

① 비변사는 중종 때 왜구와 여진족의 침입에 대비하기 위한 임시 기구로 설치되었으며, 을묘왜변(1555)을 계기로 상설 기구가 되었다. 이후 임진왜란을 거치면서 구성원이 3정승을 비롯한 고위 관원으로 확대되었으며 그 기능도 군사 문제뿐 아니라 외교, 재정 등 거의 모든 정무를 총괄하였다. 이와 같이 비변사의 기능이 강화되자 의정부와 6조 중심의 행정 체계는 유명무실해졌고, 고종 초 흥선 대원군이 의정부의 실권을 회복하고 행정체계를 바로 잡기 위해 축소, 폐지하였다.

오답의 이유

② 삼군부는 조선 초기 군무를 총괄하던 관청이다. 고종 즉위 이후 정치적 실권을 잡은 흥선 대원군이 비변사를 폐지하여 의정부의 권한을 강화하고 삼군부를 부활시켜 군사 및 국방 문제를 전담하게 하였다.

③ 고려의 정치 중심 기구는 국정 총괄과 정책 결정을 담당하는 최고 중앙 관서인 중서문하성과 6부를 관리하는 상서성의 2성으로 이루어졌다. 상서성은 고려 시대 중앙 관제 중 하나로 6부(이·호·예·병·형·공)의 행정업무를 집행하고 관리하였다.

④ 집사부는 통일 신라의 최고 행정 기구로, 중앙 행정 기구인 집사부를 중심으로 그 아래 13개 관부가 병렬적으로 위치하여 행정 업무를 분담하였다.

03 난도 ★★☆ 정답 ④

고대 > 정치사

자료해설

제시문의 '고구려의 옛 땅', '백성은 말갈이 많고 토인(土人)이 적은데, 모두 토인을 촌장으로 삼는다' 등의 내용을 통해 밑줄 친 '이 나라'는 발해임을 알 수 있다. '토인(土人)'은 토착 원주민으로 발해의 토착 원주민인 고구려계 사람을 의미하며, 말갈이 많고 토인(土人)이 적지만 촌장은 모두 토인으로 임명한다는 내용으로 보아 발해의 인구 구성 중 말갈인이 큰 비중을 차지하나 지배층은 고구려인임을 알 수 있다.

정답의 이유

④ 발해 선왕은 지방 행정 체제를 5경 15부 62주로 정비하고 주현에 지방관을 파견하였다.

오답의 이유

① 신라는 골품제라는 특수한 신분 제도를 운영하여, 개인이 승진할 수 있는 관등 승진의 상한을 골품으로 정하고 관직을 맡을 수 있는 관등의 범위를 한정하였다.

② 통일 신라 신문왕은 중앙군을 9서당, 지방군을 10정으로 편성하여 군사조직을 정비하였다.

③ 고구려 광개토 대왕은 즉위 후 영락이라는 독자적인 연호를 사용하여 왕권을 강화하였다.

04 난도 ★☆☆ 정답 ③

근세 > 정치사

자료해설

『농사직설』과 '4군 6진 개척'을 통해 제시된 자료의 업적이 있는 왕은 세종대왕임을 알 수 있다. 조선 세종은 정초, 변효문 등을 시켜 우리 풍토에 맞는 농법을 기술한 『농사직설』을 간행하였다. 또한 세종 때 여진을 몰아낸 뒤 최윤덕이 압록강 상류 지역에 4군을 설치하고, 김종서가 두만강 하류 지역에 6진을 설치하여 영토를 확장하였다.

정답의 이유

③ 조선 전기 세종은 전세 제도인 공법을 제정하고 이를 실시하기 위해 전제상정소를 설립하여 토지의 등급을 매기도록 하였다. 이를 통해 풍흉과 토지 비옥도에 따라 전세를 차등 징수하는 연분9등법과 전분6등법을 전라도부터 시행하였다.

오답의 이유

① 조선 후기 상업이 발달하면서 담배, 인삼, 면화 등 상품 작물의 재배가 활발해졌다. 송파장은 전국의 온갖 산물이 모이는 중심지로, 조선 시대 15대 장터 중 하나였다.

② 조선 정조는 채제공의 건의에 따라 신해통공을 시행하여 육의전을 제외한 시전 상인들의 금난전권을 폐지하고 일반 상인들의 자유로운 상업 활동을 도모하였다.

④ 조선 정조 때 진산의 양반 윤지충은 모친상을 당하여 신주를 불사르고 천주교 의식으로 상을 치르자 강상죄를 저지른 죄인으로 비난을 받았다. 이때 천주교인이었던 권상연이 이를 옹호하자 모두 사형에 처해졌다(신해박해).

05 난도 ★★☆ 정답 ②

중세 > 정치사

자료해설

제시문의 '왕이 신돈에게 국정을 맡겼다'는 내용으로 보아 밑줄 친 '왕'은 공민왕이다. 공민왕은 신돈을 등용하고 전민변정도감을 설치하여 권문세족에 의해 점탈된 토지를 본래 주인에게 돌려주고 억울하게 노비가 된 자를 풀어주는 등 개혁을 단행하였다.

정답의 이유

② 공민왕은 원의 내정 간섭을 배제하기 위하여 정동행성 이문소를 폐지하였다.

오답의 이유

① 고려 태조는 지방 호족을 견제하고 지방 통치를 원활하게 하기 위해 중앙의 고관을 자기 출신지의 사심관으로 임명하는 사심관 제도를 시행하였다.

③ 고려 광종은 공신과 호족의 세력을 약화시키고 왕권을 강화하고자 국왕을 황제라 칭하고 광덕, 준풍 등의 독자적 연호를 사용하였다.

④ 고려 성종은 유학자인 최승로가 건의한 시무 28조 개혁안을 받아들여 유교 정치를 구현하였다.

06 난도 ★★☆ 정답 ②

시대 통합 > 지역사

자료해설

자료의 '고인돌 유적'과 '고려 정부가 천도하여 몽골의 침략에 대항'으로 보아 밑줄 친 '이곳'은 강화도이다. 강화도 부근리, 삼거리, 오상리 등의 지역에는 청동기 시대 지배층 군장의 무덤인 고인돌 160여 기가 분포되어 있으며, 고창·화순·강화 고인돌 유적이 함께 유네스코 세계 유산으로도 등재되어 있다. 또한 고려 최씨 무신 정권 시기 최우는 몽골의 침입에 장기적으로 대항하기 위해 강화도로 천도하였다.

정답의 이유

② 인조의 친명배금 정책으로 후금이 조선을 침략하는 정묘호란이 발생하였다. 후금이 의주를 함락시킨 뒤 평산까지 남진하자 인조는 강화도로 피난하였다.

오답의 이유

① 통일 신라 때 장보고는 완도에 청해진을 설치하여 해적들을 소탕하고 해상 무역권을 장악하면서 당, 신라, 일본을 잇는 국제 무역을 주도하였다.

③ 원나라는 고려 충렬왕 때 제주도에 탐라총관부를 설치하여 직할령으로 삼았다.

④ 조선 고종 때 영국은 조선에 대한 러시아의 세력 확장을 저지하기 위해 남해의 전략 요충지인 거문도를 불법으로 점령하였다.

더 알아보기

강화도에서 일어난 역사적 주요 사건

구분	사건	내용
청동기 시대	고인돌 축조	강화도 부근리, 삼거리, 오상리 등에 탁자식 등 다양한 고인돌 분포(유네스코 세계유산)
고려	최우의 강화도 천도 (1232)	최우 집권 시기 몽골의 침입에 대응하기 위해 강화도로 천도
	대장도감(大藏都監) 설치 (1236)	• 고려 고종 때 강화도에 대장도감을 설치하고 재조(팔만)대장경 조성(1236~1251) • 대장도감에서 현전하는 우리나라 최고(最古)의 의학 서적인 『향약구급방』 간행
	삼별초의 대몽항쟁 (1270~1273)	• 고려 정부가 강화도에서 개경으로 환도 → 배중손, 김통정을 중심으로 한 삼별초가 반대하여 대몽항쟁 전개 • 강화도, 진도, 제주도(탐라)로 이동
조선	정묘호란 (1627)	후금의 침략으로 인조가 강화도로 피란
	강화학파 (18C 초)	정제두가 양명학을 연구하고 강화도에서 강화학파 형성
	병인양요 (1866)	병인박해를 구실로 프랑스군이 강화도에 침략하여 외규장각 의궤 등 약탈
	신미양요 (1871)	제너럴셔먼호 사건을 구실로 미군이 강화도 침략
	강화도 조약 (1876)	우리나라 최초의 근대적 조약이자 불평등 조약으로 강화도 연무당에서 체결

07 난도 ★★☆ 정답 ④

근대 > 정치사

자료해설

'개항 이후 ~ 개혁을 추진하기 위해 설립된 기구', '외교, 군사 등 개화와 관련된 정책을 총괄', '그 아래 12사를 두어 실무를 담당' 등의 내용을 통해 제시된 기구가 '통리기무아문'임을 알 수 있다.

정답의 이유

④ 고종은 강화도 조약 이후 국내외 정세에 대응하기 위해 국내외의 군국 기무와 개화 정책을 총괄하는 업무를 맡은 관청인 통리기무아문을 설치하고 그 아래 12사(司)를 두어 행정 업무를 맡게 하였다(1880).

오답의 이유

①·③ 동학 농민 운동 당시 농민군은 황토현 전투에서 관군에 승리하고 전주성을 점령하여 전라도 일대를 장악하였으며 이후 청과 일본의 군대 개입을 우려한 조선 정부와 동학 농민군은 전주 화약을 체결하였다. 전주 화약 체결 후 조선 정부는 교정청을 설치하여 자주적인 내정 개혁을 시도하였으나, 일본군이 경복궁을 포위하고 고종을 협박하여 내정 개혁 기구인 군국기무처를 설치하고 교정청을 폐지하였다(1894).

② 임술 농민 봉기를 수습하기 위해 안핵사로 파견된 박규수는 민란의 원인이 삼정의 문란에 있다고 보고 삼정이정청을 설치하였으나 근본적인 문제를 해결하지는 못하였다(1862).

08 난도 ★★☆ 정답 ①

중세 > 정치사

자료해설

'노비 만적', '공노비와 사노비들을 불러 모의', '장상의 씨가 따로 있으랴' 등을 통해 제시문의 사건이 '만적의 난'임을 알 수 있다. 최씨 무신 정권 시기 최충헌의 사노비 만적은 개성에서 노비들을 규합하여 신분 차별에 항거하는 반란을 도모하였으나 사전에 발각되어 실패하였다(1198).

정답의 이유

① 고려 무신 정권 시기 최충헌의 뒤를 이어 집권한 최우는 자신의 집에 정방을 설치하고 이를 인사 행정을 담당하는 기관으로 삼아 인사권을 완전히 장악하였다(1225).

오답의 이유

② 고려 예종 때 윤관은 별무반을 이끌고 여진족을 토벌하여 함주, 길주 등에 동북 9성을 설치하였다(1107).

③ 고려 광종은 노비안검법을 실시하여 억울하게 노비가 된 사람들을 구제하고, 호족 세력의 경제적·군사적 기반을 약화시키고자 하였다(956).

④ 통일 신라 때 지방 세력을 견제하기 위해 지방 호족의 자제 1명을 뽑아 중앙에 머물게 하는 상수리 제도를 실시하였다.

더 알아보기

시대별 노비 해방 노력

노비안검법(956) 실시	• 고려 광종 때 억울하게 노비가 된 사람들을 구제하기 위해 실시 • 국가 재정 확충, 호족 세력 약화 도모
만적의 난(1198)	최충헌의 사노비 만적이 신분 차별에 항거하여 개경에서 반란 도모, 사전 발각되며 실패
공노비 해방(1801)	조선 순조 때 각 궁방과 중앙 관서의 공노비를 해방시켜 양민으로 삼음
제1차 갑오개혁(1894)	군국기무처 주도로 진행된 제1차 갑오개혁으로 공사 노비법 혁파(사노비도 해방)

09 난도 ★★☆ 정답 ②

근대 태동기 > 문화사

자료해설

제시문의 『양반전』, '수레와 선박의 이용 등에 대해서도 주목' 등의 내용을 통해 밑줄 친 '그'가 박지원임을 알 수 있다. 박지원은 『양반전』, 「허생전」, 「호질」 등의 소설을 통해 양반의 무능과 허례를 풍자하고 비판하였고, 청에 다녀온 뒤 견문록인 『열하일기』를 저술하여 청 문물을 소개하며 상공업 진흥과 화폐 유통, 수레 사용의 필요성을 주장하였다.

정답의 이유

② 박지원은 『과농소초』를 저술하여 중국 농법 도입과 재래 농사 기술의 개량을 주장하였으며, 농업 정책으로 토지 소유 상한선을 규정하는 한전론을 제안하여 심각한 토지 소유 불균형을 해소하고자 하였다.

오답의 이유

① 송시열은 노론의 영수로, 명에 대한 의리를 지키고 청에게 당한 수모를 갚자는 북벌론을 주장하며 효종에게 『기축봉사』를 올려 북벌 계획의 핵심 인물이 되었다.

③ 조선 정조 때 정약용은 서양 서적인 『기기도설』을 참고하여 거중기를 제작하였고, 이는 수원 화성을 축조할 때 사용되면서 공사 기간과 비용을 줄이는 데 큰 역할을 하였다.

④ 조선 정조 때 안정복은 역사서인 『동사강목』을 편찬하여 고조선부터 고려 말까지의 역사를 정리하였으며, '단군 – 기자 – 마한 – 삼국 – 통일 신라 – 고려'로 이어지는 독자적 정통론을 확립하였다.

10 난도 ★☆☆ 정답 ①

고대 > 정치사

자료해설

제시문의 '김흠돌의 난', '녹읍을 폐지' 등을 통해 통일 신라 신문왕 때임을 알 수 있다. 신문왕은 장인이었던 김흠돌의 난을 진압한 뒤 왕권 강화를 위해 진골 귀족 세력을 숙청하였으며, 녹읍을 폐지하고 관료전을 지급하여 귀족의 경제 기반을 약화시키고자 하였다.

정답의 이유

① 신문왕은 유학 교육 기관인 국학을 설립하여 유교 정치 이념을 확립하고 왕권을 강화하려 하였다.

오답의 이유

② 신라 법흥왕은 이차돈의 순교를 계기로 불교를 국교로 공인하였다.

③ 통일 신라 원성왕은 국학의 학생들을 대상으로 독서삼품과를 실시하여 유교 경전의 이해 수준에 따라 관리를 채용하였다.

④ 신라 지증왕은 이사부를 시켜 우산국(울릉도)과 우산도(독도)를 복속하고 그를 실직주의 군주로 삼았다.

11 난도 ★★☆ 정답 ②

고대 > 정치사

자료해설

(가) '왕이 보병과 기병 5만 명을 보내 신라를 구원'과 '왜군이 퇴각'을 통해 고구려 광개토 대왕이 신라의 원군 요청을 받고 군대를 보내 신라에 침입한 왜를 격퇴한 사건임을 알 수 있다. 광개토 대왕은 백제 · 가야 · 왜 연합군의 침략으로 신라 내물왕이 원군을 요청하자 병력 5만 명을 신라에 보내 연합군을 낙동강 유역까지 추격하여 물리쳤다(400). 이로 인해 금관가야를 중심으로 하는 전기 가야 연맹이 쇠퇴하기 시작했다.

(나) '백제 왕이 가야와 함께 관산성을 공격', '비장인 도도가 백제 왕을 죽였다'를 통해 백제 성왕이 전사한 관산성 전투임을 알 수 있다. 백제 성왕은 신라의 진흥왕이 나 · 제 동맹을 깨고 백제가 차지한 지역을 점령하자 신라를 공격하였으나 관산성 전투에서 전사하였다(554).

정답의 이유

② 신라 법흥왕 때 신라가 금관가야를 병합하였다(532).

오답의 이유

① 고구려 미천왕은 낙랑군을 축출(313)하고 한의 군현을 모두 몰아내어 영토를 확장하였다.

③ 당은 연개소문의 정변을 구실로 고구려를 공격하여 요동성, 백암성 등을 함락시키고 안시성을 공격하였다. 이에 고구려는 안시성 성주 양만춘을 중심으로 저항하여 당군을 물리쳤다(645).

④ 백제 근초고왕이 고구려의 평양성을 공격하자 고국원왕이 이에 항전하다가 전사하였다(371).

12 난도 ★★★ 정답 ③

일제 강점기 > 정치사

자료해설

'남만주로 집단 이주하려고 기도', '토지를 사들이고 촌락을 세워', '학교를 세워 민족 교육을 실시', '무관학교를 설립', '105인 사건 판결문' 등의 내용으로 보아 제시문에서 말하는 단체는 신민회임을 알 수 있다. 105인 사건은 조선 총독부가 데라우치 총독 암살 미수를 조작해 많은 민족 운동가들이 체포된 사건으로, 이로 인해 신민회가 와해되었다.

정답의 이유

③ 신민회는 공화정체의 근대 국가 수립을 목표로 결성된 비밀 결사 단체(1907)로 오산 학교와 대성 학교를 세워 민족 교육을 실시하였으며, 서간도(남만주) 삼원보 지역에 독립 운동 기지로 신한민촌을 건설하고 독립군 양성 학교인 신흥 강습소(이후 신흥 무관 학교)를 설립하였다.

오답의 이유

① 독립협회는 만민공동회를 개최하여 러시아 내정 간섭을 규탄하고 러시아의 절영도 조차 요구를 저지하는 등 반러 운동을 전개하였다(1898).

② 1920년대 이상재, 이승훈, 윤치호 등의 주도로 한국인을 위한 고등 교육 기관인 민립대학 설립 운동이 시작되어 조선민립대학 기성회가 조직되었다(1923).

④ 한국인 학생과 일본인 학생 간의 충돌 사건을 계기로 조선인 학생에 대한 차별과 식민지 교육에 저항한 광주 학생 항일 운동이 발생하였다(1929). 이에 당시 신간회 중앙 본부는 진상조사단을 파견하여 지원하였다.

13 난도 ★★☆ 정답 ④

근대 태동기 > 경제사

자료해설

'영의정 이원익', '공물 제도가 방납인에 의한 폐단이 크며', '경기도', '백성들에게 ~ 토지 1결마다 8두씩 쌀로 거두고' 등을 통해 제시문의 내용이 대동법이며, 밑줄 친 왕은 대동법을 처음 시행한 '광해군'임을 알 수 있다. 광해군 때 공납의 폐단을 해결하기 위해 경기도부터 대동법을 실시하여 공납을 전세화하고 공물 대신 쌀을 납부하도록 하였다(1608). 이로 인해 국가에 필요한 물품을 공인이 조달하게 되면서 상품 화폐 경제가 발달하게 되었다.

정답의 이유

④ 기유약조는 1609년 광해군 때 일본과의 통교를 허용하기 위해 대마도주와 맺은 강화 조약이다. 이 약조의 체결로 임진왜란으로 끊겼던 일본과의 국교가 재개되고 부산에 왜관이 설치되었다.

오답의 이유

① 선조 때 유성룡의 건의에 따라 포수, 사수, 살수의 삼수병으로 편제된 훈련도감을 창설하였다(1593).

② 중종은 반정으로 왕위에 오른 뒤 훈구파를 견제하기 위해 사림을 중용하여 유교 정치를 발전시키고자 하였다. 이에 따라 등용된 조광조는 천거제의 일종인 현량과를 실시하여 사림이 대거 등용될 수 있는 발판을 마련하였으며 소격서 폐지, 위훈 삭제 등의 급진적인 개혁을 실시하며 훈구파의 반발을 불러왔다.

③ 정조는 새롭게 관직에 오른 자 또는 기존 관리 중 능력 있는 관리들을 규장각에서 재교육시키는 초계문신제를 시행하였다.

14 난도 ★★☆ 정답 ③

근대 > 정치사

자료해설

제시문의 '의정부를 내각으로, 8아문을 7부로 고쳤다', '지방 8도는 23부로 개편' 등을 통해 밑줄 친 개혁은 고종 때 김홍집 내각에 의해 추진된 '제2차 갑오개혁'임을 알 수 있다. 제2차 갑오개혁을 통해 중앙 행정 기구인 의정부와 8아문을 각각 내각과 7부로, 지방 행정 구역을 8도에서 23부로 개편하였다(1895).

정답의 이유

③ 제2차 갑오개혁 때 고종은 교육 입국 조서를 발표하고 교육의 중요성을 강조하면서 교사 양성을 위한 한성 사범 학교를 세웠다(1895).

오답의 이유

① 조선 정부는 외국어 통역관을 양성하기 위한 외국어 교육 기관으로 동문학을 설립하여 영어 교육을 실시하였다(1883).

② 육영공원은 최초의 관립 학교로 미국인 헐버트와 길모어를 초빙하여 상류층 자제들에게 영어, 수학, 지리, 정치 등 근대 학문을 교육하였다(1886).

④ 광무개혁 때 새로운 기술자와 경영인의 양성을 위해 상공학교(1899), 광무학교(1900) 등의 실업학교와 의학교 등 각종 학교를 설립하였다.

15 난도 ★★☆ 정답 ②

고대 > 문화사

자료해설

제시문의 '백제는 5세기 고구려의 공격으로 한강 유역을 상실', '수도가 함락', '도읍을 옮겼다'는 내용을 통해 밑줄 친 지역이 '웅진(공주)'임을 알 수 있다. 백제는 고구려 장수왕의 남진 정책으로 수도 한성이 함락되고 개로왕이 전사하자, 이후 즉위한 문주왕이 웅진(공주)으로 천도하였다.

정답의 이유

② 공주 송산리 고분군 내에 있는 무령왕릉은 웅진 시기에 재위하였던 무령왕의 무덤으로, 중국 남조의 영향을 받아 널길과 널방을 벽돌로 쌓은 벽돌무덤 양식으로 만들어졌다.

오답의 이유

① 몽촌토성은 서울 송파구 방이동에 위치한 토성터로, 백제 초기 한성 시대에 도성이자 왕성의 역할을 한 것으로 추정된다.

③ 전북 익산시에 위치한 익산 미륵사지 석탑은 백제 무왕 때 미륵사에 건립된 석탑으로, 목조건축의 기법을 사용하여 만들어졌으며 현존하는 삼국 시대의 석탑 중 가장 크다.

④ 서산 용현리 마애여래삼존상은 충남 서산시 가야산의 층암절벽에 조각된 거대한 백제의 화강석 불상으로, '백제의 미소'로도 알려져 있다.

16 난도 ★★★ 정답 ③

일제 강점기 > 정치사

자료해설

제시문의 '권업회', '대한 광복군 정부' 등을 통해 밑줄 친 이 지역이 '연해주'임을 파악할 수 있다. 이상설은 국권 상실 후 연해주 지역에서 한인 자치 단체인 권업회를 조직(1911)하고 권업신문을 발행하였다. 이후 연해주의 블라디보스토크에서 이상설을 정통령, 이동휘를 부통령으로 하는 대한 광복군 정부가 수립되어(1914), 만주와 시베리아 지역의 독립운동을 주도하면서 독립 전쟁을 준비하였다.

정답의 이유

③ 일제 강점기 당시 우리 민족은 러시아 연해주의 블라디보스토크로 이주하여 한인 집단 거주지인 신한촌을 형성하였다.

오답의 이유

① 동제사는 중국 상하이에서 신규식, 박은식 등이 조직한 항일 민족운동 단체이다(1912).

② 신민회의 이회영, 이상룡 등은 남만주 삼원보에 최초의 한인 자치 단체인 경학사를 조직(1911)하여 한인의 이주와 정착, 항일 의식 고취 등을 위해 노력하였다.

④ 박용만은 하와이에 대조선 국민 군단을 조직하여 독립군 사관 양성을 바탕으로 한 무장 투쟁을 준비하였다(1914).

17 난도 ★★☆ 정답 ④

중세 > 문화사

자료해설

제시문의 '문종의 넷째 아들', '송나라로 유학', '천태종을 창립' 등을 통하여 밑줄 친 '그'가 의천임을 알 수 있다. 의천은 고려 문종의 넷째 아들로 태어나 11세에 출가하였다. 이후 조정의 반대를 무릅쓰고 송에 유학하여 화엄종과 천태종의 교리를 배웠으며, 귀국 후 개경(개성) 흥왕사에서 교종과 선종의 불교 통합 운동을 전개하였다. 또한 국청사를 중심으로 해동 천태종을 개창하였으며, 이후 숙종 때 대각국사로 책봉되었다.

정답의 이유

④ 『신편제종교장총록』은 의천이 교장을 조판하기 전에 고려와 송 · 요 · 일본 등에서 불교 자료를 수집하여 편찬한 목록집으로, 흥왕사에 교장도감을 두어 이 목록에 따라 교장을 조판하였다.

오답의 이유

① 고려 승려 혜심은 유교과 불교가 다르지 않다는 유 · 불 일치설을 주장하여 장차 성리학을 수용할 수 있는 사상적인 토대를 마련하였다.

② 고려 후기 요세는 참회와 수행에 중점을 둔 법화 신앙을 설파하고 강진의 만덕사(백련사)에서 백련결사를 조직하였다.

③ 고려의 승려 지눌은 정혜쌍수를 사상적 바탕으로 하여 철저한 수행을 강조하였으며, 내가 곧 부처라는 깨달음을 위한 노력과 함께 꾸준한 수행으로 이를 확인하는 돈오점수를 강조하였다.

18 난도 ★★☆ 정답 ②

근대 > 정치사

자료해설

제시문의 '우리나라가 아시아의 중립국이 된다면 러시아를 방어하는 큰 기틀이 될 것이고', '중국의 이익도 될 것이고, 여러 나라가 서로 보전하는 계책도 될 것이니'를 통해 제시된 글을 쓴 인물이 유길준임을 알 수 있다. 유길준은 영국이 러시아의 남하를 저지하기 위해 거문도를 점령하는 등 한반도에 대한 열강들의 침략 야욕으로 인해 국제 분쟁의 조짐이 보이자 조선 중립화론을 주장하였다.

정답의 이유

② 유길준은 조 · 미 수호 통상 조약 체결 후 미국 공사가 부임하자 조선 정부가 이에 답하여 미국에 파견한 보빙사의 일원이었다.

오답의 이유

① 김홍집이 『조선책략』을 들여온 이후 미국과 외교 관계를 맺어야 한다는 여론이 형성되자 이만손을 중심으로 한 영남 유생들이 만인소를 올려 이를 반대하였다.

③ 김홍집은 제2차 수신사로 일본에 파견되어 청나라 외교관인 황쭌셴의 『조선책략』을 가지고 돌아왔다. 『조선책략』은 러시아의 남하 정책에 대비하기 위한 조선, 일본, 중국 등 동양 3국의 외교 정책 방향과 미국과의 수교 필요성을 저술한 책이다.

④ 최익현은 일본이 강화도 조약 체결을 요구하자, 일본과 화의를 맺는 것은 서양과 화친을 맺는 것과 다름없다는 왜양일체론에 입각한 논리를 담은 상소를 올리며 반대하였다.

19 난도 ★★★ 정답 ③

일제 강점기 > 정치사

자료해설

'일본인이 불법 징수하는 세금을 압수하여 무장을 준비', '행형부', '무력이 완비되는 대로 일본인 섬멸전을 단행' 등의 내용을 통해 제시문의 단체가 대한 광복회임을 알 수 있다. 대한 광복회는 경상북도 대구에서 대한 광복단(풍기 광복단)과 조선 국권 회복단의 일부 인사가 중심이 되어 창립되었다(1915). 박상진이 총사령, 김좌진이 부사령으로 구성되는 등 군대식 조직을 갖추었으며 독립군 양성과 군자금 조달, 친일파 처단 활동도 전개하였다.

정답의 이유

③ 박상진은 공화정체의 근대 국민 국가의 수립을 지향하는 대한 광복회의 초대 총사령으로 활동하면서 독립군 양성에 힘쓰는 한편, 친일 세력들을 처단하는 의협 투쟁도 전개하였다.

오답의 이유

① 의열단은 김원봉 등을 중심으로 만주 길림에서 조직되었으며(1919), 신채호가 작성한 「조선 혁명 선언」을 기본 행동 강령으로 삼고 직접적인 투쟁 방법인 암살, 파괴, 테러 등을 통해 독립운동을 전개하였다.

② 독립 의군부는 임병찬이 고종의 밀지를 받고 국내 잔여 의병 세력과 유생을 규합하여 조직한 단체(1912)로, 조선 총독부에 국권 반환 요구서를 보내고 복벽주의를 내세워 의병 전쟁을 준비하였다.

④ 한인애국단은 김구가 당시 대한민국 임시정부의 침체를 극복하고 적극적인 의열 투쟁 활동을 전개하고자 상하이에서 조직한 단체이다(1931).

더 알아보기

대한 광복회 7대 강령

1. 부호의 의연금 및 일본인이 불법 징수하는 세금을 압수하여 무장을 준비한다.
2. 남북 만주에 군관학교를 세워 독립전사를 양성한다.
3. 기존의 의병 및 해산군인과 만주 이주민을 소집하여 훈련한다.
4. 중국 · 러시아 등 여러 나라에 의뢰하여 무기를 구입한다.
5. 본회의 군사행동 · 집회 · 왕래 등 모든 연락기관의 본부를 상덕태상회에 두고, 한만(韓滿) 각 요지와 북경 · 상해에 그 지점 또는 여관 · 광무소(鑛務所) 등을 두어 연락기관으로 한다.
6. 일본인 고관 및 한인 반역자를 수시 수처에서 처단하는 행형부(行刑部)를 둔다.
7. 무력이 완비되는 대로 일본인 섬멸전을 단행하여 최후 목적의 달성을 기한다.

20 난도 ★★☆ 정답 ③

현대 > 정치사

자료해설

제시문은 대한민국 제헌 헌법의 전문(前文)으로, 헌법의 제정 이유 및 나아가야 할 방향을 제시하고 있다. 1948년 치러진 5·10 총선거를 통해 구성된 제헌 국회는 대통령 중심제의 단원제 국회, 임기 4년의 대통령 간선제 등을 내용으로 하는 제헌 헌법을 제정(1948.7.)하였다.

정답의 이유

③ 제헌 국회는 친일파 청산을 목적으로 하는 반민족 행위 처벌법을 제정 및 공포하였다(1948.9.).

오답의 이유

① 광복 이후 38도 이남 지역에 미군정 실시가 선포되면서 미군정청이 설치되었다(1945.9.).

② 유엔 총회에서 결의한 남북한 총선거가 무산되자 유엔 소총회에서 가능한 지역에서만 선거를 실시하라는 결정이 내려졌고, 남한에서 우리나라 최초의 보통선거인 5·10 총선거가 실시되었다(1948.5.).

④ 대한민국 임시정부 주석 김구와 외무부장 조소앙은 장제스를 찾아가 제2차 세계 대전 종전을 앞두고 개최될 카이로 회담에서 한국의 독립이 다루어지도록 요청하였다. 이후 열린 카이로 회담의 결과 한국 독립을 명기한 카이로 선언이 발표되었다(1943.11.).

한국사 | 2025년 지방직 9급

한눈에 훑어보기

영역 분석

선사 시대와 국가의 형성 01 02
2문항, 10%

고대 03 04 05
3문항, 15%

중세 06 07 09
3문항, 15%

근세 08 11
2문항, 10%

근대 태동기 10
1문항, 5%

근대 12 13 19 20
4문항, 20%

일제 강점기 14 15 17
3문항, 15%

현대 18
1문항, 5%

시대 통합 16
1문항, 5%

빠른 정답

01	02	03	04	05	06	07	08	09	10
①	②	③	④	③	③	①	②	④	①
11	12	13	14	15	16	17	18	19	20
③	①	②	①	③	④	①	②	②	④

점수 체크

구분	1회독	2회독	3회독
맞힌 문항 수	/ 20	/ 20	/ 20
나의 점수	점	점	점

01 난도 ★☆☆ 정답 ①

선사 시대와 국가의 형성 > 선사 시대

정답의 이유

㉠ 신석기 시대에는 갈돌과 갈판으로 곡식을 갈아 음식을 만들어 먹었다.
㉢ 신석기 시대에는 뼈바늘과 가락바퀴를 이용하여 옷이나 그물을 만들어 사용하기도 하였다.

오답의 이유

㉡ 청동기 시대에는 벼농사를 짓기 시작하면서 반달돌칼을 이용하여 벼를 수확하였다.
㉣ 벼농사는 청동기 시대 때 짓기 시작하였으며, 초기 철기 시대(삼한)에는 저수지를 축조하여 벼농사를 중심으로 한 농업이 널리 발달하였다(벽골제(김제), 공검지(상주), 의림지(제천) 등).

02 난도 ★★☆ 정답 ②

선사 시대와 국가의 형성 > 국가의 형성

자료해설

왕권이 미약한 부여에서는 가뭄이나 장마가 계속되어 오곡이 잘 익지 않으면 그 허물을 왕에게 돌려 '왕을 마땅히 바꾸거나 죽여야 한다'고 주장하였다.

정답의 이유

② 부여에는 왕 아래 가축의 이름을 딴 마가, 우가, 저가, 구가의 가(加)들이 있었으며, 이들은 행정구역인 사출도를 주관하였다.

오답의 이유

① 옥저와 동예는 읍군이나 삼로라는 군장들이 부족을 다스렸으나, 큰 정치 세력으로 성장하지는 못했다.
③ 동예는 식구가 질병 등으로 죽으면 살던 집을 버리고 다시 새집을 지어 살았다.
④ 동예는 각 부족의 영역을 중요시하여 다른 부족의 영역을 침범하면 노비와 소, 말로 변상하게 하는 책화 제도를 두었다.

03 난도 ★★☆ 정답 ③

고대 > 정치사

자료해설

발해 제2대 왕인 무왕(719~737)의 이름인 '(대)무예', '고(구)려의 옛 터전을 회복'의 제시문을 통해 외교문서를 보낸 나라가 발해인 것을 알 수 있다.

정답의 이유

③ 통일 신라는 중앙 행정 기구인 집사부를 두었고, 집사부 장관인

시중이 왕명을 받들어 행정과 국가 기밀을 담당하였다.

오답의 이유

① 발해 무왕은 동북방의 여러 세력을 복속하여 영토를 확장하였고, 장문휴의 수군으로 당의 등주(산둥 반도)를 공격하였다.

② 발해는 선왕 때 영토를 크게 확장하여 지방 행정 체제를 5경 15부 62주로 정비하였다.

④ 발해 무왕 때 '인안'이라는 독자적인 연호를 사용하였고, 발해 문왕의 딸 정효 공주 묘지의 비문에 문왕을 '황상'이라 표현한 기록이 있다.

04 난도 ★★☆ 정답 ④

고대 > 정치사

자료해설

제시문은 이차돈의 순교를 설명한 사료이므로, 밑줄 친 '국왕'이 신라의 제23대 법흥왕임을 알 수 있다. 신라 법흥왕은 이차돈의 순교를 계기로 불교를 국교로 공인하였다(527).

정답의 이유

④ 신라 지증왕은 당시 사로국이었던 국호를 '신라(新羅)'로 확정하였고, 이사부로 하여금 우산국(울릉도)과 우산도(독도)를 정벌하게 하였다.

오답의 이유

① 신라 법흥왕은 처음 상대등을 설치하였고, 율령을 반포하면서 중앙집권적 국가체제를 갖추었다.

② 신라 법흥왕은 병부를 설치하여 왕권 강화를 도모하였고, 금관가야를 병합하여 낙동강까지 영토를 확장하였다.

③ 신라 법흥왕은 신라 최초로 '건원'이라는 독자적 연호를 사용하였다.

더 알아보기

신라의 국가체제의 정비(법흥왕)

4년(517) 여름 4월 처음으로 병부(兵部)를 설치하였다.

7년(520) 봄 정월 율령(律令)을 반포하고 처음으로 모든 관리의 공복(公服)을 만들어 붉은색과 자주색으로 위계를 정하였다 …(중략)…

18년(531) 봄 3월 담당 관청[有司]에 명하여 제방을 수리하게 하였다. 여름 4월에 이찬 철부(哲夫)를 상대등(上大等)으로 삼아 나라의 일을 총괄하게 하였다. 상대등의 관직은 이때 처음 생겼으니, 지금(고려)의 재상(宰相)과 같다.

–『삼국사기』–

05 난도 ★★☆ 정답 ③

고대 > 정치사

자료해설

고구려의 소수림왕은 태학을 설립(372)하여 인재를 양성하였고, 장수왕은 도읍을 국내성에서 평양으로 천도(427)하여 남진 정책을 추진하였다.

정답의 이유

③ 고구려 광개토 대왕은 중국 후연을 격파하고 옛 고조선의 영토였던 요동 전 지역을 완전히 점유하였다(407).

오답의 이유

① 고구려 태조왕은 동옥저를 정벌하여 복속시켰다(56).

② 고구려 고국원왕 때에 전연의 침입으로 환도성이 함락되었다(342).

④ 고구려 장수왕은 백제의 수도인 한성을 침략하고 개로왕을 살해하였다(475).

06 난도 ★★☆ 정답 ③

중세 > 정치사

자료해설

고려 태조는 지방의 호족을 견제하고 지방 통치를 보완하기 위하여 지방에 연고가 있는 중앙의 고관을 자기 출신지의 사심관으로 임명하여 향촌 사회에서의 지배권을 부분적으로 인정해 주었다.

정답의 이유

③ 고려 광종은 '광덕'과 '준풍' 등의 독자적 연호를 사용하였으며, 수도였던 개경을 '황도(皇都)'로 높여 부르고 서경을 제2의 수도로 승격시켜 '서도'로 칭하였다.

오답의 이유

① 고려 태조는 지방의 호족을 견제하기 위하여 지방 호족의 자제를 수도인 개경에 인질로 잡아 관리하는 기인제도를 실시하였다.

② 고려 태조는 망명한 발해 유민을 받아들였으며, 발해 세자 대광현에게 관직과 왕씨 성을 하사하였다.

④ 고려 태조는 후대 왕들이 지켜야 할 정책 방향을 제시한 훈요 10조를 남겼다.

07 난도 ★★☆ 정답 ①

중세 > 정치사

자료해설

제시문은 거란의 1차 침입 때 고려의 서희와 거란 장수 소손녕 사이에 벌어진 외교 담판에 관한 사료이다. 아래 제시된 연표에서 고려 건국은 918년, 귀주대첩은 1019년, 무신정변은 1170년, 개경 환도는 1270년, 위화도 회군은 1388년 발생하였다. 연표에서 거란과 서희의 외교적 담판이 일어난 시기는 918년~1019년 사이인 (가)에 해당된다.

정답의 이유

(가) 고려 성종 때 거란이 침략하여 고려가 차지하고 있는 옛 고구려 땅을 내놓고 송과 교류를 끊을 것을 요구하였으나 서희가 소손녕과의 외교 담판을 통해 이를 해결하고 강동 6주를 획득하였다(993).

08 난도 ★☆☆ 정답 ②

근세 > 정치사

자료해설

제시문에서 국왕이 만든 언문 28자가 '훈민정음'이라는 내용을 통해 밑줄 친 '국왕'은 조선의 세종임을 알 수 있다. 세종은 백성들의 생활을 편리하게 하기 위해 우리나라의 독창적 문자인 훈민정음을 창제하여 반포하였다.

정답의 이유

② 조선 세종 때 군신 · 부자 · 부부 삼강에 모범이 될 만한 충신, 효자, 열녀의 행실을 모아 글과 그림으로 설명한 윤리서인 『삼강행실도』를 간행하였다.

오답의 이유

① 『경국대전』은 세조 때 최항 등이 편찬에 착수하여 성종 때 완성하여 반포한 조선의 기본 법전이다. 국가 조직, 재정, 의례, 군사 제도 등 통치 전반에 걸친 법령을 담고 있으며, 국가 행정과 통치 규범을 체계화하고 유교 질서를 확립하기 위해 편찬되었다.

③ 조선 성종 때 예악 정비 사업의 일환으로 오례(五禮)의 예법과 절차 등을 그림과 함께 정리하여 『국조오례의』를 편찬하였다.

④ 조선 성종 때 노사신, 양성지, 강희맹 등이 각 도의 지리, 풍속, 인물 등을 기록한 관찬 지리지인 『동국여지승람』을 편찬하였다.

09 난도 ★★☆ 정답 ④

중세 > 문화사

자료해설

제시문의 (가) 인물은 고려의 승려 지눌로 불교의 타락을 비판하며 정혜사에서 승려의 기본인 독경, 수행, 노동에 골고루 힘쓸 것을 주장하는 정혜 결사운동(수선사 결사운동)을 전개하였다. 이에 『권수정혜결사문』을 작성하고 정혜쌍수와 돈오점수를 강조하였다.

정답의 이유

④ 지눌은 정혜쌍수를 사상적 바탕으로 철저한 수행을 강조하였으며, 내가 곧 부처라는 깨달음을 위한 노력과 함께 꾸준한 수행으로 깨달음을 확인하는 돈오점수를 강조하였다.

오답의 이유

① · ③ 고려의 승려 의천은 흥왕사에서 화엄종을 중심으로 교종을 통합하였으며, 국청사를 창건한 뒤 해동 천태종을 개창하여 교종 중심으로 교종과 선종을 통합하고자 하였다.

② 고려 공민왕 때 보우는 원의 불교인 임제종을 도입하여 9산선문의 통합을 주장하는 등 교단 정비를 위해 노력하였다.

더 알아보기

의천과 지눌

구분	의천	지눌
사상	• 교관겸수: 이론과 실천 강조 • 내외겸전: 이론(교종)과 실천(선종)을 수행	• 정혜쌍수: 선정과 지혜를 닦음 • 돈오점수: 깨달음 후 꾸준한 수행
주요 활동	• 해동 천태종 개창 • 교단 통합 운동	• 조계종 창시 • 수선사(송광사) 결사
업적	• 천태종을 통한 교종과 선종의 조화, 교선 일치 추구 • 『신편제종교장총록』 편찬	• 선종 중심으로 교종 포용 • 『권수정혜결사문』 저술

10 난도 ★★☆ 정답 ①

근대 태동기> 정치사

자료해설

제시문의 밑줄 친 '국왕'은 영조이다. 그는 붕당 정치의 폐해를 막고 능력에 따라 인재를 등용하기 위해 탕평책을 실시하였으며, 성균관에 탕평비를 건립하였다.

정답의 이유

① 조선 후기 군역으로 인해 농민들의 부담이 가중되자 영조는 균역법을 제정하여 기존 1년에 2필이었던 군포를 1필만 부담하게 하였다.

오답의 이유

② 조선 정조는 정치적 · 군사적 기능을 부여하고, 상업 활동을 육성하기 위해 수원 화성을 건립하였다.

③ 정조는 새로운 관리 또는 하급관리 중 유능한 인재를 재교육시키려는 목적으로 초계문신제를 시행하였다.

④ 흥선 대원군은 정조 때 편찬된 『대전통편』을 보완하고, 각종 조례를 정리한 법전인 『대전회통』을 편찬하여 통치 체제를 정비하였다.

더 알아보기

대전통편

"즉위 이후의 수교(受敎) 중에서 율령(律令)과 격식(格式)이 될 만한 것은 분류해서 책으로 엮어 시행하기 편리하게 하는 것이 마땅합니다." 임금께서 말씀하셨습니다. "아! 『속전(속대전)』이 갑자년에 완성되었으나 선왕의 수교 중 갑자년 이후의 것이 오히려 많은데, 감히 지금과 가까운 것만 오로지 취하고 지금보다 먼 것을 소홀하게 할 수 있겠는가? 또 『원전(경국대전)』과 『속전』이 각각 하나의 책으로 되어 있어 참고하고 근거로 삼기가 어려우니, 내가 일찍이 그것을 근심하였다.

11 난도 ★★☆ 정답 ③

근세 > 문화사

자료해설

제시문의 (가) 인물은 『성학십도』를 저술한 퇴계 이황이다. 조선 중기의 성리학자 퇴계 이황은 조선의 성리학이 발전하는 데 크게 기여하였으며, 『성학십도』를 통해 군주의 도를 도식으로 설명하였다.

정답의 이유

③ 이황의 사상은 김성일, 유성룡 등에게 계승되어 영남학파를 형성하였다.

오답의 이유

① 조선 후기 실학자 이익은 한 가정의 생활을 유지하는 데 필요한 규모의 토지를 영업전으로 정하여 법으로 매매를 금지하고, 나머지 토지만 매매를 허용하는 한전론을 주장하였다.

② 이이의 사상은 조헌, 김장생으로 이어져 기호학파를 형성하였다.

④ 정약용은 마을 단위의 토지 공동 소유 · 경작, 노동력에 따른 수확물의 분배 내용이 담긴 여전론을 주장하였다.

12 난도 ★★★ 정답 ①

근대 > 정치사

자료해설

제시문은 1907년 7월 24일 체결된 한 · 일 신협약(정미7조약)의 내용이다. 이 조약을 통해 일본은 통감의 권한을 강화하였고, 통감이 추천하는 일본인을 한국 관리에 임명하여 차관정치를 실시하는 등 한국에 내정 간섭을 강화하였다.

정답의 이유

① 일제는 을사늑약의 무효를 알리고자 고종이 네덜란드 헤이그에서 개최된 만국 평화 회의에 특사를 파견한 것을 빌미로 고종을 강제 퇴위시켰다(1907.7.20.).

오답의 이유

② 일제는 한 · 일 신협약을 체결한 후 대한제국의 군대를 강제로 해산시켰다(1907.8.1.).

③ 안중근은 을사늑약 체결을 주도하고 초대 통감을 지낸 이토 히로부미를 만주 하얼빈역에서 사살하였다(1909).

④ 한 · 일 신협약으로 인한 고종 강제 퇴위, 군대 해산 등에 반발하여 정미의병이 전국적으로 전개되었다. 의병 투쟁이 점점 가열화 · 장기화되자 일본은 의병 활동이 특히 치열하게 진행되던 남한 지역(전라남북도와 경상남도 서부)에 대규모 병력을 파견하여 '남한 대토벌 작전'을 전개하였다(1909.9.).

13 난도 ★★★ 정답 ②

근대 > 경제사

자료해설

'제9관 관세 납부', '제37관 방곡령' 등을 통해 제시문이 고종 때 체결된 조 · 일 통상 장정(1883)임을 알 수 있다. 이는 조선이 일본과의 무역에 대한 관세권을 회복하기 위해 체결한 조약으로 천재 · 변란 등에 의한 식량 부족의 우려가 있을 때 방곡령을 선포하는 규정을 포함하고 있다.

정답의 이유

② 조 · 일 통상 장정의 제42관에는 일본에 대한 최혜국 대우 규정이 포함되어 있으며, 일본은 이 최혜국 대우를 통해 다른 서구 열강과 함께 내지 통상 및 저율 관세의 이권을 균점할 수 있었다.

오답의 이유

① 일본은 갑신정변 당시 사망한 일본인에 대한 배상과 일본 공사관 신축 부지 제공 및 신축비 지불을 요구하면서 조선과 한성 조약을 체결하였다.

③ 조선은 임오군란의 피해를 보상하라는 일본의 요구로 일본인 교관 피살에 대한 사과 사절단 파견, 주모자 처벌, 배상금 지불, 공사관 경비병 주둔 등을 명시한 제물포 조약을 체결하였다.

④ 조일 수호 조규(강화도 조약, 1876) 제5관에서는 부산 이외에 2개 항구를 추가로 개항하기로 약속하였다. 이를 근거로 조선은 부산(1876), 원산(1879), 인천(1883)을 차례로 개항하게 되었다.

더 알아보기

일본과의 무역

조 · 일 무역 규칙 (1876)	• 일본에 양미 · 잡곡의 무제한 유출 허용 • 일본 상선에 무항세 • 일본 상품에 무관세
조 · 일 통상 장정 (1883)	• 대일 무역 관세권 회복 조약 • 방곡령 규정 포함

14 난도 ★★☆ 정답 ①

일제 강점기 > 정치사

자료해설

제시문에서 밑줄 친 '내'는 백범 김구이고, 자료는 자서전인 『백범일지』에 나오는 '나의 소원'의 일부이다. 김구는 '나의 소원'을 통해 문화의 중요성을 강조하며 우리 민족이 나아갈 길을 밝히고 있다.

정답의 이유

㉠ 대한민국 임시정부의 체제는 제5차 개헌을 통해 주석 · 부주석 중심제로 변경되었으며(1944), 새로운 체제에서 김구가 주석, 김규식이 부주석을 역임하였다.

㉡ 김구는 대한민국 임시정부의 곤경을 타개하고 침체된 독립운동의 새로운 활로를 모색하기 위해 상하이에서 한인 애국단을 결성하여 적극적인 투쟁 활동을 전개하였다.

오답의 이유

㉢ 조선 의용대는 김원봉이 주도하여 중국 국민당의 지원을 받아 중국 관내에서 결성된 최초의 한인 무장 부대이다.

㉣ 조선 혁명군은 양세봉의 주도로 중국 의용군과 연합하여 영릉가 전투에서 일본군에 승리하였다.

더 알아보기

대한민국 임시정부와 항일 무장 투쟁 전선

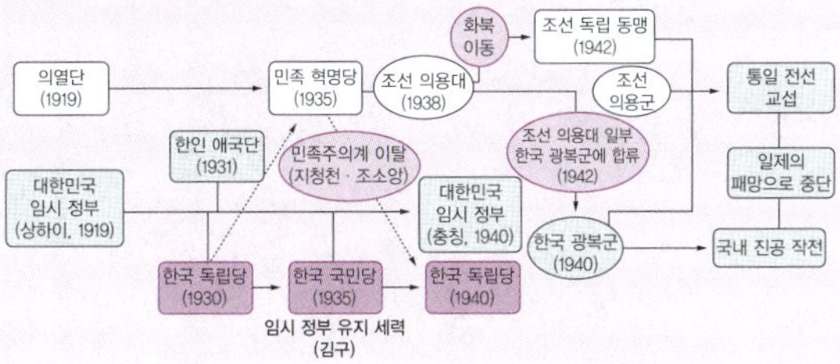

15 난도 ★★☆ 정답 ③

일제 강점기 > 정치사

자료해설

제시문은 1919년 3월 1일 민족대표 33인이 한국의 독립을 국내외에 선언한 3 · 1 독립 선언서(기미 독립 선언서)의 일부 내용이다.

정답의 이유

③ 일제는 3 · 1 운동 이후 국제 여론의 악화를 의식하고, 무단 통치의 한계를 인식하여 기만적 문화 통치로 바꾸게 되었다.

오답의 이유

① 일제 강점기 때 경남 진주에서 백정에 대한 사회적 차별 철폐를 위한 형평 운동이 펼쳐졌다(1923).

② 1929년 광주 학생 항일 운동이 일어나자 신간회의 중앙 본부가 광주에 진상 조사단을 파견하여 지원하기도 하였다.

④ 민족주의 세력과 사회주의 세력이 연대하여 6 · 10 만세 운동을 준비하는 과정에서 민족 유일당을 결성할 수 있다는 공감대가 형성되었고, 이를 계기로 좌우 합작 조직인 신간회가 창립되었다(1927).

16 난도 ★★☆ 정답 ④

시대 통합 > 문화사

자료해설

세계유산은 1972년 유네스코 세계 문화 및 자연유산의 보호에 관한 협약에 의거하여 세계유산목록에 등재된 유산을 지칭한다. 유네스코에서 지정한 한국의 세계문화유산은 16곳이 있다.

정답의 이유

㉡ 남한산성은 조선 시대에 수도 한양의 방어를 위해 건설된 산성으로, 2014년 유네스코 세계문화유산에 등재되었다.

㉣ 가야 고분군은 김해 · 고령 등 낙동강 유역을 중심으로 번성한 가야 연맹국이 조성한 7개의 고분군으로, 2023년 유네스코 세계문화유산으로 등재되었다.

오답의 이유

㉠ 경복궁은 조선 건국 후 1395년에 창건한 조선왕조의 제일의 정궁(법궁)으로, 사적 제117호로 지정되었다.

㉢ 석촌동 고분군은 백제 전기의 돌무지무덤으로 1975년 5월 27일 사적 제243호로 지정되었다. 백제 전기의 다양한 묘제 가운데 하나로서 고구려의 돌무지무덤에 기원을 두고 있다.

17 난도 ★★☆ 정답 ①

일제 강점기 > 정치사

자료해설

제시문에서 '대한민국 임시정부가 조직하고 …(중략)… 연합군의 일원으로 항전'이라는 내용을 통해 (가)는 한국 광복군임을 알 수 있다.

정답의 이유

① 지청천을 중심으로 북만주에서 결성된 한국 독립군은 쌍성보 전투에서 중국 호로군과 연합 작전을 전개하여 승리하였다.

오답의 이유

②·③·④ 한국 광복군은 대한민국 임시정부의 직할 부대로, 중국 충칭에서 국민당 정부(장개석)의 지원을 받아 창설되었다. 지청천을 총사령, 이범석을 참모장으로 두었으며, 태평양 전쟁 발발 이후 김원봉이 주도하던 조선 의용대가 한국 광복군으로 편입되었다. 또한 한국 광복군은 태평양 전쟁이 일어나자 대일 선전 포고문을 발표하고 연합군의 일원으로 참전하였으며, 영국군의 요청을 받아 미얀마, 인도 전선에 파견되어 활동하였다.

18 난도 ★★☆ 정답 ②

현대 > 정치사

자료해설

'외부의 무력 공격에 대한 한국과 미국의 군사적 공동방위(제2조)'와 '미군의 한국 영토 내 주둔(제4조)' 등의 내용을 통해 제시문이 6 · 25 전쟁의 정전협정 이후 체결된 '한미 상호 방위 조약'임을 알 수 있다(1953.10.). 이 조약은 북한의 도발을 막는 안보의 핵심 기제이자 주한 미군이 주둔하게 된 근거가 되었다.

정답의 이유

② 박정희 정부는 베트남 전쟁이 발발하자 미국의 요청으로 베트남에 한국군 전투 부대를 파병하였다(1965).

오답의 이유

① 소련이 유엔에 휴전을 제의(1951.6.)하여 장기간 정전 회담을 진행한 끝에 유엔군과 중국군이 판문점에서 정전협정을 체결하였다(1953.7.).

③ 6 · 25 전쟁 당시 이승만 정부는 유엔군의 휴전 협상 진행에 반대하여 전국 8개 포로수용소의 반공 포로를 석방하였다(1953.6.).

④ 6 · 25 전쟁 당시 북한의 기습 남침으로 낙동강 유역까지 후퇴하였으나, 유엔군 총사령관 맥아더의 인천 상륙 작전(1950.9.)이 성공하자 전세가 역전되어 서울을 수복하고 압록강까지 진격하였다.

19 난도 ★★★ 정답 ②

근대 > 정치사

자료해설

'지계아문', '산림, 토지, 전답, 가옥의 계권(契券)을 바로잡기 위해 임시로 설치'를 통해 제시문이 근대적 토지 소유권을 확립하고자 대한제국이 지계(토지 소유 문서)를 발급하는 기관으로 설립한 지계아문에 대한 내용임을 알 수 있다. 따라서 (가) 국가는 대한 제국이다.

정답의 이유

② 제2차 갑오개혁 당시 고종은 교육의 기본 방향을 제시한 교육 입국 조서를 반포하여 교육의 중요성을 강조하였다(1895.2.).

오답의 이유

① 고종은 아관파천 이후 러시아 공사관에서 경운궁으로 환궁하여 자주독립 국가인 대한 제국을 선포하고 환구단에서 황제 즉위식을 거행하였으며, '광무'라는 연호를 사용하였다(1897).

③ 대한 제국은 옛 법을 근본으로 삼고 새로운 것을 첨가한다는 의미의 '구본신참'을 기본 정신으로 하여 광무개혁을 추진하였다(1897).

④ 대한 제국 시기에 서울 서대문에서 청량리 구간을 운행하는 전차를 개통하였다(1899).

20 난도 ★★☆ 정답 ④

근대 > 정치사

정답의 이유

(라) 미국 상선인 제너럴셔먼호의 선원들이 평양에서 통상을 요구하며 평양 주민을 약탈하자, 이에 분노한 평양 주민들은 당시 평안도 관찰사였던 박규수의 지휘하에 제너럴셔먼호를 불태워 버렸다(1866.7.).

(나) 병인양요 때 양헌수 부대는 강화도를 공격한 프랑스 군대를 상대로 정족산성에서 크게 활약하여 승리를 거두었다(1866.11.).

(다) 오페르트를 비롯한 서양인들이 덕산에 위치한 흥선 대원군의 아버지인 남연군의 묘를 도굴하려다가 실패하였다(1868).

(가) 어재연이 이끄는 조선군은 신미양요 때 미군을 상대로 광성보에서 항전하였으나 패배하였다(1871).

한국사 | 2024년 국가직 9급

한눈에 훑어보기

영역 분석

고대 01 08 12
3문항, 15%

중세 02 05 16 19
4문항, 20%

근세 07 13
2문항, 10%

근대 태동기 09
1문항, 5%

근대 03 04 06
3문항, 15%

일제 강점기 14 15 17 18 20
5문항, 25%

현대 11
1문항, 5%

시대 통합 10
1문항, 5%

빠른 정답

01	02	03	04	05	06	07	08	09	10
①	②	③	④	④	④	③	③	①	②
11	12	13	14	15	16	17	18	19	20
③	①	④	③	③	④	①	②	②	④

점수 체크

구분	1회독	2회독	3회독
맞힌 문항 수	/ 20	/ 20	/ 20
나의 점수	점	점	점

01 난도 ★☆☆ 정답 ①

고대 > 정치사

자료해설

밑줄 친 '이 나라'는 대가야이다. 경상북도 고령 지역의 대가야는 전기 가야 연맹의 중심지였던 금관가야가 고구려 광개토 대왕의 진출로 쇠퇴하자 낙동강 유역이라는 지리적 이점과 풍부한 철을 활용하여 5세기 이후 후기 가야 연맹의 중심지가 되었다.

정답의 이유

① 대가야는 진흥왕에 의해 신라에 복속되었고, 이로 인해 후기 가야 연맹이 해체되었다.

오답의 이유

② 백제 성왕은 웅진(공주)에서 사비(부여)로 천도하고 국호를 남부여로 고쳐 새롭게 중흥을 도모하였다.

③ 발해 선왕은 지방 행정 체제를 5경 15부 62주로 정비하였고, 주현에 지방관을 파견하였다.

④ 고구려 장수왕은 수도를 국내성에서 평양성으로 옮기고 남진 정책을 추진하였다.

02 난도 ★☆☆ 정답 ②

중세 > 경제사

정답의 이유

② 고려 성종 때 우리나라 최초의 화폐이자 철전인 건원중보를 주조해 전국적으로 사용하게 하려 했으나 성공하지 못하였다.

오답의 이유

① 고구려 고국천왕은 국상인 을파소의 건의에 따라 먹을거리가 부족한 봄에 곡식을 빌려주고 추수 이후에 곡식을 갚도록 하는 진대법을 실시하였다.

③ 조선 후기에 광산 개발이 활성화되면서 물주로부터 자금을 지원받아 전문적으로 광산을 경영하는 덕대가 등장하였고, 광산 경영 방식인 넉대제가 유행하였다.

④ 조선 세종 때 정초, 변효문 등을 시켜 우리 풍토에 맞는 농법을 소개한 『농사직설』을 간행하였다.

03 난도 ★★☆ 정답 ③

근대 > 정치사

자료해설

제시된 자료는 『조선책략』의 일부이다. 조선 고종 때 제2차 수신사로 일본에 파견되었던 김홍집은 당시 청국 주일 공사관 황쭌셴이 지은 『조선책략』을 국내에 소개하였다(1880). 『조선책략』은 러시아의 남하 정책에 대비해 청 · 미 · 일과 친하게 지내야 한다는 내용으로, 조 · 미 수호 통상 조약 체결의 배경이 되었다.

정답의 이유

③ 김홍집이 『조선책략』을 들여온 이후 미국과 외교 관계를 맺어야 한다는 여론이 형성되자 이만손을 중심으로 한 영남 유생들이 만인소를 올려 이를 반대하였다.

오답의 이유

① 강화도 조약은 1876년에 체결된 우리나라 최초의 근대적 조약이자 일본인에 대한 치외 법권과 해안 측량권을 포함한 불평등 조약으로, 일본의 요구에 따라 부산, 원산, 인천을 개항하였다.

② 병인양요(1866)와 신미양요(1871)를 극복한 흥선 대원군이 외세의 침입을 경계하고 서양과의 통상 수교 반대 의지를 알리기 위해 종로와 전국 각지에 척화비를 건립하였다.

④ 1881년 김윤식을 중심으로 청에 파견된 영선사는 톈진에서 근대 무기 제조 기술과 군사 훈련법을 배워 돌아왔다.

더 알아보기

개항 이후 사절단

구분	내용
수신사 (일본)	• 강화도 조약 체결 후 근대 문물 시찰(1차 수신사) • 김홍집이 『조선책략』 유입(2차 수신사)
조사 시찰단 (일본)	• 국내 위정척사파의 반대로 암행어사로 위장해 일본에 파견 • 근대 시설 시찰
영선사 (청)	• 김윤식을 중심으로 청 톈진 일대에서 무기 공장 시찰 및 견습 • 임오군란과 풍토병으로 1년 만에 조기 귀국 • 근대식 무기 제조 공장인 기기창 설립
보빙사 (미국)	• 조 · 미 수호 통상 조약 체결 • 미국 공사 부임에 답하여 민영익, 서광범, 홍영식 등 파견

04 난도 ★★☆ 정답 ④

근대 > 정치사

자료해설

'정부의 개화 정책이 추진되면서 구식 군인과 도시 하층민이 반발', '구식 군인들이 난을 일으키고 도시 하층민이 여기에 합세하였으나 청군에 의해 진압' 등으로 보아 제시된 자료는 임오군란에 대한 내용이다. 조선 고종 때 신식 군대인 별기군과 차별 대우를 받던 구식 군대가 선혜청과 일본 공사관을 습격하면서 임오군란이 발생하였고(1882), 이 사태를 수습하기 위해 흥선 대원군이 다시 집권하였다. 반면, 조정의 민씨 세력들은 청에 군대 파견을 요청하였는데, 청의 군대는 군란을 진압하고 사건의 책임을 물어 흥선 대원군을 본국으로 납치해 갔다. 이후 청의 내정 간섭이 심화되었고, 조선과 청은 조선이 청의 속방임을 명문화하고 청 상인의 내륙 진출을 인정하는 내용을 포함한 조청상민수륙무역장정을 체결하였다.

정답의 이유

④ 임오군란 진압 이후 청의 내정 간섭이 심화되었고, 청은 조청상민수륙무역장정을 체결하여 치외 법권과 함께 양화진에 점포 개설권, 내륙 통상권, 연안 무역권을 인정받았다(1882).

오답의 이유

① 한성 조약은 일본이 갑신정변 때 사망한 일본인에 대한 배상금과 일본 공사관 신축 부지 및 비용을 지급할 것을 조선에 요구하며 체결된 조약이다(1884).

② 톈진 조약은 갑신정변 이후 청과 일본이 향후 조선에 군대를 파견할 때 상호 통보하고 한쪽이라도 조선에 군대를 파견하면 다른 쪽도 바로 군대를 파견할 수 있도록 규정한 조약이다(1885).

③ 제물포 조약은 일본이 임오군란 직후 군란으로 인한 일본 공사관의 피해와 일본인 교관 피살에 대한 사과 사절단 파견, 주모자 처벌, 배상금 지불, 공사관 경비병 주둔 등을 조선에 요구하며 체결된 조약이다(1882).

05 난도 ★★☆ 정답 ④

중세 > 정치사

자료해설

고려 말 우왕 때 명이 원에서 관리한 철령 이북의 땅을 반환하라고 요구하자 최영을 중심으로 요동 정벌을 추진하게 되었다. 이성계는 4불가론을 제시하며 반대하였으나 왕명에 따라 출정하게 되었고, 결국 압록강 위화도에서 말을 돌려 개경으로 회군(1388)하였다. 이성계는 위화도 회군 이후 신진 사대부 세력과 결탁하여 실권을 장악하였다.

정답의 이유

④ 황산 대첩(1380)은 고려 말 도순찰사였던 이성계가 황산에서 왜구를 크게 물리친 전투로, 위화도 회군 이전의 일이다.

오답의 이유

① 고려 말 공양왕 때 신진 사대부 조준 등의 건의로 실시된 토지 개혁법인 과전법은 지급 대상 토지를 원칙적으로 경기 지역에 한정하였다(1391).

② 고려 말 온건 개혁파인 정몽주는 이성계 세력을 숙청하려 하였으나 오히려 이성계의 아들인 이방원 세력에게 피살되었다(1392).
③ 한양으로 도읍을 이전한 때는 조선 태조 2년인 1394년이다. 한양은 나라의 중앙에 위치하여 통치에 유리하고 한강을 끼고 있어 교통이 편리하고 물자가 풍부하였다.

06 난도 ★★☆ 정답 ④

근대 > 정치사

자료해설

제시된 사료는 일제의 침략과 매국노 규탄, 을사늑약에 대한 굴욕적인 내용을 폭로한 항일 논설 「시일야방성대곡」의 일부이다. 을사늑약이 체결되자 『황성신문』은 장지연의 논설 「시일야방성대곡」을 게재하여 조약의 부당성을 비판하였다(1905).

정답의 이유

④ 을사늑약 체결 당시 「시일야방성대곡」을 작성한 인물은 『황성신문』의 주필이었던 장지연이다.

오답의 이유

① 『한성순보』는 박문국에서 발행한 최초의 근대적 신문으로, 개화 정책의 취지를 설명하고 국내외 정세를 소개하는 관보적 성격을 띠었다.
② 박은식은 『한국통사』에 고종 즉위 다음 해부터 국권 피탈 직후까지의 역사를 기록하였다.
③ 신채호는 『대한매일신보』에 『독사신론』을 발표하여 민족을 역사 서술의 중심에 두었으며, 민족주의 사학의 기반을 마련하였다.

07 난도 ★★☆ 정답 ③

근세 > 정치사

자료해설

'집현전을 계승한 홍문관', '훈구 세력을 견제하기 위해 사림 세력을 등용'을 통해 밑줄 친 '왕'은 조선 성종임을 알 수 있다. 조선 성종 때 왕의 자문과 경연, 경서, 궁중 서적 및 문서 관리 등의 업무를 담당한 홍문관을 설치하였으며(1478), 중앙 정계를 장악하고 있던 훈구 세력들을 견제하기 위해 김종직을 비롯한 영남 지방의 사림 세력을 등용하였다.

정답의 이유

③ 조선 성종 때 노사신, 양성지, 강희맹 등이 각 도의 지리, 풍속, 인물 등을 기록한 관찬 지리지인 『동국여지승람』을 편찬하였다(1481).

오답의 이유

① 조선 정조 때 문물제도 및 통치 체제를 정리한 『대전통편』을 편찬하여 왕조의 통치 규범을 재정비하였다(1785).
② 『동사강목』은 안정복이 조선 정조 때 완성한 역사서로, 단군 조선부터 고려 공양왕까지의 역사를 정리하였다(1778).
④ 『훈민정음운해』는 조선 영조 때 여암 신경준이 저술한 한글 문자론 연구서이다(1750).

08 난도 ★★☆ 정답 ③

고대 > 정치사

자료해설

'웅천주(공주) 도독 헌창'을 통해 밑줄 친 '반란'은 김헌창의 난(822)임을 알 수 있다. 김헌창의 난은 통일 신라 헌덕왕 때 신라 무열왕계의 유력한 귀족이었던 김헌창이 자신의 부임지였던 웅천주에서 일으킨 대규모 반란이다. 반란군은 무진주 · 완산주 · 청주 · 사벌주의 도독과 국원경 · 서원경 · 금관경의 사신 및 여러 군현의 수령들을 위협하여 자신의 아래에 예속시키려 하였으나 결국 진압되었고 김헌창은 자결하였다.

정답의 이유

㉡ 김헌창의 난 당시 반란 세력은 '장안'이라는 국호를 내세우고 '경운'이라는 연호를 사용하였다.
㉢ 웅천주 도독 김헌창이 난을 일으킨 명목은 아버지인 김주원이 왕위를 계승하지 못한 불만 때문이었다.

오답의 이유

㉠ 신분 해방 운동의 성격을 가진 것은 고려 무신 정권 시기 최충헌의 사노비였던 만적이 일으킨 '만적의 난'이다. 만적은 신분 차별에 항거하여 개경(개성)에서 반란을 도모하였으나 사전에 발각되어 실패하였다.
㉣ 무열왕부터 혜공왕에 이르기까지 무열왕계가 왕위를 이었으나, '김지정의 난'으로 혜공왕이 피살된 후 난을 진압한 김양상이 선덕왕으로 즉위(780)하면서 무열왕 직계가 단절되고 내물왕계가 다시 왕위를 차지하게 되었다.

09 난도 ★★☆ 정답 ①

근대 태동기 > 정치사

자료해설

'홍서봉', '한(汗)', '대청국의 황제' 등으로 보아 제시된 자료는 병자호란에 대한 내용임을 알 수 있다. 후금이 국호를 청으로 고치고 조선에 군신 관계를 강요하자 조선에서는 척화론과 주화론이 첨예하게 대립하였고, 결국 조선이 사대 요청을 거부하여 병자호란이 일어났다(1636). 홍서봉은 병자호란이 일어나자 화의를 주장한 인물이다.

정답의 이유

① 병자호란이 발발하여 남한산성으로 피란하였던 인조는 강화도로 보낸 왕족과 신하들이 인질로 잡히자 삼전도에서 굴욕적인 항복을 하였고(1637), 청 태종은 귀환하면서 삼전도비를 건립할 것을 명하였다.

오답의 이유

② 인조반정 때 큰 공을 세웠던 이괄은 공신 책봉 과정에서 2등 공신을 받은 것에 불만을 품었다. 이에 이괄이 반역을 일으킬지도 모른다는 구실로 아들인 이전을 잡아오라는 명까지 떨어지자 이괄은 반란을 일으켜 도성을 장악하였다(1624).
③ · ④ 후금이 조선을 침략하여 의주를 함락시킨 뒤 평산까지 남진하자 인조는 강화도로 피난하였고, 정봉수와 이립은 용골산성에서 의병을 이끌며 후금에 항전하였다. 이에 후금은 조선에 강화를 제의하여 형제의 맹약을 맺었다(정묘호란, 1627).

10 난도 ★★☆ 정답 ②

시대 통합 > 정치사

정답의 이유

(나) 통일 신라 신문왕은 중앙군을 9서당, 지방군을 10정으로 편성하여 군사 조직을 정비하였다.

(라) 고려의 중앙군은 국왕 친위대인 2군과 수도 및 변경의 방비를 담당하는 6위로 구성되었다.

(다) 조선 정조는 왕권을 뒷받침하는 군사적 기반을 갖추기 위해 친위 부대인 장용영을 설치하였다.

(가) 1907년 정미의병 때 유생 의병장들은 13도 창의군을 결성하고 이인영을 총대장, 허위를 군사장으로 추대하여 서울 진공 작전을 추진하였다.

11 난도 ★★☆ 정답 ③

현대 > 정치사

자료해설

'미국, 영국, 소련 3국의 외무 장관', '미 · 소공동위원회의 설치', '최대 5년간의 신탁통치 방안 결정' 등으로 보아 밑줄 친 '이 회의'는 1945년 12월에 결성된 모스크바 삼국 외상 회의임을 알 수 있다.

정답의 이유

③ 조선 건국 동맹의 여운형은 안재홍과 함께 일본인의 안전한 귀국을 보장하는 조건으로 조선 총독부로부터 행정권의 일부를 이양받아 조선 건국 준비 위원회를 결성하였다(1945.8.).

오답의 이유

① 유엔 한국 임시 위원단의 입북이 거부당하자 유엔 총회는 가능한 지역에서만 선거를 실시하고 임시 위원단이 선거를 감시하라는 결정을 내렸다. 이에 따라 남한에서만 우리나라 최초의 보통선거인 5 · 10 총선거가 실시되었다(1948).

② 광복 이후 좌우 대립이 격화되면서 분단의 위기를 느낀 중도파 세력들은 여운형, 김규식을 중심으로 좌우 합작 위원회를 수립하였다. 이후 중도적 사상의 통일 정부를 수립하는 것을 목적으로 좌우 합작 7원칙을 합의하여 제정하였다(1946).

④ 제헌 국회는 일제의 잔재를 청산하고 민족정기를 바로잡기 위해 반민족 행위 처벌법을 제정하고 반민족 행위 특별 조사위원회를 구성하였다(1948).

12 난도 ★★☆ 정답 ①

고대 > 문화사

자료해설

제시된 자료는 미륵사지 석탑의 조성 내력을 적은 금판인 금제 사리봉안기의 일부이다. 미륵사지 석탑의 보수 정비를 위한 해체 조사 중 석탑 1층 사리공에서 금제 사리호와 금제 사리봉안기 등 유물 500여 점이 발견되었다. 금제 사리봉안기에는 백제 왕후가 재물을 희사하여 가람(미륵사)을 창건하고 639년(무왕 40년)에 사리를 봉안하여 왕실의 안녕을 기원했다는 내용을 담고 있다.

정답의 이유

① 백제 무왕 때 미륵사에 건립된 익산 미륵사지 석탑은 목탑의 형태로 만들어진 석탑이며, 현존하는 삼국 시대의 석탑 중 가장 크다.

오답의 이유

② 대리석으로 만든 10층 석탑으로는 원의 영향을 받아 제작된 고려의 개성 경천사지 10층 석탑과 조선 세조 때 제작된 서울 원각사지 10층 석탑이 있다.

③ 낭혜 화상의 탑비는 9산선문 중 하나인 성주산문을 개창한 낭혜 화상의 공덕을 기리기 위해 세워진 통일 신라 시대 탑비로, 충청남도 보령에 위치해 있다.

④ 돌을 벽돌 모양으로 만들어 쌓은 모전석탑은 경주 분황사 모전석탑으로, 신라 석탑 중 가장 오래되었다.

13 난도 ★☆☆ 정답 ④

근세 > 정치사

정답의 이유

㉡ 조선 세조는 단종 복위 운동을 계기로 집현전을 폐지하였다.

㉣ 조선 세조는 왕권을 강화하기 위해 6조 직계제를 부활시켜 의정부를 거치지 않고 국왕이 바로 재가를 내리게 하였다.

오답의 이유

㉠ 조선 태종은 국왕권을 강화하고 군신 간의 엄격한 위계질서를 확립하고자 권근 등의 건의를 받아들여 사병을 혁파하였다.

㉢ 조선 성종은 세조 때 편찬되기 시작한 조선의 기본 법전인 『경국대전』을 완성하고 반포하였다.

14 난도 ★★☆ 정답 ③

일제 강점기 > 정치사

정답의 이유

(다) 독립운동 단체 대표들이 침체된 임시정부의 활로를 모색하기 위해 중국 상하이에 모여 국민대표회의를 개최하였다(1923).

(가) 김구는 대한민국 임시정부의 곤경을 타개하고자 상하이에서 한인애국단을 결성하여 적극적인 투쟁 활동을 전개하였다(1931).

(나) 한국광복군은 충칭에서 대한민국 임시정부의 직할 부대로 창설되었다(1940).

(라) 대한민국 임시정부가 주석 · 부주석제로 개헌하여 주석에 김구, 부주석에 김규식을 임명하였다(1944).

더 알아보기

대한민국 임시정부(1919)

수립	• 최초의 민주 공화정 • 대통령 이승만, 국무총리 이동휘 • 3·1 운동 이후 독립을 체계적으로 준비
초기 활동	• 군자금 모집: 연통제와 교통국(비밀 행정 조직), 독립 공채, 이륭양행, 백산 상회 • 외교 활동: 파리 강화 회의에 대표(김규식) 파견, 구미 위원부 설치 • 문화 활동: 독립신문, 임시 사료 편찬 위원회 설치 → 『한일 관계 사료집』 간행
분열 및 변화	• 국민대표회의 개최(1923): 창조파와 개조파 대립 • 2차 개헌(1925): 이승만 탄핵, 제2대 대통령 박은식 선출, 의원 내각제 채택
1930년대 이후 활동	• 한인애국단 조직(1931) • 충칭으로 근거지 이동(1940) • 한국광복군 창설(1940) • 건국 강령 발표(1941): 조소앙의 삼균주의 • 주석·부주석제로 개헌(1944): 김구를 주석, 김규식을 부주석으로 임명

15 난도 ★★☆ 정답 ③

일제 강점기 > 정치사

자료해설

1911년 일제는 제1차 조선교육령을 발표하여 보통·실업·전문 기술 교육과 일본어 학습을 강요하고 보통 교육의 수업 연한을 4년으로 단축하였다. 이후 1922년 일제는 문화 통치를 표방하며 조선인에게 일본인과 동등한 교육을 실시한다는 명목으로 제2차 조선교육령을 실시하였다. 제2차 조선교육령은 제1차 조선교육령을 수정하여 조선어를 필수 과목으로 지정하고 보통 학교의 수업 연한을 6년으로 연장하였다.

정답의 이유

③ 일본 도쿄 유학생들이 중심이 되어 결성된 조선 청년 독립단은 도쿄에서 2·8 독립선언서를 발표하였다(1919).

오답의 이유

① 일제는 민립대학 설립 운동 전개를 저지하고자 경성제국대학을 설립하였다(1924).

② 육영공원은 최초의 관립 학교로 헐버트와 길모어를 초빙하여 상류층 자제들에게 영어, 수학, 지리, 정치 등 근대 학문을 교육하였다(1886).

④ 대한제국 때 일본은 한일의정서를 체결하고 군사 전략상 필요한 지역을 차지하기 위해 황무지 개간권을 요구하였다. 이에 보안회는 전국에 통문을 돌리며 황무지 개간권 요구 반대 운동을 전개하여 저지에 성공하였다(1904).

16 난도 ★★☆ 정답 ④

중세 > 정치사

자료해설

'강조의 군사', '목종을 폐위', '김치양 부자와 유행간 등 7인을 죽였다' 등으로 보아 고려 중기 목종 때의 강조의 정변(1009)에 대한 내용임을 알 수 있다. 고려 목종 때 강조는 천추태후와 그의 정부 김치양으로 인한 국가의 혼란을 바로잡기 위해 정변을 일으켜 목종을 폐위시키고 현종을 즉위시켰다. 이를 통해 (가)는 현종(1009~1031)임을 알 수 있다.

정답의 이유

④ 고려 현종 때 거란이 강조의 정변을 구실로 2차 침입을 단행하였고, 개경이 함락되자 현종은 나주까지 피란을 갔다. 거란의 2, 3차 침입 이후 현종은 거란의 침입을 불력으로 물리치고자 초조대장경을 제작하기 시작하였다.

오답의 이유

① 고려 숙종 때 부족을 통일한 여진이 고려의 국경을 자주 침입하자 윤관이 왕에게 건의하여 별무반을 조직하였다.

② 고려 공민왕은 홍건적이 침입하자 방어하기 좋은 분지 지형인 복주(안동)로 피난하였다.

③ 고려 성종 때 거란이 침략하여 고려가 차지하고 있는 옛 고구려 땅을 내놓고 송과 교류를 끊을 것을 요구하였으나 서희가 소손녕과의 외교 담판을 통해 이를 해결하고 강동 6주를 획득하였다.

17 난도 ★★☆ 정답 ①

일제 강점기 > 정치사

자료해설

(가) 6·10 만세 운동에 대한 내용이다. 학생들이 중심이 되어 순종의 인산일에 맞추어 서울 종로 일대에서 6·10 만세 운동을 전개하였다(1926).

(나) 광주 학생 항일 운동에 대한 내용이다. 광주 학생 항일 운동은 한일 학생 간의 우발적 충돌 사건을 계기로 발생하였으나, 한국인 학생에 대한 차별과 식민지 교육에 저항하는 항일 운동으로 발전하였다(1929).

정답의 이유

① 조선 공산당을 중심으로 한 사회주의 세력과 천도교를 중심으로 한 민족주의 세력이 연대하여 6·10 만세 운동을 준비하는 과정에서 민족유일당을 결성할 수 있다는 공감대가 형성되면서 좌우 합작 조직인 신간회가 결성되었다(1927).

오답의 이유

② 이병도, 손진태 등은 진단학회를 조직하고 『진단학보』를 발간하여 문헌 고증을 중시하는 실증주의 사학을 발전시켰다(1934).

③ 갑오개혁 이후 공사 노비법이 혁파되어 법적으로는 신분제가 폐지되었으나 일제 강점기 때 백정에 대한 사회적 차별은 더욱 심해졌다. 백정들은 이러한 차별을 철폐하기 위해 진주에서 조선형평사 창립 대회를 개최하고 형평운동을 전개하였다(1923).

④ 일본의 차관 강요로 대한제국의 빚이 1,300만 원에 달하자 서상돈, 김광제 등이 대구에서 국채보상운동을 전개하였다(1907).

18 난도 ★★☆ 정답 ②

일제 강점기 > 정치사

정답의 이유

② 조선의용대는 1938년 김원봉의 주도로 중국 국민당의 지원을 받아 중국 관내에서 결성된 최초의 한인 무장 부대이다.

오답의 이유

① 조선건국동맹은 1944년 여운형이 일제의 패망에 대비하여 광복 이후 민주주의 국가 건설을 목표로 결성한 조직이다.

③ 1914년 이동휘, 이상설 등은 연해주 지역에서 대한광복군 정부를 조직하고 무장 투쟁을 준비하였다.

④ 대한독립군단은 1920년 독립군들을 통합하여 서일을 총재로 조직되었으며, 러시아의 지원을 기대하고 자유시로 근거지를 옮겼으나 자유시 참변(1921.6.)으로 큰 타격을 입었다.

19 난도 ★☆☆ 정답 ②

중세 > 문화사

자료해설

제시된 자료는 고려 때 송나라 사신 서긍이 청자의 색이 비색이며 매우 뛰어난 솜씨로 만들어졌다고 품평한 내용이다. 서긍은 고려를 방문한 뒤 저술한 『고려도경』에서 그림과 해설로 청자를 칭찬하면서 이를 비색이라 표현하였다. 따라서 밑줄 친 '이 나라'는 고려이다.

정답의 이유

② 구례 화엄사 각황전은 전남 구례군 화엄사에 있으며 국보 제67호로 지정되어 있다. 조선 숙종 때 창건되었고 정면 7칸, 측면 5칸의 다포계 중층 팔작지붕 건물로 내부 공간이 통층으로 구성되어 있다.

오답의 이유

① 안동 봉정사 극락전은 고려 시대의 건축물로 국보 제15호로 지정되어 있다. 통일 신라 시대 건축 양식을 띠고 있으며, 우리나라의 목조 건물 중 가장 오래되었다.

③ 예산 수덕사 대웅전은 고려 충렬왕 때 충남 덕숭산에 지은 불교 건축물로, 맞배지붕과 건물 옆면의 장식 요소가 특징적이다.

④ 영주 부석사 무량수전은 현재 남아 있는 고려 시대 목조 건물 중 하나로, 기둥 중간이 굵은 배흘림기둥이 사용되었으며, 공포를 기둥 위에만 짜 올린 주심포 양식으로 축조되었다.

20 난도 ★☆☆ 정답 ④

일제 강점기 > 정치사

정답의 이유

④ 조선어연구회는 주시경을 중심으로 조선어의 정확한 법리를 연구하고자 결성(1921)되어, 가갸날을 제정하고 기관지인 『한글』을 간행하였다. 이후, 조선어학회로 개편(1931)되어 한글 맞춤법 통일안과 표준어를 제정하고 『조선말 큰사전』 편찬을 시작하였으나 일제에 의해 강제 해산되었다(조선어 학회 사건, 1942).

오답의 이유

① 국문연구소는 1907년 학부대신 이재곤의 건의로 학부 안에 설치되었으며, 지석영과 주시경을 중심으로 한글의 정리와 이해 체계 확립에 힘썼다.

② 조선광문회는 1910년 최남선, 박은식 등이 조직하여 실학자의 저서를 비롯한 고전을 다시 간행하여 보급하였다.

③ 대한자강회는 1906년 조직된 애국 계몽 단체로 교육과 산업 활동을 바탕으로 한 국권 회복을 목표로 활동하였으며, 고종의 강제 퇴위 반대 운동을 전개하다가 1907년 일제의 탄압으로 해산되었다.

한국사 | 2024년 지방직 9급

한눈에 훑어보기

영역 분석

선사 시대와 국가의 형성 01 02
2문항, 10%

고대 03 04
2문항, 10%

중세 05 06 11
3문항, 15%

근대 태동기 12 15 17
3문항, 15%

근대 07 10 19
3문항, 15%

일제 강점기 08 09 16
3문항, 15%

현대 20
1문항, 5%

시대 통합 13 14 18
3문항, 15%

빠른 정답

01	02	03	04	05	06	07	08	09	10
②	①	①	④	④	③	③	①	①	②
11	12	13	14	15	16	17	18	19	20
③	②	②	②	①	④	③	④	②	③

점수 체크

구분	1회독	2회독	3회독
맞힌 문항 수	/ 20	/ 20	/ 20
나의 점수	점	점	점

01 난도 ★☆☆ 정답 ②

선사 시대와 국가의 형성 > 선사 시대

정답의 이유

② 청동기 시대에는 정치적인 권력과 경제력을 가진 군장이 등장하였는데, 이들의 무덤인 고인돌의 규모를 통해 당시 지배층의 권력을 짐작할 수 있다.

오답의 이유

① 신석기 시대에는 가락바퀴를 이용하여 실을 뽑고 뼈바늘을 사용하여 옷이나 그물을 제작하였다.
③ 신석기 시대에는 동물 뼈나 조개껍데기 등으로 자신을 치장하였는데, 조가비로 사람 얼굴 모양의 탈을 만든 조개껍데기 가면 등의 예술품이 있었다.
④ 신석기 시대에는 밭농사 중심의 농경이 시작되어 조, 피, 수수 등을 재배하였다.

02 난도 ★☆☆ 정답 ①

선사 시대와 국가의 형성 > 국가의 형성

자료해설

제시된 자료는 고조선의 관습법인 8조법이다. 8조법은 현재 3개 조항만 전해지는데, 이를 통해 노동력(생명) 존중과 형벌 제도의 존재, 농경 사회, 사유 재산 인정, 화폐 사용 등 고조선의 사회상을 유추할 수 있다.

정답의 이유

① 고구려는 매년 10월 추수감사제인 동맹이라는 제천 행사를 열었다.

오답의 이유

② 고조선은 왕 아래 상, 대부, 장군 등의 관직을 두었다.
③ 위만은 중국 진 · 한 교체기에 1,000여 명의 유이민을 이끌고 고조선에 이주하여 고조선 준왕의 신임을 받았으나, 이후 세력을 확대하여 준왕을 몰아내고 왕위를 차지하였다(기원전 194).
④ 고조선(위만 조선)은 중국의 한과 한반도 남부의 진국 사이에서 중계 무역을 하며 경제적으로 크게 성장하였다. 고조선이 강성해지자 위협을 느낀 한이 고조선을 침공하면서 고조선은 멸망하였다(기원전 108).

03 난도 ★☆☆ 정답 ①

고대 > 정치사

자료해설

제시문은 백제의 정사암 회의에 대한 내용으로, (가) 국가는 백제이다. 정사암은 백제 호암사에 있던 바위로, 백제의 귀족들은 이곳에 모여서 재상 선출 등 국가의 주요 사항을 의논하고 결정하였다.

정답의 이유

① 백제 고이왕은 6좌평제와 16관등제를 마련하여 중앙 집권 국가의 기틀을 마련하였다.

오답의 이유

② 고구려 소수림왕은 인재를 양성하기 위해 교육 기관인 태학을 설립하였다.

③ 발해 무왕은 인안이라는 독자적인 연호를 사용하였다.

④ 신라는 골품제라는 특수한 신분제도를 운영하여 골품에 따라 관등 승진에 제한을 두었다.

04 난도 ★☆☆ 정답 ④

고대 > 문화사

자료해설

제시문은 신라의 승려 혜초가 저술한 『왕오천축국전』에 대한 설명으로, (가)에 해당하는 인물은 혜초이다.

정답의 이유

④ 혜초는 인도를 비롯해 현재의 카슈미르 지역, 파키스탄, 아프가니스탄 등 중앙아시아 지역을 답사하고 그 행적을 기록한 기행문인 『왕오천축국전』을 편찬하였다.

오답의 이유

① 신라의 승려 원광은 진평왕의 명에 따라 수나라에 군사적 지원을 요청하는 걸사표를 작성하고, 세속오계를 저술하여 화랑 정신으로 정립하였다.

② 신라의 승려 원효는 일심(一心)과 화쟁(和諍) 사상을 중심으로 불교의 대중화에 힘썼으며, 『금강삼매경론』, 『대승기신론소』, 『십문화쟁론』 등을 저술하여 불교의 사상적 이해 기준을 확립하였다.

③ 의상은 당에서 승려 지엄으로부터 화엄에 대한 가르침을 받고 돌아온 후 『화엄일승법계도』를 저술하여 모든 존재는 상호 의존적인 관계에 있으면서 서로 조화를 이루고 있다는 화엄 사상을 정립하였다.

05 난도 ★★☆ 정답 ④

중세 > 정치사

자료해설

제시된 자료의 (가)에 해당하는 기구는 고려 우왕 때 남쪽에서 왜구의 노략질이 계속되자 최무선이 건의하여 설치된 화통도감이다.

정답의 이유

④ 최무선은 화통도감을 통해 화약과 화포 등 각종 화기를 제작하였으며, 이후 진포 대첩에서 이를 활용하여 왜구를 격퇴하였다.

오답의 이유

① 교정도감은 고려 무신 정권 시기 최충헌이 설치한 국정 총괄 기구이다. 최충헌은 스스로 교정도감의 최고 관직인 교정별감이 되어 인사, 재정 등을 장악하였다.

② 몽골의 침략으로 초조대장경이 소실되자, 이를 대신하여 고려 고종 때 강화도에 대장도감이 설치되어 16년에 걸쳐 재조(팔만)대장경을 조성하였다.

③ 식목도감은 고려 시대 중서문하성과 추밀원의 합좌 기구로, 국가 중대사를 귀족 합의제로 운영하며 법률 · 제도, 격식 등을 제정하였다.

06 난도 ★★☆ 정답 ③

중세 > 문화사

자료해설

제시된 자료에서 '청주 흥덕사에서 인쇄', '유네스코 세계 기록 유산으로 등재' 등의 내용을 통해 (가) 문화유산은 고려 우왕 때 충북 청주시의 흥덕사에서 금속 활자로 인쇄된 간행물인 『직지심체요절』(1377)임을 알 수 있다.

정답의 이유

③ 『직지심체요절』은 현존하는 세계 최고(最古)의 금속활자본으로 인정받아 유네스코 세계 기록 유산으로 등재되었으며, 현재 프랑스 국립 도서관에 소장되어 있다.

오답의 이유

① 『상정고금예문』은 12세기 고려 인종 때 최윤의 등이 왕명으로 고금의 예를 수집 · 고증하여 지은 의례서로, 이규보의 『동국이상국집』에 강화도에서 금속 활자로 인쇄하였다는 관련 기록이 있으나 오늘날 전해지지 않고 있다.

② 팔만대장경(재조대장경)은 고려 고종 때 부처의 힘으로 몽골군을 물리치고자 하는 염원을 담아 강화에서 16년에 걸쳐 조성되었다.

④ 『향약집성방』은 조선 세종 때 우리 풍토에 알맞은 약재와 치료 방법을 개발하여 정리한 의학서이다.

07 난도 ★★☆ 정답 ③

근대 > 정치사

정답의 이유

③ 미국 함대가 제너럴셔먼호 사건을 구실로 강화도를 공격하여 일어난 사건은 신미양요이다(1871). 미군이 강화도 덕진진을 점거하고 광성보를 공격하자 조선군은 어재연을 중심으로 맞서 항전하였으나 수많은 사상자를 내며 패배하고 어재연은 전사하였다.

오답의 이유

① · ② · ④ 흥선 대원군 집권 시기에 천주교를 핍박하여 천주교 신자와 프랑스 선교사를 처형한 병인박해(1866.1.)가 발생하자, 프랑스 함대가 이를 구실로 강화도 양화진에 침입하였다(병인양요, 1866.9.). 프랑스군을 상대로 정족산성에서 양헌수 부대가, 문수산성에서 한성근 부대가 결사 항전하였으며, 전투에서 사상자가 발생하자 프랑스군은 결국 강화도에서 철수하였

다. 퇴각 과정에서 프랑스군은 외규장각을 불태우고 의궤 등을 약탈하였다.

08 난도 ★★☆ 정답 ①

일제 강점기 > 정치사

자료해설

제시된 자료의 '이 의거'는 한인 애국단 소속의 윤봉길이 상하이 홍커우 공원에서 열린 일본군의 축하 기념식에서 폭탄을 투척하여 일본군 요인을 폭살한 홍커우 공원 의거를 가리킨다. 한인 애국단은 김구가 당시 대한민국 임시정부의 침체를 극복하고 적극적인 의열 투쟁 활동을 전개하고자 상하이에서 조직한 단체이다.

정답의 이유

① 이봉창은 한인 애국단의 단원으로, 도쿄에서 일본 국왕 행렬에 폭탄을 투척하는 의거를 거행하였다.

오답의 이유

② 임병찬은 고종의 밀명을 받아 독립 의군부를 조직하여, 복벽주의를 내세우며 의병 전쟁을 준비하는 한편 조선 총독부에 국권 반환 요구서를 발송하기도 하였다.

③ 김원봉이 조직한 의열단은 신채호가 작성한 「조선 혁명 선언」을 활동 지침으로 삼고 독립운동 방법으로 암살 · 파괴 · 테러 등 직접적인 투쟁 방식을 전개하였다.

④ 조선 총독부가 데라우치 총독 암살 미수를 조작한 105인 사건을 통해 많은 민족 운동가들이 체포당하였으며 이로 인해 신민회가 와해되었다.

09 난도 ★★☆ 정답 ①

일제 강점기 > 정치사

자료해설

제시문의 내용은 1919년 3월 1일 민족대표 33인이 한국의 독립을 선언한 3 · 1 독립 선언서(기미 독립 선언서) 뒷부분에 추가된 공약 3장으로, 만해 한용운이 작성했다고 전해진다.

정답의 이유

① 3 · 1운동은 고종의 인산일을 계기로 각계각층의 사람들이 참여한 대규모 독립 만세 운동으로, 국내외 민족 주체성을 확인하고 대한민국 임시정부를 수립하는 계기가 되었다(1919).

오답의 이유

② 사회주의사와 학생들이 순종의 인산일인 6월 10일을 기하여 만세 운동을 계획하였으나, 사회주의자들이 사전에 발각되자 학생들을 중심으로 서울 시내에서 6 · 10 만세 운동이 전개되었다(1926).

③ 1920년대 조만식, 이상재 등은 평양에서 민족 기업을 통해 경제 자립을 이루자는 취지로 조선 물산 장려회를 발족하고, '조선 사람 조선 것'을 주장하며 물산 장려 운동을 전개하였다.

④ 1920년대 이상재, 이승훈, 윤치호 등이 주도하여 한국인을 위한 고등 교육 기관인 민립 대학 설립 운동이 시작되었으며, 이를 위해 조선 민립 대학 기성회가 조직되었다(1923).

10 난도 ★★☆ 정답 ②

근대 > 정치사

자료해설

제시문은 전북 고부에서 전봉준 등 20명이 봉기를 호소한 사발통문의 결의 내용이다. 고부 군수 조병갑의 학정으로 동학교도 전봉준이 일으킨 고부 민란은 동학 농민 운동의 시발점이 되었다(1894.1.).

정답의 이유

② 동학 농민 운동이 발생하자 조정에서 이를 진압하기 위해 청에 원군을 요청하였고, 톈진 조약에 의거하여 일본도 군대를 파견하였다. 외세의 개입을 우려한 농민군은 정부와 전주 화약을 맺고 전라도 53개 군에 자치 개혁 기구인 집강소를 설치하여 폐정 개혁안을 실현하였다(1894.6.).

오답의 이유

① 박영효, 김옥균 등 급진 개화파는 근대화 추진 및 민씨 세력 제거를 위해 일본의 군사적 지원을 받아 우정총국 개국 축하연 자리에서 갑신정변을 일으켰다. 이들은 개화당 정부를 수립하고 입헌 군주제, 청과의 사대 관계 폐지, 혜상공국 폐지 등의 내용이 포함된 14개조 개혁 정강을 발표하였다(1884).

③ 신식 군대인 별기군에 비해 차별을 받던 구식 군인들이 임오군란을 일으켜 선혜청과 일본 공사관을 습격하였다(1882).

④ 한 · 일 신협약 체결로 대한제국 군대가 강제 해산되자 이에 반발한 군인들이 가담한 정미의병이 전국적으로 전개되었다(1907). 이듬해 양주에 집결한 의병들이 이인영을 총대장으로 추대하고 13도 창의군을 조직하여 서울 진공 작전을 추진하였으나 실패하였다.

11 난도 ★★☆ 정답 ③

중세 > 정치사

자료해설

제시문의 내용은 최승로가 고려 성종에게 건의한 '시무 28조'의 일부로, 성종은 불교의 폐단을 지적하고 유교 정치를 강조한 최승로의 시무 28조 내용을 수용하여 연등회와 팔관회 등 불교 행사를 억제하고 유교 정치를 구현하였다.

정답의 이유

③ 고려 성종은 최승로가 건의한 '시무 28조'를 채택하여 지방 행정 조직을 정비하였으며 주요 지역에 12목을 설치하고 지방관을 파견하였다.

오답의 이유

① 고려 현종은 강감찬의 건의에 따라 거란의 침입에 대비하고자 개경에 나성을 축조하였다.

② 고려 경종 때 처음 실시된 전시과(시정 전시과)는 관리의 관등과 인품을 고려하여 전지와 시지를 지급하였다.

④ 고려 광종은 「노비안검법」을 실시하여 억울하게 노비가 된 사람들을 구제하고, 호족 세력의 경제적 · 군사적 기반을 약화시키고자 하였다.

더 알아보기

고려 초기 국왕의 업적

태조	• 민생 안정책, 호족 통합 정책(결혼, 기인 제도, 사심관 제도) • 북진 정책: 서경(평양) 중시
광종	노비안검법, 과거 제도 시행, 공복 제정, 칭제건원
경종	전시과 제정: 시정 전시과
성종	• 최승로의 시무 28조 수용: 12목 설치(→ 지방관 파견), 향리 제도 마련 • 중앙 통치 제도 정비: 국자감 설치(유학 교육 진흥), 과거 제도 정비

12 난도 ★★☆ 정답 ②

근대 태동기 > 정치사

자료해설

제시문은 조선 광해군이 명과 후금 사이에서 펼친 중립 외교 정책에 대한 내용이다. 광해군은 명이 후금을 방어하기 위해 출병을 요청하자 강홍립 부대를 파견하였으나, 후금과의 충돌을 피하기 위해 명과 후금 사이에서 중립 외교 정책을 추진하였다. 이에 따라 강홍립의 부대는 후금과의 사르후 전투에서 무모한 싸움을 계속하지 않고 투항하였다.

정답의 이유

② 허준은 선조의 명으로 『동의보감』을 집필하기 시작하여 광해군 때 완성하였다. 『동의보감』은 우리나라와 중국 의서의 각종 의학 지식과 치료법을 집대성한 의서로 유네스코 세계 기록 유산으로 등재되었다.

오답의 이유

① 대동법은 방납의 폐단을 해결하기 위해 기존 지역의 특산물을 현물로 납부하던 공납을 전세화하여 쌀이나 베, 동전 등으로 납부하게 한 제도이다. 광해군 때(1608) 경기도에서 처음 시행되었으며 숙종 때에 이르러 평안도와 함경도를 제외한 전국에서 실시되었다(1708).

③ 현종 때 효종과 효종비의 국상에 대한 자의 대비(인조의 계비로 현종의 할머니)의 복상 문제로 두 차례의 예송이 발생하였다.

④ 숙종 때 간도 지역을 두고 청과 국경 분쟁이 발생하자 두 나라 대표가 백두산 일대를 답사하고 국경을 확정하여 백두산정계비를 세웠다(1712).

13 난도 ★★★ 정답 ②

시대 통합 > 문화사

정답의 이유

(가) 고려 시대 목조 건축물인 영주 부석사 무량수전은 부석사의 중심 건물로, 기둥 중간이 굵은 배흘림기둥과 공포를 기둥 위에만 짜올린 주심포 양식으로 축조되었다.

(나) 보은 법주사 팔상전은 현존하는 유일한 조선 시대 목탑이자 우리나라 목조 탑 중 가장 높은 건축물로, 석가모니의 일생을 여덟 폭의 그림으로 나누어 그린 팔상도가 있어 팔상전이라고 불린다.

오답의 이유

①·③·④ 김제 금산사 미륵전은 조선 시대 목조 건물로, 팔작지붕으로 다포 양식을 따르며 내부는 3층 전체가 하나로 트인 통층 구조이다. 또한 합천 해인사 장경판전은 고려 팔만대장경을 보존하기 위해 15세기에 건축된 조선 전기 건축물로, 우리나라에서 현존하는 가장 오래된 도서관이다.

14 난도 ★★★ 정답 ②

시대 통합 > 경제사

정답의 이유

(다) 고려 공양왕 때 신진 사대부 세력의 주도로 시행되어 조선 초까지 이어진 과전법 체제하에서 조세는 토지 1결당 수확량 300두의 10분의 1 수취를 원칙으로 삼았다(1391).

(라) 조선 세종은 조세 제도를 좀 더 체계적으로 운영하기 위해 공법을 제정하고 풍흉과 토지 비옥도에 따라 전세를 차등 징수하는 연분 9등법과 전분 6등법을 시행하였다(1444).

(나) 조선 인조는 농민들의 부담을 줄이기 위해 풍흉에 관계없이 전세를 토지 1결당 미곡 4~6두로 고정시키는 영정법을 실시하였다(1635).

(가) 조선 후기 군역으로 농민 부담이 가중되자 영조는 군포를 2필에서 1필로 감해주는 균역법을 제정하였다(1750). 이로 인해 부족해진 재정은 지주에게 토지 1결당 미곡 2두씩을 부담시킨 결작과, 지방의 일부 상류층에게 선무군관의 칭호를 주고 군포 1필을 납부하게 한 선무군관포 등으로 보완하였다.

15 난도 ★★☆ 정답 ①

근대 태동기 > 문화사

자료해설

제시된 자료는 중상주의 실학자인 박제가가 저술한 『북학의』에 게재된 '우물론'에 대한 내용이다. 박제가는 소비와 생산의 관계를 우물물에 비유하여 절약보다는 적절한 소비를 통해 생산을 발전시켜야 한다고 주장하였다.

정답의 이유

① 박제가는 『북학의』를 통해 청의 문물을 적극적으로 수용할 것을 주장하고 수레와 배의 이용을 권장하였다.

오답의 이유

② 정제두는 지행합일을 중요시하는 양명학을 체계적으로 연구하였으며, 강화도에서 후진 양성에 힘을 기울여 강화 학파를 형성하였다.

③ 이익은 『성호사설』을 통해 한 가정의 생활을 유지하는 데 필요한 규모의 토지를 영업전으로 정하여 매매를 금지하고, 나머지 토지만 매매할 수 있도록 하자는 한전론을 주장하였다.

④ 홍대용은 『담헌서』에서 지구가 자전한다는 지전설과 지구가 우주의 중심이 아닌 무수한 별 중 하나라는 무한 우주론을 주장하며 중국이 세계의 중심이라는 중국 중심 세계관을 비판하였다.

16 난도 ★★★ 정답 ④

일제 강점기 > 사회사

자료해설

제시문의 내용은 근우회의 발기 취지문이다. 신간회의 자매 단체로 국내 여성 단체들을 규합하여 조직된 근우회는 창립 이념을 여성들의 공고한 단결과 지위 향상에 두고 남녀 평등과 여성 교육 확대 등을 주장하였다(1927).

정답의 이유

④ 근우회는 강연회 개최 등 여성 계몽 활동과 봉건적 인습 타파·여성 노동자 임금 차별 철폐 등 여성 차별 반대 운동을 전개하며 여성의 권익을 옹호하였다.

오답의 이유

① 1990년대 후반부터 여성단체들이 양성평등 실현을 위해 호주제 폐지 운동을 적극적으로 전개하여 노무현 정부 때 호주제 폐지를 결정하였다(2005).

② 서울 북촌에 거주하는 양반 부인들은 한국 최초의 여성 인권 선언서인 「여권통문(여학교 설치통문)」을 발표하여 여성이 정치에 참여할 권리, 남성과 평등하게 직업을 가질 권리, 교육을 받을 권리 등을 주장하였다(1898).

③ 천도교는 소년 운동을 적극적으로 지원하였으며, 방정환·김기전 등이 활동한 천도교 소년회에서는 1922년 5월 1일을 어린이날로 정하고 잡지 『어린이』를 창간하였다.

더 알아보기

일제 강점기 사회적 민족 운동

민족 유일당 운동	• 민족주의 계열과 사회주의 계열이 합작하여 항일 민족 운동 추진 • 신간회: 비타협적 민족주의 계열과 사회주의 계열의 연합, 노동·농민·청년·여성·형평 운동 지원
농민 운동	• 1920년대: 농민의 생존권 투쟁 • 1930년대: 항일 민족 운동으로 변화, 식민지 지주제 철폐 주장
노동 운동	• 1920년대: 노동자들의 생존권 투쟁, 원산 노동자 총파업 • 1930년대: 항일 민족 운동으로 변화, 일본 자본가 타도 주장
형평 운동	• 백정에 대한 사회적 차별 철폐 주장 • 여러 사회 단체들과 연합하여 각종 파업과 소작 쟁의에 참가 • 조선 형평사: 경남 진주에서 조직
여성 운동	• 여성 지위 향상, 여성 계몽 운동 • 근우회: 신간회의 자매단체, 행동 강령 채택, 기관지 발행
소년 운동	• 천도교 소년회, 조선 소년 연합회 • 어린이날 제정
청년 운동	조선 청년 연합회, 서울 청년회, 조선 청년 총동맹 등

17 난도 ★★☆ 정답 ③

근대 태동기 > 정치사

자료해설

제시문은 대한 제국의 헌법인 대한국 국제의 내용이다. 고종은 아관파천 이후 러시아 공사관에서 경운궁으로 환궁하여 자주독립 국가인 대한 제국을 선포하고 환구단에서 황제 즉위식을 거행하였다(1897). 이후 대한국 국제를 제정하여 황제의 통치권을 강조하고 군대 통수권, 입법·사법·행정권을 모두 황제가 장악하도록 규정하였다(1899).

정답의 이유

③ 주어진 연표는 갑신정변 발생(1884) → (가) → 갑오개혁 실시(제1차 1894, 제2차 1895) → (나) → 독립협회 해산(1898) → (다) → 러·일전쟁 발발(1904) → (라) → 을사늑약 체결(1905) 순으로, 제시문의 대한국 국제 반포 시기는 (다)에 해당한다.

18 난도 ★★☆ 정답 ④

시대 통합 > 정치사

자료해설

제시된 자료의 순서는 (다) 원종·애노의 난(889) → (가) 김사미·효심의 난(1193) → (라) 홍경래의 난(1811) → (나) 임술 농민 봉기(1862)이다.

정답의 이유

(다) 신라 하대에는 귀족의 녹읍이 확대되며 자영농이 몰락하는 등 백성들의 생활이 더욱 어려워졌다. 9세기 말 진성 여왕 때는 사회 모순이 극심해져 원종·애노의 난(889), 적고적의 봉기 등 전국 각지에서 농민 봉기가 발생하였다.

(가) 고려 무신정권의 이의민 집권기에 경상도 운문과 초전에서 김사미·효심이 신라 부흥을 표방하며 난을 일으켰다(1193).

(라) 조선 순조 때 세도 정치로 인한 삼정의 문란과 서북 지역민에 대한 차별에 항거하여 홍경래의 난이 일어났다(1811).

(나) 조선 철종 때 삼정의 문란과 경상 우병사 백낙신의 수탈이 심화되자 진주 지역의 농민들이 임술 농민 봉기를 일으켜 진주성을 점령하였다(1862). 임술 농민 봉기를 수습하기 위해 안핵사로 파견된 박규수는 민란의 원인이 삼정의 문란에 있다고 보고 삼정이정청을 설치하여 이를 해결하고자 하였다.

19 난도 ★★★ 정답 ②

근대 > 정치사

자료해설

(가) 제시문은 청이 조선 정부의 요청으로 임오군란을 진압한 이후 조선에 대한 경제적 영향력을 더욱 확보하기 위해 체결한 조·청 상민 수륙 무역 장정(1882)의 일부이다. 청은 조선과 체결한 조·청 상민 수륙 무역 장정을 통해 치외 법권과 함께 양화진 점포 개설권, 내지 통상권, 연안 무역권까지 인정받았다.

(나) 제시문은 청·일 전쟁 후 전쟁에서 승리한 일본이 청과 체결한 시모노세키 조약(1895)의 일부이다. '청국은 조선국이 완전무결한 독립 자주국임을 확인한다'는 제1조 조항을 통해 조선에

대한 청의 간섭을 배제하였으며, 그밖에 군비 배상금 2억 냥 지급, 요동(랴오둥)반도 · 타이완 등 할양, 청의 항구 개항 등의 내용이 포함되어 있다.

정답의 이유

② 한 · 청 통상조약은 광무 3년 대한제국과 청 사이에 체결된 통상 협정으로, 대한제국과 청이 사상 처음으로 대등한 관계에서 체결한 근대적 조약이다(1899). 한 · 청 통상조약은 (나) 시모노세키 조약 이후에 체결되었다.

오답의 이유

① 임오군란과 갑신정변 이후 청의 조선에 대한 내정 간섭이 심해지자, 정부는 청을 견제하기 위해 러시아에 접근하였다. 이에 영국은 러시아의 세력 확장을 저지하기 위해 남해의 요충지인 거문도를 불법으로 점령하였다(1885).

③ 김옥균, 홍영식, 서광범 등 급진 개화파는 우정총국 개국 축하연 자리에서 갑신정변을 일으켜 정권을 장악하고 개화당 정부를 구성하였다(1884).

④ 동학 농민 운동으로 농민군이 전라도 일대를 장악하자 조선 정부는 청에 원군을 요청하였고, 톈진 조약에 의해 일본도 군대를 파견하였다. 이에 외세 개입을 우려한 동학 농민군이 조선 정부와 전주 화약을 맺고 해산하고 조선 정부는 청 · 일 양국에 철병할 것을 요청하였으나, 일본이 내정 개혁을 요구하며 불법적으로 경복궁을 장악하고 청군을 습격하면서 청 · 일 전쟁이 발발하였다(1894).

20 난도 ★★★ 정답 ③

현대 > 정치사

자료해설

제시문은 1949년에 제정되어 1950년 시행된 농지 개혁법의 일부 내용이다. 농지 개혁법은 유상 매수 · 유상 분배 원칙, 3정보 크기 제한 등의 내용을 담고 있다.

정답의 이유

③ 1950년 시행된 농지 개혁에서는 지주가 소유한 농지는 국가가 유상 매입하여 지주에게 지가 증권을 발행해 주고, 직접 경작하는 영세 농민에게는 3정보 한도로 농지를 유상 분배하여 5년 동안 매년 생산량의 30%를 현물 상환하도록 하였다.

오답의 이유

① 농지 개혁법은 한국민주당과 지주층의 반발로 입법 · 개정 · 시행까지 오랜 기간이 소요되었으며 시행 과정 또한 순탄하지 않았으나 법 제정 이후 중단 없이 추진되었다.

② 농지 개혁법은 농지 외의 토지를 개혁 대상에 포함하지 않았으며, 주택 개량 · 도로 및 전기 확충 등도 추진하지 않았다.

④ 농지 개혁법 시행은 기존 지주계급이 점차 소멸하고 자작농이 증가하는 결과를 가져왔다.

한국사 | 2023년 국가직 9급

한눈에 훑어보기

영역 분석

선사 시대와 국가의 형성 01
1문항, 5%

고대 02 06 07
3문항, 15%

중세 03 04 08
3문항, 15%

근세 09 15
2문항, 10%

근대 태동기 10 14
2문항, 10%

근대 11 18 19
3문항, 15%

일제 강점기 12 16 20
3문항, 15%

현대 13 17
2문항, 10%

시대 통합 05
1문항, 5%

빠른 정답

01	02	03	04	05	06	07	08	09	10
①	②	③	④	③	③	③	②	②	②
11	12	13	14	15	16	17	18	19	20
③	④	④	②	①	④	②	①	①	③

점수 체크

구분	1회독	2회독	3회독
맞힌 문항 수	/ 20	/ 20	/ 20
나의 점수	점	점	점

01 난도 ★☆☆ 정답 ①

선사 시대와 국가의 형성 > 선사 시대

자료해설

제시된 자료는 청동기 시대의 유물이다. 청동기 시대에는 미송리식 토기, 민무늬 토기, 팽이형 토기, 붉은 간 토기 등을 사용하였다.

정답의 이유

① 비파형 동검은 청동기 시대에 사용된 동검으로 고인돌, 미송리식 토기와 함께 고조선의 세력 범위를 짐작할 수 있다.

오답의 이유

② 오수전은 명도전, 반량전과 함께 철기 시대에 사용된 화폐로 당시 중국과의 교류가 활발하였음을 짐작할 수 있다.

③ 아슐리안형 주먹도끼는 구석기 시대 유물로 경기도 연천군 전곡리에서 동아시아 최초로 출토되었다.

④ 삼한 중 변한은 철이 풍부하게 생산되어 낙랑과 왜에 수출하였다.

02 난도 ★☆☆ 정답 ②

고대 > 정치사

자료해설

밑줄 친 '왕'은 고구려 고국천왕으로, 제시된 자료는 진대법을 실시하게 된 배경을 보여 준다.

정답의 이유

② 고구려 고국천왕은 국상인 을파소의 건의에 따라 먹을 거리가 부족한 봄에 곡식을 빌려주고 추수 이후에 곡식을 갚도록 하는 진대법을 실시하였다(194).

오답의 이유

① 고구려 미천왕은 낙랑군(313)과 대방군(314)을 축출하고 한의 군현을 모두 몰아내어 영토를 확장하였다.

③ 고구려 고국원왕은 백제 근초고왕이 평양성을 침략하자 이에 항전하다가 전사하였다(371).

④ 고구려 광개토 대왕은 즉위 후 영락이라는 연호를 사용하여 왕권을 강화하였다.

더 알아보기

진대법

- 개념
  - 고구려의 빈민 구제 제도로 봄에 농민들에게 곡식을 빌려주고 가을에 갚도록 함
  - '진'은 흉년에 기아민에게 곡식을 나누어준다는 뜻이고, '대'는 봄에 미곡을 대여하였다가 가을에 추수 뒤 회수한다는 뜻으로 '진대'는 흉년이나 춘궁기에 농민에게 양곡을 대여하는 것을 말함

• 특징
  - 194년 고국천왕 때 왕권 강화와 재정 확충을 위해 을파소의 건의를 받아들여 실시함
  - 고리대를 갚지 못한 농민들이 노비가 되는 것을 방지하기 위해 국가에서 봄에 쌀을 빌려주었다가 가을에 갚는 춘대추납(春貸秋納)의 빈민 구제책을 시행함
  - 같은 성격의 빈민 구제 제도로는 고려의 의창, 조선 시대의 의창(15세기), 환곡(16세기), 사창(19세기)이 있음

03 난도 ★☆☆ 정답 ③

중세 > 정치사

자료해설

'신돈이 설치하자고 요청하였다'는 내용과 '전민을 빼앗은 자들이 그 주인에게 많이 돌려주었다'는 내용으로 보아 (가)는 고려 공민왕 때 설치된 전민변정도감임을 알 수 있다. 공민왕은 승려 신돈을 등용하여 민생 안정과 국가 재정을 확보하고, 권문세족의 경제 기반을 약화시킬 목적으로 전민변정도감을 설치하였다.

정답의 이유

③ 전민변정도감은 권문세족이 부당하게 뺏은 토지를 본래 소유주에게 돌려주고 권세가의 압박에 의해 노비가 된 사람들을 양인으로 해방시켰다.

오답의 이유

① 고려 문종 때 경시서를 두어 시전을 관리하고 감독하도록 하였다.
② 고려의 삼사는 화폐와 곡식의 출납에 대한 회계를 맡았다.
④ 몽골의 침입 이후 국가 재정난으로 인한 관료들의 녹봉 부족 현상을 해결하기 위해 원종은 녹과전을 지급하였다.

04 난도 ★☆☆ 정답 ④

중세 > 정치사

자료해설

제시된 자료는 고려 성종 때 거란의 소손녕이 80만 대군을 이끌고 침략해 오자, 서희가 소손녕을 찾아가 고구려의 후예임을 내세워 현재 거란이 가진 땅이 고려의 영토임을 주장하는 내용이다.

정답의 이유

④ 서희는 거란의 제1차 침입 때 적장인 소손녕과 외교 담판을 벌여 송나라와 단교하고 거란과 교류하는 것을 조건으로 강동 6주를 확보하였다(993).

오답의 이유

① 고려의 무신 강조는 천추태후와 그의 정부 김치양으로 인한 국가의 혼란을 바로잡기 위해 정변을 일으켜 목종을 폐위시키고 현종을 즉위시켰다(1009).
② 고려 현종 때 거란의 소배압이 이끄는 10만 대군이 침입하였으나(3차 침입), 강감찬이 이에 맞서 귀주에서 대승을 거두었다(귀주대첩, 1019).
③ 고려 예종 때 윤관은 별무반을 이끌고 여진을 몰아내어 동북 9성을 축조하였다(1107).

05 난도 ★★☆ 정답 ③

시대 통합 > 정치사

자료해설

밑줄 친 '이곳'은 평양이다. 고구려 장수왕은 남진 정책을 추진하면서 평양으로 수도를 천도(427)하여 신라와 백제를 압박하였다. 묘청은 풍수지리설을 내세워 수도를 서경(평양)으로 천도하여 서경에 대화궁을 짓고, 황제를 칭하며 연호를 사용하는 등 자주적인 개혁을 시행하였다.

정답의 이유

③ 미국 상선인 제너럴셔먼호의 선원들은 평양에서 통상을 요구하며 평양 주민을 약탈하였고, 이에 분노한 평양 주민들은 당시 평안도의 관찰사였던 박규수의 지휘하에 제너럴셔먼호를 불태워 버렸다(1866).

오답의 이유

① 고려 고종 때 조휘와 탁청은 동북면 병마사 등을 죽이고 반란을 일으킨 뒤 옛 화주 땅에 주둔하고 있던 몽골에 투항하였다. 이에 몽골은 화주 이북의 땅을 편입하여 쌍성총관부를 설치하고 조휘를 총관, 탁청을 천호로 삼았다(1258).
② 고려 정중부 집권기에 공주 명학소에서 망이 · 망소이 형제가 신분 해방을 외치며 봉기하였다(1176).
④ 일제 강점기 때 경남 진주에서 백정에 대한 사회적 차별 철폐를 위한 형평사가 조직되어 형평 운동이 펼쳐졌다(1923).

06 난도 ★★☆ 정답 ③

고대 > 정치사

자료해설

제시된 자료는 매소성 전투(675)에 대한 내용이다. 신라 문무왕(661~681) 때 남침해 오던 당나라 이근행의 20만 대군을 매소성에서 격파하여 나 · 당 전쟁의 주도권을 장악하였다.

정답의 이유

㉡ 김흠돌이 반란을 일으킨 시기는 통일 신라 신라 신문왕 때이다. 신문왕은 장인이었던 김흠돌의 난을 진압한 뒤 진골 귀족 세력을 숙청하여 왕권을 강화하였다(681).
㉢ 신문왕은 유교 정치를 확립시키기 위해 유학 교육 기관인 국학을 설립하였다(682).

오답의 이유

㉠ 당나라는 백제와 고구려를 멸망시킨 후 공주에 웅진도독부(660), 평양에 안동도호부(668), 경주에 계림도독부(663)를 설치하여 한반도를 지배하고자 하였다.
㉣ 사비성 함락(660)으로 백제가 멸망한 이후, 복신과 도침 등이 부여풍을 왕으로 추대하여 주류성을 중심으로 백제 부흥 운동을 전개하였으나 나 · 당 연합군에 의해 실패하였다(663).

정답 ③

정답의 이유

(나) 고구려 미천왕 때 서안평을 점령(311)하고 낙랑군(313)과 대방군(314)을 축출하였다.

(가) 신라 지증왕 때 이사부는 왕의 명령으로 우산국(울릉도)을 정복하였다(512).

(라) 신라 법흥왕 때 신라가 금관가야를 병합하였다(532).

(다) 백제 의자왕은 활발한 정복 활동을 전개하여 신라의 대야성을 비롯한 40여개 성을 함락시켰다(642).

※ 오타로 인해 '복수 정답' 처리된 문항으로, 선지를 교체하여 수록함

08 난도 ★★☆ 정답 ②

중세 > 문화사

정답의 이유

② 월정사 팔각 9층 석탑은 고려 전기의 석탑으로 송의 영향을 받았다.

오답의 이유

① 황해도 사리원 성불사 응진전은 고려 후기 다포 양식의 목조 건축물이다. 다포 양식은 고려 후기에 유행한 건축 양식으로 나무 장식이 기둥은 물론 기둥 사이 벽면에도 놓여 있다.

③ 여주 고달사지 승탑은 통일 신라 승탑의 전형적인 형태인 팔각원당형 양식을 계승하였다.

④『직지심체요절』은 1377년 충북 청주시의 흥덕사에서 간행한 현존하는 세계 최고(最古)의 금속활자본으로, 현재 프랑스 국립 도서관에 소장되어 있다.

더 알아보기

고려 시대 석탑

- 대표 석탑: 개성 불일사 5층 석탑, 평창 월정사 8각 9층 석탑
- 원의 영향: 개성 경천사지 10층 석탑
- 삼국 양식 계승: 부여 무량사 5층 석탑
- 승탑과 탑비: 여주 고달사지 승탑(팔각원당형), 원주 법천사 지광국사 탑비(특이한 형태, 뛰어난 조형미)

09 난도 ★★☆ 정답 ②

근세 > 문화사

정답의 이유

② 혼일강리역대국도지도는 조선 전기 태종 때 편찬된 현존하는 동양 최고의 세계 지도이다(1402). 반면, 곤여만국전도는 조선 후기 청에서 활동한 서양인 선교사 마테오 리치(Matteo Ricci)가 제작한 세계 지도이다(1603).

오답의 이유

① 대동여지도는 조선 후기 김정호가 10리마다 눈금을 표시하여 거리를 알 수 있게 제작한 전국 지도첩이다. 개별 산봉우리를 지 않고 산줄기를 연결하여 그렸으며 굵기에 따라 산 하였다.

③ 천상열차분야지도는 조선 태조 때 제작된 것으로 하늘을 여러 구역으로 나누고 별자리를 돌에 표시한 천문도이다. 조선 숙종 때 태조 때 제작한 것이 닳아 잘 보이지 않게 되자 다시 새겼다.

④ 동국지도는 조선 영조 때 정상기가 실제 거리 100리를 1척으로 줄인 100리 척을 적용하여 제작한 것이다.

10 난도 ★★☆ 정답 ②

근대 태동기 > 경제사

자료해설

제시된 자료의 (가)는 대동법이다. 대동법은 조선 광해군 때 좌의정 이원익이 건의하여 1608년에 처음 실시되었다. 당시에는 경기도에 한하여 실시하였으며, 점차 시행 지역이 확대되면서 숙종 때에 이르러서야 전국적으로 시행되었다(1708).

정답의 이유

② 군역의 폐단을 바로잡기 위해 영조 때 균역법을 실시하였고 이로 인해 줄어든 재정을 보충하고자 지주에게 토지 1결당 쌀 2두를 결작으로 부과하였다.

오답의 이유

① 대동법 실시로 관청에 물품을 납품하는 공인이 성장하였고, 농민도 세금 납부를 위해 특산물을 시장에 내다 팔면서 장시가 점차 발전하였다. 이에 따라 상품 화폐 경제가 크게 발달하였다.

③ 조선 광해군 때 공납의 폐단을 해결하기 위해 공납을 전세화하여 공물 대신 쌀을 납부하도록 하는 대동법을 경기도부터 실시하였다.

④ 대동법 실시로 선혜청에서는 공인이라는 특허 상인에게 비용을 미리 지급하고 필요한 물품을 독점적으로 조달하도록 하였다.

11 난도 ★☆☆ 정답 ③

근대 > 정치사

자료해설

'천여 곳의 서원을 철폐했다'는 내용을 통해 (가) 인물이 흥선 대원군임을 알 수 있다. 흥선 대원군은 세도 정치로 인해 혼란에 빠진 국가 체제를 복구하고 왕권을 회복하기 위해 대내외적으로 각종 개혁 정책을 실행하였다. 지방의 서원이 면세의 혜택으로 국가 재정을 악화시키고 백성을 수탈하는 폐단을 저지르자 47개소를 제외한 모든 서원을 철폐하였고, 명 황제인 신종과 의종의 제사를 지내기 위해 만든 만동묘가 유생들의 집합 장소가 되어 경제적 · 사회적 폐단을 낳자 이를 철폐하였다.

정답의 이유

③ 흥선 대원군은 양반 가문이 장악하고 있던 비변사를 축소 · 폐지하고 의정부와 삼군부의 기능을 강화하였다.

오답의 이유

흥선 대원군은 문란해진 환곡제를 개선하여 마을 단위로 공동 운영하는 사창제를 전국적으로 시행하였다.

흥선 대원군은 정조 때 편찬된『대전통편』을 보완하고 각종 조례를 정리한 법전인『대전회통』을 편찬하여 통치 체제를 정비하였다.

한국사 일반행정직

④ 흥선 대원군은 외세의 침입을 경계하고 서양과의 통상 수교를 반대하는 정책을 추진하였으며, 통상 수교 반대 의지를 알리기 위해 전국 각지에 척화비를 세웠다.

더 알아보기

흥선 대원군의 서원 철폐

- 목적: 붕당의 폐해 근절로 왕권 강화와 국가 재정 확충, 민생 안정 추구
- 과정: 만동묘를 비롯하여 많은 서원 중에서 47개만 제외하고 모두 정리
- 결과
  - 서원이 가지고 있던 토지와 노비를 환수하여 재정 확충
  - 유생들이 반대하며 흥선 대원군의 입지가 좁아짐

12 난도 ★★☆ 정답 ④

일제 강점기 > 정치사

자료해설

제시된 자료는 1919년 4월 11일 대한민국 임시의정원에서 발표한 대한민국 임시 헌장의 일부이다.

정답의 이유

④ 전환국은 조선이 개항 이후 설치(1883)한 상설 화폐 발행 기관으로 상평통보 대신 새로운 화폐인 백동화를 주조·발행하였다.

오답의 이유

① 대한민국 임시정부는 국외 거주 동포들에게 독립 공채(애국 공채)를 발행하여 독립운동 자금을 마련하였다.

② 대한민국 임시정부는 기관지 독립신문을 발행하여 독립운동 소식을 전했다.

③ 대한민국 임시정부는 독립운동 자금을 안정적으로 확보하고 국내외의 항일 세력과 연락하기 위해 연통부와 교통국을 조직하였다.

더 알아보기

대한민국 임시 헌장

제1조 대한민국은 민주공화제로 한다.

제2조 대한민국은 임시정부가 임시의정원의 결의에 따라 이를 통치한다.

제3조 대한민국의 인민은 남녀의 귀천(貴賤) 및 빈부의 계급(階級)이 없고, 일체 평등해야 한다.

제4조 대한민국의 인민은 종교, 언론, 저작, 출판, 결사, 집회, 신서(信書), 주소, 이전, 신체 및 소유의 자유를 향유한다.

제5조 대한민국의 인민으로 공민(公民) 자격이 있는 사람은 선거권 및 피선거권이 있다.

제6조 대한민국의 인민은 교육, 납세 및 병역의 의무가 있다.

제7조 대한민국은 신(神)의 의사에 따라서 건국한 정신을 세계에 발휘하며 나아가 인류의 문화 및 평화에 공헌하기 위해서 국제연맹에 가입한다.

제8조 대한민국은 구황실을 우대한다.

제9조 생명형, 신체형 및 공창제를 모두 폐지한다.

제10조 임시정부는 국토 회복 후 만 1년 안에 국회를 소집한다.

13 난도 ★★★ 정답 ④

현대 > 경제사

자료해설

'수출의 날'을 통해 박정희 정부에 대한 설명임을 알 수 있다. 1960년대에 들어서면서 박정희 정부는 강력한 수출드라이브 정책을 추진했으며, 1964년 8월 26일 국무회의에서 수출 실적이 1억 달러에 이르는 날을 '수출의 날'로 정하기로 의결했다. 이에 따라 '수출 1억 달러'를 돌파한 11월 30일을 기념일로 선포하고 12월 5일 제1회 수출의 날 기념식을 열었다.

정답의 이유

④ 1966년 박정희 정부는 국군을 베트남에 파견하는 대가로 미국으로부터 한국군 현대화를 위한 장비와 경제 원조를 제공받기로 한 '브라운 각서'를 체결하였다.

오답의 이유

① 박정희 군정 시기인 제5차 개헌에서 대통령 직선제로의 개헌이 이루어졌지만 1963년을 박정희 정부의 시작으로 보는 것이 타당하다고 판단하여 정답에서 제외하였다. 우리나라 대통령 직선제 개헌은 제1차 개헌(발췌 개헌, 1952), 제5차 개헌(1962), 제9차 개헌(1987)에서 이루어졌다.

② 유신 체제에 대한 저항으로, 명동 성당에 모인 윤보선, 김대중 등 재야인사들이 긴급 조치의 철폐, 박정희 정권의 퇴진 등을 요구하는 '3·1 민주 구국 선언'을 발표하였다(1976).

③ 이승만 정부 시기 제헌 국회는 친일파 청산을 위해 반민족 행위 처벌법을 제정하고, 반민족 행위 특별 위원회를 설치하였다(1948).

14 난도 ★★★ 정답 ②

근대 태동기 > 정치사

자료해설

자료는 현종 때 발생한 기해예송(1659) 당시의 상황을 나타낸 것이다. 현종 때 효종의 왕위 계승에 대한 정통성과 관련하여 자의대비의 복상 문제를 놓고 서인과 남인 사이에 예송 논쟁이 발생하였다. 기해예송 당시 서인은 효종이 둘째 아들이므로 자의대비의 복상 기간을 1년으로 주장하였고, 남인은 효종을 장자로 대우하여 3년 복상을 주장하였으나 서인 세력이 승리하였다. 따라서 자료에서 상소한 인물이 속한 붕당은 남인이다.

정답의 이유

㉠ 숙종 때 희빈 장씨 소생의 원자 책봉을 반대하는 송시열의 관작을 삭탈하고 제주도로 유배시켜 사사(賜死)하였으며, 송시열을 비롯한 서인 세력이 대거 축출되고 남인이 집권하는 기사환국이 발생하였다.

㉢ 정조는 붕당을 가리지 않고 인재를 등용하였으므로 그동안 권력에서 배제되었던 소론과 남인 계열도 기용되면서 탕평정치의 한 축을 이루었다.

오답의 이유

㉡ 서인 세력은 광해군의 중립 외교 정책과 영창대군 사사 사건, 인목 대비 유폐 문제를 빌미로 인조반정을 일으켰다. 광해군이 폐위되고 인조가 왕위에 올랐으며 북인 세력인 이이첨, 정인홍 등은 처형되었다.

㉣ 서인은 이이 · 성혼의 학문을 계승하였고, 동인은 서경덕 · 조식 · 이황의 학문을 계승하였다.

더 알아보기

사림의 분당(동인과 서인)

- 동인
  - 서경덕, 조식(북인), 이황(남인)의 학문 계승
  - 사족의 수기(修己; 자신의 몸과 마음을 닦는 것) 강조, 지배층의 도덕성 중시
- 서인
  - 이이, 성혼의 학문 계승
  - 치인(治人; 남을 교화하여 덕으로 이끄는 것) 강조, 개혁을 통한 부국안민 중시

15 난도 ★☆☆ 정답 ①

근세 > 정치사

자료해설

삼포왜란은 1510년 조선 중종 때 일어났으며 임진왜란은 1592년 조선 선조 때 신식 무기로 무장한 20만 왜군이 부산포를 시작으로 하여 조선을 침략하면서 발발하였다.

정답의 이유

① 인종의 뒤를 이어 명종이 어린 나이로 즉위하자 명종의 어머니인 문정 왕후가 수렴청정을 하였다. 이후 인종의 외척 세력인 대윤(윤임)과 명종의 외척 세력인 소윤(윤원형)의 대립이 심화되어 을사사화가 발생하였고, 이때 윤임을 비롯한 대윤 세력과 사림들이 큰 피해를 입었다(1545).

오답의 이유

② 조선 세조 때 편찬되기 시작한 『경국대전』은 조선의 기본 법전으로 성종 때 완성되어 반포되었다(1485).

③ 조선 세종 때 우리 풍토에 맞는 약재와 치료 방법을 개발하여 정리한 의학서인 『향약집성방』을 편찬하였다(1433).

④ 조선 세종 때 주자소에서 조선의 활자 인쇄술을 한층 더 발전시킨 갑인자가 주조되었다(1434).

16 난도 ★★☆ 정답 ④

일제 강점기 > 정치사

자료해설

제시된 법령은 일제가 제정한 회사령이다. 무단 통치 시기 일제는 민족 기업과 민족 자본의 성장을 억제하기 위해 회사 설립 시 총독의 허가를 받도록 하는 회사령을 제정하였다(1910). 이후 일본의 자본 진출을 위해 총독부가 1920년에 회사령을 허가제에서 신고제로 바꾸었다.

정답의 이유

④ 일제는 1911년 식민지 교육 방침을 규정한 제1차 조선 교육령을 통해 보통 · 실업 · 전문 기술 교육과 일본어 학습을 강요하면서 보통 교육의 수업 연한을 4년으로 단축하였다.

오답의 이유

① 일제는 1920년부터 산미 증식 계획을 시행하였으나, 1934년 일본에서 식량 생산이 늘어나 쌀값이 하락하자, 쌀을 들여오는 데 반대하는 목소리가 커지면서 중단되었다. 이후 중 · 일 전쟁으로 군량미 확보가 시급해지고 대가뭄으로 식량이 부족해지자 1940년에 다시 재개하였다.

② 1930년대 중 · 일 전쟁과 태평양 전쟁이 일어나자 일제는 우리 민족을 전쟁에 동원하기 위해 국가 총동원법을 제정(1938)하여 인력과 물자 등을 수탈하였다.

③ 남면북양 정책은 만주사변(1931) 이후 일제가 한반도를 공업 원료의 공급지로 이용하기 위해 시행한 경제 침탈 정책으로 남부 지방 농민들에게 면화의 재배를, 북부 지방 농민들에게 면양의 사육을 강요하였다.

더 알아보기

산미 증식 계획(1920~1934)

- 배경: 일제의 자본주의가 발전하면서 인구가 급증하고 도시화가 진행되어 쌀값이 폭등하는 등 식량 부족 문제가 발생함
- 실시: 1920년 일제가 부족한 쌀을 조선에서 수탈하기 위해 실시함
- 내용: 수리 시설 확충, 품종 개량, 개간 및 비료 사용 확대 등
- 결과: 증산량은 계획에 미치지 못하였고, 증산량보다 많은 양의 쌀을 일본으로 보내면서 조선 농민들의 경제 상황이 매우 악화됨

17 난도 ★★★ 정답 ②

현대 > 정치사

자료해설

제시된 자료는 1948년 2월에 발표된 유엔 소총회의 결의문이다. 1947년 유엔 총회는 남북한 인구 비례에 따른 총선거를 실시하기로 하고 선거 감독을 위해 유엔 한국 임시 위원단을 파견하려 했으나, 소련이 38선 이북 지역의 입북을 거부하였다. 이에 유엔 소총회는 선거 실시가 가능한 남한만의 단독 선거를 지시하고 임시 위원단을 파견하여 선거를 감시하라는 결정을 내렸다.

정답의 이유

② 김구 등이 남한만의 단독 선거를 반대하며 남북 협상까지 시도했으나 결국 유엔 소총회의 결의에 따라 1948년 5월 10일 남한만 총선거가 시행되었다.

오답의 이유

① 광복 이후 38도 이남 지역에 미군정 실시가 선포되면서 미군정청이 설치되었다(1945.9.).

③ 제1차 미 · 소 공동 위원회가 결렬된 후 이승만이 단독 정부 수립을 주장하자 여운형, 김규식 등 중도 세력이 좌우 합작 위원회를 결성하였다(1946.7.). 이들은 좌우 합작 7원칙을 발표하고 좌우 합작 운동을 전개하였다.

④ 모스크바 3국 외상 회의의 결정에 따라 임시정부 수립을 위해 서울에서 제1차, 제2차 미 · 소 공동 위원회가 개최되었다(1946, 1947).

18 난도 ★★★ 정답 ①

근대 > 정치사

자료해설

(가) 1876년 2월에 체결된 강화도 조약의 치외법권(영사 재판권)에 대한 내용이다. 강화도 조약은 우리나라 최초의 근대적 조약이자 일본인에 대한 치외법권과 해안 측량권을 포함한 불평등 조약으로, 일본의 요구에 따라 부산, 원산, 인천을 개항하였다.

(나) 1882년 8월에 체결된 조 · 청 상민 수륙 무역 장정의 내용이다. 임오군란 이후 청은 조선과 조 · 청 상민 수륙 무역 장정을 체결하여 치외 법권과 함께 양화진의 점포 개설권, 내륙 통상권, 연안 무역권을 인정받았다.

정답의 이유

① 1876년 7월에 체결된 조 · 일 수호 조규 부록에 따라 개항장에서 일본 화폐의 유통을 허용하였으며, 일본 상인의 거류지를 설정하였다.

오답의 이유

② 1896년 러시아는 압록강 연안, 울릉도에 대한 산림 채벌권을 획득하였다.

③ 1898년 조 · 청 상민 수륙 무역 장정의 체결로 어려움에 빠진 서울 도성 시전 상인들이 황국 중앙 총상회를 조직하여 상권 수호 운동을 전개하였다.

④ 1889년 조선은 흉년으로 곡물이 부족해지자 일본으로 곡물이 유출되는 것을 막기 위해 방곡령을 선포하였다. 그러나 일본은 시행 1개월 전에 일본 공사에 미리 알려야 한다는 조항 내용을 근거로 방곡령 철회를 요구하였고, 결국 조선은 방곡령을 철회하고 일본 상인에 배상금까지 지불하게 되었다.

19 난도 ★★☆ 정답 ①

근대 > 정치사

자료해설

밑줄 친 '14개 조목'은 「홍범 14조」이다. 고종은 제1차 갑오개혁 추진 이후 종묘에서 「홍범 14조」를 발표하였다. 이는 청의 종주권 배제, 탁지아문으로 재정 일원화, 왕실과 국정 사무 분리 등의 내용을 담아 제1차 갑오개혁의 내용을 재확인하고, 제2차 갑오개혁의 방향성을 설정하여 강령으로 선언한 것이다(1895.1.).

정답의 이유

㉠ 조세의 징수와 경비 지출은 모두 탁지아문에서 관할한다.

㉡ 왕실 사무와 국정 사무를 나누어 서로 혼동하지 않는다.

오답의 이유

㉢ 1901년 대한제국은 지계아문을 설치하고 토지 소유 문서인 지계를 발급하여 근대적 토지 소유권을 확립하고자 하였다.

㉣ 강화도 조약 이후 일본 금융업계 진출로 인한 일본 자본의 시장 잠식 문제 및 갑오개혁 이후 조세의 금납화 실시로 금융기관 설립 필요성이 대두하자 정부와 왕실의 적극적인 지원으로 민족계 은행인 대한 천일 은행이 설립되었다(1899).

더 알아보기

「홍범 14조」

1. 청나라에 의존하는 생각을 끊어 버리고 자주독립의 기초를 튼튼히 세운다.
2. 왕실 규범을 제정하여 왕위 계승 및 종친(宗親)과 외척(外戚)의 본분과 의리를 밝힌다.
3. 대군주는 정전(正殿)에 나와서 일을 보되 정무는 직접 대신들과 의논하여 재결하며, 왕비나 후궁, 종친이나 외척은 정사에 관여하지 못한다.
4. 왕실 사무와 국정 사무를 나누어 서로 혼동하지 않는다.
5. 의정부와 각 아문(衙門)의 직무와 권한을 명백히 제정한다.
6. 인민의 조세는 모두 법령으로 정한 비율에 따르고, 함부로 명목을 더 만들어 과도하게 징수할 수 없다.
7. 조세의 징수와 경비 지출은 모두 탁지아문(度支衙門)에서 관할한다.
8. 왕실 비용을 솔선하여 절약함으로써 각 아문과 지방 관청의 모범이 되도록 한다.
9. 왕실 비용과 각 관청 비용은 1년 예산을 미리 정하여 재정 기초를 튼튼히 세운다.
10. 지방 관제를 서둘러 개정하여 지방 관리의 권한을 한정한다.
11. 나라 안의 총명하고 재주 있는 젊은이들을 널리 파견하여 외국의 학술과 기예를 전수받아 익힌다.
12. 장관(將官)을 교육하고 징병법을 적용하여 군사 제도의 기초를 확립한다.
13. 민법과 형법을 엄격하고 명백히 제정하여 함부로 감금하거나 징벌하지 못하게 하여 인민의 생명과 재산을 보호한다.
14. 인재를 등용함에 있어 문벌에 구애되지 말고, 관리를 구함에 있어서 조정과 민간에 두루 걸침으로써 인재 등용의 길을 넓힌다.

20 난도 ★☆☆ 정답 ③

일제 강점기 > 정치사

자료해설

만주사변은 1931년 일본이 류타오후 사건을 조작하여 만주를 병참기지로 만들고 식민지화할 목적으로 일으킨 전쟁으로 후일 중 · 일 전쟁의 발단이 되었다. 태평양 전쟁은 1941년부터 1945년까지 일본과 연합국 사이에 벌어진 전쟁으로 일본군의 진주만 기습 공격으로 발발하였다.

정답의 이유

③ 1898년 순한글 신문인 『제국신문』을 창간하여 일반 서민층과 부녀자들을 대상으로 민중 계몽과 자주독립 의식 고취에 힘썼다.

오답의 이유

① 일제는 제3차 조선교육령을 발표(1938)하여 학교명을 보통학교에서 (심상) 소학교로 바꾸고 수업 연한은 6년으로 정했으나 지방의 형편에 따라 4년을 그대로 존속하게 하기도 하였다.

② 일제는 민족의 정체성을 말살하기 위해 내선일체의 구호를 내세워 황국 신민 서사 암송을 강요하였다(1937).

④ 지청천을 중심으로 북만주에서 결성된 한국 독립군은 중국 호로군과 연합하여 쌍성보 전투(1932), 사도하자 전투(1933), 대전자령 전투(1933)에서 일본군에 승리하였다.

더 알아보기

조선교육령

• 개념: 일제 강점기 조선인에 대한 일제의 식민화 교육 정책

• 내용

– 1910년 초대 총독 데라우치 마사타케가 처음으로 공포함

– 통감부 시기: 일제는 갑오개혁(1차)의 소학교령을 폐지하고 보통학교령(1907)을 내려 수업연한을 6년에서 4년으로 개정함

– 시기별 주요 정책

제1차 조선교육령 (1911~1922)	• 보통학교 수업 연한 축소(6년 → 4년) • 실업 교육 위주 • 조선어 교육 축소
제2차 조선교육령 (1922~1938)	• 보통학교 수업 연한 확대(4년 → 6년) • 고등 교육 가능(일본과 동일 학제) • 조선어 필수 과목
제3차 조선교육령 (1938~1943)	• 보통학교 → (심상) 소학교 • 조선어 선택 과목 • 국민학교령(1941): (심상) 소학교 → 국민학교
제4차 조선교육령 (1943~1945)	• 국민학교 수업 연한 축소(6년 → 4년) • 조선어 금지 • 전시 동원 교육

한국사 | 2023년 지방직 9급

한눈에 훑어보기

영역 분석

선사 시대와 국가의 형성 01
1문항, 5%

고대 05 06
2문항, 10%

중세 02 11 17
3문항, 15%

근세 07 09
2문항, 10%

근대 태동기 12 14
2문항, 10%

근대 03 04 08
3문항, 15%

일제 강점기 16 18 19
3문항, 15%

현대 10 20
2문항, 10%

시대 통합 13 15
2문항, 10%

빠른 정답

01	02	03	04	05	06	07	08	09	10
①	③	②	②	③	①	③	④	④	④
11	**12**	**13**	**14**	**15**	**16**	**17**	**18**	**19**	**20**
①	④	①	③	②	④	④	③	③	④

점수 체크

구분	1회독	2회독	3회독
맞힌 문항 수	/ 20	/ 20	/ 20
나의 점수	점	점	점

01 난도 ★☆☆ 정답 ①

선사 시대와 국가의 형성 > 선사 시대

자료해설

제시문의 주먹도끼가 발견된 시대는 구석기 시대이다. 구석기 시대에는 주먹도끼, 슴베찌르개, 찍개 등의 뗀석기를 사용하였으며, 연천 전곡리에서 동아시아 최초로 구석기 시대의 전형인 아슐리안형 주먹도끼가 출토되어 동아시아에는 찍개 문화만 존재하였다는 기존의 학설을 뒤집었다.

정답의 이유

① 구석기 시대에는 동굴이나 바위 그늘, 강가의 막집에서 거주하였고 이동생활을 주로 하였다.

오답의 이유

② 신석기 시대에는 정착 생활이 이루어지면서 움집이 발전하였으며, 그 구조로는 상부와 하부로 나누어 볼 수 있는데, 상부 구조에는 집의 벽과 지붕이 있으며, 하부 구조로는 집터(움, 아래로 판 구멍)와 내부 시설(화덕자리, 저장구덩이, 기둥구멍 등) 등이 있었다.

③ 신석기 시대에는 빗살무늬 토기를 이용해 음식을 조리하거나 곡식을 저장하였다.

④ 청동기 시대에는 구릉에 마을을 형성하고 주변에 도랑을 파고 목책을 둘러 방어 시설을 갖추었다.

02 난도 ★★☆ 정답 ③

중세 > 정치사

자료해설

제시문에 있는 '개경 환도를 반대하고 반란', '진도로 근거지를 옮기면서 항쟁' 등을 볼 때 (가)의 군사 조직은 고려 무신 집권기에 조직된 '삼별초'라는 것을 알 수 있다.

정답의 이유

③ 삼별초는 무신 집권기에 최우가 만든 사병 조직이었다. 최우는 강화도 천도 이후 도둑을 단속하기 위해 야별초를 조직하였다. 이후 군사의 수가 많아져 좌별초와 우별초로 나누어 구성하였고, 몽골의 포로로 잡혀 있다 탈출한 자들로 구성된 신의군과 함께 삼별초라 하였다. 고려 무신 정권 해체 이후 강화도에 있던 고려 조정은 몽골과 강화를 맺고 개경으로 환도하였는데, 삼별초는 이에 반발하여 배중손의 지휘에 따라 진도로 이동하여 대몽 항쟁을 전개하였다.

오답의 이유

① 조선 선조 때의 훈련도감은 유성룡의 건의로 설치되었으며 임진왜란 때 왜군의 조총에 대항하기 위하여 조총으로 무장한 부대로서 포수, 사수, 살수의 삼수병으로 편제되었다.
② 별무반은 고려 숙종 때 여진과의 1차 접촉에서 패한 뒤 윤관의 건의로 편성된 군사 조직으로 기병인 신기군, 승병인 항마군, 보병인 신보군으로 편성된 특수부대였다.
④ 고려는 북계와 동계의 양계로 설정한 국경 지역에 병마사를 파견하고 상비적인 전투부대 주진군을 지방군으로 편성하여 외적의 침입에 대비하였다.

03 난도 ★★☆ 정답 ②

근대 > 정치사

자료해설

제시문은 최익현이 쓴, '도끼를 가지고 궐 앞에 엎드려 화친에 반대하는 상소'라는 의미의 '지부복궐척화의소'의 일부이다. 최익현은 일본이 강화도 조약 체결을 요구하자, 일본과 화의를 맺는 것은 서양과 화친을 맺는 것과 다름없다는 왜양일체론에 입각한 논리를 담은 상소를 올리며 반대하였다.

정답의 이유

② 최익현은 일본이 강화도 조약 체결을 요구하자 일본과 서양은 같으므로 개항할 수 없다는 '왜양일체론(倭洋一體論)'을 주장하며 개항을 반대하였다.

오답의 이유

① 박규수는 평양에서 통상을 요구한 미국 상선을 침몰시킨 제너럴 셔먼호 사건 당시 평안도 관찰사였던 인물이지만, 후에는 열강의 침략을 피하기 위해 문호를 개방해야 한다고 주장하였다(통상 개화파).
③ 김홍집은 온건 개화파로 2차 수신사로 일본에 파견되었다가 『조선책략』을 가지고 들어왔으며, 통리기무아문에서 활동하였고, 군국기무처에서 총재를 역임하면서 갑오개혁을 추진하였다.
④ 김윤식은 온건 개화파로, 영선사로 청에 건너가 근대식 무기 제조법과 군사 훈련법을 습득하고 귀국 후 근대식 무기 제조 공장인 기기창을 설치하였다.

더 알아보기

위정척사 운동의 전개

시기	내용
1860년대	• 통상 반대 운동(이항로, 기정진) • 흥선 대원군의 통상 수교 거부 정책 지지(척화주전론)
1870년대	• 개항 반대 운동(최익현) • 일본과 서양은 같으므로 개항할 수 없음(왜양일체론)
1880년대	• 개화 반대 운동(이만손, 홍재학) • 유생들의 집단적 상소 운동, 척사 상소(홍재학), 영남 만인소(이만손)
1890년대	• 항일 의병 운동(유인석, 이소응) • 일본 침략이 심화되자 반침략 · 반외세 운동 전개

04 난도 ★☆☆ 정답 ②

근대 > 문화사

자료해설

제시문의 '서재필이 창간', '한글판 발행', '영문판 발행' 등으로 보아 '독립신문'을 설명하고 있음을 알 수 있다.

정답의 이유

② 서재필이 창간한 독립신문은 우리나라 최초의 민간 신문이다(1896). 한글판과 영문판을 발행하였으며, 국민의 근대적 민권 의식을 고취하고 외국인에게 국내의 사정을 소개하였다.

오답의 이유

① 제국신문은 이종일이 발행한 순 한글 신문이다(1898). 서민층과 부녀자를 대상으로 민중을 계몽하고 자주독립 의식을 고취하며, 교육과 실업의 발달을 강조하였다.
③ 한성순보는 박문국에서 발행한 최초의 근대적 신문이다(1883). 순 한문으로 쓰였으며, 개화 정책의 취지를 설명하고 국내외 정세를 소개하는 관보적 성격을 띠었다.
④ 황성신문은 국한문 혼용체로 발행(1898)된 신문으로, 을사늑약이 체결되자 장지연의 논설 「시일야방성대곡」을 게재하여 조약의 부당성을 비판하였다.

더 알아보기

개항 이후 언론의 발달

한성순보 (1883)	최초의 근대 신문, 순 한문 사용, 10일마다 발간, 국내외 정세 소개
독립신문 (1896)	서재필 창간, 우리나라 최초의 민간 신문, 정부의 지원, 최초의 한글 신문, 한글판과 영문판 두 종류 발행
제국신문 (1898)	이종일 발행, 민중 계몽과 자주독립 의식 고취, 순 한글로 간행, 주로 서민층과 부녀자 대상
황성신문 (1898)	국 · 한문 혼용, 일제의 침략 정책과 매국노 규탄, 을사늑약 체결에 맞서 장지연의 논설 「시일야방성대곡」을 게재하여 조약의 부당성 비판
대한매일신보 (1904)	양기탁 · 베델이 발행, 순 한글, 국한문, 영문판 등 세 종류로 발행, 항일 운동 적극 지원, 국채 보상 운동 주도
만세보 (1906)	국한문 혼용, 천도교 기관지, 민중 계몽, 여성 교육

05 난도 ★★☆ 정답 ③

고대 > 정치사

자료해설

제시문은 삼국 시대의 역사서를 소개하고 있다. 삼국 시대의 역사서로는 고구려 영양왕 때 이문진이 편찬한 『신집』 5권, 백제 근초고왕 때 고흥이 편찬한 『서기』, 신라 진흥왕 때 거칠부가 편찬한 『국사』 등이 있다.

정답의 이유

③ 거칠부가 『국사』를 편찬한 시기는 신라 진흥왕 때이다. 진흥왕은 화랑도를 공인하여 국가적 조직으로 개편하였다. 그 외 업적으로는 불교 정비, 황룡사 건립, 한강 유역 차지(단양 적성비, 북한

산비 건립), 대가야 정복(창녕비 건립), 함경도 지역까지 진출(마운령비, 황초령비 건립) 등이 있다.

오답의 이유

① 고흥이 『서기』를 편찬한 시기는 백제 근초고왕 때이다. 백제의 수도를 사비(부여)로 천도하고 국호를 남부여로 변경한 왕은 성왕이다.

② 백제에서 동진의 마리난타로부터 불교를 받아들이고 공인한 왕은 침류왕이다.

④ 신라에서 병부를 처음으로 설치하여 군권을 장악한 왕은 법흥왕이다.

06 난도 ★★☆ 정답 ①

고대 > 문화사

정답의 이유

① 사택지적비는 백제 의자왕 때 대좌평을 역임했던 사택지적이 남긴 비석이다. 비석에는 사람이 늙어가는 것을 탄식하여, 불교에 귀의하고 사찰을 건립하였다는 내용의 글이 새겨져 있다.

오답의 이유

② 신라 중대에 세워진 것으로 추정되는 임신서기석에는 충도와 유교 도덕에 대한 실천을 맹세하는 내용이 새겨져 있다. 이를 통하여 신라의 청년들이 유교 경전을 공부하였음을 알 수 있다.

③ 충주 고구려비는 고구려 장수왕 때 세워진 것으로, 이를 통하여 당시 고구려가 남한강 유역까지 장악하였음을 알 수 있다.

④ 호우명 그릇은 경주의 호우총에서 발굴되었다. 바닥에 '廣開土地好太王(광개토지호태왕)'이라는 글씨가 새겨져 있어 고구려에서 온 것임을 알 수 있으며, 이를 통하여 5세기 초 당시 고구려와 신라가 밀접한 관계를 맺고 있었음을 파악할 수 있다.

07 난도 ★★★ 정답 ③

근세 > 정치사

자료해설

제시문은 『선조수정실록』에 수록된 임진왜란(1592) 당시 활약한 의병에 대한 내용이다. 임진왜란이 일어나자 각지에서 의병이 일어났는데 전직 관리, 유학자, 승려 등이 익숙한 지형과 그에 맞는 전술을 활용하여 적은 병력임에도 왜군에게 큰 타격을 주었다. 이 중 곽재우는 경상도 의령 지역에서 수천여 명의 의병을 이끌고 항전한 의병장이다.

정답의 이유

③ 임진왜란 때 조명 연합군의 공격으로 후퇴하던 왜군은 행주산성을 공격하였다. 전라 순찰사였던 권율은 서울 수복을 위해 북상하다가 행주산성에서 왜적을 크게 쳐부수어 승리하였다. 이를 행주 대첩(1593.2.)이라 한다.

오답의 이유

① 곽재우는 여러 전투에서 붉은 옷을 입고 활약하여 '홍의장군'이라 불렸다.

② 곽재우는 경상도 의령을 거점으로 봉기하였다.

④ 곽재우를 비롯한 임진왜란 당시 의병들은 지리에 밝은 이점과 향토 조건을 이용한 전술을 활용하여 왜군에 타격을 주었다.

08 난도 ★☆☆ 정답 ④

근대 > 경제사

자료해설

제시문은 1907년 2월 대한매일신보에 발표된 국채 보상 운동 취지서의 내용을 담고 있다. 국채 보상 운동은 일본에서 도입한 차관 1,300만 원을 갚아 경제적 자주권을 지키려 한 운동이다. 김광제, 서상돈의 제안으로 대구에서 시작되었다가 전국으로 확산되었다.

정답의 이유

④ 국채 보상 운동은 1907년 김광제, 서상돈의 제안으로 대구에서 시작되었다. 이후 서울에서 조직된 국채 보상 기성회를 중심으로 전국적으로 확산되었다.

오답의 이유

① 일제 강점기 때 백정들은 사회적 차별을 타파하기 위해 조선 형평사를 조직하고 형평 운동을 전개하였다(1923).

② 물산 장려 운동은 민족 경제의 자립을 목적으로 한 운동으로 토산품 애용 · 근검 · 저축 · 생활 개선 등을 목적으로 평양에서 조만식의 주도로 조선 물산 장려회가 발족되면서(1920) 시작되었다. 이후 서울에서 조선 물산 장려회가 조직되면서(1923) 전국으로 확산되었다.

③ 1930년대 일제는 황국 신민화 정책을 시행하고 내선 일체를 내세워 신사 참배 등을 강요하였다. 이에 개신교 등을 중심으로 신사 참배 거부 운동이 전개되었다.

09 난도 ★★☆ 정답 ④

근세 > 정치사

정답의 이유

④ 조선 시대의 과거 시험은 실무를 맡았던 6조 중 '예조'에서 주관하였다. 과거 시험은 문과 · 무과 · 잡과로 구성되었고 양인 이상인 자만 응시할 수 있었다. 과거는 시험 시기에 따라 3년마다 실시하는 정기 시험인 '식년시'와 부정기 시험인 '별시'로 구분하였다.

오답의 이유

'이조'는 과거 시험이 아니라 현직 문관의 인사를 담당하였다.

더 알아보기

조선 시대 6조의 역할

이조	문관 인사
호조	호구, 조세
예조	외교, 교육, 과거 총괄
병조	무관 인사, 국방, 봉수
형조	법률, 소송, 노비
공조	토목, 건축, 수공업, 파발

10 난도 ★★★ 정답 ④

현대 > 정치사

자료해설

제시문은 좌우 합작 운동(1946~1947)에 따른 '좌우 합작 7원칙'의 내용을 담고 있다. 광복 이후 좌우 대립이 격화되면서 분단의 위기감을 느낀 중도파 세력들은 여운형, 김규식이 중심이 되어 1946년 7월에 좌우 합작 위원회를 수립하였다. 이 위원회는 모든 조직이 하나로 통합되어, 중도적 사상의 통일 정부를 수립하는 것을 목표로 삼고 1946년 10월 좌우 합작 7원칙을 합의하여 제정하였다.

정답의 이유

④ 광복 직후 모스크바 삼국 외상 회의의 결정에 따라 1946년 3월 덕수궁 석조전에서 미·소 공동 위원회가 개최되었다. 따라서 1946년 10월에 이루어진 '좌우 합작 7원칙 발표' 이전에 있었던 일이다.

오답의 이유

① 3·15 부정선거에 대항한 4·19 혁명은 1960년에 일어난 사건이다.

② 제헌 국회는 「반민족 행위 처벌법」을 제정하고 반민족 행위 특별 조사 위원회를 구성하였다(1948).

③ 5·10 총선거를 통해 구성된 제헌 국회는 제헌 헌법을 제정하였으며 이를 바탕으로 대통령에 이승만, 부통령에 이시영을 선출하고 대한민국 정부 수립을 선포하였다(1948).

11 난도 ★★☆ 정답 ①

중세 > 문화사

자료해설

제시문의 '화엄종을 중심으로 교종을 통합', '해동 천태종을 창시' 등을 통하여 밑줄 친 '그'가 의천임을 알 수 있다.

정답의 이유

① 의천은 교종과 선종의 통합 운동을 뒷받침하기 위한 사상적 바탕으로 이론의 연마와 실천을 강조하는 교관겸수를 제시하였다.

오답의 이유

② 독경과 선 수행, 노동에 고루 힘쓰자는 결사 운동을 제창한 인물은 지눌이다.

③ 삼국 시대의 승려 30여 명의 전기를 수록한 『해동고승전』을 편찬한 인물은 각훈이다.

④ 백련사를 결성하고 사회 개혁을 강조하며 자신의 행동에 대한 진정한 참회를 강요하는 법화 신앙을 강조한 인물은 요세이다.

12 난도 ★★☆ 정답 ④

근대 태동기 > 정치사

정답의 이유

④ 임진왜란은 1592년에 일어났고 병자호란은 1636년에 일어났다. 병자호란의 결과로 소현세자와 봉림대군이 청에 포로로 끌려갔다가 1645년 귀국해 소현세자는 죽고 봉림대군은 세자로 책봉되었다. 이후 1649년 봉림대군은 효종으로 즉위하였다.

오답의 이유

① 광해군의 중립 외교 정책과 영창대군 사사 사건, 인목 대비 유폐 문제를 빌미로 서인 세력이 반정을 주도하여 광해군이 폐위되고 인조가 즉위하였다(1623).

② 광해군 때 선조의 아들 중 유일한 정비의 소생인 영창대군을 왕으로 옹립하려 역모를 꾸몄다는 7서의 옥이 발생하여 영창대군이 강화도에 유배되었다. 이후 광해군은 왕위를 위협할 요소를 제거하기 위해 영창대군을 살해하였다(1614).

③ 광해군은 명의 요청으로 강홍립 부대를 파견하였다(1619). 그러나 명과 후금 사이에서 중립 외교 정책을 추진하여 후금과의 사르후 전투에서 무모한 싸움을 계속하지 않고 투항하도록 명령하였다.

13 난도 ★★☆ 정답 ①

시대 통합 > 지역사

정답의 이유

① 1866년 병인양요 때 강화도에 침입한 프랑스군은 퇴각 과정에서 외규장각의 조선 왕조 의궤 등 문화유산을 약탈해 갔다. 동학 농민 운동의 주 격전지는 1차 전라도, 2차 충청도와 전라도였다.

오답의 이유

② 고려궁지는 고려가 몽골의 침입에 대항하여 개경에서 강화도로 천도한 시기(1232~1270) 때 사용하던 궁궐터이다. 몽골이 고려를 침략하자, 정권을 장악하고 있던 최우는 몽골과의 장기 항쟁을 위해 강화도로 천도(1232)하였고, 이로부터 1270년 개경으로 환도할 때까지 약 40여 년간 고려 왕궁이 강화도에 있었다.

③ 강화도 부근리, 삼거리, 오상리 등의 지역에는 청동기 시대 지배층 군장의 무덤인 고인돌 160여 기가 분포되어 있다. 세계에서 고인돌이 가장 밀집되어 있는 동북아시아 중에서도 우리나라는 그 중심에 있으며, 고창·화순·강화 고인돌 유적이 함께 유네스코 세계 유산으로도 등재되어 있다.

④ 강화도 광성보는 신미양요 때 가장 치열한 격전지였다. 제너럴셔먼호 사건을 구실로 미국의 로저스 제독이 함대를 이끌고 강화도를 공격하여 신미양요가 발생하였다(1871). 미군은 강화도 덕진진을 점거하고 광성보로 진격하였고, 조선군은 어재연을 중심으로 맞서 싸웠으나 수많은 사상자를 내며 패배하였다.

14 난도 ★★★ 정답 ③

근대 태동기 > 정치사

정답의 이유

③ 인조(1623~1649)는 서인이 주도한 반정으로 왕위에 올랐다. 인조 대에는 서인의 우세 속에서 서인과 남인이 서로의 학문적 입장을 인정하는 토대 위에서 상호 비판적인 공존 체제를 유지하였다.

오답의 이유

① 선조(1567~1608)의 즉위 이후 사림이 중앙 정계에 대거 진출하여 정국을 주도하였다. 사림 세력 내 이조 전랑직을 두고 대립과 갈등이 심화되었으며, 왕실의 외척이자 기성 사림의 신망을 받던 심의겸 중심의 세력은 서인으로, 당시 신진 사림의 지지를 받던 김효원 중심의 세력은 동인으로 분당하였다.

② 광해군(1608~1623) 시기에는 북인의 집권으로 정계에서 밀려난 서인 세력이 인조반정을 일으켜 광해군이 폐위되었고 인조가 왕위에 올랐다.

④ 숙종(1674~1720)은 상황에 따라 한 당파를 일거에 내몰고 상대 당파에게 정권을 모두 위임하는 편당적인 인사 관리로 환국의 빌미를 제공하였다. 경신환국(1680) 이후 남인이 몰락하고 서인이 집권하였는데, 남인의 처분을 두고 서인이 강경한 입장의 노론과 온건한 입장의 소론으로 나뉘었다.

더 알아보기

붕당 정치의 전개

선조~광해군	• 동인이 정여립 모반 사건을 계기로 남인과 북인으로 분화 • 광해군 때 북인 집권
인조~효종	인조반정 후 서인 집권 → 서인 · 남인 상호 비판적 공존
현종	두 차례 예송 발생 → 서인과 남인 대립 심화
숙종	• 환국 전개 → 3사의 언론 기능 변질, 남인 몰락, 서인이 노론과 소론으로 분화 • 붕당 간 보복과 탄압으로 일당 전제화 경향
영조~정조	• 탕평책으로 붕당 간 세력 균형 및 붕당 타파 • 영조(완론탕평): 붕당을 없애자는 논리에 동의하는 탕평파를 중심으로 정국을 운영, 서원 대폭 정리 • 정조(준론탕평): 시파 · 벽파의 갈등 경험 후 강한 탕평책 추진, 척신과 환관 제거, 권력에서 소외되었던 소론 일부와 남인 계열도 중용

15 난도 ★☆☆ 정답 ②

시대 통합 > 문화사

정답의 이유

② 고려 우왕 때 최무선의 건의로 화약과 화포 제작을 위한 화통도감이 설치되었다(1377).

오답의 이유

① 세종의 명으로 금속 활자인 갑인자가 주조되어 조선의 금속 활자 인쇄술이 한층 더 발전하였다.

③ 세종 때 중국의 수시력과 아라비아의 회회력을 참고로 내편(內篇)과 외편(外篇)으로 이루어진 역법서 『칠정산』을 편찬하였다.

④ 세종은 이천과 장영실에게 간의를 제작하고 실험하도록 지시하였고, 간의 제작에 성공하자 경복궁 경회루 북쪽에 간의대를 세우고 대간의를 설치해 천체 관측 업무를 수행하였다. 간의는 천체를 관측하기 위한 전문 관측기구이다.

16 난도 ★☆☆ 정답 ④

일제 강점기 > 정치사

자료해설

제시문은 신간회의 행동 강령이다. 신간회는 1920년대 중반 정우회 선언(1926)을 계기로 사회주의 세력과 민족주의 세력이 연대하여 결성된 좌우 합작 단체이다(1927).

정답의 이유

④ 1929년 광주 학생 항일 운동이 일어나자 신간회는 광주에 조사단을 파견하고 일제의 학생 운동 탄압에 항의하였다. 그리고 사건의 진상 보고를 위한 민중 대회를 열어 이를 전국적인 항일 운동으로 확산시키려고 하였다. 그러나 이 계획은 사전에 일본 경찰에 발각되어 신간회 간부들이 체포되었고, 민중 대회는 열리지 못하였다.

오답의 이유

① 이상재 등이 중심이 된 조선 교육회의 제안으로 경성에서 조선 민립 대학 기성 준비회가 조직되었다(1922). 이를 바탕으로 출범한 조선 민립 대학 기성회(1923)는 '한민족 1천만 한 사람이 1원씩'이라는 구호를 내걸고 전국적인 모금 운동을 벌였다(민립 대학 설립 운동).

② 대한민국 임시정부는 파리 강화 회의에 김규식을 파견하여 독립 청원서를 제출하는 등 외교 활동을 전개하였다(1919).

③ 순종의 국장일에 사회주의자들과 학생들이 대규모 만세 운동을 준비하였으나, 사회주의자들이 사전에 일제에 발각되면서 학생들을 중심으로 6 · 10 만세 운동을 전개하였다(1926).

더 알아보기

신간회

창립	• 비타협적 민족주의 세력과 사회주의 계열이 연대하여 창립(1927) • 회장 이상재, 부회장 홍명희 선출
활동	• 민족 단결, 정치적 · 경제적 각성 촉구, 기회주의자 배격 • 민중 계몽 활동으로 순회 강연, 야학 등 전개 • 농민 · 노동 · 여성 · 형평 운동 등 지원 • 광주 학생 항일 운동 지원(조사단 파견, 대규모 민중 대회 계획)
해소	민중 대회 사건으로 간부 대거 구속 → 타협적 민족주의와의 협력으로 갈등 발생, 코민테른 노선 변화 → 해소론 대두 → 해소(1931)
의의	• 민족주의 계열과 사회주의 계열의 민족 연합 • 일제 강점기 최대의 합법적인 반일 사회단체
행동강령	• 우리는 정치적, 경제적 각성을 촉진함 • 우리는 단결을 공고히 함 • 우리는 기회주의를 일체 부인함

17 난도 ★★★ 정답 ④

중세 > 문화사

자료해설

제시문은 이규보가 쓴 「동명왕편」의 서문이다. 「동명왕편」은 한국 문학 최초의 서사시로, 고구려를 건국한 동명왕의 업적을 칭송하고 고려가 고구려를 계승하였다는 점을 수록하여 고려인의 자부심을 표현하였다.

정답의 이유

④ 이규보는 「동명왕편」 서문에서 김부식이 『삼국사기』를 편찬할 때 동명왕의 신이한 사적을 생략하였다고 비판하였다.

오답의 이유

① '강목체'는 사실에 대한 '강', 자세한 사실 경위에 대한 '목'의 순서로 사건을 서술하는 형식으로 평가를 강조한다는 특징이 있다. 고려 충숙왕 때 민지가 우리나라 최초의 강목체 역사서 『본조편년강목』을 편찬하였다(1317).

② 충렬왕 때 이승휴가 쓴 『제왕운기』는 단군부터 충렬왕까지의 역사를 서사시로 서술하였다(1287). 중국과 우리나라의 역사를 병렬적으로 서술하여 우리 역사만의 독자성을 강조하였고, 단군의 고조선 건국 이야기를 수록하여 고조선을 한국사에 포함시켰다.

③ 『삼국유사』는 고려 충렬왕 때 승려 일연이 저술한(1281) 역사서이다. 불교사를 중심으로 왕력과 함께 기이(紀異)편을 두어 전래 기록을 광범위하게 수록하였으며, 특히 단군을 우리 민족의 시초로 여겨 단군왕검의 건국 설화를 수록하였다.

18 난도 ★★☆ 정답 ③

일제 강점기 > 정치사

정답의 이유

③ 임병찬은 고종의 밀지를 받고 국내 잔여 의병 세력과 유생을 규합하여 독립 의군부를 조직하고(1912), 대한제국의 회복을 목표로 조직적인 항일 투쟁을 전개하였다. 독립 의군부는 조선 왕조를 부활시킨다는 복벽주의를 추구하며 일본 총리와 조선 총독에게 국권 반환 요구서를 제출하고 국권 회복을 위해 끝까지 저항할 것임을 알렸다.

오답의 이유

① 조선 독립 동맹은 화북 조선 청년 연합회를 확대 · 개편하여 김두봉이 결성하였고, 그 산하에 조선 의용대 화북 지대를 개편한 조선 의용군(1942)을 누었나.

② 만주 지역의 독립군 부대들은 대한민국 임시정부 소속의 군정부로서 중국 지안을 중심으로 압록강 접경을 관할한 참의부(1924), 하얼빈 이남의 남만주를 관할한 정의부(1924), 북만주를 관할한 신민부(1925) 등 3부가 성립되었다.

④ 양세봉이 이끄는 조선 혁명군은 남만주 일대에서 중국 의용군과 연합 작전을 전개하여 영릉가 전투에서 일본군을 격파하였다(1932).

19 난도 ★★★ 정답 ③

일제 강점기 > 문화사

자료해설

제시문은 백남운이 쓴 『조선사회경제사』의 일부이다. 제시문에서 우리 조선의 역사적 발전이 '세계사적인 일원론적 역사 법칙에 의해 다른 민족과 거의 같은 궤도로 발전 과정을 거쳐왔다.'는 내용을 통해 사적 유물론을 바탕으로 한 백남운의 주장임을 알 수 있다.

정답의 이유

③ 백남운은 일제의 식민 사관을 비판하면서 마르크스의 유물 사관에 나오는 사적 유물론의 원리를 적용하여 주체적으로 역사를 해석하였다. 이를 통해 한국사를 세계사적 보편성 위에 체계화하는 과정에서 식민 사학의 정체성론을 비판하였다.

오답의 이유

① 민족정신으로서 '조선 혼(魂)'을 강조하며 『한국통사』, 『한국독립운동지혈사』 등을 저술한 인물은 '박은식'이다.

② 민족주의 사학을 계승하여 조선의 '얼'을 강조하며 『조선사연구』 등을 저술한 인물은 '정인보'이다.

④ 이병도, 손진태, 이윤재 등은 문헌 고증의 방법을 통해 한국사를 실증적으로 연구하는 진단 학회를 조직하고(1934), 『진단학보』를 발행하였다.

20 난도 ★★☆ 정답 ④

현대 > 정치사

정답의 이유

④ 애치슨 선언은 미국 국무장관 애치슨이 한국을 미국의 태평양 방위선에서 제외한다는 내용을 포함하여 발표한 연설로, 6 · 25 전쟁 발발의 원인을 제공하였다(1950.1.).

오답의 이유

① 국군과 유엔군은 인천 상륙 작전(1950.9.)의 성공으로 서울을 수복하고 압록강까지 진격하였다.

② 6 · 25 전쟁 중 자유당은 이승만 대통령의 재선을 위해 부산 지역에 비상계엄을 선포하고 대통령 간선제를 직선제로, 국회 단원제를 양원제(내각 책임제)로 고치는 개헌안을 국회에 제출하여 토론 없이 기립 표결로 통과시키는 제1차 개헌(발췌 개헌)을 단행하였다(1952.7.).

③ 휴전 협정이 진행 중이던 시기에 이승만은 모든 포로를 중립국에 넘긴 다음 남한과 북한 가운데 하나를 선택하게 한다는 협정에 반발하여 전국 8개 포로수용소(부산 거제리, 부산 가야리, 광주, 논산, 마산, 영천, 부평, 대구)의 반공 포로를 석방하였다(1953.6.).

무언가를 시작하는 방법은 말하는 것을 멈추고 행동을 하는 것이다.

– 월트 디즈니 –

PART 4

행정법총론

- 2025년 국가직 9급
- 2025년 지방직 9급
- 2024년 국가직 9급
- 2024년 지방직 9급
- 2023년 국가직 9급
- 2023년 지방직 9급

행정법총론 | 2025년 국가직 9급

한눈에 훑어보기

영역 분석

행정법통론 01 02 11
3문항, 15%

행정작용법 03 04 05 06 07 08 20
7문항, 35%

행정과정의 규율 09 10 18
3문항, 15%

실효성 확보수단 13
1문항, 5%

손해전보 16 17
2문항, 10%

행정쟁송 12 14 15
3문항, 15%

단원종합 19
1문항, 5%

빠른 정답

01	02	03	04	05	06	07	08	09	10
③	④	①	②	④	①	①	②	③	①
11	12	13	14	15	16	17	18	19	20
③	④	②	①	④	④	④	②	③	③

점수 체크

구분	1회독	2회독	3회독
맞힌 문항 수	/ 20	/ 20	/ 20
나의 점수	점	점	점

01 난도 ★★☆ 정답 ③

행정법통론 > 행정 · 행정법

정답의 이유

③ 조례안이 지방의회의 감사 또는 조사를 위하여 출석요구를 받은 증인이 5급 이상 공무원인지 여부, 기관(법인)의 대표나 임원인지 여부 등 증인의 사회적 신분에 따라 미리부터 과태료의 액수에 차등을 두고 있는 경우, 그와 같은 차별은 증인의 불출석이나 증언거부에 대하여 과태료를 부과하는 목적에 비추어 볼 때 그 합리성을 인정할 수 없고 지위의 높고 낮음만을 기준으로 한 부당한 차별대우라고 할 것이어서 헌법에 규정된 평등의 원칙에 위배되어 무효이다(대판 1997.2.25, 96추213).

오답의 이유

① 폐기물처리업에 대하여 사전에 관할 관청으로부터 적정통보를 받고 막대한 비용을 들여 허가요건을 갖춘 다음 허가신청을 하였음에도 다수 청소업자의 난립으로 안정적이고 효율적인 청소업무의 수행에 지장이 있다는 이유로 한 불허가처분이 신뢰보호의 원칙 및 비례의 원칙에 반하는 것으로서 재량권을 남용한 위법한 처분이다(대판 1998.5.8, 98두4061).

② 수익적 행정행위에 있어서는 법령에 특별한 근거규정이 없다고 하더라도 그 부관으로서 부담을 붙일 수 있으나, 그러한 부담은 비례의 원칙, 부당결부금지의 원칙에 위반되지 않아야만 적법하다. 지방자치단체장이 사업자에게 주택사업계획승인을 하면서 그 주택사업과는 아무런 관련이 없는 토지를 기부채납하도록 하는 부관을 주택사업계획승인에 붙인 경우, 그 부관은 부당결부금지의 원칙에 위반되어 위법하다(대판 1997.3.11, 96다49650).

④ 부가가치세법상의 사업자등록은 과세관청이 부가가치세의 납세의무자를 파악하고 그 과세자료를 확보하는 데 입법 취지가 있고, 이는 단순한 사업사실의 신고로서 사업자가 소관 세무서장에게 소정의 사업자등록신청서를 제출함으로써 성립하며, 사업자등록증의 교부는 이와 같은 등록사실을 증명하는 증서의 교부행위에 불과한 것으로 과세관청이 납세의무자에게 부가가치세 면세사업자용 사업자등록증을 교부하였다고 하더라도 그가 영위하는 사업에 관하여 부가가치세를 과세하지 아니함을 시사하는 언동이나 공적인 견해를 표명한 것으로 볼 수 없으며, 구 부가가치세법 시행령(2005.3.18. 대통령령 제18740호로 개정되기 전의 것) 제8조 제2항에 정한 고유번호의 부여도 과세자료를 효율적으로 처리하기 위한 것에 불과한 것이므로 과세관청이 납세의무자에게 고유번호를 부여한 경우에도 마찬가지이다(대판 2008.6.12, 2007두23255).

02 난도 ★★☆ 정답 ④

행정법통론 > 행정상 법률관계의 원인

정답의 이유

④ 납골당 설치신고는 이른바 '수리를 요하는 신고'라 할 것이므로, 납골당 설치신고가 구 장사법 관련 규정의 모든 요건에 맞는 신고라 하더라도 신고인은 곧바로 납골당을 설치할 수는 없고, 이에 대한 행정청의 수리처분이 있어야만 신고한 대로 납골당을 설치할 수 있다. 한편 수리란 신고를 유효한 것으로 판단하고 법령에 의하여 처리할 의사로 이를 수령하는 수동적 행위이므로 수리행위에 신고필증 교부 등 행위가 꼭 필요한 것은 아니다(대판 2011.9.8, 2009두6766).

더 알아보기

사인의 공법행위로서의 신고

구분	수리를 요하지 않는 신고 (자기완결적 신고)	수리를 요하는 신고 (행위요건적 신고)
효력시기	신고 시 법적 효과 발생	수리 시 법적 효과 발생
수리거부	수리를 거부하더라도 처분성 부정	수리를 거부할 경우 처분성 인정
신고필증	확인적 의미	법적 의미
명문규정	행정절차법에 규정 있음	행정절차법에 규정 없음
판례	• 경미한 건축신고(대문, 담장, 주차장 설치 등) • 수산제조업 신고 • 의원, 치과의원, 한의원 개설신고 • 종교단체가 설치한 납골탑 주변시설 설치신고 • 체육시설법상 골프장 이용료 변경신고 • 체육시설법상 당구장업 영업신고(주택 근처) • 공동주택 옥외운동시설 변경신고(테니스장을 배드민턴장으로 변경) • 조산소 개설신고 • 식품위생법상 공중숙박업 개설신고 • 식품위생법상 목욕장업 개설신고	• 건축주 명의변경신고 • 원근해 어업 시 어선, 어구 등 신고 • 식품위생법상 영업양도에 따른 지위승계신고 • 액화석유가스충전사업 지위승계신고 • 관광사업의 양도, 양수에 의한 지위승계신고 • 개발제한구역 내 골프연습장 설치신고(환경 보호) • 학교보건법상 학교환경위생정화구역 내 당구장업 영업신고(학생 보호) • 일반적인 납골당 설치신고 • 사회단체등록신고, 노동조합 설립신고 • 체육시설법상 볼링장업 영업신고 • 식품위생법상 영업양도에 따른 지위승계신고 • 주민등록법상 전입신고 • 채석허가 수허가자 명의변경신고

오답의 이유

① 체육시설의 설치 · 이용에 관한 법률 제10조, 제11조, 제22조, 같은 법 시행규칙 제8조 및 제25조의 각 규정에 의하면, 당구장업과 같은 신고 체육시설업을 하고자 하는 자는 적법한 요건을 갖춘 신고의 경우에는 행정청의 수리처분 등 별단의 조처를 기다릴 필요 없이 그 접수 시에 신고로서의 효력이 발생하는 것이므로 그 수리가 거부되었다고 하여 무신고 영업이 되는 것은 아니다(대판 1998.4.24, 97도3121).

② 구 건축법 시행규칙 제11조의 규정은 단순히 행정관청의 사무집행의 편의를 위한 것이 아니라, 허가대상 건축물의 양수인에게 건축주의 명의변경을 신고할 수 있는 공법상의 권리를 인정함과 아울러 행정관청에게는 그 신고를 수리할 의무를 지게 한 것으로 봄이 타당하므로, 허가대상 건축물의 양수인이 구 건축법 시행규칙에 규정되어 있는 형식적 요건을 갖추어 시장 · 군수 등 행정관청에 적법하게 건축주의 명의변경을 신고한 때에는 행정관청은 그 신고를 수리하여야지 실체적인 이유를 내세워 신고의 수리를 거부할 수는 없다(대판, 2014.10.15, 2014두37658)

③ 인 · 허가의제 효과를 수반하는 건축신고는 일반적인 건축신고와는 달리, 특별한 사정이 없는 한 행정청이 그 실체적 요건에 관한 심사를 한 후 수리하여야 하는 이른바 '수리를 요하는 신고'로 보는 것이 옳다(대판 2011.1.20, 2010두14954 전합).

03 난도 ★☆☆ 정답 ①

행정작용법 > 행정행위

정답의 이유

① 도로점용허가를 한 도로관리청은 위와 같은 흠이 있다는 이유로 유효하게 성립한 도로점용허가 중 특별사용의 필요가 없는 부분을 직권취소할 수 있음이 원칙이다. 다만 이 경우 행정청이 소급적 직권취소를 하려면 이를 취소하여야 할 공익상 필요와 그 취소로 당사자가 입을 기득권 및 신뢰보호와 법률생활 안정의 침해 등 불이익을 비교 교량한 후 공익상 필요가 당사자의 기득권 침해 등 불이익을 정당화할 수 있을 만큼 강한 경우여야 한다. 이에 따라 도로관리청이 도로점용허가 중 특별사용의 필요가 없는 부분을 소급적으로 직권취소하였다면, 도로관리청은 이미 징수한 점용료 중 취소된 부분의 점용면적에 해당하는 점용료를 반환하여야 한다(대판 2019.1.17, 2016두56721, 2016두56738 병합).

오답의 이유

② 과세관청이 부과처분을 취소하면 그 부과처분으로 인한 법률효과는 일단 소멸하는 것이므로, 그 후 다시 동일한 과세대상에 대하여 부과처분을 하여도 이미 소멸한 법률효과가 다시 회복되는 것은 아니고 새로운 부과처분에 근거한 법률효과가 생길 뿐이며, 그 새로운 부과처분의 내용이 실질에 있어서는 당초의 부과처분의 감액경정처분에 불과한 것이었다 하여 달리 해석할 것이 아니다(대판 1996.9.24, 96다204).

③ 수익적 행정처분에 대한 취소권 등의 행사는 기득권의 침해를 정당화할 만한 중대한 공익상의 필요 또는 제3자의 이익보호의 필요가 있는 때에 한하여 허용될 수 있다는 법리는, 처분청이 수

익적 행정처분을 직권으로 취소·철회하는 경우에 적용되는 법리일 뿐 쟁송취소의 경우에는 적용되지 않는다(대판 2019.10.17. 2018두104).

④ 행정처분이 취소되면 그 소급효에 의하여 처음부터 그 처분이 없었던 것과 같은 효과를 발생하게 되는바, 행정청이 의료법인의 이사에 대한 이사취임승인취소처분(제1처분)을 직권으로 취소(제2처분)한 경우에는 그로 인하여 이사가 소급하여 이사로서의 지위를 회복하게 되고, 그 결과 위 제1처분과 제2처분 사이에 법원에 의하여 선임결정된 임시이사들의 지위는 법원의 해임결정이 없더라도 당연히 소멸된다(대판 1997.1.21. 96누3401).

04 난도 ★★☆ 정답 ②

행정작용법 > 기타 행정작용

정답의 이유

㉠ 구 도시 및 주거환경정비법(2007.12.21. 법률 제8785호로 개정되기 전의 것)에 따른 주택재건축정비사업조합은 관할 행정청의 감독 아래 위 법상 주택재건축사업을 시행하는 공법인으로서, 그 목적 범위 내에서 법령이 정하는 바에 따라 일정한 행정작용을 행하는 행정주체의 지위를 가진다 할 것인데, 재건축정비사업조합이 이러한 행정주체의 지위에서 위 법에 기초하여 수립한 사업시행계획은 인가·고시를 통해 확정되면 이해관계인에 대한 구속적 행정계획으로서 독립된 행정처분에 해당한다(대판 2009.11.2. 2009마596).

㉢ 비구속적 행정계획안이나 행정지침이라도 국민의 기본권에 직접적으로 영향을 끼치고, 앞으로 법령의 뒷받침에 의하여 그대로 실시될 것이 틀림없을 것으로 예상될 수 있을 때에는, 공권력행위로서 예외적으로 헌법소원의 대상이 된다(헌재 2000.6.1. 99헌마538 등).

오답의 이유

㉡ 토지구획정리사업법 제57조, 제62조 등의 규정상 환지예정지 지정이나 환지처분은 그에 의하여 직접 토지소유자 등의 권리의무가 변동되므로 이를 항고소송의 대상이 되는 처분이라고 볼 수 있으나, 환지계획은 위와 같은 환지예정지 지정이나 환지처분의 근거가 될 뿐 그 자체가 직접 토지소유자 등의 법률상의 지위를 변동시키거나 또는 환지예정지 지정이나 환지처분과는 다른 고유한 법률효과를 수반하는 것이 아니어서 이를 항고소송의 대상이 되는 처분에 해당한다고 할 수가 없다(대판 1999.8.20. 97누6889).

05 난도 ★★☆ 정답 ④

행정작용법 > 행정행위

정답의 이유

④ 사도개설허가는 사도를 개설할 수 있는 권한의 부여 자체에 주안점이 있는 것이지 공사기간의 제한에 주안점이 있는 것이 아닌 점등에 비추어 보면 이 사건 제1 처분에 명시된 공사기간은 변경된 허가권자인 보조참가인에 대하여 공사기간을 준수하여 공사를 마치도록 하는 의무를 부과하는 일종의 부담에 불과한 것이지, 사도개설허가 자체의 존속기간(즉, 유효기간)을 정한 것이라 볼 수 없고, 따라서 보조참가인이 이 사건 제1 처분의 사도개설허가에서 정해진 공사기간 내에 사도로 준공검사를 받지 못하였다 하더라도, 이를 이유로 행정관청이 새로운 행정처분을 하는 것은 별론으로 하고, 사도개설허가가 당연히 실효되는 것은 아니다(대판 2004.11.25. 2004두7023).

오답의 이유

① 어업면허처분을 함에 있어 그 면허의 유효기간을 1년으로 정한 경우, 위 면허의 유효기간은 행정청이 위 어업면허처분의 효력을 제한하기 위한 행정행위의 부관이라 할 것이고 이러한 행정행위의 부관은 독립하여 행정소송의 대상이 될 수 없는 것이므로 위 어업면허처분 중 그 면허유효기간만의 취소를 구하는 청구는 허용될 수 없다(대판 1986.8.19. 86누202).

② 도로점용허가의 점용기간은 행정행위의 본질적인 요소에 해당한다고 볼 것이어서 부관인 점용기간을 정함에 있어서 위법사유가 있다면 이로써 도로점용허가 처분 전부가 위법하게 된다고 할 것이다(대판 1985.7.9. 84누604).

③ 공무원이 인·허가 등 수익적 행정처분을 하면서 상대방에게 그 처분과 관련하여 이른바 부관으로서 부담을 붙일 수 있다 하더라도, 그러한 부담은 법치주의와 사유재산 존중, 조세법률주의 등 헌법의 기본원리에 비추어 비례의 원칙이나 부당결부의 원칙에 위반되지 않아야만 적법한 것인바, 행정처분과 부관 사이에 실제적 관련성이 있다고 볼 수 없는 경우 공무원이 위와 같은 공법상의 제한을 회피할 목적으로 행정처분의 상대방과 사이에 사법상 계약을 체결하는 형식을 취하였다면 이는 법치행정의 원리에 반하는 것으로서 위법하다(대판 2009.12.10. 2007다63966).

06 난도 ★★☆ 정답 ①

행정작용법 > 행정행위

정답의 이유

① 사실상 영업이 양도·양수되었지만 아직 승계신고 및 그 수리처분이 있기 이전에는 여전히 종전의 영업자인 양도인이 영업허가자이고, 양수인은 영업허가자가 되지 못한다 할 것이어서 행정제재처분의 사유가 있는지 여부 및 그 사유가 있다고 하여 행하는 행정제재처분은 영업허가자인 양도인을 기준으로 판단하여 그 양도인에 대하여 행하여야 할 것이고, 한편 양도인이 그의 의사에 따라 양수인에게 영업을 양도하면서 양수인으로 하여금 영업을 하도록 허락하였다면 그 양수인의 영업 중 발생한 위반행위에 대한 행정적인 책임은 영업허가자인 양도인에게 귀속된다고 보아야 할 것이다(대판 1995.2.24. 94누9146).

오답의 이유

② 산림청장이나 그로부터 권한을 위임받은 행정청이 산림법 등이 정하는 바에 따라 국유임야를 대부하거나 매각하는 행위는 사경제적 주체로서 상대방과 대등한 입장에서 하는 사법상 계약이지 행정청이 공권력의 주체로서 상대방의 의사 여하에 불구하고 일방적으로 행하는 행정처분이라고 볼 수 없으며 이 대부계약에 의한 대부료부과 조치 역시 사법상 채무이행을 구하는 것으로

보아야지 이를 행정처분이라고 할 수 없다(대판 1993.12.7, 91누11612).

③ 그 기본행위가 적법 · 유효하고 보충행위인 인가처분 자체에만 하자가 있다면 그 인가처분의 무효나 취소를 주장할 수 있다고 할 것이지만, 인가처분에 하자가 없다면 기본행위에 하자가 있다 하더라도 따로 그 기본행위의 하자를 다투는 것은 별론으로 하고 기본행위의 무효를 내세워 바로 그에 대한 행정청의 인가처분의 취소 또는 무효확인을 소구할 법률상의 이익이 있다고 할 수 없다(대판 2001.12.11, 2001두7541).

④ 행정절차법 제24조 제1항은 행정청이 처분을 할 때에는 다른 법령 등에 특별한 규정이 있는 경우, 신속히 처리할 필요가 있거나 사안이 경미한 경우를 제외하고는 원칙적으로 문서로 하여야 한다고 정하고 있다. 이는 처분 내용의 명확성을 확보하고 처분의 존부에 관한 다툼을 방지하여 처분상대방의 권익을 보호하기 위한 것이므로, 행정청이 문서로 처분을 한 경우 원칙적으로 처분서의 문언에 따라 어떤 처분을 하였는지 확정하여야 한다. 그러나 처분서의 문언만으로는 행정청이 어떤 처분을 하였는지 불분명한 경우에는 처분 경위와 목적, 처분 이후 상대방의 태도 등 여러 사정을 고려하여 처분서의 문언과 달리 처분의 내용을 해석할 수 있다. 특히 행정청이 행정처분을 하면서 논리적으로 당연히 수반되어야 하는 의사표시를 명시적으로 하지 않았다고 하더라도, 그것이 행정청의 추단적 의사에도 부합하고 상대방도 이를 알 수 있는 경우에는 행정처분에 위와 같은 의사표시가 묵시적으로 포함되어 있다고 볼 수 있다(대판 2021.2.4, 2017다207932).

③ 과학기술기본법령상 사업 협약의 해지 통보는 단순히 대등 당사자의 지위에서 형성된 공법상계약을 계약당사자의 지위에서 종료시키는 의사표시에 불과한 것이 아니라 행정청이 우월적 지위에서 연구개발비의 회수 및 관련자에 대한 국가연구개발사업 참여제한 등의 법률상 효과를 발생시키는 행정처분에 해당하므로(대판 2011.6.30, 2010두23859 참조), 이로 인하여 자신의 법률상 지위에 영향을 받는 연구자 등은 적어도 그 이해관계를 대변하는 연구팀장을 통해서 협약 해지 통보의 효력을 다툴 개별적 · 직접적 · 구체적 이해관계가 있다고 보이는 점 등 제반 사정을 앞서 본 법리에 비추어 살펴보면, 이 사건 사업의 연구팀장인 원고는 이 사건 사업에 관한 협약의 해지 통보의 효력을 다툴 법률상 이익이 있다(대판 2014.12.11, 2012두28704).

④ 국립의료원 부설주차장에 관한 이 사건 위탁관리용역운영계약에 대하여 관리청이 순전히 사경제 주체로서 행한 사법상 계약임을 전제로, 가산금에 관한 별도의 약정이 없는 이상 원고에게 가산금을 지급할 의무가 없다고 주장하여 그 부존재의 확인을 구한다는 것이다. 그러나 기록에 의하면, 위 운영계약의 실질은 행정재산인 위 부설주차장에 대한 국유재산법 제24조 제1항에 의한 사용 · 수익 허가로서 이루어진 것임을 알 수 있으므로, 이는 위 국립의료원이 원고의 신청에 의하여 공권력을 가진 우월적 지위에서 행한 행정처분으로서 특정인에게 행정재산을 사용할 수 있는 권리를 설정하여 주는 강학상 특허에 해당한다 할 것이고 순전히 사경제주체로서 원고와 대등한 위치에서 행한 사법상의 계약으로 보기 어렵다고 할 것이다(대판 2006.3.9, 2004다31074).

07 난도 ★★☆ 정답 ①

행정작용법 > 기타 행정작용

정답의 이유

① 국책사업인 '한국형 헬기 개발사업'(Korean Helicopter Program)에 개발주관사업자 중 하나로 참여하여 국가 산하 중앙행정기관인 방위사업청과 '한국형 헬기 민군겸용 핵심구성품 개발협약'을 체결한 甲 주식회사가 협약을 이행하는 과정에서 환율변동 및 물가상승 등 외부적 요인 때문에 협약금액을 초과하는 비용이 발생하였다고 주장하면서 국가를 상대로 초과비용의 지급을 구하는 민사소송을 제기한 사안에서, 위 협약의 법률관계는 공법관계에 해당하므로 이에 관한 분쟁은 행정소송으로 제기하여야 한다(대판 2017.11.9, 2015다215526).

오답의 이유

② 예산회계법에 따라 체결되는 계약은 사법상의 계약이라고 할 것이고 동법 제70조의5의 입찰보증금은 낙찰자의 계약체결의무이행의 확보를 목적으로 하여 그 불이행 시에 이를 국고에 귀속시켜 국가의 손해를 전보하는 사법상의 손해배상 예정으로서의 성질을 갖는 것이라고 할 것이므로 입찰보증금의 국고귀속조치는 국가가 사법상의 재산권의 주체로서 행위하는 것이지 공권력을 행사하는 것이거나 공권력 작용과 일체성을 가진 것이 아니라 할 것이므로 이에 관한 분쟁은 행정소송이 아닌 민사소송의 대상이 될 수 밖에 없다고 할 것이다(대판 1983.12.27, 81누366).

08 난도 ★☆☆ 정답 ②

행정작용법 > 행정행위

정답의 이유

② 구 수도권 대기환경개선에 관한 특별법 허가 또는 변경허가는 특정인에게 인구가 밀집되고 대기오염이 심각하다고 인정되는 수도권 대기관리권역에서 총량관리대상 오염물질을 일정량을 초과하여 배출할 수 있는 특정한 권리를 설정하여 주는 행위로서 그 처분의 여부 및 내용의 결정은 행정청의 재량에 속한다(대판 2013.5.9, 2012두22799).

오답의 이유

① 구 자동차운수사업법 등의 관련 규정에 의하면 마을버스운송사업면허의 허용 여부는 사업구역의 교통수요, 노선결정, 운송업체의 수송능력, 공급능력 등에 관하여 기술적 · 전문적인 판단을 요하는 분야로서 이에 관한 행정처분은 운수행정을 통한 공익실현과 아울러 합목적성을 추구하기 위하여 보다 구체적 타당성에 적합한 기준에 의하여야 할 것이므로 그 범위 내에서는 법령이 특별히 규정한 바가 없으면 행정청의 재량에 속하는 것이라고 보아야 할 것이고, 또한 마을버스 한정면허 시 확정되는 마을버스 노선을 정함에 있어서도 기존 일반노선버스의 노선과의 중복 허용 정도에 대한 판단도 행정청의 재량에 속한다(대판 2001.1.19, 99두3812).

③ 국유재산의 무단점유 등에 대한 변상금징수의 요건은 국유재산법 제51조 제1항에 명백히 규정되어 있으므로 변상금을 징수할 것인가는 처분청의 재량을 허용하지 않는 기속행위이다(대판 1998.9.22, 98두7602).
④ 국토의 계획 및 이용에 관한 법률(이하 '국토계획법'이라 한다)에 의한 토지의 형질변경허가는 그 허가기준 및 금지요건이 불확정개념으로 규정된 부분이 많아 그 요건에 해당하는지 여부를 판단함에 있어서는 행정청에 재량권이 부여되어 있다 할 것이다(대판 2012.12.13, 2011두29205).

더 알아보기

증명책임

구분	기속행위	재량행위
위반 효과	위법	부당 또는 위법 (부당: 단순히 재량을 그르친 행위)
행정심판	가능	가능
행정소송	원칙적 심사	제한적 심사 (재량권의 한계를 일탈 · 남용한 경우에 한하여 심사 가능)
부관의 가부	불가능	가능
개인적 공권	행정개입청구권	무하자재량행사청구권

※ 불가변력: 기속행위와 재량행위 구별 실익에 해당하지 않음(통설)
→ 불가변력은 상급청의 판단을 전제로 할 뿐이지, 그 판단이 기속행위인지 재량행위인지는 불문함

09 난도 ★★☆ 정답 ③

행정과정의 규율 > 행정절차

정답의 이유

③ 행정절차법의 규정과 행정의 공정성 · 투명성 및 신뢰성 확보라는 행정절차법의 입법 취지 등을 고려해 보면, 행정기관의 처분에 의하여 불이익을 입게 되는 국가를 일반 국민과 달리 취급할 이유가 없다. 따라서 국가에 대해 행정처분을 할 때에도 사전 통지, 의견청취, 이유 제시와 관련한 행정절차법이 그대로 적용된다고 보아야 한다(대판 2023.9.21, 2023두39724).

오답의 이유

① 행정청은 공청회를 마친 후 처분을 할 때까지 새로운 사정이 발견되어 공청회를 다시 개최할 필요가 있다고 인정할 때에는 공청회를 다시 개최할 수 있다(행정절차법 제39조의3).
② 구 국적법(2017.12.19. 법률 제15249호로 개정되기 전의 것, 이하 같다) 제5조 각호와 같이 귀화는 요건이 항목별로 구분되어 구체적으로 규정되어 있다. 그리고 성질상 행정절차를 거치기 곤란하거나 거칠 필요가 없다고 인정되어 처분의 이유제시 등을 규정한 행정절차법이 적용되지 않는다(제3조 제2항 제9호). 귀화의 이러한 특수성을 고려하면, 귀화의 요건인 구 국적법 제5조 각호 사유 중 일부를 갖추지 못하였다는 이유로 행정청이 귀화 신청을 받아들이지 않는 처분을 한 경우에 '그 각호 사유 중 일부를 갖추지 못하였다는 판단' 자체가 처분의 사유가 된다(대판 2018.12.13, 2016두31616).
④ 다수의 당사자 등이 공동으로 행정절차에 관한 행위를 할 때에는 대표자를 선정할 수 있고, 대표자가 있는 경우에는 당사자등은 그 대표자를 통하여서만 행정절차에 관한 행위를 할 수 있다(행정절차법 제11조 제1항 · 제5항 참조).

10 난도 ★★★ 정답 ①

행정과정의 규율 > 정보공개와 개인정보 보호

정답의 이유

㉠ 국가기관 등은 이의신청이 있는 경우에는 심의회를 개최하여야 하지만, 법령에 따라 비밀로 규정된 정보에 대한 청구 경우에는 심의회를 개최하지 아니할 수 있으며 개최하지 아니하는 사유를 청구인에게 문서로 통지하여야 한다(공공기관의 정보공개에 관한 법률 제18조 제2항 제3호 참조).

오답의 이유

㉡ 공공기관이 보유 · 관리하고 있는 정보가 제3자와 관련이 있는 경우 그 정보공개여부를 결정함에 있어 공공기관이 제3자와의 관계에서 거쳐야 할 절차를 규정한 것에 불과할 뿐, 제3자의 비공개요청이 있다는 사유만으로 정보공개법상 정보의 비공개사유에 해당한다고 볼 수 없다(대판 2008.9.25, 2008두8680).
㉢ 재소자가 교도관의 가혹행위를 이유로 형사고소 및 민사소송을 제기하면서 그 증명자료 확보를 위해 '근무보고서'와 '징벌위원회 회의록' 등의 정보공개를 요청하였으나 교도소장이 이를 거부한 사안에서, 근무보고서는 비공개대상정보에 해당한다고 볼 수 없고, 징벌위원회 회의록 중 비공개 심사 · 의결 부분은 비공개사유에 해당하지만 징벌절차 진행 부분은 비공개사유에 해당하지 않는다고 보아 분리 공개가 허용된다(대판 2009.12.10, 2009두12785).

11 난도 ★★☆ 정답 ③

행정법통론 > 행정상 법률관계

정답의 이유

③ 여러 처분사유에 관하여 하나의 제재처분을 하였을 때 그중 일부가 인정되지 않는다고 하더라도 나머지 처분사유들만으로도 처분의 정당성이 인정되는 경우에는 그 처분을 위법하다고 보아 취소하여서는 아니 된다(대판 2020.5.14, 2019두63515).

오답의 이유

① 자동차운수사업 면허조건 등에 위반한 사업자에 대하여 행정청이 행정제재수단으로서 사업정지를 명할 것인지, 과징금을 부과할 것인지, 과징금을 부과키로 하였다면 그 금액은 얼마로 할 것인지 등에 관하여 재량권이 부여되어 있다 할 것이고, 과징금 최고한도액 5,000,000원의 부과처분만으로는 적절치 않다고 여길 경우 사업정지쪽을 택할 수도 있다 할 것이므로 과징금 부과처분이 법이 정한 한도액을 초과하여 위법할 경우 법원으로서는 그 전부를 취소할 수밖에 없고, 그 한도액을 초과한 부분이나 법원이 적정하다고 인정되는 부분을 초과한 부분만을 취소할 수는 없다(대판 1993.7.27, 93누1077).

② 행정청은 법령 등의 위반행위가 종료된 날부터 5년이 지나면 해당 위반행위에 대하여 제재처분(인허가의 정지 · 취소 · 철회, 등록 말소, 영업소 폐쇄와 정지를 갈음하는 과징금 부과를 말한다. 이하 이 조에서 같다)을 할 수 없다(행정기본법 제23조 제1항).

④ 효력기간이 정해져 있는 제재적 행정처분의 효력이 발생한 이후에도 행정청은 특별한 사정이 없는 한 상대방에 대한 별도의 처분으로써 효력기간의 시기와 종기를 다시 정할 수 있다. 이는 당초의 제재적 행정처분이 유효함을 전제로 그 구체적인 집행시기만을 변경하는 후속 변경처분이다(대판 2022.2.11. 2021두40720).

12 난도 ★★★ 정답 ④

행정쟁송 > 행정소송

정답의 이유

④ 구 국유재산법 제51조 제1항, 제4항, 제5항(2009.1.30. 법률 제9401호로 전부 개정되기 전의 것. 현행 국유재산법 제72조 제1항, 제73조에 해당한다)에 의한 변상금 부과 · 징수권은 민사상 부당이득반환청구권과 법적 성질을 달리하므로, 국가는 무단점유자를 상대로 변상금 부과 · 징수권의 행사와 별도로 국유재산의 소유자로서 민사상 부당이득반환청구의 소를 제기할 수 있다(대판 2014.9.4. 2012두5688).

오답의 이유

① 대판 1995.12.22. 94다51253

② 대판 2009.9.10. 2009다11808

③ 지방재정법 제87조 제1항에 의한 변상금부과처분이 당연무효인 경우에 이 변상금부과처분에 의하여 납부자가 납부하거나 징수당한 오납금은 지방자치단체가 법률상 원인 없이 취득한 부당이득에 해당하고, 이러한 오납금에 대한 납부자의 부당이득반환청구권은 처음부터 법률상 원인이 없이 납부 또는 징수된 것이므로 납부 또는 징수 시에 발생하여 확정되며, 그때부터 소멸시효가 진행한다(대판 2005.1.27. 2004다50143).

13 난도 ★★★ 정답 ②

실효성 확보수단 > 행정강제

정답의 이유

② 형사(刑事), 행형(行刑) 및 보안처분 관계 법령에 따라 행하는 사항이나 외국인의 출입국 · 난민인정 · 귀화 · 국적회복에 관한 사항에 관하여는 이 절(행정상 강제)을 적용하지 아니한다(행정기본법 제30조 제3항).

오답의 이유

① 행정대집행법 제6조 제3항

> 제6조(비용징수)
> ① 대집행에 요한 비용은 국세징수법의 예에 의하여 징수할 수 있다.
> ② 대집행에 요한 비용에 대하여서는 행정청은 사무비의 소속에 따라 국세에 다음가는 순위의 선취득권을 가진다.
> ③ 대집행에 요한 비용을 징수하였을 때에는 그 징수금은 사무비의 소속에 따라 국고 또는 지방자치단체의 수입으로 한다.

③ 부동산 실권리자명의 등기에 관한 법률(이하 '부동산실명법'이라 한다) 제10조 제1항, 제4항, 제6조 제2항의 내용, 체계 및 취지 등을 종합하면, 부동산의 소유권이전을 내용으로 하는 계약을 체결하고 반대급부의 이행을 완료한 날로부터 3년 이내에 소유권이전등기를 신청하지 아니한 등기권리자 등(이하 '장기미등기자'라 한다)에 대하여 부과되는 이행강제금은 소유권이전등기신청의무 불이행이라는 과거의 사실에 대한 제재인 과징금과 달리, 장기미등기자에게 등기신청의무를 이행하지 아니하면 이행강제금이 부과된다는 심리적 압박을 주어 의무의 이행을 간접적으로 강제하는 행정상의 간접강제 수단에 해당한다. 따라서 장기미등기자가 이행강제금 부과 전에 등기신청의무를 이행하였다면 이행강제금의 부과로써 이행을 확보하고자 하는 목적은 이미 실현된 것이므로 부동산실명법 제6조 제2항에 규정된 기간이 지나서 등기신청의무를 이행한 경우라 하더라도 이행강제금을 부과할 수 없다(대판 2016.6.23. 2015두36454).

④ 지방자치단체가 그 고유의 자치사무를 처리하는 경우에는 지방자치단체는 국가기관의 일부가 아니라 국가기관과는 별도의 독립한 공법인이므로, 지방자치단체 소속 공무원이 지방자치단체 고유의 자치사무를 수행하던 중 도로법 제81조 내지 제85조의 규정에 의한 위반행위를 한 경우에는 지방자치단체는 도로법 제86조의 양벌규정에 따라 처벌대상이 되는 법인에 해당한다(대판 2005.11.10. 2004도2657).

14 난도 ★☆☆ 정답 ①

행정쟁송 > 행정소송

정답의 이유

① 부작위위법확인의 소는 부작위상태가 계속되는 한 그 위법의 확인을 구할 이익이 있다고 보아야 하므로 원칙적으로 제소기간의 제한을 받지 않는다. 그러나 행정소송법 제38조 제2항이 제소기간을 규정한 같은 법 제20조를 부작위위법확인소송에 준용하고 있는 점에 비추어 보면, 행정심판 등 전심절차를 거친 경우에는 행정소송법 제20조가 정한 제소기간 내에 부작위위법확인의 소를 제기하여야 한다(대판 2009.7.23. 2008두10560).

오답의 이유

② 행정소송법 제41조

> 제41조(제소기간)
> 당사자소송에 관하여 법령에 제소기간이 정하여져 있는 때에는 그 기간은 불변기간으로 한다.

③ 행정청이 법정 심판청구기간보다 긴 기간으로 잘못 알린 경우에 그 잘못 알린 기간 내에 심판청구가 있으면 그 심판청구는 법정 심판청구기간 내에 제기된 것으로 본다는 취지의 행정심판법 제18조 제5항의 규정은 행정심판 제기에 관하여 적용되는 규정이지, 행정소송 제기에도 당연히 적용되는 규정이라고 할 수는 없다(대판 2001.5.8. 2000두6916).

④ 처분이 있음을 안 날부터 90일 이내에 행정심판을 청구하지도 않고 취소소송을 제기하지도 않은 경우에는 그 후 제기된 취소

소송은 제소기간을 경과한 것으로서 부적법하고, 처분이 있음을 안 날부터 90일을 넘겨 청구한 부적법한 행정심판청구에 대한 재결이 있은 후 재결서를 송달받은 날부터 90일 이내에 원래의 처분에 대하여 취소소송을 제기하였다고 하여 취소소송이 다시 제소기간을 준수한 것으로 되는 것은 아니다(대판 2011.11.24, 2011두18786).

15 난도 ★☆☆ 정답 ④

행정쟁송 > 행정소송

정답의 이유

④ 항고소송은 다른 법률에 특별한 규정이 없는 한 원칙적으로 소송의 대상인 행정처분을 외부적으로 행한 행정청을 피고로 하여야 하고(행정소송법 제13조 제1항 본문), 다만 대리기관이 대리관계를 표시하고 피대리 행정청을 대리하여 행정처분을 한 때에는 피대리 행정청이 피고로 되어야 한다(대판 2018.10.25, 2018두43095).

오답의 이유

① 조례가 집행행위의 개입 없이도 그 자체로서 직접 국민의 구체적인 권리의무나 법적 이익에 영향을 미치는 등의 법률상 효과를 발생하는 경우 그 조례는 항고소송의 대상이 되는 행정처분에 해당하고, 이러한 조례에 대한 무효확인소송을 제기함에 있어서 행정소송법 제38조 제1항, 제13조에 의하여 피고적격이 있는 처분 등을 행한 행정청은, 행정주체인 지방자치단체 또는 지방자치단체의 내부적 의결기관으로서 지방자치단체의 의사를 외부에 표시한 권한이 없는 지방의회가 아니라, 구 지방자치법(1994.3.16. 법률 제4741호로 개정되기 전의 것) 제19조 제2항, 제92조에 의하여 지방자치단체의 집행기관으로서 조례로서의 효력을 발생시키는 공포권이 있는 지방자치단체의 장이다(대판 1996.9.20, 95누8003).

② 중앙노동위원회의 처분에 대한 소송은 중앙노동위원회 위원장을 피고(被告)로 하여 처분의 송달을 받은 날부터 15일 이내에 제기하여야 한다(노동위원회법 제27조 제1항).

③ 제75조에 따른 처분(공무원의 징계처분, 강임·휴직·직위해제, 면직처분)에 따른 행정소송을 제기할 때에는 대통령의 처분 또는 부작위의 경우에는 소속 장관(대통령령으로 정하는 기관의 장을 포함한다. 이하 같다)을, 중앙선거관리위원회 위원장의 처분 또는 부작위의 경우에는 중앙선거관리위원회 사무총장을 각각 피고로 한다(국가공무원법 제16조 제2항 참조).

16 난도 ★★★ 정답 ④

손해전보 > 행정상 손실보상

정답의 이유

④ 중앙토지수용위원회는 이의신청을 받은 경우 재결이 위법하거나 부당하다고 인정할 때에는 그 재결의 전부 또는 일부를 취소하거나 보상액을 변경할 수 있다(공익사업을 위한 토지 등의 취득 및 보상에 관한 법률 제84조 제1항).

오답의 이유

① 공익사업을 위한 토지 등의 취득 및 보상에 관한 법률 제23조 제1항

> 제23조(사업인정의 실효)
> ① 사업시행자가 제22조 제1항에 따른 사업인정의 고시(이하 "사업인정고시"라 한다)가 된 날부터 1년 이내에 제28조 제1항에 따른 재결신청을 하지 아니한 경우에는 사업인정고시가 된 날부터 1년이 되는 날의 다음 날에 사업인정은 그 효력을 상실한다.
> ② 사업시행자는 제1항에 따라 사업인정이 실효됨으로 인하여 토지소유자나 관계인이 입은 손실을 보상하여야 한다.
> ③ 제2항에 따른 손실보상에 관하여는 제9조 제5항부터 제7항까지의 규정을 준용한다.

② 공익사업을 위한 토지 등의 취득 및 보상에 관한 법률 제36조 제1항

> 제36조(재결의 경정)
> ① 재결에 계산상 또는 기재상의 잘못이나 그 밖에 이와 비슷한 잘못이 있는 것이 명백할 때에는 토지수용위원회는 직권으로 또는 당사자의 신청에 의하여 경정재결(更正裁決)을 할 수 있다.
> ② 경정재결은 원재결서(原裁決書)의 원본과 정본에 부기하여야 한다. 다만, 정본에 부기할 수 없을 때에는 경정재결의 정본을 작성하여 당사자에게 송달하여야 한다.

③ 공익사업을 위한 토지 등의 취득 및 보상에 관한 법률 제67조 제1항

> 제67조(보상액의 가격시점 등)
> ① 보상액의 산정은 협의에 의한 경우에는 협의 성립 당시의 가격을, 재결에 의한 경우에는 수용 또는 사용의 재결 당시의 가격을 기준으로 한다.
> ② 보상액을 산정할 경우에 해당 공익사업으로 인하여 토지등의 가격이 변동되었을 때에는 이를 고려하지 아니한다.

17 난도 ★★★ 정답 ④

손해전보 > 행정상 손해배상

정답의 이유

④ 국가배상법 제5조 소정의 공공의 영조물이란 공유나 사유임을 불문하고 행정주체에 의하여 특정공공의 목적에 공여된 유체물 또는 물적 설비를 의미하므로 사실상 군민의 통행에 제공되고 있던 도로 옆의 암벽으로부터 떨어진 낙석에 맞아 소외인이 사망하는 사고가 발생하였다고 하여도 동 사고지점 도로가 피고 군에 의하여 노선인정 기타 공용개시가 없었으면 이를 영조물이라 할 수 없다(대판 1981.7.7, 80다2478).

오답의 이유

① 국가배상법 제5조 소정의 영조물의 설치·관리상의 하자로 인한 책임은 무과실책임이고 나아가 민법 제758조 소정의 공작물의 점유자의 책임과는 달리 면책사유도 규정되어 있지 않으므로, 국가 또는 지방자치단체는 영조물의 설치·관리상의 하자로 인하여 타인에게 손해를 가한 경우에 그 손해의 방지에 필요한 주

의를 해태하지 아니하였다 하여 면책을 주장할 수 없다(대판 1994.11.22. 94다32924).

② 대판 1998.10.23. 98다17381

③ '영조물의 설치 또는 관리의 하자'라 함은 공공의 목적에 공여된 영조물이 그 용도에 따라 갖추어야 할 안전성을 갖추지 못한 상태에 있음을 말하고, 안전성을 갖추지 못한 상태, 즉 타인에게 위해를 끼칠 위험성이 있는 상태라 함은 당해 영조물을 구성하는 물적 시설 그 자체에 있는 물리적·외형적 흠결이나 불비로 인하여 그 이용자에게 위해를 끼칠 위험성이 있는 경우뿐만 아니라, 그 영조물이 공공의 목적에 이용됨에 있어 그 이용상태 및 정도가 일정한 한도를 초과하여 제3자에게 사회통념상 수인할 것이 기대되는 한도를 넘는 피해를 입히는 경우까지 포함된다고 보아야 한다(대판 2005.1.27. 2003다49566).

더 알아보기

영조물(공물)의 포함 여부

영조물에 해당하는 경우	영조물에 해당하지 않는 경우
• 여의도 광장 • 도로, 육교, 가로수 • 교통신호기, 철도건널목 자동경보기 • 매향리 사격장 • 태종대 유원지 • 도로의 맨홀, 공중화장실 • 경찰견, 경찰마 • 철도역 대합실과 승강장	• 공사 중이며 아직 완성되지 않아 일반 공중의 이용에 제공되지 않는 옹벽(대판 1998.10.23. 98다17381) • 사실상 군민의 통행에 제공되는 도로이지만 행정청의 노선인정 기타 공용개시행위가 없는 경우(대판 1981.7.7. 80다2478) • 공물예정지에 불과한 시 명의의 종합운동장 예정부지나 그 지상의 자동차경주를 위한 안전시설(대판 1995.1.24. 94다45302) • 일반재산(구 잡종재산) • 국유림, 국유임야, 현금

18 난도 ★★★ 정답 ②

행정과정의 규율 > 행정절차

정답의 이유

② 퇴직연금의 환수결정은 당사자에게 의무를 과하는 처분이기는 하나, 관련 법령에 따라 당연히 환수금액이 정하여지는 것이므로, 퇴직연금의 환수결정에 앞서 당사자에게 의견진술의 기회를 주지 아니하여도 행정절차법 제22조 제3항이나 신의칙에 어긋나지 아니한다(대판 2000.11.28. 99두5443).

오답의 이유

① 대판 2010.6.24. 2007두16493

③ 수익적 행정처분을 구하는 신청에 대한 거부처분이 있은 후 당사자가 다시 신청을 한 경우에는 신청의 제목 여하에 불구하고 그 내용이 새로운 신청을 하는 취지라면 관할 행정청이 이를 다시 거절하는 것은 새로운 거부처분이라고 보아야 한다. 나아가 어떠한 처분이 수익적 행정처분을 구하는 신청에 대한 거부처분이 아니라고 하더라도, 해당 처분에 대한 이의신청의 내용이 새로운 신청을 하는 취지로 볼 수 있는 경우에는, 그 이의신청에 대한 결정의 통보를 새로운 처분으로 볼 수 있다(대판 2022.3.17. 2021두53894).

④ 행정절차법 제26조는 "행정청이 처분을 하는 때에는 당사자에게 그 처분에 관하여 행정심판 및 행정소송을 제기할 수 있는지 여부, 기타 불복을 할 수 있는지 여부, 청구절차 및 청구기간 기타 필요한 사항을 알려야 한다"라고 규정하고 있다. 이러한 고지절차에 관한 규정은 행정처분의 상대방이 그 처분에 대한 행정심판의 절차를 밟는 데 편의를 제공하려는 것이어서 처분청이 위 규정에 따른 고지의무를 이행하지 아니하였다고 하더라도 경우에 따라 행정심판의 제기기간이 연장될 수 있음에 그칠 뿐, 그 때문에 심판의 대상이 되는 행정처분이 위법하다고 할 수는 없다(대판 2016.4.29. 2014두3631).

19 난도 ★★☆ 정답 ③

단원종합

정답의 이유

③ 전결과 같은 행정권한의 내부위임은 법령상 처분권자인 행정관청이 내부적인 사무처리의 편의를 도모하기 위하여 그의 보조기관 또는 하급 행정관청으로 하여금 그의 권한을 사실상 행사하게 하는 것으로서 법률이 위임을 허용하지 않는 경우에도 인정되는 것이므로, 설사 행정관청 내부의 사무처리규정에 불과한 전결규정에 위반하여 원래의 전결권자 아닌 보조기관 등이 처분권자인 행정관청의 이름으로 행정처분을 하였다고 하더라도 그 처분이 권한 없는 자에 의하여 행하여진 무효의 처분이라고는 할 수 없다(대판 1998.2.27. 97누1105).

오답의 이유

① 행정규칙의 내용이 상위법령에 반하는 것이라면 법치국가원리에서 파생되는 법질서의 통일성과 모순금지 원칙에 따라 그것은 법질서상 당연무효이고, 행정내부적 효력도 인정될 수 없다. 이러한 경우 법원은 해당 행정규칙이 법질서상 부존재하는 것으로 취급하여 행정기관이 한 조치의 당부를 상위법령의 규정과 입법 목적 등에 따라서 판단하여야 한다(대판 2020.11.26. 2020두42262).

② 대판 2018.6.15. 2015두40248

④ 행정소송법 제6조 제1항

> 제6조(명령·규칙의 위헌판결등 공고)
> ① 행정소송에 대한 대법원 판결에 의하여 명령·규칙이 헌법 또는 법률에 위반된다는 것이 확정된 경우에는 대법원은 지체없이 그 사유를 행정안전부장관에게 통보하여야 한다.
> ② 제1항의 규정에 의한 통보를 받은 행정안전부장관은 지체없이 이를 관보에 게재하여야 한다.

더 알아보기

법규명령과 행정규칙

구분	법규명령	행정규칙
법 형식	대통령령 · 총리령 · 부령 등	훈령 · 고시 등
권력적 기초	일반권력관계	특별행정법관계
법적 근거	• 위임명령: 법적 근거 필요(→ 상위법령의 위임 필요) • 집행명령: 법적 근거 불필요(수권)	법적 근거 불필요
성질	법규성(재판규범성, 대외적 구속력) 긍정	법규성(재판규범성, 대외적 구속력) 부정
위반의 효과	위법한 작용	곧바로 위법한 작용이 되는 것은 아님
존재 형식	위법한 작용	조문의 형식 또는 구술
공포	공포 필요	공포 불필요
한계	법률유보의 원칙 · 우위의 원칙 적용	법률우위의 원칙만 적용

20 난도 ★★☆ 정답 ③

행정작용법 > 행정행위

정답의 이유

③ 주택건설사업계획 승인처분에 따라 의제된 인허가가 위법함을 다투고자 하는 이해관계인은, 주택건설사업계획 승인처분의 취소를 구할 것이 아니라 의제된 인허가의 취소를 구하여야 하며, 의제된 인허가는 주택건설사업계획 승인처분과 별도로 항고소송의 대상이 되는 처분에 해당한다(대판 2018.11.29, 2016두38792).

오답의 이유

① 행정기본법 제25조 제2항

> 제25조(인허가의제의 효과)
> ① 제24조 제3항 · 제4항에 따라 협의가 된 사항에 대해서는 주된 인허가를 받았을 때 관련 인허가를 받은 것으로 본다.
> ② 인허가의제의 효과는 주된 인허가의 해당 법률에 규정된 관련 인허가에 한정된다.

② 국토계획법상 건축물의 건축에 관한 개발행위허가가 의제되는 건축허가신청이 국토계획법령이 정한 개발행위허가기준에 부합하지 아니하면 허가권자로서는 이를 거부할 수 있고, 이는 건축법 제16조 제3항에 의하여 개발행위허가의 변경이 의제되는 건축허가사항의 변경허가에서도 마찬가지이다(대판 2016.8.24, 2016두35762).

④ 어떤 인허가의 근거 법령에서 절차간소화를 위하여 관련 인허가를 의제 처리할 수 있는 근거 규정을 둔 경우에는, 사업시행자가 인허가를 신청하면서 하나의 절차 내에서 관련 인허가를 의제 처리해줄 것을 신청할 수 있다. 관련 인허가 의제 제도는 사업시행자의 이익을 위하여 만들어진 것이므로, 사업시행자가 반드시 관련 인허가 의제 처리를 신청할 의무가 있는 것은 아니다(대판 2020.7.23, 2019두31839).

행정법총론 | 2025년 지방직 9급

한눈에 훑어보기

영역 분석

행정법통론 2문항, 10%	04 13
행정작용법 7문항, 35%	03 07 14 15 16 18 20
행정과정의 규율 4문항, 20%	02 09 11 12
실효성 확보수단 1문항, 5%	19
손해전보 1문항, 5%	08
행정쟁송 5문항, 25%	01 05 06 10 17

빠른 정답

01	02	03	04	05	06	07	08	09	10
④	①	④	②	②	③	④	①	③	④
11	**12**	**13**	**14**	**15**	**16**	**17**	**18**	**19**	**20**
③	②	④	①	①	③	④	②	③	④

점수 체크

구분	1회독	2회독	3회독
맞힌 문항 수	/ 20	/ 20	/ 20
나의 점수	점	점	점

01 난도 ★★☆ 정답 ④

행정쟁송 > 행정소송

정답의 이유

④ 행정처분의 집행정지는 행정처분집행 부정지의 원칙에 대한 예외로서 인정되는 일시적인 응급처분이라 할 것이므로 집행정지결정을 하려면 이에 대한 본안소송이 법원에 제기되어 계속 중임을 요건으로 하는 것이므로 집행정지결정을 한 후에라도 본안소송이 취하되어 소송이 계속하지 아니한 것으로 되면 집행정지결정은 당연히 그 효력이 소멸되는 것이고 별도의 취소조치를 필요로 하는 것이 아니다(대결 2007.6.28. 2005무75).

오답의 이유

① 행정소송법 제23조 제5항 전단

> 제23조(집행정지)
> ⑤ 제2항의 규정에 의한 집행정지의 결정 또는 기각의 결정에 대하여는 즉시항고할 수 있다. 이 경우 집행정지의 결정에 대한 즉시항고에는 결정의 집행을 정지하는 효력이 없다.

② 항고소송의 대상이 되는 행정처분의 효력이나 집행 혹은 절차속행 등의 정지를 구하는 신청은 행정소송법상 집행정지신청의 방법으로서만 가능할 뿐 민사소송법상 가처분의 방법으로는 허용될 수 없다(대결 2009.11.2. 2009마596).

③ 행정심판법 제31조 제1항 · 제3항

> 제31조(임시처분)
> ① 위원회는 처분 또는 부작위가 위법 · 부당하다고 상당히 의심되는 경우로서 처분 또는 부작위 때문에 당사자가 받을 우려가 있는 중대한 불이익이나 당사자에게 생길 급박한 위험을 막기 위하여 임시지위를 정하여야 할 필요가 있는 경우에는 직권으로 또는 당사자의 신청에 의하여 임시처분을 결정할 수 있다.
> ② 제1항에 따른 임시처분에 관하여는 제30조 제3항부터 제7항까지를 준용한다. 이 경우 같은 조 제6항 전단 중 "중대한 손해가 생길 우려"는 "중대한 불이익이나 급박한 위험이 생길 우려"로 본다.
> ③ 제1항에 따른 임시처분은 제30조 제2항에 따른 집행정지로 목적을 달성할 수 있는 경우에는 허용되지 아니한다.

02 난도 ★★☆ 정답 ①

행정과정의 규율 > 행정절차

정답의 이유

① 행정절차법 제23조 제1항 제1호, 제2항

> 제23조(처분의 이유 제시)
> ① 행정청은 처분을 할 때에는 다음 각 호의 어느 하나에 해당하는 경우를 제외하고는 당사자에게 그 근거와 이유를 제시하여야 한다.
> 1. 신청 내용을 모두 그대로 인정하는 처분인 경우
> 2. 단순 · 반복적인 처분 또는 경미한 처분으로서 당사자가 그 이유를 명백히 알 수 있는 경우
> 3. 긴급히 처분을 할 필요가 있는 경우
>
> ② 행정청은 제1항 제2호 및 제3호의 경우에 처분 후 당사자가 요청하는 경우에는 그 근거와 이유를 제시하여야 한다.

오답의 이유

② 단순 · 반복적인 처분 또는 경미한 처분으로서 당사자가 그 이유를 명백히 알 수 있는 경우, 처분 후 당사자가 요청하는 경우에는 그 근거와 이유를 제시하여야 한다(행정절차법 제23조 제1항 제2호, 제2항).

③ 긴급히 처분을 할 필요가 있는 경우, 처분 후 당사자가 요청하는 경우에는 그 근거와 이유를 제시하여야 한다(행정절차법 제23조 제1항 제3호, 제2항).

④ 처분 당시 당사자가 어떠한 근거와 이유로 처분이 이루어진 것인지를 충분히 알 수 있어서 그에 불복하여 행정구제절차로 나아가는 데 별다른 지장이 없었던 것으로 인정되는 경우에는 처분서에 처분의 근거와 이유가 구체적으로 명시되어 있지 않았더라도 이를 처분을 취소하여야 할 절차상 하자로 볼 수 없다(대판 2019.12.13, 2018두41907).

03 난도 ★★☆ 정답 ④

행정작용법 > 행정행위

정답의 이유

④ 연령미달의 결격자인 피고인이 소외인의 이름으로 운전면허시험에 응시, 합격하여 교부받은 운전면허는 당연무효가 아니고 도로교통법 제65조 제3호의 사유에 해당함에 불과하여 취소되지 않는 한 유효하므로 피고인의 운전행위는 무면허운전에 해당하지 아니한다(대판 1982.6.8, 80도2646).

오답의 이유

① 대판 1972.4.28, 72다337
② 대판 1994.11.11, 94다28000
③ 대판 1971.5.31, 71도742

04 난도 ★★★ 정답 ②

행정법통론 > 법치행정

정답의 이유

② 구 여객자동차운수사업법(2007.7.13. 법률 제8511호로 개정되기 전의 것) 제76조 제1항 제15호, 같은 법 시행령 제29조에는 관할관청은 개인택시운송사업자의 운전면허가 취소된 때에 그의 개인택시운송사업면허를 취소할 수 있도록 규정되어 있을 뿐 그에게 운전면허 취소사유가 있다는 사유만으로 개인택시운송사업면허를 취소할 수 있도록 하는 규정은 없으므로, 관할관청으로서는 비록 개인택시운송사업자에게 운전면허 취소사유가 있다 하더라도 그로 인하여 운전면허 취소처분이 이루어지지 않은 이상 개인택시운송사업면허를 취소할 수는 없다(대판 2008.5.15, 2007두26001).

오답의 이유

① 헌재 2012.11.29, 2012헌바97
③ 대판 2010.12.16, 2010도5986 전합
④ 대판 1999.2.11, 98도2816 전합

05 난도 ★☆☆ 정답 ②

행정쟁송 > 행정소송

정답의 이유

② 수소법원의 재판관할권 유무는 법원의 직권조사사항으로서 법원이 그 관할에 속하지 아니함을 인정한 때에는 민사소송법 제34조 제1항에 의하여 직권으로 이송결정을 하는 것이고, 소송당사자에게 관할위반을 이유로 하는 이송신청권이 있는 것은 아니다(대결 2018.1.19, 2017마1332).

오답의 이유

① 행정소송법 제9조 제3항

> 제9조(재판관할)
> ③ 토지의 수용 기타 부동산 또는 특정의 장소에 관계되는 처분 등에 대한 취소소송은 그 부동산 또는 장소의 소재지를 관할하는 행정법원에 이를 제기할 수 있다.

③ 대판 2021.2.4, 2019다277133

④ 손해배상청구소송(민사소송)이 계속된 법원에 취소소송(행정소송)을 병합할 수 없다(행정소송법 제10조 제2항 참고).

> 제10조(관련청구소송의 이송 및 병합)
> ② 취소소송에는 사실심의 변론 종결 시까지 관련청구소송을 병합하거나 피고 외의 자를 상대로 한 관련청구소송을 취소소송이 계속된 법원에 병합하여 제기할 수 있다.

06 난도 ★★☆ 정답 ③

행정쟁송 > 행정소송

정답의 이유

③ 거부처분의 처분성을 인정하기 위한 전제요건이 되는 신청권의 존부는 구체적 사건에서 신청인이 누구인가를 고려하지 않고 관계 법규의 해석에 의하여 일반 국민에게 그러한 신청권을 인정하고 있는가를 살펴 추상적으로 결정되는 것이고, 신청인이 그 신청에 따른 단순한 응답을 받을 권리를 넘어서 신청의 인용이라는 만족적 결과를 얻을 권리를 의미하는 것은 아니다(대판 2009.9.10, 2007두20638).

오답의 이유

① 헌법상 개인의 재산권 보장의 취지를 더하여 보면, 도시계획구역 내 토지 등을 소유하고 있는 사람과 같이 당해 도시계획시설결정에 이해관계가 있는 주민으로서는 도시시설계획의 입안권자 내지 결정권자에게 도시시설계획의 입안 내지 변경을 요구할 수 있는 법규상 또는 조리상의 신청권이 있고, 이러한 신청에 대한 거부행위는 항고소송의 대상이 되는 행정처분에 해당한다(대판 2015.3.26, 2014두42742).

② 피해자의 의사와 무관하게 주민등록번호가 유출된 경우에는 조리상 주민등록번호의 변경을 요구할 신청권을 인정함이 타당하고, 구청장의 주민등록번호 변경신청 거부행위는 항고소송의 대상이 되는 행정처분에 해당한다(대판 2017.6.15, 2013두2945).

④ 대판 1999.8.24, 97누7004

07 난도 ★★☆ 정답 ④

행정작용법 > 행정입법

정답의 이유

④ 어떠한 고시가 일반적 · 추상적 성격을 가질 때에는 법규명령 또는 행정규칙에 해당할 것이지만, 다른 집행행위의 매개 없이 그 자체로서 직접 국민의 구체적인 권리의무나 법률관계를 규율하는 성격을 가질 때에는 행정처분에 해당한다. 보건복지부 고시인 약제급여 · 비급여목록 및 급여상한금액표(보건복지부 고시 제2002-46호로 개정된 것)는 다른 집행행위의 매개 없이 그 자체로서 국민건강보험가입자, 국민건강보험공단, 요양기관 등의 법률관계를 직접 규율하는 성격을 가지므로 항고소송의 대상이 되는 행정처분에 해당한다(대판 2006.9.22, 2005두2506).

오답의 이유

① 헌법 제40조 · 제75조 · 제95조의 의미를 살펴보면, 국회가 입법으로 행정기관에게 구체적인 범위를 정하여 위임한 사항에 관하여는 당해 행정기관이 법 정립의 권한을 갖게 되고, 이때 입법자가 그 규율의 형식도 선택할 수 있다고 보아야 하므로, 헌법이 인정하고 있는 위임입법의 형식은 예시적인 것으로 보아야 한다(헌재 2016.3.31, 2014헌바382).

② 행정규제기본법 제4조 제2항 단서

> 제4조(규제 법정주의)
> ② 규제는 법률에 직접 규정하되, 규제의 세부적인 내용은 법률 또는 상위법령(上位法令)에서 구체적으로 범위를 정하여 위임한 바에 따라 대통령령 · 총리령 · 부령 또는 조례 · 규칙으로 정할 수 있다. 다만, 법령에서 전문적 · 기술적 사항이나 경미한 사항으로서 업무의 성질상 위임이 불가피한 사항에 관하여 구체적으로 범위를 정하여 위임한 경우에는 고시 등으로 정할 수 있다.

③ 구 지방공무원보수업무 등 처리지침(2014.8.8, 안전행정부 예규 제104호로 개정되기 전의 것, 이하 '지침'이라 한다) [별표 1] '직종별 경력환산율표 해설'이 정한 민간근무경력의 호봉 산정에 관한 부분은 지방공무원법 제45조 제1항과 구 지방공무원 보수규정(2014.11.19, 대통령령 제25751호로 개정되기 전의 것) 제8조 제2항, 제9조의2 제2항, [별표 3]의 단계적 위임에 따라 행정자치부장관이 행정규칙의 형식으로 법령의 내용이 될 사항을 구체적으로 정한 것이고, 달리 지침이 위 법령의 내용 및 취지에 저촉된다거나 위임 한계를 벗어났다고 보기 어려우므로, 지침은 상위법령과 결합하여 대외적인 구속력이 있는 법규명령으로서의 효력을 갖게 된다(대판 2016.1.28, 2015두53121).

08 난도 ★★☆ 정답 ①

손해전보 > 행정상 손실보상

정답의 이유

① 공익사업을 위한 토지 등의 취득 및 보상에 관한 법률상 토지소유자가 행정소송으로 손실보상금의 증액을 구하는 경우에는 사업시행자를 피고로 하여 보상금 증액 청구의 소를 제기하여야 한다(공익사업을 위한 토지 등의 취득 및 보상에 관한 법률 제85조 참조).

> 제85조(행정소송의 제기)
> ① 사업시행자, 토지소유자 또는 관계인은 제34조에 따른 재결에 불복할 때에는 재결서를 받은 날부터 90일 이내에, 이의신청을 거쳤을 때에는 이의신청에 대한 재결서를 받은 날부터 60일 이내에 각각 행정소송을 제기할 수 있다. 이 경우 사업시행자는 행정소송을 제기하기 전에 제84조에 따라 늘어난 보상금을 공탁하여야 하며, 보상금을 받을 자는 공탁된 보상금을 소송이 종결될 때까지 수령할 수 없다.
> ② 제1항에 따라 제기하려는 행정소송이 보상금의 증감(增減)에 관한 소송인 경우 그 소송을 제기하는 자가 토지소유자 또는 관계인일 때에는 사업시행자를, 사업시행자일 때에는 토지소유자 또는 관계인을 각각 피고로 한다.

오답의 이유

② 구 공유수면매립법(1999.2.8. 법률 제5911호로 전부 개정되기 전의 것) 제17조가 "매립의 면허를 받은 자는 제16조 제1항의 규정에 의한 보상이나 시설을 한 후가 아니면 그 보상을 받을 권리를 가진 자에게 손실을 미칠 공사에 착수할 수 없다. 다만, 그 권리를 가진 자의 동의를 받았을 때에는 예외로 한다."고 규정하고 있으나, 손실보상은 공공필요에 의한 행정작용에 의하여 사인에게 발생한 특별한 희생에 대한 전보라는 점에서 그 사인에게 특별한 희생이 발생하여야 하는 것은 당연히 요구되는 것이고, 공유수면 매립면허의 고시가 있다고 하여 반드시 그 사업(간척사업)이 시행되고 그로 인하여 손실이 발생한다고 할 수 없으므로, 매립면허 고시 이후 매립공사가 실행되어 관행어업권자에게 실질적이고 현실적인 피해가 발생한 경우에만 공유수면매립법에서 정하는 손실보상청구권이 발생하였다고 할 것이다(대판 2010.12.9. 2007두6571).

③ 헌법 제23조 제3항의 수용조항은 산업입지의 원활한 공급과 산업의 합리적 배치를 통하여 균형있는 국토개발과 지속적인 산업발전을 촉진함으로써 국민경제의 건전한 발전에 이바지하고자 하고, 나아가 산업의 적정한 지방 분산을 촉진하고 지역경제의 활성화를 목적으로 하는 것이다. 산업입지가 원활히 공급된다면 산업단지의 건설이 용이해 질 수 있고, 따라서 산업단지의 건설을 통하여 효과적인 경제적 발전 내지 성장을 기대할 수 있다. 나아가 산업단지의 개발로 인한 경제적 발전은, 그간 우리 사회의 사회문화적 발전에서도 큰 초석이 되어왔다. 그와 같은 경제의 발전이 해당 국가공동체에서 영위되는 삶의 문명사적 수준을 신장시킨 주요한 동력이 되어 왔다는 점에서, 산업단지 개발의 사회적 중요성을 확인할 수 있다. 또한, 산업입지법상 규정들은 산업단지개발사업의 시행자인 민간기업이 자신의 이윤추구에 치우친 나머지 애초 산업단지를 조성함으로써 달성, 견지하고자 한 공익목적을 해태하지 않도록 규율하고 있다는 점도 함께 고려한다면, 이 사건 수용조항은 헌법 제23조 제3항의 '공공필요성'을 갖추고 있다고 보인다(헌재 2009.9.24. 2007헌바114).

④ 구 공익사업을 위한 토지 등의 취득 및 보상에 관한 법률(2007.10.17. 법률 제8665호로 개정되기 전의 것) 제2조, 제78조에 의하면, 세입자는 사업시행자가 취득 또는 사용할 토지에 관하여 임대차 등에 의한 권리를 가진 관계인으로서, 같은 법 시행규칙 제54조 제2항 본문에 해당하는 경우에는 주거이전에 필요한 비용을 보상받을 권리가 있다. 그런데 이러한 주거이전비는 당해 공익사업 시행지구 안에 거주하는 세입자들의 조기이주를 장려하여 사업추진을 원활하게 하려는 정책적인 목적과 주거이전으로 인하여 특별한 어려움을 겪게 될 세입자들을 대상으로 하는 사회보장적인 차원에서 지급되는 금원의 성격을 가지므로, 적법하게 시행된 공익사업으로 인하여 이주하게 된 주거용 건축물 세입자의 주거이전비 보상청구권은 공법상의 권리이고, 따라서 그 보상을 둘러싼 쟁송은 민사소송이 아니라 공법상의 법률관계를 대상으로 하는 행정소송에 의하여야 한다(대판 2008.5.29. 2007다8129).

09 난도 ★★☆ 정답 ③

행정과정의 규율 > 행정절차

정답의 이유

③ 행정소송법 제30조 제2항의 규정에 의하면 행정청의 거부처분을 취소하는 판결이 확정된 경우에는 그 처분을 행한 행정청이 판결의 취지에 따라 이전의 신청에 대하여 재처분할 의무가 있다고 할 것이나, 그 취소사유가 행정처분의 절차, 방법의 위법으로 인한 것이라면 그 처분 행정청은 그 확정판결의 취지에 따라 그 위법사유를 보완하여 다시 종전의 신청에 대한 거부처분을 할 수 있고, 그러한 처분도 위 조항에 규정된 재처분에 해당한다(대판 2005.1.14. 2003두13045).

오답의 이유

① 행정소송법 제30조 제1항은 "처분 등을 취소하는 확정판결은 그 사건에 관하여 당사자인 행정청과 그 밖의 관계행정청을 기속한다."라고 규정하고 있다. 이러한 취소 확정판결의 '기속력'은 취소 청구가 인용된 판결에서 인정되는 것으로서 당사자인 행정청과 그 밖의 관계행정청에게 확정판결의 취지에 따라 행동하여야 할 의무를 지우는 작용을 한다(대판 2016.3.24. 2015두48235).

② 취소 확정판결의 기속력은 판결의 주문 및 전제가 되는 처분 등의 구체적 위법사유에 관한 판단에도 미친다(대판 2016.3.24. 2015두48235).

④ 어떠한 행정처분에 위법한 하자가 있다는 이유로 그 취소를 소구한 행정소송에서 그 행정처분을 취소하는 판결이 선고되어 확정된 경우에 처분행정청이 그 행정소송의 사실심변론종결 이전의 사유를 내세워 다시 확정판결에 저촉되는 행정처분을 하는 것은 확정판결의 기판력에 저촉되어 허용될 수 없고 이와 같은 행정처분은 그 하자가 명백하고 중대한 경우에 해당되어 당연무효이다(대판 1989.9.12. 89누985).

10 난도 ★★★ 정답 ④

행정쟁송 > 행정소송

정답의 이유

④ 고등학교 졸업이 대학입학자격이나 학력 인정으로서의 의미밖에 없다고 할 수 없으므로 고등학교 졸업 학력 검정고시에 합격하였다 하여 고등학교 학생으로서의 신분과 명예가 회복될 수 없는 것이니 퇴학처분을 받은 자로서는 퇴학처분의 위법을 주장하여 그 취소를 구할 소송상의 이익이 있다(대판 1992.7.14. 91누4737).

오답의 이유

① 지방의회 의원에 대한 제명의결 취소소송 계속 중 의원의 임기가 만료된 사안에서, 제명의결의 취소로 의원의 지위를 회복할 수는 없다 하더라도 제명의결 시부터 임기만료일까지의 기간에 대한 월정수당의 지급을 구할 수 있는 등 여전히 그 제명의결의 취소를 구할 법률상 이익이 있다고 본다(대판 2009.1.30. 2007두13487).

② 인가 · 허가 등 수익적 행정처분을 신청한 여러 사람이 서로 경원관계에 있어서 한 사람에 대한 허가 등 처분이 다른 사람에 대한 불허가 등으로 귀결될 수밖에 없을 때 허가 등 처분을 받지 못한 사람은 신청에 대한 거부처분의 직접 상대방으로서 원칙적으로 자신에 대한 거부처분의 취소를 구할 원고적격이 있고, 취소판결이 확정되는 경우 판결의 직접적인 효과로 경원자에 대한 허가 등 처분이 취소되거나 효력이 소멸되는 것은 아니더라도 행정청은 취소판결의 기속력에 따라 판결에서 확인된 위법사유를 배제한 상태에서 취소판결의 원고와 경원자의 각 신청에 관하여 처분요건의 구비 여부와 우열을 다시 심사하여야 할 의무가 있으며, 재심사 결과 경원자에 대한 수익적 처분이 직권취소되고 취소판결의 원고에게 수익적 처분이 이루어질 가능성을 완전히 배제할 수는 없으므로, 특별한 사정이 없는 한 경원관계에서 허가 등 처분을 받지 못한 사람은 자신에 대한 거부처분의 취소를 구할 소의 이익이 있다(대판 2015.10.29, 2013두27517).

③ 행정에 대한 사법통제, 권익구제의 확대와 같은 행정소송의 기능 등을 종합하여 보면, 행정처분의 근거 법률에 의하여 보호되는 직접적이고 구체적인 이익이 있는 경우에는 행정소송법 제35조에 규정된 '무효확인을 구할 법률상 이익'이 있다고 보아야 하고, 이와 별도로 무효확인소송의 보충성이 요구되는 것은 아니므로 행정처분의 무효를 전제로 한 이행소송 등과 같은 직접적인 구제수단이 있는지 여부를 따질 필요가 없다고 해석함이 상당하다(대판 2008.3.20, 2007두6342 전합).

11 난도 ★★☆ 정답 ③

행정과정의 규율 > 행정절차

정답의 이유

③ 과세처분의 취소소송은 과세처분의 실체적, 절차적 위법을 그 취소원인으로 하는 것으로서 그 심리의 대상은 과세관청의 과세처분에 의하여 인정된 조세채무인 과세표준 및 세액의 객관적 존부, 즉 당해 과세처분의 적부가 심리의 대상이 되는 것이며, 과세처분 취소청구를 기각하는 판결이 확정되면 그 처분이 적법하다는 점에 관하여 기판력이 생기고 그 후 원고가 이를 무효라 하여 무효확인을 소구할 수 없는 것이어서 과세처분의 취소소송에서 청구가 기각된 확정판결의 기판력은 그 과세처분의 무효확인을 구하는 소송에도 미친다(대판 1998.7.24, 98다10854)

오답의 이유

① 행정소송법 제30조 제1항은 "처분 등을 취소하는 확정판결은 그 사건에 관하여 당사자인 행정청과 그 밖의 관계행정청을 기속한다."라고 규정하고 있다. 이러한 취소 확정판결의 '기속력'은 취소 청구가 인용된 판결에서 인정되는 것으로서 당사자인 행정청과 그 밖의 관계행정청에게 확정판결의 취지에 따라 행동하여야 할 의무를 지우는 작용을 한다. 이에 비하여 행정소송법 제8조 제2항에 의하여 행정소송에 준용되는 민사소송법 제216조, 제218조가 규정하고 있는 '기판력'이란 기판력 있는 전소 판결의 소송물과 동일한 후소를 허용하지 않음과 동시에, 후소의 소송물이 전소의 소송물과 동일하지는 않더라도 전소의 소송물에 관한 판단이 후소의 선결문제가 되거나 모순관계에 있을 때에는 후소에서 전소 판결의 판단과 다른 주장을 하는 것을 허용하지 않는 작용을 한다(대판 2016.3.24, 2015두48235).

② 취소판결의 기판력은 소송물로 된 행정처분의 위법성 존부에 관한 판단 그 자체에만 미치는 것이므로 전소와 후소가 그 소송물을 달리하는 경우에는 전소 확정판결의 기판력이 후소에 미치지 아니한다(대판 1996.4.26, 95누5820).

④ 과세처분 취소소송의 피고는 처분청이므로 행정청을 피고로 하는 취소소송에 있어서의 기판력은 당해 처분이 귀속하는 국가 또는 공공단체에 미친다(대판 1998.7.24, 98다10854).

12 난도 ★★☆ 정답 ②

행정과정의 규율 > 행정절차

정답의 이유

② 행정처분의 적법성과 효력을 다투는 항고소송에서는 처분청이 당초 처분의 근거로 삼은 사유와 기본적 사실관계의 동일성이 인정되지 않는 별개의 사유를 주장하는 것은 원칙적으로 허용되지 않는다. 여기서 기본적 사실관계의 동일성 유무는 처분사유를 법률적으로 평가하기 이전의 구체적인 사실에 착안하여 그 기초가 되는 사회적 사실관계가 기본적인 점에서 동일한지에 따라 판단하는 것이 원칙이고, 행정청이 처분 당시에 제시한 구체적 사실을 변경하지 않는 범위 내에서 단지 처분의 근거 법령만을 추가 · 변경하거나 당초의 처분사유를 구체적으로 표시하는 것에 불과한 경우에는 새로운 처분사유를 추가하거나 변경하는 것이라고 볼 수 없다. 그러나 사회적 사실관계의 기본적 동일성이 인정되는 경우라고 하더라도 그에 대한 규범적 평가와 처분의 근거 법령의 변경으로, 예를 들어 기속행위가 재량행위로 변경되는 경우와 같이, 당초 처분의 내용을 변경할 필요성이 제기되는 경우에는 해당 처분을 취소한 후 처분청으로 하여금 다시 처분절차를 거쳐 새로운 처분을 하도록 하여야 할 것이지 당초 처분의 내용을 그대로 유지한 채 근거 법령만 추가 · 변경하는 것은 허용될 수 없다(대판 2024.11.28, 2023두61349).

오답의 이유

① 대판 2014.5.16, 2013두26118

③ 대판 2021.7.29, 2021두34756

④ 대판 2020.12.24, 2019두55675

13 난도 ★★☆ 정답 ④

행정법통론 > 행정법의 법원

정답의 이유

④ 세무조사가 과세자료의 수집 또는 신고내용의 정확성 검증이라는 본연의 목적이 아니라 부정한 목적을 위하여 행하여진 것이라면 이는 세무조사에 중대한 위법사유가 있는 경우에 해당하고 이러한 세무조사에 의하여 수집된 과세자료를 기초로 한 과세처분 역시 위법하다(대판 2016.12.15, 2016두47659).

오답의 이유

① 재량권 행사의 준칙인 행정규칙이 그 정한 바에 따라 되풀이 시행되어 행정관행이 이루어지게 되면 평등의 원칙이나 신뢰보호의 원칙에 따라 행정기관은 그 상대방에 대한 관계에서 그 규칙에 따라야 할 자기구속을 받게 되므로, 이러한 경우에는 특별한 사정이 없는 한 그를 위반하는 처분은 평등의 원칙이나 신뢰보호의 원칙에 위배되어 재량권을 일탈 · 남용한 위법한 처분이 된다(대판 2009.12.24, 2009두7967).

② 일반적으로 행정상의 법률관계 있어서 행정청의 행위에 대하여 신뢰보호의 원칙이 적용되기 위하여는 행정청이 개인에 대하여 신뢰의 대상이 되는 공적인 견해표명을 하였다는 점이 전제되어야 한다. 그리고 평등의 원칙은 본질적으로 같은 것을 자의적으로 다르게 취급함을 금지하는 것이고, 위법한 행정처분이 수차례에 걸쳐 반복적으로 행하여졌다 하더라도 그러한 처분이 위법한 것인 때에는 행정청에 대하여 자기구속력을 갖게 된다고 할 수 없다(대판 2009.6.25, 2008두13132).

③ 시장이 농림수산식품부에 의하여 공표된 '2008년도 농림사업시행지침서'에 명시되지 않은 '시 · 군별 건조저장시설 개소당 논 면적' 기준을 충족하지 못하였다는 이유로 신규 건조저장시설 사업자 인정신청을 반려한 사안에서, 위 지침이 되풀이 시행되어 행정관행이 이루어졌다거나 그 공표만으로 신청인이 보호가치 있는 신뢰를 갖게 되었다고 볼 수 없고, 쌀 시장 개방화에 대비한 경쟁력 강화 등 우월한 공익상 요청에 따라 위 지침상의 요건 외에 '시 · 군별 건조저장시설 개소당 논 면적 1,000ha 이상' 요건을 추가할 만한 특별한 사정을 인정할 수 있어, 그 처분이 행정의 자기구속의 원칙 및 행정규칙에 관련된 신뢰보호의 원칙에 위배되거나 재량권을 일탈 · 남용한 위법이 없다(대판 2009.12.24, 2009두7967).

14 난도 ★★☆ 정답 ①

행정작용법 > 행정행위

정답의 이유

① 행정청이 토지구획정리사업의 환지예정지를 지정하고 그 사업에 편입되는 건축물 등 지장물의 소유자 또는 임차인에게 지장물의 자진이전을 요구한 후 이에 응하지 않자 지장물의 이전에 대한 대집행을 계고하고 다시 대집행영장을 통지한 사안에서, 위 계고처분 등은 행정대집행법 제2조에 따라 명령된 지장물 이전의무가 없음에도 그러한 의무의 불이행을 사유로 행하여진 것으로 위법하다(대판 2010.6.24, 2010두1231).

오답의 이유

② 건물철거명령이 당연무효가 아닌 이상 행정심판이나 소송을 제기하여 그 위법함을 소구하는 절차를 거치지 아니하였다면 위 선행행위인 건물철거명령은 적법한 것으로 확정되었다고 할 것이므로 후행행위인 대집행계고처분에서는 그 건물이 무허가건물이 아닌 적법한 건축물이라는 주장이나 그러한 사실인정을 하지 못한다(대판 1998.9.8, 97누20502).

③ 행정청이 행정대집행의 방법으로 건물철거의무의 이행을 실현할 수 있는 경우에는 건물철거 대집행 과정에서 부수적으로 건물의 점유자들에 대한 퇴거 조치를 할 수 있고, 점유자들이 적법한 행정대집행을 위력을 행사하여 방해하는 경우 형법상 공무집행방해죄가 성립하므로, 필요한 경우에는 '경찰관 직무집행법'에 근거한 위험발생 방지조치 또는 형법상 공무집행방해죄의 범행방지 내지 현행범체포의 차원에서 경찰의 도움을 받을 수도 있다(대판 2017.4.28, 2016다213916).

④ 구 도시계획법(2000.1.28, 법률 제6243호로 전문 개정되기 전의 것) 제78조, 제78조의2, 행정절차법 제22조 제1항 제1호, 제4항, 제21조 제4항에 의하면, 행정청이 구 도시계획법 제23조 제5항의 규정에 의한 사업시행자 지정처분을 취소하기 위해서는 청문을 실시하여야 하고, 다만 행정절차법 제22조 제4항, 제21조 제4항에서 정한 예외사유에 해당하는 경우에 한하여 청문을 실시하지 아니할 수 있으며, 이러한 청문제도는 행정처분의 사유에 대하여 당사자에게 변명과 유리한 자료를 제출할 기회를 부여함으로써 위법사유의 시정 가능성을 고려하고 처분의 신중과 적정을 기하려는 데 그 취지가 있음에 비추어 볼 때, 행정청이 침해적 행정처분을 함에 즈음하여 청문을 실시하지 않아도 되는 예외적인 경우에 해당하지 않는 한 반드시 청문을 실시하여야 하고, 그 절차를 결여한 처분은 위법한 처분으로서 취소사유에 해당한다(대판 2004.7.8, 2002두8350).

15 난도 ★★☆ 정답 ①

행정작용법 > 행정행위

정답의 이유

① 이 사건 변경인가처분은 이 사건 설립인가처분 후 추가동의서가 제출되어 동의자 수가 변경되었음을 이유로 하는 것으로서 조합원의 신규가입을 이유로 한 경미한 사항의 변경에 대한 신고를 수리하는 의미에 불과하므로 이 사건 설립인가처분이 이 사건 변경인가처분에 흡수된다고 볼 수 없고, 또한 이 사건 설립인가처분 당시 동의율을 충족하지 못한 하자는 후에 추가동의서가 제출되었다는 사정만으로 치유될 수 없다(대판 2013.7.11, 2011두27544).

오답의 이유

② 흠이 있는 행정행위의 치유는 행정행위의 성질이나 법치주의 관점에서 볼 때 원칙적으로 허용될 수 없는 것이고, 예외적으로 행정행위의 무용한 반복을 피하고 당사자의 법적 안정성을 위해 이를 허용하는 때에도 국민의 권리나 이익을 침해하지 않는 범위에서 구체적 사정에 따라 합목적적으로 인정하여야 할 것이다(대판 2010.8.26, 2010두2579).

③ 행정청이 청문서 도달기간을 다소 어겼다하더라도 영업자가 이에 대하여 이의하지 아니한 채 스스로 청문일에 출석하여 그 의견을 진술하고 변명하는 등 방어의 기회를 충분히 가졌다면 청문서 도달기간을 준수하지 아니한 하자는 치유되었다고 봄이 상당하다(대판 1992.10.23, 92누2844).

④ 대판 1989.12.12, 88누8869

16 난도 ★★☆ 정답 ③

행정작용법 > 기타 행정작용

정답의 이유

③ '도시계획법' 제19조 제1항 및 이 사건 도시계획 시설 결정 당시의 서울특별시 도시계획조례 제3조 제3항에서는, 도시계획은 도시기본계획에 부합되어야 한다고 규정되어 있으나, 도시기본계획이라는 것은 도시의 장기적 개발 방향과 미래상을 제시하는 도시계획 입안의 지침이 되는 장기적 · 종합적인 개발계획으로서 직접적인 구속력은 없는 것이므로(대법원 1998.11.27. 선고 96누13927 판결 참조), 이 사건 추모공원의 조성계획이 서울특별시 도시기본계획에 포함되어 있지 아니하다는 이유만으로는 이 사건 도시계획 시설 결정이 위법하다 할 수는 없다(대판 2007.4.12. 2005두1893).

오답의 이유

① 대판 2008.3.27. 2006두3742, 3759

② 이 사건 개발제한구역제도 개선방안은 7개 중소도시권과 7개 대도시권에서 개발제한구역을 해제하거나 조정하기 위한 추상적이고 일반적인 기준들만을 담고 있을 뿐, 개발제한구역의 해제지역이 구체적으로 확정되어 있지 않아서, 해당지역 주민들은 개발제한구역을 해제하는 구체적인 도시계획결정이 내려진 이후에야 비로소 법적인 영향을 받게 되므로, 이 사건 개선방안이 청구인들의 기본권에 직접적으로 영향을 끼칠 가능성이 없다. 그리고 이 사건 개선방안의 내용들은 건설교통부장관이 마련한 후속지침들에 반영되었고, 해당 지방자치단체들이 이 지침들에 따라서 관련 절차들을 거친 후 내려지는 도시계획결정을 통하여 실시될 예정이지만, 예고된 내용이 그대로 틀림없이 실시될 것으로 예상할 수는 없다. 따라서 이 사건 개선방안의 발표는 예외적으로 헌법소원의 대상이 되는 공권력의 행사에 해당되지 아니한다(헌재 2000.6.1. 99헌마538 · 543 · 544 · 545 · 546 · 549 병합).

④ 대판 2023.11.16. 2022두61816

17 난도 ★★★ 정답 ④

행정쟁송 > 행정소송

정답의 이유

ㄴ 甲의 재외동포(F-4) 체류자격 사증발급 신청에 대하여 재외공관장이 6일 만에 한 사증발급 거부처분이 문서에 의한 처분 방식의 예외로 행정절차법 제24조 제1항 단서에서 정한 '신속히 처리할 필요가 있거나 사안이 경미한 경우'에 해당한다고 볼 수도 없으므로 사증발급 거부처분에는 행정절차법 제24조 제1항을 위반한 하자가 있다(대판 2019.7.11. 2017두38874).

ㄹ 재외동포에 대한 사증발급은 행정청의 재량행위에 속하는 것으로서, 재외동포가 사증발급을 신청한 경우에 출입국관리법 시행령 [별표 1의2]에서 정한 재외동포체류자격의 요건을 갖추었다고 해서 무조건 사증을 발급해야 하는 것은 아니다(대판 2019.7.11. 2017두38874).

오답의 이유

ㄱ · ㄷ 이 사건 입국 금지 결정은 법무부장관의 의사가 공식적인 방법으로 외부에 표시된 것이 아니라 단지 그 정보를 내부전산망인 '출입국관리정보시스템'에 입력하여 관리한 것에 지나지 않으므로, 항고소송의 대상이 될 수 있는 '처분'에 해당하지 않는다. 그런데도 원심은 이 사건 입국 금지 결정이 처분에 해당하여 공정력과 불가쟁력이 있다고 판단하였다. 이러한 원심 판단에는 처분성에 관한 법리를 오해하여 판결 결과에 영향을 미친 잘못이 있다(대판 2019.7.11. 2017두38874).

18 난도 ★☆☆ 정답 ②

행정작용법 > 행정행위

정답의 이유

② 제3자는 해당 처분에 대해 재심사를 청구할 수 없다. 처분의 재심사 신청은 당사자만 가능하다(행정기본법 제37조 제1항 참고).

오답의 이유

① 행정기본법 제37조 제1항 참고

③ 행정기본법 제37조 제8항 제1호

④ 행정기본법 제37조 제5항

> 제37조(처분의 재심사)
>
> ① 당사자는 처분(제재처분 및 행정상 강제는 제외한다. 이하 이 조에서 같다)이 행정심판, 행정소송 및 그 밖의 쟁송을 통하여 다툴 수 없게 된 경우(법원의 확정판결이 있는 경우는 제외한다)라도 다음 각 호의 어느 하나에 해당하는 경우에는 해당 처분을 한 행정청에 처분을 취소 · 철회하거나 변경하여 줄 것을 신청할 수 있다.
>
> ⑤ 제4항에 따른 처분의 재심사 결과 중 처분을 유지하는 결과에 대해서는 행정심판, 행정소송 및 그 밖의 쟁송수단을 통하여 불복할 수 없다.
>
> ⑧ 다음 각 호의 어느 하나에 해당하는 사항에 관하여는 이 조를 적용하지 아니한다.
>
> 1. 공무원 인사 관계 법령에 따른 징계 등 처분에 관한 사항

19 난도 ★☆☆ 정답 ③

실효성 확보수단 > 행정강제

정답의 이유

③ 행정기본법 제30조 제1항 제5호

오답의 이유

①·④ 행정기본법 제30조 제3항

② 행정기본법 제30조 제2항

> 제30조(행정상 강제)
>
> ① 행정청은 행정목적을 달성하기 위하여 필요한 경우에는 법률로 정하는 바에 따라 필요한 최소한의 범위에서 다음 각 호의 어느 하나에 해당하는 조치를 할 수 있다.
>
> 5. 즉시강제: 현재의 급박한 행정상의 장해를 제거하기 위한 경우로서 다음 각 목의 어느 하나에 해당하는 경우에 행정청이 곧바로 국민의 신체 또는 재산에 실력을 행사하여 행정목적을 달성하는 것
>
> 가. 행정청이 미리 행정상 의무 이행을 명할 시간적 여유가 없는 경우
>
> 나. 그 성질상 행정상 의무의 이행을 명하는 것만으로는 행정목적 달성이 곤란한 경우
>
> ② 행정상 강제 조치에 관하여 이 법에서 정한 사항 외에 필요한 사항은 따로 법률로 정한다.
>
> ③ 형사(刑事), 행형(行刑) 및 보안처분 관계 법령에 따라 행하는 사항이나 외국인의 출입국·난민인정·귀화·국적회복에 관한 사항에 관하여는 이 절을 적용하지 아니한다.

20 난도 ★★★ 정답 ④

행정작용법 > 행정행위

정답의 이유

④ 회사 분할 시 특별한 규정이 없는 한 신설회사에 대하여 분할하는 회사의 분할 전 하도급거래 공정화에 관한 법률(이하 '하도급법'이라 한다) 위반행위를 이유로 하도급법 제25조 제1항에 따른 시정조치를 명하는 것은 허용되지 않는다(대판 2023.6.15. 2021두55159).

오답의 이유

① 영업장 면적이 변경되었음에도 그에 관한 신고의무가 이행되지 않은 영업을 양수한 자 역시 그와 같은 신고의무를 이행하지 않은 채 영업을 계속한다면 시정명령 또는 영업정지 등 제재처분의 대상이 될 수 있다(대판 2020.3.26. 2019두38830).

② 불법증차를 실행한 운송사업자로부터 운송사업 영업을 양수하고 화물자동차법 제16조 제1항에 따른 신고를 하여 화물자동차법 제16조 제4항에 따라 운송사업자의 지위를 승계한 경우에는 설령 양수인이 영업양도·양수 대상에 불법증차 차량이 포함되어 있는지를 구체적으로 알지 못하였다 할지라도, 양수인은 불법증차 차량이라는 물적 자산과 그에 대한 운송사업자로서의 책임까지 포괄적으로 승계하는 것이다(헌결 2019.9.26. 2017헌바397 등 참조). 따라서 관할 행정청은 양수인의 선의·악의를 불문하고 양수인에 대하여 불법증차 차량에 관하여 지급된 유가보조금의 반환을 명할 수 있다. 다만 그에 따른 양수인의 책임범위는 지위 승계 후 발생한 유가보조금 부정수급액에 한정된다(대판 2021.7.21. 2018두49789).

③ 구 여객자동차 운수사업법 제14조 제4항에 의하면 개인택시운송사업을 양수한 사람은 양도인의 운송사업자로서의 지위를 승계하므로, 관할 관청은 개인택시 운송사업의 양도·양수에 대한 인가를 한 후에도 그 양도·양수 이전에 있었던 양도인에 대한 운송사업면허 취소사유를 들어 양수인의 사업면허를 취소할 수 있다(대판 2010.11.11. 2009두14934).

행정법총론 | 2024년 국가직 9급

한눈에 훑어보기

영역 분석

영역	문항
행정법통론 3문항, 15%	01 08 12
행정작용법 7문항, 35%	05 14 15 16 17 18 19
행정과정의 규율 2문항, 10%	02 04
실효성 확보수단 3문항, 15%	06 07 13
손해전보 2문항, 10%	03 10
행정쟁송 2문항, 10%	11 20
단원종합 1문항, 5%	09

빠른 정답

01	02	03	04	05	06	07	08	09	10
③	③	②	③	①	②	③	①	①	④
11	**12**	**13**	**14**	**15**	**16**	**17**	**18**	**19**	**20**
③	③	①	②	②	④	④	④	③	④

점수 체크

구분	1회독	2회독	3회독
맞힌 문항 수	/ 20	/ 20	/ 20
나의 점수	점	점	점

01 난도 ★★☆ 정답 ③

행정법통론 > 행정상 법률관계

정답의 이유

③ 법령 등을 공포한 날부터 일정 기간이 경과한 날부터 시행하는 경우 법령 등을 공포한 날을 첫날에 산입하지 아니한다(행정기본법 제7조 제2호).

오답의 이유

① 행정기본법 제6조 제1항

② 행정기본법 제7조 제3호

> 제7조(법령 등 시행일의 기간 계산)
> 법령 등(훈령 · 예규 · 고시 · 지침 등을 포함한다. 이하 이 조에서 같다)의 시행일을 정하거나 계산할 때에는 다음 각 호의 기준에 따른다.
> 1. 법령 등을 공포한 날부터 시행하는 경우에는 공포한 날을 시행일로 한다.
> 2. 법령 등을 공포한 날부터 일정 기간이 경과한 날부터 시행하는 경우 법령 등을 공포한 날을 첫날에 산입하지 아니한다.
> 3. 법령 등을 공포한 날부터 일정 기간이 경과한 날부터 시행하는 경우 그 기간의 말일이 토요일 또는 공휴일인 때에는 그 말일로 기간이 만료한다.

④ 행정기본법 제6조 제2항 제1호

> 제6조(행정에 관한 기간의 계산)
> ② 법령 등 또는 처분에서 국민의 권익을 제한하거나 의무를 부과하는 경우 권익이 제한되거나 의무가 지속되는 기간의 계산은 다음 각 호의 기준에 따른다. 다만, 다음 각 호의 기준에 따르는 것이 국민에게 불리한 경우에는 그러하지 아니하다.
> 1. 기간을 일, 주, 월 또는 연으로 정한 경우에는 기간의 첫날을 산입한다.
> 2. 기간의 말일이 토요일 또는 공휴일인 경우에도 기간은 그 날로 만료한다.

02 난도 ★★☆ 정답 ③

행정과정의 규율 > 행정절차

정답의 이유

③ 공무원 인사관계 법령에 의한 처분에 관한 사항 전부에 대하여 행정절차법의 적용이 배제되는 것이 아니라 성질상 행정절차를 거치기 곤란하거나 불필요하다고 인정되는 처분이나 행정절차에 준하는 절차를 거치도록 하고 있는 처분의 경우에만 행정절차법의 적용이 배제된다. 따라서 군인사법령에 의하여 진급예정자명단에 포함된 자에 대하여 의견제출의 기회를 부여하지 아니한 채 진급선발을 취소하는 처분을 한 것이 절차상 하자가 있어 위법하다(대판 2007.9.21, 2006두20631).

오답의 이유

① 행정절차법 제30조

> 제30조(청문의 공개)
> 청문은 당사자가 공개를 신청하거나 청문 주재자가 필요하다고 인정하는 경우 공개할 수 있다. 다만, 공익 또는 제3자의 정당한 이익을 현저히 해칠 우려가 있는 경우에는 공개하여서는 아니 된다.

② 대판 2002.5.17, 2000두8912

④ 대판 1987.2.10, 86누91

03 난도 ★★☆ 정답 ②

손해전보 > 행정상 손해배상

정답의 이유

② 헌법재판소 재판관이 청구기간 내에 제기된 헌법소원심판청구 사건에서 청구기간을 오인하여 각하결정을 한 경우, 이에 대한 불복절차 내지 시정절차가 없는 때에는 국가배상책임(위법성)을 인정할 수 있다(대판 2003.7.11, 99다24218).

오답의 이유

① 국가배상청구의 요건인 '공무원의 직무'에는 권력적 작용만이 아니라 비권력적 작용도 포함되며 단지 행정주체가 사경제주체로서 하는 활동만 제외된다(대판 2001.1.5, 98다39060).

③ 다른 법령에 따라 지급받은 급여와의 조정에 관한 조항을 두고 있지 아니한 보훈보상대상자 지원에 관한 법률과 달리, 군인연금법 제41조 제1항은 "다른 법령에 따라 국가나 지방자치단체의 부담으로 이 법에 따른 급여와 같은 종류의 급여를 받은 사람에게는 그 급여금에 상당하는 금액에 대하여는 이 법에 따른 급여를 지급하지 아니한다."라고 명시적으로 규정하고 있다. 나아가 군인연금법이 정하고 있는 급여 중 사망보상금(군인연금법 제31조)은 일실손해의 보전을 위한 것으로 불법행위로 인한 소극적 손해배상과 같은 종류의 급여라고 봄이 타당하므로 피고에게 군인연금법 제41조 제1항에 따라 원고가 받은 손해배상금 상당 금액에 대하여는 사망보상금을 지급할 의무가 존재하지 아니한다(대판 2018.7.20, 2018두36691).

④ 국가배상법은 외국인이 피해자인 경우에는 해당 국가와 상호 보증이 있을 때에만 적용한다(국가배상법 제7조).

04 난도 ★★☆ 정답 ③

행정과정의 규율 > 정보공개와 개인정보 보호

정답의 이유

③ '2002년도 및 2003년도 국가 수준 학업성취도평가 자료'는 공공기관의 정보공개에 관한 법률 제9조 제1항 제5호에서 정한 비공개대상정보에 해당하는 부분이 있으나, '2002학년도부터 2005학년도까지의 대학수학능력시험 원데이터'는 연구목적으로 그 정보의 공개를 청구하는 경우 위 조항의 비공개대상정보에 해당하지 않는다(대판 2010.2.25, 2007두9877).

오답의 이유

① 대판 2010.6.10, 2010두2913

② 정보공개를 청구하는 자가 공공기관에 대해 정보의 사본 또는 출력물의 교부의 방법으로 공개방법을 선택하여 정보공개청구를 한 경우에 공개청구를 받은 공공기관으로서는 법 제8조 제2항에서 규정한 정보의 사본 또는 복제물의 교부를 제한할 수 있는 사유에 해당하지 않는 한 정보공개청구자가 선택한 공개방법에 따라 정보를 공개하여야 하므로 그 공개방법을 선택할 재량권이 없다고 해석함이 상당하다(대판 2004.8.20, 2003두8302).

④ 공공기관의 정보공개에 관한 법률 제7조 제1항 제6호 단서 (다)목 소정의 '공개하는 것이 공익을 위하여 필요하다고 인정되는 정보'에 해당하는지 여부는 비공개에 의하여 보호되는 개인의 사생활 보호 등의 이익과 공개에 의하여 보호되는 국정운영의 투명성 확보 등의 공익을 비교·교량하여 구체적 사안에 따라 신중히 판단하여야 한다(대판 2003.3.11, 2001두6425).

05 난도 ★★☆ 정답 ①

행정작용법 > 행정행위

정답의 이유

① 소멸시효는 객관적으로 권리가 발생하여 그 권리를 행사할 수 있는 때로부터 진행하고 그 권리를 행사할 수 없는 동안만은 진행하지 아니하는데, 여기서 권리를 행사할 수 없는 경우라 함은 그 권리행사에 법률상의 장애사유가 있는 경우를 말하는데, 변상금 부과처분에 대한 취소소송이 진행 중이라도 그 부과권자로서는 위법한 처분을 스스로 취소하고 그 하자를 보완하여 다시 적법한 부과처분을 할 수도 있는 것이어서 그 권리행사에 법률상의 장애사유가 있는 경우에 해당한다고 할 수 없으므로, 그 처분에 대한 취소소송이 진행되는 동안에도 그 부과권의 소멸시효가 진행된다(대판 2006.2.10, 2003두5686).

오답의 이유

② 행정기본법 제19조 제1항 제2호

> 제19조(적법한 처분의 철회)
> ① 행정청은 적법한 처분이 다음 각 호의 어느 하나에 해당하는 경우에는 그 처분의 전부 또는 일부를 장래를 향하여 철회할 수 있다.
> 1. 법률에서 정한 철회 사유에 해당하게 된 경우
> 2. 법령 등의 변경이나 사정변경으로 처분을 더 이상 존속시킬 필요가 없게 된 경우
> 3. 중대한 공익을 위하여 필요한 경우

③ 개별토지에 대한 가격결정도 행정처분에 해당하며, 원래 행정처분을 한 처분청은 그 행위에 하자가 있는 경우에는 원칙적으로 별도의 법적 근거가 없더라도 스스로 이를 직권으로 취소할 수 있는 것이고, 행정처분에 대한 법정의 불복기간이 지나면 직권으로도 취소할 수 없게 되는 것은 아니므로, 처분청은 토지에 대한 개별토지가격의 산정에 명백한 잘못이 있다면 이를 직권으로 취소할 수 있으며, 개별토지가격합동조사지침 제12조의3에서 토지특성조사의 착오 또는 위산·오기 등 지가산정에 명백한 잘못이 있는 경우에 경정결정이 가능한 것으로 예시하고 있는 것처럼, 비교표준지 선정의 잘못으로 인하여 개별토지가격의 산정이 명백히 잘못된 경우도 개별토지가격합동조사지침 제12조의3의 규정에 의하여 개별토지의 가격결정에 대한 직권취소가 가능하다(대판 1995.9.15, 95누6311).

④ 행정기본법 제18조 제1항

> 제18조(위법 또는 부당한 처분의 취소)
> ① 행정청은 위법 또는 부당한 처분의 전부나 일부를 소급하여 취소할 수 있다. 다만, 당사자의 신뢰를 보호할 가치가 있는 등 정당한 사유가 있는 경우에는 장래를 향하여 취소할 수 있다.

06 난도 ★★★ 정답 ②

실효성 확보수단 > 새로운 의무이행확보수단

정답의 이유

② 과징금 납부 의무자는 법 제29조 각 호 외의 부분 단서에 따라 과징금 납부기한을 연기하거나 과징금을 분할 납부하려는 경우에는 납부기한 10일 전까지 과징금 납부기한의 연기나 과징금의 분할 납부를 신청하는 문서에 같은 조 각 호의 사유를 증명하는 서류를 첨부하여 행정청에 신청해야 한다(행정기본법 시행령 제7조 제1항).

오답의 이유

① 구 독점규제 및 공정거래에 관한 법률(1999.2.5. 법률 제5813호로 개정되기 전의 것) 제23조 제1항 제7호, 같은 법 제24조의2 소정의 부당지원행위를 한 지원주체에 대한 과징금은 그 취지와 기능, 부과의 주체와 절차 등을 종합할 때 부당지원행위의 억지(抑止)라는 행정목적을 실현하기 위한 입법자의 정책적 판단에 기하여 그 위반행위에 대하여 제재를 가하는 행정상의 제재금으로서의 기본적 성격에 부당이득환수적 요소도 부가되어 있는 것이라고 할 것이어서 그것이 헌법 제13조 제1항에서 금지하는 국가형벌권 행사로서의 처벌에 해당한다고 할 수 없다(대판 2004.4.9. 2001두6197).

③ 관할 행정청이 여객자동차운송사업자의 여러 가지 위반행위를 인지하였다면 그 전부에 대하여 일괄하여 5,000만 원의 최고한도 내에서 하나의 과징금 부과처분을 하는 것이 원칙이고, 인지한 여러 가지 위반행위 중 일부에 대해서만 우선 과징금 부과처분을 하고 나머지에 대해서는 차후에 별도의 과징금 부과처분을 하는 것은 다른 특별한 사정이 없는 한 허용되지 않는다(대판 2021.2.4. 2020두48390).

④ 행정기본법 제28조 제2항

> 제28조(과징금의 기준)
> ② 과징금의 근거가 되는 법률에는 과징금에 관한 다음 각 호의 사항을 명확하게 규정하여야 한다.
> 1. 부과·징수 주체
> 2. 부과 사유
> 3. 상한액
> 4. 가산금을 징수하려는 경우 그 사항
> 5. 과징금 또는 가산금 체납 시 강제징수를 하려는 경우 그 사항

07 난도 ★★★ 정답 ③

실효성 확보수단 > 행정강제

정답의 이유

㉠ 피수용자 등이 기업자에 대하여 부담하는 수용대상 토지의 인도의무에 관한 구 토지수용법(2002.2.4. 법률 제6656호 공익사업을 위한 토지 등의 취득 및 보상에 관한 법률 부칙 제2조로 폐지) 제63조, 제64조, 제77조 규정에서의 '인도'에는 명도도 포함되는 것으로 보아야 하고, 이러한 명도의무는 그것을 강제적으로 실현하면서 직접적인 실력행사가 필요한 것이지 대체적 작위의무라고 볼 수 없으므로 특별한 사정이 없는 한 행정대집행법에 의한 대집행의 대상이 될 수 있는 것이 아니다(대판 2005.8.19. 2004다2809).

㉡ 관계 법령상 행정대집행의 절차가 인정되어 행정청이 행정대집행의 방법으로 건물의 철거 등 대체적 작위의무의 이행을 실현할 수 있는 경우에는 따로 민사소송의 방법으로 그 의무의 이행을 구할 수 없다(대판 2017.4.28. 2016다213916).

㉣ 행정청이 행정대집행의 방법으로 건물철거의무의 이행을 실현할 수 있는 경우에는 건물철거 대집행 과정에서 부수적으로 건물의 점유자들에 대한 퇴거 조치를 할 수 있고, 점유자들이 적법한 행정대집행을 위력을 행사하여 방해하는 경우 형법상 공무집행방해죄가 성립하므로, 필요한 경우에는 '경찰관 직무집행법'에 근거한 위험발생 방지조치 또는 형법상 공무집행방해죄의 범행방지 내지 현행범체포의 차원에서 경찰의 도움을 받을 수도 있다(대판 2017.4.28. 2016다213916).

오답의 이유

㉢ 구 토지수용법(2002.2.4. 법률 제6656호 공익사업을 위한 토지 등의 취득 및 보상에 관한 법률 부칙 제2조로 폐지) 제63조의 규정에 따라 피수용자 등이 기업자에 대하여 부담하는 수용대상

토지의 인도 또는 그 지장물의 명도의무 등이 비록 공법상의 법률관계라고 하더라도, 그 권리를 피보전권리로 하는 명도단행가처분은 그 권리에 끼칠 현저한 손해를 피하거나 급박한 위험을 방지하기 위하여 또는 그 밖의 필요한 이유가 있을 경우에는 허용될 수 있다(대판 2005.8.19, 2004다2809).

더 알아보기

행정의 실효성 확보수단의 종류

행정상 강제집행	대집행, 직접강제, 이행강제금(집행벌), 행정상 강제징수	
행정상 즉시강제	–	
행정조사	–	
행정벌	행정형벌, 행정질서벌	
새로운 실효성 확보 수단	금전상 제재	과징금, 가산세, 가산금
	비금전상 제재	명단공표, 공급거부, 관허사업 제한, 시정명령

08 난도 ★★☆ 정답 ①

행정법통론 > 행정 · 행정법

정답의 이유

① 개발이익환수에 관한 법률에 정한 개발사업을 시행하기 전에, 행정청이 토지 지상에 예식장 등을 건축하는 것이 관계 법령상 가능한지 여부를 질의하는 민원예비심사에 대하여 관련부서 의견으로 개발이익환수에 관한 법률에 '저촉사항 없음'이라고 기재하였다고 하더라도, 이후의 개발부담금부과처분에 관하여 신뢰보호의 원칙을 적용하기 위한 요건인, 개인에 대하여 신뢰의 대상이 되는 공적인 견해표명을 한 것이라고는 보기 어렵다(대판 2006.6.9, 2004두46).

오답의 이유

② 대판 2008.10.9, 2008두6127

③ 대판 2008.5.29, 2004다33469

④ 대판 2003.6.27, 2002두6965

09 난도 ★★☆ 정답 ①

단원종합

정답의 이유

① 과징금 부과처분이 법이 정한 한도액을 초과하여 위법할 경우 법원으로서는 그 전부를 취소할 수밖에 없고, 그 한도액을 초과한 부분이나 법원이 적정하다고 인정되는 부분을 초과한 부분만을 취소할 수는 없다(대판 1993.7.27, 93누1077).

오답의 이유

② 대판 2009.1.30, 2007두7277

③ 원심판결 이유와 기록에 의하면, 피고가 2008.12.31. 원고에 대하여 한 공사낙찰적격심사 감점처분(이하 '이 사건 감점조치'라 한다)의 근거로 내세운 규정은 피고의 공사낙찰적격심사세부기준(이하 '이 사건 세부기준'이라 한다) 제4조 제2항인 사실, 이 사건 세부기준은 공공기관의 운영에 관한 법률 제39조 제1항, 제3항, 구 공기업 · 준정부기관 계약사무규칙(2009.3.5. 기획재정부령 제59호로 개정되기 전의 것, 이하 같다) 제12조에 근거하고 있으나, 이러한 규정은 공공기관이 사인과 사이의 계약관계를 공정하고 합리적 · 효율적으로 처리할 수 있도록 관계 공무원이 지켜야 할 계약사무처리에 관한 필요한 사항을 규정한 것으로서 공공기관의 내부규정에 불과하여 대외적 구속력이 없는 것임을 알 수 있다(대판 2014.12.24, 2010두6700).

④ 식품위생법과 건축법은 그 입법 목적, 규정사항, 적용범위 등을 서로 달리하고 있어 식품접객업에 관하여 식품위생법이 건축법에 우선하여 배타적으로 적용되는 관계에 있다고는 해석되지 않는다. 그러므로 식품위생법에 따른 식품접객업(일반음식점영업)의 영업신고의 요건을 갖춘 자라고 하더라도, 그 영업신고를 한 당해 건축물이 건축법 소정의 허가를 받지 아니한 무허가 건물이라면 적법한 신고를 할 수 없다(대판 2009.4.23, 2008도6829).

10 난도 ★★☆ 정답 ④

손해전보 > 행정상 손실보상

정답의 이유

④ 어떤 보상항목이 공익사업을 위한 토지 등의 취득 및 보상에 관한 법령상 손실보상대상에 해당함에도 관할 토지수용위원회가 사실을 오인하거나 법리를 오해함으로써 손실보상대상에 해당하지 않는다고 잘못된 내용의 재결을 한 경우에는, 피보상자는 관할 토지수용위원회를 상대로 그 재결에 대한 취소소송을 제기할 것이 아니라, 사업시행자를 상대로 공익사업을 위한 토지 등의 취득 및 보상에 관한 법률 제85조 제2항에 따른 보상금증감소송을 제기하여야 한다(대판 2019.11.28, 2018두227).

오답의 이유

① 대판 2006.1.27, 2003두13106

② 토지보상법 제85조 제2항은 토지소유자 등이 보상금 증액 청구의 소를 제기할 때에는 사업시행자를 피고로 한다고 규정하고 있다. 위 규정에 따른 보상금 증액 청구의 소는 토지소유자 등이 사업시행자를 상대로 제기하는 당사자소송의 형식을 취하고 있지만, 토지수용위원회의 재결 중 보상금 산정에 관한 부분에 불복하여 그 증액을 구하는 소이므로 실질적으로는 재결을 다투는 항고소송의 성질을 가진다(대판 2022.11.24, 2018두67 전합).

③ 제83조에 따른 이의의 신청이나 제85조에 따른 행정소송의 제기는 사업의 진행 및 토지의 수용 또는 사용을 정지시키지 아니한다(공익사업을 위한 토지 등의 취득 및 보상에 관한 법률 제88조).

11 난도 ★★☆ 정답 ③

행정쟁송 > 행정심판

정답의 이유

③ 당사자의 신청을 받아들이지 않은 거부처분이 재결에서 취소된 경우에 행정청은 종전 거부처분 또는 재결 후에 발생한 새로운 사유를 내세워 다시 거부처분을 할 수 있다(대판 2017.10.31, 2015두45045).

오답의 이유

① 대판 1997.5.30, 96누14678

② 행정처분이나 행정심판재결이 불복기간의 경과로 인하여 확정될 경우, 그 확정력은 그 처분으로 인하여 법률상 이익을 침해받은 자가 당해 처분이나 재결의 효력을 더이상 다툴 수 없다는 의미일 뿐, 더 나아가 판결에 있어서와 같은 기판력이 인정되는 것은 아니어서 그 처분의 기초가 된 사실관계나 법률적 판단이 확정되고 당사자들이나 법원이 이에 기속되어 모순되는 주장이나 판단을 할 수 없게 되는 것은 아니다(대판 1994.11.8, 93누21927).

④ 교원소청심사위원회(이하 '위원회'라 한다)의 결정은 처분청에 대하여 기속력을 가지고 이는 그 결정의 주문에 포함된 사항뿐 아니라 그 전제가 된 요건사실의 인정과 판단, 즉 처분 등의 구체적 위법사유에 관한 판단에까지 미친다(대판 2013.7.25, 2012두12297).

12 난도 ★★☆ 정답 ③

행정법통론 > 행정법관계

정답의 이유

㉡ 음주운전으로 적발된 주취운전자가 도로 밖으로 차량을 이동하겠다며 단속경찰관으로부터 보관중이던 차량열쇠를 반환받아 몰래 차량을 운전하여 가던 중 사고를 일으킨 경우, 국가배상책임을 인정한다(대판 1998.5.8, 97다54482).

㉢ 행정처분의 직접 상대방이 아닌 제3자라도 당해 행정처분의 취소를 구할 법률상의 이익이 있는 경우에는 원고적격이 인정되는데, 여기서 말하는 법률상의 이익은 당해 처분의 근거 법률에 의하여 보호되는 직접적이고 구체적인 이익이 있는 경우를 말하고, 다만 공익보호의 결과로 국민 일반이 공통적으로 가지는 추상적, 평균적, 일반적인 이익과 같이 간접적이나 사실적, 경제적 이해관계를 가지는데 불과한 경우는 여기에 포함되지 않는다(대판 1995.9.26, 94누14544).

오답의 이유

㉠ 공개청구의 취지에 어긋나지 아니하는 범위 안에서 비공개대상 정보에 해당하는 부분과 공개가 가능한 부분을 분리할 수 있다고 함은, 이 두 부분이 물리적으로 분리가능한 경우를 의미하는 것이 아니고 당해 정보의 공개방법 및 절차에 비추어 당해 정보에서 비공개대상 정보에 관련된 기술 등을 제외 내지 삭제하고 그 나머지 정보만을 공개하는 것이 가능하고 나머지 부분의 정보만으로도 공개의 가치가 있는 경우를 의미한다(대판 2004.12.9, 2003두12707).

㉣ 2종 교과용 도서에 대하여 검정신청을 하였다가 불합격결정처분을 받은 뒤 그 처분이 위법하다 하여 이의 취소를 구하면서 위 처분 당시 시행중이던 구 교과용 도서에관한규정(1988.8.22. 대통령령 제12508호로 개정되기 전의 것) 제19조에 "2종 도서의 합격종수는 교과목 당 5종류 이내로 한다"고 규정되어 있음을 들어 위 처분과 같은 때에 행하여진 수학, 음악, 미술, 한문, 영어과목의 교과용 도서에 대한 합격결정처분의 취소를 구하고 있으나 원고들은 각 한문, 영어, 음악과목에 관한 교과용 도서에 대하여 검정신청을 하였던 자들이므로 자신들이 검정신청한 교과서의 과목과 전혀 관계가 없는 수학, 미술과목의 교과용 도서에 대한 합격결정처분에 대하여는 그 취소를 구할 법률상의 이익이 없다(대판 1992.4.24, 91누6634).

13 난도 ★★☆ 정답 ①

실효성 확보수단 > 행정벌

정답의 이유

① 지방자치단체 소속 공무원이 압축트럭 청소차를 운전하여 고속도로를 운행하던 중 제한축중을 초과 적재 운행함으로써 도로관리청의 차량운행제한을 위반한 사안에서, 해당 지방자치단체가 도로법 제86조의 양벌규정에 따른 처벌대상이 된다(대판 2005.11.10, 2004도2657).

오답의 이유

② 구 개인정보 보호법은 제2조 제5호, 제6호에서 공공기관 중 법인격이 없는 '중앙행정기관 및 그 소속 기관' 등을 개인정보처리자 중 하나로 규정하고 있으면서도, 양벌규정에 의하여 처벌되는 개인정보처리자로는 같은 법 제74조 제2항에서 '법인 또는 개인'만을 규정하고 있을 뿐이고, 법인격 없는 공공기관에 대하여도 위 양벌규정을 적용할 것인지 여부에 대하여는 명문의 규정을 두고 있지 않으므로, 죄형법정주의의 원칙상 '법인격 없는 공공기관'을 위 양벌규정에 의하여 처벌할 수 없고, 그 경우 행위자 역시 위 양벌규정으로 처벌할 수 없다고 봄이 타당하다(대판 2021.10.28, 2020도1942).

③ 질서위반행위규제법 제5조

> **제5조(다른 법률과의 관계)**
> 과태료의 부과 · 징수, 재판 및 집행 등의 절차에 관한 다른 법률의 규정 중 이 법의 규정에 저촉되는 것은 이 법으로 정하는 바에 따른다

④ 질서위반행위규제법 제38조 제1항

> **질서위반행위규제법 제38조(항고)**
> ① 당사자와 검사는 과태료 재판에 대하여 즉시항고를 할 수 있다. 이 경우 항고는 집행정지의 효력이 있다.

더 알아보기

행정벌과 이행강제금 비교

구분	행정벌	이행강제금
규제 대상	과거 위반에 대한 제재	장래의 의무를 심리적으로 강제
반복 부과 여부	반복하여 부과 불가	반복적으로 부과 가능
납부 면제 여부	나중에 의무 이행하여도 과태료 납부 등의 면제 불가	기간 내 의무이행이 이루어지면 원칙적으로 강제금 납부 면제

14 난도 ★★☆ 정답 ②

행정작용법 > 행정행위

정답의 이유

㉠ 과세처분과 압류처분은 별개의 행정처분이므로 선행처분인 과세처분이 당연무효인 경우를 제외하고는 과세처분의 하자를 이유로 후속 체납처분인 압류처분의 효력을 다툴 수 없다(대판 2012.2.16, 2010두10907 전합).

㉡ 과세처분 근거규정이 직접 적용되지 않고 체납처분 관련 규정이 적용될 뿐이므로, 과세처분 근거규정에 대한 위헌결정의 기속력은 체납처분과는 무관하고 이에 미치지 않는다고 보아야 한다(대판 2012.2.16, 2010두10907).

오답의 이유

㉢ 구 헌법재판소법(2011.4.5. 법률 제10546호로 개정되기 전의 것) 제47조 제1항은 "법률의 위헌결정은 법원 기타 국가기관 및 지방자치단체를 기속한다."고 규정하고 있는데, 이러한 위헌결정의 기속력과 헌법을 최고규범으로 하는 법질서의 체계적 요청에 비추어 국가기관 및 지방자치단체는 위헌으로 선언된 법률규정에 근거하여 새로운 행정처분을 할 수 없음은 물론이고, 위헌결정 전에 이미 형성된 법률관계에 기한 후속처분이라도 그것이 새로운 위헌적 법률관계를 생성·확대하는 경우라면 이를 허용할 수 없다. 따라서 조세 부과의 근거가 되었던 법률규정이 위헌으로 선언된 경우, 비록 그에 기한 과세처분이 위헌결정 전에 이루어졌고, 과세처분에 대한 제소기간이 이미 경과하여 조세채권이 확정되었으며, 조세채권의 집행을 위한 체납처분의 근거규정 자체에 대하여는 따로 위헌결정이 내려진 바 없다고 하더라도, 위와 같은 위헌결정 이후에 조세채권의 집행을 위한 새로운 체납처분에 착수하거나 이를 속행하는 것은 더 이상 허용되지 않고, 나아가 이러한 위헌결정의 효력에 위배하여 이루어진 체납처분은 그 사유만으로 하자가 중대하고 객관적으로 명백하여 당연무효라고 보아야 한다(대판 2012.2.16, 2010두10907).

15 난도 ★★☆ 정답 ②

행정작용법 > 기타 행정작용

정답의 이유

㉠ 행정기본법 제27조 제1항

> 제27조(공법상 계약의 체결)
> ① 행정청은 법령 등을 위반하지 아니하는 범위에서 행정목적을 달성하기 위하여 필요한 경우에는 공법상 법률관계에 관한 계약(이하 "공법상 계약"이라 한다)을 체결할 수 있다. 이 경우 계약의 목적 및 내용을 명확하게 적은 계약서를 작성하여야 한다.

㉣ 대판 2018.2.13, 2014두11328

오답의 이유

㉡ 계약직공무원에 관한 현행 법령의 규정에 비추어 볼 때, 계약직공무원 채용계약해지의 의사표시는 일반공무원에 대한 징계처분과는 달라서 항고소송의 대상이 되는 처분 등의 성격을 가진 것으로 인정되지 아니하고, 일정한 사유가 있을 때에 국가 또는 지방자치단체가 채용계약 관계의 한쪽 당사자로서 대등한 지위에서 행하는 의사표시로 취급되는 것으로 이해되므로, 이를 징계해고 등에서와 같이 그 징계사유에 한하여 효력 유무를 판단하여야 하거나, 행정처분과 같이 행정절차법에 의하여 근거와 이유를 제시하여야 하는 것은 아니다(대판 2002.11.26, 2002두5948).

㉢ 공익사업을 위한 토지 등의 취득 및 보상에 관한 법령(이하 '공익사업법령'이라고 한다)에 의한 협의취득은 사법상의 법률행위이므로 당사자 사이의 자유로운 의사에 따라 채무불이행책임이나 매매대금 과부족금에 대한 지급의무를 약정할 수 있다(대판 2012.2.23, 2010다91206).

16 난도 ★★☆ 정답 ④

행정작용법 > 행정행위

정답의 이유

④ 행정처분에 부담인 부관을 붙인 경우 부관의 무효화에 의하여 본체인 행정처분 자체의 효력에도 영향이 있게 될 수는 있지만, 그 처분을 받은 사람이 부담의 이행으로 사법상 매매 등의 법률행위를 한 경우에는 그 부관은 특별한 사정이 없는 한 법률행위를 하게 된 동기 내지 연유로 작용하였을 뿐이므로 이는 법률행위의 취소사유가 될 수 있음은 별론으로 하고 그 법률행위 자체를 당연히 무효화하는 것은 아니다(대판 2009.6.25, 2006다18174).

오답의 이유

① 대판 2001.6.15, 99두509
② 대판 1999.5.25, 98다53134
③ 대판 1992.1.21, 91누1264

더 알아보기

부관의 개념 및 기능

개념	주된 행정행위의 수익적 효과를 제한하거나 요건을 보충하기 위한 행정청의 종된 의사표시를 말한다.
기능	행정의 합리성, 유연성과 탄력성을 보장하는 역할을 하지만 행정편의적인 목적으로 남용되는 경우에는 국민의 권익을 침해할 우려가 있으므로 적절한 통제가 필요하다.

17 난도 ★★☆ 정답 ④

행정작용법 > 기타 행정작용

정답의 이유

④ 도시기본계획이라는 것은 도시의 장기적 개발방향과 미래상을 제시하는 도시계획 입안의 지침이 되는 장기적 · 종합적인 개발계획으로서 직접적인 구속력은 없는 것이므로, 도시계획시설결정 대상면적이 도시기본계획에서 예정했던 것보다 증가하였다 하여 그것이 도시기본계획의 범위를 벗어나 위법하다고 할 수 없다(대판 1998.11.27, 96누13927).

오답의 이유

① 대판 2021.7.29, 2021두33593

② 행정청이 행정계획을 입안 · 결정할 때 이익형량을 전혀 행하지 아니하거나 이익형량의 고려 대상에 마땅히 포함시켜야 할 사항을 누락한 경우 또는 이익형량을 하였으나 정당성과 객관성이 결여된 경우에는 그 행정계획 결정은 이익형량에 하자가 있어 위법하게 될 수 있다(대판 2021.7.29, 2021두33593).

③ 대판 2000.9.8, 99두11257

18 난도 ★★★ 정답 ④

행정작용법 > 행정행위

정답의 이유

④ 공익법인의 기본재산의 처분에 관한 공익법인의 설립 · 운영에 관한 법률 제11조 제3항의 규정은 강행규정으로서 이에 위반하여 주무관청의 허가를 받지 않고 기본재산을 처분하는 것은 무효라 할 것인데, 위 처분허가에 부관을 붙인 경우 그 처분허가의 법률적 성질이 형성적 행정행위로서의 인가에 해당한다고 하여 조건으로서의 부관의 부과가 허용되지 아니한다고 볼 수는 없다(대판 2005.9.28, 2004다50044).

오답의 이유

① 대판 2020.6.11, 2020두34384

② 대판 2017.12.5, 2016두42913

③ 자동차관리법상 조합 등 설립인가 제도의 입법 취지, 조합 등에 대하여 인가권자가 가지는 지도 · 감독 권한의 범위 등과 아울러 자동차관리법상 조합 등 설립인가에 관하여 구체적인 기준이 정하여져 있지 않은 점에 비추어 보면, 인가권자인 시 · 도지사 등은 조합 등의 설립인가 신청에 대하여 자동차관리법 제67조 제3항에 정한 설립요건의 충족 여부는 물론, 나아가 조합 등의 사업내용이나 운영계획 등이 자동차관리사업의 건전한 발전과 질서확립이라는 사업자단체 설립의 공익적 목적에 부합하는지 여부 등을 함께 검토하여 설립인가 여부를 결정할 재량을 가진다고 보아야 한다(대판 2015.5.29, 2013두635).

19 난도 ★★☆ 정답 ③

행정작용법 > 행정입법

정답의 이유

③ 일반적으로 법률의 위임에 따라 효력을 갖는 법규명령의 경우에 위임의 근거가 없어 무효였더라도 나중에 법 개정으로 위임의 근거가 부여되면 그때부터는 유효한 법규명령으로 볼 수 있다(대판 2017.4.20, 2015두45700 전합).

오답의 이유

① 행정기본법 제39조 제1항

> 제39조(행정법제의 개선)
> ① 정부는 권한 있는 기관에 의하여 위헌으로 결정되어 법령이 헌법에 위반되거나 법률에 위반되는 것이 명백한 경우 등 대통령령으로 정하는 경우에는 해당 법령을 개선하여야 한다.

② 헌법 제107조 제2항의 규정에 따르면 행정입법의 심사는 일반적인 재판절차에 의하여 구체적 규범통제의 방법에 의하도록 명시하고 있으므로, 당사자는 구체적 사건의 심판을 위한 선결문제로서 행정입법의 위법성을 주장하여 법원에 대하여 당해 사건에 대한 적용 여부의 판단을 구할 수 있을 뿐 행정입법 자체의 합법성의 심사를 목적으로 하는 독립한 신청을 제기할 수는 없다(대판 1994.4.26, 93부32).

④ 법률의 시행령은 모법인 법률에 의하여 위임받은 사항이나, 법률이 규정한 범위 내에서 법률을 현실적으로 집행하는 데 필요한 세부적인 사항만을 규정할 수 있을 뿐, 법률의 위임 없이 법률이 규정한 개인의 권리 · 의무에 관한 내용을 변경 · 보충하거나 법률에서 규정하지 아니한 새로운 내용을 규정할 수 없는 것이다(대판 1999.2.11, 98도2816 전합).

20 난도 ★★☆ 정답 ④

행정쟁송 > 행정소송

정답의 이유

④ 지방자치단체의 장이 공유재산법에 근거하여 기부채납 및 사용 · 수익허가 방식으로 민간투자사업을 추진하는 과정에서 사업시행자를 지정하기 위한 전 단계에서 공모제안을 받아 일정한 심사를 거쳐 우선협상대상자를 선정하는 행위와 이미 선정된 우선협상대상자를 그 지위에서 배제하는 행위는 민간투자사업의 세부내용에 관한 협상을 거쳐 공유재산법에 따른 공유재산의 사용 · 수익허가를 우선적으로 부여받을 수 있는 지위를 설정하거나 또는 이미 설정한 지위를 박탈하는 조치이므로 모두 항고소송의 대상이 되는 행정처분으로 보아야 한다(대판 2020.4.29, 2017두31064).

오답의 이유

① 구 여객자동차 운수사업법(2012.2.1. 법률 제11295호로 개정되기 전의 것) 제51조 제3항에 따라 국토해양부장관 또는 시 · 도지사는 여객자동차 운수사업자가 '거짓이나 부정한 방법으로 지급받은 보조금'에 대하여 반환할 것을 명하여야 하고, 위 규정을 '정상적으로 지급받은 보조금'까지 반환하도록 명할 수 있는 것으로 해석하는 것은 문언의 범위를 넘어서는 것이며, 규정의 형식이나 체재 등에 비추어 보면, 위 환수처분은 국토해양부장관 또는 시 · 도지사가 지급받은 보조금을 반환할 것을 명하여야 하는 기속행위라고 본 원심판단은 정당하다(대판 2013.12.12. 2011두3388).

② 대판 2017.10.12. 2017두48956

③ 사업주가 당연가입자가 되는 고용보험 및 산재보험에서 보험료 납부의무 부존재확인의 소는 공법상의 법률관계 자체를 다투는 소송으로서 공법상 당사자소송이다(대판 2016.10.13. 2016다221658).

행정법총론 | 2024년 지방직 9급

한눈에 훑어보기

영역 분석

행정법통론 01 02
2문항, 10%

행정작용법 07 14 15 16 17
5문항, 25%

행정과정의 규율 09 10
2문항, 10%

실효성 확보수단 05 13 18
3문항, 15%

손해전보 06 08 19
3문항, 15%

행정쟁송 03 04 11 12
4문항, 20%

단원종합 20
1문항, 5%

빠른 정답

01	02	03	04	05	06	07	08	09	10
①	④	④	②	④	①	③	③	①	③
11	12	13	14	15	16	17	18	19	20
②	④	②	②	②	③	④	①	②	①

점수 체크

구분	1회독	2회독	3회독
맞힌 문항 수	/ 20	/ 20	/ 20
나의 점수	점	점	점

01 난도 ★★☆ 정답 ①

행정법통론 > 행정 · 행정법

정답의 이유

① 신뢰보호의 원칙은 행정청이 공적인 견해를 표명할 당시의 사정이 그대로 유지됨을 전제로 적용되는 것이 원칙이므로, 사후에 그와 같은 사정이 변경된 경우에는 그 공적 견해가 더 이상 개인에게 신뢰의 대상이 된다고 보기 어려운 만큼, 특별한 사정이 없는 한 행정청이 그 견해표명에 반하는 처분을 하더라도 신뢰보호의 원칙에 위반된다고 할 수 없다(대판 2020.6.25, 2018두34732).

오답의 이유

② 개인의 귀책사유라 함은 행정청의 견해표명의 하자가 상대방 등 관계자의 사실은폐나 기타 사위의 방법에 의한 신청행위 등 부정행위에 기인한 것이거나 그러한 부정행위가 없다고 하더라도 하자가 있음을 알았거나 중대한 과실로 알지 못한 경우 등을 의미한다고 해석함이 상당하고, 귀책사유의 유무는 상대방과 그로부터 신청행위를 위임받은 수임인 등 관계자 모두를 기준으로 판단하여야 한다(대판 2002.11.8, 2001두1512).

③ 행정청의 공적 견해표명이 있었는지를 판단할 때에는 반드시 행정조직상의 형식적인 권한분장에 구애될 것은 아니고, 담당자의 조직상의 지위와 임무, 해당 언동을 하게 된 구체적인 경위 및 그에 대한 상대방의 신뢰가능성에 비추어 실질에 의하여 판단해야 한다(대판 2024.3.12, 2022두60011).

④ 행정기본법 제12조 제2항

> 제12조(신뢰보호의 원칙)
> ① 행정청은 공익 또는 제3자의 이익을 현저히 해칠 우려가 있는 경우를 제외하고는 행정에 대한 국민의 정당하고 합리적인 신뢰를 보호하여야 한다.
> ② 행정청은 권한 행사의 기회가 있음에도 불구하고 장기간 권한을 행사하지 아니하여 국민이 그 권한이 행사되지 아니할 것으로 믿을 만한 정당한 사유가 있는 경우에는 그 권한을 행사해서는 아니 된다. 다만, 공익 또는 제3자의 이익을 현저히 해칠 우려가 있는 경우는 예외로 한다.

02 난도 ★☆☆ 정답 ④

행정법통론 > 행정 · 행정법

정답의 이유

④ 도시계획구역 내 토지 등을 소유하고 있는 주민으로서는 입안권자에게 도시계획입안을 요구할 수 있는 법규상 또는 조리상의 신청권이 있다고 할 것이고, 이러한 신청에 대한 거부행위는 항고소송의 대상이 되는 행정처분에 해당한다(대판 2004.4.28, 2003두1806).

오답의 이유

① 대판 2006.3.16, 2006두330 전합

② 사회적 기본권의 성격을 가지는 연금수급권은 국가에 대하여 적극적으로 급부를 요구하는 것이므로 헌법규정만으로는 이를 실현할 수 없고, 법률에 의한 형성을 필요로 한다. 연금수급권의 구체적 내용, 즉 수급요건, 수급권자의 범위, 급여금액 등은 법률에 의하여 비로소 확정된다(헌재 1999.4.29, 97헌마333).

③ 행정처분에 있어서 불이익처분의 상대방은 직접 개인적 이익의 침해를 받은 자로서 원고적격이 인정되지만 수익처분의 상대방은 그의 권리나 법률상 보호되는 이익이 침해되었다고 볼 수 없으므로 달리 특별한 사정이 없는 한 취소를 구할 이익이 없다(대판 1995.8.22, 94누8129).

03 난도 ★★☆ 정답 ④

행정쟁송 > 행정소송

정답의 이유

④ 행정처분의 당연무효를 주장하여 그 무효확인을 구하는 소송과 그 무효확인을 구하는 뜻에서 그 처분의 취소를 구하는 소송에 있어서는 그 무효를 구하는 사람(원고)에게 행정처분에 존재하는 하자(위법성)가 중대하고 명백하다는 것을 주장 입증할 책임이 있다(대판 1976.1.13, 75누175).

오답의 이유

① · ③ 행정소송법 제38조 규정에서는 취소판결 등의 기속력에 관한 규정과 취소소송의 집행정지 규정을 준용하고 있다.

> 행정소송법
>
> 제23조(집행정지)
>
> ② 취소소송이 제기된 경우에 처분 등이나 그 집행 또는 절차의 속행으로 인하여 생길 회복하기 어려운 손해를 예방하기 위하여 긴급한 필요가 있다고 인정할 때에는 본안이 계속되고 있는 법원은 당사자의 신청 또는 직권에 의하여 처분 등의 효력이나 그 집행 또는 절차의 속행의 전부 또는 일부의 정지(이하 '執行停止')를 결정할 수 있다. 다만, 처분의 효력정지는 처분 등의 집행 또는 절차의 속행을 정지함으로써 목적을 달성할 수 있는 경우에는 허용되지 아니한다.
>
> ⑥ 제30조 제1항의 규정은 제2항의 규정에 의한 집행정지의 결정에 이를 준용한다.
>
> 제30조(취소판결 등의 기속력)
>
> ① 처분 등을 취소하는 확정판결은 그 사건에 관하여 당사자인 행정청과 그 밖의 관계행정청을 기속한다.
>
> 제38조(준용규정)
>
> ① 제9조, 제10조, 제13조 내지 제17조, 제19조, 제22조 내지 제26조, 제29조 내지 제31조 및 제33조의 규정은 무효등 확인소송의 경우에 준용한다.

② 행정처분의 직접 상대방이 아닌 제3자라 하더라도 당해 행정처분으로 인하여 법률상 보호되는 이익을 침해당한 경우에는 그 처분의 취소나 무효확인을 구하는 행정소송을 제기하여 그 당부의 판단을 받을 자격 즉 원고적격이 있고, 여기에서 말하는 법률상 보호되는 이익은 당해 처분의 근거 법규 및 관련 법규에 의하여 보호되는 개별적 · 직접적 · 구체적 이익을 말하며, 원고적격은 소송요건의 하나이므로 사실심 변론종결시는 물론 상고심에서도 존속하여야 하고 이를 흠결하면 부적법한 소가 된다(대판 2007.4.12, 2004두7924).

04 난도 ★☆☆ 정답 ②

행정쟁송 > 행정소송

정답의 이유

② 조례가 집행행위의 개입 없이도 그 자체로서 직접 국민의 구체적인 권리의무나 법적 이익에 영향을 미치는 등의 법률상 효과를 발생하는 경우 그 조례는 항고소송의 대상이 되는 행정처분에 해당하고, 이러한 조례에 대한 무효확인소송을 제기함에 있어서 행정소송법 제38조 제1항, 제13조에 의하여 피고적격이 있는 처분 등을 행한 행정청은, 행정주체인 지방자치단체 또는 지방자치단체의 내부적 의결기관으로서 지방자치단체의 의사를 외부에 표시한 권한이 없는 지방의회가 아니라, 구 지방자치법(1994.3.16, 법률 제4741호로 개정되기 전의 것) 제19조 제2항, 제92조에 의하여 지방자치단체의 집행기관으로서 조례로서의 효력을 발생시키는 공포권이 있는 지방자치단체의 장이다(대판 1996.9.20, 95누8003).

오답의 이유

① 행정소송법 제13조 제1항

> 제13조(피고적격)
>
> ① 취소소송은 다른 법률에 특별한 규정이 없는 한 그 처분 등을 행한 행정청을 피고로 한다. 다만, 처분 등이 있은 뒤에 그 처분 등에 관계되는 권한이 다른 행정청에 승계된 때에는 이를 승계한 행정청을 피고로 한다.

③ 행정소송법 제14조 제1항

> 제14조(피고경정)
>
> ① 원고가 피고를 잘못 지정한 때에는 법원은 원고의 신청에 의하여 결정으로써 피고의 경정을 허가할 수 있다.

④ 행정처분을 행할 적법한 권한 있는 상급행정청으로부터 내부위임을 받은 데 불과한 하급행정청이 권한 없이 행정처분을 한 경우에도 실제로 그 처분을 행한 하급행정청을 피고로 하여야 할

것이지 그 처분을 행할 적법한 권한 있는 상급행정청을 피고로 할 것은 아니다(대판 1994.8.12. 94누2763).

05 난도 ★☆☆ 정답 ④

실효성 확보수단 > 행정조사

정답의 이유

④ 행정조사기본법 제17조 제1항

> 제17조(조사의 사전통지)
> ① 행정조사를 실시하고자 하는 행정기관의 장은 제9조에 따른 출석요구서, 제10조에 따른 보고요구서 · 자료제출요구서 및 제11조에 따른 현장출입조사서(이하 "출석요구서 등"이라 한다)를 조사개시 7일 전까지 조사대상자에게 서면으로 통지하여야 한다. 다만, 다음 각 호의 어느 하나에 해당하는 경우에는 행정조사의 개시와 동시에 출석요구서 등을 조사대상자에게 제시하거나 행정조사의 목적 등을 조사대상자에게 구두로 통지할 수 있다.
> 1. 행정조사를 실시하기 전에 관련 사항을 미리 통지하는 때에는 증거인멸 등으로 행정조사의 목적을 달성할 수 없다고 판단되는 경우

오답의 이유

① 우편물 통관검사절차에서 이루어지는 우편물의 개봉, 시료채취, 성분분석 등의 검사는 수출입물품에 대한 적정한 통관 등을 목적으로 한 행정조사의 성격을 가지는 것으로서 수사기관의 강제처분이라고 할 수 없으므로, 압수 · 수색영장 없이 우편물의 개봉, 시료채취, 성분분석 등 검사가 진행되었다 하더라도 특별한 사정이 없는 한 위법하다고 볼 수 없다(대법원 2013.9.26. 2013도7718).

② 대판 2011.3.10. 2009두23617, 23624

③ 행정조사기본법 제20조 제2항

> 제20조(자발적인 협조에 따라 실시하는 행정조사)
> ① 행정기관의 장이 제5조 단서에 따라 조사대상자의 자발적인 협조를 얻어 행정조사를 실시하고자 하는 경우 조사대상자는 문서 · 전화 · 구두 등의 방법으로 당해 행정조사를 거부할 수 있다.
> ② 제1항에 따른 행정조사에 대하여 조사대상자가 조사에 응할 것인지에 대한 응답을 하지 아니하는 경우에는 법령 등에 특별한 규정이 없는 한 그 조사를 거부한 것으로 본다.

06 난도 ★☆☆ 정답 ①

손해전보 > 행정상 손해배상

정답의 이유

① 국가배상법 제2조 소정의 '공무원'이라 함은 국가공무원법이나 지방공무원법에 의하여 공무원으로서의 신분을 가진 자에 국한하지 않고, 널리 공무를 위탁받아 실질적으로 공무에 종사하고 있는 일체의 자를 가리키는 것으로서, 공무의 위탁이 일시적이고 한정적인 사항에 관한 활동을 위한 것이어도 달리 볼 것은 아니다(대판 2001.1.5. 98다39060).

오답의 이유

② 국가배상청구의 요건인 '공무원의 직무'에는 권력적 작용만이 아니라 비권력적 작용도 포함되며 단지 행정주체가 사경제주체로서 하는 활동만 제외된다(대판 2001.1.5. 98다39060).

③ 어떠한 행정처분이 후에 항고소송에서 위법한 것으로서 취소되었다고 하더라도 그로써 곧 당해 행정처분이 공무원의 고의 또는 과실에 의한 불법행위를 구성한다고 단정할 수는 없지만, 그 행정처분의 담당공무원이 보통 일반의 공무원을 표준으로 하여 볼 때 객관적 주의의무를 결하여 그 행정처분이 객관적 정당성을 상실하였다고 인정될 정도에 이른 경우에는 국가배상법 제2조 소정의 국가배상책임의 요건을 충족하였다고 보아야 한다(대판 2011.1.27. 2008다30703).

④ 대판 2018.10.25. 2013다44720

더 알아보기

공무원의 인정 범위

공무원에 해당하는 경우	공무원에 해당하지 않는 경우
• 공무수탁사인 • 시 청소차 운전사 • 소집 중인 예비군 • 통장, 청원경찰 • 수산업협동조합 • 별정우체국장, 선장 • 군운전업무 종사자	• 의용소방대원 • 시영버스 운전사 • 한국토지공사(행정주체)

07 난도 ★★☆ 정답 ③

행정작용법 > 행정행위

정답의 이유

㉢ 여객자동차 운수사업법에 의한 개인택시운송사업면허는 특정인에게 권리나 이익을 부여하는 행정행위로서 법령에 특별한 규정이 없는 한 재량행위이고, 그 면허를 위하여 정하여진 순위 내에서의 운전경력인정방법의 기준설정 역시 행정청의 재량에 속한다 할 것이다(대판 2010.1.28. 2009두19137).

㉣ 국적은 국민의 자격을 결정짓는 것이고, 이를 취득한 사람은 국가의 주권자가 되는 동시에 국가의 속인적 통치권의 대상이 되므로, 귀화허가는 외국인에게 대한민국 국적을 부여함으로써 국민으로서의 법적 지위를 포괄적으로 설정하는 행위에 해당한다(대판 2010.10.28. 2010두6496).

오답의 이유

㉠ 변상금 부과처분에 대한 취소소송이 진행중이라도 그 부과권자로서는 위법한 처분을 스스로 취소하고 그 하자를 보완하여 다시 적법한 부과처분을 할 수도 있는 것이어서 그 권리행사에 법률상의 장애사유가 있는 경우에 해당한다고 할 수 없으므로, 그 처분에 대한 취소소송이 진행되는 동안에도 그 부과권의 소멸시효가 진행된다(대판 2006.2.10. 2003두5686).

㉡ 행정청이 도시 및 주거환경정비법 등 관련 법령에 근거하여 행하는 조합설립인가처분은 단순히 사인들의 조합설립행위에 대한 보충행위로서의 성질을 갖는 것에 그치는 것이 아니라 법령상 요건을 갖출 경우 도시 및 주거환경정비법상 주택재건축사업을 시행할 수 있는 권한을 갖는 행정주체(공법인)로서의 지위를 부여하는 일종의 설권적 처분의 성격을 갖는다고 보아야 한다(대판 2009.9.24, 2008다60568).

08 난도 ★★★ 정답 ③

손해전보 > 행정상 손해배상

정답의 이유

③ 군 복무 중 사망한 망인의 유족이 국가배상을 받은 경우, 국가가 사망보상금에서 정신적 손해배상금 상당액까지 공제할 수 있는지 문제 된 사안에서, 사망보상금에서 소극적 손해배상금 상당액을 공제할 수 있을 뿐 이를 넘어 정신적 손해배상금 상당액까지 공제할 수 없다(대판 2022.3.31, 2019두36711).

오답의 이유

① 국가배상법 제9조

> 제9조(소송과 배상신청의 관계)
> 이 법에 따른 손해배상의 소송은 배상심의회에 배상신청을 하지 아니하고도 제기할 수 있다.

② 공무원의 직무상 불법행위로 손해를 받은 국민이 국가 또는 공공단체에 배상을 청구하는 경우 국가 또는 공공단체에 대하여 그의 불법행위를 이유로 손해배상을 구함은 국가배상법이 정한 바에 따른다 하여도 이 역시 민사상의 손해배상 책임을 특별법인 국가배상법이 정한데 불과하며 헌법 제26조 단서는 국가 또는 공공단체가 불법행위로 인한 손해배상책임을 지는 경우 공무원 자신의 책임은 면제되지 아니한다고 규정하여 공무원의 직무상 불법행위로 손해를 받은 국민이 공무원 자신에게 대하여도 직접 그의 불법행위를 이유로 손해배상을 청구할 수 있음을 규정하였다(대판 1972.10.10, 69다701).

④ 일본인 甲이 대한민국 소속 공무원의 위법한 직무집행에 따른 피해에 대하여 국가배상청구를 한 사안에서, 일본 국가배상법 제1조 제1항, 제6조가 국가배상청구권의 발생요건 및 상호보증에 관하여 우리나라 국가배상법과 동일한 내용을 규정하고 있는 점 등에 비추어 우리나라와 일본 사이에 국가배상법 제7조가 정하는 상호보증이 있다(대판 2015.6.11, 2013다208388).

더 알아보기

국가배상과 손실배상의 비교

구분	국가배상	손실보상
의의	위법한 행정작용으로 인하여 국민에게 생명, 신체, 재산상 손해가 발생한 경우	적법한 행정작용으로 인하여 국민에게 재산상 손해가 발생한 경우
정신적 손해(위자료)	긍정	부정
법적 근거	헌법 제29조 / 일반법: 국가배상법	헌법 제23조 제3항 / 일반법 ×
법적 성질	민사소송(판례)	민사소송(원칙, 판례)

09 난도 ★★☆ 정답 ①

행정과정의 규율 > 행정절차

정답의 이유

① 행정절차법 제23조 제2항

> 제23조(처분의 이유 제시)
> ① 행정청은 처분을 할 때에는 다음 각 호의 어느 하나에 해당하는 경우를 제외하고는 당사자에게 그 근거와 이유를 제시하여야 한다.
> 1. 신청 내용을 모두 그대로 인정하는 처분인 경우
> 2. 단순 · 반복적인 처분 또는 경미한 처분으로서 당사자가 그 이유를 명백히 알 수 있는 경우
> 3. 긴급히 처분을 할 필요가 있는 경우
> ② 행정청은 제1항 제2호 및 제3호의 경우에 처분 후 당사자가 요청하는 경우에는 그 근거와 이유를 제시하여야 한다.

오답의 이유

② 육군3사관학교의 사관생도에 대한 징계절차에서 징계심의대상자가 대리인으로 선임한 변호사가 징계위원회 심의에 출석하여 진술하려고 하였음에도, 징계권자나 그 소속 직원이 변호사가 징계위원회의 심의에 출석하는 것을 막았다면 징계위원회 심의 · 의결의 절차적 정당성이 상실되어 그 징계의결에 따른 징계처분은 위법하여 원칙적으로 취소되어야 한다(대판 2018.3.13, 2016두33339).

③ 공무원 인사관계 법령에 의한 처분에 관한 사항이라 하더라도 전부에 대하여 행정절차법의 적용이 배제되는 것이 아니라, 성질상 행정절차를 거치기 곤란하거나 불필요하다고 인정되는 처분이나 행정절차에 준하는 절차를 거치도록 하고 있는 처분의 경우에만 행정절차법의 적용이 배제되는 것으로 보아야 하고, 이러한 법리는 '공무원 인사관계 법령에 의한 처분'에 해당하는 별정직 공무원에 대한 직권면직 처분의 경우에도 마찬가지로 적용된다(대판 2013.1.16, 2011두30687).

④ 군인사법령에 의하여 진급예정자명단에 포함된 자에 대하여 의견제출의 기회를 부여하지 아니한 채 진급선발을 취소하는 처분을 한 것이 절차상 하자가 있어 위법하다(대판 2007.9.21, 2006두20631).

10 난도 ★☆☆ 정답 ③

행정과정의 규율 > 정보공개와 개인정보 보호

정답의 이유

③ 공공기관의 정보공개에 관한 법률 제2조 제3호 마목, 시행령 제2조 제1호

> 제2조(정의)
> 3. "공공기관"이란 다음 각 목의 기관을 말한다.
> 마. 그 밖에 대통령령으로 정하는 기관
>
> 제2조(공공기관의 범위)
> 「공공기관의 정보공개에 관한 법률」 제2조 제3호 마목에서 "대통령령으로 정하는 기관"이란 다음 각 호의 기관 또는 단체를 말한다.
> 1. 「유아교육법」, 「초 · 중등교육법」, 「고등교육법」에 따른 각급 학교 또는 그 밖의 다른 법률에 따라 설치된 학교

오답의 이유

① 공공기관의 정보공개에 관한 법률 제10조 제1항 제2호는 정보의 공개를 청구하는 자는 정보공개청구서에 '공개를 청구하는 정보의 내용' 등을 기재할 것을 규정하고 있는바, 청구대상정보를 기재함에 있어서는 사회일반인의 관점에서 청구대상정보의 내용과 범위를 확정할 수 있을 정도로 특정함을 요한다(대판 2007.6.1, 2007두2555).

② 대판 2016.11.10, 2016두44674

④ 공공기관의 정보공개에 관한 법률 제13조 제4항

> 제13조(정보공개 여부 결정의 통지)
> ④ 공공기관은 제1항에 따라 정보를 공개하는 경우에 그 정보의 원본이 더럽혀지거나 파손될 우려가 있거나 그 밖에 상당한 이유가 있다고 인정할 때에는 그 정보의 사본 · 복제물을 공개할 수 있다.

11 난도 ★★★ 정답 ②

행정쟁송 > 행정소송

정답의 이유

② 타인 사이의 항고소송에서 소송의 결과에 관하여 이해관계가 있다고 주장하면서 민사소송법(2002.1.26. 법률 제6626호로 전문 개정된 것) 제71조에 의한 보조참가를 할 수 있는 제3자는 민사소송법상의 당사자능력 및 소송능력을 갖춘 자이어야 하므로 그러한 당사자능력 및 소송능력이 없는 행정청으로서는 민사소송법상의 보조참가를 할 수는 없고, 다만 행정소송법 제17조 제1항에 의한 소송참가를 할 수 있을 뿐이다(대판 2002.9.24, 99두1519).

> **더 알아보기**
>
> 제3자의 소송참가 요건
> 제3자의 소송참가가 허용되기 위하여는 당해 소송의 결과에 따라 제3자의 권리 또는 이익이 침해되어야 하고, 이때의 이익은 법률상 이익을 말하며 단순한 사실상의 이익이나 경제상의 이익은 포함되지 않는다(대판 2008.5.29, 2007두23873).

오답의 이유

① 대판 2017.3.9, 2013두16852

③ 대판 1999.12.7, 97누17568

④ 건설교통부장관은 지방자치단체의 장이 기관위임사무인 국토이용계획 사무를 처리함에 있어 자신과 의견이 다를 경우 행정협의조정위원회에 협의 · 조정 신청을 하여 그 협의 · 조정 결정에 따라 의견불일치를 해소할 수 있고, 법원에 의한 판결을 받지 않고서도 행정권한의 위임 및 위탁에 관한 규정이나 구 지방자치법에서 정하고 있는 지도 · 감독을 통하여 직접 지방자치단체의 장의 사무처리에 대하여 시정명령을 발하고 그 사무처리를 취소 또는 정지할 수 있으며, 지방자치단체의 장에게 기간을 정하여 직무이행명령을 하고 지방자치단체의 장이 이를 이행하지 아니할 때에는 직접 필요한 조치를 할 수도 있으므로, 국가가 국토이용계획과 관련한 지방자치단체의 장의 기관위임사무의 처리에 관하여 지방자치단체의 장을 상대로 취소소송을 제기하는 것은 허용되지 않는다(대판 2007.9.20, 2005두6935).

12 난도 ★★☆ 정답 ④

행정쟁송 > 행정소송

정답의 이유

④ 이 사건 대문은 적법한 것임에도 피고가 원고에 대하여 명한 이 사건 대문의 철거명령은 그 하자가 중대하고 명백하여 당연무효라고 할 것이고, 그 후행행위인 이 사건 계고처분 역시 당연무효라고 할 것인바, 이와 같은 취지의 원심 판단은 정당하고, 거기에 피고가 주장하는 바와 같은 주택건설촉진법에 관한 법리오해의 위법이 없다(대판 1999.4.27, 97누6780).

오답의 이유

① 관계 법령상 행정대집행의 절차가 인정되어 행정청이 행정대집행의 방법으로 건물의 철거 등 대체적 작위의무의 이행을 실현할 수 있는 경우에는 따로 민사소송의 방법으로 그 의무의 이행을 구할 수 없다. 한편 건물의 점유자가 철거의무자일 때에는 건물철거의무에 퇴거의무도 포함되어 있는 것이어서 별도로 퇴거를 명하는 집행권원이 필요하지 않다(대판 2017.4.28, 2016다213916).

② 행정대집행법상 대집행의 대상이 되는 대체적 작위의무는 공법상 의무이어야 할 것인데, 구 공공용지의 취득 및 손실보상에 관한 특례법(2002.2.4. 법률 제6656호 공익사업을 위한 토지 등의 취득 및 보상에 관한 법률 부칙 제2조로 폐지)에 따른 토지 등의 협의취득은 공공사업에 필요한 토지 등을 그 소유자와의 협의에 의하여 취득하는 것으로서 공공기관이 사경제주체로서 행하는 사법상 매매 내지 사법상 계약의 실질을 가지는 것이므

로, 그 협의취득시 건물소유자가 매매대상 건물에 대한 철거의무를 부담하겠다는 취지의 약정을 하였다고 하더라도 이러한 철거의무는 공법상의 의무가 될 수 없고, 이 경우에도 행정대집행법을 준용하여 대집행을 허용하는 별도의 규정이 없는 한 위와 같은 철거의무는 행정대집행법에 의한 대집행의 대상이 되지 않는다(대판 2006.10.13, 2006두7096).

③ 행정대집행법 제6조 제3항

> 제6조(비용징수)
> ③ 대집행에 요한 비용을 징수하였을 때에는 그 징수금은 사무비의 소속에 따라 국고 또는 지방자치단체의 수입으로 한다.

13 난도 ★☆☆ 정답 ②

실효성 확보수단 > 행정강제

정답의 이유

② 계고서라는 명칭의 1장의 문서로서 일정기간 내에 위법건축물의 자진철거를 명함과 동시에 그 소정기한 내에 자진철거를 하지 아니할 때에는 대집행할 뜻을 미리 계고한 경우라도 건축법에 의한 철거명령과 행정대집행법에 의한 계고처분은 독립하여 있는 것으로서 각 그 요건이 충족되었다고 볼 것이다(대판 1992.6.12, 91누13564).

오답의 이유

① 우선 행정법상의 질서벌인 과태료의 부과처분과 형사처벌은 그 성질이나 목적을 달리하는 별개의 것이므로 행정법상의 질서벌인 과태료를 납부한 후에 형사처벌을 한다고 하여 이를 일사부재리의 원칙에 반하는 것이라고 할 수는 없다(대판 1996.4.12, 96도158).

③ 행정기본법 제32조 제1항

> 제32조(직접강제)
> ① 직접강제는 행정대집행이나 이행강제금 부과의 방법으로는 행정상 의무 이행을 확보할 수 없거나 그 실현이 불가능한 경우에 실시하여야 한다.

④ 대판 1984.9.25, 84누201

14 난도 ★★☆ 정답 ②

행정작용법 > 행정입법

정답의 이유

② 교육부장관이 내신성적 산정기준의 통일을 기하기 위해 대학입시기본계획의 내용에서 내신성적 산정기준에 관한 시행지침을 마련하여 시·도 교육감에서 통보한 것은 행정조직 내부에서 내신성적 평가에 관한 내부적 심사기준을 시달한 것에 불과하며, 각 고등학교에서 위 지침에 일률적으로 기속되어 내신성적을 산정할 수밖에 없고 또 대학에서도 이를 그대로 내신성적으로 인정하여 입학생을 선발할 수밖에 없는 관계로 장차 일부 수험생들이 위 지침으로 인해 어떤 불이익을 입을 개연성이 없지는 아니하나, 그러한 사정만으로서 위 지침에 의하여 곧바로 개별적이고 구체적인 권리의 침해를 받은 것으로는도저히 인정할 수 없으므로, 그것만으로는 현실적으로 특정인의 구체적인 권리의무에 직접적으로 변동을 초래케 하는 것은 아니라 할 것이어서 내신성적 산정지침을 항고소송의 대상이 되는 행정처분으로 볼 수 없다(대판 1994.9.10, 94두33).

오답의 이유

① 행정 각부의 장이 정하는 특정 고시가 비록 법령에 근거를 둔 것이더라도 규정 내용이 법령의 위임 범위를 벗어난 것일 경우에는 법규명령으로서의 대외적 구속력을 인정할 여지는 없다. 그리고 특정 고시가 위임의 한계를 준수하고 있는지를 판단할 때에는, 당해 법률 규정의 입법 목적과 규정 내용, 규정의 체계, 다른 규정과의 관계 등을 종합적으로 살펴야 하고, 법률의 위임 규정 자체가 의미 내용을 정확하게 알 수 있는 용어를 사용하여 위임의 한계를 분명히 하고 있는데도 고시에서 문언적 의미의 한계를 벗어났다든지, 위임 규정에서 사용하고 있는 용어의 의미를 넘어 범위를 확장하거나 축소함으로써 위임 내용을 구체화하는 단계를 벗어나 새로운 입법을 한 것으로 평가할 수 있다면, 이는 위임의 한계를 일탈한 것으로서 허용되지 아니한다(대판 2019.5.30, 2016다276177).

③ 일반적으로 법률의 위임에 따라 효력을 갖는 법규명령의 경우에 위임의 근거가 없어 무효였더라도 나중에 법 개정으로 위임의 근거가 부여되면 그때부터는 유효한 법규명령으로 볼 수 있다(대판 2017.4.20, 2015두45700 전합).

④ 여객자동차 운수사업법에 의한 개인택시운송사업면허는 특정인에게 권리나 이익을 부여하는 행정행위로서 법령에 특별한 규정이 없는 한 재량행위이고, 그 면허를 위하여 정하여진 순위 내에서의 운전경력인정방법의 기준설정 역시 행정청의 재량에 속한다 할 것이지만, 행정청이 면허발급 여부를 심사함에 있어서 이미 설정된 면허기준의 해석상 당해 신청이 면허발급의 우선순위에 해당함이 명백함에도 이를 제외시켜 면허거부처분을 하였다면 특별한 사정이 없는 한 그 거부처분은 재량권을 남용한 위법한 처분이 된다(대판 2010.1.28, 2009두19137).

15 난도 ★★☆ 정답 ②

행정작용법 > 행정행위

정답의 이유

② 부담부 행정처분에 있어서 처분의 상대방이 부담(의무)을 이행하지 아니한 경우에 처분행정청으로서는 이를 들어 당해 처분을 취소(철회)할 수 있는 것이다(대판 1989.10.24, 89누2431).

오답의 이유

① 행정처분에 붙은 부담인 부관이 제소기간의 도과로 확정되어 이미 불가쟁력이 생겼다면 그 하자가 중대하고 명백하여 당연 무효로 보아야 할 경우 외에는 누구나 그 효력을 부인할 수 없을 것이지만, 부담의 이행으로서 하게 된 사법상 매매 등의 법률행위는 부담을 붙인 행정처분과는 어디까지나 별개의 법률행위이므로 그 부담의 불가쟁력의 문제와는 별도로 법률행위가 사회질서 위반이나 강행규정에 위반되는지 여부 등을 따져보아 그 법

률행위의 유효 여부를 판단하여야 한다(대판 2009.6.25, 2006다18174).

③ 행정행위의 부관은 부담의 경우를 제외하고는 독립하여 행정소송의 대상이 될 수 없는 것인바, 지방국토관리청장이 일부 공유수면매립지에 대하여 한 국가 또는 직할시 귀속처분은 매립준공인가를 함에 있어서 매립의 면허를 받은 자의 매립지에 대한 소유권취득을 규정한 공유수면매립법 제14조의 효과 일부를 배제하는 부관을 붙인 것이고, 이러한 행정행위의 부관은 위 법리와 같이 독립하여 행정소송 대상이 될 수 없다(대판 1993.10.8, 93누2032).

④ 행정청이 수익적 행정처분을 하면서 부가한 부담의 위법 여부는 처분 당시 법령을 기준으로 판단하여야 하고, 부담이 처분 당시 법령을 기준으로 적법하다면 처분 후 부담의 전제가 된 주된 행정처분의 근거 법령이 개정됨으로써 행정청이 더 이상 부관을 붙일 수 없게 되었다 하더라도 곧바로 위법하게 되거나 그 효력이 소멸하게 되는 것은 아니다(대법원 2009.2.12, 2005다65500).

16 난도 ★★☆ 정답 ③

행정작용법 > 행정행위

정답의 이유

③ 행정청이 청문서 도달기간을 다소 어겼다하더라도 영업자가 이에 대하여 이의하지 아니한 채 스스로 청문일에 출석하여 그 의견을 진술하고 변명하는 등 방어의 기회를 충분히 가졌다면 청문서 도달기간을 준수하지 아니한 하자는 치유되었다고 봄이 상당하다(대판 1992.10.23, 92누2844).

오답의 이유

① 수익적 행정처분에 대한 취소권 등의 행사는 기득권의 침해를 정당화할 만한 중대한 공익상의 필요 또는 제3자의 이익보호의 필요가 있는 때에 한하여 허용될 수 있다는 법리는, 처분청이 수익적 행정처분을 직권으로 취소·철회하는 경우에 적용되는 법리일 뿐 쟁송취소의 경우에는 적용되지 않는다(대판 2019.10.17, 2018두104).

② 행정청이 구 학교보건법(2005.12.7, 법률 제7700호로 개정되기 전의 것) 소정의 학교환경위생정화구역 내에서 금지행위 및 시설의 해제 여부에 관한 행정처분을 함에 있어 학교환경위생정화위원회이 심의를 거치도록 한 취지는 그에 관한 전문가 내지 이해관계인의 의견과 주민의 의사를 행정청의 의사결정에 반영함으로써 공익에 가장 부합하는 민주적 의사를 도출하고 행정처분의 공정성과 투명성을 확보하려는 데 있고, 나아가 그 심의의 요구가 법률에 근거하고 있을 뿐 아니라 심의에 따른 의결내용도 단순히 절차의 형식에 관련된 사항에 그치지 않고 금지행위 및 시설의 해제 여부에 관한 행정처분에 영향을 미칠 수 있는 사항에 관한 것임을 종합해 보면, 금지행위 및 시설의 해제 여부에 관한 행정처분을 하면서 절차상 위와 같은 심의를 누락한 흠이 있다면 그와 같은 흠을 가리켜 위 행정처분의 효력에 아무런 영향을 주지 않는다거나 경미한 정도에 불과하다고 볼 수는 없으므로, 특별한 사정이 없는 한 이는 행정처분을 위법하게 하는 취소사유가 된다(대판 2007.3.15, 2006두15806).

④ 토지등급결정내용의 개별통지가 있다고 볼 수 없어 토지등급결정이 무효인 이상, 토지소유자가 그 결정 이전이나 이후에 토지등급결정내용을 알았다거나 또는 그 결정 이후 매년 정기 등급수정의 결과가 토지소유자 등의 열람에 공하여졌다 하더라도 개별통지의 하자가 치유되는 것은 아니다(대판 1997.5.28, 96누5308).

17 난도 ★★☆ 정답 ④

행정작용법 > 기타 행정작용

정답의 이유

④ 장기미집행 도시계획시설결정의 실효제도는 도시계획시설부지로 하여금 도시계획시설결정으로 인한 사회적 제약으로부터 벗어나게 하는 것으로서 결과적으로 개인의 재산권이 보다 보호되는 측면이 있는 것은 사실이나, 이와 같은 보호는 입법자가 새로운 제도를 마련함에 따라 얻게 되는 법률에 기한 권리일 뿐 헌법상 재산권으로부터 당연히 도출되는 권리는 아니다(헌재 2005.9.29, 2002헌바84·89, 2003헌마678·943 병합).

오답의 이유

① 후행 도시계획의 결정을 하는 행정청이 선행 도시계획의 결정·변경 등에 관한 권한을 가지고 있지 아니한 경우에 선행 도시계획과 서로 양립할 수 없는 내용이 포함된 후행 도시계획결정을 하는 것은 아무런 권한 없이 선행 도시계획결정을 폐지하고, 양립할 수 없는 새로운 내용이 포함된 후행 도시계획결정을 하는 것으로서, 선행 도시계획결정의 폐지 부분은 권한 없는 자에 의하여 행해진 것으로서 무효이고, 같은 대상지역에 대하여 선행 도시계획결정이 적법하게 폐지되지 아니한 상태에서 그 위에 다시 한 후행 도시계획결정 역시 위법하고, 그 하자는 중대하고도 명백하여 다른 특별한 사정이 없는 한 무효라고 보아야 한다(대판 2000.9.8, 99두11257).

② 도시 및 주거환경정비법(이하 '도시정비법'이라고 한다)에 따른 주택재건축정비사업조합(이하 '재건축조합'이라고 한다)은 관할 행정청의 감독 아래 도시정비법상의 주택재건축사업을 시행하는 공법인(도시정비법 제18조)으로서, 그 목적 범위 내에서 법령이 정하는 바에 따라 일정한 행정작용을 행하는 행정주체의 지위를 갖는다. 그리고 재건축조합이 행정주체의 지위에서 도시정비법 제48조에 따라 수립하는 관리처분계획은 정비사업의 시행 결과 조성되는 대지 또는 건축물의 권리귀속에 관한 사항과 조합원의 비용 분담에 관한 사항 등을 정함으로써 조합원의 재산상 권리·의무 등에 구체적이고 직접적인 영향을 미치게 되므로, 이는 구속적 행정계획으로서 재건축조합이 행하는 독립된 행정처분에 해당한다(대판 2009.9.17, 2007다2428 전합).

③ 도시계획시설의 지정으로 말미암아 당해 토지의 이용가능성이 배제되거나 또는 토지소유자가 토지를 종래 허용된 용도대로도 사용할 수 없기 때문에 이로 말미암아 현저한 재산적 손실이 발생하는 경우에는, 원칙적으로 사회적 제약의 범위를 넘는 수용적 효과를 인정하여 국가나 지방자치단체는 이에 대한 보상을 해야 한다(헌재 1999.10.21, 97헌바26).

18 난도 ★☆☆ 정답 ①

실효성 확보 > 수단행정강제

정답의 이유

① 건축법상의 이행강제금은 시정명령의 불이행이라는 과거의 위반행위에 대한 제재가 아니라, 의무자에게 시정명령을 받은 의무의 이행을 명하고 그 이행기간 안에 의무를 이행하지 않으면 이행강제금이 부과된다는 사실을 고지함으로써 의무자에게 심리적 압박을 주어 의무의 이행을 간접적으로 강제하는 행정상의 간접강제 수단에 해당한다(대판 2018.1.25, 2015두35116).

오답의 이유

② 행정기본법 제31조 제6항

> 제31조(이행강제금의 부과)
> ⑥ 행정청은 이행강제금을 부과받은 자가 납부기한까지 이행강제금을 내지 아니하면 국세강제징수의 예 또는 「지방행정제재 · 부과금의 징수 등에 관한 법률」에 따라 징수한다.

③ 농지법 제62조 제6항, 제7항이 위와 같이 이행강제금 부과처분에 대한 불복절차를 분명하게 규정하고 있으므로, 이와 다른 불복절차를 허용할 수는 없다. 설령 관할청이 이행강제금 부과처분을 하면서 재결청에 행정심판을 청구하거나 관할 행정법원에 행정소송을 할 수 있다고 잘못 안내하거나 관할 행정심판위원회가 각하재결이 아닌 기각재결을 하면서 관할 법원에 행정소송을 할 수 있다고 잘못 안내하였다고 하더라도, 그러한 잘못된 안내로 행정법원의 항고소송 재판관할이 생긴다고 볼 수도 없다(대판 2019.4.11, 2018두42955).

④ 구 건축법상 이행강제금을 부과받은 사람이 이행강제금사건의 제1심결정 후 항고심결정이 있기 전에 사망한 경우, 항고심결정은 당연무효이고, 이미 사망한 사람의 이름으로 제기된 재항고는 보정할 수 없는 흠결이 있는 것으로서 부적법하다(대판 2006.12.8, 2006마470).

더 알아보기

이행강제금과 행정벌

구분	이행강제금	행정벌
규제 대상	장래의 의무를 심리적으로 강제	과거 위반에 대한 제재
반복 부과 여부	반복적으로 부과 가능	반복하여 부과 불가
납부 면제 여부	기간 내 의무이행이 이루어지면 원칙적으로 강제금 납부 면제	나중에 의무 이행하여도 과태료 납부 등의 면제 불가

19 난도 ★★☆ 정답 ②

손해전보 > 행정상 손실보상

정답의 이유

㉠ 헌법 제23조 제3항

> 제23조
> ① 모든 국민의 재산권은 보장된다. 그 내용과 한계는 법률로 정한다.
> ② 재산권의 행사는 공공복리에 적합하도록 하여야 한다.
> ③ 공공필요에 의한 재산권의 수용 · 사용 또는 제한 및 그에 대한 보상은 법률로써 하되, 정당한 보상을 지급하여야 한다.

㉣ 수용재결에 불복하여 취소소송을 제기하는 때에는 이의신청을 거친 경우에도 수용재결을 한 중앙토지수용위원회 또는 지방토지수용위원회를 피고로 하여 수용재결의 취소를 구하여야 하고, 다만 이의신청에 대한 재결 자체에 고유한 위법이 있음을 이유로 하는 경우에는 그 이의재결을 한 중앙토지수용위원회를 피고로 하여 이의재결의 취소를 구할 수 있다고 보아야 한다(대판 2010.1.28, 2008두1504).

오답의 이유

㉡ 법률 제3782호 하천법 중 개정법률(이하 '개정 하천법'이라 한다)은 그 부칙 제2조 제1항에서 개정 하천법의 시행일인 1984.12.31. 전에 유수지에 해당되어 하천구역으로 된 토지 및 구 하천법(1971.1.19. 법률 제2292호로 전문 개정된 것)의 시행으로 국유로 된 제외지 안의 토지에 대하여는 관리청이 그 손실을 보상하도록 규정하였고, '법률 제3782호 하천법 중 개정법률 부칙 제2조의 규정에 의한 보상청구권의 소멸시효가 만료된 하천구역 편입토지 보상에 관한 특별조치법' 제2조는 개정 하천법 부칙 제2조 제1항에 해당하는 토지로서 개정 하천법 부칙 제2조 제2항에서 규정하고 있는 소멸시효의 만료로 보상청구권이 소멸되어 보상을 받지 못한 토지에 대하여는 시 · 도지사가 그 손실을 보상하도록 규정하고 있는바, 위 각 규정들에 의한 손실보상청구권은 모두 종전의 하천법 규정 자체에 의하여 하천구역으로 편입되어 국유로 되었으나 그에 대한 보상규정이 없었거나 보상청구권이 시효로 소멸되어 보상을 받지 못한 토지들에 대하여, 국가가 반성적 고려와 국민의 권리구제 차원에서 그 손실을 보상하기 위하여 규정한 것으로서, 그 법적 성질은 하천법 본칙(本則)이 원래부터 규정하고 있던 하천구역에의 편입에 의한 손실보상청구권과 하등 다를 바가 없는 것이어서 공법상의 권리임이 분명하므로 그에 관한 쟁송도 행정소송절차에 의하여야 한다. 위 규정들에 의한 손실보상청구권은 1984.12.31. 전에 토지가 하천구역으로 된 경우에는 당연히 발생되는 것이지, 관리청의 보상금지급결정에 의하여 비로소 발생하는 것은 아니므로, 위 규정들에 의한 손실보상금의 지급을 구하거나 손실보상청구권의 확인을 구하는 소송은 행정소송법 제3조 제2호 소정의 당사자소송에 의하여야 한다(대판 2006.5.18, 2004다6207 전합).

㉢ 공익사업을 위한 토지 등의 취득 및 보상에 관한 법률 제85조 제2항

제85조(행정소송의 제기)
② 제1항에 따라 제기하려는 행정소송이 보상금의 증감(增減)에 관한 소송인 경우 그 소송을 제기하는 자가 토지소유자 또는 관계인일 때에는 사업시행자를, 사업시행자일 때에는 토지소유자 또는 관계인을 각각 피고로 한다.

20 난도 ★★☆ 정답 ①

단원종합

정답의 이유

① 교원소청심사위원회의 결정은 학교법인 등에 대하여 기속력을 가지고 이는 그 결정의 주문에 포함된 사항뿐 아니라 그 전제가 된 요건사실의 인정과 판단, 즉 불리한 처분 등의 구체적 위법사유에 관한 판단에까지 미친다(대판 2018.7.12, 2017두65821).

오답의 이유

② 어업권면허에 선행하는 우선순위결정은 행정청이 우선권자로 결정된 자의 신청이 있으면 어업권면허처분을 하겠다는 것을 약속하는 행위로서 강학상 확약에 불과하고 행정처분은 아니므로, 우선순위결정에 공정력이나 불가쟁력과 같은 효력은 인정되지 아니하며, 따라서 우선순위결정이 잘못되었다는 이유로 종전의 어업권면허처분이 취소되면 행정청은 종전의 우선순위결정을 무시하고 다시 우선순위를 결정한 다음 새로운 우선순위결정에 기하여 새로운 어업권면허를 할 수 있다(대판 1995.1.20, 94누6529).

③ 대판 2008.9.25, 2006다18228

④ 구 공익사업을 위한 토지 등의 취득 및 보상에 관한 법률(2007.10.17, 법률 제8665호로 개정되기 전의 것) 제2조, 제78조에 의하면, 세입자는 사업시행자가 취득 또는 사용할 토지에 관하여 임대차 등에 의한 권리를 가진 관계인으로서, 같은 법 시행규칙 제54조 제2항 본문에 해당하는 경우에는 주거이전에 필요한 비용을 보상받을 권리가 있다. 그런데 이러한 주거이전비는 당해 공익사업 시행지구 안에 거주하는 세입자들의 조기이주를 장려하여 사업추진을 원활하게 하려는 정책적인 목적과 주거이전으로 인하여 특별한 어려움을 겪게 될 세입자들을 대상으로 하는 사회보장적인 차원에서 지급되는 금원의 성격을 가지므로, 적법하게 시행된 공익사업으로 인하여 이주하게 된 주거용 건축물 세입자의 주거이전비 보상청구권은 공법상의 권리이고, 따라서 그 보상을 둘러싼 쟁송은 민사소송이 아니라 공법상의 법률관계를 대상으로 하는 행정소송에 의하여야 한다(대판 2008.5.29, 2007다8129).

행정법총론 | 2023년 국가직 9급

한눈에 훑어보기

영역 분석

행정법통론 04 05
2문항, 10%

행정작용법 02 03 06 07
4문항, 20%

행정과정의 규율 01 10
2문항, 10%

실효성 확보수단 11 12 18 20
4문항, 20%

손해전보 14 17
2문항, 10%

행정쟁송 08 13 15 16
4문항, 20%

단원종합 09 19
2문항, 10%

빠른 정답

01	02	03	04	05	06	07	08	09	10
②	②	①	④	④	③	①	①	②	③
11	12	13	14	15	16	17	18	19	20
④	③	②	③	④	①	①	②	①	④

점수 체크

구분	1회독	2회독	3회독
맞힌 문항 수	/ 20	/ 20	/ 20
나의 점수	점	점	점

01 난도 ★☆☆ 정답 ②

행정과정의 규율 > 행정절차

정답의 이유

② 행정청은 신청에 구비서류의 미비 등 흠이 있는 경우에는 보완에 필요한 상당한 기간을 정하여 지체 없이 신청인에게 보완을 요구하여야 한다(행정절차법 제17조 제5항).

오답의 이유

① 행정절차법 제17조 제7항

③ 행정절차법 제17조 제4항 및 동법 시행령 제9조 제2호

> 제17조(처분의 신청)
> ④ 행정청은 신청을 받았을 때에는 다른 법령 등에 특별한 규정이 있는 경우를 제외하고는 그 접수를 보류 또는 거부하거나 부당하게 되돌려 보내서는 아니 되며, 신청을 접수한 경우에는 신청인에게 접수증을 주어야 한다. 다만, 대통령령으로 정하는 경우에는 접수증을 주지 아니할 수 있다.
>
> 시행령 제9조(접수증)
> 행정절차법 제17조 제4항 단서에서 "대통령령이 정하는 경우"라 함은 다음 각 호의 1에 해당하는 신청의 경우를 말한다.
> 1. 구술 · 우편 또는 정보통신망에 의한 신청
> 2. 처리기간이 "즉시"로 되어 있는 신청
> 3. 접수증에 갈음하는 문서를 주는 신청

④ 행정절차법 제18조

02 난도 ★☆☆ 정답 ②

행정작용법 > 행정행위

정답의 이유

② 행정행위의 취소는 일단 유효하게 성립한 행정행위를 그 행위에 위법 또는 부당한 하자가 있음을 이유로 소급하여 그 효력을 소멸시키는 별도의 행정처분이고, 행정행위의 철회는 적법요건을 구비하여 완전한 효력을 발하고 있는 행정행위를 사후적으로 그 행위의 전부 또는 일부를 장래에 향해 소멸시키는 행정처분이므로, 행정행위의 취소 사유는 행정행위의 성립 당시에 존재하였던 하자를 말하고, 철회 사유는 행정행위가 성립된 이후에 새로이 발생한 것으로서 행정행위의 효력을 존속시킬 수 없는 사유를 말한다(대판 2003.5.30, 2003다6422).

오답의 이유

① 행정기본법 제18조 및 제19조에 처분청의 직권취소와 철회에 대한 일반적 근거규정을 두고 있다. 또한 별도의 법적 근거가 없어도 공익상 필요가 있으면 직권취소나 철회가 가능하다.

> 제18조(위법 또는 부당한 처분의 취소)
> ① 행정청은 위법 또는 부당한 처분의 전부나 일부를 소급하여 취소할 수 있다. 다만, 당사자의 신뢰를 보호할 가치가 있는 등 정당한 사유가 있는 경우에는 장래를 향하여 취소할 수 있다.
>
> 제19조(적법한 처분의 철회)
> ① 행정청은 적법한 처분이 다음 각 호의 어느 하나에 해당하는 경우에는 그 처분의 전부 또는 일부를 장래를 향하여 철회할 수 있다.
> 1. 법률에서 정한 철회 사유에 해당하게 된 경우
> 2. 법령 등의 변경이나 사정변경으로 처분을 더 이상 존속시킬 필요가 없게 된 경우
> 3. 중대한 공익을 위하여 필요한 경우

③ 수익적 처분이 있으면 상대방은 그것을 기초로 하여 새로운 법률관계 등을 형성하게 되는 것이므로, 이러한 상대방의 신뢰를 보호하기 위하여 수익적 처분의 취소에는 일정한 제한이 따르는 것이나, 수익적 처분이 상대방의 허위 기타 부정한 방법으로 인하여 행하여졌다면 상대방은 그 처분이 그와 같은 사유로 인하여 취소될 것임을 예상할 수 없었다고 할 수 없으므로, 이러한 경우에까지 상대방의 신뢰를 보호하여야 하는 것은 아니라고 할 것이다(대판 1995.1.20, 94누6529).

④ 행정행위를 한 처분청은 그 행위에 흠이 있는 경우 별도의 법적 근거가 없더라도 스스로 이를 취소할 수 있고, 다만 수익적 행정처분을 취소할 때에는 이를 취소하여야 할 공익상의 필요와 그 취소로 인하여 당사자가 입게 될 기득권과 신뢰보호 및 법률생활 안정의 침해 등 불이익을 비교·교량한 후 공익상의 필요가 당사자가 입을 불이익을 정당화할 만큼 강한 경우에 한하여 취소할 수 있다(대판 2006.5.25, 2003두4669).

03 난도 ★☆☆ 정답 ①

행정작용법 > 행정행위

정답의 이유

① • 수익적 행정처분에 있어서는 법령에 특별한 근거규정이 없다고 하더라도 그 부관으로서 부담을 붙일 수 있고, 그와 같은 부담은 행정청이 행정처분을 하면서 일방적으로 부가할 수도 있지만 부담을 부가하기 이전에 상대방과 협의하여 부담의 내용을 협약의 형식으로 미리 정한 다음 행정처분을 하면서 이를 부가할 수도 있다(대판 2009.2.12, 2005다65500).
• 행정기본법 역시 행정청은 처분에 재량이 있는 경우 부관으로서 부담을 붙일 수 있다고 규정하여 재량행위의 부관 성립 시 별도의 법적 근거를 요구하고 있지 않다(행정기본법 제17조 제1항).

> 제17조(부관)
> ① 행정청은 처분에 재량이 있는 경우에는 부관(조건, 기한, 부담, 철회권의 유보 등을 말한다. 이하 이 조에서 같다)을 붙일 수 있다.

오답의 이유

② 대판 1990.4.27, 89누6808

③ • 부관은 면허 발급 당시에 붙이는 것뿐만 아니라 면허 발급이 후에 붙이는 것도 법률에 명문의 규정이 있거나 변경이 미리 유보되어 있는 경우 또는 상대방의 동의가 있는 경우 등에는 특별한 사정이 없는 한 허용된다(대판 2016.11.24, 2016두45028).
• 행정기본법 역시 사후부관에 대하여 같은 입장이다(행정기본법제17조 제3항).

> 제17조(부관)
> ③ 행정청은 부관을 붙일 수 있는 처분이 다음 각 호의 어느 하나에 해당하는 경우에는 그 처분을 한 후에도 부관을 새로 붙이거나 종전의 부관을 변경할 수 있다.
> 1. 법률에 근거가 있는 경우
> 2. 당사자의 동의가 있는 경우
> 3. 사정이 변경되어 부관을 새로 붙이거나 종전의 부관을 변경하지 아니하면 해당 처분의 목적을 달성할 수 없다고 인정되는 경우

④ 대판 1999.5.25, 98다53134

04 난도 ★★☆ 정답 ④

행정법통론 > 행정법관계

정답의 이유

④ 준정부기관으로부터 공공기관운영법 제44조 제2항에 따라 계약 체결 업무를 위탁받은 조달청장은 국가계약법 제27조 제1항에 따라 입찰참가자격 제한 처분을 할 수 있는 권한이 있다(대판 2017.12.28, 2017두39433). 즉, 국가와 지방자치단체, 공공기관운영법상 공공기관 그리고 조달청장 등 행정청이 행하는 입찰참가자격제한은 항고소송의 대상인 행정처분에 해당하므로 공법관계에 해당한다.

오답의 이유

① 행정재산의 사용허가는 강학상 특허로서 항고소송의 대상이 되는 행정처분이므로 공법관계이지만, 사용허가를 받은 행정재산의 '전대'는 사법상 임대차계약이므로 사법관계에 해당한다.
• 국유재산 등의 관리청이 하는 행정재산의 사용·수익에 대한 허가는 순전히 사경제주체로서 행하는 사법상의 행위가 아니라 관리청이 공권력을 가진 우월적 지위에서 행하는 행정처분으로서 특정인에게 행정재산을 사용할 수 있는 권리를 설정하여 주는 강학상 특허에 해당한다(대판 2006.3.9, 2004다31074).
• 한국공항공단이 무상사용허가를 받은 행정재산에 대하여 하는 전대행위는 통상의 사인 간의 임대차와 다를 바가 없고, 그 임대차계약이 임차인의 사용승인신청과 임대인의 사용승인의

형식으로 이루어졌다고 하여 달리 볼 것은 아니다(대판 2004. 1.15. 2001다12638).

② 예산회계법에 따라 체결되는 계약은 사법상의 계약이라고 할 것이고, 동법 제70조의5의 입찰보증금은 사법상의 손해배상 예정으로서의 성질을 갖는 것이라고 할 것이므로 입찰보증금의 국고귀속조치는 국가가 사법상의 재산권의 주체로서 행위하는 것이지 공권력을 행사하는 것이거나 공권력 작용과 일체성을 가진 것이 아니라 할 것이므로 이에 관한 분쟁은 행정소송이 아닌 민사소송의 대상이 될 수밖에 없다(대판 1983.12.27. 81누366).

③ • 국유재산의 관리청이 그 무단점유자에 대하여 하는 변상금부과처분은 순전히 사경제 주체로서 행하는 사법상의 법률행위라 할 수 없고 이는 관리청이 공권력을 가진 우월적 지위에서 행한 것으로서 행정소송의 대상이 되는 행정처분이라고 보아야 한다(대판 1988.2.23. 87누1046, 1047).
• 국유잡종재산(현 일반재산)을 대부하는 행위는 국가가 사경제 주체로서 상대방과 대등한 위치에서 행하는 사법상의 계약이고, 행정청이 공권력의 주체로서 상대방의 의사 여하에 불구하고 일방적으로 행하는 행정처분이라고 볼 수 없다(대판 2000. 2.11. 99다61675).

05 난도 ★★☆ 정답 ④

행정법통론 > 행정상 법률관계

정답의 이유

④ 당사자가 인허가나 신고의 위법성을 경과실로 알지 못한 경우는 중과실로 알지 못한 경우와 달리 행정기본법상 제재처분의 제척기간 적용제외 대상이 아니다. 따라서 제재처분 제척기간 규정이 적용되므로 5년이 지나면 제재처분을 할 수 없다(행정기본법 제23조 제1항). 즉, 당사자가 인허가나 신고의 위법성을 알고 있었거나 중대한 과실로 알지 못한 경우 제재처분의 제척기간에 관한 규정이 적용되지 않으므로, 위반행위가 종료된 날부터 5년이 지나더라도 제재처분을 할 수 있다.

> 제23조(제재처분의 제척기간)
> ① 행정청은 법령 등의 위반행위가 종료된 날부터 5년이 지나면 해당 위반행위에 대하여 제재처분(인허가의 정지 · 취소 · 철회, 등록 말소, 영업소 폐쇄와 정지를 갈음하는 과징금 부과를 말한다. 이하 이 조에서 같다)을 할 수 없다.
> ② 다음 각 호의 어느 하나에 해당하는 경우에는 제1항을 적용하지 아니한다.
> 1. 거짓이나 그 밖의 부정한 방법으로 인허가를 받거나 신고를 한 경우
> 2. 당사자가 인허가나 신고의 위법성을 알고 있었거나 중대한 과실로 알지 못한 경우
> 3. 정당한 사유 없이 행정청의 조사 · 출입 · 검사를 기피 · 방해 · 거부하여 제척기간이 지난 경우
> 4. 제재처분을 하지 아니하면 국민의 안전 · 생명 또는 환경을 심각하게 해치거나 해칠 우려가 있는 경우

오답의 이유

① 행정기본법 제23조 제2항 제4호
② 행정기본법 제23조 제2항 제1호
③ 행정기본법 제23조 제2항 제3호

06 난도 ★☆☆ 정답 ③

행정작용법 > 행정입법

정답의 이유

③ 법령에서 행정처분의 요건 중 일부 사항을 부령으로 정할 것을 위임한 데 따라 시행규칙 등 부령에서 이를 정한 경우에 그 부령의 규정은 국민에 대해서도 구속력이 있는 법규명령에 해당한다고 할 것이지만, 법령의 위임이 없음에도 법령에 규정된 처분 요건에 해당하는 사항을 부령에서 변경하여 규정한 경우에는 그 부령의 규정은 행정청 내부의 사무처리 기준 등을 정한 것으로서 행정조직 내에서 적용되는 행정명령의 성격을 지닐 뿐 국민에 대한 대외적 구속력은 없다고 보아야 한다(대판 2013.9.12. 2011두10584).

오답의 이유

① 대통령령은 필수적으로 국무회의 심의를 거쳐야 하지만, 총리령 · 부령은 국무회의 심의절차가 필수는 아니다(헌법 제89조 제3호). 그러나 필요한 경우 국무회의에 제출되어 국무회의를 거칠 수는 있다(헌법 제89조 제17호). 또한, 총리령 · 부령 역시 법제처 심사는 반드시 거쳐야 한다(정부조직법 제23조 제1항).

> 헌법 제89조
> 다음 사항은 국무회의의 심의를 거쳐야 한다.
> 3. 헌법개정안 · 국민투표안 · 조약안 · 법률안 및 대통령령안
> 17. 기타 대통령 · 국무총리 또는 국무위원이 제출한 사항
>
> 정부조직법 제23조(법제처)
> ① 국무회의에 상정될 법령안 · 조약안과 총리령안 및 부령안의 심사와 그 밖에 법제에 관한 사무를 전문적으로 관장하기 위하여 국무총리 소속으로 법제처를 둔다.

② 행정규칙이 법령의 규정에 의하여 행정관청에 법령의 구체적 내용을 보충할 권한을 부여한 경우(법령보충적 행정규칙)나 재량권행사의 준칙인 규칙이 그 정한 바에 따라 되풀이 시행되어 행정관행이 이룩되게 되면 평등의 원칙이나 신뢰보호의 원칙에 따라 행정기관은 그 상대방에 대한 관계에서 그 규칙에 따라야 할 자기구속을 당하게 되는 경우에는 대외적인 구속력을 가지게 되는바 이러한 경우에는 헌법소원의 대상이 될 수도 있다(헌재 2001.5.31. 99헌마413).

④ 특정다목적댐법 제41조에 의하면 다목적댐 건설로 인한 손실보상 의무가 국가에게 있고, 같은 법 제42조에 의하면 손실보상 절차와 그 방법 등 필요한 사항은 대통령령으로 규정하도록 되어 있음에도 피고가 이를 제정하지 아니한 것은 행정입법부작위에 해당하는 것이어서 그 부작위위법확인을 구한다고 주장하나, 행정소송은 구체적 사건에 대한 법률상 분쟁을 법에 의하여 해결함으로써 법적 안정을 기하자는 것이므로 부작위위법확인소

송의 대상이 될 수 있는 것은 구체적 권리의무에 관한 분쟁이어야 하고 추상적인 법령에 관하여 제정의 여부 등은 그 자체로서 국민의 구체적인 권리의무에 직접적 변동을 초래하는 것이 아니어서 행정소송의 대상이 될 수 없으므로 이 사건 소는 부적법하다(대판 1992.5.8, 91누11261).

07 난도 ★★☆ 정답 ①

행정작용법 > 행정행위

정답의 이유

① 개별공시지가결정은 이를 기초로 한 과세처분 등과는 별개의 독립된 처분으로서 서로 독립하여 별개의 법률효과를 목적으로 하는 것이나, 위법한 개별공시지가결정에 대하여 그 정해진 시정절차를 통하여 시정하도록 요구하지 아니하였다는 이유로 위법한 개별공시지가를 기초로 한 과세처분 등 후행 행정처분에서 개별공시지가결정의 위법을 주장할 수 없도록 하는 것은 수인한도를 넘는 불이익을 강요하는 것으로서 개별공시지가결정에 위법이 있는 경우에는 그 자체를 행정소송의 대상이 되는 행정처분으로 보아 그 위법 여부를 다툴 수 있음은 물론 이를 기초로 한 과세처분 등 행정처분의 취소를 구하는 행정소송에서도 선행처분인 개별공시지가결정의 위법을 독립된 위법사유로 주장할 수 있다(대판 1994.1.25, 93누8542).

오답의 이유

② 재건축조합설립인가처분 당시 동의율을 충족하지 못한 하자는 후에 추가동의서가 제출되었다는 사정만으로 치유될 수 없다(대판 2013.7.11, 2011두27544).

③ 적법한 건축물에 대한 철거명령은 그 하자가 중대하고 명백하여 당연무효라고 할 것이고, 그 후행행위인 건축물철거 대집행계고처분 역시 당연무효라고 할 것이다(대판 1999.4.27, 97누6780).

④ 세액산출근거가 기재되지 아니한 납세고지서에 의한 부과처분은 강행법규에 위반하여 취소대상이 된다 할 것이므로 이와 같은 하자는 납세의무자가 전심절차에서 이를 주장하지 아니하였거나, 그 후 부과된 세금을 자진납부하였다거나, 또는 조세채권의 소멸시효기간이 만료되었다 하여 치유되는 것이라고는 할 수 없다(대판 1985.4.9, 84누431).

08 난도 ★★☆ 정답 ①

행정쟁송 > 행정소송

정답의 이유

① 항고소송의 대상인 '처분'이란 "행정청이 행하는 구체적 사실에 관한 법집행으로서의 공권력의 행사 또는 그 거부와 그 밖에 이에 준하는 행정작용"(행정소송법 제2조 제1항 제1호)을 말한다. 행정청의 행위가 항고소송의 대상이 될 수 있는지는 추상적 · 일반적으로 결정할 수 없고, 구체적인 경우에 관련 법령의 내용과 취지, 그 행위의 주체 · 내용 · 형식 · 절차, 그 행위와 상대방 등 이해관계인이 입는 불이익 사이의 실질적 견련성, 법치행정의 원리와 그 행위에 관련된 행정청이나 이해관계인의 태도 등을 고려하여 개별적으로 결정하여야 한다. 또한 어떠한 처분에 법령상 근거가 있는지, 행정절차법에서 정한 처분절차를 준수하였는지는 본안에서 당해 처분이 적법한가를 판단하는 단계에서 고려할 요소이지, 소송요건 심사단계에서 고려할 요소가 아니다(대판 2020.1.16, 2019다264700).

오답의 이유

② 대판 2019.6.27, 2018두49130

③ 국민건강보험 직장가입자 또는 지역가입자 자격변동은 법령이 정하는 사유가 생기면 별도 처분 등의 개입 없이 사유가 발생한 날부터 변동의 효력이 당연히 발생하므로, 국민건강보험공단이 갑 등에 대하여 가입자 자격이 변동되었다는 취지의 '직장가입자 자격상실 및 자격변동 안내' 통보를 하였거나, 그로 인하여 사업장이 국민건강보험법상의 적용대상사업장에서 제외되었다는 취지의 '사업장 직권탈퇴에 따른 가입자 자격상실 안내' 통보를 하였더라도, 이는 갑 등의 가입자 자격의 변동 여부 및 시기를 확인하는 의미에서 한 사실상 통지행위에 불과할 뿐, 위 각 통보에 의하여 가입자 자격이 변동되는 효력이 발생한다고 볼 수 없고, 또한 위 각 통보로 갑 등에게 지역가입자로서의 건강보험료를 납부하여야 하는 의무가 발생함으로써 갑 등의 권리의무에 직접적 변동을 초래하는 것도 아니다. 따라서 위 각 통보의 처분성이 인정되지 않는다(대판 2019.2.14, 2016두41729).

④ 대판 2021.1.14, 2020두50324

09 난도 ★★★ 정답 ②

단원종합

정답의 이유

㉠ 공공기관의 정보공개에 관한 법률상 비공개사유에 해당한다.

> 제9조(비공개 대상 정보)
> ① 공공기관이 보유 · 관리하는 정보는 공개 대상이 된다. 다만, 다음 각 호의 어느 하나에 해당하는 정보는 공개하지 아니할 수 있다.
> 6. 해당 정보에 포함되어 있는 성명 · 주민등록번호 등 「개인정보 보호법」 제2조 제1호에 따른 개인정보로서 공개될 경우 사생활의 비밀 또는 자유를 침해할 우려가 있다고 인정되는 정보. 다만, 다음 각 목에 열거한 사항은 제외한다.
> 가. 법령에서 정하는 바에 따라 열람할 수 있는 정보
> 나. 공공기관이 공표를 목적으로 작성하거나 취득한 정보로서 사생활의 비밀 또는 자유를 부당하게 침해하지 아니하는 정보
> 다. 공공기관이 작성하거나 취득한 정보로서 공개하는 것이 공익이나 개인의 권리 구제를 위하여 필요하다고 인정되는 정보
> 라. 직무를 수행한 공무원의 성명 · 직위
> 마. 공개하는 것이 공익을 위하여 필요한 경우로서 법령에 따라 국가 또는 지방자치단체가 업무의 일부를 위탁 또는 위촉한 개인의 성명 · 직업

㉣ 학술 · 연구를 위하여 일시적으로 체류하는 외국인은 정보공개 청구권이 인정된다(공공기관의 정보공개에 관한 법률 제5조 제2항 및 동법 시행령 제3조 제1호).

> 제5조(정보공개 청구권자)
> ② 외국인의 정보공개 청구에 관하여는 대통령령으로 정한다.
>
> 시행령 제3조(외국인의 정보공개 청구)
> 법 제5조 제2항에 따라 정보공개를 청구할 수 있는 외국인은 다음 각 호의 어느 하나에 해당하는 자로 한다.
> 1. 국내에 일정한 주소를 두고 거주하거나 학술 · 연구를 위하여 일시적으로 체류하는 사람

오답의 이유

㉡ 甲이 행정심판을 청구한 2022.12.27.은 심판청구의 대상인 비공개결정통보를 받은 2022.8.26.로부터 90일이 경과하였으므로 행정심판 제기기간을 경과한 부적법한 심판제기로서 각하재결의 대상이다.

㉢ 甲의 국민권익위원회에 대한 고충민원 제기는 행정심판의 대상이 되는 처분성이 없으므로 행정기본법상 이의신청에 해당하는 것이 아니다. 따라서 고충민원에 대한 답변을 받은 날이 행정심판 제기기간의 기산점이 될 수 없다. 행정심판법상 행정심판의 대상이 되는 처분은 고충민원이 아니라 법정민원에 대한 거부처분이므로 이의신청 대상이 되어 그 답변을 받은 날이 행정심판 제기기간의 기산점이 될 수 있다(행정기본법 제36조 제4항).

> 제36조(처분에 대한 이의신청)
> ④ 이의신청에 대한 결과를 통지받은 후 행정심판 또는 행정소송을 제기하려는 자는 그 결과를 통지받은 날(제2항에 따른 통지기간 내에 결과를 통지받지 못한 경우에는 같은 항에 따른 통지기간이 만료되는 날의 다음 날을 말한다)부터 90일 이내에 행정심판 또는 행정소송을 제기할 수 있다.

더 알아보기

> 행정기본법 부칙 제6조(처분에 대한 이의신청에 관한 적용례)
> 제36조는 부칙 제1조 단서에 따른 시행일 이후에 하는 처분부터 적용한다.

10 난도 ★★★ 정답 ③

행정과정의 규율 > 행정절차

정답의 이유

③ 공청회가 개최는 되었으나 정상적으로 진행되지 못하고 무산된 횟수가 3회 이상인 경우 온라인공청회를 단독으로 개최할 수 있다(행정절차법 제38조의2 제2항 제2호).

오답의 이유

① 행정절차법 제20조에 따르면 처분기준의 설정 · 공표는 처분의 공통규정에 해당하므로, 적용대상이 침익적 처분에 한정되는 것이 아니라 수익적 처분도 포함된다.

> 제20조(처분기준의 설정 · 공표)
> ① 행정청은 필요한 처분기준을 해당 처분의 성질에 비추어 되도록 구체적으로 정하여 공표하여야 한다. 처분기준을 변경하는 경우에도 또한 같다.

② 행정절차법 제15조 제2항

④ 행정절차법 제14조 제4항 제2호

11 난도 ★★☆ 정답 ④

실효성 확보수단 > 행정벌

정답의 이유

④ 행정청이 위반사실을 적발하면 행정청이 먼저 과태료 처분을 하고, 당사자가 이의제기를 하면 그때부터 14일 이내에 과태료를 부과받을 자의 주소지를 관할하는 지방법원에 통보하여야 한다(질서위반행위규제법 제21조 제1항).

> 제21조(법원에의 통보)
> ① 제20조 제1항에 따른 이의제기를 받은 행정청은 이의제기를 받은 날부터 14일 이내에 이에 대한 의견 및 증빙서류를 첨부하여 관할 법원에 통보하여야 한다. 다만, 다음 각 호의 어느 하나에 해당하는 경우에는 그러하지 아니하다.
> 1. 당사자가 이의제기를 철회한 경우
> 2. 당사자의 이의제기에 이유가 있어 과태료를 부과할 필요가 없는 것으로 인정되는 경우

오답의 이유

① 질서위반행위규제법 제12조 제2항

② 질서위반행위규제법 제13조 제1항

③ 질서위반행위규제법 제8조

12 난도 ★★☆ 정답 ③

실효성 확보수단 > 행정조사

정답의 이유

③ 행정기관의 장은 인터넷 등 정보통신망을 통하여 조사대상자로 하여금 자료의 제출 등을 하게 할 수 있다(행정조사기본법 제28조 제1항).

오답의 이유

① 행정기관의 장은 조사원이 조사목적의 달성을 위하여 한 시료채취로 조사대상자에게 손실을 입힌 때에는 대통령령으로 정하는 절차와 방법에 따라 그 손실을 보상하여야 한다(행정조사기본법 제12조 제1항 · 제2항).

제12조(시료채취)
① 조사원이 조사목적의 달성을 위하여 시료채취를 하는 경우에는 그 시료의 소유자 및 관리자의 정상적인 경제활동을 방해하지 아니하는 범위 안에서 최소한도로 하여야 한다.
② 행정기관의 장은 제1항에 따른 시료채취로 조사대상자에게 손실을 입힌 때에는 대통령령으로 정하는 절차와 방법에 따라 그 손실을 보상하여야 한다.

② 행정기관은 법령 등에서 행정조사를 규정하고 있는 경우에 한하여 행정조사를 실시할 수 있다. 다만, 조사대상자의 자발적인 협조를 얻어 실시하는 행정조사의 경우에는 그러하지 아니하다(행정조사기본법 제5조).
④ 행정조사기본법 제14조 제1항 제1호

더 알아보기

행정조사기본법
제6조(연도별 행정조사운영계획의 수립 및 제출) ① 행정기관의 장은 매년 12월 말까지 다음 연도의 행정조사운영계획을 수립하여 국무조정실장에게 제출하여야 한다. 다만, 행정조사운영계획을 제출해야 하는 행정기관의 구체적인 범위는 대통령령으로 정한다.
제14조(공동조사) ④ 국무조정실장은 행정기관의 장이 제6조에 따라 제출한 행정조사운영계획의 내용을 검토한 후 관계 부처의 장에게 공동조사의 실시를 요청할 수 있다.

13 난도 ★☆☆ 정답 ②

행정쟁송 > 행정소송

정답의 이유

② 사정판결의 요건인 처분의 위법성은 처분 시를 기준으로 판단하고, 공공복리를 위한 사정판결의 필요성은 변론 종결 시를 기준으로 판단하여야 한다.

오답의 이유

① 신청에 대한 거부처분의 효력을 정지하더라도 거부처분이 없었던 것과 같은 상태, 즉 거부처분이 있기 전의 신청 시의 상태로 되돌아가는 데에 불과하고 행정청에게 신청에 따른 처분을 하여야 할 의무가 생기는 것이 아니므로, 거부처분의 효력정지는 그 거부처분으로 인하여 신청인에게 생길 손해를 방지하는 데 아무런 보탬이 되지 아니하여 그 효력정지를 구할 이익이 없다(대판 1995.6.21, 95두26).
③ 행정소송법 제23조 제3항에서 집행정지의 요건으로 규정하고 있는 '공공복리에 중대한 영향을 미칠 우려'가 없을 것이라고 할 때의 '공공복리'는 그 처분의 집행과 관련된 구체적이고도 개별적인 공익을 말하는 것으로서 이러한 집행정지의 소극적 요건에 대한 주장 · 소명책임은 행정청에게 있다(대결 1999.12.20, 99무42).

행정소송법 제23조(집행정지)
③ 집행정지는 공공복리에 중대한 영향을 미칠 우려가 있을 때에는 허용되지 아니한다.

④ 조합설립인가처분은 도시 및 주거환경정비법상 주택재건축사업을 시행할 수 있는 권한을 갖는 행정주체(공법인)로서의 지위를 부여하는 일종의 설권적 처분의 성격을 갖는다고 보아야 한다. 그리고 그와 같이 보는 이상 조합설립결의는 조합설립인가처분이라는 행정처분을 하는 데 필요한 요건 중 하나에 불과한 것이어서, 조합설립결의에 하자가 있다면 그 하자를 이유로 직접 항고소송의 방법으로 조합설립인가처분의 취소 또는 무효확인을 구하여야 한다(대판 2009.9.24, 2008다60568).

14 난도 ★★☆ 정답 ③

손해전보 > 행정상 손해배상

정답의 이유

③ 전투 · 훈련 등 직무집행과 관련하여 공상을 입은 군인 · 군무원 · 경찰공무원 또는 향토예비군대원이 먼저 국가배상법에 따라 손해배상금을 지급받은 다음 보훈보상대상자 지원에 관한 법률(이하 '보훈보상자법'이라 한다)이 정한 보상금 등 보훈급여금의 지급을 청구하는 경우, …(중략)… 국가배상법에 따라 손해배상을 받았다는 사정을 들어 보상금 등 보훈급여금의 지급을 거부할 수 없다(대판 2017.2.3, 2015두60075).

오답의 이유

① 국가배상법 제2조 제1항 단서 규정은 다른 법령에 보상제도가 규정되어 있고, 그 법령에 규정된 상이등급 또는 장애등급 등의 요건에 해당되어 그 권리가 발생한 이상, 실제로 그 권리를 행사하였는지 또는 그 권리를 행사하고 있는지 여부에 관계없이 적용된다고 보아야 하고, 그 각 법률에 의한 보상금청구권이 시효로 소멸되었다 하여 적용되지 않는다고 할 수는 없다(대판 2002.5.10, 2000다39735).
→ 국가배상법 제2조 제1항 단서는 '다른 법령에 따라 재해보상금 · 유족연금 · 상이연금 등의 보상을 지급받은 때가 아니라 지급받을 수 있을 때'라고 규정하고 있다. 따라서 개별법상의 보상금을 받을 수 있었음에도 시효기간 내 수령하지 않아 받을 수 없게 된 경우라면, 여전히 이중배상금지가 적용되어 국가배상이 불가하다는 것이 판례의 취지이다.
② 경찰공무원인 피해자가 구 공무원연금법의 규정에 따라 공무상 요양비를 지급받는 것은 국가배상법 제2조 제1항 단서에서 정한 '다른 법령의 규정'에 따라 보상을 지급받는 것에 해당하지 않는다(대판 2019.5.30, 2017다16174). 즉, 공무원연금법에 따른 공무상 요양비는 이중배상금지가 적용되는 보상금에 해당하지 않으므로, 이를 지급받았어도 배상청구가 제한되지 않는다.
④ 군인, 군무원 등 국가배상법 제2조 제1항 단서에 열거된 자가 전투 · 훈련 기타 직무집행과 관련하는 등으로 공상을 입은 경우라고 하더라도 군인연금법 또는 국가유공자예우 등에 관한 법률에 의하여 재해보상금, 유족연금, 상이연금 등 별도의 보상을 받을 수 없는 경우에는 국가배상법 제2조 제1항 단서의 적용 대상에서 제외된다(대판 1996.12.20, 96다42178).

더 알아보기

국가보상법

제2조(배상책임) ① 국가나 지방자치단체는 공무원 또는 공무를 위탁받은 사인(이하 "공무원"이라 한다)이 직무를 집행하면서 고의 또는 과실로 법령을 위반하여 타인에게 손해를 입히거나, 「자동차손해배상 보장법」에 따라 손해배상의 책임이 있을 때에는 이 법에 따라 그 손해를 배상하여야 한다. 다만, 군인 · 군무원 · 경찰공무원 또는 예비군대원이 전투 · 훈련 등 직무 집행과 관련하여 전사(戰死) · 순직(殉職)하거나 공상(公傷)을 입은 경우에 본인이나 그 유족이 다른 법령에 따라 재해보상금 · 유족연금 · 상이연금 등의 보상을 지급받을 수 있을 때에는 이 법 및 「민법」에 따른 손해배상을 청구할 수 없다.

15 난도 ★★☆ 정답 ④

행정쟁송 > 행정소송

정답의 이유

④ 지방의회 의원에 대한 제명의결 취소소송 계속 중 의원의 임기가 만료된 사안에서, 제명의결의 취소로 의원의 지위를 회복할 수는 없다 하더라도 제명의결 시부터 임기만료일까지의 기간에 대한 월정수당의 지급을 구할 수 있는 등 여전히 그 제명의결의 취소를 구할 법률상 이익이 있다(대판 2009.1.30, 2007두13487).

오답의 이유

① 지방의회의원에 대한 제명의결은 항고소송의 대상인 행정처분이므로, 甲이 제명의결을 행정소송으로 다투는 경우 소송의 유형은 무효확인소송 또는 취소소송으로 할 수 있다.

② A구 의회는 법령에 따라 제명의결처분을 할 수 있는 권한을 보유하고 있으므로 행정소송법상 행정청의 지위를 가진다. 따라서 甲에 대한 제명의결을 다투는 행정소송에서는 제명의결처분을 자신의 명의로 표시한 A구 의회가 피고가 되어야 한다.

③ 행정소송법 제12조의 '법률상 이익' 개념에 관하여 법률상 이익구제설에 따르는 판례에 의하면 甲은 침해된 자신의 법률상 이익의 구제를 위해 제명의결을 다툴 원고적격을 갖는다.

16 난도 ★☆☆ 정답 ①

행정쟁송 > 행정소송

정답의 이유

① 입주자나 입주예정자들은 사용검사처분의 무효확인을 받거나 그 처분을 취소하지 않고도 민사소송 등을 통하여 분양계약에 따른 법률관계 및 하자 등을 주장 · 증명함으로써 사업주체 등으로부터 하자의 제거 · 보완 등에 관한 권리구제를 받을 수 있으므로, 입주자나 입주예정자는 사용검사처분의 무효확인 또는 취소를 구할 법률상 이익이 없다(대판 2015.1.29, 2013두24976). 즉 건축물의 하자를 다투는 입주자나 입주예정자들은 건물의 사용검사처분을 취소시키더라도 건축물의 하자가 원상회복되는 것이 아니므로 취소를 구할 법률상 이익이 부정된다. 따라서 입주예정자들은 제3자의 지위에서 건물사용검사처분의 취소를 행정소송을 통해 다툴 수 없다.

오답의 이유

② 이 사건 소(당사자소송을 민사소송으로 제기한 소)는 제1심 관할법원인 서울행정법원에 제기되었어야 할 것인데도 서울북부지방법원에 제기되어 심리되었으므로 확인의 이익 유무에 앞서 전속관할을 위반한 위법이 있다(대판 2009.9.24, 2008다60568).

③ 민사소송인 이 사건 소(환매권의 존부확인 및 환매금증감청구)가 서울행정법원에 제기되었는데도 피고는 제1심법원에서 관할위반이라고 항변하지 아니하고 본안에 대하여 변론을 한 사실을 알 수 있는바 행정소송법 제8조 제2항, 민사소송법 제30조에 의하여 제1심법원에 변론관할이 생겼다고 봄이 상당하다(대판 2013.2.28, 2010두22368).

④ 환경부장관이 생태 · 자연도 1등급으로 지정되었던 지역을 2등급 또는 3등급으로 변경하는 내용의 생태 · 자연도 수정 · 보완을 고시하자, 인근 주민 甲이 생태 · 자연도 등급변경처분의 무효 확인을 청구한 사안에서 생태 · 자연도는 토지이용 및 개발계획의 수립이나 시행에 활용하여 자연환경을 체계적으로 보전 · 관리하기 위한 것일 뿐 1등급 권역의 인근주민들이 가지는 이익은 환경보호라는 공공의 이익이 달성됨에 따라 반사적으로 얻게 되는 이익에 불과하므로, 인근 주민에 불과한 甲은 원고적격이 없다(대판 2014.2.21, 2011두29052).

17 난도 ★☆☆ 정답 ①

손해전보 > 행정상 손실보상

정답의 이유

① 공익사업을 위한 토지 등의 취득 및 보상에 관한 법률(이하 '토지보상법'이라 한다)에 의한 협의취득은 사법상의 매매계약에 해당한다(대판 2022.7.14, 2017다242232).

오답의 이유

② 사업인정고시가 된 후 토지의 사용으로 인하여 토지의 형질이 변경되는 경우 해당 토지소유자는 사업시행자에게 해당 토지의 매수를 청구하거나 관할 토지수용위원회에 그 토지의 수용을 청구할 수 있다(공익사업을 위한 토지 등의 취득 및 보상에 관한 법률 제72조 제2호).

> 공익사업을 위한 토지 등의 취득 및 보상에 관한 법률 제72조(사용하는 토지의 매수청구 등)
>
> 사업인정고시가 된 후 다음 각 호의 어느 하나에 해당할 때에는 해당 토지소유자는 사업시행자에게 해당 토지의 매수를 청구하거나 관할 토지수용위원회에 그 토지의 수용을 청구할 수 있다. 이 경우 관계인은 사업시행자나 관할 토지수용위원회에 그 권리의 존속(存續)을 청구할 수 있다.
>
> 1. 토지를 사용하는 기간이 3년 이상인 경우
> 2. 토지의 사용으로 인하여 토지의 형질이 변경되는 경우
> 3. 사용하려는 토지에 그 토지소유자의 건축물이 있는 경우

③ 개발제한구역의 지정으로 그 효용이 현저히 감소한 토지 또는

당해 토지의 사용 및 수익이 사실상 불가능한 토지의 소유자에게 토지매수청구권을 인정하고 있는 점 등을 종합할 때, 이 사건 법률조항은 비례의 원칙에 위반하여 당해 토지 소유자의 재산권을 침해하지 않는다(헌재 2007.8.30. 2006헌바9).

→ 헌법재판소는 개발제한구역의 지정 및 관리에 관한 특별조치법 제11조 제1항 등에 대한 위헌소원사건에서 토지의 효용이 감소한 토지소유자에게 토지매수청구권을 인정하는 등 보상규정을 두고 있는 것이 토지소유자의 재산권을 침해하지 않는 적절한 손실보상에 해당한다고 보아 합헌결정을 하였다.

④ 사업시행자는 동일한 사업지역에 보상시기를 달리하는 동일인 소유의 토지 등이 여러 개 있는 경우 토지소유자나 관계인이 요구할 때에는 한꺼번에 보상금을 지급하도록 하여야 한다(공익사업을 위한 토지 등의 취득 및 보상에 관한 법률 제65조).

18 난도 ★★★ 정답 ②

실효성 확보수단 > 행정강제

정답의 이유

② 건축법상의 이행강제금은 시정명령의 불이행이라는 과거의 위반행위에 대한 제재가 아니라, 의무자에게 시정명령을 받은 의무의 이행을 명하고 그 이행기간 안에 의무를 이행하지 않으면 이행강제금이 부과된다는 사실을 고지함으로써 의무자에게 심리적 압박을 주어 의무의 이행을 간접적으로 강제하는 행정상의 간접강제 수단에 해당한다. 이러한 이행강제금의 본질상 시정명령을 받은 의무자가 이행강제금이 부과되기 전에 그 의무를 이행한 경우에는 비록 시정명령에서 정한 기간을 지나서 이행한 경우라도 이행강제금을 부과할 수 없다. 나아가 시정명령을 받은 의무자가 그 시정명령의 취지에 부합하는 의무를 이행하기 위한 정당한 방법으로 행정청에 신청 또는 신고를 하였으나 행정청이 위법하게 이를 거부 또는 반려함으로써 결국 그 처분이 취소되기에 이르렀다면, 특별한 사정이 없는 한 그 시정명령의 불이행을 이유로 이행강제금을 부과할 수는 없다고 보는 것이 위와 같은 이행강제금 제도의 취지에 부합한다(대판 2018.1.25. 2015두35116).

오답의 이유

① 대판 1996.4.12. 96도158

③ 대판 1994.10.28. 94누5144

④ 대판 2021.2.4. 2020두48390

19 난도 ★★☆ 정답 ①

단원종합

정답의 이유

㉠ 구 상훈법 제8조는 서훈취소의 요건을 구체적으로 명시하고 있고 절차에 관하여 상세하게 규정하고 있다. 그리고 서훈취소는 서훈수여의 경우와는 달리 이미 발생된 서훈대상자 등의 권리 등에 영향을 미치는 행위로서 관련 당사자에게 미치는 불이익의 내용과 정도 등을 고려하면 사법심사의 필요성이 크다. 따라서 기본권의 보장 및 법치주의의 이념에 비추어 보면, 비록 서훈취소가 대통령이 국가원수로서 행하는 행위라고 하더라도 법원이 사법심사를 자제하여야 할 고도의 정치성을 띤 행위라고 볼 수는 없다(대판 2015.4.23. 2012두26920).

㉡ 서훈은 서훈대상자의 특별한 공적에 의하여 수여되는 고도의 일신전속적 성격을 가지는 것이다. 나아가 서훈은 단순히 서훈대상자 본인에 대한 수혜적 행위로서의 성격만을 가지는 것이 아니라, 국가에 뚜렷한 공적을 세운 사람에게 영예를 부여함으로써 국민 일반에 대하여 국가와 민족에 대한 자긍심을 높이고 국가적 가치를 통합·제시하는 행위의 성격도 있다. 서훈의 이러한 특수성으로 말미암아 상훈법은 일반적인 행정행위와 달리 사망한 사람에 대하여도 그의 공적을 영예의 대상으로 삼아 서훈을 수여할 수 있도록 규정하고 있다. 그러나 그러한 경우에도 서훈은 어디까지나 서훈대상자 본인의 공적과 영예를 기리기 위한 것이므로 비록 유족이라고 하더라도 제3자는 서훈수여 처분의 상대방이 될 수 없다(대판 2014.9.26. 2013두2518).

오답의 이유

㉢ 건국훈장 독립장이 수여된 망인에 대한 서훈취소를 국무회의에서 의결하고 대통령이 결재함으로써 서훈취소가 결정된 후에 국가보훈처장이 망인의 유족에게 독립유공자 서훈취소결정 통보를 한 경우 항고소송의 대상은 대통령의 서훈취소결정처분이므로, 당해 취소소송에서의 피고적격은 국가보훈처장이 아니라 대통령에 있다.

㉣ • 서훈추천권의 행사, 불행사가 당연무효임의 확인, 또는 그 불작위가 위법함의 확인을 구하는 청구는 과거의 역사적 사실관계의 존부나 공법상의 구체적인 법률관계가 아닌 사실관계에 관한 것들을 확인의 대상으로 하는 것이거나 행정청의 단순한 부작위를 대상으로 하는 것으로서 항고소송의 대상이 되지 아니하는 것이다(대판 1990.11.23. 90누3553).
• 국가보훈처장이 서훈추천 신청자에 대한 서훈추천을 하여 주어야 할 헌법적 작위의무가 있다고 할 수는 없으므로, 서훈추천을 거부한 것에 대하여 행정권력의 부작위에 대한 헌법소원으로서 다툴 수 없다(헌재 2005.6.30. 2004헌마859).

20 난도 ★★☆ 정답 ④

실효성 확보수단 > 행정강제

정답의 이유

④ 대집행에 요한 비용에 대하여서는 행정청은 사무비의 소속에 따라 국세에 다음가는 순위의 선취득권을 가지며, 대집행에 요한 비용을 징수하였을 때에는 그 징수금은 사무비의 소속에 따라 국고 또는 지방자치단체의 수입으로 한다(행정대집행법 제6조 제2항 · 제3항).

> 제6조(비용징수)
> ① 대집행에 요한 비용은 국세징수법의 예에 의하여 징수할 수 있다.
> ② 대집행에 요한 비용에 대하여서는 행정청은 사무비의 소속에 따라 국세에 다음가는 순위의 선취득권을 가진다.
> ③ 대집행에 요한 비용을 징수하였을 때에는 그 징수금은 사무비의 소속에 따라 국고 또는 지방자치단체의 수입으로 한다.

오답의 이유

① 행정기본법 역시 제30조에서 행정상 강제집행의 하나인 행정대집행을 행정상 강제의 일종으로 규정하고 있다.

> 행정기본법 제30조(행정상 강제)
> ① 행정청은 행정목적을 달성하기 위하여 필요한 경우에는 법률로 정하는 바에 따라 필요한 최소한의 범위에서 다음 각 호의 어느 하나에 해당하는 조치를 할 수 있다.
> 1. 행정대집행: 의무자가 행정상 의무(법령 등에서 직접 부과하거나 행정청이 법령 등에 따라 부과한 의무를 말한다. 이하 이 절에서 같다)로서 타인이 대신하여 행할 수 있는 의무를 이행하지 아니하는 경우 법률로 정하는 다른 수단으로는 그 이행을 확보하기 곤란하고 그 불이행을 방치하면 공익을 크게 해칠 것으로 인정될 때에 행정청이 의무자가 하여야 할 행위를 스스로 하거나 제3자에게 하게 하고 그 비용을 의무자로부터 징수하는 것

② 행정대집행법 제6조 제1항

③ 행정대집행법상 대집행의 대상이 되는 대체적 작위의무는 공법상 의무이어야 할 것인데, 사법상 계약의 실질을 가지는 것이므로, 그 협의취득 시 건물소유자가 매매대상 건물에 대한 철거의무를 부담하겠다는 취지의 약정을 하였다고 하더라도 이러한 철거의무는 공법상의 의무가 될 수 없고, 이 경우에도 행정대집행법을 준용하여 대집행을 허용하는 별도의 규정이 없는 한 위와 같은 철거의무는 행정대집행법에 의한 대집행의 대상이 되지 않는다(대판 2006.10.13, 2006두7096).

행정법총론 | 2023년 지방직 9급

한눈에 훑어보기

영역 분석

행정법통론 02 05 09
3문항, 15%

행정작용법 01 03 07 10 11 20
6문항, 30%

행정과정의 규율 13 18
2문항, 10%

실효성 확보수단 04 08 19
3문항, 15%

손해전보 14 16
2문항, 10%

행정쟁송 06 12 15 17
4문항, 20%

빠른 정답

01	02	03	04	05	06	07	08	09	10
③	②	④	④	②	②	④	①	①	③
11	12	13	14	15	16	17	18	19	20
②	④	②	①	①	④	③	③	②	③

점수 체크

구분	1회독	2회독	3회독
맞힌 문항 수	/ 20	/ 20	/ 20
나의 점수	점	점	점

01 난도 ★☆☆ 정답 ③

행정작용법 > 행정행위

정답의 이유

③ 행정기본법상 자동적 처분을 할 수 있는 '완전히 자동화된 시스템'에 '인공지능 기술을 적용한 시스템'이 포함된다(행정기본법 제20조).

> 제20조(자동적 처분)
> 행정청은 법률로 정하는 바에 따라 완전히 자동화된 시스템(인공지능 기술을 적용한 시스템을 포함한다)으로 처분을 할 수 있다. 다만, 처분에 재량이 있는 경우는 그러하지 아니하다.

오답의 이유

① 행정의 자동화는 주로 컴퓨터 등의 전자데이터 처리장치를 투입하여 미리 입력된 프로그램에 따라 행정결정이 자동으로 행해지는 것을 의미한다. 컴퓨터에 의한 납세고지서의 발부 등도 그 예이다.

② 자동적 처분, 즉 행정의 자동결정은 행정행위로서의 성질을 갖는다고 보는 것이 일반적이다. 따라서 처분성이 인정되며 항고소송의 대상이 된다.

④ 행정기본법 제20조

02 난도 ★☆☆ 정답 ②

행정법통론 > 법치행정

정답의 이유

② 헌법 제75조는 "대통령은 법률에서 구체적으로 범위를 정하여 위임받은 사항과 법률을 집행하기 위하여 필요한 사항에 관하여 대통령령을 발할 수 있다."라고 규정하고 있다. 따라서 대통령은 법률에서 구체적으로 범위를 정하여 위임받은 사항과 법률을 집행하기 위하여 필요한 사항에 관하여만 대통령령을 발할 수 있으므로, 법률의 시행령은 모법인 법률에 의하여 위임받은 사항이나 법률이 규정한 범위 내에서 법률을 현실적으로 집행하는데 필요한 세부적인 사항만을 규정할 수 있을 뿐, 법률에 의한 위임이 없는 한 법률이 규정한 개인의 권리·의무에 관한 내용을 변경·보충하거나 법률에 규정되지 아니한 새로운 내용을 규정할 수는 없다(대판 2020.9.3. 2016두32992 전합).

오답의 이유

① 대판 2015.8.20. 2012두23808

③ 헌재 2005.2.24. 2003헌마289

④ 행정기본법 제8조

03 난도 ★☆☆ 정답 ④

행정작용법 > 행정입법

정답의 이유

④ 행정소송은 구체적 사건에 대한 법률상 분쟁을 법에 의하여 해결함으로써 법적 안정을 기하자는 것이므로 부작위위법확인소송의 대상이 될 수 있는 것은 구체적 권리의무에 관한 분쟁이어야 하고 추상적인 법령에 관하여 제정의 여부 등은 그 자체로서 국민의 구체적인 권리의무에 직접적 변동을 초래하는 것이 아니어서 행정소송의 대상이 될 수 없으므로 이 사건 소는 부적법하다(대판 1992.5.8, 91누11261). 따라서 행정입법부작위는 부작위위법확인소송의 대상이 될 수 없다.

오답의 이유

① · ② 법규명령은 행정입법이므로 직접 항고소송의 대상이 되는 것이 아니라 구체적 · 간접적 규범통제가 원칙이다. 단, 예외적으로 처분적 법령의 경우 직접 항고소송의 대상이 된다.

③ 명령 · 규칙 또는 처분이 헌법이나 법률에 위반되는 여부가 재판의 전제(선결문제)가 된 경우에는 각급 법원의 통제대상이 된다. 최종적으로 대법원에 의해 확정된 경우 대법원이 그 사유를 행정안전부장관에게 통보한다(행정소송법 제6조 제1항). 법률이 헌법에 위반되는 여부가 재판의 전제가 된 경우에는 헌법재판소가 전속적으로 심사하게 된다.

> 제6조(명령 · 규칙의 위헌판결 등 공고)
> ① 행정소송에 대한 대법원판결에 의하여 명령 · 규칙이 헌법 또는 법률에 위반된다는 것이 확정된 경우에는 대법원은 지체없이 그 사유를 행정안전부장관에게 통보하여야 한다.
> ② 제1항의 규정에 의한 통보를 받은 행정안전부장관은 지체없이 이를 관보에 게재하여야 한다.

04 난도 ★★☆ 정답 ④

실효성 확보수단 > 종합

정답의 이유

④ 체납자 등에 대한 공매통지는 국가의 강제력에 의하여 진행되는 공매에서 체납자 등의 권리 내지 재산상의 이익을 보호하기 위하여 법률로 규정한 절차적 요건이라고 보아야 하며, 공매처분을 하면서 체납자 등에게 공매통지를 하지 않았거나 공매통지를 하였더라도 그것이 적법하지 아니한 경우에는 절차상의 흠이 있어 그 공매처분이 위법하게 되는 것이지만, 공매통지 자체가 그 상대방인 체납자 등의 법적 지위나 권리 · 의무에 직접적인 영향을 주는 행정처분에 해당한다고 할 것은 아니므로 다른 특별한 사정이 없는 한 체납자 등은 공매통지의 결여나 위법을 들어 공매처분의 취소 등을 구할 수 있는 것이지 공매통지 자체를 항고소송의 대상으로 삼아 그 취소 등을 구할 수는 없다(대판 2011.3.24, 2010두25527).

오답의 이유

① 국세징수법 제21조, 제22조가 규정하는 가산금 또는 중가산금은 국세를 납부기한까지 납부하지 아니하면 과세청의 확정절차 없이도 법률 규정에 의하여 당연히 발생하는 것이므로 가산금 또는 중가산금의 고지가 항고소송의 대상이 되는 처분이라고 볼 수 없다(대판 2005.6.10, 2005다15482).

② 국가가 본래 그의 사무의 일부를 지방자치단체의 장에게 위임하여 그 사무를 처리하게 하는 기관위임사무의 경우에는 지방자치단체는 국가기관의 일부로 볼 수 있는 것이지만, 지방자치단체가 그 고유의 자치사무를 처리하는 경우에는 지방자치단체는 국가기관의 일부가 아니라 국가기관과는 별도의 독립한 공법인이므로, 지방자치단체 소속 공무원이 지방자치단체 고유의 자치사무를 수행하던 중 도로법 제81조 내지 제85조의 규정에 의한 위반행위를 한 경우에는 지방자치단체는 도로법 제86조의 양벌규정에 따라 처벌대상이 되는 법인에 해당한다(대판 2005.11.10, 2004도2657).

③ 불법게임물의 수거 · 폐기는 즉시강제로서 영장 없는 수거를 인정하고 있는 이 사건 법률조항은 헌법상 영장주의에 위배되는 것으로는 볼 수 없다(헌재 2002.10.31, 2000헌가12 참고).

05 난도 ★★☆ 정답 ②

행정법통론 > 행정상 법률관계의 원인

정답의 이유

② 전입신고를 받은 시장 · 군수 또는 구청장의 심사 대상은 전입신고자가 30일 이상 생활의 근거로 거주할 목적으로 거주지를 옮기는지 여부만으로 제한된다고 보아야 한다. 따라서 전입신고자가 거주의 목적 이외에 다른 이해관계에 관한 의도를 가지고 있는지 여부, 무허가 건축물의 관리, 전입신고를 수리함으로써 당해 지방자치단체에 미치는 영향 등과 같은 사유는 주민등록법이 아닌 다른 법률에 의하여 규율되어야 하고, 주민등록전입신고의 수리 여부를 심사하는 단계에서는 고려 대상이 될 수 없다(대판 2009.6.18, 2008두10997 전합).

오답의 이유

① 공무원이 한 사직 의사표시의 철회나 취소는 그에 터잡은 의원면직처분이 있을 때까지 할 수 있는 것이고, 일단 면직처분이 있고 난 이후에는 철회나 취소할 여지가 없다(대판 2001.8.24, 99두9971).

③ 민원사무처리법상 보완의 대상이 되는 흠은 보완이 가능한 경우이어야 함은 물론이고, 그 내용 또한 형식적 · 절차적인 요건이거나, 실질적인 요건에 관한 흠이 있는 경우라도 그것이 민원인의 단순한 착오나 일시적인 사정 등에 기한 경우 등이라야 한다(대판 2004.10.15, 2003두6573). 즉, 신청의 실질적인 요건에 관한 흠이 민원인의 단순한 착오나 일시적인 사정 등에 기인한 경우에는 예외적으로 보완을 요구할 수 있다.

④ 사인의 공법행위 역시 의사표시의 일반법리에 의하므로 원칙적으로 도달주의에 따라 그 효력이 발생한다. 개별법상 발신인의 이익을 위해 특별히 발신주의를 규정하고 있는 예외도 있다(국세기본법 제5조의2).

> 제5조의2(우편신고 및 전자신고)
> ① 우편으로 과세표준신고서, 과세표준수정신고서, 경정청구서 또는 과세표준신고 · 과세표준수정신고 · 경정청구와 관련된 서류를 제출한 경우 「우편법」에 따른 우편날짜도장이 찍힌 날(우편날짜도장이 찍히지 아니하였거나 분명하지 아니한 경우에는 통상 걸리는 배송일수를 기준으로 발송한 날로 인정되는 날)에 신고되거나 청구된 것으로 본다.
> ② 제1항의 신고서 등을 국세정보통신망을 이용하여 제출하는 경우에는 해당 신고서 등이 국세청장에게 전송된 때에 신고되거나 청구된 것으로 본다.

06 난도 ★☆☆ 정답 ②

행정쟁송 > 행정소송

정답의 이유

② 행정처분의 위법 여부는 행정처분이 행하여진 때의 법령과 사실을 기준으로 판단하므로, 확정판결의 당사자인 처분 행정청은 종전 처분 후에 발생한 새로운 사유를 내세워 다시 처분을 할 수 있고, 새로운 처분의 처분사유가 종전 처분의 처분사유와 기본적 사실관계에서 동일하지 않은 다른 사유에 해당하는 이상, 처분사유가 종전 처분 당시 이미 존재하고 있었고 당사자가 이를 알고 있었더라도 이를 내세워 새로이 처분을 하는 것은 확정판결의 기속력에 저촉되지 않는다(대판 2016.3.24, 2015두48235).

오답의 이유

① 행정소송법 제29조 제1항
③ 행정소송법 제28조 제1항
④ 과세처분 시 납세고지서에 과세표준, 세율, 세액의 산출근거 등이 누락되어 있어 이러한 절차 내지 형식의 위법을 이유로 과세처분을 취소하는 판결이 확정된 경우에 그 확정판결의 기판력은 확정판결에 적시된 절차 내지 형식의 위법사유에 한하여 미친다고 할 것이므로 과세처분권자가 그 확정판결에 적시된 위법사유를 보완하여 행한 새로운 과세처분은 확정판결에 의하여 취소된 종전의 과세처분과는 별개의 처분으로서 확정판결의 기판력에 저촉되는 것은 아니다(대판 1986.11.11, 85누231).

07 난도 ★☆☆ 정답 ④

행정작용법 > 기타 행정행위

정답의 이유

④ 교도소 수형자에게 소변을 받아 제출하게 한 것은, 형을 집행하는 우월적인 지위에서 외부와 격리된 채 형의 집행에 관한 지시, 명령을 복종하여야 할 관계에 있는 자에게 행해진 것으로서 그 목적 또한 교도소 내의 안전과 질서유지를 위하여 실시하였고, 일방적으로 강제하는 측면이 존재하며, 응하지 않을 경우 직접적인 징벌 등의 제재는 없다고 하여도 불리한 처우를 받을 수 있다는 심리적 압박이 존재하리라는 것을 충분이 예상할 수 있는 점에 비추어, 권력적 사실행위로서 헌법재판소법 제68조 제1항의 공권력의 행사에 해당한다(헌재 2006.7.27, 2005헌마277).

오답의 이유

① 공법상 법률행위인 행정행위처럼 직접적인 법률효과의 발생을 목적으로 하는 것이 아니라, 어떠한 사실상의 결과실현을 목적으로 하는 행정주체의 일체의 행위를 '행정상 사실행위'라 한다. 도로의 보수공사, 각종 홍보활동, 교통정리, 경찰관의 무기사용, 소방자동차 운전, 하천의 준설 등도 그 대표적인 예이다.
② 위법 건축물에 대한 단전 및 전화통화 단절조치 요청행위는 항고소송의 대상이 되는 행정처분이 아니다(대판 1996.3.22, 96누433).
③ 마산교도소장이 행형법 시행령 제131조 제2항, 영치금품관리규정(법무부예규관리 제630호) 제28조 제1항 별표 수용자 1인의 영치품 휴대 허가기준에 따라 이에 부합하지 않는 위 단추 달린 남방형 티셔츠에 대하여 휴대를 불허한 이 사건 행위는 이른바 "권력적 사실행위"로서 행정소송법 및 행정심판법의 대상이 되는 "행정청이 행하는 구체적 사실에 대한 법집행으로서의 공권력의 행사"(행정소송법 제2조 제1항 제1호, 행정심판법 제2조 제1항 제1호)에 해당하고, 따라서 이 사건 행위에 대하여는 행정소송 및 행정심판이 가능할 것이므로 헌법소원심판청구를 하기 위하여서는 먼저 헌법재판소법 제68조 제1항 단서 규정에 따라 행정소송 등 권리구제절차를 거쳐야 할 것이다(헌결 2002.8.5, 2002헌마462).
→ 헌법재판소법 제68조 제1항 단서에서, 다른 법률에 구제절차가 있는 경우에는 그 절차를 모두 거친 후가 아니면 헌법소원심판을 청구할 수 없다고 규정하고 있다. 따라서 항고소송의 대상인 처분성을 긍정하여, 헌법소원의 보충성 원칙상 헌법소원의 대상으로는 인정되지 않은 판례이다.

> **더 알아보기**
>
> 헌법소원 보충성 원칙의 예외 부정
> 수형자의 영치품에 대한 사용신청 불허처분 후 수형자가 다른 교도소로 이송되었다 하더라도 수형자의 권리와 이익의 침해 등이 해소되지 않은 점에 비추어, 위 영치품 사용신청 불허처분의 취소를 구할 이익이 있다(대판 2008.2.14, 2007두13203).

08 난도 ★☆☆ 정답 ①

실효성 확보수단 > 종합

정답의 이유

① 농지법은 농지 처분명령에 대한 이행강제금 부과처분에 불복하는 자가 그 처분을 고지받은 날부터 30일 이내에 부과권자에게 이의를 제기할 수 있고, 이의를 받은 부과권자는 지체 없이 관할 법원에 그 사실을 통보하여야 하며, 그 통보를 받은 관할 법원은 비송사건절차법에 따른 과태료 재판에 준하여 재판을 하도록 정하고 있다(제62조 제1항, 제6항, 제7항). 따라서 농지법 제62조 제1항에 따른 이행강제금 부과처분에 불복하는 경우에는 비송사건절차법에 따른 재판절차가 적용되어야 하고, 행정소송법상 항고소송의 대상은 될 수 없다(대판 2019.4.11, 2018두42955).

오답의 이유

② 대판 2017.4.28, 2016다213916

③ 행정조사기본법 제20조 제1항
④ 헌재 1998.5.28, 96헌바4

09 난도 ★★☆ 정답 ①

행정법통론 > 행정상 법률관계

정답의 이유

㉠ 산림청장이나 그로부터 권한을 위임받은 행정청이 산림법 등이 정하는 바에 따라 국유임야를 대부하거나 매각하는 행위는 사경제적 주체로서 상대방과 대등한 입장에서 하는 사법상 계약이지 행정청이 공권력의 주체로서 상대방의 의사 여하에 불구하고 일방적으로 행하는 행정처분이라고 볼 수 없으며 이 대부계약에 의한 대부료 부과조치 역시 사법상 채무이행을 구하는 것으로 보아야지 이를 행정처분이라고 할 수 없다(대판 1993.12.7, 91누11612).

오답의 이유

㉡ 국유 일반재산의 대부료 등의 징수에 관하여는 국세징수법 규정을 준용한 간이하고 경제적인 특별구제절차가 마련되어 있으므로, 특별한 사정이 없는 한 민사소송의 방법으로 대부료 등의 지급을 구하는 것은 허용되지 아니한다(대판 2014.9.4, 2014다203588). 따라서 ㉡은 국세징수법이 준용되어 행정상 강제징수가 가능한 경우이므로, 민사상 강제집행은 허용되지 않는다. 그러므로 甲은 대부료를 납부하지 않은 乙을 상대로 민사소송을 제기하여 대부료 지급을 구할 수 없다.

㉢ 국유재산 '무단점유자에 대한 변상금부과처분'은 관리청이 우월적 지위에서 행한 것으로서 행정처분이다(대판 1988.2.23, 87누1046 등). 따라서 丙은 그 처분에 대해 항고소송을 제기하여 다툴 수 있다.

10 난도 ★☆☆ 정답 ③

행정작용법 > 기타 행정작용

정답의 이유

③ 행정관청이 국토이용관리법 소정의 토지거래계약신고에 관하여 공시된 기준시가를 기준으로 매매가격을 신고하도록 행정지도를 하여 그에 따라 허위신고를 한 것이라 하더라도 이와 같은 행정지도는 법에 어긋나는 것으로서 그와 같은 행정지도나 관행에 따라 허위신고행위에 이르렀다고 하여도 이것만 가지고서는 그 범법행위가 정당화될 수 없다(대판 1994.6.14, 93도3247). 즉, 위법한 행정지도에 따른 사인의 행위도 (행정지도의 한계를 일탈한 경우가 아니라면) 임의적인 자의에 의한 행위이므로 법령에 명시적으로 정함이 없는 한, 위법성이 조각된다고 할 수 없다. 따라서 사인의 위반행위는 범법행위이고 가벌성이 소멸되는 것은 아니다.

오답의 이유

① 행정절차법 제48조 제2항
② 행정절차법 제51조
④ 대판 2008.9.25, 2006다18228

11 난도 ★☆☆ 정답 ②

행정작용법 > 행정행위

정답의 이유

② 선행처분과 후행처분이 서로 독립하여 별개의 효과를 목적으로 하는 경우에도 선행처분의 불가쟁력이나 구속력이 그로 인하여 불이익을 입게 되는 자에게 수인한도(受忍限度)를 넘는 가혹함을 가져오며, 그 결과가 당사자에게 예측가능한 것이 아닌 경우에는 국민의 재판받을 권리를 보장하고 있는 헌법의 이념에 비추어 선행처분의 후행처분에 대한 구속력은 인정될 수 없다고 봄이 타당할 것이다(하자승계 긍정)(대판 1994.1.25, 93누8542).

오답의 이유

① 대판 2019.1.31, 2017두40372
③ 과세관청의 선행처분인 소득금액변동통지에 하자가 존재하더라도 당연무효사유에 해당하지 않는 한 후행처분인 징수처분에 그대로 승계되지 아니한다. 따라서 과세관청의 소득처분과 그에 따른 소득금액변동통지가 있는 경우 원천징수하는 소득세의 납세의무에 관하여는 이를 확정하는 소득금액변동통지에 대한 항고소송에서 다투어야 하고, 소득금액변동통지가 당연무효가 아닌 한 징수처분에 대한 항고소송에서 이를 다툴 수는 없다(대판 2012.1.26, 2009두14439).
④ 대판 2008.8.21, 2007두13845

12 난도 ★☆☆ 정답 ④

행정쟁송 > 행정소송

정답의 이유

④ 당사자소송은 공법상 법률관계에 관한 소송이므로 이를 본안으로 하는 가처분에 대하여는 항고소송과 달리 민사집행법상 가처분에 관한 규정이 준용된다.

오답의 이유

① 행정소송법 제3조 제2호

> **제3조(행정소송의 종류)**
> 행정소송은 다음의 네 가지로 구분한다.
> 1. 항고소송: 행정청의 처분 등이나 부작위에 대하여 제기하는 소송
> 2. 당사자소송: 행정청의 처분 등을 원인으로 하는 법률관계에 관한 소송 그 밖에 공법상의 법률관계에 관한 소송으로서 그 법률관계의 한쪽 당사자를 피고로 하는 소송
> 3. 민중소송: 국가 또는 공공단체의 기관이 법률에 위반되는 행위를 한 때에 직접 자기의 법률상 이익과 관계없이 그 시정을 구하기 위하여 제기하는 소송
> 4. 기관소송: 국가 또는 공공단체의 기관상호간에 있어서의 권한의 존부 또는 그 행사에 관한 다툼이 있을 때에 이에 대하여 제기하는 소송. 다만, 헌법재판소법 제2조의 규정에 의하여 헌법재판소의 관장사항으로 되는 소송은 제외한다.

② 대판 2021.2.4, 2019다277133
③ 대판 2016.5.24, 2013두14863

13 난도 ★☆☆ 정답 ②

행정과정의 규율 > 정보공개와 개인정보 보호

정답의 이유

㉠ 공공기관의 정보공개에 관한 법률 제5조 제1항

㉢ 대판 2014.12.24, 2014두9349

오답의 이유

㉡ 검찰보존사무규칙이 검찰청법 제11조에 기하여 제정된 법무부령이기는 하지만, 그 사실만으로 같은 규칙 내의 모든 규정이 법규적 효력을 가지는 것은 아니다. 검사의 불기소사건기록의 열람·등사의 제한을 정하고 있는 같은 규칙 제22조는 법률상의 위임근거가 없어 행정기관 내부의 사무처리준칙으로서 행정규칙에 불과하므로, 위 규칙상의 열람·등사의 제한을 공공기관의 정보공개에 관한 법률 제9조 제1항 제1호의 '다른 법률 또는 법률에 의한 명령에 의하여 비공개사항으로 규정된 경우'에 해당한다고 볼 수 없다(대판 2006.5.25, 2006두3049).

㉣ 청구인이 정보공개와 관련한 공공기관의 결정에 대하여 불복이 있거나 정보공개청구 후 20일이 경과하도록 정보공개 결정이 없는 때에는 행정심판법에서 정하는 바에 따라 행정심판을 청구할 수 있다(공공기관의 정보공개에 관한 법률 제19조 제1항).

14 난도 ★★☆ 정답 ①

손해전보 > 행정상 손해배상

정답의 이유

① 지방자치단체장이 교통신호기를 설치하여 그 관리권한이 도로교통법 제71조의2 제1항의 규정에 의하여 관할 지방경찰청장에게 위임되어 지방자치단체 소속 공무원과 지방경찰청 소속 공무원이 합동 근무하는 교통종합관제센터에서 그 관리업무를 담당하던 중 위 신호기가 고장난 채 방치되어 교통사고가 발생한 경우, 국가배상법 제2조 또는 제5조에 의한 배상책임을 부담하는 것은 지방경찰청장이 소속된 국가가 아니라, 그 권한을 위임한 지방자치단체 장이 소속된 지방자치단체라고 할 것이다(대판 1999.6.25, 99다11120).

오답의 이유

② 헌법소원심판을 청구한 자로서는 헌법재판소 재판관이 일자 계산을 정확하게 하여 본안판단을 할 것으로 기대하는 것이 당연하고, 따라서 헌법재판소 재판관의 위법한 직무집행의 결과 잘못된 각하결정을 함으로써 청구인으로 하여금 본안판단을 받을 기회를 상실하게 한 이상, 설령 본안판단을 하였더라도 어차피 청구가 기각되었을 것이라는 사정이 있다고 하더라도 잘못된 판단으로 인하여 헌법소원심판 청구인의 위와 같은 합리적인 기대를 침해한 것이고 이러한 기대는 인격적 이익으로서 보호할 가치가 있다고 할 것이므로 그 침해로 인한 정신상 고통에 대하여는 위자료를 지급할 의무가 있다(대판 2003.7.11, 99다24218).

③ 국가배상법 제6조 제1항·제2항

> 국가배상법 제6조(비용부담자 등의 책임)
> ① 제2조·제3조 및 제5조에 따라 국가나 지방자치단체가 손해를 배상할 책임이 있는 경우에 공무원의 선임·감독 또는 영조물의 설치·관리를 맡은 자와 공무원의 봉급·급여, 그 밖의 비용 또는 영조물의 설치·관리 비용을 부담하는 자가 동일하지 아니하면 그 비용을 부담하는 자도 손해를 배상하여야 한다.
> ② 제1항의 경우에 손해를 배상한 자는 내부관계에서 그 손해를 배상할 책임이 있는 자에게 구상할 수 있다.

④ 다른 법령에 따라 지급받은 급여와의 조정에 관한 조항을 두고 있지 아니한 보훈보상대상자 지원에 관한 법률과 달리 군인연금법 제41조 제1항은 "다른 법령에 따라 국가나 지방자치단체의 부담으로 이 법에 따른 급여와 같은 종류의 급여를 받은 사람에게는 그 급여금에 상당하는 금액에 대하여는 이 법에 따른 급여를 지급하지 아니한다."라고 명시적으로 규정하고 있다. 나아가 군인연금법이 정하고 있는 급여 중 사망보상금(군인연금법 제31조)은 일실손해의 보전을 위한 것으로 불법행위로 인한 소극적 손해배상과 같은 종류의 급여라고 봄이 타당하다. 따라서 피고에게 군인연금법 제41조 제1항에 따라 원고가 받은 손해배상금 상당 금액에 대하여는 사망보상금을 지급할 의무가 존재하지 아니한다(대판 2018.7.20, 2018두36691).

15 난도 ★☆☆ 정답 ①

행정쟁송 > 행정소송

정답의 이유

① 법원은 필요하다고 인정할 때에는 직권으로 증거조사를 할 수 있고, 이 경우 당사자가 주장하지 아니한 사실에 대하여도 판단할 수 있다(행정소송법 제26조).

오답의 이유

② 대판 1993.5.27, 92누19033

③ 행정소송법 제25조 제1항·제2항

④ 결혼이민[F-6 (다)목] 체류자격을 신청한 외국인에 대하여 행정청이 그 요건을 충족하지 못하였다는 이유로 거부처분을 하는 경우에는 '그 요건을 갖추지 못하였다는 판단', 다시 말해 '혼인파탄의 주된 귀책사유가 국민인 배우자에게 있지 않다는 판단' 자체가 처분사유가 된다. 부부가 혼인파탄에 이르게 된 여러 사정들은 그와 같은 판단의 근거가 되는 기초 사실 내지 평가요소에 해당한다. 결혼이민[F-6 (다)목] 체류자격 거부처분 취소소송에서 원고와 피고 행정청은 각자 자신에게 유리한 평가요소들을 적극적으로 주장·증명하여야 하며, 수소법원은 증명된 평가요소들을 종합하여 혼인파탄의 주된 귀책사유가 누구에게 있는지를 판단하여야 한다. 수소법원이 '혼인파탄의 주된 귀책사유가 국민인 배우자에게 있다'고 판단하게 되는 경우에는, 해당 결혼이민[F-6 (다)목] 체류자격 거부처분은 위법하여 취소되어야 하므로, 이러한 의미에서 결혼이민[F-6 (다)목] 체류자격 거부처분 취소소송에서도 그 처분사유에 관한 증명책임은 피고 행정청에 있다(대판 2019.7.4, 2018두66869).

16 난도 ★★☆ 정답 ④

손해전보 > 행정상 손실보상

정답의 이유

④ 어떤 보상항목이 공익사업을 위한 토지 등의 취득 및 보상에 관한 법령상 손실보상대상에 해당함에도 관할 토지수용위원회가 사실을 오인하거나 법리를 오해함으로써 손실보상대상에 해당하지 않는다고 잘못된 내용의 재결을 한 경우에는, 피보상자는 관할 토지수용위원회를 상대로 그 재결에 대한 취소소송을 제기할 것이 아니라, 사업시행자를 상대로 구 공익사업을 위한 토지 등의 취득 및 보상에 관한 법률 제85조 제2항에 따른 보상금증감소송을 제기하여야 한다(대판 2018.7.20, 2015두4044).

오답의 이유

① 하천법 제50조에 의한 하천수 사용권은 하천법 제33조에 의한 하천의 점용허가에 따라 해당 하천을 점용할 수 있는 권리와 마찬가지로 특허에 의한 공물사용권의 일종으로서, 양도가 가능하고 이에 대한 민사집행법상의 집행 역시 가능한 독립된 재산적 가치가 있는 구체적인 권리라고 보아야 한다. 따라서 하천법 제50조에 의한 하천수 사용권은 공익사업을 위한 토지 등의 취득 및 보상에 관한 법률 제76조 제1항이 손실보상의 대상으로 규정하고 있는 '물의 사용에 관한 권리'에 해당한다(대판 2018.12.27, 2014두11601).

② 공익사업을 위한 토지 등의 취득 및 보상에 관한 법률 제88조

③ 사업인정은 공익사업의 토지 등을 수용 또는 사용할 사업으로 결정하는 것으로서 단순한 확인행위가 아니라 일정한 수용권을 설정해 주는 형성행위이다(대판 2005.4.29, 2004두14670).

17 난도 ★★☆ 정답 ③

행정쟁송 > 행정심판

정답의 이유

③ 행정심판법 제49조 제1항에 따르면 처분청 및 관계 행정청은 인용재결의 기속력을 받는다(반복금지의무). 따라서 행정심판위원회 丙이 영업정지처분을 취소하는 재결을 할 경우, 피청구인 乙은 이 인용재결의 취소를 구하는 행정소송을 제기할 수 없다.

> 제49조(재결의 기속력 등)
> ① 심판청구를 인용하는 재결은 피청구인과 그 밖의 관계 행정청을 기속(羈束)한다.

오답의 이유

① 행정심판법 제43조 제3항에 따르면 행정심판위원회는 인용재결의 하나로 적극적인 변경재결이 가능하다. 따라서 丙은 영업정지 2개월에 갈음하여 식품위생법 소정의 과징금으로 변경할 수 있다.

> 제43조(재결의 구분)
> ③ 위원회는 취소심판의 청구가 이유가 있다고 인정하면 처분을 취소 또는 다른 처분으로 변경하거나 처분을 다른 처분으로 변경할 것을 피청구인에게 명한다.

② 행정소송법 제19조는 취소소송은 행정청의 원처분을 대상으로 하되(원처분주의), 다만 "재결 자체에 고유한 위법이 있음을 이유로 하는 경우"에 한하여 행정심판의 재결도 취소소송의 대상으로 삼을 수 있도록 규정하고 있으므로 재결취소소송의 경우 재결 자체에 고유한 위법이 있는지 여부를 심리할 것이고, 재결 자체에 고유한 위법이 없는 경우에는 원처분의 당부와는 상관없이 당해 재결취소소송은 이를 기각하여야 한다(대판 1994.1.25, 93누16901).

④ 행정심판법 제47조 제2항에 따르면 행정심판법상 불이익변경금지의 원칙이 재결에 요구된다. 따라서 행정심판위원회 丙은 피청구인 乙의 2개월 영업정지와는 별도로 1개월 영업정지를 추가하여 청구인이게 불리한 재결을 할 수 없다.

> 제47조(재결의 범위)
> ② 위원회는 심판청구의 대상이 되는 처분보다 청구인에게 불리한 재결을 하지 못한다.

18 난도 ★★☆ 정답 ③

행정과정의 규율 > 행정절차

정답의 이유

③ 행정절차법상 사전통지 및 의견제출에 대한 권리를 부여하고 있는 '당사자 등'에는 불이익처분의 직접 상대방인 당사자와 행정청이 직권으로 또는 신청에 따라 행정절차에 참여하게 한 이해관계인이 포함되며(행정절차법 제2조 제4호), 그밖의 제3자는 포함되지 않는다.

> 제2조(정의)
> 이 법에서 사용하는 용어의 뜻은 다음과 같다.
> 4. "당사자 등"이란 다음 각 목의 자를 말한다.
> 가. 행정청의 처분에 대하여 직접 그 상대가 되는 당사자
> 나. 행정청이 직권으로 또는 신청에 따라 행정절차에 참여하게 한 이해관계인

오답의 이유

① 행정절차법 제20조 제3항

② 행정처분의 상대방이 통지된 청문일시에 불출석하였다는 이유만으로 행정청이 관계 법령상 그 실시가 요구되는 청문을 실시하지 아니한 채 침해적 행정처분을 할 수는 없을 것이므로, 행정처분의 상대방에 대한 청문통지서가 반송되었다거나, 행정처분의 상대방이 청문일시에 불출석하였다는 이유로 청문을 실시하지 아니하고 한 침해적 행정처분은 위법하다(대판 2001.4.13, 2000두3337).

④ 일반적으로 당사자가 근거규정 등을 명시하여 신청하는 인허가 등을 거부하는 처분을 함에 있어 당사자가 그 근거를 알 수 있을 정도로 상당한 이유를 제시한 경우에는 당해 처분의 근거 및 이유를 구체적으로 명시하지 않았더라도 처분이 위법하다고 할 수 없다(대판 2002.5.17, 2000두8912).

19 난도 ★☆☆ 정답 ②

실효성 확보수단 > 행정벌

정답의 이유

② 고의 또는 과실이 없는 질서위반행위에는 과태료를 부과할 수 없다(질서위반행위규제법 제7조).

오답의 이유

① 질서위반행위규제법 제3조 제2항

③ 질서위반행위규제법 제20조 제1항

④ 질서위반행위규제법 제44조 · 제45조 제1항

> **제44조(약식재판)**
> 법원은 상당하다고 인정하는 때에는 제31조 제1항에 따른 심문 없이 과태료 재판을 할 수 있다.
>
> **제45조(이의신청)**
> ① 당사자와 검사는 제44조에 따른 약식재판의 고지를 받은 날부터 7일 이내에 이의신청을 할 수 있다.

20 난도 ★★☆ 정답 ③

행정작용법 > 행정행위

정답의 이유

③ 구 도시 및 주거환경정비법에 기초하여 주택재개발정비사업조합이 수립한 사업시행계획은 관할 행정청의 인가 · 고시를 통해 이루어지면 이해관계인들에게 구속력이 발생하는 독립된 행정처분에 해당하고, 관할 행정청의 사업시행계획 인가처분은 사업시행계획의 법률상 효력을 완성시키는 보충행위에 해당한다. 따라서 기본행위인 사업시행계획에는 하자가 없는데 보충행위인 인가처분에 고유한 하자가 있다면 그 인가처분의 무효확인이나 취소를 구하여야 할 것이지만, 인가처분에는 고유한 하자가 없는데 사업시행계획에 하자가 있다면 사업시행계획의 무효확인이나 취소를 구하여야 할 것이지 사업시행계획의 무효를 주장하면서 곧바로 그에 대한 인가처분의 무효확인이나 취소를 구하여서는 아니 된다(대판 2021.2.10, 2020두48031).

오답의 이유

① 구 자동차관리법상 자동차관리사업자로 구성하는 사업자단체인 조합 또는 협회(이하 '자동차정비조합'이라고 한다)의 설립인가처분은 국토해양부장관 또는 시 · 도지사 등이 자동차관리사업자들의 단체결성행위를 보충하여 효력을 완성시키는 처분에 해당한다(대판 2015.5.29, 2013두635).

② 조합설립추진위원회의 구성을 승인하는 처분은 조합의 설립을 위한 주체에 해당하는 추진위원회를 구성하는 행위를 보충하여 그 효력을 부여하는 처분이다(대판 2013.12.26, 2011두8291).

④ 토지 등 소유자들이 조합을 따로 설립하지 않고 직접 시행하는 도시환경정비사업에서 사업시행인가처분의 법적 성격은 단순히 사업시행계획에 대한 보충행위로서의 성질을 가지는 것이 아니라 구 도시정비법상 정비사업을 시행할 수 있는 권한을 가지는 행정주체로서의 지위를 부여하는 일종의 설권적 처분의 성격을 가진다(대판 2013.6.13, 2011두19994).

행운이란 100%의 노력 뒤에 남는 것이다.

– 랭스턴 콜먼 –

PART 5

행정학개론

- 2025년 국가직 9급
- 2025년 지방직 9급
- 2024년 국가직 9급
- 2024년 지방직 9급
- 2023년 국가직 9급
- 2023년 지방직 9급

행정학개론 | 2025년 국가직 9급

한눈에 훑어보기

영역 분석

행정학총론 01 02
2문항, 10%

정책론 03 04 05 06 17 18
6문항, 30%

조직론 11 12 13
3문항, 15%

인사행정론 14 15 16 20
4문항, 20%

재무행정론 07 08
2문항, 10%

지방행정론 09 10 19
3문항, 15%

빠른 정답

01	02	03	04	05	06	07	08	09	10
④	②	④	①	②	①	②	③	③	②
11	12	13	14	15	16	17	18	19	20
②	③	①	④	④	②	③	①	①	①

점수 체크

구분	1회독	2회독	3회독
맞힌 문항 수	/ 20	/ 20	/ 20
나의 점수	점	점	점

01 난도 ★☆☆ 정답 ④

행정학총론 > 행정과 환경

정답의 이유

④ 내부성에 대한 설명이다. 내부성은 공공조직이 공익적 목표보다는 관료 개인이나 소속기관의 이익을 우선적으로 고려하는 것을 말한다.

오답의 이유

① 파생적 외부효과는 시장실패를 해결하기 위해 정부가 개입하다가 의도하지 않은 부작용을 초래하는 것을 말한다.

② X-비효율성은 정부의 독점적 성격으로 인해 경쟁자가 없고, 이러한 경쟁의 부재로 인해 발생하는 정부의 심리적 · 기술적 비효율을 말한다. 이는 정부의 독점적 성격, 종결 메커니즘의 결여, 산출물 측정의 곤란성, 생산기술의 불확실성 등으로 인해 발생한다.

③ 권력의 편재는 권력 특혜, 권력 남용 등 정부에 의해 분배적 불공평이 야기되는 현상을 말한다.

더 알아보기

시장실패와 정부실패의 원인

시장실패 원인	• 공공재의 존재 • 불완전경쟁 • 자연독점 • 외부효과의 발생 • 정보의 비대칭성
정부실패 원인	• 내부성(사적 목표의 설정) • 파생적 외부효과 • 권력의 편재 • X-비효율성, 비용체증 • 비용과 편익의 절연

02 난도 ★★☆ 정답 ②

행정학총론 > 행정학의 주요 이론

정답의 이유

② 신행정론은 1970년대 전후 미국 사회의 격동기에 등장한 사회문제들(빈곤, 차별, 폭동 등)을 해결하기 위하여 행태론의 논리실증주의 접근법을 비판하고, 형평성과 적실성을 강조한 새로운 행정학 접근법이다. 인본주의 및 사회적 형평성, 사회복지정책의 확대 등을 강조하였다.

03 난도 ★★☆ 정답 ④

정책론 > 정책의제 설정

정답의 이유

④ 공고화(굳히기)모형에서는 이미 대중의 지지가 높은 정책문제에 대해 정부가 공고화를 시도한다. 이미 대중의 지지가 높기 때문에 정책이 결정된 후 집행이 용이하다.

오답의 이유

① 외부주도모형에서는 외부집단의 주도에 의해 이슈가 제기 · 확산되어 성공적으로 공중의제에 도달한 후, 최종적으로 정부의제로 진행된다.

② 동원모형에서는 정부 내의 정책결정자들이 이슈를 제기하면 자동으로 정책의제화가 되지만 성공적인 집행을 위해서는 공중의 지지가 필요하므로 정부의 주도적인 PR 활동 등이 이루어진다.

③ 내부접근모형에서는 정부관료제 내부에서만 정책의제화의 움직임이 있어 공중의제화 과정이 생략된다.

더 알아보기

홀릿(Howlett)과 라메쉬(Ramesh), 메이(May)의 의제설정모형

대중의 지지 / 의제설정의 주도자	높음	낮음
사회적 행위자	외부주도형	내부주도형
국가	공고화(굳히기)형	동원형

04 난도 ★★☆ 정답 ①

정책론 > 정책의 본질과 유형

정답의 이유

① 리플리와 프랭클린(Ripley&Franklin)은 정책유형을 분배정책, 경쟁적 규제정책, 보호적 규제정책, 재분배정책규제로 구분하였다. 경쟁적 규제정책은 분배정책의 성격과 규제정책의 성격을 동시에 가지고 있는 양면적 정책으로, 다수의 경쟁자 중에서 지정된 소수에게만 서비스나 재화를 공급하도록 규제한다. 대표적인 예로는 TV 또는 라디오의 방송권, 주파수 할당, 항공노선 취항권 부여 등이 있다.

05 난도 ★★☆ 정답 ②

정책론 > 정책평가

정답의 이유

② 일종의 예비평가로 본격적인 평가가 실시되기 전에 평가의 유용성(소망성)과 실행 가능성을 검토하는 것은 평가성 사정에 대한 설명이다. 형성평가는 하나의 사업을 집행하는 과정에서 발생하는 문제점을 개선하고 조정하기 위해 진행하는 평가이다.

오답의 이유

① 총괄평가는 집행이 완료된 후 정책이 사회에 미친 영향이나 충격(impact) 등과 같은 효과를 평가하는 것으로, 효과평가 또는 영향평가가 핵심이다.

③ 과정평가는 정책이나 계획을 집행하는 과정에서 실시하는 평가이다. 보다 효율적인 집행전략을 수립하고 정책 내용을 수정 · 변경하며, 정책의 추진 여부의 결정에 필요한 정보를 제공하고 정책효과의 발생경로를 밝혀 총괄평가를 보조하는 기능을 수행한다.

④ 집행 모니터링은 프로그램 투입 또는 활동이 의도된 대로 충실히 집행되고 있는지 판단하기 위해 진행한다.

06 난도 ★☆☆ 정답 ①

정책론 > 정책변동의 유형

정답의 이유

① 정책승계는 정책의 기본 목표를 유지하면서 정책의 일부나 전부를 변경하는 것으로, 선형적 승계, 정책통합, 정책분할, 부분종결 등이 있다.

오답의 이유

② 정책쇄신(정책혁신)은 기존의 조직이나 예산을 기반으로 하지 않고 완전히 새로운 형태의 개입을 결정하는 것을 의미한다. 즉, 무에서 유를 창조하는 정책을 말한다.

③ 정책유지는 기존 정책의 목표나 수단 등 기본 골격은 유지하면서 부분적인 변화만 이루어지는 경우를 말한다.

④ 정책종결은 다른 정책으로의 대체 없이 기존 정책을 완전히 폐지하는 것이다.

더 알아보기

정책변동의 유형

구분	정책유지	정책승계	정책쇄신	정책종결
정책목표	−	−	+	+
정책내용	−	+	+	+
구체적 수단	+	+	+	+

* 변동 가능은 +, 변동 불가능은 −로 표시

07 난도 ★★☆ 정답 ②

재무행정론 > 재무행정의 기초이론

정답의 이유

② 공무원연금기금은 사회보험성 기금이고, 기술보증기금과 무역보험기금은 금융성 기금이다.

오답의 이유

① 국가재정법 제69조

> 제69조(증액 동의)
> 국회는 정부가 제출한 기금운용계획안의 주요항목 지출금액을 증액하거나 새로운 과목을 설치하고자 하는 때에는 미리 정부의 동의를 얻어야 한다.

③ 국가재정법 제82조 제1항

제82조(기금운용의 평가)
① 기획재정부장관은 회계연도마다 전체 기금 중 3분의 1 이상의 기금에 대하여 대통령령으로 정하는 바에 따라 그 운용실태를 조사·평가하여야 하며, 3년마다 전체 재정체계를 고려하여 기금의 존치 여부를 평가하여야 한다.

④ 국가재정법 제63조 제1항

제63조(기금자산운용의 원칙)
① 기금관리주체는 안정성·유동성·수익성 및 공공성을 고려하여 기금자산을 투명하고 효율적으로 운용하여야 한다.

더 알아보기

기금의 종류

사회보험성 기금	국민연금기금, 공무원연금기금, 고용보험기금, 산업재해보상보험 및 예방기금, 사립학교교직원연금기금, 군인연금기금
사업성 기금	주택도시기금, 중소기업창업 및 진흥기금, 소상공인시장진흥기금, 국민건강증진기금 등
금융성 기금	융자, 대여, 보증 등을 제공하는 금융성 사업을 수행하는 기금 예 기술보증기금, 농림수산업자신용보증기금, 농어가목돈마련저축장려기금, 산업기반신용보증기금, 무역보험기금, 신용보증기금, 예금보험기금채권상환기금, 주택금융신용보증기금
계정성 기금	공공자금관리기금, 복권기금, 공적자금상환기금, 양곡증권정리기금, 외국환평형기금

08 난도 ★★☆ 정답 ③

재무행정론 > 예산제도

정답의 이유

ⓛ 성과주의 예산제도는 업무측정단위, 즉 성과단위(work unit)에 의해 업무량을 측정하고 업무단위당 단위원가를 산출하여 관리의 능률성을 높이고자 한다.

ⓒ 성과주의 예산제도의 사례로는 1913년 미국 뉴욕시 리치먼드구의 원가예산제를 시초로 하여 1934년 미국 농무성의 사업별 예산 편성, 1934년 미국 테네시계곡개발청(TVA)의 예산 편성 등이 있다.

오답의 이유

ⓖ 성과주의 예산제도는 예산을 사업별, 활동별로 구분하여 편성하는 성과 중심의 예산으로, 지출 목적이나 사업 성과가 불분명한 품목별 예산의 문제점을 타파하기 위해 1950년대 행정국가의 등장과 더불어 행정부에 힘을 실어주는 관리지향적 예산으로 도입되었다.

ⓡ 1949년에 성과주의 예산제도라는 말을 처음으로 사용했으며, 1950년 트루먼 정부 때 의회가 예산회계법을 제정하여 연방정부를 비롯해 주 및 지방정부로 확산되었다.

09 난도 ★★☆ 정답 ③

지방행정론 > 지방행정의 기초이론

정답의 이유

③ 로즈(Rhodes)의 권력의존모형은 중앙정부와 지방정부 간의 상호의존성을 강조하며 부족한 자원을 교환하기 위해 상호협력한다고 보았다. 여기서 자원은 잠재적 권력으로서 정부가 필요로 하는 것을 공급해 줄 수 있는 모든 수단을 의미하는데, 지방정부도 정보자원과 조직자원에서의 우위를 바탕으로 정책 결정과 자원 교환에서 주체적 협상력을 가진다고 보았다.

오답의 이유

① 피터슨(Peterson)의 도시한계론은 엘리트론과 다원론의 정치적 자율주의 관점과 달리, 시장경제와 자본 이동의 제약 속에서 지방정부의 정책은 정치적 이해관계보다 경제적 요인이 더 크게 영향을 미치게 된다고 보았다. 지방정부는 경제성장에 도움이 되는 개발정책의 추구를 우선시하고 재분배정책은 기피하게 되는 구조적 요인을 강조하였다.

② 티부(Tiebout) 모형은 공공재는 중앙정부에 의해서만 공급될 수 있다는 사무엘슨(Samuelson)의 공공재이론에 반하여 주민들의 자유로운 선택은 지방행정의 효율성을 높이고 지방공공재의 적정규모를 결정한다고 하였다.

④ 엘코크(Elcock)의 정부 간 관계 모형 중 대리인 모형은 중앙정부가 지방정부를 단순한 대리인에 불과하다고 인식하고, 중앙정부가 지방정부를 권력적으로 통제한다고 본다.

10 난도 ★★★ 정답 ②

지방행정론 > 지방자치단체와 주민

정답의 이유

ⓖ 주민감사청구는 사무처리가 있었던 날이나 끝난 날부터 3년이 지나면 제기할 수 없다(지방자치법 제21조 제3항).

ⓡ 주민참여예산기구의 구성·운영과 그 밖에 필요한 사항은 해당 지방자치단체의 조례로 정한다(지방재정법 제39조 제5항).

오답의 이유

ⓛ 주민은 그 지방자치단체의 장 및 지방의회의원(비례대표 지방의회의원은 제외한다)을 소환할 권리를 가진다(지방자치법 제25조 제1항).

ⓒ 지방자치단체가 수행하는 예산 편성·의결 및 집행 등 사무의 처리에 관한 사항은 주민투표에 부칠 수 없다(주민투표법 제7조 제2항).

제7조(주민투표의 대상)
① 주민에게 과도한 부담을 주거나 중대한 영향을 미치는 지방자치단체의 주요결정사항은 주민투표에 부칠 수 있다.
② 제1항에도 불구하고 다음 각 호의 어느 하나에 해당하는 사항은 주민투표에 부칠 수 없다.
3. 지방자치단체가 수행하는 다음의 어느 하나에 해당하는 사무의 처리에 관한 사항
가. 예산 편성·의결 및 집행
나. 회계·계약 및 재산관리

11 난도 ★★★ 정답 ②

조직론 > 조직의 구조형태

정답의 이유

② 정부조직법 제25조 제1항

> 제25조(식품의약품안전처)
> ① 식품 및 의약품의 안전에 관한 사무를 관장하기 위하여 국무총리 소속으로 식품의약품안전처를 둔다.

오답의 이유

① 정부조직법 제2조 제1항

> 제2조(중앙행정기관의 설치와 조직 등)
> ① 중앙행정기관의 설치와 직무범위는 법률로 정한다.

③ 정부조직법 제19조 제1항

> 제19조(부총리)
> ① 국무총리가 특별히 위임하는 사무를 수행하기 위하여 부총리 2명을 둔다.

④ 특허청은 중앙책임운영기관이다(책임운영기관의 설치 · 운영에 관한 법률 제2조 제2항).

> 제2조(정의)
> ② 책임운영기관은 기관의 지위에 따라 다음 각 호와 같이 구분한다.
> 1. 소속책임운영기관: 중앙행정기관의 소속 기관으로서 제4조에 따라 대통령령으로 설치된 기관
> 2. 중앙책임운영기관: 「정부조직법」 제2조 제2항에 따른 청(廳)으로서 제4조에 따라 대통령령으로 설치된 기관

12 난도 ★★☆ 정답 ③

조직론 > 조직의 구조형태

정답의 이유

③ 피터의 원리(Peter's principle)는 관료제 내의 승진으로 인한 관료의 무능화 현상에 관한 법칙이다. 신분이 보장되는 폐쇄적 · 계층적 조직에서는 모든 구성원이 각자의 능력을 넘는 수준까지 승진하여 결국 모든 직위가 무능한 인물로 채워져 결국 조직의 효율성이 저하된다는 이론이다.

오답의 이유

① 번문욕례(red tape)는 문서에 의한 행정으로 규칙이나 절차를 중요시하여 형식주의, 의식주의, 서면주의 등을 초래하는 것이다.

② 파킨슨 법칙(Parkinson's law)은 업무경중이나 업무유무에 상관없이 공무원 수는 일정비율로 증가한다는 법칙이다. 부하배증의 법칙(공무원은 업무 시 동료보다는 부하를 보충받기를 원함)과 업무배증의 법칙(부하가 배증되면 과거와 달리 지시, 감독 등 파생적 업무가 생겨 기존보다 업무량이 배증됨)이 있다.

④ 훈련된 무능(trained incapacity)은 관료가 제한된 분야에 대한 전문성은 있지만, 새로운 상황에 대한 적응력과 업무능력은 떨어지는 것을 의미한다.

13 난도 ★★☆ 정답 ①

조직론 > 조직유형

정답의 이유

① 호혜적 조직의 주요 수익자는 조직 내 조직구성원이다. 고객이 주요 수익자가 되는 조직은 봉사조직이다.

더 알아보기

블라우와 스콧(Blau&Scott)의 조직유형 분류(조직의 주요 수익자에 따른 분류)

구분	주요 수익자	특징	예시
호혜적 조직	조직 내 조직구성원	민주적인 절차가 강조되는 조직이지만 시간이 지날수록 집권화되는 조직(Michels의 과두제의 철칙)	정당, 노동조합, 계모임 등
기업조직	조직 내 조직소유자	경쟁적 상황에서 능률의 극대화가 중시되는 조직	사기업, 은행, 생산조직 등
봉사조직	조직 외 고객집단	고객에 대한 전문적 봉사를 강조하는 조직이지만 고객의 요구와 행정적 절차의 마찰, 갈등이 존재	학교, 병원, 사회사업기관 등
공익조직	조직 외 일반국민	국민의 참여와 통제를 위한 민주적 절차 중시	행정기관, 경찰, 군대 등

14 난도 ★☆☆ 정답 ④

인사행정론 > 임용과 능력발전

정답의 이유

④ 같은 직급 내에서의 보직 변경 또는 고위공무원단 직위 간의 보직 변경은 전보에 대한 설명이다(국가공무원법 제5조 제6호). 전직은 직렬을 달리하는 임명으로, 직무의 종류가 서로 다른 직렬로의 수평적 이동을 의미한다.

오답의 이유

① 승진은 하위계급 또는 하위직급에서 상위계급 혹은 상위직급으로의 종적 · 상향적 인사이동을 말한다. 대개 직책 · 위신 · 보수 및 부하직원의 증가를 수반하며, 종적 이동이라는 점에서 횡적 · 수평적인 인사이동인 배치전환(전직 · 보직 · 파견근무나 전입)과 구별되고, 신분향상과 직무 곤란도, 책임 증대를 수반한다는 점에서 동일직급에서 단순히 보수의 증가만을 수반하는 승급과 구별된다(국가공무원법 제40조).

② 겸임은 직위와 직무 내용이 유사하고 담당 직무수행에 지장이 없다고 인정되면 한 사람에게 둘 이상의 직위를 부여하는 것으로, 그 대상은 경력직 공무원 상호 간이나 경력직 공무원과 대통

령령으로 정하는 관련 교육 · 연구기관, 그 밖의 기관 · 단체의 임직원 간이다(국가공무원법 제32조의3). 겸임의 기간은 2년 이내로 하며 특히 필요한 경우 2년의 범위에서 연장할 수 있다(공무원임용령 제40조 제3항).

③ 강임은 같은 직렬 내에서 하위 직급에 임명하거나 하위 직급이 없어 다른 직렬의 하위 직급으로 임명하거나 고위공무원단에 속하는 일반직 공무원을 고위공무원단 직위가 아닌 하위 직위에 임명하는 것을 말한다(국가공무원법 제5조 제4호).

15 난도 ★☆☆ 정답 ④

인사행정론 > 사기앙양과 근무규율

정답의 이유

④ 계급제에서의 보수는 생활급이 특징이다. 생활급은 공무원과 그 가족의 기본적인 생활 내지 생계유지에 필요한 경비를 중심으로 보수를 결정하는 속인적 급여이며, 연공급(근속급)을 포함한다. 직무급 중심 보수체계는 직위분류제에 기반한 실적주의의 특징에 해당한다.

오답의 이유

① 직능급은 직무수행능력에 따라 보수를 지급하는 보수체계로서, 주로 직위분류제를 채택하는 나라에서 보수체계의 기초로 활용된다.

② 연공급(근속급)은 근속연수 · 연령 · 경력 · 학력 등 속인적 요소의 차이에 따라 보수에 격차를 두는 보수체계로 우리나라를 비롯한 계급제 중심 국가에서 보수체계의 기초로 활용된다.

③ 실적급은 직무수행의 결과에 따라 보수를 결정하는 보수체계로, 근로자의 동기를 유발시킬 수 있다는 점이 가장 큰 장점이다.

16 난도 ★☆☆ 정답 ②

인사행정론 > 임용과 능력발전

정답의 이유

② 근접효과(recency effect)는 전체 기간의 실적을 같은 비중으로 평가하지 못하고 최근의 실적을 중심으로 평가할 때 발생하는 현상이다.

오답의 이유

① 후광효과(halo effect)는 연쇄효과라고도 하며, 특정 평정요소의 평정이 다른 평정요소에 대한 평정에도 피평정자의 전반적인 인상으로 작용하여 영향을 미치는 것 또는 피평정자의 전반적인 인상이 평정에 영향을 미치는 착오를 말한다.

③ 관대화 경향(tendency of leniency)은 하급자와의 불편한 인간관계를 의식하여 평정결과 분포가 전반적으로 우수한 쪽에 집중되는 경향을 말한다.

④ 집중화 경향(central tendency)은 척도상의 중심점에 집중하여 점수를 주는 경향을 말한다.

17 난도 ★★★ 정답 ③

정책론 > 정책평가

정답의 이유

③ 기획재정부장관 소속하에 공공기관운영위원회를 두며, 기획재정부장관이 위원장이 된다(공공기관의 운영에 관한 법률 제8조, 제9조 제1항).

> **제8조(공공기관운영위원회의 설치)**
> 공공기관의 운영에 관한 사항을 심의 · 의결하기 위하여 기획재정부장관 소속하에 공공기관운영위원회를 둔다.
>
> **제9조(운영위원회의 구성)**
> ① 운영위원회는 위원장 1인 및 위원으로 구성하되, 기획재정부장관이 위원장이 된다.

오답의 이유

① 지방공기업법 제78조 제1항

> **제78조(경영평가 및 지도)**
> ① 행정안전부장관은 지방공기업의 경영 기본원칙을 고려하여 대통령령으로 정하는 바에 따라 지방공기업에 대한 경영평가를 하고, 그 결과에 따라 필요한 조치를 하여야 한다. 다만, 행정안전부장관이 필요하다고 인정하는 경우에는 지방자치단체의 장으로 하여금 경영평가를 하게 할 수 있다.

② 지방직영기업은 지방자치단체가 직접 운영하는 지방공기업으로 하수도, 주택사업, 토지개발사업 등의 사업을 수행한다(지방공기업법 제2조 제1항, 제5조).

> **제2조(적용 범위)**
> ① 이 법은 다음 각 호의 어느 하나에 해당하는 사업(그에 부대되는 사업을 포함한다. 이하 같다) 중 제5조에 따라 지방자치단체가 직접 설치 · 경영하는 사업으로서 대통령령으로 정하는 기준 이상의 사업(이하 "지방직영기업"이라 한다)과 제3장 및 제4장에 따라 설립된 지방공사와 지방공단이 경영하는 사업에 대하여 각각 적용한다.
> 6. 하수도사업
> 7. 주택사업
> 8. 토지개발사업
>
> **제5조(지방직영기업의 설치)**
> 지방자치단체는 지방직영기업을 설치 · 경영하려는 경우에는 그 설치 · 운영의 기본사항을 조례로 정하여야 한다.

④ 준정부기관에는 기금관리형과 위탁집행형이 있다(공공기관의 운영에 관한 법률 제5조 제4항 제2호).

> 제5조(공공기관의 구분)
> ④ 기획재정부장관은 공기업과 준정부기관을 다음의 구분에 따라 세분하여 지정한다.
> 2. 준정부기관
> 가. 기금관리형 준정부기관: 「국가재정법」에 따라 기금을 관리하거나 기금의 관리를 위탁받은 준정부기관
> 나. 위탁집행형 준정부기관: 기금관리형 준정부기관이 아닌 준정부기관

18 난도 ★★☆ 정답 ①

정책론 > 정책의제설정

정답의 이유

① 더러운 손의 딜레마(the problem of dirty hands)는 공직자(정치인)가 사회에 더 나은 결과를 가져오기 위해 도덕적으로 그릇된 일을 하는 문제를 말한다. 왈처(Walzer)는 저서 「정의로운 전쟁과 부당한 전쟁」에서 '더러운 손'이 정당화되어 보이는 상황들을 제시하고, 개인의 삶에 영향을 주는 도덕과 정치에 관련하는 도덕을 구분하면서 이 두 종류의 도덕은 우리 사회에 공존한다고 하였다. 그에 따르면 공직자는 사회 전체의 안정이 담보로 잡힌 위급한 상황에서 어쩔 수 없이 도덕원칙을 지킬 수 없다는 점을 시인하고, 책임감과 죄책감을 느끼면서 사회를 위한 공공의 선을 이루어야 한다.

오답의 이유

② 선택의 역설(the paradox of choice)은 정보의 양이 너무 많을수록 선택이 어려워지는 현상을 말한다. 미국의 심리학자 슈워츠(Schwartz)가 최초로 제시했으며, 개인에게 무한히 보장된 선택권이 오히려 그들을 무력하고 좌절하게 만드는 역설에 관해 설명한다.

③ 집단행동의 딜레마(collective action problems)는 공통의 이해관계가 걸린 문제에 대해 무임승차하려는 생각으로 아무런 행동이 나오지 않는 현상을 말한다. 주로 시장실패를 설명하는 데 활용되며, 극복방안으로 정부규제론, 사회자본론, 사유화론이 있다.

④ 편견의 동원(mobilization of bias)은 무의사결정의 한 수단으로, 새로운 주장에 대해 지배적 규범을 동원하여 매도하거나 확립된 절차나 규칙에 위반하는 것으로 낙인찍는 방법을 말한다. 샤츠슈나이더(Schattschneider)가 명명하였으며, 반공 · 국가안보의 명분으로 정치탄압을 하는 등 문제의 부정적 성격을 강조한다.

19 난도 ★★☆ 정답 ①

지방행정론 > 지방재정

정답의 이유

① 재정분석 결과 재정의 건전성과 효율성 등이 현저히 떨어지는 지방자치단체 또는 재정위험 수준 점검결과 재정위험 수준이 대통령령으로 정하는 기준을 초과하는 지방자치단체에 대하여 지방재정위기관리위원회의 심의를 거쳐 대통령령으로 정하는 바에 따라 재정진단을 실시할 수 있다(지방재정법 제55조 제3항).

> 제55조(재정분석 및 재정진단 등)
> ③ 행정안전부장관은 다음 각 호의 어느 하나에 해당하는 지방자치단체에 대하여 지방재정위기관리위원회의 심의를 거쳐 대통령령으로 정하는 바에 따라 재정진단을 실시할 수 있다.
> 1. 재정분석 결과 재정의 건전성과 효율성 등이 현저히 떨어지는 지방자치단체
> 2. 점검 결과 재정위험 수준이 대통령령으로 정하는 기준을 초과하는 지방자치단체

오답의 이유

② 지방재정영향평가에 대한 설명이다(지방재정법 제27조의6 제1항).

> 제27조의6(지방재정영향평가)
> ① 지방자치단체의 장은 대규모의 재정적 부담을 수반하는 국내 · 국제경기대회, 축제 · 행사, 공모사업 등의 유치를 신청하거나 응모를 하려면 미리 해당 지방자치단체의 재정에 미칠 영향을 평가하고 그 평가결과를 토대로 제37조의2에 따른 지방재정투자심사위원회의 심사를 거쳐야 한다.

③ 중기지방재정계획의 수립에 대한 설명이다(지방재정법 제33조 제1항).

> 제33조(중기지방재정계획의 수립 등)
> ① 지방자치단체의 장은 지방재정을 계획성 있게 운용하기 위하여 매년 다음 회계연도부터 5회계연도 이상의 기간에 대한 중기지방재정계획을 수립하여 예산안과 함께 지방의회에 제출하고, 회계연도 개시 30일 전까지 행정안전부장관에게 제출하여야 한다.

④ 긴급재정관리단체의 지정에 대한 설명이다(지방재정법 제60조의3 제1항).

> 제60조의3(긴급재정관리단체의 지정 및 해제)
> ① 행정안전부장관은 지방자치단체가 다음 하나에 해당하여 자력으로 그 재정위기상황을 극복하기 어렵다고 판단되는 경우에는 해당 지방자치단체를 긴급재정관리단체로 지정할 수 있다.
> 1. 재정위기단체로 지정된 지방자치단체가 재정건전화계획을 3년간 이행하였음에도 불구하고 재정위기단체로 지정된 때부터 3년이 지난 날 또는 그 이후의 지방자치단체의 재정위험 수준이 재정위기단체로 지정된 때보다 대통령령으로 정하는 수준 이하로 악화된 경우
> 2. 소속 공무원의 인건비를 30일 이상 지급하지 못한 경우
> 3. 상환일이 도래한 채무의 원금 또는 이자에 대한 상환을 60일 이상 이행하지 못한 경우

20 난도 ★★☆ 정답 ①

인사행정론 > 사기앙양과 근무규율

정답의 이유

① 제도화된 부패의 사례이다. 제도화된 부패는 부패공직자가 죄의식도 느끼지 못하고 조직의 옹호를 받도록 문화화 · 관행화된 부패를 말한다.

오답의 이유

② 백색 부패의 사례이다. 백색 부패는 사회적으로 용인될 수 있는 수준의 부패로서 사회에 심각한 해가 없거나 사익을 추구하려는 의도가 없는 선의의 목적으로 행해지는 부패이다.

③ 비거래형 부패 혹은 사기형 부패의 사례이다. 사기형 부패(내부부패) 또는 비거래형 부패는 거래를 하는 상대방이 없이 공무원에 의해 일방적으로 발생하는 부패를 말한다.

④ 개인적인 금품 수수는 개인 부패의 사례이다.

더 알아보기

부패의 유형

유형		설명
일반적	직무유기형	관료 개인의 직무 부작위(근무 태만)
	후원형	정실 · 학연을 배경으로 특정 단체나 개인을 후원
	사기형	공금 유용 · 횡령
	거래형	뇌물에 대한 대가로 이권 · 특혜 제공
용인 가능성	백색 부패	구성원 다수가 용인하는 부패로 관례화된 부패
	회색 부패	구성원 일부가 용인하는 부패로 잠재적 위해 가능성이 있는 부패
	흑색 부패	구성원 모두에 의해 명백하고 심각한 부패로 인정되어 처벌을 원하는 부패
공직 내 · 외	내부 부패	관료 사이의 부패(공금 유용 모의) → 내부고발자보호제도 필요
	외부 부패	관료 – 국민 간 부패(후원형 · 거래형)

행정학개론 | 2025년 지방직 9급

한눈에 훑어보기

영역 분석

행정학총론 06 08
2문항, 10%

정책론 07 09 12 14 16 18
6문항, 30%

조직론 04 05 13 20
4문항, 20%

인사행정론 01 03 19
3문항, 15%

재무행정론 02 15 17
3문항, 15%

지방행정론 10 11
2문항, 10%

빠른 정답

01	02	03	04	05	06	07	08	09	10
③	①	②	②	①	②	④	①	①	④
11	12	13	14	15	16	17	18	19	20
③	④	③	④	②	②	④	④	①	③

점수 체크

구분	1회독	2회독	3회독
맞힌 문항 수	/ 20	/ 20	/ 20
나의 점수	점	점	점

01 난도 ★☆☆ 정답 ③

인사행정론 > 인사행정의 기초이론

정답의 이유

㉡ 직위분류제는 직무의 속성을 중심으로 공직을 분류하는 제도로, 사람보다는 일을 기준으로 공직을 분류한다.

㉢ 직위분류제는 동일 직무에 대한 동일 보수의 원칙에 따라 보수체계가 합리적이다.

오답의 이유

㉠ 직위분류제는 직무가 종적 · 횡적으로 명확하게 분류되어 다른 직무로의 전직이 어려워서 인사의 수평적 탄력성과 융통성(이동성)이 낮다.

㉣ 신분이 강하게 보장되어 직업공무원제 확립에 유리한 것은 계급제로, 직위분류제에서는 직무 변동으로 인한 직위가 폐지될 수 있어서 신분이 강하게 보장되지 못한다.

02 난도 ★☆☆ 정답 ①

재무행정론 > 재무행정의 기초이론

정답의 이유

① 명료성의 원칙이란 국민의 참여를 유도하기 위해 예산은 모든 국민이 이해할 수 있도록 명확하고 정확하게 표시되어야 한다는 원칙이다.

03 난도 ★★☆ 정답 ②

인사행정론 > 인사행정의 기초이론

정답의 이유

② 우리나라 균형인사정책은 양성평등채용목표제(2003년) → 전국지역인재추천채용제(2005년) → 지방인재채용목표제(2007년) 순으로 도입하였다.

04 난도 ★☆☆ 정답 ②

조직론 > 조직관리

정답의 이유

② 하우스(House)가 개발한 경로-목표 모형은 리더의 상황에 맞는 리더십에 따라 구성원들이 어떻게 설정된 목표에 도달할 것인지에 관한 이론으로, 구성원들의 인간관계를 강조하는 후원적 리더십은 높은 강도의 일이나 쉽게 피로감을 느끼는 과업을 수행하는 구성원들에게 긍정적으로 작용한다.

더 알아보기

하우스(House)의 경로 – 목표 모형에서의 리더십 유형

후원/지원적 리더십	추종자들의 욕구와 복지를 우선하며 구성원들의 인간관계를 강조하는 리더십
지시적 리더십	도구적 리더십이라고도 불리는 스타일로서 하급자들에게 규정을 준수토록 하고 작업 일정을 수립해 주며 직무를 명확히 해주는 등의 리더십
참여적 리더십	하급자들과 상의하여 의사결정을 하고 하급자들의 아이디어를 진지하게 고려해 주는 리더십
성취 지향적 리더십	추종자들이 최고의 성과를 달성하도록 도전적 목표를 수립하고 자기의 능력에 대해서 자신감을 심어주는 리더십

05 난도 ★★☆ 정답 ①

조직론 > 조직의 구조형태

정답의 이유

① 내부적 필요로 조직 단위와 기능을 분산적으로 설계하는 것은 분산적 조직으로, 린덴(Linden)은 산업화 시대의 생산자 · 공급자 중심의 사회에서 만들어진 분산적 관료제 구조는 오늘날 소비자 중심 사회에는 부적합하다고 보고, 정부 조직을 근본적으로 재설계하여 조직 간 경계가 없고, 정보가 자유롭게 유통될 수 있는 유기적인 이음매 없는 조직을 창설해야 한다고 주장했다.

06 난도 ★☆☆ 정답 ②

행정학총론 > 행정의 이념(가치)

정답의 이유

② 신행정론의 등장 및 롤스(J. Rawls)의 정의론에 근거한 행정가치는 (사회적) 형평성으로, 사회적 · 경제적 · 정치적으로 불리한 상황에 있는 계층이 국가의 특별한 배려로 서비스 배분에 있어서 공평성과 평등성을 보장받는 것을 말한다.

더 알아보기

행정가치의 유형

본질적 행정가치	• 가치 자체가 목적이 되는 가치로, 결과에 상관없이 만족 제공 • 행정을 통해 이룩하고자 하는 궁극적 가치 • 형평성, 평등성, 자유, 정의, 복지
도구적 · 수단적 행정가치	• 목적 실현을 가능하게 하는 가치 • 실제적인 행정과정에 구체적 지침이 되는 규범적 기준 • 사회적 자원의 배분 기준에 관한 민주성, 합법성, 능률성, 효과성, 효율성, 합리성, 대응성, 신뢰성, 중립성, 공개성, 투명성, 책임성 등

07 난도 ★☆☆ 정답 ④

정책론 > 정책집행

정답의 이유

④ 정책 결정과 집행의 엄격한 분리(정치 · 행정 이원론)를 강조하는 것은 정책집행의 하향적 접근법(Top-Down approach, 정책 중심적 접근방법)이다. 상향적 접근법(Bottom-Up approach, 행위 중심적 접근방법)은 정책 결정과 집행의 통합(정치 · 행정 일원론)을 강조한다.

08 난도 ★★★ 정답 ①

행정학총론 > 행정학의 주요 이론

정답의 이유

① 공공가치 창출을 위해 정당성과 지지, 공공가치, 운영 역량으로 구성된 전략적 삼각형 모형을 제시한 것은 무어(Moore)이다. 보즈만(Bozeman)은 그의 저서 『공공가치와 공익(Public Values&Public Interest)』에서 공공가치, 정의, 공공가치 실패를 설명하는 공공가치 매핑 모델(Public Value Mapping Model)을 제시하고 있다.

09 난도 ★★★ 정답 ①

정책론 > 정책결정이론

정답의 이유

① 킹던(Kingdon)의 정책 흐름 모형은 3가지 흐름(정책문제의 흐름, 정치의 흐름, 정책대안의 흐름)이 우연히 결합하여 정책의 창(Policy Window)이 열리면, 이때 새로운 정책이 결정될 가능성이 커진다는 이론이다. 문제의 흐름, 해결책의 흐름, 참여자의 흐름, 선택 기회의 흐름은 코헨(Cohen), 마치와 올슨(March&Olsen)의 쓰레기통(Garbage Can) 모형에서 제시된다.

10 난도 ★★☆ 정답 ④

지방행정론 > 지방자치의 의의와 종류

정답의 이유

④ 특별지방자치단체를 구성하는 지방자치단체(구성 지방자치단체)는 상호 협의에 따른 규약을 정하여 구성 지방자치단체의 지방의회 의결을 거쳐 행정안전부 장관의 승인을 받아야 한다(지방자치법 제199조 제1항 후단).

오답의 이유

① 지방자치법 제199조(설치) 제3항
② 지방자치법 제199조(설치) 제1항 전단
③ 지방자치법 제204조(의회의 조직 등) 제2항 참조

더 알아보기

지방자치법 제199조(설치)

① 2개 이상의 지방자치단체가 공동으로 특정한 목적을 위하여 광역적으로 사무를 처리할 필요가 있을 때는 특별지방자치단체를 설치할 수 있다. 이 경우 특별지방자치단체를 구성하는 지방자치단체(이하 "구성 지방자치단체"라 한다)는 상호 협의에 따른 규약을 정하여 구성 지방자치단체의 지방의회 의결을 거쳐 행정안전부 장관의 승인을 받아야 한다.

지방자치법 제204조(의회의 조직 등)

① 특별지방자치단체의 의회는 규약으로 정하는 바에 따라 구성 지방자치단체의 의회 의원으로 구성한다.

② 제1항의 지방의회의원은 제43조 제1항에도 불구하고 특별지방자치단체의 의회 의원을 겸할 수 있다.

11 난도 ★★☆ 정답 ③

지방행정론 > 지방자치단체와 주민

오답의 이유

① 주민소환제도는 선거로 취임한 지방 공직자에 대한 해임을 주민에 의하여 결정하는 제도로, 가장 유력한 직접민주주의 제도이다.

② 주민감사 청구제도는 지방자치단체의 18세 이상의 주민이 연대 서명하여 그 지방자치단체와 그 장의 권한에 속하는 사무의 처리가 법령에 위반되거나 공익을 현저히 해친다고 인정되면 시·도의 경우에는 주무부 장관에게, 시·군 및 자치구의 경우에는 시·도지사에게 감사를 청구할 수 있게 한 제도이다(지방자치법 제21조 제1항).

④ 주민소송제도는 주민이 공금의 지출에 관한 사항, 재산의 취득·관리·처분에 관한 사항, 해당 지방자치단체를 당사자로 하는 매매·임차·도급 계약이나 그 밖에 계약의 체결·이행에 관한 사항 또는 지방세·사용료·수수료·과태료 등 공금의 부과·징수를 게을리한 사항과 관련이 있는 위법한 행위나 업무를 게을리한 사실에 대하여 해당 지방자치단체의 장을 상대방으로 하여 소송을 제기할 수 있도록 한 제도이다(지방자치법 제22조 제1항).

12 난도 ★★★ 정답 ④

정책론 > 정책의 본질과 유형

정답의 이유

④ 규제샌드박스는 사업자가 특정한 신기술을 활용한 새로운 서비스와 제품을 일정 조건(기간·장소·규모 제한)하에서 시장에 우선 출시해 시험·검증할 수 있도록 현행 규제의 전부나 일부를 면제 또는 완화하는 것을 말하며 그 과정에서 수집된 데이터를 토대로 합리적으로 규제를 개선해 주는 제도이다.

오답의 이유

① 정부의 규제정책을 심의·조정하고 규제의 심사·정비 등에 관한 사항을 종합적으로 추진하기 위하여 대통령 소속으로 규제개혁위원회를 둔다(행정규제기본법 제23조).

② 규제 일몰제는 규제의 존속 기한 또는 재검토 기한을 설정하여 규제의 타당성을 주기적으로 관리하는 제도이다.

③ '원칙적 허용, 예외적 금지'의 형식을 갖는 규제 체계는 네거티브 규제로 소극적 규제 방식이며, 포지티브 규제는 '원칙적 금지, 예외적 허용'의 형식을 갖는 적극적 규제 방식이다(행정규제기본법 제8조 제1항).

13 난도 ★★★ 정답 ③

조직론 > 조직의 기초이론

정답의 이유

③ 행정위원회는 공정거래위원회, 금융위원회, 방송통신위원회 등 정부조직법 제5조(합의제 행정기관의 설치)에 의해 설치된 위원회로, 행정 관청적 성격을 지니며 구속력 있는 의결 기능과 집행 기능을 모두 수행한다.

14 난도 ★★☆ 정답 ④

정책론 > 정책평가

정답의 이유

④ 구성적 타당성 → 통계적 결론의 타당성 → 내적 타당성 → 외적 타당성의 순서로 순차적인 타당성 확보가 필요하며 전 단계의 타당성이 달성되지 못하면 이후 단계의 타당성 확보가 곤란하므로 외적 타당성에 대한 논의는 우선 내적 타당성의 확보가 전제되어야 한다.

15 난도 ★★★ 정답 ②

재무행정론 > 예산제도

정답의 이유

② 「헌법」 제54조 제2항에 따라 정부는 회계연도마다 예산안을 편성하여 회계연도 개시 90일 전까지 국회에 제출하여야 하나 「국가재정법」 제33조에서는 정부가 대통령의 승인을 얻은 예산안을 회계연도 개시 120일 전까지 국회에 제출하여야 한다고 규정하고 있다.

오답의 이유

① 국가의 회계연도는 매년 1월 1일에 시작하여 12월 31일에 종료한다(국가회계법 제5조).

③ 각 중앙관서의 장은 국가회계법에서 정하는 바에 따라 회계연도 나 삭성한 결산보고서(중앙관서 결산보고서)를 다음 연도 2월 말일까지 기획재정부장관에게 제출하여야 한다(국가재정법 제58조 제1항).

④ 새로운 회계연도가 개시될 때까지 예산안이 의결되지 못한 때에는 정부는 국회에서 예산안이 의결될 때까지 경비는 잠정예산이 아닌 전년도 예산에 준(준예산)하여 집행할 수 있다(헌법 제54조 제3항).

16 난도 ★☆☆ 정답 ②

정책론 > 정책집행과 기획

정답의 이유

② 베덩(Vedung)은 정책 수단을 강제성의 정도에 따라 규제적 도구, 경제적 도구, 정보적 도구로 분류했다.

더 알아보기

베덩의 정책 수단

규제적 도구(채찍)	법령, 제재, 의무 부과 등 강제성이 가장 높은 도구
경제적 도구(당근)	보조금, 세금 감면 등 중간 정도의 강제성을 띠는 도구
정보적 도구(설득)	캠페인, 교육 등 강제성이 가장 낮은 도구

17 난도 ★★★ 정답 ④

재무행정론 > 예산제도

정답의 이유

④ 국가의 고유 기능 수행을 위한 양곡관리, 조달, 우편사업, 우체국예금, 책임운영기관 등은 정부 부처 형태의 공기업으로, 정부기업예산법 제3조를 적용하여 특별회계를 설치하고 그 세입으로써 그 세출에 충당한다.

18 난도 ★☆☆ 정답 ④

정책론 > 정책분석

정답의 이유

④ 정책대안에 따른 비용과 편익이 상이한 개인 및 집단에게 얼마나 고르게 배분될 수 있는가를 판단하는 기준은 형평성에 대한 설명이다.

19 난도 ★★★ 정답 ①

인사행정론 > 인사행정의 기초이론

오답의 이유

② 기술 · 연구 또는 행정 일반에 대한 업무를 담당하는 경력직 공무원은 일반직 공무원이다(지방공무원법 제2조 제2항 제1호 참조). 별정직 공무원은 비서관 · 비서 등 보좌업무 등을 수행하거나 특정한 업무 수행을 위하여 법령에서 별정직으로 지정하는 특수경력직 공무원이다(지방공무원법 제2조 제3항 제2호 참조).

③ 특정직 공무원은 공립 대학 및 전문대학에 근무하는 교육공무원, 교육감 소속의 교육전문직원 및 자치경찰공무원과 그밖에 특수 분야의 업무를 담당하는 공무원으로서 다른 법률에서 특정직 공무원으로 지정하는 경력직 공무원이다(지방공무원법 제2조 제2항 제2호 참조).

④ 정무직 공무원은 선거로 취임하거나 임명할 때 지방의회의 동의가 필요한 공무원과 고도의 정책 결정 업무를 담당하거나 이러한 업무를 보조하는 공무원으로서 법령 또는 조례에서 정무직으로 지정하는 특수경력직 공무원이다(지방공무원법 제2조 제3항 제1호 참조).

20 난도 ★☆☆ 정답 ③

조직론 > 전자정부와 지식정부론

정답의 이유

③ 데이터 기반 행정은 정책결정자의 경험에 근거한 의사결정을 지양하며, 데이터를 활용함으로써 객관적이고 과학적으로 수행하는 행정을 말한다(데이터기반행정 활성화에 관한 법률 제2조 제2호 참조).

오답의 이유

① 데이터기반행정 활성화에 관한 법률은 2020년 6월 9일 제정되었다.

② 데이터 기반 행정이란 공공기관이 생성하거나 다른 공공기관 및 법인 · 단체 등으로부터 취득하여 관리하는 데이터를 수집 · 저장 · 가공 · 분석 · 표현하는 등의 방법으로 정책 수립 및 의사결정에 활용함으로써 객관적이고 과학적으로 수행하는 행정을 말한다(데이터기반행정법 제2조 제2호).

④ 행정안전부 장관은 데이터 기반 행정을 체계적으로 추진하기 위하여 데이터 기반 행정 활성화를 위한 기본계획을 3년마다 수립하여야 한다(데이터기반행정법 제6조 제1항).

행정학개론 | 2024년 국가직 9급

한눈에 훑어보기

영역 분석

행정학총론 03 04 11
3문항, 15%

정책론 01 06 08 09 18
5문항, 25%

조직론 12 13 16
3문항, 15%

인사행정론 02 14 15
3문항, 15%

재무행정론 05 07 10 19
4문항, 20%

지방행정론 17
1문항, 5%

행정환류 20
1문항, 5%

빠른 정답

01	02	03	04	05	06	07	08	09	10
④	③	①	①	④	②	①	③	①	④
11	12	13	14	15	16	17	18	19	20
④	③	④	②	①	②	③	②	③	②

점수 체크

구분	1회독	2회독	3회독
맞힌 문항 수	/ 20	/ 20	/ 20
나의 점수	점	점	점

01 난도 ★☆☆ 정답 ④

정책론 > 정책결정

정답의 이유

④ 철의 삼각은 비공식적인 참여자로 분류되는 이익집단과 공식적 참여자인 소관부처(관료조직), 의회의 상임위원회 간 3자 연합(트로이카 체제)이 정책의 결정과 집행에 주도적인 영향을 미친다고 보는 이론이다.

02 난도 ★☆☆ 정답 ③

인사행정론 > 인사행정의 기초이론

정답의 이유

③ 실적주의의 본질적 요소에는 정치적 중립, 공개경쟁시험, 독립된 인사기구, 공무원의 신분보장, 능력 중심의 공직임용 등이 있다.

오답의 이유

①·② 미국의 잭슨(Jackson) 대통령은 소수 귀족계급의 공직 특권화를 타파하고 공직을 널리 시민에게 개방함으로써 국민의사를 국정에 반영하겠다는 민주적 신념을 기반으로 엽관주의를 공식화하였다.

④ 사회적 형평성을 가장 중요한 가치로 삼아 사회의 모든 계층과 집단에 공평하게 대응하도록 하는 인사제도는 대표관료제이다. 실적주의는 일부 계층 또는 집단에 대하여 불리한 제도로 작용하여 형평성을 저해할 우려가 있다.

03 난도 ★☆☆ 정답 ①

행정학총론 > 행정학의 주요 이론

정답의 이유

① 신공공관리론은 형평성의 가치보다 경쟁과 효율성의 가치를 강조한다.

더 알아보기

신공공관리론의 특징

구분		신공공관리론
정부 기능	정부 – 시장관계의 기본 철학	시장지향주의 – 규제완화
	주요 행정가치	능률성, 경제적 가치 강조
	정부규모와 기능	정부규모와 기능 감축 – 민간화 · 민영화 · 민간위탁
	공공서비스 제공의 초점	시민과 소비자 관점의 강조
	공공서비스 제공 방식	시장 메커니즘의 활용
조직 구조	기본모형	탈관료제모형
	조직구조의 특징	비항구적 · 유기적 구조, 분권화
	조직개편의 방향	소규모의 준자율적 조직으로 행정의 분절화
관리 기법	조직관리의 기본철학	경쟁과 자율성을 강조하는 민간부문의 관리기법 도입
	통제 메커니즘	결과 · 산출 중심의 통제
	인사관리	경쟁적 인사관리, 개방형 인사제도

04 난도 ★☆☆ 정답 ①

행정학총론 > 행정과 환경

정답의 이유

① 민영화를 강조하는 작은 정부론은 정부실패에 대한 대응으로 제기되었다.

오답의 이유

② 시장실패란 시장경제체제에서 시장기구가 그 기능을 제대로 발휘하지 못하여 자원이 효율적으로 배분되지 못하는 상태를 말한다.

③ 자유방임상태가 오히려 시장실패를 초래하므로 시장실패를 치유할 목적으로 공적 공급, 공적 유도, 규제 등 정부의 개입이 필요하다.

④ 시장실패의 원인으로는 공공재의 존재, 불완전한 경쟁(독과점의 발생), 정보의 불충분성(비대칭), 외부효과의 발생 등이 있다.

05 난도 ★★☆ 정답 ④

재무행정론 > 예산이론

정답의 이유

④ 집권화된 관리체계를 갖는 것은 계획예산제도(PPBS)이다. 영기준예산은 계획예산제도보다 운영 면에서의 전문성을 적게 요구하기 때문에 조직구성원 모두가 참여할 수 있는 분권화된 관리체계를 갖는다.

오답의 이유

① 영기준 예산제도는 과거의 관행(기득권, 매몰비용)을 전혀 고려하지 않고 목적, 방법, 자원에 대한 근본적인 재평가를 바탕으로 하여 예산을 편성하는 제도를 말한다.

② 우리나라는 1983년 회계연도부터 예산안 편성에 이 제도를 부분적으로 도입하였다.

③ 의사결정 단위(decision unit)는 영기준 예산편성의 기본단위로, 조직의 관리자가 독자적인 업무수행의 범위 및 예산편성의 결정권을 갖는 사업단위 또는 조직 단위를 지칭한다.

06 난도 ★★☆ 정답 ②

정책론 > 정책결정

정답의 이유

② 정당은 비공식적 참여자이다.

더 알아보기

정책 결정의 참여자

공식적 참여자	• 정책 결정에 합법적인 권한을 가지고 참여하는 사람들 또는 기관 • 행정수반(우리나라는 대통령), 입법부, 사법부, 행정부처, 지방정부 등
비공식적 참여자	• 정책 결정에 있어 합법적인 권한을 가지고 있지 않음 • 이익집단, 정당, 시민(TLALS), 비정부기구(NGO), 전문가집단(정책공동체), 언론 등

07 난도 ★★☆ 정답 ①

재무행정론 > 예산과정

정답의 이유

㉠ 국가재정법 제25조 제3항

> 제25조(국고채무부담행위)
> ③ 국고채무부담행위는 사항마다 그 필요한 이유를 명백히 하고 그 행위를 할 연도 및 상환연도와 채무부담의 금액을 표시하여야 한다.

㉡ 국고채무부담행위는 국가가 예산의 확보 없이 미리 채무를 부담하는 행위로, 연도를 경과하여 다음 연도 이후에 채무이행을 할 수 있도록 한다.

오답의 이유

㉢ 국가재정법 제25조 제1항

> 제25조(국고채무부담행위)
> ① 국가는 법률에 따른 것과 세출예산금액 또는 계속비의 총액의 범위 안의 것 외에 채무를 부담하는 행위를 하는 때에는 미리 예산으로써 국회의 의결을 얻어야 한다.

㉣ 계속비는 공사나 제조 및 연구개발사업 등으로 대상이 한정되어 있으며, 국고채무부담행위는 대상이 한정되지 않는다(국가재정법 제23조 제1항).

> 제23조(계속비)
> ① 완성에 수년이 필요한 공사나 제조 및 연구개발사업은 그 경비의 총액과 연부액(年賦額)을 정하여 미리 국회의 의결을 얻은 범위 안에서 수년도에 걸쳐서 지출할 수 있다.

08 난도 ★☆☆ 정답 ③

정책론 > 정책평가

정답의 이유

③ 논리모형은 프로그램을 통해 정책이 해결하려는 핵심 문제 및 정책의 목표, 달성 여부를 명확하게 보여준다.

오답의 이유

① 논리모형은 정책프로그램의 요소와 해결하려는 문제들 사이의 인과경로를 투입(input) – 활동(activity) – 산출(output) – 결과(outcome)로 도식화하여 표현하는 일종의 다이어그램이라고 할 수 있다.

② 산출은 정책집행의 결과로 생산된 직접적 생산물을 뜻하며, 결과는 산출로 인해 나타난 정책의 실질적 목표 달성도를 의미한다.

④ 프로그램 논리를 분석하고 정리하는 과정을 통해 다양한 이해관계자의 이해도를 높일 수 있다.

09 난도 ★☆☆ 정답 ①

정책론 > 정책유형

정답의 이유

① 정부 혹은 정치체제의 정통성과 정당성을 확보하고, 국민의 단결력이나 자부심을 높여 줌으로써 정부의 정책활동을 원활하게 하기 위한 정책은 앨먼드(Almond)와 파웰(Powell)의 정책유형 중 상징정책이다. 구성정책은 행정수행에 필요한 운영규칙과 관련된 정책으로서 주로 정부기구의 구조와 기능 및 운영과 관련된 정책이다.

오답의 이유

② 재분배정책은 사회 내의 계층 또는 집단에게 나타나 있는 재산 · 소득 · 권리 등의 불균형 상태를 사회적 형평성에 맞게 변화시키는 것을 목적으로 하는 정책이다.

③ 분배정책은 국민에게 권리나 이익 · 편익 · 서비스를 배분하는 정책이다.

④ 규제정책은 특정한 사회구성원이나 집단에 대해 재산권행사나 행동의 자유를 제한함으로써 다수의 사람이나 집단을 보호하려는 것을 목적으로 하는 정책이다.

10 난도 ★★☆ 정답 ④

재무행정론 > 정책론의 기초이론

정답의 이유

④ 대통령이 아닌 행정안전부장관, 시 · 도지사나 특례시의 장에게 제출하여야 하며, 공개 등에 필요한 사항은 행정안전부령으로 정한다(「비영리민간단체 지원법」 제9조 제1항, 제3항).

> 제9조(사업보고서 제출 등)
> ① 등록비영리민간단체는 제8조의 사업계획서에 따라 사업을 완료한 때에는 다음 회계연도 1월 31일까지 사업보고서를 작성하여 행정안전부장관, 시 · 도지사나 특례시의 장에게 제출하여야 한다.
> ③ 사업 평가, 사업보고서 및 평가결과의 공개 등에 필요한 사항은 행정안전부령으로 정한다.

오답의 이유

① 비영리민간단체 지원법 제2조(정의)

> 제2조(정의)
> 이 법에 있어서 "비영리민간단체"라 함은 영리가 아닌 공익활동을 수행하는 것을 주된 목적으로 하는 민간단체로서 다음 각 호의 요건을 갖춘 단체를 말한다.
> 1. 사업의 직접 수혜자가 불특정 다수일 것
> 2. 구성원 상호 간에 이익분배를 하지 아니할 것
> 3. 사실상 특정정당 또는 선출직 후보를지지 · 지원 또는 반대할 것을 주된 목적으로 하거나, 특정 종교의 교리전파를 주된 목적으로 설립 · 운영되지 아니할 것
> 4. 상시 구성원수가 100인 이상일 것
> 5. 최근 1년 이상 공익활동실적이 있을 것
> 6. 법인이 아닌 단체일 경우에는 대표자 또는 관리인이 있을 것

② 비영리민간단체 지원법 제6조 제1항, 제2항

> 제6조(보조금의 지원)
> ① 행정안전부장관, 시 · 도지사나 특례시의 장은 제4조 제1항에 따라 등록된 비영리민간단체(이하 "등록비영리민간단체"라 한다)에 다른 법률에 따라 보조금을 교부하는 사업 외의 사업으로서 공익활동을 추진하기 위한 사업(이하 "공익사업"이라 한다)의 소요경비를 지원할 수 있다.
> ② 제1항에 따라 지원하는 소요경비의 범위는 사업비를 원칙으로 한다.

③ 비영리민간단체 지원법 제8조

> 제8조(사업계획서 제출)
> 등록비영리민간단체가 공익사업을 추진하기 위하여 보조금을 교부받고자 할 때에는 사업의 목적과 내용, 소요경비, 기타 필요한 사항을 기재한 사업계획서를 해당 회계연도 2월 말까지 행정안전부장관, 시 · 도지사나 특례시의 장에게 제출하여야 한다.

행정학개론 일반행정직

11 난도 ★★☆ 정답 ④

행정학총론 > 행정학의 주요 접근

정답의 이유

④ 신고전적 조직이론은 고전적 조직이론과 달리 사회적 능률, 인간의 사회 · 심리적 요인, 비공식적 · 비경제적 요인의 강조 등을 중시한다.

오답의 이유

①·②·③ 고전적 조직이론에 대한 설명이다.

12 난도 ★★☆ 정답 ③

조직론 > 조직의 양태와 조직유형

정답의 이유

③ 양쪽 모두의 이익을 극대화하는 유형은 '협동'이다. 타협은 갈등 당사자 양쪽이 조금씩 양보하여 수용 가능한 해결책을 찾는 방법이다.

더 알아보기

토마스(Thomas)의 갈등관리모형

회피	자신과 상대방의 관심사 모두를 무시하고 갈등이 없었던 것처럼 행동하여 갈등을 의도적으로 피하려고 한다.
경쟁	상대방을 희생시키고 자신의 이익을 극대화하려는 유형으로 'win-lose' 전략을 취한다.
수용(순응)	보다 좋은 인간관계를 위해 자신의 이익을 양보하고 상대방의 주장에 따름으로서 갈등을 해소하는 방식이다.
타협	자신과 상대방이 모두 조금씩 양보하여 수용 가능한 해결책을 찾는 방식이다.
협동	양쪽의 관심사를 전부 만족시키려는 접근으로, 모두의 이익을 극대화하는 'win-win' 전략을 취한다.

13 난도 ★★☆ 정답 ④

조직론 > 조직의 양태와 조직유형

정답의 이유

④ 제시문에서 설명하는 조직유형은 '매트릭스 구조'이다. 매트릭스 구조는 이원적 권한체계, 즉 조직구성원이 동시에 두 상관에게 보고하는 체계를 가지므로 기능부서와 사업부서의 갈등이 발생할 수도 있으나 기존의 기능부서 인력을 공유할 수 있어 유연한 인적자원 활용이 용이하다.

더 알아보기

매트릭스 구조(matrix structure)

- 기능구조와 사업구조를 화학적(이중적)으로 결합하여 이중적 권한구조를 가지는 조직구조로, 기능부서의 전문성과 사업부서(프로젝트구조)의 신속한 대응성을 결합한 조직이다.
- 고도의 정보처리능력이 요구되는 상황과 하나의 자원이 동시적으로 충족되는 경우처럼, 두 가지 영역의 문제에 동일한 비중의 관심을 기울일 때 매트릭스 조직구조가 유용하다.
- 이원적 권한체계를 갖는다. 즉, 조직구성원은 동시에 두 상관에게 보고하는 체계를 가진다. 따라서 탁월한 인간관계기술이 필요하다.
- 조정곤란이라는 기능구조의 단점과 비용중복이라는 사업구조의 단점을 해소하려는 조직으로 수직적으로는 기능부서의 권한이 흐르고, 수평적으로는 사업구조의 권한구조가 지배하는 입체적 조직이다.

14 난도 ★★☆ 정답 ②

인사행정론 > 사기앙양과 근무규율

정답의 이유

② '직무관련자'에 대한 설명이다(공직자의 이해충돌 방지법 제2조 제5호).

> 제2조(정의)
>
> 5. "직무관련자"란 공직자가 법령(조례 · 규칙을 포함한다. 이하 같다) · 기준(제1호 라목부터 바목까지의 공공기관의 규정 · 사규 및 기준 등을 포함한다. 이하 같다)에 따라 수행하는 직무와 관련되는 자로서 다음 각 목의 어느 하나에 해당하는 개인 · 법인 · 단체 및 공직자를 말한다.
>
> 가. 공직자의 직무수행과 관련하여 일정한 행위나 조치를 요구하는 개인이나 법인 또는 단체
>
> 나. 공직자의 직무수행과 관련하여 이익 또는 불이익을 직접적으로 받는 개인이나 법인 또는 단체
>
> 다. 공직자가 소속된 공공기관과 계약을 체결하거나 체결하려는 것이 명백한 개인이나 법인 또는 단체
>
> 라. 공직자의 직무수행과 관련하여 이익 또는 불이익을 직접적으로 받는 다른 공직자. 다만, 공공기관이 이익 또는 불이익을 직접적으로 받는 경우에는 그 공공기관에 소속되어 해당 이익 또는 불이익과 관련된 업무를 담당하는 공직자를 말한다.

더 알아보기

공직자의 이해충돌 방지법 제2조(정의)

6. "사적이해관계자"란 다음 각 목의 어느 하나에 해당하는 자를 말한다.
   가. 공직자 자신 또는 그 가족(「민법」 제779조에 따른 가족을 말한다. 이하 같다)
   나. 공직자 자신 또는 그 가족이 임원 · 대표자 · 관리자 또는 사외이사로 재직하고 있는 법인 또는 단체
   다. 공직자 자신이나 그 가족이 대리하거나 고문 · 자문 등을 제공하는 개인이나 법인 또는 단체
   라. 공직자로 채용 · 임용되기 전 2년 이내에 공직자 자신이 재직하였던 법인 또는 단체
   마. 공직자로 채용 · 임용되기 전 2년 이내에 공직자 자신이 대리하거나 고문 · 자문 등을 제공하였던 개인이나 법인 또는 단체
   바. 공직자 자신 또는 그 가족이 대통령령으로 정하는 일정 비율 이상의 주식 · 지분 또는 자본금 등을 소유하고 있는 법인 또는 단체
   사. 최근 2년 이내에 퇴직한 공직자로서 퇴직일 전 2년 이내에 제5조 제1항 각 호의 어느 하나에 해당하는 직무를 수행하는 공직자와 국회규칙, 대법원규칙, 헌법재판소규칙, 중앙선거관리위원회규칙 또는 대통령령으로 정하는 범위의 부서에서 같이 근무하였던 사람
   아. 그 밖에 공직자의 사적 이해관계와 관련되는 자로서 국회규칙, 대법원규칙, 헌법재판소규칙, 중앙선거관리위원회규칙 또는 대통령령으로 정하는 자

15 난도 ★★☆ 정답 ①

인사행정론 > 임용과 능력발전

정답의 이유

① 액션러닝 방법에 대한 설명이다. 액션러닝은 참여와 성과 중심의 교육훈련을 지향하는 방법으로, 현장에서 발생하는 현안 문제를 가지고 자율적 학습 또는 전문가의 지원을 받아 구체적인 문제 해결 방안을 모색한다. 현재 5급 이상의 관리자 훈련 시 국가기관에서 사용되고 있다.

오답의 이유

② 역할연기는 어떤 사례를 피훈련자가 여러 사람 앞에서 실제의 행동으로 연기하고, 사회자가 청중들에게 그 연기내용을 비평 · 토론하도록 한 후 결론적인 설명을 하는 훈련 방법이다.

③ 감수성훈련은 자신과 타인에 대한 이해를 높이기 위하여 서로 모르는 10명 내외의 소집단을 구성하고, 피훈련자들끼리 자유로운 소통을 통하여 어떤 문제의 해결 방안이나 상대방에 대한 이해를 얻도록 하는 교육 방법이다.

④ 서류함기법은 의사결정능력을 개발하기 위한 방법으로, 피훈련자에게 조직 운영상 의사결정에 필요한 다양한 정보나 자료를 제공한 후 이를 분석하여 의사결정을 하도록 하는 교육 방법이다.

16 난도 ★★★ 정답 ②

조직론 > 조직의 구조형태

정답의 이유

② 검사의 경우 소청심사제도가 없다.

더 알아보기

소청심사기관 관할

<table>
<tr><th colspan="3">구분</th><th colspan="3">소청심사기준</th></tr>
<tr><td rowspan="15">국가
공무원</td><td rowspan="14">경력직</td><td>일반직</td><td colspan="3">인사혁신처 소청심사위원회</td></tr>
<tr><td rowspan="13">특정직</td><td>외무
공무원</td><td colspan="2" rowspan="3">인사혁신처 소청심사위원회</td></tr>
<tr><td>경찰
공무원</td></tr>
<tr><td>소방
공무원</td></tr>
<tr><td>검사</td><td colspan="2">소청심사제도 없음</td></tr>
<tr><td>교원</td><td colspan="2">교원 소청심사위원회</td></tr>
<tr><td rowspan="4">군인</td><td rowspan="2">장교
및
준사관</td><td>국방부 중앙군인사 소청심사위원회</td></tr>
<tr><td>항고심사위원회</td></tr>
<tr><td rowspan="2">부사관</td><td>각 군 본부의 군인사 소청심사위원회</td></tr>
<tr><td>항고심사위원회</td></tr>
<tr><td rowspan="2">군무원</td><td colspan="2">국방부 군무원 인사소청심사위원회</td></tr>
<tr><td colspan="2">항고심사위원회</td></tr>
<tr><td>국가
정보원</td><td colspan="2" rowspan="2">인사혁신처 소청심사위원회</td></tr>
<tr><td>대통령
경호실</td></tr>
<tr><td colspan="2">특수경력직</td><td colspan="3">원칙적으로 소청대상에 포함되지 않음</td></tr>
<tr><td rowspan="3">지방
공무원</td><td rowspan="2">경력직</td><td rowspan="2">일반직</td><td colspan="3">시 · 도 지방공무원 소청심사위원회</td></tr>
<tr><td colspan="3">교육소청심사위원회(지방직 교육직렬)</td></tr>
<tr><td colspan="2">특수경력직</td><td colspan="3">원칙적으로 소청대상에 포함되지 않음</td></tr>
</table>

17 난도 ★★★ 정답 ③

지방행정론 > 지방자치단체의 조직

정답의 이유

③ 지방의회의원의 의정활동을 지원하기 위하여 도입되었다(지방자치법 제41조 제1항).

> 제41조(의원의 정책지원 전문인력)
> ① 지방의회의원의 의정활동을 지원하기 위하여 지방의회의원 정수의 2분의 1 범위에서 해당 지방자치단체의 조례로 정하는 바에 따라 지방의회에 정책지원 전문인력을 둘 수 있다.

오답의 이유

① 지방자치법 제19조 제1항

> 제19조(조례의 제정과 개정 · 폐지 청구)
> ① 주민은 지방자치단체의 조례를 제정하거나 개정하거나 폐지할 것을 청구할 수 있다.

② 지방자치법 제6조 제4항, 제7항

> 제6조(지방자치단체의 관할 구역 경계변경 등)
> ④ 행정안전부장관은 대통령령으로 정하는 바에 따라 관계 지방자치단체 등 당사자 간 경계변경에 관한 사항을 효율적으로 협의할 수 있도록 경계변경자율협의체(이하 이 조에서 "협의체"라 한다)를 구성 · 운영할 것을 관계 지방자치단체의 장에게 요청하여야 한다.
> ⑦ 행정안전부장관은 다음 각 호의 어느 하나에 해당하는 경우에는 위원회의 심의 · 의결을 거쳐 경계변경에 대하여 조정할 수 있다.
> 1. 관계 지방자치단체가 제4항에 따른 행정안전부장관의 요청을 받은 날부터 120일 이내에 협의체를 구성하지 못한 경우
> 2. 관계 지방자치단체가 제5항에 따른 협의 기간 이내에 경계변경 여부 및 대상 등에 대하여 합의를 하지 못한 경우

④ 국가경찰과 자치경찰의 조직 및 운영에 관한 법률 제18조 제1항, 제2항

> 제18조(시 · 도자치경찰위원회의 설치)
> ① 자치경찰사무를 관장하게 하기 위하여 특별시장 · 광역시장 · 특별자치시장 · 도지사 · 특별자치도지사(이하 "시 · 도지사"라 한다) 소속으로 시 · 도자치경찰위원회를 둔다. 다만, 제13조 후단에 따라 시 · 도에 2개의 시 · 도경찰청을 두는 경우 시 · 도지사 소속으로 2개의 시 · 도자치경찰위원회를 둘 수 있다.
> ② 시 · 도자치경찰위원회는 합의제 행정기관으로서 그 권한에 속하는 업무를 독립적으로 수행한다.

18 난도 ★☆☆ 정답 ②

정책론 > 정책의 본질과 유형

정답의 이유

② 네거티브 규제는 소극적 규제 방식으로 원칙적으로 허용, 예외적으로 금지하는 규제 방식이며, 포지티브 규제는 적극적 규제 방식으로 원칙적으로 금지, 예외적으로 허용하는 방식이다. 따라서 네거티브 규제가 피규제자의 자율성을 더 보장한다.

오답의 이유

① 시장유인적 규제 방식은 개인이나 기업에게 의무를 부과하지만 그것을 달성하는 구체적인 방법은 자율적인 판단에 맡기는 간접적 규제로, 대표적인 예로는 오염배출부과금제도, 이산화탄소 배출권거래제도, 폐기물처리비 예치제도, 노후차 세제지원, 건강부과금 등이 있다.

③ 명령지시적 규제는 국가의 강제력에 의존하여 기업 및 개인이 정부 요구에 따르지 않을 경우 불이익을 주고 제재를 가하는 방식이다. 명령지시적 규제방식은 시장유인적 규제에 비해 집행상 유연성이 떨어지고 경제적 비효율성이 높지만, 제시된 규제기준을 통해 해야 할 일과 규제 집행을 통해 어떠한 결과가 발생할지 명확하게 예측할 수 있어 시장유인적 규제에 비해 쉽고 직관적인 설득력이 높다.

④ 사회규제는 사회구성원의 삶의 질을 향상시키기 위하여 개인 및 기업의 사회적 행동에 책임과 부담을 가하는 것이다.

19 난도 ★★★ 정답 ③

재무행정론 > 예산과정

정답의 이유

③ 정부의 기금은 온실가스감축인지 예산제도 대상에 포함된다(국가재정법 제68조의3 제1항).

> 제68조의3(온실가스감축인지 기금운용계획서의 작성)
> ① 정부는 기금이 온실가스 감축에 미칠 영향을 미리 분석한 보고서(이하 "온실가스감축인지 기금운용계획서"라 한다)를 작성하여야 한다.

오답의 이유

① 국가재정법 제16조 제6호

> 제16조(예산의 원칙)
> 정부는 예산을 편성하거나 집행할 때 다음 각 호의 원칙을 준수하여야 한다.
> 6. 정부는 예산이 「기후위기 대응을 위한 탄소중립 · 녹색성장 기본법」 제2조 제5호에 따른 온실가스(이하 "온실가스"라 한다) 감축에 미치는 효과를 평가하고, 그 결과를 정부의 예산편성에 반영하기 위하여 노력하여야 한다.

② 국가재정법 제27호 제2항

> 제27조(온실가스감축인지 예산서의 작성)
> ② 온실가스감축인지 예산서에는 온실가스 감축에 대한 기대효과, 성과목표, 효과분석 등을 포함하여야 한다.

④ 국가재정법 제57조의2 제1항

> 제57조의2(온실가스감축인지 결산서의 작성)
> ① 정부는 예산이 온실가스를 감축하는 방향으로 집행되었는지를 평가하는 보고서(이하 "온실가스감축인지 결산서"라 한다)를 작성하여야 한다.

20 난도 ★☆☆ 정답 ②

행정환류 > 4차 산업혁명

오답의 이유

① 인공지능(AI): 인간의 지적능력을 컴퓨터로 구현하는 과학기술이다. 상황을 인지하고 이성적이고 논리적으로 판단하고 행동하며, 감성적 · 창의적인 기능을 수행하는 능력까지 포함한다. 2000년대 들어 컴퓨팅 파워가 성장하고 우수한 알고리즘의 등장, 스마트폰의 보급과 네트워크 발전 등으로 데이터가 축적되면서 인공지능은 급속히 진보했다.

③ 빅데이터(big data): 기존 데이터베이스 관리 도구의 데이터 수집 · 저장 · 관리 · 분석의 역량을 넘어서는 대량의 정형 또는 비정형 데이터 세트와 이러한 데이터로부터 가치를 추출하고 결과를 분석하는 기술을 의미한다. 대규모 데이터의 생성 · 수집 · 분석을 특징으로 하는 빅데이터는 과거에는 불가능했던 기술을 실현시키기도 하며, 전 영역에 걸쳐서 사회와 인류에 가치 있는 정보를 제공하기도 한다.

④ 사물인터넷(IoT): 사물들이 서로 연결된 것 혹은 사물들로 구성된 인터넷을 말한다. 여기서의 '사물'에는 단순히 유형의 사물에만 그치지 않고 공간은 물론 상점의 결제 프로세스 등의 무형 사물까지도 포함된다고 본다. 이러한 사물들이 연결되어 개별적인 사물들이 제공하지 못했던 새로운 서비스를 제공하는 것을 의미한다.

행정학개론 | 2024년 지방직 9급

한눈에 훑어보기

영역 분석

행정학총론 02 03 09 20
4문항, 20%

정책론 06 07 11 13 15 16 19
7문항, 35%

조직론 01 10 18
3문항, 15%

인사행정론 04 12 17
3문항, 15%

재무행정론 05 08 14
3문항, 15%

빠른 정답

01	02	03	04	05	06	07	08	09	10
④	④	②	③	③	③	②	①	③	③
11	12	13	14	15	16	17	18	19	20
①	①	④	②	②	④	③	①	②	④

점수 체크

구분	1회독	2회독	3회독
맞힌 문항 수	/ 20	/ 20	/ 20
나의 점수	점	점	점

01 난도 ★☆☆ 정답 ④

조직론 > 조직관리

정답의 이유

④ 투입과 산출의 비율을 준거인과 비교하여 과소보상자와 과대보상자 모두 불공정하다고 인식하여 기존의 행동을 바꾸게 된다. 불공정성에 대한 민감성은 과소보상에서 더욱 예민하게 나타난다.

오답의 이유

① 공정성 이론은 조직 내 개인들이 자신의 투입과 산출의 비율을 비교가 되는 다른 사람의 투입과 산출의 비율과 비교하여 공정하다고 지각한다.

② 지각한 불공정성을 해소하기 위한 방안으로는 자신의 투입이나 산출물 변경, 자기 자신이나 타인에 대한 지각 왜곡, 준거대상 변경, 상황 변경 등이 있다.

③ 투입(공헌)에는 직무수행에 들인 노력, 기술, 직무수행능력 향상을 위한 교육, 경험, 사회적 지위 등이 있으며, 산출(보상)에는 보수, 승진, 학습기회, 작업조건, 직무만족 등이 있다.

02 난도 ★☆☆ 정답 ④

행정학총론 > 행정학의 주요 이론

정답의 이유

④ 공공선택이론은 경제주체의 개별적 선택행위를 중시하는 방법론적 개체주의 입장이다.

오답의 이유

① 공공선택이론은 합리적이며 경제적 인간관을 가정하고 개인을 자신의 이익극대화를 추구하는 합리적인 이기주의자로 본다.

② 공공선택이론은 경제학적 분석도구를 비시장적 의사결정부분의 연구에 활용한다.

③ 공공선택이론은 1960년대 뷰캐넌(Buchanan), 털럭(Tullock)이 창시하였으며, 오스트롬(Ostrom)은 윌슨식 패러다임을 비판하고 민주행정 패러다임을 제시하였다.

더 알아보기

공공선택이론

의의	• 공공부문에 경제학적인 관점을 도입 • 고객중심주의, 소비자중심주의 • 분권화와 자율성 제고 • 정부실패의 원인분석 및 대안제시
특징	• 방법론적 개체주의: 개인의 선호나 개인이 연구대상 • 개인은 자신의 이익극대화를 추구하는 합리적인 이기주의자 • 공공재와 의사결정구조에 관한 연구와 정책의 파급효과 중시 • 민주주의에 의한 집단적인 결정 • 탈관료제적 처방: 중첩적인 관할구역과 분권적 · 중복적 조직장치(다중공공관료제)
한계	• 시장실패의 위험이 있음 • 시장경제체제의 극대화만을 중시하여 국가의 역할을 경시하고, 개인의 기득권을 유지하려는 보수적 접근

03 난도 ★☆☆ 정답 ②

행정학총론 > 행정학의 이론전개

정답의 이유

피터스(Peters)는 뉴거버넌스에 기초한 정부개혁모형으로 시장 모형, 참여 모형, 신축적(유연조직) 모형, 탈규제(저통제) 모형을 제시하였다.

04 난도 ★☆☆ 정답 ③

인사행정론 > 임용과 능력발전

정답의 이유

③ 강임이란 같은 직렬 내에서 하위 직급에 임명하거나 하위 직급이 없어 다른 직렬의 하위 직급에 임명하는 것을 말한다(지방공무원법 제5조 제4호).

오답의 이유

① 전직이란 직렬을 달리하는 임명을 말한다(지방공무원법 제5조 제5호).

② 전보는 같은 직급 내에서의 보직 변경 또는 고위공무원단 직위 간의 보직변경을 말한다(지방공무원법 제5조 제6호).

④ 지방자치단체의 장 또는 지방의회의 의장은 공무원을 전입시키려고 할 때에는 해당 공무원이 소속된 지방자치단체의 장 또는 지방의회의 의장의 동의를 받아야 한다(지방공무원법 제29조의3).

05 난도 ★☆☆ 정답 ③

재무행정론 > 예산이론

정답의 이유

③ 프로그램 예산제도는 국가재정운용계획과 연계되어 다년도 중심으로 기능, 분야, 부처별 지출한도를 설정하고 이를 우선순위에 맞게 배분하는 하향식(top down) 방법을 사용한다.

오답의 이유

① · ② 프로그램 예산제도는 예산운용의 효율성을 제고하기 위하여 동일한 정책목표를 지향하는 사업들을 하나의 프로그램으로 설정하고 예산의 전 과정을 프로그램 중심으로 구조화하고 성과평가체계와 연계시켜 운영하는 제도로서 2007년부터 중앙부처에 도입되었다.

④ 프로그램예산 체계 내에 일반회계, 특별회계, 기금이 모두 포괄적으로 표시됨으로써 총체적 재정배분 내용을 알 수 있다.

06 난도 ★☆☆ 정답 ③

정책론 > 정책집행과 기획

정답의 이유

③ 수직적 형평성은 '동등하지 않은 것을 서로 다르게 취급'하는 것을 의미하며 누진세, 상속세가 그 예이다.

오답의 이유

① 1968년 미국 미노브룩 회의에서 왈도의 주도하에 새로운 행정학의 방향모색으로 태동한 신행정론은 종래의 가치중립적 행정방식이 사회적 · 경제적 · 정치적 불평등을 초래했다고 비판하고, 이를 해결하기 위하여 공정성, 인본주의, 사회적 형평 등의 가치문제를 강조하였다.

② 사회적 형평성은 신행정론의 등장 및 롤스(J. Rawls)의 정의론에 근거한다. 롤스는 정의를 공평으로 풀이하면서 배분의 정의가 무엇보다도 평등의 원칙에 입각해야 한다고 주장하였다.

④ 수평적 형평성이란 '동등한 것을 동등하게 취급'하는 것을 의미하며, 동일노동 동일임금, 비례세, 수익자부담주의, 보통선거 등이 그 적용예이다.

더 알아보기

사회적 형평성(social equity)

개념	사회정의 · 평등과 유사한 것으로 '동일한 것은 동일하게 취급하고, 서로 다른 것은 다르게 취급하는 것'을 말한다.
배경	• 사회적 배경: 신행정론의 등장과 함께 중요시되기 시작하였다. • 학문적 배경: 신행정론의 등장 및 롤스(Rawls)의 정의론에 근거한다.
유형	• 수평적 형평성: 소득이나 가정환경 등 조건이 동일한 사람들에게는 동일한 공공서비스가 제공되는 것(동등한 것을 동등하게 취급)을 의미하며, 동일노동 동일임금, 비례세, 수익자부담주의, 보통선거 등이 그 예이다. • 수직적 형평성: 성별, 연령, 건강, 소득, 지리적 위치 등에 차이가 있는 사람들에게는 다른 기준의 공공서비스가 제공되는 것(동등하지 않은 것을 서로 다르게 취급)으로 누진세, 상속세 등이 그 예이다.

07 난도 ★★☆ 정답 ②

정책론 > 정책결정

오답의 이유

① 브레인스토밍: 주관적 예측기법으로 다양한 전문가들이 자유분방하게 의견을 수렴하여 미래를 예측하는 민주적 미래예측기법이다.

③ 델파이기법: 1948년 랜드(Rand)연구소에서 개발되어 서면으로(익명성) 전문가들의 의견을 종합하여 미래에 대한 주관적 예측과 합리적인 아이디어를 만들려는 시도로 고안되었다.

④ 선형경향추정: 시간을 독립변수로 한 회귀분석을 이용하여 미래의 정확한 추정치를 얻는 방법이다.

08 난도 ★☆☆ 정답 ①

재무행정론 > 예산이론

정답의 이유

① 정부는 대통령의 승인을 얻은 예산안을 회계연도 개시 120일 전까지 국회에 제출하여야 한다(국가재정법 제33조).

오답의 이유

② 기획재정부장관은 국무회의의 심의를 거쳐 대통령의 승인을 얻은 다음 연도의 예산안편성지침을 매년 3월 31일까지 각 중앙관서의 장에게 통보하여야 한다(국가재정법 제29조 제1항).

③ 예산결산특별위원회는 소관 상임위원회의 예비심사 내용을 존중하여야 하며, 소관 상임위원회에서 삭감한 세출예산 각 항의 금액을 증가하게 하거나 새 비목(費目)을 설치할 경우에는 소관 상임위원회의 동의를 받아야 한다(국회법 제84조 제5항).

④ 정부는 예산안을 국회에 제출한 후 부득이한 사유로 인하여 그 내용의 일부를 수정하고자 하는 때에는 국무회의의 심의를 거쳐 대통령의 승인을 얻은 수정예산안을 국회에 제출할 수 있다(국가재정법 제35조).

09 난도 ★★☆ 정답 ③

행정학총론 > 행정학의 주요 이론

정답의 이유

③ 노젓기보다 방향잡기에 집중하는 것은 신공공관리론에 해당하는 내용이다. 신공공서비스론의 관점에서 정부의 역할은 노젓기나 방향잡기보다는 시민에게 적극 봉사하는 것을 강조한다.

오답의 이유

① 신공공서비스론은 정부로 하여금 기업가의 지나친 능률성 이념을 강조해 온 신공공관리적 사조에 대한 반작용의 결과로 등장하였으며, 민주주의 이론, 비판이론, 포스트모더니즘을 활용하였다.

② 신공공서비스론은 공익을 공유가치에 대한 대화와 담론을 통해 얻은 결과물로 본다.

④ 정부가 수행해야 할 책임의 범주는 단순히 시장지향적인 이윤추구를 달성하는 데 있는 것이 아니라 헌법, 법률, 공동체의 가치, 정치 규범, 전문직업적 기준, 시민들의 이해 등에 이르기까지 광범위하다.

10 난도 ★☆☆ 정답 ③

조직론 > 조직의 구조형태

정답의 이유

㉡ · ㉣ 팀제 조직은 상호보완적인 기술을 가진 두 사람 이상으로 이루어진 구성원들이 목표달성을 위해 긴밀히 협력하고, 도출된 성과에 대해 공동책임을 지는 조직이다.

오답의 이유

㉠ 네트워크구조에 대한 내용이다.

㉢ 민츠버그(Mintzberg)의 조직구조 중 기계적 관료제에 대한 내용이다.

11 난도 ★★★ 정답 ①

정책론 > 정책집행과 기획

정답의 이유

㉠ 정책연합모형은 정책변화를 이해하기 위한 분석단위로서 정책하위체제에 중점을 두고 있다.

㉡ 정책지향학습은 정책옹호연합의 신념체계가 수정되는 것을 말하며 정책학습은 지지연합 내에서도 이루어질 수 있겠으나, 다른 지지연합으로부터의 학습도 가능하다.

오답의 이유

㉢ 행정규칙, 예산배분, 규정의 해석 등과 같이 정책핵심을 집행하기 위해 필요한 도구나 정보탐색은 이차적 신념과 관련된다.

㉣ 신념 체계 구조에서 규범적 핵심 신념은 이차적 측면보다 변화 가능성이 작은 것은 옳지만, '관심 있는 특정 정책 규범에 적용'되는 것은 정책 핵심 신념에 해당한다.

더 알아보기

옹호연합모형(Advocacy Coalition Framework)의 신념체계의 구조

규범적 핵심 신념	• 근본적, 규범적, 존재론적인 가정, 자유와 평등과 같은 근원적 · 정신적 가치의 상대적 우선순위, 기본적인 분배정의와 기준, 사회문화적 정체성 등 • 종교 개정과 비슷한 정도로 변경 가능성 매우 어려움 • 모든 정책 영역에 적용 • 사람의 성격, 자유, 건강, 다양한 가치 등
정책 핵심 신념	• 하위시스템 내에서 핵심가치를 달성하기 위한 기본 전략과 관련된 것 • 관심 있는 특정 정책 규범에 적용 • 어려우나 심각한 변혁이 일어나면 변화 가능 • 근본적인 정책 갈등 방하 환경보호와 경제개발, 정책 도구에 관한 기본적 선택, 강제, 유인, 설득
이차적 측면	• 정책핵심을 집행하기 위해 필요한 도구적인 의사결정과 정보탐색 • 적용 범위: 관심 있는 특정 정책 절차에 적용 • 대부분 행정적인 정책주제로 변화될 가능성이 정책핵심 신념보다 훨씬 큼 • 행정규칙, 예산배정, 소송처분 · 법령 · 해석 및 개정 등에 대한 것

12 난도 ★☆☆ 정답 ①

인사행정론 > 사기앙양과 근무규율

정답의 이유

㉠ 공직자윤리법 제2조의2

㉡ 공직자윤리법 제3조

오답의 이유

㉢ 국가공무원법 제59조의2

㉣ 국가공무원법 제63조

13 난도 ★★★ 정답 ④

정책론 > 정책집행과 기획

정답의 이유

④ 반 미터와 반 혼(Van Meter&Van Horn)은 정책집행을 정책결정에 의해 미리 설정된 목표를 달성하기 위하여 정부 및 민간부문의 개인이나 집단이 수행하는 활동이라고 정의하였으며, 정책집행의 성과를 설명하는 6개 변수(정책의 기준 또는 목표, 정책의 지원, 조직 간의 커뮤니케이션과 시행 활동, 집행기관의 특징, 경제적 · 사회적 · 정치적 상황, 집행자의 성향)를 제시하였다.

오답의 이유

① 립스키(Lipsky)의 일선관료제 연구: 정책의 최종적 과정에서 고객과 접촉하며 상당한 재량권을 행사하는 하위직(교사, 경찰, 복지요원 등)으로 구성된 공공서비스 집단을 말한다.

② 오스트롬(Ostrom)의 제도분석 연구: 오스트롬(Ostrom)은 제도분석틀(IAD)를 통하여 정부와 시장보다 다중심 거버넌스가 공유자원의 관리뿐만 아니라 공공재외 서비스 제공 그리고 정책결정 과정에서 효율적이란 사실을 증명하였다.

③ 사바티어와 마즈마니언(Sabatier&Mazmanian)의 집행과정 연구: 정책문제 자체가 가지는 특성, 정책을 구성하는 법령의 내용(법령의 집행구조화 능력), 그리고 정책과 직접 관련이 없는 여러 가지 상황요인(비법률적 변수)이 정책집행의 성공 또는 실패에 영향을 미친다고 보았다.

14 난도 ★☆☆ 정답 ②

재무행정론 > 예산제도

정답의 이유

② 정부는 예측할 수 없는 예산 외의 지출 또는 예산초과지출에 충당하기 위하여 일반회계 예산총액의 100분의 1 이내의 금액을 예비비로 세입세출예산에 계상할 수 있다(국가재정법 제22조 제1항).

오답의 이유

① 추가경정예산 편성의 경우, 정부는 국회에서 추가경정예산안이 확정되기 전에 이를 미리 배정하거나 집행할 수 없다(국가재정법 제89조 제2항).

③ 계속비의 경우, 국가가 지출할 수 있는 연한은 그 회계연도부터 5년 이내로 한다. 다만, 사업규모 및 국가재원 여건을 고려하여 필요한 경우에는 예외적으로 10년 이내로 할 수 있다(국가재정법 제23조 제2항).

④ 각 중앙관서의 장은 예산의 목적범위 안에서 재원의 효율적 활용을 위하여 대통령령으로 정하는 바에 따라 기획재정부장관의 승인을 얻어 각 세항 또는 목의 금액을 전용할 수 있다(국가재정법 제46조 제1항).

15 난도 ★★★ 정답 ②

정책론 > 정책평가

정답의 이유

② 지방자치단체는 사업을 효율적으로 수행하기 위하여 필요한 경우에는 지방공사를 설립할 수 있다. 이 경우 공사를 설립하기 전에 특별시장, 광역시장, 특별자치시장, 도지사 및 특별자치도지사(시 · 도지사)는 행정안전부장관과, 시장 · 군수 · 구청장(자치구의 구청장)은 관할 특별시장 · 광역시장 및 도지사와 협의하여야 한다(지방공기업법 제49조 제1항).

오답의 이유

① 지방직영기업의 관리자는 해당 지방자치단체의 공무원으로서 지방직영기업의 경영에 관하여 지식과 경험이 풍부한 사람 중에서 지방자치단체의 장이 임명하며, 임기제로 할 수 있다(지방공기업법 제7조 제2항).

③ 지방자치단체는 상호 규약을 정하여 다른 지방자치단체와 공동으로 공사를 설립할 수 있다(지방공기업법 제50조 제1항).

④ 지방자치단체는 지방직영기업을 설치 · 경영하려는 경우에는 그 설치 · 운영의 기본사항을 조례로 정하여야 한다(지방공기업법 제5조).

16 난도 ★★☆ 정답 ④

정책론 > 정책결정

정답의 이유

㉢ 시네틱스(유추분석): 유사한 문제의 인식을 촉진하기 위하여 고안된 방법으로 정책문제 구조화에서 분석가가 유추할 4가지 형태는 개인적 유추, 직접적 유추, 상징적 유추, 환상적 유추가 있다.

㉣ 분류분석: 문제상황을 정의하고 분류하기 위하여 사용되는 개념을 명백하게 하기 위한 정책문제 구조화의 기법이다.

오답의 이유

㉠ 계층분석에 대한 내용이다.

㉡ 가정분석에 대한 내용이다.

17 난도 ★★☆ 정답 ③

인사행정론 > 인사행정의 기초이론

정답의 이유

③ 점수법은 직무와 관련된 평가요소를 선정하고 각 요소별로 중요도를 부여하는 과정에서 계량화를 통해 명확하고 객관적인 이론적 증명이 어렵다. 점수법은 직무평가표에 따라 직무의 세부 구성요소들을 구분한 후 요소별 가치를 점수화하여 측정하는데, 요소별 점수를 합산한 총점이 직무의 상대적 가치를 나타낸다.

오답의 이유

① 분류법은 미리 정한 등급기준표에 의하여 직무 전체를 평가하여 등급을 결정하는 비계량적 방법이다.

② 서열법은 비계량적 방법을 통해 직무기술서의 정보를 검토한 후 직무 상호 간에 직무전체의 중요도를 종합적으로 비교하는 방법으로 직무의 수가 적은 소규모 조직에 적절하다.

④ 요소비교법은 점수법과 마찬가지로 직무를 요소별로 계량화하여 측정하는 방식으로 대표가 될 만한 직무들을 선정하여 기준직무(key job)로 정해 놓고 각 요소별로 평가할 직무와 기준 직무를 비교해가며 점수를 부여하는 방법이다.

18 난도 ★★★ 정답 ①

조직론 > 조직관리

정답의 이유

㉠ 내집단의 지위를 가진 구성원들은 업무에 대한 스트레스나 이직률이 낮은 편이므로 내집단(in-group)에 속한 구성원이 많을수록 집단의 성과가 높다.

㉡ '리더십 만들기'란 리더십의 처방적 접근법으로 리더와 구성원이 파트너십 관계로 발전하는 과정이다. 리더십 만들기의 단계는 낯선 단계, 친지 단계, 협동 단계의 세 단계를 거쳐 발전해간다.

오답의 이유

㉢ 리더-구성원교환이론은 리더와 각각의 구성원과의 관계가 서로 다를 수 있다는 것을 강조한 이론이다.

㉣ 번스(Burns)가 정의한 변혁적 리더십에 대한 내용이다. 리더-구성원교환이론은 높은 도덕성과 동기 수준으로 이끌어 가는 것이 아니다.

19 난도 ★★★ 정답 ②

정책론 > 정책론의 기초이론

정답의 이유

② 라스웰(Lasswell)은 1971년 『정책학 소개(A Pre-View of Policy Sciences)』에서 문제지향성, 맥락지향성, 연합학문지향성을 제시하였다. 라스웰(Lasswell)은 정책과정에 대한 지식과 정책과정에서 필요한 지식을 창출하여 정책담당자에게 제공함으로써 정책정의 합리성을 제고하고, 궁극적으로는 인간의 존엄성을 실현하는 민주주의 정책학을 주장하였다.

오답의 이유

① 현대적 정책학은 1951년에 발표된 라스웰(Lasswell)의 「정책지향(Policy Orientation)」이라는 논문에서 시작되었다.

③ 정책학은 1971년 미국정책학회의 성립을 계기로 라스웰(Lasswell)의 「정책학 소개(1971)」가 출간되면서 급격히 재조명된 이후 1980년대에 들어 정책집행 평가 등 다양한 분야로 크게 이론적 발전을 이루었다.

④ 드로어(Dror)의 최적모형(optimal model)은 합리성과 직관·판단력·창의력과 같은 초합리적 요인을 체제론적 입장에서 구축한 규범적·처방적 모형으로 정책결정 단계를 상위정책결정(meta-policymaking, 초정책결정), 정책결정(policymaking), 정책결정 이후(post-policymaking)로 나누었다.

20 난도 ★★★ 정답 ④

행정학총론 > 행정의 주요 이론

정답의 이유

㉢ 전략적 삼각형은 무어(Moore)가 제안한 공공가치론으로 정당성과 지지, 공공관리자의 운영 역량, 공공가치라는 3가지 요소로 구성되었다.

㉣ 공공가치 실패란 핵심적인 공공가치들이 사회관계, 시장이나 공공정책에 반영되지 않을 때 발생하는 것으로 시장과 공공부문이 공공가치 실현에 필수적으로 요구되는 재화나 서비스를 제공하지 못할 때 발생한다.

오답의 이유

㉠ 공공가치 실패를 진단하는 도구로 '공공가치 지도그리기'를 제안한 것은 보즈만(Bozeman)의 공공가치 실패론에 대한 내용이다. 무어(Moore)는 공공가치 창출론에서 공공가치의 전략적 창출을 위한 세 가지 연계모형인 전략적 삼각형을 제시하였다.

㉡ 공공기관에 의해 생산된 순(純) 공공가치를 추정하는 '공공가치 회계'를 제시한 것은 모어(Moore)이다. 모어(Moore)는 공공가치 회계를 위하여 공공가치에 대한 철학적 기초를 연구하였다.

행정학개론 | 2023년 국가직 9급

한눈에 훑어보기

영역 분석

행정학총론 01
1문항, 5%

정책론 04 06 10 11 20
5문항, 25%

조직론 02 08 12 14
4문항, 20%

인사행정론 09 13 17 18
4문항, 20%

재무행정론 03 05 16
3문항, 15%

지방행정론 07 19
2문항, 10%

행정환류 15
1문항, 5%

빠른 정답

01	02	03	04	05	06	07	08	09	10
③	①	②	④	②	③	①	①	②	③
11	12	13	14	15	16	17	18	19	20
①	④	④	②	②	③	④	③	④	①

점수 체크

구분	1회독	2회독	3회독
맞힌 문항 수	/ 20	/ 20	/ 20
나의 점수	점	점	점

01 난도 ★★☆ 정답 ③

행정학총론 > 행정학의 주요 이론

정답의 이유

③ 신행정론은 1970년대 전후 미국 사회의 격동기에 등장한 문제들을 해결하기 위하여 행태론의 논리실증주의 접근법을 비판하고 형평성과 적실성을 강조한 새로운 행정학 접근법이다.

오답의 이유

① 과학적 관리론은 최고관리자의 기능을 연구한 것이 아니라 현장의 실무를 담당하는 노동자의 직무를 분석한 이론이다. 귤릭(Gulick)의 POSDCoRB이론은 과학적 관리론이 아니라 최고관리자의 기능을 연구한 것으로 행정관리론에 해당한다.

② 사이먼(Simon)의 행정행태론은 가치를 기반으로 한 것이 아니라 가치와 사실을 구분하고 사실에 근거한 행정학의 과학화를 추구한 접근법이다.

④ 민간과 공공 부문의 파트너십을 강조하고 기업가 정신보다 시민권을 중요시한 것은 신공공관리론이 아니라 신공공서비스론이다. 신공공관리론은 민·관의 경쟁과 고객중심주의를 강조한 이론이다.

02 난도 ★★☆ 정답 ①

조직론 > 조직의 구조형태

정답의 이유

① 베버(Weber)의 이념형 관료제 성립배경은 봉건적·전근대적 지배체제의 확립이 아니라 법적·합리적 지배를 바탕으로 한 근대적 사회 확립이다.

오답의 이유

② 이념형 관료제는 법적·합리적 권위에 기초를 둔 근대사회의 조직구조이다.

③ 관료의 권한과 임무는 문서화된 법규에 의하여 규정된다.

④ 관료제 내에서 하급관료는 원칙적으로 상관이 임명하고 지휘·감독한다.

03 난도 ★☆☆ 정답 ②

재무행정론 > 예산이론

정답의 이유

② 점증주의는 거시적 예산결정이 아니라 미시적 예산결정이론이며, 다원화된 사회를 배경으로 한 예산결정이론이다. 거시적 예산결정과 예산삭감을 설명하기에 적합한 이론은 총체주의이다.

오답의 이유

① 계획예산(PPBS), 영기준예산(ZBB)은 총체주의의 대표적 예산제도이며, 품목별예산(LIBS), 성과주의 예산(PBS)은 점증주의의 대표적 예산제도이다.

③ 총체주의는 합리적 분석을 통하여 자원을 효율적으로 배분하려는 합리주의 예산이다.

④ 점증주의는 예산을 결정할 때 모든 대안을 총체적으로 고려하는 것이 아니라 기본적인 대안(전년도 예산)을 인정하고 신규로 요구되는 추가 부분만 고려하여 분석한다. 모든 대안을 총체적으로 고려하는 것은 영기준예산(ZBB)이다.

04 난도 ★☆☆ 정답 ④

정책론 > 정책의제설정

정답의 이유

④ 무의사결정론은 신다원주의가 아니라 신엘리트이론에 해당한다. 무의사결정론을 대표하는 이론가인 바흐라흐(Bachrach)는 다원주의가 권력의 두 얼굴 중 '밝은 얼굴'만 고려하고 '어두운 얼굴'은 고려하지 못했다고 비판하였다.

오답의 이유

① 무의사결정은 정책의제 설정과정에서 주로 나타나지만 넓게는 정책의 모든 과정에서 나타난다고 볼 수 있다.

② 기존의 규범이나 절차 · 편견을 동원하여 변화 요구를 봉쇄하는 것도 무의사결정의 한 수단이다. 이를 샤츠슈나이더(Schattschneider)는 '편견의 동원'이라 하였다.

③ 무의사결정은 정책문제화를 막기 위해 폭력이나 강제력을 사용하기도 한다.

05 난도 ★★★ 정답 ②

재무행정론 > 재무행정의 기초이론

정답의 이유

② 통합재정은 일반회계, 특별회계, 기금을 포함한 국가재정 전체를 의미하지만, 공공 부문 전체가 포함되는 것은 아니다.

오답의 이유

① 세입과 세출은 거래의 성격에 따라 경상거래(단기적 · 소모적 계정)와 자본거래(장기적 · 투자적 계정)로 구분하여 작성한다.

③ 통합재정은 정부의 재정이 국민 경제에 미치는 효과를 총체적으로 파악하기 위하여 작성되는 예산의 분류체계이다.

④ 통합재정은 내부거래와 보존거래를 제외한 예산순계형식으로 작성된다.

06 난도 ★☆☆ 정답 ③

정책론 > 정책평가

정답의 이유

③ 내적 타당성은 정책수단(집행된 정책내용)과 정책효과 사이의 상관관계에 관한 인과적 추론의 정확성 정도를 의미한다.

오답의 이유

① 외적 타당성에 대한 설명이다. 외적 타당성은 분석 및 평가 결과가 다른 상황에서도 일반화될 수 있는지의 정도를 의미한다.

② 구성적 타당성에 대한 설명이다. 구성적 타당성은 이론적 구성요소들의 추상적 개념을 성공적으로 조작화한 정도를 의미한다.

④ 신뢰성에 대한 설명이다. 신뢰성은 반복해서 측정했을 때 일관성 있는 결과를 얻는 정도를 의미한다.

더 알아보기

정책평가 타당성의 종류

구성적 타당성	처리, 결과, 모집단 및 상황들에 대한 이론적 구성요소들이 성공적으로 조작화된 정도
통계적 결론의 타당성	정밀하고 강력하게 연구설계(평가기획)가 이루어진 정도로, 제1종 및 제2종 오류가 발생하지 않은 정도
내적 타당성	조작화된 결과에 대하여 찾아낸 효과가 다른 경쟁적인 원인(외생변수)들에 의해서라기보다는 조작화된 처리(원인변수)에 기인된 것이라고 볼 수 있는 정도 → 인과적 추론의 정확도 정도
외적 타당성	실험결과를 다른 상황에까지 일반화시킬 수 있는지의 정도

07 난도 ★★★ 정답 ①

지방행정론 > 지방공무원법

정답의 이유

① 지방의회의원, 정당의 당원, 공무원 임용결격사유가 있는 자 등은 지방공무원법상 시 · 도 인사위원회의 위원으로 임명 또는 위촉될 수 없다(지방공무원법 제7조 제6항).

제7조(인사위원회의 설치)

⑥ 다음 각 호의 어느 하나에 해당하는 사람은 위원으로 위촉될 수 없다.

1. 제31조 각 호의 어느 하나에 해당하는 사람
2. 「정당법」에 따른 정당의 당원
3. 지방의회의원

오답의 이유

② · ③ · ④ 지방공무원법 제7조 제5항

제7조(인사위원회의 설치)

⑤ 지방자치단체의 장과 지방의회의 의장은 각각 소속 공무원(국가공무원을 포함한다) 및 다음 각 호에 해당하는 사람으로서 인사행정에 관한 학식과 경험이 풍부한 사람 중에서 위원을 임명하거나 위촉하되, 위원의 자격요건에 관하여 필요한 사항은 대통령령으로 정한다. 다만, 시험위원은 시험실시기관의 장이 따로 위촉할 수 있다.

1. 법관 · 검사 또는 변호사 자격이 있는 사람
2. 대학에서 조교수 이상으로 재직하거나 초등학교 · 중학교 · 고등학교 교장 또는 교감으로 재직하는 사람

3. 공무원(국가공무원을 포함한다)으로서 20년 이상 근속하고 퇴직한 사람
4. 「비영리민간단체 지원법」에 따른 비영리민간단체에서 10년 이상 활동하고 있는 지역단위 조직의 장
5. 상장법인의 임원 또는 「공공기관의 운영에 관한 법률」 제5조에 따라 지정된 공기업의 지역단위 조직의 장으로 근무하고 있는 사람

08 난도 ★☆☆ 정답 ①

조직론 > 조직의 구조형태

정답의 이유

① 사업(부) 구조는 조직의 산출물에 기반을 둔 구조화 방식으로, 사업부 내에서의 이질적 기능 조정이 용이하다.

더 알아보기

데프트(Daft)의 조직유형

조직	특징
기계적 구조	• 고전적이고 전형적인 관료제 조직 • 엄격한 분업과 계층, 좁은 통솔범위, 높은 공식화 · 표준화 · 집권화
기능 구조	• 전체 업무를 공동 기능별로 부서화한 조직 • 기능 간 수평적 조정 곤란, 높은 전문성, 규모의 경제 구현
사업 구조	• 산출(성과) 중심의 자기완결적 조직 • 부서 내 기능 간 조정 용이, 사업부서(영역) 간 갈등, 전문성 저하, 규모의 불경제
매트릭스 구조	• 기능 구조와 사업 구조를 결합한 이중적 권한 구조로, 전문성과 대응성을 결합한 조직 • 수평적 조정, 규모의 경제
수평 구조	• 핵심업무과정 중심으로 조직화한 구조 • 의사소통 · 수평적 조정 용이, 팀 내 계층 타파, 절차의 병렬화
네트워크 구조	• 핵심역량만 조직화하고 나머지는 다른 조직에 아웃소싱하여 수행하는 구조 • 시장과 계층제의 중간 형태
유기적 구조	• 가장 유기적인 조직으로 학습조직(지식의 창조 · 공유 · 활용)이 대표적 • 낮은 표준화 · 공식화, 분권과 참여적 조직, 팀조직 · 네트워크 · 가상조직 등도 포함

09 난도 ★★☆ 정답 ②

인사행정론 > 인사행정의 기초이론

정답의 이유

연공주의란 개인의 실적(성과)이나 능력보다는 경력, 특히 근속년수를 기준으로 하는 인사제도로 공직입문시기나 선임순위(seniority), 근무연한 등 연공서열을 중시하는 폐쇄형 인사제도를 말한다.

㉠ 연공주의는 장기근속으로 조직에 대한 충성도 및 공헌도를 높인다.
㉢ 연공주의는 연공서열에 따른 계층적 서열구조 확립으로 조직 내 안정감 및 질서유지에 기여한다.

오답의 이유

㉡ · ㉣ 성과주의에 대한 설명이다. 성과주의는 개인의 성과에 따라 적절한 보상을 제공하여 조직구성원의 사기를 진작시키고 조직 내 경쟁을 통해 개인의 역량 개발에 기여한다.

10 난도 ★☆☆ 정답 ③

정책론 > 정책결정모형

정답의 이유

③ 관료정치모형(모형 Ⅲ)은 참여자들 간의 갈등과 타협에 의해 이루어지는 의사결정모형으로 구성원 간 목표 공유 정도와 정책결정의 일관성이 매우 낮다.

오답의 이유

① 정책결정과정에서 갈등의 준해결을 중시하는 것은 조직과정모형(모형 Ⅱ)에 대한 설명이다.
② 정책결정자들이 국가 전체의 이익이나 전략적 목표를 극대화하기 위한 결정을 하는 것은 합리모형(모형 Ⅰ)에 대한 설명이다.
④ 정부를 독립적 하부조직의 느슨한 연합체라고 보는 것은 조직과정모형(모형 Ⅱ)에 대한 설명이다.

11 난도 ★★☆ 정답 ①

정책론 > 정책결정

정답의 이유

① 집단사고란 조직원들의 사회적 배경과 관념의 동질성이 높을 때 집단이 외부로부터 고립되어 충분한 토의가 일어날 수 없는 상황에서 의사결정이 이루어짐으로써 결국 잘못된 의사결정에 도달하게 되는 현상을 말한다. 따라서 토론을 바탕으로 한 집단지성의 활용은 집단사고를 방지할 수 있는 방안에 해당한다.

더 알아보기

재니스(Janis)의 집단사고 증상 8가지

무오류의 환상	집단이 절대 잘못될 리 없다는 생각
합리화의 환상	내 · 외부의 경고를 무시하기 위해 자신들의 주장을 집단적으로 합리화하는 현상, 집단의 생각과 맞지 않는 상호 모순되는 생각은 철저하게 무시
도덕성의 환상	자신들이 도덕적으로 우월하다고 생각
적에 대한 상동적인 태도	반대 집단에 대해 부정적 편견을 갖는 태도
동조압력	집단과 다른 견해에 대해 무언의 압력을 행사
자기검열	시키지는 않았지만 집단이 싫어할까봐 알아서 자기자신을 검열하는 것
만장일치의 환상	조직원 상호 간에 만장일치로 동의했다고 믿음
집단 초병	방어기제로 외부의 반대 정보를 적극적으로 차단

12 난도 ★★★ 정답 ④

조직론 > 조직이론

정답의 이유

④ 조직군 생태학이론은 조직군의 변화를 유발하는 변이가 외부환경에 의하여 계획적·우연적으로 일어나며 조직은 이에 수동적으로 대응할 수밖에 없다는 극단적인 환경결정론적 거시조직론이다.

오답의 이유

① 구조적 상황이론은 개별조직이 놓여 있는 상황에 따라 조직의 구조를 설계하는 것이 효과적이라고 보는 이론으로 안정된 환경에서는 기계적 구조가, 불안정한 환경에서는 유기적 구조가 적합하다고 여긴다.

② 전략적 선택이론은 환경이 조직을 지배하는 것이 아니라 관리자의 전략적 선택이 중요하다고 보는 이론으로 동일한 환경에서도 환경에 대한 관리자의 가치관이나 지각·신념 등의 차이로 상이한 구조나 전략이 선택될 수 있다는 이론이다.

③ 거래비용이론은 시장에서의 거래비용이 조직 내 거래비용(행정비용)보다 크면 거래가 필요 없는 거래의 내부화(내부조직화)가 나타난다고 본다.

13 난도 ★★☆ 정답 ④

인사행정론 > 인사행정의 기초이론

정답의 이유

④ 직위분류제의 직무평가 방법 중 요소비교법은 기준직무와 평가할 직무를 비교하여 점수를 설정하고 보수액을 정해주는 계량적 평가방법이다.

오답의 이유

① 점수법은 직무평가기준표에 의하여 직무의 구성요소별로 점수를 부여하고 이를 합산하여 평가하는 방법이다.

② 분류법은 미리 정한 등급기준표에 의하여 직무 전체를 평가하여 등급을 결정하는 비계량적 방법이다.

③ 서열법과 분류법은 직무를 구성요소별로 나누지 않고 직무 전체의 중요도를 종합적으로 평가하는 방법이다.

14 난도 ★★★ 정답 ②

조직론 > 전자정부와 지식정부론

정답의 이유

② '전자정부기본계획'은 행정안전부장관이 5년 단위로 수립한다. 과학기술정보통신부장관이 3년마다 작성하는 기본계획은 '지능정보사회종합계획'이다(전자정부법 제5조 제1항·제2조 제4호).

> 제5조(전자정부기본계획의 수립)
>
> ① 중앙사무관장기관의 장은 전자정부의 구현·운영 및 발전을 위하여 5년마다 제5조의2 제1항에 따른 행정기관 등의 기관별 계획을 종합하여 전자정부기본계획을 수립하여야 한다.
>
> 제2조(정의)
>
> 이 법에서 사용하는 용어의 뜻은 다음과 같다.
>
> 4. "중앙사무관장기관"이란 국회 소속 기관에 대하여는 국회사무처, 법원 소속 기관에 대하여는 법원행정처, 헌법재판소 소속 기관에 대하여는 헌법재판소사무처, 중앙선거관리위원회 소속 기관에 대하여는 중앙선거관리위원회사무처, 중앙행정기관 및 그 소속 기관과 지방자치단체에 대하여는 행정안전부를 말한다.

오답의 이유

① 정부는 지능정보사회 정책의 효율적·체계적 추진을 위하여 지능정보사회 종합계획을 3년 단위로 수립하여야 한다(지능정보화 기본법 제6조 제1항).

③ 전자정부법 제2조 제8호

④ 지능정보화 기본법 제8조 제1항

15 난도 ★★★ 정답 ②

행정환류 > 행정책임과 통제

정답의 이유

② 롬젝(Romzeck)은 행정책임의 원천과 통제의 정도에 따라 행정책임 유형을 4가지로 나누었다. 그중 법적 책임은 표준운영절차(SOP) 등 내부 규칙이나 규정에 따른 통제가 아닌 입법부·사법부 등 외부 법률 관련 기관에 의한 통제를 의미한다.

오답의 이유

① 계층적 책임은 상명하복의 원칙에 따라 상급자에 대하여 하급자가 지는 책임을 의미한다.

③ 전문가적 책임은 전문가가 기관장에 대하여 지는 내부적 책임으로 전문직업적 규범이나 전문가 집단의 관행 등을 중시한다.

④ 정치적 책임이란 관료가 외부 유권자나 민간 고객, 이익집단, 일반대중 등 외부 이해관계자의 기대에 부응하는 책임을 의미한다.

더 알아보기

듀브닉(Dubnick)과 롬젝(Romzek)의 행정책임성 유형

구분		관료조직 통제의 소재	
		내부	외부
조직의 자율성 (통제의 정도)	낮음(높음)	계층적 책임성	법률적 책임성
	높음(낮음)	전문적 책임성	정치적 책임성

16 난도 ★★☆ 정답 ③

재무행정론 > 예산과정

정답의 이유

③ 재정사업 자율평가 결과 기획재정부장관이 필요하다고 판단하면 재정사업 심층평가를 실시할 수 있다(국가재정법 시행령 제39조의3 제1항 제1호).

> 제39조의3(재정사업의 성과평가 등)
> ① 기획재정부장관은 법 제85조의8 제1항에 따라 각 중앙관서의 장과 기금관리주체에게 기획재정부장관이 정하는 바에 따라 주요 재정사업을 스스로 평가(이하 "재정사업 자율평가"라 한다)하도록 요구할 수 있으며, 다음 각 호의 어느 하나에 해당하는 사업에 대해서는 심층평가를 실시할 수 있다. 다만, 「과학기술기본법」 제11조에 따른 국가연구개발사업에 대한 평가는 「국가연구개발사업 등의 성과평가 및 성과관리에 관한 법률」에 따른 성과평가로 재정사업 자율평가 또는 심층평가를 대체할 수 있다.
> 1. 재정사업 자율평가 결과 추가적인 평가가 필요하다고 판단되는 사업

오답의 이유

① 국가재정법 제85조의2 제1항

> 제85조의2(재정사업의 성과관리)
> ① 정부는 성과중심의 재정운용을 위하여 다음 각 호의 성과목표관리 및 성과평가를 내용으로 하는 재정사업의 성과관리(이하 "재정사업 성과관리"라 한다)를 시행한다.
> 1. 성과목표관리: 재정사업에 대한 성과목표, 성과지표 등의 설정 및 그 달성을 위한 집행과정 · 결과의 관리
> 2. 성과평가: 재정사업의 계획 수립, 집행과정 및 결과 등에 대한 점검 · 분석 · 평가

② 국가재정법 제85조의10 제2항

> 제85조의10(재정사업 성과관리 결과의 반영 등)
> ② 기획재정부장관은 재정사업의 성과평과 결과를 재정운용에 반영할 수 있다.

④ 재정사업 자율평가는 미국 클린턴(Clinton) 정부 시절(1992) 관리예산처(OMB)가 도입한 PART(Program Assessment Rating Tool)가 그 시초이며 우리나라는 2005년 이를 우리 실정에 맞게 수정 · 도입하였다. 미국의 PART는 2010년 폐지되었다.

17 난도 ★★☆ 정답 ④

인사행정론 > 사기앙양과 근무규율

정답의 이유

④ 이해충돌 위반행위는 감사원, 수사기관, 국민권익위원회 등에 신고할 수 있으며, 위반행위가 발생한 공공기관 및 그 감독기관에도 신고할 수 있다(공직자의 이해충돌 방지법 제18조 제1항).

> 제18조(위반행위의 신고 등)
> ① 누구든지 이 법의 위반행위가 발생하였거나 발생하고 있다는 사실을 알게 된 경우에는 다음 각 호의 어느 하나에 해당하는 기관에 신고할 수 있다.
> 1. 이 법의 위반행위가 발생한 공공기관 또는 그 감독기관
> 2. 감사원 또는 수사기관
> 3. 국민권익위원회

18 난도 ★★☆ 정답 ③

인사행정론 > 사기앙양과 근무규율

정답의 이유

③ 직위해제는 일정기간 직위를 부여하지 않는 처분으로 직무수행 능력이 부족하거나 근무성적이 극히 나쁜 자에 대해서는 직위해제가 가능하다.

오답의 이유

① 직위해제는 일정기간 직위를 부여하지 않는 것으로, 징계처분에 해당하지는 않는다(국가공무원법 제79조).

> 제79조(징계의 종류)
> 징계는 파면 · 해임 · 강등 · 정직 · 감봉 · 견책(譴責)으로 구분한다.

② 직위해제는 공무원 신분은 유지되고 직무수행만 정지된다.

④ 직위해제의 사유가 소멸된 경우 임용권자는 지체 없이 직위를 부여하여야 한다(국가공무원법 제73조의3 제2항).

> 제73조의3(직위해제)
> ① 임용권자는 다음 각 호의 어느 하나에 해당하는 자에게는 직위를 부여하지 아니할 수 있다.
> 1. 삭제
> 2. 직무수행 능력이 부족하거나 근무성적이 극히 나쁜 자
> 3. 파면 · 해임 · 강등 또는 정직에 해당하는 징계 의결이 요구 중인 자
> 4. 형사 사건으로 기소된 자(약식명령이 청구된 자는 제외한다)
> 5. 고위공무원단에 속하는 일반직 공무원으로서 제70조의2 제1항 제2호부터 제5호까지의 사유로 적격심사를 요구받은 자
> 6. 금품비위, 성범죄 등 대통령령으로 정하는 비위행위로 인하여 감사원 및 검찰 · 경찰 등 수사기관에서 조사나 수사 중인 자로서 비위의 정도가 중대하고 이로 인하여 정상적인 업무수행을 기대하기 현저히 어려운 자
> ② 제1항에 따라 직위를 부여하지 아니한 경우에 그 사유가 소멸되면 임용권자는 지체 없이 직위를 부여하여야 한다.

19 난도 ★★☆ 정답 ④

지방행정론 > 지방자치단체와 주민

정답의 이유

④ 주민의 법규 발안에 있어 종래에는 주민조례개폐청구만 인정되고 규칙에 대해서는 의견 제출 규정이 없었으나, 지방자치법 개정(2021.1.12. 개정, 2022.1.13. 시행)에 의하여 주민들이 자치단체장에게 규칙 개폐 의견을 제출할 수 있도록 하는 주민규칙개폐의견 제출제도가 처음 도입되었다(지방자치법 제20조).

> 제20조(규칙의 제정과 개정 · 폐지 의견 제출)
> ① 주민은 제29조에 따른 규칙(권리 · 의무와 직접 관련되는 사항으로 한정한다)의 제정, 개정 또는 폐지와 관련된 의견을 해당 지방자치단체의 장에게 제출할 수 있다.
> ② 법령이나 조례를 위반하거나 법령이나 조례에서 위임한 범위를 벗어나는 사항은 제1항에 따른 의견 제출 대상에서 제외한다.
> ③ 지방자치단체의 장은 제1항에 따라 제출된 의견에 대하여 의견이 제출된 날부터 30일 이내에 검토 결과를 그 의견을 제출한 주민에게 통보하여야 한다.
> ④ 제1항에 따른 의견 제출, 제3항에 따른 의견의 검토와 결과 통보의 방법 및 절차는 해당 지방자치단체의 조례로 정한다.

오답의 이유

①·②·③ 우리나라의 주민참여제도는 조례 제정 · 개폐청구제도(1999) → 주민감사청구제도(1999) → 주민투표제도(2004) → 주민소송제도(2005) → 주민소환제도(2006)의 순으로 도입되었다.

20 난도 ★★★ 정답 ①

정책론 > 정책평가

정답의 이유

① 통제집단 사전 · 사후 설계는 무작위로 실험집단과 통제집단을 구분하기 때문에 검사 효과를 통제할 수 없다.

오답의 이유

② 준실험은 진실험에 비해 실현 가능성과 외적 타당도가 높다는 장점이 있다.

③ 회귀불연속 설계는 실험집단과 통제집단에 실험대상을 배정할 때 분명하게 알려진 자격기준에 따라 두 집단을 다르게 구성하여 집단 간 회귀분석의 결과를 비교하는 방식으로, 구분점(구간)에서 회귀직선의 불연속적인 단절을 이용한다.

④ 솔로몬 4집단 설계는 사전측정을 생략한 통제집단 사후 설계와 통제집단 사전 · 사후 설계를 결합한 방식으로, 검사효과를 방지할 수 있다는 통제집단 사후 설계의 장점과 최초의 차이점을 파악할 수 있다는 통제집단 사전 · 사후 설계의 장점을 갖는다.

행정학개론 | 2023년 지방직 9급

한눈에 훑어보기

영역 분석

행정학총론 04 09 14 18
4문항, 20%

정책론 03 05 13 19
4문항, 20%

조직론 02 07 17
3문항, 15%

인사행정론 01 12 15
3문항, 15%

재무행정론 06 08 10 20
4문항, 20%

지방행정론 11 16
2문항, 10%

빠른 정답

01	02	03	04	05	06	07	08	09	10
①	④	②	②	②	④	①	②	④	③
11	12	13	14	15	16	17	18	19	20
①	②	④	②	③	②	③	③	①	④

점수 체크

구분	1회독	2회독	3회독
맞힌 문항 수	/ 20	/ 20	/ 20
나의 점수	점	점	점

01 난도 ★☆☆ 정답 ①

인사행정론 > 인사행정의 기초이론

정답의 이유

① 직무의 속성을 중심으로 공직을 분류하는 제도는 직위분류제이다.

오답의 이유

② 계급제는 최하위 계층에만 문호가 개방되어 있는 폐쇄형 충원방식을 원칙으로 한다.

③ 계급제는 직위분류제와는 달리 직렬, 직군 등의 구분이 없으므로 일반행정가 양성을 지향한다.

④ 계급제는 직위분류제와는 다르게 일반행정가 양성을 강조하기에 변동하는 직무상황에 대응이 용이하고 융통성이 있으며, 탄력적으로 인사를 관리할 수 있다.

02 난도 ★☆☆ 정답 ④

조직론 > 조직의 양태와 조직유형

정답의 이유

④ 홀라크라시는 자율성과 의사결정 권한을 지닌 각각의 부문들이 유기적으로 협력하면서 공동의 목적을 달성하는 조직구조를 말한다.

오답의 이유

①·②·③ 민츠버그(Mintzberg)가 제시한 조직유형에는 기계적 관료제, 전문적 관료제, 사업부제, 애드호크라시 등이 있다.

03 난도 ★★☆ 정답 ②

정책론 > 정책결정모형

정답의 이유

② 사이버네틱스모형은 자동온도조절장치와 같이 시간의 흐름에 따라 환류되는 정보를 분석하여 잘못한 점이 있으면 수정·보완하는 방식의 모형이다.

오답의 이유

① 1960년대 미국의 쿠바 미사일 위기사건을 설명하기 위해 연구된 모형은 앨리슨(Allison) 모형이다. 혼합주사모형은 거시적 맥락의 근본적 결정에 해당하는 부분에서는 합리모형의 의사결정 방식을 따른다.

③ 갈등의 준해결, 문제 중심의 탐색, 불확실성 회피, 표준운영절차의 활용을 설명하는 모형은 회사모형이다. 쓰레기통모형은 조직화된 무질서 상태에서 어떠한 계기로 인해 우연히 정책이 결정된다고 본다.

④ 만족할 만한 수준에서 의사결정이 이루어진다고 설명하는 모형은 만족모형이다. 합리모형은 정책결정자가 모든 문제에 대하여 완전한 정보를 가지고 있으며 문제해결을 위한 목표와 수단을 명확히 정의할 수 있다고 전제한다.

04 난도 ★★☆ 정답 ②

행정학총론 > 행정학의 주요 이론

정답의 이유

(가) 테일러(Taylor)의 과학적 관리론은 1911년에 소개되었다.
(나) 신공공관리론은 1980년대 초에 영미국가 중심으로 등장하였으며 1990년대 초 클린턴(Clinton) 정부 시기 오스본과 게블러(Osborne&Gaebler)의 '정부재창조방안'에 의하여 제창되었다.
(다) 왈도(Waldo)의 신행정론은 1968년 시라쿠세 대학 미노브룩 회의를 계기로 태동하였다.
(라) 사이먼(Simon)의 행정행태론은 1946년에 소개되었다.
따라서 행정이론의 발달을 오래된 순서대로 바르게 나열한 것은 ② (가) – (라) – (다) – (나)이다.

05 난도 ★★☆ 정답 ②

정책론 > 정책의제설정

정답의 이유

② 명성접근법은 헌터(Hunter)에 의하여 제시되었다. 밀즈(Mills)는 사회적인 지위가 높은 소수지배계층이 의제설정을 주도한다는 지위접근법을 사용하여 미국 엘리트들을 분석하였다.

오답의 이유

① 고전적 엘리트이론에서 엘리트들은 폐쇄적이고 동질적이며 다른 계층에 대해서 책임을 지지 않는다.
③ 달(Dahl)은 권력이 사회의 다양한 계층에게 분산되어 있음을 전제로 다원주의를 주장하였다.
④ 바흐라흐와 바라츠(Bachrach&Baratz)는 엘리트가 자신들에게 불리한 주장의 표출이나 채택을 의도적으로 방해하는 행위인 무의사결정이 의제설정뿐만 아니라 정책결정, 정책집행, 정책평가 등 정책과정 전반에 걸쳐 나타날 수 있다고 주장하였다.

06 난도 ★★☆ 정답 ④

재무행정론 > 재무행정의 기초이론

정답의 이유

④ 잠정예산은 가예산과 마찬가지로 국회의 의결이 필수적이다.

오답의 이유

①·② 현재 우리나에서 채택하고 있는 준예산은 예산 불성립 시 헌법에 명시된 일정한 경비를 전년도에 준하여 국회 승인 없이 지출할 수 있는 임시예산제도이다.
③ 가예산은 최초 1개월분의 예산을 국회의 의결을 거쳐 집행하는 것으로, 우리나라는 1948년 정부수립 후 가예산제도를 채택하여 운영한 경험이 있다.

더 알아보기

비상적 예산제도 비교

구분	가예산	잠정예산	준예산
기간	1개월	무제한	무제한
국회의결	필요	필요	불필요
지출 항목	전반적	전반전	한정적
채택 국가	프랑스	영국, 미국, 캐나다, 일본	한국, 독일

07 난도 ★★☆ 정답 ①

조직론 > 조직관리

정답의 이유

① 로크(Locke)의 목표설정이론은 인간의 행동이 의식적인 목표와 성취의도에 의하여 결정된다고 보고, 욕구의 내용이 아니라 목표의 성격, 즉 난이도와 구체성, 목표성취도에 대한 환류 등에 따라 개인의 성과가 결정된다고 보았다.

오답의 이유

② 앨더퍼(Alderfer)의 ERG이론에서 욕구의 좌절과 퇴행을 강조했다.
③ 브룸(Vroom)의 기대이론은 유의성, 수단성, 기대감을 동기부여의 핵심으로 보았다. 해크만과 올드햄(Hackman&Oldham)의 직무특성이론에서는 직무의 특성이 직무수행자의 욕구수준에 부합할 때 긍정적인 동기유발 효과를 보인다고 하였다.
④ 허즈버그(Herzberg)는 위생요인이 충족되었다고 하더라도 동기부여가 되는 것은 아니라고 주장하였다.

08 난도 ★☆☆ 정답 ②

재무행정론 > 예산제도

정답의 이유

② 영기준 예산제도에 대한 설명이다. 품목별 예산제도는 사업이 아닌 항목 중심의 예산이므로 엄격한 통제를 특징으로 하나 정부활동에 대한 총체적인 사업계획이나 우선순위 결정은 어렵다.

오답의 이유

① 품목별 예산제도는 1920년대 미국 공무원의 예산낭비와 부정부패를 막고 절약과 능률을 향상시키기 위한 재정개혁의 일환으로 1921년 미국의 예산회계법에 의하여 도입된 통제중심의 예산제도이다.
③ 품목별 예산제도는 예산을 세부품목별로 편성함으로써 예산의 책임성과 재정민주주의를 구현하기 위한 통제지향적 예산제도이다.
④ 품목별 예산제도는 품목 중심의 예산제도이므로 사업의 지출 성과에 대해서 파악하기는 어렵다.

09 난도 ★★☆ 정답 ④

행정학총론 > 행정학의 주요 이론

정답의 이유

블랙스버그 선언(1983)은 미국 사회에서 일어나고 있는 필요 이상의 관료 공격, 대통령의 반관료적 성향, 정당 정치권의 반정부 어조 등 행정의 정당성을 침해하는 정치 · 사회적 문제점을 지적하고 그 원인의 일부를 행정학 연구의 문제점에서 찾는다.

④ 신행정학은 1968년 미노브루크 회의를 계기로 태동하였다.

10 난도 ★☆☆ 정답 ③

재무행정론 > 재무행정의 기초이론

정답의 이유

③ 특별회계예산은 일반회계예산와 함께 예산편성에 있어 국회의 심의 및 의결을 받는다.

오답의 이유

① 기금은 예산 외로 운영되기 때문에 단일성 예산원칙의 예외에 해당하고, 어느 정도 탄력적으로 운용되기에 통일성 원칙의 예외에 해당한다.

② 특별회계예산은 특정한 세입(조세 외 수입)으로 특정한 세출을 충당할 필요가 있을 때 법률로써 설치하는 예산으로, 일반회계와 구분하여 운용된다.

④ 기금은 특정한 세입이 특정한 세출로 지출되는 것을 허용하는 자금이므로 통일성 원칙의 예외에 해당한다.

11 난도 ★☆☆ 정답 ①

지방행정론 > 지방자치단체와 국가

정답의 이유

① 기관위임사무는 위임기관이 처리에 드는 경비를 전액 부담하는 것이 원칙이다.

오답의 이유

② 단체위임사무는 지방자치단체가 법령에 근거하여 국가 또는 상급 지방자치단체로부터 위임받아 처리하는 사무를 말한다.

③ 단체위임사무는 지방자치단체에 위임된 사무이므로 지방의회가 참여하며 조례제정권도 갖는다.

④ 자치사무는 지방자치단체 고유사무이므로 정부는 사후 감독을 주로 한다.

12 난도 ★☆☆ 정답 ②

인사행정론 > 인사행정의 기초이론

정답의 이유

② 대표관료제는 실적주의의 형식적인 기회균등이 실질적으로 형평성을 달성하지 못하는 문제를 비판하며 등장한 인사제도이다.

오답의 이유

① 양성채용목표제, 장애인 의무고용제 등은 대표관료제의 논리를 반영하고 있는 균형인사정책수단이다.

③ 대표관료제는 할당제를 강요하여 특정집단을 공직임용에 우대함으로써 역차별 문제를 야기할 수 있다.

④ 대표관료제는 임용 전 사회화가 임용 후 행태로 자동으로 이어진다는 가정, 즉 피동적 대표성이 능동적 대표성으로 이어진다는 가정하에 출발한 제도이다.

13 난도 ★★☆ 정답 ④

정책론 > 정책결정모형

정답의 이유

㉡ 킹던(Kingdon)의 정책흐름모형은 코헨과 마치(Cohen&March)의 쓰레기통모형을 발전시킨 모형이다.

㉢ 킹던(Kingdon)의 정책흐름모형에서 세 가지 흐름은 문제의 흐름, 정책의 흐름, 정치의 흐름이다.

오답의 이유

㉠ 경쟁하는 연합의 자원과 신념 체계를 강조하는 것은 사바티에(Sabatier)의 통합모형인 정책지지연합모형의 특성에 해당한다.

14 난도 ★★☆ 정답 ②

행정학총론 > 행정의 이념(가치)

정답의 이유

② 효과성은 목표의 달성도를 나타내고, 효율성(능률성)은 투입 대비 산출의 비율을 의미한다.

15 난도 ★★☆ 정답 ③

인사행정론 > 임용과 능력발전

정답의 이유

③ 초기 실적이나 최근의 실적을 중심으로 평가함으로써 발생하는 시간적 오류는 '근접행태에 의한 착오'이다. 연쇄효과란 특정 평정요소에 대한 선입견이 다른 요소의 평정에 영향을 주는 것을 의미한다.

오답의 이유

① 피평정자를 잘 모를 때 보통 중간점수를 주고자 하는 집중화(중심화) 오류가 나타난다.

② 평정기준이 일정하지 않을 때 불규칙적으로 나타나는 오류는 총계적 오류이고, 반대로 평정기준이 일정할 때 규칙적으로 나타나는 오류는 규칙(체계)적 오류이다.

④ 평정자가 후한 점수를 주는 관대화 경향의 폐단을 막기 위해서는 등급분포비율을 강제로 할당하는 강제배분법을 활용할 수 있다.

16 난도 ★★☆ 정답 ②

지방행정론 > 정부간관계모형

정답의 이유

② 대등권위모형은 연방정부와 주정부가 동등한 권한을 가지고 있지만 지방정부는 주정부에 예속되어 있는 형태이다.

오답의 이유

① 라이트(Wright)는 정부 간 상호권력관계와 기능적 상호의존관계를 기준으로 정부 간 관계(IGR)를 포함형, 분리형, 중첩형으로 구분한다.

③ 내포권위모형은 지방정부는 주정부에, 주정부는 연방정부에 예속되어 있는 수직적 포함관계로 본다.

④ 중첩권위모형에서는 연방정부, 주정부, 지방정부가 서로 일부 기능을 공유하면서 협력하는 관계로 본다. 그러나 어디까지나 각 정부는 상호독립적인 실체로 존재한다.

17 난도 ★☆☆ 정답 ③

조직론 > 조직관리

정답의 이유

③ 상황적 보상과 예외관리를 특징으로 하는 것은 거래적 리더십에 대한 설명이다.

더 알아보기

거래적 리더십과 변혁적 리더십

구분	거래적 리더십	변혁적 리더십
초점	하급관리자	최고관리층
동기부여 전략	외재적 동기부여	내재적 동기부여
리더십 요인	• 업적에 따른 보상 • 예외에 의한 관리 • 현상유지적 관리	• 카리스마 · 영감 · 지적 자극 • 영감적 동기부여 • 이상적 영향력(역할모델)
변화관	안전지향	변화지향
조직구조	고전적 관료제	탈관료제

18 난도 ★★☆ 정답 ③

행정학총론 > 행정의 주요 이론

정답의 이유

③ 무어(Moore)의 공공가치창출론은 정부 역할을 지나치게 부정적으로 인식하며 행정의 수단적 가치(효율, 성과 등 기업적 가치)만을 중시하는 신공공관리론(NPM)에 대한 대안으로 등장하였다.

오답의 이유

① 공공가치창출론은 행정의 정당성을 부정적으로 접근하는 사회적 분위기를 극복하기 위한 대안적 접근에 해당한다.

② 무어(Moore)는 공공가치창출론에서 공공가치의 전략적 창출을 위한 세 가지 연계모형인 전략적 삼각형(strategic triangle)을 제시하였다.

④ 무어(Moore)는 시장에는 공공가치가 공급되지 못하므로 정부관리자들이 공공가치 실현에 적극 힘써야 한다고 주장하였다.

19 난도 ★☆☆ 정답 ①

정책론 > 정책유형

정답의 이유

① 로위(Lowi)는 정책유형을 분배정책, 규제정책, 재분배정책, 구성정책으로 구분하였고 리플리와 프랭클린(Ripley&Franklin)은 정책유형을 분배정책, 경쟁적 규제정책, 보호적 규제정책, 재분배정책으로 구분하였다. 앨먼드와 파월(Almond&Powell)은 정책유형을 분배정책, 규제정책, 추출정책, 상징정책으로 구분하였으므로, 로위(Lowi)의 정책유형과 리플리와 프랭클린(Ripley&Franklin)의 정책유형에는 없지만 앨먼드와 파월(Almond&Powell)의 정책유형에 있는 것은 '상징정책'이다.

20 난도 ★★☆ 정답 ④

재무행정론 > 예산팽창이론

정답의 이유

④ 니스카넨(Niskanen)의 관료예산극대화 가설에 대한 설명이다. 니스카넨(Niskanen)은 관료가 자신들의 권력 극대화를 위하여 예산팽창을 등장시킨다고 보았다. 파킨슨(Parkinson)도 정부팽창을 주장하기는 하였지만 본질적인 업무량에 관계 없이 관료들의 심리적인 요인에 의하여 공무원 수가 늘어난다고 주장하였다.

오답의 이유

① 바그너(Wagner)는 경제 발전에 따라 국민의 욕구 부응을 위한 공공재 증가로 인해 정부 예산이 증가한다는 경비팽창의 법칙을 제시하였다.

② 피코크(Peacock)와 와이즈맨(Wiseman)의 단속효과에서는 전쟁과 같은 사회적 변동이 끝난 후에도 공공지출이 그 이전 수준으로 되돌아가지 않는 데에서 예산팽창의 원인을 찾고 있다.

③ 보몰(Baumol)은 정부 부문과 민간 부문 간의 생산성 격차를 통해 정부 예산의 팽창 원인을 설명한다. 이를 일명 '보몰의 병'이라 한다.

좋은 책을 만드는 길, 독자님과 함께하겠습니다.

2026 시대에듀 기출이 답이다 9급 공무원 일반행정직 전과목 3개년 기출문제집

개정11판1쇄 발행	2025년 10월 15일 (인쇄 2025년 08월 26일)
초 판 발 행	2016년 01월 15일 (인쇄 2015년 09월 14일)
발 행 인	박영일
책 임 편 집	이해욱
편 저	시대공무원시험연구소
편 집 진 행	박종옥 · 이수지
표지디자인	박종우
편집디자인	박지은 · 임창규
발 행 처	(주)시대고시기획
출 판 등 록	제10-1521호
주 소	서울시 마포구 큰우물로 75 [도화동 538 성지 B/D] 9F
전 화	1600-3600
팩 스	02-701-8823
홈 페 이 지	www.sdedu.co.kr
I S B N	979-11-383-9739-1 (13350)
정 가	27,000원

TIP!!
시대에듀

나는 이렇게 합격했다

자격명: 위험물산업기사
구분: 합격수기
작성자: 배*상

나는할수있다
69년생50중반직장인 입니다. 요즘
자격증을2개정도는가지고 입사하는젊은친구들에게
일을시키고 지시하는 역할이지만 정작 제자신에게 부족한점
이많다는것을느꼈기 때문에자격증을따야겠다고
결심했습니다.처음 시작할때는과연되겠
냐?하는의문과걱정 이한가득이었지만
시대에듀인강 을우연히접하게
되었고잘차려 진밥상과같은커
리큘럼은뒤늦게시 작한늦깍이수험 생이었던저를
합격의길로인도해주었습니다.직장생활을
하면서취득했기에더욱기뻤습니다.
감사합니다!

합격은 시대에듀

당신의 합격 스토리를 들려주세요.
추첨을 통해 선물을 드립니다.

기출이 답이다

[9급 공무원]

일반행정직

전과목 3개년

기출문제집

해설편